DIE PREUSSISCHE EXPEDITION
NACH OST-ASIEN

Printed in England by Antony Rowe Ltd, Chippenham

DIE PREUSSISCHE EXPEDITION NACH OST-ASIEN

NACH AMTLICHEN QUELLEN

Volume 3

GANESHA PUBLISHING
EDITION SYNAPSE

This edition co-published in 2001 by

Ganesha Publishing Ltd
PO Box 27760
London E5 8UU, United Kingdom

www.ganesha-publishing.com

Edition Synapse
2–7–6 Uchikanda
Chiyoda-ku, Tokyo 101, Japan

www.aplink.co.jp/synapse

Die Preussische Expedition nach Ost-Asien
4 volumes
Ganesha Publishing : ISBN 1-86210-022-5
Edition Synapse : ISBN 4-931444-75-X

British Library Cataloguing-in-Publication Data
A CIP record of this title is available from the British Library

Publisher's Note

The Publisher has endeavoured to ensure the quality of this reprint although some imperfections in the original book may still be apparent.

This book is printed on acid-free paper, sewn, and cased in a durable buckram cloth.

DIE

PREUSSISCHE EXPEDITION

NACH

OST-ASIEN.

DRITTER BAND.

DIE

PREUSSISCHE EXPEDITION

NACH

OST-ASIEN.

NACH AMTLICHEN QUELLEN.

DRITTER BAND.
MIT I KARTE.

BERLIN MDCCCLXXIII.
VERLAG DER KÖNIGLICHEN GEHEIMEN OBER-HOFBUCHDRUCKEREI
(R. v. DECKER).

Das Uebersetzungs-Recht ist vorbehalten.

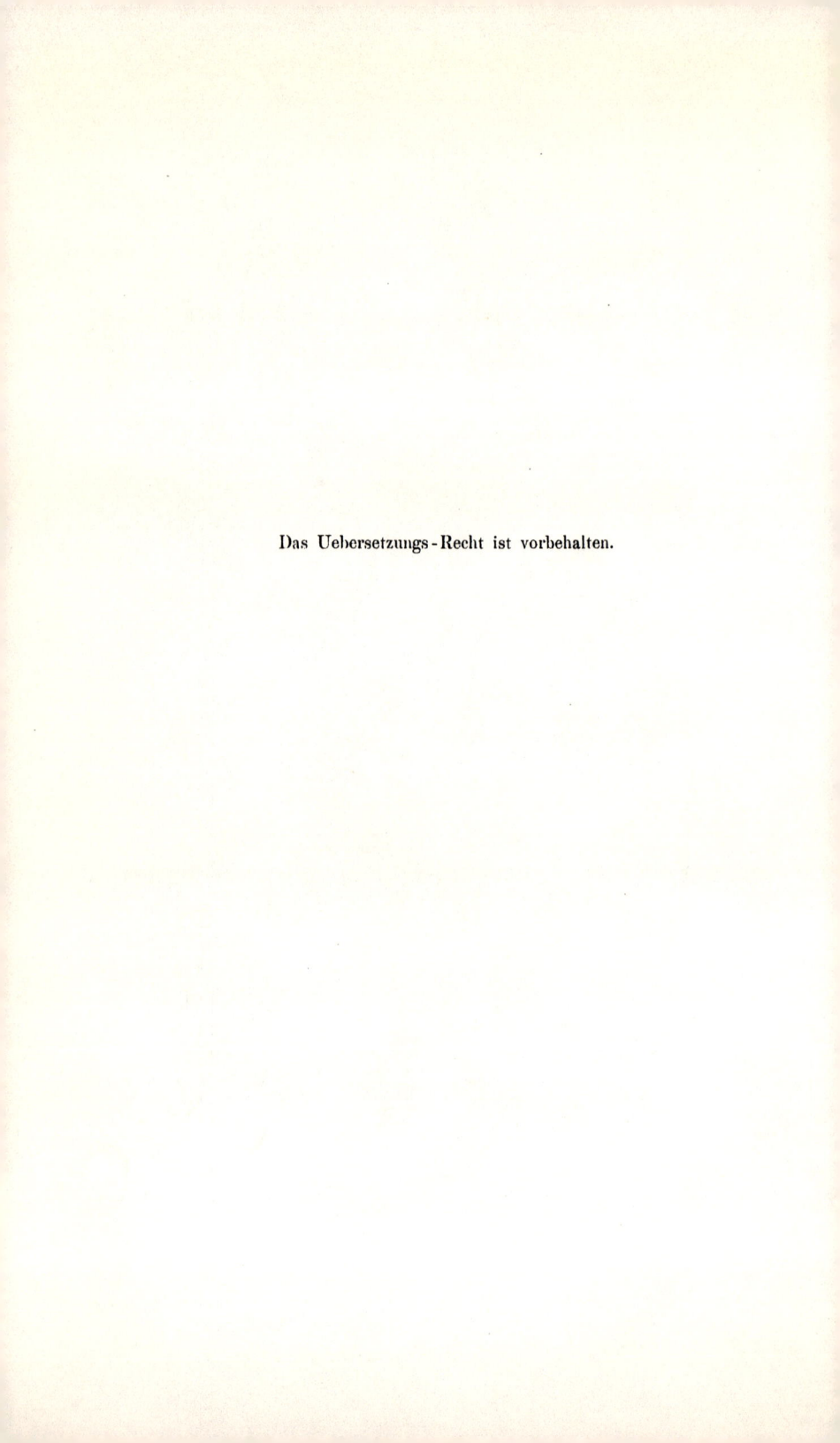

VORWORT.

Die Vollendung dieses Werkes und der »Ansichten aus Japan, China und Siam« musste sich nothwendig lange verzögern, weil gegen meine schweren Bedenken das Ganze, nicht nur die in meinen Beruf schlagende künstlerische, sondern auch die schriftstellerische Arbeit mir allein übertragen wurde. Die Herstellung von sechszig grossen Blättern für das Folio-Werk und achtundvierzig kleineren für das Octav-Werk erforderte beträchtliche Zeit, wegen des fremdartigen Details, ohne dessen eingehende Charakteristik Darstellungen exotischer Gegenstände wenig Werth haben, und wegen der für die meisten Blätter gewählten Technik der Federzeichnung, welche allein die Sicherheit der photolithographischen Facsimilirung verbürgte. Die beiden letzten Hefte des Folio-Werkes sollen noch im Laufe des Winters erscheinen; der Druck des vierten, letzten Bandes dieses Octav-Werkes kann schnell gefördert und im Frühjahr vollendet werden.

Die schriftstellerische Arbeit, die mich Jahre lang meinem Beruf entfremdete, hätte ich bei richtiger Würdigung der

Schwierigkeiten kaum übernommen. Erst bei der Redaction wurde mir klar, dass mit der blossen Schilderung unserer Erlebnisse in Ost-Asien wenig gethan sei. Der Abschluss der preussischen Verträge mit Japan und China ist eine kurze Episode in der Entwickelung des Verkehrs mit diesen Ländern, eine einzelne Scene aus einem inhaltreichen Drama, deren Vorgänge Bedeutung und Leben nur als Theile des Ganzen gewinnen. Die Thätigkeit des Grafen zu Eulenburg in beiden Ländern fiel in merkwürdige Perioden dieser Entwickelung. In Japan war es die Zeit der blutigsten Anschläge gegen die Fremden und heftiger politischer Gährung, welche, damals in tiefes Dunkel gehüllt, die bald nachher erfolgte Umwälzung einleitete. In China war die angemaasste Oberhoheit des Himmelssohnes über alle Reiche des Erdenrundes von den Westmächten eben zum ersten Mal äusserlich gebrochen worden, im Bewusstsein des Kaisers und seiner vertrauten Räthe aber keineswegs so vollkommen erstorben, dass sie sich nicht gegen den preussischen Vertrag noch in heftigen Paroxysmen gewehrt hätte. Die Genehmigung des Vertrages war der letzte amtliche Act des Kaisers HIEN-FUŃ und wurde unter sonderbaren Umständen ertheilt. Unter den Vertragsverhandlungen bereitete sich der Staatsstreich vor, welcher gleich nach unserer Abreise aus PE-KIŃ die fremdenfeindlichen Grossen beseitigte und das Fortbestehen der Gesandtschaften in der Hauptstadt möglich machte. Das Alles zu vollem Verständniss zu bringen, bedurfte es einer Darstellung der ganzen Entwickelung des Fremdenverkehrs, der Verträge und Kriege mit jenen

Ländern. Im Zusammenhang und mit einiger Gründlichkeit ist dieser Stoff niemals behandelt worden; selbst die Vorarbeiten sind dürftig. Die Geschichte des Fremdenverkehrs mit China, das wichtigste Stück dieses Bandes, machte grosse Schwierigkeit. Diese Arbeit ist in der Form keineswegs abgerundet; sie wäre kürzer und klarer geworden, wenn ich sie auf einige Monate fortgelegt, dann nochmals durchgearbeitet hätte, was weder den Wünschen der Königlichen Regierung, noch meiner Neigung entsprach. So möge denn der Leser sich durcharbeiten. Die Substanz ist aus zuverlässigen Quellen geschöpft; für die letzten ereignissreichen zwanzig Jahre boten die in den Archiven zu Kan-ton, im Sommerpalast bei Pe-kiṅ und an anderen Orten erbeuteten chinesischen Documente, deren grösster Theil bis jetzt nur in den Publicationen des englischen Parlamentes abgedruckt ist, ein reiches Material. Des Chinesischen unkundig musste ich die von den bewährtesten englischen Dolmetschern gelieferten Uebersetzungen benutzen, die ich gewissenhaft wiedergab. Alle Citate stammen aus unzweifelhaft echten Documenten. — Für den Tae-piṅ-Aufstand, der einen wesentlichen Theil dieser merkwürdigen Entwickelung bildet, hielt ich mich an die zuverlässigen Werke von Meadows, Lindesay Brine und Andrew Wilson. Die ersten Acte dieses Dramas enthält der einleitende Theil, die weitere Entwickelung während unserer Anwesenheit in China der Reisebericht, und das Ende ein Anhang am Schluss des vierten Bandes.

Fehler enthält der China behandelnde Theil gewiss so gut wie der japanische, doch glaube ich im Wesentlichen die Wahrheit berichtet zu haben. Ich bin mir bewusst, dem Stoff unpartheiisch, ohne vorgefasste Meinung gegenübergestanden, und keine Mühe gespart zu haben, bin mir aber eben so klar bewusst, in der historischen Forschung, — wie in der Behandlung der deutschen Sprache, — nur ein Dilettant zu sein.

Die Würden und Titel der chinesischen Staatsdiener gab ich nach den englischen Uebersetzungen wieder, die ungefähr eben so treu sein mögen, wie Rangbezeichnungen, aus antiken Sprachen in moderne übersetzt.

Die chinesischen und die siamesischen Namen in diesen beiden Bänden und auf den Karten sind, so weit sie nicht im Deutschen feste Schreibart angenommen haben, in Professor Lepsius' Alphabet gedruckt. In vielen Fällen kann ich aber nicht dafür bürgen, dass die gegebene Aussprache auch nur annähernd die richtige ist. Die meisten im einleitenden Abschnitt vorkommenden Namen hörte ich niemals nennen, sondern kenne sie nur aus englischen, theils auch aus deutschen Büchern. Oft ist in verschiedenen Werken die Schreibart so grundverschieden, dass nur der Zusammenhang die Identität der abweichenden Versionen erkennen lässt. Die feinen Nuancen der Aussprache, für welche Professor Lepsius diakritische Zeichen giebt, sind nur Sinologen geläufig.

Die Uebersichtskarten in diesem und dem letzten Bande sind lediglich zu Orientirung des Lesers bestimmt und machen keinen anderen Anspruch; dem genannten Zweck sind alle anderen Rücksichten geopfert. Für China wurden die Karten der neuesten englischen Werke benutzt, für Siam die Karte des Herrn Professor Kiepert in Dr. Bastian's Reisewerk.

Die Illustrationen zum Reisebericht über China sollen mit den auf Siam bezüglichen dem 4. Bande beigegeben werden. Ein Register zu diesen beiden Bänden und eine Liste der benutzten Werke folgen am Schlusse des vierten Bandes.

Die Fahrten der Thetis und der Elbe sind in diesen Bänden nicht beschrieben worden. Die interessante Reise der Thetis, seit sie Shang-hae verliess bis zu ihrem Eintreffen vor der Mündung des Menam verdiente erzählt zu werden. Elbe lief nach dem Aufenthalt in Japan nur Puncte an, welche auch Arkona besuchte; die persönlichen Erlebnisse und Anschauungen ihres Commandanten sind aber in dessen eigenem Werke niedergelegt.

Berlin, im Januar 1873.

A. Berg.

INHALT.

CHINA'S BEZIEHUNGEN ZUM WESTEN BIS 1860.

Seite

I. Die älteren Berührungen und die Handelsbeziehungen bis zum Erlöschen des Monopols der englisch-ostindischen Compagnie 1834. . 3
II. Der Opium-Handel und der Opium-Krieg. Bis 1842. 56
III. Die Zustände nach dem Frieden von Nan-kiṅ. Bis 1849. 130
IV. Die Tae-piṅ-Bewegung. Bis 1857. 151
V. Der Lorcha-Krieg. Bis 1858. 209
VI. Die Operationen der Tae-piṅ. Von 1857 bis 1860. 263
VII. Die Abweisung der Gesandten bei Ta-ku 1859 und der englisch-französische Feldzug gegen Pe-kiṅ 1860 285

REISEBERICHT.

XIII. Shang-hae. Vom 7. März bis 22. April 1861. 375

RECHTSCHREIBUNG

UND

AUSSPRACHE DER AUSSEREUROPÄISCHEN WORTE UND NAMEN.

Alle in dieser Arbeit vorkommenden aussereuropäischen Worte und Namen sind, sofern dieselben nicht schon in europäische Sprachen übergegangen sind und durch den Gebrauch eine bestimmte Orthographie angenommen haben, ihrem Klange nach vermittelst der von Professor Lepsius in seinem »Standard Alphabet« (2. Ausgabe, Berlin-London 1863) aufgestellten Buchstaben und diakritischen Zeichen ausgedrückt. Um diese von den gewöhnlichen Lettern des Textes zu unterscheiden und als Schriftzeichen des Standard Alphabet kenntlich zu machen, werden sie als Capitälchen gedruckt. Das folgende Verzeichniss nennt die Aussprache und Bedeutung der in diesen Bänden vorkommenden Buchstaben und Zeichen.

Die Vocale haben, sofern sie nicht mit diakritischen Zeichen versehen sind, den im Deutschen gewöhnlichen Klang. Länge und Kürze werden durch die gebräuchlichen Zeichen - und ˘ ausgedrückt, die getrennte Aussprache zweier Vocale eines Diphthongen durch das Trema ¨. Unter den Consonanten haben die Buchstaben B, D, F, G, H, K, L, M, N, P, T dieselbe Aussprache wie im Deutschen.

R lautet wie das Zungen-R des Englischen und Italienischen (very, rabbia);
S wie das scharfe französische S (savoir, sûr);
V wie das V des Englischen und der romanischen Sprachen (Vision, Verdad, Voce);
W wie das englische W (water, William);
Z wie das englische und französische Z (zeal, zèle);
Ṅ lautet wie ng in Enge, Strang;
Ṙ wie das Gaumen-R deutscher und französischer Dialecte;
Š wie das deutsche Sch (Schuld);
Ž wie das französische J (jardin);
J̇ wie das englische J (Joy).

CHINA'S BEZIEHUNGEN

ZUM

WESTEN

BIS 1860.

I.

DIE ÄLTEREN BERÜHRUNGEN UND DIE HANDELSBEZIEHUNGEN BIS ZUM ERLÖSCHEN DES MONOPOLES DER ENGLISCH-OSTINDISCHEN COMPAGNIE 1834.

China's Berührungen mit der antiken Welt waren weder unmittelbare noch folgenreiche; die Nachrichten darüber sind dürftig und kaum der Aufzählung werth. Arrian spricht von Thinae oder Sinae, die aus dem fernsten Asien Seide gebracht hätten. Nach chinesischen Berichten schickte Ho-ti, ein Kaiser der Han-Dynastie, 94 n. Chr. Gesandte nach dem Westen, und unter Trajan soll ein chinesisches Heer, Tartaren verfolgend, bis an das kaspische Meer gelangt sein. — Der zunehmende Gebrauch von Seide im zweiten Jahrhundert unserer Zeitrechnung lässt auf Handelsverkehr zwischen dem römischen Reiche und China schliessen, der aber wohl kaum direct betrieben wurde. Marcus Antoninus schickte 161 eine Gesandtschaft nach China, über deren Schicksale man keine Nachrichten hat. — Constatirt ist eine frühe hebräische Einwanderung in das chinesische Reich; die jüdische Gemeinde von Kae-fuṅ-fu wurde im 17. und 18. Jahrhundert von Europäern besucht und bestand noch vor wenigen Jahren[1]).

[1]) Als Datum der Einwanderung wird bald das Jahr 200 v. Chr., bald 70 n. Chr. genannt. — Der Jesuit Gozani, welcher 1704 Kae-fuṅ-fu besuchte, berichtet ausführlich über die dortigen Juden. Er verstand nicht hebräisch, glaubte aber aus der Zahl der Buchstaben ihres Alphabetes schliessen zu dürfen, dass ihre heiligen Bücher in dieser Sprache geschrieben seien. Jeden Sabbath wurde ein Abschnitt daraus in der Synagoge gelesen, wobei sie ihr Antlitz bedeckten, zum Gedächtniss des Moses, der die Gesetztafeln verhüllten Hauptes vom Sinai brachte. Vom Messias, sagt Gozani, hätten sie nicht gewusst; den Namen Jesus, den er ihnen nannte, bezogen sie auf den Sohn Sirachs im Alten Testament. Auf verschiedene hebräische Briefe, welche 1777 und 1779 aus Batavia, 1815 von dem Missionar Morrison und 1850 durch Vermittlung des Consul Layton an sie gerichtet wurden, erfolgte keine Antwort; wahrscheinlich, weil ihnen die Kenntniss des Hebräischen verloren ging. Auf Veranlassung der Londoner Missionsgesellschaft zur Verbreitung des Christenthums unter den Juden wurde Kae-fuṅ-fu 1850 und 1851 von chinesischen Christen besucht, welche die Gemeinde im Zustande der Verarmung und Auflösung, die

Erst die Araber brachten einige Kenntniss von China nach dem Westen. Renaudot hat die Berichte zweier arabischen Reisenden aus den Jahren 850 und 877 übersetzt, welche nicht nur zu denen des Marco Polo, sondern in vielen Stücken auch auf die heutigen Zustände passen. Ihr »KAN-FU« ist wahrscheinlich KAN-TON, wo noch jetzt eine sehr alte Moschee steht. »Die Stadt liegt an einem grossen Flusse, einige Tagereisen von seiner Mündung, so dass das Wasser dort süss ist.« Die Erzählungen von häufigen Feuersbrünsten, von Verzögerungen im Schiffsverkehr, von der unredlichen Behandlung der fremden Kaufleute und Schiffseigner, die, weil das Uebel einmal eingerissen ist, jede Unbilde und Bedrückung leiden müssen, erinnern lebhaft an jüngst vergangene Zeiten. Die Mündung des Perl-Flusses nennen die Araber das »Thor von China«, wahrscheinlich eine Uebersetzung von HU-MEN, das die Portugiesen mit Bocca Tigris wiedergaben. — Die Reisenden erwähnen auch die Ernährung des Volkes aus öffentlichen Speichern bei Hungersnoth, die Salzsteuer, welche noch heute besteht, den Bambus als Prügelwerkzeug; sie beschreiben den Gebrauch des Thees, das chinesische Kupfergeld, Porcelan, den Reisbranntwein, die Anstellung öffentlicher Lehrer, den buddistischen Götzendienst und die Unwissenheit der Chinesen in der Astronomie, in welcher die Araber ihre ersten Lehrer wurden.

Aus diesen und anderen Berichten geht deutlich hervor, dass die Araber lange vor der mongolisch-tartarischen Eroberung Seehandel nach China trieben. IBN BATUTA, welcher bald nach derselben das Reich der Mitte besuchte, gedenkt u. a. des von den Mongolen eingeführten Papiergeldes und seiner Entwerthung durch übermässige Ausgabe, aus welcher die Regierung unredlichen Gewinn gezogen habe. Chinesische Dschunken segelten damals bis Calcutta. — Der Islam fand besonders im 13. Jahrhundert in China starke Verbreitung; seine Bekenner haben dort ohne wesentliche Störung bis auf den heutigen Tag freie Religionsübung genossen, und wurden häufig zu wichtigen Staatsämtern befördert; in den

---

Synagoge verfallen fanden. Die auf Schafhaut geschriebenen Gesetzesrollen und andere alte Schriften existirten noch; einige wurden erworben und nach London geschickt. Seitdem sind wiederholt Israeliten aus KAE-FUŇ-FU nach SHANG-HAE gekommen. Nachdem die Stadt wiederholt von den Rebellen heimgesucht worden, soll die Gemeinde sich zerstreut und ihre Heiligen Schriften mitgenommen haben. S. Recherches sur l'existence des Juifs en Chine. Par A. Wylie. Paris 1864. Dasselbe auch in den Annales de Philosophie chrétienne. N. 50 u. 51. 1864.

nordwestlichen Provinzen bilden sie einen starken Bruchtheil der Bevölkerung. Als erster christlicher Gesandter kam 1246 der Mönch Giovanni Carpini, von Papst Innocenz IV. abgeschickt, nach China. Er begab sich durch Russland zunächst zu BAATU-Khan, der an der Wolga lagerte, und wurde von da nach dem Hofe des Gross-Khans der Mongolen geführt, welcher ihn gütig aufnahm und mit einem huldreichen Schreiben an den Papst entliess. Carpini beschreibt die ungeheure Anhäufung von Schätzen bei den Mongolenfürsten; er freut sich über die Aehnlichkeit des buddistischen mit dem römischen Ritus, und zieht daraus den Schluss, dass jene Asiaten entweder schon Christen seien, oder bald werden müssten — Nestorianische Gemeinden scheinen damals über weite Strecken des nord-östlichen Asien verbreitet gewesen zu sein [2]). Der Mönch Rubruquis, den Ludwig der Heilige 1253, während seines Kreuzzuges, zu dem Mongolen-Khan sandte [3]), spricht von einem nestorianischen Bischof in SIN-GAN und zehn Kirchen in verschiedenen Städten. Auch er nahm den Weg über Russland und fand auf der ganzen Reise viele Europäer als Sclaven und Handwerker unter den Mongolen. Die auffallende Uebereinstimmung des buddistischen Lama-Cultus mit den Gebräuchen der römischen Kirche liess Rubruquis vermuthen, dass ersterer aus einem entstellten christlichen Gottesdienst, vielleicht dem nestorianischen, abgeleitet sei. — Um dieselbe Zeit ging der armenische König HAÏTON nach China, um sein Reich dem Mongolen-Khan zu übergeben; er berichtet gleichfalls von zahlreichen Christen, die er auf der Reise traf. Marco Polo fand nestorianische Gemeinden in ŠEN-SI, damals einer der blühendsten Provinzen von China, und in einer Stadt am YAṄ-TSE-KIAṄ, wo ein nestorianischer Christ, vom Kaiser auf drei Jahre mit der Regierung betraut, 1274 mehrere Kirchen gebaut hatte.

Die Geschichte des Marco Polo ist bekannt. Zwei venetianische Edele, Matthias und Nicolas Polo, gelangten an den Hof des KUBLAI-Khan, der sie freundlich aufnahm und bei ihrer Abreise zu

---

[2]) Nach einer Inschrift in syrischer Sprache, welche Jesuiten-Missionare 1625 in einer der grössten Städte der Provinz ŠEN-si fanden, wäre die Einwanderung nestorianischer Christen in das Jahr 635 zu setzen.

[3]) Das Antwortschreiben des Mongolen-Khans, von welchem der französische König nicht sehr erbaut gewesen sein mag, ist mitgetheilt in Pauthier, Histoire des rélations de la Chine avec les puissances occidentales. Es ist als »Befehl« und in drohendem Tone verfasst.

baldiger Rückkehr nach China aufforderte. Schon 1274 erschienen sie dort, begleitet vom jungen Marco, mit einem Schreiben Papst Gregor X. an den Mongolen-Kaiser. Marco gewann des Herrschers Gunst, blieb siebzehn Jahre in dessen Dienst und erhielt nur schwer die Erlaubniss zur Heimkehr. Was er von den Schätzen des grossen Reiches und der Pracht des Mongolenhofes berichtet, trug ihm bei den Venetianern den Namen Messer Marco Millione ein. Neuere Erfahrungen haben die Glaubwürdigkeit seiner Erzählung in besseres Licht gestellt.

Dem Aufenthalte des Marco Polo folgte unmittelbar der des Giovanni de Corvino, welcher, von Rom gesandt, 1288 in PE-KIŃ erschien und gütig aufgenommen wurde. Trotz allen Widerstandes der Nestorianer durfte er eine Kirche bauen, und soll einige Tausend Chinesen getauft, auch viele Kinder in der lateinischen Sprache und den Glaubenslehren unterrichtet haben. Clemens V. machte ihn zum Bischof von KAM-BA-LU, — so hiess PE-KIŃ bei den Tartaren, — und sandte ihm einige Priester zur Unterstützung. Einen würdigen Nachfolger hat er nicht gefunden; nach seinem Tode ging die Mission ein oder gerieth in Vergessenheit.

Das 14. und 15. Jahrhundert bilden, soweit die Kenntniss des Verfassers reicht, in den Beziehungen des Westens zum chinesischen Reich eine Lücke; es ist, als wäre China durch die Portugiesen erst wieder entdeckt worden. Die Nachrichten über deren erstes Auftreten und über das der Niederländer und Engländer sind dunkel und verworren; die Abenteurer mochten weder den Wunsch noch die Ehrlichkeit haben, die Wahrheit zu sagen. Sehr bezeichnend ist die Thatsache, dass, — während in früheren Zeitaltern die Chinesen durchaus keinen Widerwillen gegen Fremde bewiesen und den Bekehrungsversuchen christlicher Missionare kaum Hindernisse bereiteten, während ihre classischen Schriften die Wohlthaten des Handels und den Nutzen preisen, welcher den Völkern aus dem Austausch ihrer Ideen und Erzeugnisse erwachse, — seit dem Erscheinen der seefahrenden Nationen eine ausgesprochene Abneigung, ja Feindschaft und Verachtung gegen dieselben hervortrat. Sie steigerte sich erheblich seit der Invasion der Mandschu, deren Unsicherheit auf dem chinesischen Thron ihren Argwohn gegen die Fremden genährt haben mag; begründet war sie aber wesentlich im Charakter und Auftreten der Seefahrer und der Missionare. Erstere gehörten grossentheils zum Auswurf ihrer Heimath; selbst die besseren scheinen wilde Abenteurer gewesen zu sein, denen der Ruhm tollkühner Anschläge weit mehr galt als Unbescholtenheit; die Menge der Ankömmlinge aber zeigte sich knechtisch und kriechend gegen überlegene Macht, zu jedem Opfer der Ehre bereit, wo es ihr Vortheil erheischte; brutal, gewaltsam, treulos und jeden Verbrechens fähig, wo sie als die Stärkeren dadurch Gewinn erzielen konnten. Kein Wunder, wenn die Chinesen sie als feige Banditen ansahen und behandelten.

Als bald nach den Portugiesen die Holländer und die Engländer erschienen, machten die Fehden und die oft in Gewaltthat ausartende Eifersucht dieser in Tracht und Antlitz einander so ähnlichen Europäer den schlechtesten Eindruck; alle Fremden galten für Hallunken, die keine andere Leidenschaft hätten als schrankenlose Gewinnsucht, und kein Mittel verschmähten, das zur Befriedigung ihrer Habgier führte. Die eifersüchtigen Ränke unter den verschiedenen Mönchsorden, welche in China auftraten, die leidenschaftliche Erbitterung und parteiliche Eitelkeit, mit welcher sie ihre Lehrstreitigkeiten führten, die widersprechenden Entscheidungen der Päpste und deren Eingriffe in die Hoheitsrechte der chinesischen Kaiser brachten dann auch den Christenglauben in Misscredit bei den Machthabern. Geringschätzung, Argwohn und systematische Ausschliessung waren die natürlichen Folgen.

Der früheste Verkehr der seefahrenden Nationen mit China soll hier nur in allgemeinen Umrissen gezeichnet werden; eine kritische Geschichte desselben liegt ausser dem Bereiche dieser Blätter. Für die späteren Perioden hat man nur mit den Resultaten dieses Abschnittes zu rechnen, die klarer zu Tage liegen als die Ereignisse.

Die ersten Seefahrten der Portugiesen nach China folgten bald auf die Gründung von Malacca. Von da sandte Alfons Albuquerque 1516 den Rafael Perestrello in einer chinesischen Dschunke ab, welche nach der Mündung des Tšu-kiaṅ[1]) segelte. Perestrello scheint freundlich behandelt und nach Malacca zurückgekehrt zu sein, wo ein Geschwader von acht Schiffen ausgerüstet wurde, das unter Perez de Andrade 1517 vor dem Perl-Flusse erschien. Die

---

[1]) Perl Fluss, Tiger-Fluss, Kan-ton-Fluss und Tšu-kiaṅ bedeuten ein und denselben Strom, dessen nördliche Mündung seit der Zeit der Portugiesen Bocca Tigris heisst. Ein südlicher Arm mündet bei Macao in das Meer. Zwischen beiden fliesst ein Labyrinth enger Rinnsale.

portugiesischen Fahrzeuge wurden von Kriegsdschunken umringt und scharf bewacht; ihr Befehlshaber erlangte aber durch Bestechung und verständiges Betragen die Erlaubniss, mit zwei Schiffen nach Kan-ton hinaufzugehen, während die übrigen bei der Insel Hiań-šan zurückblieben. Andrade machte in Kan-ton gute Geschäfte und betrug sich untadelhaft, erhielt aber plötzlich die Nachricht, dass sein Geschwader vor der Flussmündung von Piraten bedrängt sei und eilte zurück. — Der Ausgang des Unternehmens war günstig: mehrere Schiffe führten reiche Frachten nach Malacca, andere gingen mit Dschunken der Liu-kiu-Inseln nach der Küste von Mittel-China, wo Niederlassungen in Tsiuen-tsin, Niń-po und auf Tšu-san gegründet wurden. Die portugiesischen Ansiedler trieben dort eine Reihe von Jahren einträglichen Handel nach den benachbarten Küsten und nach Japan, bis die Provinzial-Regierung sie wegen schlechter Führung verbannte.

Bald nach der Reise des Perez de Andrade kam dessen Bruder Simon mit einem Geschwader nach China und landete auf der Insel Hiań-šan. Er trat gewaltsam gegen die Landesbewohner auf und suchte sich auf der Insel festzusetzen, wurde aber mit Gewalt vertrieben. Die Portugiesen verlegten sich nun auf Seeraub und brachten durch wilde Grausamkeit ihr Geschlecht in den übelsten Ruf. Schlimme Folgen hatte die Ruchlosigkeit des Simon Andrade zunächst für den ersten portugiesischen Gesandten, Thomas Pirez, welcher 1520 von Kan-ton nach Pe-kiń reiste, um vom Kaiser die Erlaubniss zum Bau von Factoreien zu erwirken. Bei seiner Ankunft war man dort schon von den Missethaten des Andrade unterrichtet; Pirez wurde nach vielen Demüthigungen unter strenger Bewachung wieder nach Kan-ton geschleppt, dort misshandelt, eingekerkert und muthmaasslich hingerichtet. — Die Provinzial-Regierung scheint schon damals auf jeden directen Verkehr der Europäer mit dem Kaiserhofe eifersüchtig gewesen zu sein.

Alfons de Mela, der bald nach Simon Andrade und ohne von dessen Gewaltthaten zu wissen, mit acht Schiffen nach dem Perl-Flusse kam, wurde von vornherein feindselig behandelt und verlor viele Leute. Nachher scheinen die Beziehungen sich friedlicher gestaltet zu haben. Die neuen Ankömmlinge mussten durch Unterwürfigkeit gut machen, was die wilde Rohheit ihrer Vorgänger verdarb; sie würgten jede Demüthigung hinunter, um die Vortheile des Handels zu geniessen. Ueber die Umstände, unter welchen die festere Gestaltung des Verkehrs sich vollzog, fehlen die Nachrichten; von rühmlichen Thaten mag sie kaum begleitet gewesen sein. Die Portugiesen erwirkten wohl alle Zugeständnisse der Mandarinen durch Schmeichelei und Bestechung; denn einer Machtentfaltung, welche ihren Forderungen hätte Nachdruck geben können, waren sie nicht fähig. Die Chinesen mögen unterscheiden gelernt haben zwischen friedfertigen Kaufleuten und gesetzlosen Abenteurern, wenn auch der Schatten, welchen das Auftreten der letzteren auf die ganze Nation und alle Europäer warf, sich so bald nicht verwischte. Die grösste Wirkung muss auf die Landesbewohner der reiche Vortheil geübt haben, welchen sie selbst aus dem fremden Handel zogen. Ein beredtes Zeugniss bietet dafür die an den Kaiser gerichtete Petition eines Kantonesen, welche, von Davis ohne Datum abgedruckt, nach Inhalt und Zusammenhang in die letzte Zeit der Miṅ-Dynastie gehört. Der fremde Handel war, wie nach ernsten Conflicten häufig geschah, verboten worden. Der Bittsteller macht nun geltend, dass ein grosser Theil der öffentlichen Ausgaben durch die von den ausländischen Kaufleuten erhobenen Steuern aufgebracht werde; dass, wenn keine fremden Schiffe kämen, sowohl öffentliche als Privat-Interessen darunter litten. Er bittet deshalb, dass den Franken der Handel wieder gestattet werde und zählt die daraus entspringenden Vortheile auf: den regelmässigen Tribut der fremden Völker und die von den Kaufleuten zu Bestreitung der localen Ausgaben erhobenen Zölle; den zum Unterhalt der Garnison erforderlichen Zuschuss, der nur durch Steuern auf den fremden Handel aufgebracht werden könne; den Gewinn der einheimischen Kaufleute, dessen Wohlthaten die ganze Bevölkerung fühle u. s. w. — Dieses Gesuch und einige andere Documente — statistische Aufstellungen chinesischer Beamten über den fremden Handel — beweisen deutlich, dass man die dem Lande daraus entspringenden Vortheile wohl zu schätzen wusste, wenn auch den Ausländern gegenüber stets vorgegeben wurde, man dulde sie nur aus Gnade und trotz dem aus ihrer Anwesenheit dem Lande erwachsenden Schaden.

Vielfach mögen freilich die Nachtheile des Fremdenverkehrs dessen Vortheile überwogen haben; das beweist u. a. die Vertreibung der Portugiesen aus Niṅ-po im Jahre 1545. Dem friedfertigen Theile der Ansiedler mussten die wilden Freibeuter, die in zahlreichen Horden die Küsten beunruhigten und frech das Innere des

Landes durchstreiften, oft einen schweren Stand bereiten. Es gab darunter merkwürdige Naturen, deren Verwegenheit, Unternehmungslust und Zähigkeit Bewunderung erregen, wenn auch die meisten kaum mehr als rohe Banditen waren. Hier möge noch einmal des Mendez Pinto[5]) gedacht werden, welcher als würdiger Vertreter dieser Menschenclasse gelten kann. An den Küsten von Tše-kiaṅ kreuzend, erkundet er eine Insel bei Niṅ-po, wo die mit reichen Schätzen gefüllten Gräber siebzehn chinesischer Fürsten liegen. Pinto und seine Gesellen beladen dort ihre Fahrzeuge mit Gold und Silber, müssen aber einen Theil der Beute an die nachsetzenden Chinesen wieder ausliefern. Dann leiden sie Schiffbruch; nur vierzehn retten das Leben, werden aber aufgefangen, gemartert, nach Nan-kiṅ geschleppt, dort zu öffentlicher Peitschung und Verlust eines Daumens verurtheilt. Man schickt sie nach Pe-kiṅ. Auf der Reise haben sie Gelegenheit, die guten Sitten, bürgerliche Ordnung, den Gewerbfleiss und die Gerechtigkeitsliebe der Landeskinder zu bewundern, wovon Pinto lebendige Schilderungen giebt. In Pe-kiṅ verurtheilt man die Portugiesen nochmals zu einjähriger Zwangsarbeit; aber noch vor Ablauf des Strafmaasses gewinnen sie die Freiheit, erreichen die Küste und schiffen sich nach Niṅ-po ein, werden aber vom Schiffer auf einer wüsten Insel ausgesetzt, von Piraten aufgenommen und kommen, durch Stürme verschlagen, nach Japan. — Ein Kern von Wahrheit ist in Pinto's Berichten leicht zu erkennen, nicht aber die Grenze der Lüge.

Die Gründung von Macao und das frühere Verhältniss dieser Colonie zur chinesischen Regierung sind in Dunkel gehüllt. Die Halbinsel Gaü-men, auf welcher die Stadt entstand, bildet die südöstliche Spitze der grossen Insel Hiaṅ-šan und hängt mit derselben durch einen schmalen Isthmus zusammen. Schon 1537 sollen die bestochenen Mandarinen den Portugiesen erlaubt haben, auf dem unbewohnten Vorgebirge Schuppen zum Trocknen ihrer Waaren zu bauen, welche unter der Bezeichnung »Tribut« eingeführt wurden. Bald entstanden auch steinerne Wohngebäude; ohne Einspruch liess man die Bevölkerung anwachsen. Die Portugiesen bauten Festungswerke und richteten eine eigene Regierung ein, ohne Zweifel unter Connivenz der erkauften Local-Behörden, aber ohne ausdrückliche Zustimmung des Kaiserhofes, mit welchem

---

[5]) Seiner Schicksale ist auch im I. Bande S. 46 gedacht.

ein Vertrag darüber niemals geschlossen wurde. Die Hoheitsrechte, welche die Regierung von Lissabon wiederholt beanspruchte, sind ihr in der That bis in neuere Zeit hartnäckig verweigert worden[6]. Die Portugiesen haben immer behauptet, das Territorium sei ihnen als Ersatz für gewisse Dienste abgetreten worden, welche sie den Chinesen zur Unterdrückung der Seeräuber geleistet hätten. Dem widersprechen aber die Thatsachen. Sie entrichteten jährlich eine bestimmte Summe als Grundzins an den Hof von Pe-kiṅ und erhielten dafür die Erlaubniss, auf der Halbinsel zu wohnen und sich selbst zu regieren, übten diese Rechte aber nur ad nutum des Kaisers, der sie jeden Augenblick vertreiben konnte. Ein chinesischer Civil-Gouverneur bewachte, in Macao wohnend, unter dem Statthalter von Kuaṅ-tuṅ die portugiesischen Behörden und regierte die dort ansässigen Chinesen im Namen des Kaisers; chinesische Officiere untersuchten jährlich die portugiesischen Festungswerke, und chinesische Zollbeamte erhoben Abgaben von portugiesischen Schiffen. Kein neues Haus, keine Kirche durfte ohne Einwilligung der Mandarinen gebaut werden. Schon 1573 zogen diese eine Mauer quer über die Landenge und schnitten jeden freien Verkehr mit dem Inneren ab. Die Mandschu-Kaiser erklärten nach Unterwerfung des Reiches die Colonisten in Macao ausdrücklich für Unterthanen der Ta-tsiṅ-Dynastie. Erst in neuester Zeit hat Portugal einen ähnlichen Vertrag mit der chinesischen Regierung geschlossen, wie die anderen westlichen Völker.

Die Spanier erlangten für den Verkehr in Macao und Kan-ton bald ähnliche Zugeständnisse wie die Portugiesen. Der Besitz der Philippinen bot ihnen wesentliche Vortheile; dennoch blieb ihr Handel unbedeutend. Man glaubt, dass ein grosser Theil des Waarenverkehrs sich in Manila concentrirt hätte, wenn dort Speicher zur zollfreien Wiederausfuhr eingerichtet worden wären. Zuweilen berührten fremde Schiffe Manila, um Reisladungen einzunehmen und dadurch die schweren Hafengebühren in Kan-ton zu vermeiden; aber selbst diesen Handelszweig drückte die spanische Regierung.

---

[6] Portugiesische Gesandte gingen in den Jahren 1667, 1727 und 1753 nach Pe-kiṅ. Sie scheinen sich den Forderungen des Hof-Ceremoniels unterworfen zu haben.

Nach dem Eingehen der von Giovanni de Corvino in PE-KIŃ errichteten Mission zu Anfang des 14. Jahrhunderts scheint in China das Christenthum nicht wieder gepredigt worden zu sein, bis 1579 die ersten Jesuiten nach KAN-TON kamen. Miguel Ruggiero und Matteo Ricci wurden damals die Gründer der katholischen Missionen in China. Letzterer trat anfangs in Bonzentracht auf, fand aber darin bei den gebildeten Classen wenig Eingang. Er nahm nun die Kleidung der Studirten an und erwarb sich schnell deren Gunst durch seine physikalischen Kenntnisse. Man hörte seine Vorträge gern und zeigte sich auch zur Annahme des Christenglaubens geneigt, soweit derselbe zu den Satzungen des Confucius stimmte, nahm aber Anstoss an den Lehren von der Fleischwerdung, der Dreieinigkeit, von der Erbsünde und der Hölle. Ricci sah ein, dass der Versuch, das Vorurtheil der Chinesen gewaltsam zu durchbrechen, ihre alten Sitten zu ändern, die Todtenopfer und andere abergläubische Gebräuche als gottlos abzuschaffen, ihm jede Aussicht auf Erfolg verschliessen würde. Er statuirte deshalb einen Unterschied zwischen bürgerlichen und kirchlichen Verrichtungen, liess viele durch uraltes Herkommen geheiligte und im frommen Gefühle der Chinesen eingewurzelte Gebräuche unangetastet, und sah seine Bekehrungsversuche bald mit glänzendem Erfolge gekrönt. Nach siebzehnjährigem Aufenthalt im südlichen China ging Ricci nach PE-KIŃ und wurde durch Gunst eines Eunuchen dem Kaiser genannt, der seine Geschenke annahm und ihm eine Wohnung anweisen liess. Andere Jesuiten kamen nach und gründeten, der Bekehrungsart des Ricci folgend, Gemeinden in mehreren Städten zwischen KAN-TON und PE-KIŃ. In den nächsten Jahrzehnten blühten durch ganz China christliche Genossenschaften auf; Kirchen soll es um die Mitte des 17. Jahrhunderts in allen grösseren Städten des Reiches gegeben haben; die Bekehrten wurden nach Hunderttausenden gezählt.

In PE-KIŃ, wo die Jesuiten schon zwei Kirchen hatten, gewann um die Mitte des 17. Jahrhunderts ein Deutscher, Pater Adam Schall aus Cöln, bedeutenden Einfluss. Er goss für den letzten MIŃ-Herrscher Kanonen, wusste dann auch die Gunst des jungen Mandschu-Kaisers ŠUN-TŠI zu gewinnen, wurde dessen Lehrer und Director des astronomischen Bureau. Sein Freimuth und vielseitiges Wissen, besonders physikalische Kenntnisse, verschafften ihm grosses Ansehen und seine Erfolge waren so ausserordentlich, dass spätere Jesuiten sie als übernatürliche Gnadenwunder berichten. Ein anderer Deutscher, Ferdinand Verbiest, wurde Schall's Amtsgehülfe und Nachfolger. Wie in Japan, so hatte auch in China die Bekehrung guten Fortgang, so lange die klugen Jesuiten allein arbeiteten. Bald folgten aber andere Mönchsorden, deren Wüthen gegen die abergläubischen Gebräuche der Chinesen Aergerniss erregte. Freilich gab die Lehre des Ricci ihrer Eifersucht eine bequeme Handhabe, denn sie vertrug sich keineswegs mit strenger Rechtgläubigkeit. Die Todtenopfer und andere Gebräuche, welche er als bürgerliche duldete, wurden von den Dominicanern als götzendienerisch verdammt und allen chinesischen Christen unter Androhung der Höllenstrafen verboten. Papst Innocenz X. bestätigte dieses Urtheil, das Alexander VII. auf Vorstellung der Jesuiten wieder aufhob. Die Einmischung der Päpste und die erbitterten Angriffe der Dominicaner, welche sich auch auf andere von den Jesuiten mit grosser Einsicht der chinesischen Auffassung angepasste Formen der Lehre bezogen, machten bald die Mandschu-Regierung argwöhnisch gegen alle Missionare; während der Minderjährigkeit des Kaisers KAŃ-GI wurde ihr Bekehrungseifer als staatsgefährlich verdammt. Schall soll vor Gram gestorben sein; Verbiest musste sich verstecken. Letzteren erhob KAŃ-GI, als er grossjährig die Regierung antrat, zum Director der Sternwarte; die vertriebenen Geistlichen durften zu ihren Kirchen zurückkehren. Der Kaiser erklärte sogar 1692 in einem Edicte den Christenglauben für erlaubt und nahm im Lehrstreit Partei für die Jesuiten; ein Decret vom Jahre 1700 bestätigt, dass der Ausdruck TIEN, wörtlich Himmel, allein den wahren Gott bezeichne, und dass die von Ricci erlaubten Ceremonieen bürgerlicher, nicht kirchlicher Art seien. Dem trat aber, trotz Alexander VII. Entscheidung, ein Bischof Maigrot entgegen, welcher den Ausdruck TIEN für »Gott« verbot und jene Gebräuche als Götzendienst verdammte. Papst Clemens XI., welchem das Decret des chinesischen Kaisers vorlag, entschied wieder zu Gunsten der Dominicaner, und der zu Schlichtung des Streites entsandte apostolische Vicar Tournon verbot nach Empfang des päpstlichen Edictes 1705 den chinesischen Christen die Ausübung aller durch dasselbe verdammten Ceremonieen. — Nun erliess KAŃ-GI einen Befehl, nach welchem die der Lehre des Ricci folgenden Missionare im Lande geduldet, alle anderen aber mit Verfolgung bedroht wurden. —

1720. Der Patriarch Mezzabarba, der 1720 in China erschien, um den päpstlichen Willen durchzusetzen, fand den Kaiser unbeugsam in seinem Entschluss, den Päpsten keinerlei Gewalt über seine Unterthanen einzuräumen, und musste Zugeständnisse machen, um den katholischen Glauben nicht gänzlich aus dem Reiche der Mitte verbannt zu sehen.

Der folgende Kaiser, YUŇ-TŠIN, vertrieb bei seiner Thron-
1723. besteigung 1723 alle Missionare als Ruhestörer. Einige hielten sich unter Verkleidungen in den Provinzen versteckt; wenige Jesuiten durften unter dem Einflusse mächtiger Beschützer in PE-KIŇ blei-
1735. ben. — KIEN-LOŇ, welcher 1735 den Thron bestieg, verfuhr mit äusserster Strenge gegen die Christen; die in den Provinzen versteckten Geistlichen wurden eingekerkert, die Gemeinden auseinandergesprengt. Wer den Glauben nicht abschwören wollte, musste fliehen. Die Jesuiten in PE-KIŇ wandten vergebens alle Mittel auf,
1785. den Kaiser zur Milde zu stimmen; erst 1785 befreite KIEN-LOŇ die noch lebenden Priester aus dem Kerker und erlaubte ihnen, das Land zu verlassen.

Einzelne katholische Missionare sammelten seitdem im Verborgenen wieder Gemeinden um sich, wurden aber zu Zeiten mit Härte verfolgt. Der letzte Jesuit verliess PE-KIŇ erst 1823 aus eigenem Antriebe. Eine zahlreiche Christengemeinde hielt sich dort trotz aller Verbote unter eingeborenen Priestern bis in die neueste Zeit. Das Religionsedict, das TAU-KUAŇ nach dem Frieden von NAN-KIŇ zu Gunsten der Christen erlassen musste, scheint kaum praktische Folgen gehabt zu haben. Erst die französischen Verträge von 1858 und 1860 setzten die katholischen Missionare in ihre alten Rechte ein.

Nach den Portugiesen und Spaniern kamen im Laufe des 17. und 18. Jahrhunderts zunächst Holländer, dann Engländer, Dänen, Schweden, Franzosen, Americaner nach KAN-TON. Deutsche Schiffe erschienen dort wahrscheinlich erst in diesem Jahrhundert. — Die Russische Regierung liess 1806 durch Krusenstern in KAN-TON Versuche zu Anknüpfung des Seehandels machen, dem die chinesische durch ein Verbot begegnete; nur über KIAK-TA sollten mit dem Slavenreiche Waaren getauscht werden. Dieser Landhandel konnte einzig unter dem Schutz von Monopolen gedeihen, und wurde von russischer Seite durch Verbote der Einfuhr chinesischer Producte zur See lange begünstigt.

Während Macao Hauptsitz des Handels der Portugiesen und Spanier blieb, wandten sich alle anderen Nationen fast ausschliesslich nach Kan-ton. Ihre grösseren Schiffe mussten wegen der Wassertiefe bei Wam-poa, etwa eine Meile stromabwärts, ankern; der Geschäftsverkehr aber concentrirte sich in Kan-ton selbst, wo im Laufe der Zeit die Handelsgesellschaften der verschiedenen Nationen am Ufer des Perl-Flusses Factoreien gründeten. Jede derselben hatte ihren Vorsteher, der als verantwortliches Haupt seiner Landsleute galt, die heimische Regierung aber keineswegs amtlich vertrat. Wären sie dazu ermächtigt gewesen, so hätten doch die Mandarinen jede Beziehung zu denselben als unter ihrer Würde zurückgewiesen; denn in China können Kaufleute nicht Beamte sein, nicht mit Beamten auf dem Fusse der Gleichheit verkehren. Schon dadurch wurde ein solches Verhältniss unmöglich, dass die chinesischen Kaiser bis in die neueste Zeit die Souveränetät auswärtiger Staaten nicht gelten liessen. Der ernste Kampf um solche Anerkennung begann erst, als nach Aufhebung des Monopoles der englisch-ostindischen Gesellschaft für China die grossbritannische Regierung zu Wahrung der Handelsinteressen 1834 königliche Commissare nach China sandte. Der Frieden von Pe-kiṅ endete diesen Kampf 1860. Vor Aufhebung jenes Monopoles wurde aller Verkehr mit den Mandarinen durch chinesische Kaufleute vermittelt.

Der Geschäftsbetrieb in Kan-ton muss bald nach Gründung der ersten Factoreien die feste Gestalt angenommen haben, die er mit geringen Modificationen bis 1834 behielt: die chinesische Regierung verlieh das Monopol für den ausländischen Handel einer beschränkten Zahl einheimischer Kaufleute, welche für das gute Betragen der Fremden bürgten und deren Verkehr mit den Behörden vermittelten. Diese Hoṅ-Kaufleute[7]) standen unter Aufsicht der Mandarinen, mit welchen sie ihren Gewinn theilten. Die Fremden durften die Stadt nicht betreten und wurden in den Factoreien streng bewacht. Den Chinesen gegenüber waren sie formell und factisch rechtlos und hatten kein Mittel in Händen, der willkürlichen Bedrückung zu begegnen. Die Mandarinen erpressten das Aeusserste und schraubten ihre Ansprüche immer höher. Das veranlasste periodische Conflicte, die häufig zu Suspendirung des

---

[7]) Hoṅ bedeutet Firma.

Handels führten; die Vortheile desselben waren aber auf beiden Seiten so gross, dass Wege zur Einigung immer wieder gesucht und gefunden wurden. Wollten die Ausländer willkürlichen Uebergriffen entgegentreten und sich des despotischen Verfahrens der chinesischen Justiz erwehren, so sperrten die Mandarinen gleichfalls den Handel; der Gewalt gegenüber waren Jene einzig auf innere Tüchtigkeit angewiesen. Die Rohheit und der Nationalhass der Schiffsmannschaften in WAM-POA und KAN-TON erzeugten oft blutige Händel der Seeleute unter sich und mit der chinesischen Bevölkerung, aus welchen den Handelsvorstehern schlimme Verlegenheiten erwuchsen. Vom europäischen Völkerrecht hatten die Chinesen keine Ahnung; sie betrachteten alle Fremden als Unterthanen des Himmelssohnes und glaubten sich berechtigt, gegen deren Vergehen mit der landesüblichen Grausamkeit zu verfahren, die Blut für Blut fordert und auch den Schuldlosen trifft. So fiel in KAN-TON mancher Unschuldige unter dem Schwerte des chinesischen Henkers, ein Opfer der Habgier und Schwäche seiner Landsleute, die ihn lieber auslieferten, als den Vortheil des Handels entbehrten. Am häufigsten fehlten darin die Portugiesen, welche eher jede Schmach ertrugen, als die Freundschaft der Mandarinen auf das Spiel setzten.

Die Portugiesen konnten niemals verwinden, dass sie den Handel mit anderen Völkern theilen mussten, dessen Vortheile sie so lange allein genossen; ihre eifersüchtigen Ränke, das Conspiriren mit den Mandarinen gegen die anderen Nationen dauerten bis in dieses Jahrhundert. Ganz ist wohl keines der seefahrenden Völker von dem Vorwurf freizusprechen, dass es in China seine Ehre dem Vortheil opferte. Den Engländern aber, deren Handel bald jeden anderen überflügelte, gebührt trotz vielen Missgriffen der Ruhm, zuerst der Willkür würdig begegnet zu sein und der Gesittung des Westens die gebührende Stellung in China erkämpft zu haben.

Eine zusammenhängende Darstellung derjenigen Periode, welche mit dem Jahre 1834 abschliesst, wäre eine dankenswerthe Arbeit, wenn sie die Verfassung der verschiedenen Handelsgesellschaften, die Einrichtung des fremden Gemeinwesens in KAN-TON, seine Beziehungen zu den Chinesen, die Art des Geschäftsbetriebes, kurz die ganze Gestaltung und die Wandlungen des Verkehrs in klares Licht setzte. Vielleicht gingen die wichtigsten Fundgruben für solche Arbeit beim Brande der Factoreien mit deren Archiven unter? Die dem Verfasser zugänglichen Berichte sind fragmentarisch und lückenhaft; viele Thatsachen entbehren darin der Begründung; die Einrichtungen stehen fertig da, ohne dass sich ihre Entwicklung erkennen lässt; so muss denn Manches dunkel bleiben.

Die Fremden verkehrten in diesem Zeitraum mit den Kantonesen ohne den Schutz und Zügel einer legalen Autorität. Die Unmöglichkeit, auf gesetzlichem Wege Recht zu erlangen, und die Nothwendigkeit, durch das eigene Auftreten sich Ansehn zu verschaffen, machte sie schlau und vorsichtig, aber auch willkürlich und anmaassend. Die verachtete Stellung, welche ihnen durch Verschliessung der Stadt angewiesen wurde, erhöhte die Reizbarkeit der Ausländer, die sich, je niedriger ihre Bildungsstufe und sociale Stellung, desto erhabener wähnten über jeden Sohn der blumigen Mitte. Die Art der Berührung, wie sie sich zwischen den Fremden und den Kantonesen gestaltete, musste zu gegenseitigem Verkennen, zu Hass und Verachtung führen. Wenn auch unter den Handelsvorstehern und den Hoṅ-Kaufleuten immer achtbare Charaktere waren, die einander schätzen lernten, so konnte dieser stillere Verkehr doch wenig Einfluss auf die öffentliche Meinung üben. Die Factorei-Beamten, Supercargos und Schiffsmannschaften kamen fast nur mit habgierigen Officianten des Zollamtes und dem Gesindel der Vorstädte in Berührung. Ihr Auftreten gegen diese, — das ihrer Gesittung zufolge gewaltsamer und willkürlicher gewesen sein mag als billig, — und die blutigen Schlägereien der Schiffsmannschaften unter sich bestimmten vorwiegend den Ruf der Ausländer bei dem besseren Theil der kantonesischen Bevölkerung. Der Hass derselben steigerte sich im Laufe der Jahrzehnte zu leidenschaftlicher Wuth und wurde zu einer Hauptwurzel der späteren Uebel. Wie aber diese Feindschaft wirklich auf der Abschliessung beruhte, zeigt in schlagender Weise der Umstand, dass jede Spur davon geschwunden ist, seitdem KAN-TON einige Jahre von einer englischen Garnison besetzt war, seit die besseren Classen seiner Bevölkerung und die Fremden sich im täglichen Umgang kennen lernen mussten.

Die Unmöglichkeit, durch indirecten Verkehr mit einflussreichen Mandarinen in KAN-TON Abhülfe gegen Unrecht und drückende Uebelstände zu erlangen, trieb die Fremden zu vielfachen Versuchen, in Berührung mit dem Kaiserhofe zu treten, durch Gesandtschaften in PE-KIṄ Einrichtungen für den Handel zu erwirken, welche ihn auf die feste Basis gesetzlicher Bestimmungen stellen und vor Eingriffen der Provinzial-Behörden sichern möchten, — zugleich auch den directen Verkehr mit letzteren anzubahnen. Von diesen wurden alle solche Versuche als Eingriffe in ihre Rechte angesehen, der Erfolg derselben von vorn herein mit allen Mitteln hintertrieben. So unumschränkt durch das weite Reich der Wille des Himmmelssohnes gilt, — welcher jeden Augenblick frei verfügen kann über Leben und Eigenthum des höchsten Würdenträgers wie des geringsten Tagelöhners, — so ist doch China in gewissem Sinne als ein Staaten-Bund unter gemeinsamem Oberhaupte anzusehen. Die Statthalter sind thatsächlich unumschränkte Herren in den Provinzen und werden von PE-KIŃ aus erst dann zur Rechenschaft gezogen, wenn ihre Verwaltung zu Aufständen geführt hat, welche sie nicht selbst bezwingen können. Sie sind für den fremden Handel in gleichem Maasse verantwortlich, wie für alle anderen Vorgänge in ihrem Gebiete. So lange die Ausländer nicht »rebellirten«, so lange ihre »Auflehnung« von den Statthaltern unterdrückt werden konnte, mochte die Central-Regierung niemals eingreifen; sie blieb häufig selbst dann indifferent, wenn die Fremden durch gewaltsames Auftreten sich eigenmächtig zu ihrem Rechte verhalfen und von den Statthaltern wichtige Zugeständnisse erzwangen. Im sittlichen Bewusstsein der Chinesen ist jede Auflehnung gegen Unrecht und Willkür gerechtfertigt. Die Conflicte der Fremden in KAN-TON hatten keine andere Bedeutung, als die Auflehnung der eigenen Unterthanen gegen die Behörden; — denn das Bewusstsein, dass der Himmelssohn der alleinberechtigte Herrscher der Welt sei, war noch bis in die neueste Zeit so stark bei den Chinesen, dass es ihnen garnicht einfiel, die Fremden anders anzusehen, als für Unterthanen ihres Kaisers. So konnten diese in der späteren Zeit zu KAN-TON Gewalt üben, welche in jedem anderen Lande zum Kriege geführt haben müsste. Fand man in PE-KIŃ ihre Forderungen gerecht oder fühlte man sich zu schwach zum Widerstande, so wurde, — ganz wie bei Auflehnungen der eigenen Unterthanen, — der Statthalter abberufen, getadelt, vielleicht degradirt. Man schickte einen anderen hin, mit dem Auftrage, die rebellischen Barbaren zu zähmen, zu zügeln; aber an einen Krieg dachte man eben so wenig, als den Fremden bestimmte Rechte zu gewähren, welche ja den absoluten Willen des Himmelssohnes beschränkt hätten. In diesem einen Punkte liegt die grosse, im früheren Verkehr mit China verkannte Schwierigkeit. So viele Gesandten nach PE-KIŃ gingen, um feste Zugeständnisse zu erlangen: keinem scheint eingefallen zu sein, dass jeder Vertrag bei den chinesischen Herrschern das Bewusstsein der Gleichberechtigung anderer Souveräne voraussetzte, ein Bewusstsein, das ihnen nicht durch reiche Geschenke und prächtige Aufzüge, sondern nur dadurch einzupflanzen war, dass ihre Macht einmal angesichts der Hauptstadt und des ganzen Reiches gebrochen, ihre Dynastie bedroht wurde. Das geschah erst 1860. Alle früheren Gesandtschaften hatten gar keinen, die Kriege nur geringen Erfolg, gleich localen Aufständen, die den Thron nicht bedrohten. Die Gesandten wurden, mochten sie sich den von der chinesischen Etiquette geforderten bedeutsamen Formen der Unterthänigkeit fügen oder nicht, ohne jedes Zugeständniss eines Rechtes und höchstens mit gnädigen Redensarten fortgeschickt, alle Verträge abgelehnt. Die Kriege betrachtete man in PE-KIŃ als Rebellionen gegen die Statthalter; die erzwungenen Verträge wurden nicht gehalten. Denn wer durfte dem Willen des Himmelssohnes Gesetze vorschreiben? Der Uebergang zu vertragsmässigen Beziehungen mit China war kaum ein anderer, als der Uebergang vom Absolutismus zur Verfassung im Leben europäischer Staaten; der Herrscher entäussert sich zu Gunsten des Volkes eines Theiles der Rechte, welche seine Vorgänger durch alle Zeitläufte besessen haben; das Volk, das früher rechtlos seinem Willen unterworfen war, soll ihm nun in einem Vertragsverhältnisse gegenüberstehen. So entäussert sich der Himmelssohn durch jeden Vertrag mit fremden Fürsten der angestammten Oberhoheit.

In China ist das Bewusstsein von der Berechtigung der unumschränkten Macht des Kaisers, nicht nur über das eigene Reich sondern über die ganze Welt, eng und unzertrennlich verwachsen mit der auf zweitausendjähriger Entwickelung fussenden, tief eingewurzelten Weltanschauung des Volkes. Das Reich der Mitte ist so gross, seine Gesittung so ausgeprägt, dass alles ausserhalb Liegende nur Zubehör, alle fremde Cultur nur mangelhaft sein kann. Von den wirklichen Verhältnissen der Raumvertheilung hatte man ebensowenig eine Ahnung als von der Bildung anderer Völker. China ist die Welt, an deren äussersten Grenzen in rauher nebliger Ferne Barbarenstämme hausen, welche die Sonne nur düster beleuchtet. Weit weniger als wir Europäer den Papua, sahen die Söhne der blumigen Erde den Fremdling aus dem Westen für Ihresgleichen an; in der öden Ferne, an den Grenzen der Natur wohnend, gehörte er gleichsam einem anderen Elemente an[8]). — Der Kaiser ist nach der uralten Weltanschauung der Chinesen der Sohn des Himmels »TIEN«. Dieses Wort bedeutet übertragen Vorsehung, Weltordnung, ewige Gerechtigkeit, und bezeichnet so ganz das höchste geistige weltregierende Princip, dass die Jesuiten gewiss mit Recht den Ausdruck »Gott« durch »TIEN« übersetzten. Zur vollen Gleichbedeutung mit dem monotheistischen Begriff fehlt ihm allerdings, aber auch nur eine einzige Eigenschaft: es drückt nicht den **persönlichen Gott, den bewussten Willen** aus. Diesen Begriff kennen die Chinesen nicht; sie haben ihn, wie es scheint, verloren[9]). TIEN bezeichnet die Ewigkeit, Vollkommenheit, Unendlichkeit, sittlich das höchste Gute, Wahre, Rechte, die unumstössliche Weltordnung, und in diesem Sinne ist der chinesische Kaiser der erwählte Sohn, der Vertreter des Himmels, berufen, die Welt zu regieren, die göttliche Ordnung auf Erden aufrecht zu halten; er ist nicht nur der rechtmässige Beherrscher von China, sondern der vom Himmel eingesetzte Herr der Welt, sein Willen unumschränkt und unantastbar.

Als erwählter Sohn des Himmels ist nun der Kaiser nicht nur absoluter Herr, sondern er ist auch für das Wohl und Wehe des Reiches, — der Welt, — und das Glück seiner Unterthanen — aller Menschen — verantwortlich. Alles Unheil, das dieselben von aussen betrifft, verschuldet der Kaiser. Lebt er nicht mehr im Einklange mit der himmlischen Weltordnung, so werden die Menschen heimgesucht; dann thut der Herrscher Busse, legt ein öffentliches Schuldbekenntniss ab und strebt, sich durch Opfer und Gebet wieder in Harmonie mit der höchsten Wesenheit zu setzen. Grosse Calamitäten, welche das Reich betreffen, sind ein Zeichen, dass der Kaiser nicht mehr der Erwählte des Himmels, in monotheistischem Sinne ausgedrückt, »dass die göttliche Gnade von ihm gewichen ist«. Nicht nur Bedrückungen und Invasionen, sondern auch Misswachs, Erdbeben, Ueberschwemmungen und andere Paroxysmen der Natur haben, als Zeichen, dass nicht der rechte Himmelssohn

---

[8]) Der holländische Gesandte, welcher 1654 nach PE-KIŃ kam, soll in der Audienz allen Ernstes gefragt worden sein, wie lange seine Landsleute unter Wasser leben könnten. Bis 1860 glaubte man dort an die Seehundsnatur der Engländer.

[9]) ŠAN-TI, welchen chinesische Kaiser der grauen Vorzeit anbeteten, muss ursprünglich als einiger allmächtiger Gott gedacht worden sein. Die Philosophenschulen deuteten später den Namen theils atheistisch, theils deistisch,

auf dem Throne sitzt, in China zu Aufständen und zum Sturze von Dynastieen geführt. Legitimität in unserem Sinne kennt die chinesische Anschauung nicht; durch seine Geburt hat Niemand ein Recht auf den Thron, und die Primogenitur hat gar keine Bedeutung. Als erwählter Himmelssohn muss aber der Kaiser am besten wissen, wer berufen und würdig ist, sein Nachfolger zu werden; er wählt denselben natürlich unter seinen Söhnen und Agnaten, denn die Familie des Erwählten ist selbstredend auch die vornehmste, die vorzüglichste des Reiches. Nur in diesem Sinne ist der Thron von China erblich. Der Kaiser ernennt seinen Nachfolger im Testament; dieser hat aber erst durch seine Handlungen und durch den Segen, den er über das Reich verbreitet, zu beweisen, dass er wirklich der Erwählte des Himmels ist. Das Volk glaubt es, so lange es ihm wohl geht. Wird es aber von Unheil betroffen, so folgt es leicht jedem Führer zum Kampfe gegen den vermeintlichen Usurpator, der, unberufen auf dem Throne sitzend, das Verderben des Reiches verschuldet. Das hereingebrochene Unheil beweist ja, dass die Verbindung mit der lenkenden Weltordnung unterbrochen ist. Der Kaiser allein darf zum Himmel beten; als dessen Vertreter regiert er das Volk. Sitzt nun ein Falscher auf dem Throne, so ist der Aufruhr berechtigt, geboten. Rebellen kämpfen mit dem Fanatismus von Gottesstreitern, die berufen sind, den Willen der Vorsehung durchzusetzen, das Reich von dem unrechtmässigen, weil nicht mehr begnadigten Herrscher zu befreien und den rechtmässigen, erwählten Himmelssohn auf den Thron zu setzen. Das ist, abgesehen von den menschlichen Leidenschaften, auf deren Boden ja die meisten politischen Bewegungen wurzeln, der ostensible Zweck aller chinesischen Rebellionen und die Idee, welche die Massen treibt, für die Selbstsucht der Führer ihr Leben zu lassen. So viele Umwälzungen es im Laufe der Jahrtausende in China gegeben hat: die unumschränkte Macht des Herrschers ist niemals, vielleicht auch nicht in Gedanken angetastet worden. Das politische Grundprincip steht auch heute noch unangefochten da und wurzelt so tief im Bewusstsein des Volkes, vor allem der gebildeten Classen, welche seinen Kern bilden, dass man sich über den fremdenfeindlichen Fanatismus der altchinesischen Partei nicht wundern darf. Die einheimischen Umwälzungen waren immer nur Rebellionen, niemals Revolutionen; sie richteten sich niemals gegen ein politisches Princip, sondern immer nur gegen Personen; sie bezweckten keine Umgestaltung des Systemes, keine Erkämpfung von Rechten für die Unterthanen. Und was den Söhnen des blumigen Reiches niemals eingefallen war, das wollten jetzt die fremden Barbaren erzwingen! Der Kaiser sollte nicht mehr unumschränkter Gebieter sein, und Fremdlinge waren es, die ihm Gesetze vorschrieben! Das war unerhört und widersinnig!

Die Niederländer, welche zunächst nach den Portugiesen kamen, hatten wenig Erfolg mit ihren Handelsunternehmungen nach China, bis von Batavia aus 1624 eine Niederlassung auf der Südwestküste von Formosa gegründet wurde. Die dort angelegte Festung nannte man Zeeland. Das Aufblühen dieser Colonie sahen die Spanier und Portugiesen mit grossem Neide; sie hatten alle Versuche der Niederländer, in China Fuss zu fassen, offen und heimlich hintertrieben, und die chinesische Regierung verbot denselben auch jetzt noch den Handelsverkehr. Die Holländer scheinen nun aber von Zeeland aus die chinesische Schiffahrt so lange gestört zu haben, bis man ihnen die gewünschten Zugeständnisse machte. Dagegen mussten sie die Pescadores-Inseln räumen und sich auf die Festung Zeeland beschränken, wo sie Verbindungen mit den Eingeborenen anknüpften und die angrenzenden Landstriche anbauten. Nach dem Sturze des Miṅ-Hauses flüchteten zahllose Chinesen in das Ausland; 25,000 Familien sollen sich damals auf Tae-wań oder Formosa niedergelassen haben. Die Holländer begünstigten anfangs die Einwanderung in der Nähe ihrer Colonie; in der Folge wuchs sie ihnen über den Kopf und förderte wesentlich ihre Vertreibung von der Insel.

Sonderbarer Weise scheint der Festung Zeeland von den holländischen Gesandten, welche 1654 von Batavia nach der chinesischen Hauptstadt gingen, in ihren Verhandlungen mit den kaiserlichen Räthen niemals gedacht worden zu sein. Die Tartaren mögen, damals ganz neu in der Herrschaft, von der Geographie des Landes wenig gewusst, vielleicht auch nicht geahnt haben, dass die batavischen Sendboten und die Ansiedler auf Formosa demselben Barbarenstamme angehörten. Jene aber mussten sich freuen, dem Usurpator gegenüber von der Colonie zu schweigen; denn das frühere Abkommen war noch mit Beamten des Miṅ-Kaisers geschlossen worden. — Die Gesandtschaft wurde in Kan-ton mehrere Monate aufgehalten, ehe sie die Reise nach PE-KIŃ antreten durfte; unterwegs empfingen die tartarischen Behörden sie überall höflich. In PE-KIŃ sollen ihr die Jesuiten entgegengewirkt haben; die Gewährung von Handelsprivilegien, nach welcher sie strebten, hätten die Holländer auch ohne das wohl kaum erreicht, trotz allen Demüthigungen, welche sie duldeten. Man scheint sie gefoppt und verspottet zu haben[10]). Sie verrichteten willig den knechtischen Gruss des KO-TO nicht nur vor der Person des Kaisers, sondern auch vor den ihnen von seiner Tafel zugetheilten Bissen. Die Sitte des KO-TO besteht darin, dass der Grüssende sich auf beide Knie niederwirft, die Hände auf den Boden stützt und mit der Stirn dreimal die Erde berührt. Dreimaliges Niederwerfen und neunmaliges Kopfstossen ist der Gruss der tributpflichtigen Vasallen; als solche bekannten sich die Niederländer durch Vollziehung dieser Form, als sie mit den Gesandten abhängiger Staaten vor den Kaiser geführt und gleich diesen behandelt wurden. Trotz aller Willfährigkeit und der reichen Bestechung der kaiserlichen Räthe mussten sie PE-KIŃ ohne das geringste Zugeständniss oder Versprechen verlassen; das kaiserliche Geschenk von 300 Unzen Silber für den Statthalter von Batavia mag gegen die Kosten der Sendung kaum in Anschlag gekommen sein.

Der Vertreibung der Holländer aus Formosa durch den chinesischen Seehelden KUO-SIN oder Coxinga, welcher 1662 die Festung Zeeland nahm, ist schon im I. Bande dieses Werkes gedacht. Coxinga hatte mit seiner starken Flotte den Tartaren in Mittel-China lange Widerstand geleistet, musste sich aber nach einer Niederlage bei NAN-KIŃ an die Küste von FU-KIAŃ zurückziehen und betrieb von da aus die Eroberung von Formosa. Er gründete dort ein eigenes Reich, welches erst sein Enkel 1683 den Mandschu-Herrschern übergab.

Eine zweite holländische Gesandtschaft, welche 1667 nach PE-KIŃ ging, scheint nicht besser behandelt worden zu sein und hatte eben so wenig Erfolg als die erste. — 1795 schickte die batavische Regierung abermals eine glänzende Gesandtschaft unter Titsingh nach der chinesischen Hauptstadt. Man glaubte in der

---

[10]) Es erregte Anstoss, dass sie nicht Gesandten eines Monarchen waren; den Begriff der Republik konnte man nicht fassen, und als Vertreter einer Handelsgesellschaft durften die Holländer sich am wenigsten ausgeben. Adam Schall hat über diese Gesandtschaft berichtet.

Colonie, dass die Sendung des Lord Macartney an seinem vornehmen Auftreten und seiner Unwillfährigkeit, sich dem chinesischen Hof-Ceremoniel zu unterwerfen, gescheitert sei, und befahl deshalb Titsingh, sich jede Demüthigung gefallen zu lassen[11]). Die Holländer erreichten aber eben so wenig ein Zugeständniss, als Lord Macartney, und hatten, wahrscheinlich wegen ihrer knechtischen Fügsamkeit, auf der Rückreise die schimpflichste Behandlung zu erdulden.

1596. Von England ging 1596 das erste Unternehmen zu Anknüpfung des Handels mit China aus. Die drei zu diesem Zwecke ausgerüsteten Schiffe scheiterten jedoch auf der Reise, und der Versuch wurde unter Königin Elisabeth nicht erneut. Erst im Frühjahr 1637 gelangten vier englische Schiffe unter Capitän Weddell nach Macao, wo die Portugiesen jede Anknüpfung des Handels hintertrieben. Nach vergeblichem Bemühen, seinen Unterhändlern Eingang in KAN-TON zu verschaffen, beschloss Weddell, mit den Schiffen selbst den Fluss hinaufzugehen. Sie erreichten die Festungswerke an der Bocca Tigris, wo ihnen kaiserliche Dschunken mit Mandarinen und Dolmetschern entgegen kamen. Weddell gab seine friedfertigen Absichten kund und bat, gleich den Portugiesen zum Handelsverkehr zugelassen zu werden. Die Mandarinen versprachen auch, günstig an ihre Vorgesetzten in KAN-TON zu berichten und nach sechs Tagen das Gesuch zu beantworten; die englischen Schiffe gingen im Flusse unter der weissen Flagge vor Anker. Die Portugiesen hatten die Briten aber als Seeräuber verschwärzt, und als solche wurden diese nun behandelt. Zur Nachtzeit armirten die Chinesen ihre Werke an der Bocca und feuerten am Morgen mehrere Schüsse auf ein Boot der Engländer, das zum Wasserholen nach dem Ufer ruderte. Sie trafen nicht. Die Engländer aber hissten ohne Weiteres die Blutflagge, legten sich, die einströmende Fluth benutzend, dicht unter die chinesischen Werke und brachten mit vollen Breitseiten das schlecht gezielte Feuer derselben in wenig Stunden zum Schweigen. Als ihre Boote mit etwa hundert Mann sich den Werken

---

[11]) Das »KO-TO« verrichteten Titsingh und seine wohlbeleibten Begleiter in engen Kniehosen und seidenen Strümpfen und gaben dem Tartarenhof viel Stoff zur Belustigung. Auch sie erhielten von der kaiserlichen Tafel abgenagte Hammelknochen auf schmutzigen Tellern und mussten sich davor niederwerfen.

näherten, lief die Besatzung davon. Die Briten landeten ungehindert, hissten auf den Wällen ihre Flagge, schifften während der Nacht sämmtliche Geschütze ein und demolirten die Schutzwehren. Weddell liess nun mehrere Dschunken anhalten und sandte durch deren Boote ein Schreiben nach Kan-ton, worin er die Mandarinen des Treubruches zieh, seinen Angriff als Nothwehr rechtfertigte und in höflicher Sprache um Handelsfreiheit bat. Schon am nächsten Tage kam ein chinesisches Boot unter weisser Flagge mit einem Mandarinen niederen Ranges, dessen Vorgesetzte sich auf kaiserlichen Dschunken hinter einer Landspitze befanden. Weddell gab nochmals seine friedfertigen Absichten kund und erhielt nun die Erlaubniss, Unterhändler nach Kan-ton zu schicken, wo man die ganze Schuld auf die Portugiesen schob und den Engländern gegen Herausgabe der Geschütze die gewünschten Ladungen lieferte.

Das war das erste Auftreten der Briten, bedeutsam für die Zukunft. Das Beispiel von Weddell's Entschlossenheit scheint durch die ganze Geschichte der englischen Beziehungen zum Reiche der Mitte fortgewirkt zu haben.

Die politischen Umwälzungen in China und die Seeräuberflotten, welche damals die Küsten beunruhigten, mögen die Engländer von der Fortsetzung ihrer Unternehmungen in den nächsten Jahrzehnten abgeschreckt haben. 1664 kamen einige Schiffe der ostindischen Compagnie nach Macao; die Handelsagenten durften landen und in der Stadt wohnen; aber die Mandarinen verlangten übermässige Hafengelder für jedes Schiff, das nach Kan-ton hinaufginge, und behandelten die Engländer mit wachsendem Argwohn. Diesen wurde die verschärfte Bewachung unerträglich; sie zogen sich nach vielen Vexationen auf ihre Schiffe zurück und segelten wieder nach Bantam. Die Ränke der Portugiesen bewirkten auch in diesem Falle das Scheitern der englischen Bemühungen. — In den folgenden Jahren richteten die Agenten der ostindischen Compagnie in Bantam ihr Augenmerk auf die mittelchinesischen Häfen; sie knüpften Handelsbeziehungen in A-moi und Nin-po an und traten 1670 in Verbindung mit dem in Tae-wan herrschenden Coxinga, welcher die Engländer wahrscheinlich als Rivale der Holländer stark begünstigte. Mit ihm schlossen sie einen förmlichen Vertrag, »dass sie ihre Waaren nach Gefallen an Jeden verkaufen oder vertauschen und ebenso kaufen dürften; dass der König ihnen gegen jede Beschädigung durch seine Unterthanen

Recht schaffen sollte; dass sie immer Zutritt zu seiner Person hätten; dass sie ihre Dolmetscher und Schreiber nach eigenem Ermessen wählen dürften; dass keine Soldaten oder andere chinesische Beamten ihnen zur Bewachung oder Begleitung aufgedrängt würden; dass alle vom König angekauften Waaren zollfrei wären, alle andere Einfuhr aber eine Werthsteuer von drei Procent zahlen sollte«. Die Bestimmungen dieses merkwürdigen Vertrages beweisen, dass die Schwierigkeiten des Verkehrs damals ganz ähnliche waren, wie in unseren Tagen. Ihre Geschütze und Munition mussten die englischen Schiffe während des Aufenthaltes im Hafen abgeben. — Mit der Zeit wurde dieser Handel unbequem; die Compagnie gab 1681 ihre Beziehungen zu Tae-wan und A-moi wieder auf und trachtete, sich in Fu-tšau und Kan-ton einzurichten.

Der englische Handel in Nin-po und A-moi scheint nur so lange geblüht zu haben, als diese Plätze vom Tartarenjoche frei blieben; die neue Dynastie war unsicher auf dem Throne und wohl deshalb dem Fremdenverkehr besonders abhold. Um 1685 versuchte die East-India-Company in A-moi wieder Fuss zu fassen und bemühte sich ernstlich, in regelmässige Verbindung mit Kan-ton zu treten. Aber die eifersüchtigen Ränke der Portugiesen, welche alle Schiffe der Briten von Macao ausschlossen und die Mandarinen gegen sie aufhetzten, blieben ein unüberwindliches Hinderniss.

Bei den Tartaren setzte sich der Argwohn fest, dass die Engländer unter dem Schein des Handels politische Zwecke verfolgten. — Als 1689 das englische Schiff Defence nach Kan-ton kam, forderte der Hop-po oder Steuer-Director 2484 Tael [12]) Hafengelder, begnügte sich aber schliesslich mit 1500 Tael. Einer von der Schiffsmannschaft tödtete einen Chinesen, und in dem daraus entstandenen Strassen-Krawall wurden der Schiffsarzt und mehrere Matrosen erschlagen. Nun wollten die Mandarinen das Schiff nicht segeln lassen, wenn nicht eine Busse von 5000 Tael erlegt würde; der Capitän bot 2000, führte aber, als diese nicht angenommen wurden, sein Schiff ohne Weiteres den Fluss hinab und gewann unangefochten die See. — Bald nach diesem Ereignisse muss die

---

[12]) Der Ausdruck Tael bezeichnet keine Münze, sondern ein Gewicht; alles Silber wird in China gewogen, Silbermünzen giebt es nicht. Im Cours auf London galt 1861 der Shan-hae-Tael 6 shilling 4 pence bis 7 shilling 4 pence. Der Kan-ton-Tael ist um $9\frac{333}{1000}$ Procent, der Hai-kuam- oder Regierungs-Tael um $11\frac{1}{2}$ Procent schwerer als der Shang-hae-Tael.

englische Factorei entstanden sein. In einem Schreiben des Directoriums der Compagnie an ihren Handelsvorsteher in KAN-TON vom Jahre 1699 heisst es: »Wir haben den Auftrag von Seiner Majestät erhalten, Euch und Diejenigen, welche nach Euch zu unseren Handelsvorstehern in China ernannt werden, zum königlichen Bevollmächtigten (minister) oder Consul für das englische Volk zu ernennen, und denselben alle mit diesem Posten verbundene Amtsgewalt zu verleihen.« [13])

1699.

Das ganze 18. Jahrhundert hindurch hatte der Handel mit grossen Schwierigkeiten, vor Allem mit der Habgier der Beamten, zu kämpfen, welche sich an den Fremden zu bereichern suchten. Zwischen ehrenhaften Kaufleuten und gewissenlosen Abenteurern machte man wenig Unterschied; alle Fremden hafteten solidarisch für die Vergehen Einzelner. Die Maxime, nach welcher man sie behandelte, drücken folgende von Père Prémare aus einer chinesischen Schrift übersetzten Worte aus: »Die Barbaren sind gleich Bestien, und nicht nach denselben Grundsätzen zu regieren wie Chinesen. Wollte man versuchen, sie nach den hohen Gesetzen der Weisheit zu leiten, so würde das nur zur ärgsten Verwirrung führen. Die alten Könige haben das wohl gewusst und regierten deshalb die Barbaren durch Missregierung. Deshalb ist Missregierung bei weitem die beste Art, sie richtig zu leiten.« Nach diesen Grundsätzen entzog man ihnen selbst die Wohlthaten der chinesischen Rechtspflege. »Die Fremden«, heisst es in den Aufzeichnungen der englischen Factorei, »werden nicht nach Gesetzen, sondern nach der Willkür der Mandarinen regiert, und der Grund, dass nicht noch mehr Unzuträglichkeiten vorkommen, liegt nur darin, dass die Rgierungsbeamten noch lieber durch Erpressung ihre Taschen füllen, als harte Maassregeln ergreifen.« — Oft mussten, wie gesagt, schuldlose Menschen für geringe Versehen, die schlimme Folgen gehabt hatten, der chinesischen Justiz ausgeliefert werden, nicht zum Verhör, sondern zu grausamer Hinrichtung. Solches Verfahren erbitterte natürlich auch den besseren Theil der Fremden; die gewissenloseren rechtfertigten damit ihre eigenen Gewaltthaten, welche sie Vergeltung nannten, die aber unter geordneten Verhältnissen Mord, Seeraub und Brandstiftung geheissen hätten.

[13]) Diese Bestallung scheinen die Directoren der ostindischen Compagnie nicht gekannt zu haben, da sie 1832 im englischen Parlament behaupteten, der Handelsvorsteher in KAN-TON sei lediglich ein Vertreter der Compagnie.

Schon zu Anfang des 18. Jahrhunderts führten die Conflicte
1727. häufig zu Sperrungen des Handels; 1727 forderten die Engländer
zuerst Befreiung von den unerträglichen Lasten. Ausser dem
sogenannten »Geschenk« von 1950 Tael, das jedes Schiff neben
den ansehnlichen Hafengebühren erlegen musste, hatten die Chinesen den Handel mit einer Werthsteuer von 16 Procent belastet
und für die Verproviantirung der Schiffe schwere Abgaben gefordert. — Anfangs ertheilten sie einem einzigen Kantonesen, den sie
den »kaiserlichen Kaufmann« nannten, später mehreren »Hoṅ-Kaufleuten« das Recht des Handels mit den Ausländern. Diese Monopol-Kaufleute wollten sich nun zu einem »Hoṅ«, einer Compagnie-Firma,
vereinigen, um die Fremden nach Willkür drücken zu können,
wogegen letztere sich mit gutem Erfolg beim Vicekönig von
Kuaṅ-tuṅ verwahrten. In den übrigen Punkten wurde auf die
Drohung, den Handel nach A-moi oder einer anderen Küstenstadt
1728. zu verlegen, Abhülfe versprochen, aber nicht geleistet. 1728 belegte
man sogar die Ausfuhr der ostindischen Compagnie mit einer neuen
Steuer von 10 Procent. Das Monopol der Gesellschaft erstreckte
sich nämlich nur auf den directen Handel mit England, nicht
auf den Handel zwischen China und Ostindien, welcher ganz frei
war. Die sogenannten »country-ships«, welche letzteren vermittelten, pflegten nun reiche Ladungen von Rohmaterial aus Indien und
der Malacca-Strasse nach Kan-ton zu bringen, während die europäischen Compagnie-Schiffe wenig importirten. Da nun aus der
Einfuhr der »country-ships« bedeutende Abgaben in die kaiserlichen
Kassen flossen, aus der der Compagnie-Schiffe aber fast gar keine,
so fanden die Chinesen billig, deren Ausfuhr recht hoch zu besteuern.

In den nächsten Jahren scheint sich der Zustand kaum
1734. gebessert zu haben; 1734 sandte die Compagnie nur ein Schiff nach
Kan-ton. Ein anderes, der Grafton, wurde versuchsweise nach
A-moi geschickt; die dortigen Mandarinen waren aber noch raubsüchtiger als die in Kan-ton; chinesische Kaufleute, die nicht mit
ihnen verbündet waren, durften gar nicht mit den Engländern verkehren, und der Grafton segelte schliesslich nach Kan-ton zu-
1736. rück. — Aehnlich ging es 1736 dem Compagnie-Schiff Normanton
in Niṅ-po; die Mandarinen verlangten das Unmögliche und der Normanton ging ebenfalls nach Kan-ton.

Kien-loṅ erliess den Fremden bald nach seiner Thronbesteigung den Ausfuhrzoll von 10 Procent und das sogenannte

»Geschenk«; an Hafengeldern sollten nur die unter der Bezeichnung »Measurage« begriffenen Abgaben fortbestehen. Als das betreffende Decret in der öffentlichen Audienzhalle zu KAN-TON feierlich verlesen werden sollte, theilten die Hoṅ-Kaufleute den Fremden vorher mit, dass sie sich dabei auf beide Kniee niederzuwerfen hätten. In einer allgemeinen Versammlung gab man sich jedoch das Wort, diese Zumuthung abzuweisen und verharrte auch dabei. Unfehlbar hätte solche Demüthigung viele andere nach sich gezogen und die Lage der Fremden noch verschlimmert. — In demselben Jahre, 1736, kamen im Ganzen zehn europäische Schiffe nach KAN-TON: vier englische, zwei holländische, zwei französische, ein dänisches und ein schwedisches. — Der Erlass des KIEN-LOṄ verbesserte nicht wesentlich die Lage; die Behörden fuhren bis zum Jahre 1829 fort, das »Geschenk« in seinem vollen Betrage zu erheben, und die Erpressungen steigerten sich trotz aller Vorstellungen. Die Hoṅ-Kaufleute scheinen die Mandarinen und die Fremden, welche sich früher nicht so fern standen, gegen einander aufgehetzt und das Aufhören jedes unmittelbaren Verkehrs zwischen denselben absichtlich herbeigeführt zu haben. Der Zweck war, beide Theile zu hintergehen und im Trüben zu fischen.

Gegen Ende des Jahres 1741 kam zuerst ein englisches Kriegsschiff nach China: der Centurion unter Commodor Anson lief, auf einer Weltumsegelung begriffen, Macao an, nahm auf der Weiterreise das von Acapulco kommende spanische Silberschiff und brachte dasselbe, um Proviant verlegen, in den Perl-Fluss. Den Chinesen war die Wegnahme des fremden Schiffes sehr fatal. In KAN-TON wollten die Hoṅ-Kaufleute dem Commodor die verlangten Lebensmittel nicht liefern, wenn er nicht persönlich nach Macao übersiedele; denn wenn er in der Factorei bleibe, so seien sie Bürgen für ihn und würden schweren Ersatz, vielleicht gar ihr Leben verwirken, sollte es dem Commodor einfallen, an der chinesischen Küste ein Schiff zu nehmen. Dieser antwortete schliesslich, er habe nur noch Brod für fünf Tage an Bord und werde KAN-TON ohne Proviant nicht verlassen. Der Handelsvorsteher drängte die Hoṅ-Kaufleute, auf die Mandarinen zu wirken, aber vergebens; »die Beamten, hiess es, hätten ihre besonderen Ansichten über Schiffe, die sich auf dem Meere herumtrieben, um andere fortzunehmen«. Zuletzt wurde Jenen aber die Gegenwart des englischen Schiffes so unheimlich, dass sie unter der Hand einem Kaufmann die Lieferung der Lebensmittel erlaubten. — Die Wegnahme ihres Silberschiffes veranlasste die spanische Regierung, Kriegsschiffe vor den Kan-ton-Fluss zu legen, wodurch dem Handel der Engländer in den folgenden Jahren viel Abbruch geschah. Ein Versuch, mit A-moi in Verkehr zu treten, scheiterte abermals an den maasslosen Forderungen der dortigen Beamten.

Um die Mitte des 18. Jahrhunderts erneuten die Fremden in Kan-ton ihre Bemühungen, den Unbilden ein Ziel zu setzen. Hauptpunkte ihrer Beschwerde waren damals folgende: Die willkürlich verzögerte Ausladung der Schiffe; Diebstähle an den aufgestapelten Waaren; Verunglimpfung der Fremden durch periodisch erneute öffentliche Anschläge, worin sie der schändlichsten Verbrechen geziehen und der Verachtung des Volkes preisgegeben wurden; Erpressungen der Unterbeamten unter falschen Vorwänden, und die Verweigerung des Zutritts zu den höheren Beamten. Wahrscheinlich hätten die Fremden durch feste Haltung und Einmüthigkeit Abhülfe erlangt, denn die Chinesen zogen aus dem Handel zu grossen Gewinn, um nicht jede mögliche Forderung zu gewähren. Das 1754 versuchte Mittel musste, consequent angewendet, unfehlbar wirken; die ankommenden Schiffe blieben nämlich vor der Flussmündung, bis der Vicekönig versprochen hatte, jene Beschwerden in Erwägung zu ziehen. Aber man gab zu schnell nach und es blieb bei dem leeren Versprechen. — Gewiss war es schwierig, die kleine, aus den verschiedensten Elementen bestehende, durch keine Stammverwandtschaft, Gesetze oder Autorität verbundene Gemeinde in Kan-ton zu einmüthigem Handeln zu vermögen. Die niedrige Gesinnung, Eifersucht und Schwäche Einzelner musste jedes energische Auftreten der Gemeinschaft hemmen. Die Portugiesen wussten geschickt zu intriguiren, und sobald auch nur ein einziges Supercargo sich unzeitig den Forderungen der Chinesen fügte, so gaben diese sicher nicht nach. Die Vorsteher der Factoreien hatten wohl Autorität über ihre Unterbeamten und die ihnen zugewiesenen Schiffe, nicht aber über die anderen, welche keiner Handelsgesellschaft gehörten. Praktisch scheint auch die im Jahre 1699 den englischen Handelsvorstehern verliehene consularische Amtsgewalt niemals ausgeübt worden zu sein; im Gegentheil geht aus besonderen Fällen deutlich hervor, dass die Vorsteher keine Autorität über die der ostindischen Compagnie nicht gehörenden »country-ships« hatten. Unter sich waren die Handelsvorsteher durch keine Art von Verfassung zu einer Gemeinschaft verbunden, und gewiss schon aus Nationalstolz auf Vorrang und und Führung sehr eifersüchtig. So mussten die Zustände hoffnungslos bleiben. Die blutigen Händel der Schiffsmannschaften unter sich waren auch nicht geeignet, den Chinesen Achtung vor den Ausländern einzuflössen: bei WAM-POA mussten damals den Matrosen verschiedener Nationalitäten besondere Inseln zur Erholung angewiesen werden, um den mörderischen Schlägereien ein Ende zu machen.

Da 1754 nichts erreicht worden war, so trachteten die Engländer ernstlich, ihren Handel nach NIŃ-PO zu verlegen, wohin im folgenden Jahre die Factorei-Beamten Harrison und Flint abgingen. Sie wurden gut aufgenommen; die verlangten Abgaben schienen geringer als in KAN-TON. Der FU-YUEN oder stellvertretende Gouverneur zeigte sich den Fremden geneigt und versprach die Erfüllung fast aller ausgesprochenen Wünsche. Wahrscheinlich überschritt er damit seine Befugniss; denn als 1756 die Holdernesse in Folge jener Zusagen nach NIŃ-PO kam, befahl der Vicekönig der Provinz, dass alle Feuerwaffen und Munition aus dem Schiffe genommen und dieselben Zölle bezahlt werden sollten, wie in KAN-TON. Der FU-YUEN konnte sich diesem Befehle nicht offen widersetzen, vollzog ihn aber ebensowenig, sondern sandte ihn zur Entscheidung nach PE-KIŃ. Unterdessen erklärten die Mandarinen sich zu Handelsgeschäften bereit, wenn ihnen die Hälfte der Kanonen ausgeliefert würde: sie erhielten für sich 2000 TAEL und wussten es so zu wenden, dass zuletzt die Abgaben ungefähr das Doppelte der in KAN-TON üblichen betrugen. Kein Engländer durfte am Lande wohnen, und bei der Abreise wurden sie, offenbar auf höhere Eingebung, bedeutet, dass für die Zukunft in NIŃ-PO kein Handel erlaubt sei, »weil der Kaiser die bedeutenden Einkünfte aus den Zwischenzöllen für die zu Lande nach KAN-TON gehenden chinesischen Waaren nicht einbüssen wolle«. Auch den Fremden in KAN-TON wurde amtlich mitgetheilt, dass ihr Handel auf diesen Platz beschränkt bleiben müsse.

Trotzdem gaben die Engländer ihr Vorhaben nicht auf. Die chinesische Regierung hatte durch Zerstörung der alten Factorei in NIŃ-PO, durch Verbannung aller Kaufleute, welche 1756 mit den Engländern handelten, und durch Aufstellung von Kriegsschunken, die jedem fremden Schiffe den Weg verlegen sollten, den Ernst

1759. ihres Willens bewiesen. Dessen ungeachtet begab sich Flint 1759 abermals nach Niṅ-po, wurde aber ausgewiesen. Des Chinesischen vollkommen mächtig, wusste er nun auf eigene Hand nach Pe-kiṅ zu gelangen, dort die Gunst angesehener Männer zu gewinnen und seine Klagen vor den Kaiser zu bringen. In Begleitung eines kaiserlichen Bevollmächtigten kam er nach Kan-ton zurück[14]); die Fremden aller Nationalitäten wurden vor die Mandarinen beschieden und benachrichtigt, dass der Hop-po, — gegen den sich besonders ihre Klagen richteten, — degradirt und ein anderer an seiner Stelle ernannt sei; dass ihnen ausser der Steuer von 6 Procent auf alle Waaren und dem »Geschenk« von 1950 Tael sämmtliche Abgaben vom Kaiser erlassen seien. — Dabei blieb es aber nicht. Der Vice-König erwartete wohl nur die Abreise des kaiserlichen Special-Commissars, um die Fremden ihre unverzeihliche Frechheit büssen zu lassen. Er liess zunächst Flint zu sich rufen, gewährte jedoch das Gesuch der Handelsvorsteher, denselben begleiten zu dürfen. Am Thore des Palastes verlangten die Hoṅ-Kaufleute, dass die Fremden einzeln hineingingen; diese bestanden aber darauf, sich nicht zu trennen. Im inneren Hofe der Audienzhalle wurden sie nun von den Officianten ergriffen und vor den Vice-König gezerrt; es entstand eine Balgerei, in welcher die an Zahl stärkeren Chinesen die Fremden zu Boden warfen: diese sollten nach Landessitte vor dem Vice-König knieen. Als sie sich aber faustgerecht wehrten und jede Erniedrigung gewaltsam zurückwiesen, befahl der Vice-König, von ihnen abzulassen. Er theilte ihnen einen Erlass mit, durch welchen Flint für seinen Versuch, gegen den Befehl der Behörden in Niṅ-po einzudringen, des Landes verwiesen und ein Kantonese, der vorgeblich die Fremden durch Abfassung einer Bittschrift an den Kaiser verrätherisch unterstützt haben sollte, zum Tode verurtheilt war. Bei Degradirung des Hop-po, welcher Anlass zu Beschwerden gegeben habe, sollte es bleiben. — Die Hinrichtung eines den Fremden ganz unbekannten Chinesen wurde alsbald in ihrer Gegenwart vollzogen. Flint hielten die Mandarinen fest und setzten ihn in einem Hause bei Macao gefangen, wo man ihn glimpflich behandelte, aber von jedem Verkehr abschnitt. Ein von den Franzosen, Dänen, Schweden und Niederländern in der eng-

---

[14]) Flint blieb bei seiner Rückkehr zehn Tage in der Stadt Kan-ton, ehe er nach den Factoreien kam. In dieser Zeit muss die Untersuchung durch den Commissar aus Pe-kiṅ geführt worden sein.

lischen Factorei unterschriebener Protest gegen seine Verhaftung blieb unbeachtet. Flint wurde vom März 1760 bis zum November 1762 festgehalten, dann in WAM-POA an Bord eines eben absegelnden englischen Schiffes gebracht.

Die Provinzial-Behörden verzeihen es niemals, wenn Fremde sich mit Beschwerden an den kaiserlichen Hof wenden. Selbst jetzt, da die Verträge geschlossen sind und Vertreter der westlichen Mächte in unmittelbarem Verkehr mit den höchsten Beamten der Centralgewalt stehen, umgehen die Mandarinen in den geöffneten Häfen oft deren Befehle.

Die erzählten Vorfälle steigerten in KAN-TON das gegenseitige Uebelwollen; in den darauf folgenden Jahrzehnten waren die Zusammenstösse zwischen Ausländern und Chinesen häufiger und blutiger als jemals. Nur die Portugiesen liessen sich nach den englischen Berichten Alles gefallen und opferten dem Vortheil Ehre und Bewusstsein. Aus dem Jahre 1773 wird folgendes Ereigniss berichtet. Ein Chinese war in Macao erschlagen worden; der Verdacht des Mordes fiel auf einen Engländer Scott, der von den Colonialbehörden verhaftet wurde. Der portugiesische Gerichtshof fand trotz allen Zeugenverhören nicht den schwächsten Beweis für die Schuld des Angeklagten; trotzdem forderten die Mandarinen peremtorisch dessen Auslieferung und drohten mit Sperrung des Handels. Die Portugiesen waren überzeugt von der Unschuld des Scott; ein Mitglied des Senates sprach offen aus, dass dessen Auslieferung ehrlos wäre; trotzdem beschloss die Majorität sich zu fügen, und lieferte wirklich den Schuldlosen zur Schlachtbank.

Die despotische Willkür der Chinesen und die damalige Rechtlosigkeit der Fremden beweist unter vielen anderen folgender Vorfall. Am 24. November 1784 gelangte die Nachricht nach KAN-TON, dass drei Chinesen eines Proviantbootes durch einen Salutschuss des indischen Schiffes Lady Hughes schwer verletzt seien. Einer davon starb am folgenden Morgen. Der Feuerwerker, der ganz schuldlos war, kannte die rachsüchtige Grausamkeit der Landesjustiz und verbarg sich. — An demselben Tage kam ein Mandarin zum englischen Handelsvorsteher und verlangte Untersuchung, gab aber zu, dass nach allem Anschein ein Zufall das Unglück herbeigeführt habe. Der Handelsvorsteher hatte keine Gewalt über das indische Schiff (country-ship), das der Compagnie nicht gehörte, versprach aber seinen Einfluss bei dem Supercargo unter der Bedingung aufzubieten, dass die Untersuchung in der Factorei geführt werde. Solche Zusage wurde anfangs gegeben, dann aber zurückgezogen: in der Stadt sollte das Verhör vor dem Fu-yuen stattfinden. Als dem nicht sofort entsprochen wurde, lockten die Chinesen, nachdem sie den Argwohn der Engländer durch geheuchelte Nachgiebigkeit beschwichtigt hatten, den Supercargo Smith aus der Factorei auf die Strasse und schleppten ihn in die Stadt. Zugleich wurden die Zugänge zu den Factoreien von aussen gesperrt und jede Verbindung mit Wam-poa abgeschnitten; alle chinesischen Diener und Dolmetscher flohen. Den Handelsvorstehern gelang es, einen Befehl nach Wam-poa zu senden, dass alle Boote der Schiffe armirt und nach Kan-ton geschickt werden sollten; die meisten erreichten auch trotz dem Feuer der Dschunken und Strandbatterieen die Stadt; man stand sich drohend gegenüber. Nun suchten die Chinesen zu beschwichtigen: der Fu-yuen wolle Herrn Smith nur Einiges fragen und dann befreien. Als darauf die Fremden nicht wichen, erliess der Fu-yuen ein Vernichtung drohendes Decret und liess Boote mit Soldaten vor den Factoreien auffahren. Dort unterzeichneten am 28. November alle Ausländer ein Gesuch um Freigebung des Smith, und an demselben Abend empfing der Fu-yuen eine Deputation derselben; er war sehr aufgeregt und wünschte sich offenbar aus dem Handel zu ziehen, machte aber noch keine Zusagen. Etwas Festigkeit von Seiten der Fremden hätte sicher zu gutem Ende geführt. — Nun gelangte aber ein Schreiben des Supercargo Smith nach den Factoreien: man möge doch den Feuerwerker oder sonst Jemand zum Verhör in die Stadt senden; der Vorsteher der englischen Factorei schickte nach Wam-poa, und der unglückliche Feuerwerker, ein ältlicher Mann, wurde gegen die Versicherung vornehmer Mandarinen, dass für sein Leben nicht zu fürchten sei und nur die kaiserliche Entscheidung abgewartet werden müsse, der chinesischen Justiz am 30. November ausgeliefert. Eine Stunde darauf kam Smith nach der Factorei zurück; er war höflich behandelt worden. Der Feuerwerker wurde am 8. Januar 1785 zu Kan-ton strangulirt.

Die Engländer sahen sich durch diesen und ähnliche frühere Vorfälle gewarnt und lieferten nachher niemals wieder einen Landsmann aus. Gegen andere Völker aber, die unsicher auftraten, sind Fälle brutalen Justizmordes auch später verübt worden. Americaner lieferten noch 1821 einen unschuldigen Italiener auf die Schlachtbank.

Der Handel der Engländer hatte im Laufe des 18. Jahrhunderts trotz allen Bedrückungen erhebliche Ausdehnung gewonnen, und die Regierung musste ernstlich darauf bedacht sein, ihre zahlreichen Unterthanen in China nach dem Maasse ihrer Kraft zu schützen, ihnen die geachtete Stellung zu vindiciren, welche dem nationalen Bewusstsein eines mächtigen Volkes entspricht. Die Hinrichtung jenes unglücklichen Feuerwerkers wurde in England in den weitesten Kreisen erörtert, erweckte lebhafte Entrüstung und stellte die Rechtlosigkeit der Fremden in China in grelles Licht. Wie sehr dieses Ereigniss dazu beitrug, die Lage ihrer Unterthanen zum Bewusstsein der englischen Regierung zu bringen, beweist die ausdrückliche Erwähnung desselben in der allen Mitgliedern von Lord Macartney's Gefolge mitgetheilten Instruction. Wie richtig die Regierung auch ihre eigenen Unterthanen in China schätzte, zeigt ein Passus dieser Instruction, in welchem allen Betheiligten anständiges Benehmen eingeschärft wird, damit die Chinesen eine bessere Meinung von den Engländern erhielten; »denn der Eindruck, den sie jetzt in Folge der von ihren Landsleuten begangenen Unregelmässigkeiten hätten, sei so ungünstig, dass man sie sogar für die schlechtesten aller Europäer halte.«

Schon 1788 wurde von England eine Gesandtschaft nach China abgeschickt. Der Träger derselben, Colonel Cathcart, starb aber auf der Reise, und da der Fall nicht vorgesehen war, so kehrte die Fregatte Vestalin mit dem Gefolge von der Sunda-Strasse nach der Heimat zurück. Vier Jahre darauf wurde, nachdem man sich vorher der Geneigtheit des Kaisers KIEN-LON, einen Botschafter Seiner Grossbritannischen Majestät zu empfangen, gehörig versichert hatte, abermals eine Gesandtschaft unter Earl Macartney ausgerüstet. Das Gefolge war sehr glänzend. Ausser dem Secretär Sir George Staunton und zahlreichen Attaché's begleiteten den Botschafter mehrere Aerzte, Mechaniker, Maler und Zeichner. Die Ehrenwache bildete ein aus Infanterie, Cavallerie und Artillerie combinirtes Detachement von 50 Mann, commandirt von einem Oberst-Lieutenant und zwei Subaltern-Officieren. Unter der 20 Köpfe starken persönlichen Bedienung des Botschafters waren Bäcker, Tischler, Gärtner, Uhrmacher, Schneider und Musikanten. Mit diesem Gefolge schiffte Lord Macartney sich Ende September

1792 zu Portsmnuth auf dem Kriegsschiffe Lion (64 Kanonen) ein. Der Ostindienfahrer Hindostan und die Brigg Jackall, — letztere als Tender — begleiteten den Lion; die Reise bis zum Pei-ho dauerte zehn Monate. Der Empfang des Botschafters war durch Commissare der ostindischen Compagnie vorbereitet worden, welche ihn durch die Behörden in Kan-ton der kaiserlichen Regierung anmeldeten.

An der Pei-ho-Mündung erwarteten die Gesandtschaft zwei Mandarinen hohen Ranges, welche an Bord des Lion kamen und für die Ausschiffung sorgten. Sie machten den Engländern die Reise nach Pe-kiṅ so angenehm als möglich, behandelten sie aber durchaus als tributbringende Gesandtschaft. So lautete die Bezeichnung auf allen Flaggen der für die Flussreise gestellten Boote; und nicht nur alle Bedürfnisse, sondern auch die Ankäufe der Engländer wurden aus dem kaiserlichen Säckel bezahlt. — Kien-loṅ befand sich auf dem Jagdschlosse Dzehol in der Tartarei, etwa dreissig deutsche Meilen nördlich von Pe-kiṅ; dort wollte er die Gesandtschaft empfangen. — In einer Villa zwischen dem Dorfe Hae-tien und dem Sommerpalast Yuaṅ-miṅ-yuaṅ, wo Lord Macartney bei Pe-kiṅ einquartiert wurde, versuchten die begleitenden Mandarinen ihn zur Einübung des Ko-to zu bewegen; er machte die Bedingung, dass ein chinesischer Beamter von seinem Range dem Bilde des Königs von England dieselbe Ehrfurcht erweise, und man stand einstweilen davon ab. — Nach kurzem Aufenthalte in Pe-kiṅ wurde die Reise fortgesetzt. In Dzehol versuchte man wieder, dem Botschafter vor der Audienz das Versprechen des Ko-to abzudringen, wahrscheinlich auf Veranlassung der Behörden in Kan-ton, deren Einfluss sich fühlbar machte; Kien-loṅ willigte aber unverzüglich in seinen Gegenvorschlag, ein Knie vor ihm zu beugen, wie vor seinem eigenen Könige.

Lord Macartney hatte mehrere Audienzen, bei denen weder grosses Gepränge noch beengendes Ceremoniel herrschte. Kien-loṅ behandelte ihn gnädig und ehrenvoll; seine Einfachheit und unbefangene Würde machte auf die Engländer den besten Eindruck. Die Hoffnungen jedoch, welche sie auf den guten Empfang bauten, erfüllten sich nicht. Der Kaiser erklärte freundlich aber bestimmt, dass er keine schriftliche Uebereinkunft, keinen Vertrag mit der Krone England unterzeichnen werde, da solcher Schritt gegen das alte Herkommen, in der That ein Bruch der Reichsverfassung wäre. Er habe hohe Achtung vor Seiner Grossbritannischen Majestät und fühle sich geneigt, dessen Unterthanen grössere Zugeständnisse zu machen als anderen Europäern, auch die neuen Einrichtungen für den Handel in KAN-TON zu treffen, welche Hauptzweck der Gesandtschaft zu sein schienen; er werde aber stets vor Allem das Wohl und den Vortheil seiner eigenen Unterthanen im Auge behalten und niemals eine Spur davon opfern. Jeder fremden Nation, deren Interessen sich nicht mit den chinesischen vertrügen, werde er seine Gunst entziehen; die Engländer könnten die ihnen gewährten Vortheile durch schlechtes Betragen wieder verwirken. Dieser Ausdruck seines bestimmten Willens, erklärte der Kaiser, bedürfe keiner Aufzeichnung oder Unterschrift. — Noch deutlicher sprach der Minister, mit welchem Lord Macartney verkehrte: es könnten keine Verhandlungen auf der Basis gegenseitiger Vortheile stattfinden; alle Zugeständnisse seien nur als Gnade und Herablassung des chinesischen Kaisers aufzufassen.

Bei der Abschieds-Audienz in DŽEHOL übergab KIEN-LON dem Botschafter mit den gnädigsten Worten einige kostbare Steine, die seit 800 Jahren in seiner Familie seien, und eigenhändig geschriebene Verse für den König von England[15]); Lord Macartney reiste noch voll Hoffnung auf den schliesslichen Erfolg seiner Mission nach PE-KIN zurück, wo er am 26. September wieder eintraf. Er hatte in dem ihm dort angewiesenen Palast während seiner Abwesenheit glänzende und bequeme Einrichtungen für einen längeren Aufenthalt treffen lassen, denn man hoffte da den Winter durch von den Mühsalen der Reise auszuruhen. Die Decoration des Staatszimmers mit Thronhimmel und königlichem Wappen in Purpurseide und reicher Goldstickerei, kostbaren Teppichen und den lebensgrossen Bildnissen der Königsfamilie muss sehr prächtig gewesen sein. Die Repräsentation sollte erst hier beginnen, denn der Kaiser wurde unverzüglich erwartet. In DŽEHOL war wenig Gelegenheit zu

---

[15]) Nach Andersons Bericht hätte der Kaiser dabei Folgendes gesagt: »Uebergieb dieses Kästchen deinem Herrn dem König mit eigener Hand. So klein es scheinen mag, so ist es doch nach meiner Schätzung das Werthvollste, was ich ihm geben und mein Reich aufweisen kann. Denn es ist von einer langen Reihe meiner Vorfahren auf mich übergegangen, und ich hatte es zur letzten Liebesgabe für meinen Sohn und Nachfolger bestimmt, als ein Denkmal der Tugenden seiner Ahnen, dessen Anblick ihm den edelen Entschluss eingeflösst hätte, ihrem glänzenden Beispiel nachzueifern und gleich ihnen die Ehre des kaiserlichen Thrones, das Glück und den Wohlstand seines Volkes zu seinem grossen Lebenszweck zu machen.«

Gepränge; auf der mühseligen Landreise hatte man nur kleines
Gepäck mitführen können; die Staats-Processionen zu den Audienzen,
welche nach chinesischer Sitte bei Sonnenaufgang stattfanden,
werden von den Theilnehmern selbst als lächerlich geschildert. —
Beim Einzuge des Kaisers in Pe-kiṅ stellte Lord Macartney sich
nach Landessite am Wege auf und wurde freundlich begrüsst. Die
königlichen Geschenke — nur ein Theil war nach Džehol mitgenommen worden — mussten sofort im Sommer-Palast aufgestellt
werden; Alles wurde von den Chinesen in grösster Eile betrieben.
Der Ko-lao oder erste Minister scheint damals gleich mit dem
Vorschlag zu schleuniger Abreise hervorgetreten zu sein, welchen
er mit dem baldigen Eintritt des kalten Winters motivirte; aber
noch am 2. October gab der Botschafter nach einer Conferenz mit
den Ministern den Befehl zu weiteren häuslichen Einrichtungen.
Die Ueberführung der reichen Geschenke nach Yuaṅ-miṅ-yuaṅ
dauerte mehrere Tage; der Kaiser schien Gefallen daran zu finden
und erwiederte sie mit eben so reichen Gaben, die sich sogar auf
die Mannschaft der bei Tšu-san ankernden englischen Schiffe er-
streckten. — Die Mandarinen gaben unterdessen immer deutlicher
zu verstehen, dass der Botschafter gleich nach Empfang des kaiserlichen Schreibens um Erlaubniss zur Abreise bitten müsse. Das
Object der Gesandtschaft sei lediglich, Geschenke zu bringen und
Festen beizuwohnen; nach Empfang der Gegengeschenke und des
Antwortschreibens müsse dem chinesischen Ceremoniel gemäss
sofort die Rückreise angetreten werden. Auf geschäftliche Unterredungen liessen sich die Minister nicht mehr ein; der Ko-lao,
welcher den Fremden ungünstig gewesen sein muss, erbat sich
einen kurzen Auszug der englischen Anträge. Nachdem der Botschafter das kaiserliche Schreiben im Palast feierlich in Empfang
genommen hatte, scheint ihm der Befehl, Pe-kiṅ binnen zwei Tagen
zu verlassen, ohne Förmlichkeiten insinuirt worden zu sein[16]). Der
Kaiser liess Höflichkeiten sagen, empfing die Gesandtschaft aber
nicht mehr. Die eben eingetroffene Nachricht vom Ausbruche des

[16]) Nach Andersons Bericht wäre Lord Macartney in schmachvoller Weise zur
Abreise getrieben worden, so dass er den grössten Theil seiner kostbaren Einrichtung dem Diebsgesindel von Pe-kiṅ preisgeben musste. Seine Staatscarosse, erzählt
Anderson, hätte Lord Macartney am letzten Tage dem ersten chinesischen Minister
geschickt; in Tuṅ-tšau hätte er sie aber beschmutzt und verdorben vor der Thür
seiner Wohnung gefunden, die nicht besser als ein Stall gewesen sei. Auf den
Booten seien die Engländer wieder anständig behandelt worden.

Krieges mit Frankreich gab willkommenen Vorwand zu scheinbar freiwilliger Abreise; in der That aber wurden die Engländer ausgewiesen. Auf der Rückreise durch das Land[17]) nach Kan-ton, — dem vorgeschriebenen Wege der tributbringenden Gesandten, — wurden sie freundlich behandelt; die begleitenden Mandarinen benahmen sich bis zum letzten Augenblick sogar herzlich und sorgten mit persönlicher Aufopferung für die Bequemlichkeit der Fremden. — In Kan-ton, wo die Gesandtschaft am 19. December 1793 eintraf, war der Empfang von Seiten der Chinesen sehr ehrenvoll: die den Fluss auf lange Strecken säumenden Festungswerke und Kriegsdschunken salutirten; die Besatzungen waren am Ufer aufmarschirt und beugten das Knie, als der Botschafter vorüberfuhr.

Lord Macartney blieb noch bis zum 8. März 1794 in Kan-ton und Macao. Bei der Einschiffung nahm Sun-Tadžen, der chinesische Reisemarschall, unter Thränen von ihm Abschied. Damals schon Mandarin ersten Ranges, wurde dieser liebenswürdige Mann später Vice-König von Kuan-tun und erwarb sich auch in dieser schwierigen Stellung die höchste Achtung der Fremden, welche sein Unglück werden sollte. Als nachher Sun-Tadžen eine der einflussreichsten Stellungen am Hofe bekleidete, beschloss die englische Regierung 1812 — also zwanzig Jahre nach Lord Macartney's Reise — ihm ein werthvolles Ehrengeschenk zu senden, mit dessen Ueberreichung ein chinesischer Dolmetscher der englischen Factorei in Kan-ton beauftragt wurde. A-yen kehrte mit einer Karte des Sun-Tadžen dahin zurück, wurde jedoch alsbald von den dortigen Behörden verhaftet und nach summarischem Verfahren für unerlaubte Beziehungen zu den Barbaren in die Tartarei verbannt. Bald darauf erfuhr man, dass Sun-Tadžen in Ungnade gefallen, das Ehrengeschenk aber zurückgesandt worden sei. Er soll niemals wieder ein einflussreiches Amt bekleidet haben.

Ein Hauptzweck von Lord Macartney's Sendung war die Freigebung von Nin-po, Tšu-san, Tien-tsin und anderen Häfen für den englischen Handel; die Minister lehnten aber jede darauf zielende Erörterung ab. In seinem Schreiben an den König von Grossbritannien betont Kien-lon, dass der Handel auf Kan-ton beschränkt bleiben müsse: »Ihr werdet Euch nicht

---

[17]) Der grösste Theil dieses Weges wird auf Wasserstrassen zurückgelegt.

beklagen können, dass ich Euch nicht deutlich gewarnt hätte. Lasst uns deshalb in Frieden und Freundschaft leben, und achtet meine Worte nicht gering.« — Die Freigebung von Tšu-san hätte wenig Bedeutung gehabt. Für den Ostindienfahrer Hindostan gewährte der Kaiser volle Handelsfreiheit und Befreiung von allen Abgaben, weil derselbe zum Geschwader des Botschafters gehörte. Die Mandarinen und Kaufleute zeigten in Tšu-san den besten Willen; Thee und Seide waren viel billiger als in Kan-ton, aber nur in geringer Menge vorhanden, und die Ladung des Hindostan fand so wenig Absatz, dass die vorhandenen Ausfuhrartikel mit baarem Silber hätten bezahlt werden müssen. Darauf war der Supercargo nicht vorbereitet, und das Schiff segelte mit der ganzen Ladung nach Kan-ton zurück. Tšu-san ist auch in neuerer Zeit kein Handelsplatz geworden; dazu fehlen ihm viele Bedingungen.

Da man in England glaubte, dass Lord Macartney's Mission günstige Folgen für den Handel haben werde, so erliess Georg III. abermals ein Schreiben an den chinesischen Kaiser, das, von werthvollen Gaben begleitet, im Januar 1795 zu Kan-ton eintraf. Den königlichen Brief und die Geschenke für den Kaiser nahm der Vice-König bereitwillig an und beförderte sie nach Pe-kiń, von wo alsbald eine Antwort und Gegengeschenke eintrafen. Die von den englischen Ministern und der ostindischen Compagnie dem Vice-König bestimmten Gaben und Briefe wurden dagegen zurückgewiesen, »da es chinesischen Staatsdienern nicht erlaubt sei, mit Beamten fremder Länder in Beziehungen zu treten«. — Die Chinesen bezeichneten die vom Kaiser angenommenen Geschenke in späteren Verhandlungen immer als Tribut, trotz allen Protesten der englischen Diplomaten.

Obgleich Lord Macartney's Sendung keinen positiven Erfolg hatte, so erfüllte sich doch die Hoffnung der Engländer, ihre Lage in China gebessert zu sehen. Ohne Zweifel waren aus Pe-kiń Instructionen eingetroffen; die Mandarinen in Kan-ton merkten, dass die Fremden Einfluss in der Hauptstadt üben konnten und suchten dem für die Zukunft vorzubeugen. Wahrscheinlich trug auch Suń-Tadžen's Persönlichkeit viel dazu bei, dass die Beziehungen sich günstiger gestalteten; bis zum Jahre 1807 wurden sie durch kein Ereigniss getrübt, das eine Handelssperre herbeigeführt hätte; man konnte sich über willkürliche Bedrückung nicht beklagen. Gleichwohl blieb es bei den hohen Abgaben und Lasten;

die Einrichtungen waren für die Mandarinen und Hoṅ-Kaufleute zu vortheilhaft, um so leicht aufgegeben zu werden, und die Fremden müssen trotz denselben grossen Gewinn aus dem Handel gezogen haben. Der Vorfall, welcher 1807 die Beziehungen trübte, war an sich unerheblich, aber bezeichnend für die Verhältnisse durch seinen Ausgang. Matrosen vom englischen Schiffe Neptune hatten sich in einem Schnapsladen der an die Factoreien grenzenden Gassen betrunken und eine Schlägerei mit Chinesen angefangen — das war ein alltägliches Ereigniss. Die Officiere des Neptune sammelten ihre Leute und brachten sie in die englische Factorei; der chinesische Pöbel aber begann die verrammelten Thore mit Steinen zu bombardiren; die aufgeregten Seeleute brachen durch Schloss und Riegel und fielen über den Pöbel her, der schnell auseinanderstob. Dabei erhielt ein Chinese einen Hieb über den Schädel und starb daran. — Bei der an Bord des Neptune angestellten Untersuchung konnte der Thäter nicht ermittelt werden; die Mandarinen verlangten aber peremtorisch dessen Auslieferung und sperrten den Handel. Ihrer Forderung, dass die Untersuchung in der chinesischen Stadt geführt werde, entsprach man nicht, sondern verstand sich nur dazu, das Verhör in der englischen Factorei vor dem Ausschuss-Comité derselben und den chinesischen Richtern in Gegenwart des Capitän Rolles vom englischen Kriegsschiffe Lion stattfinden zu lassen. Seesoldaten mit aufgestecktem Bajonet hielten dabei Wache. In dem Tumult waren so viele Streiche gefallen, dass der des Todtschlages schuldige Matrose sich nicht ermitteln liess; um die Chinesen aber zu beschwichtigen, beschloss das Comité, einen, der besonders heftig um sich gehauen hatte, in Gewahrsam zu behalten. Es wurde abgemacht, dass eine Geldbusse an die Verwandten des Gefallenen erlegt werden solle. Als aber das Ausschuss-Comité zur gewohnten Jahreszeit nach Macao übersiedeln wollte, verlangten die Mandarinen, dass der verhaftete Matrose in Kan-ton zurückbleibe. Nun erklärte Capitän Rolles, er werde denselben an Bord seines Schiffes nehmen; die Mandarinen fügten sich nach einigem Sträuben. Sie waren, wie bei jedem ernsthaften Widerstande, in arger Verlegenheit. Nach Pe-kiṅ mussten derartige Vorfälle berichtet werden; den Handel wollte man nicht missen; so erfanden sie denn eine Erzählung, die den Angeklagten, dessen sie nicht habhaft werden konnten, schuldlos erscheinen liess. Der Matrose, wurde nach PE-KIŃ berichtet, habe beim Oeffnen eines Fensters im oberen Stockwerk der Factorei aus Versehen an ein Stück Holz gestossen, durch dessen Fall der Chinese getödtet wurde. Der kaiserliche Spruch befreite den Angeklagten von aller Schuld und verlangte nur eine Geldbusse von 12 TAEL für die Verwandten des Erschlagenen. — So plumpe Lügen wurden dem Hofe später häufig aufgetischt, wenn die Beamten in KAN-TON sich verrannt hatten.

1802. Politische Ereignisse drohten schon zu Anfang des 19. Jahrhunderts die Stellung der Fremden in China zu erschweren. Lord Wellesley, damals General-Gouverneur von Indien, glaubte 1802 die portugiesischen Niederlassungen in Asien vor den Anschlägen Frankreichs sichern zu müssen und schickte auch nach Macao Truppen. Der Vice-König von KUAŃ-TUŃ protestirte gegen die Anmaassung, irgend einen Theil des chinesischen Reiches besetzen zu wollen, und verlangte schleunige Entfernung der Engländer. Glücklicherweise beugte die Nachricht vom Friedensschlusse weiteren Erörterungen vor und die Truppen kehrten nach Bengalen zurück. —

1808. Als im Jahre 1808 abermals die Gefahr eines Handstreiches eintrat, liess die englische Regierung des kantonesischen Handels wegen Macao wieder besetzen. Der portugiesische Gouverneur war von Goa aus zu Aufnahme der englischen Truppen angewiesen und hätte sich mit seiner Handvoll schwarzer Soldaten derselben wohl kaum erwehren können: er unterzeichnete also gegen die Weisungen der chinesischen Behörden eine Convention und liess am 21. September die englischen Truppen landen, beklagte sich aber im Geheimen beim Vice-König über Gewalt und warnte ihn vor englischen Eroberungsgelüsten. Aehnlich hatten die Portugiesen 1802 gehandelt. — Der Vice-König verlangte jetzt peremtorisch die Einschiffung der Truppen, verbot auch alle Handelsgeschäfte und die Proviantirung aller englischen Schiffe: »Ihr wisst,« heisst es in seinem Erlass, »dass das von den Portugiesen bewohnte Gebiet zum himmlischen Reiche gehört, und könnt nicht glauben, dass die Franzosen sie dort zu belästigen wagen. Sollten sie es dennoch thun, so werden unsre tapferen Truppen sie angreifen, schlagen und aus dem Lande jagen.«

Admiral Drury schlug nun dem Vice-König eine Zusammenkunft in KAN-TON vor, erhielt aber keine Antwort. Darauf wies er alle dortigen Briten an, sich auf ihre Schiffe zu begeben; das

Kriegsgeschwader fuhr weiter den Fluss hinauf. Der Vice-König weigerte sich beharrlich der Anerkennung einer englischen Behörde ausser dem Factorei-Vorsteher und wies jeden Verkehr mit dem Admiral von sich. Dieser ging nun selbst nach KAN-TON, forderte eine Zusammenkunft und liess dem Vice-König sogar sagen, »er werde in einer halben Stunde bei ihm sein«, kehrte aber statt dessen auf sein Schiff zurück. — Der Vice-König blieb standhaft. Nach einiger Zeit erhielten alle Kriegsschiffe und Indienfahrer Befehl, ihre Boote zu bemannen, um abermals in KAN-TON einzudringen. Die Chinesen hatten eine Reihe Dschunken quer über den Fluss gelegt. Admiral Drury fuhr den anderen Booten voran, um zu parlamentiren, wurde aber mit einem Kugelregen empfangen. Er gab nun das Zeichen zum Angriff, das nicht verstanden, ebensowenig aber wiederholt wurde; der Admiral besann sich eines Besseren, machte kehrt und fuhr mit allen Booten zum Geschwader zurück. — Die triumphirenden Chinesen aber bauten am Orte ihres Sieges eine Pagode.

Der Stillstand des Handels brachte den Fremden grossen Verlust, und der Vice-König erklärte das Verbot aufrecht halten zu wollen, so lange ein englischer Soldat in Macao wäre. So beschloss man denn am 8. December, sich nach einem eben eingelaufenen kaiserlichen Erlass zu richten, der einen leidlichen Vorwand zum Nachgeben bot. In Macao wurde eine Convention unterzeichnet; die Truppen schifften sich ein und segelten nach Bengalen. — Die Chinesen trugen diesmal einen vollständigen Sieg davon, welcher der Stellung der Fremden wesentlich schadete und den guten Eindruck verwischte, welchen die Haltung des Capitän Rolles 1807 hinterliess.

Der englische Handelsvorsteher [18]) Roberts war wegen seines Verfahrens in dieser Angelegenheit vom Directorium der Compagnie getadelt und zurückberufen worden. Als er 1813 wieder einen Sitz im Ausschuss-Comité erhalten und sich in Macao eingefunden hatte, erklärte der HOP-PO durch öffentlichen Erlass, dass jener wegen seines früheren Benehmens nicht nach KAN-TON kommen dürfe. Die Portugiesen sollen auch bei dieser Gelegenheit das Feuer geschürt haben. Unwohlsein hielt Roberts in Macao zurück; der Ausschuss aber war entschlossen, den Mandarinen keine Einwirkung

---

[18]) Der englische Titel ist »President of the select committee«.

auf seine Zusammensetzung einzuräumen. Die Beamten der Factorei begaben sich zur gewohnten Zeit — Ende September — nach Kan-ton, verboten jedoch das Ausladen der Schiffe, bis der Hop-po seinen Erlass zurückgezogen hätte. — Roberts starb am 22. November in Macao. Der englische Handelsvorsteher verlangte nun, dass die Angelegenheit ohne Rücksicht auf diesen Zwischenfall im Princip entschieden werde, und erlaubte den Handel erst wieder, als der Hop-po sich namens der Regierung schriftlich jedes Rechtes begeben hatte, auf die Ernennung der Compagnie-Beamten Einfluss zu üben.

So steigerte sich seit 1807 die gegenseitige Verstimmung der Engländer und Chinesen; es war ein sonderbarer und ungleicher Kampf zwischen dem Nationalstolz und der Habgier der beiden Partheien. So sehr die Engländer im Nachtheil waren, so gewannen sie doch immer mehr Boden und lernten allmälich den Mandarinen die Spitze bieten. Einen gewissen Abschluss findet diese Periode in den Ereignissen des Jahres 1814. — Damals übte das englische Kriegsschiff Doris eine wirksame Blockade gegen die im Perl-Fluss liegenden americanischen Fahrzeuge, und nahm — im April 1814 — das Schiff Hunter. Die chinesischen Behörden forderten nun vom Handelsvorsteher, er solle die Doris fortschicken, wozu derselbe keine Macht hatte. Im Mai jagten die Boote des englischen Kriegsschiffes einen americanischen Schooner den Perl-Fluss hinauf bis Wam-poa und nahmen ihn dort, mussten ihre Prise aber im Stiche lassen, als die Boote der anderen Americaner über sie herfielen. Nun ergriffen die Mandarinen feindselige Maassregeln gegen die englische Factorei: zuerst wurden alle dort dienenden Chinesen durch Polizeidiener unter Androhung von Strafen entfernt, dann die Boote der Indienfahrer auf dem Flusse belästigt und Versuche gemacht, die Verbindung mit dem Kriegsschiffe abzuschneiden. Dem begegnete das Ausschuss-Comité durch Einstellung des Handels. Ueberrascht, die eigenen Waffen gegen sich gekehrt zu sehen, lenkten die Behörden ein. Ein Mandarin erhielt den Auftrag, mit dem Bevollmächtigten des Ausschusses, Sir George Staunton, zu unterhandeln; dieser brachte in mehreren Conferenzen viele Beschwerden zur Sprache. Seit Jahren hatte sich der Zündstoff angehäuft und drohte gewaltsamen Ausbruch. Man machte aber mit dem Aufräumen wenig Fortschritt, und der Vice-König befahl die Verhandlungen abzubrechen. Darauf forderte das Ausschluss-Comité alle britischen Unterthanen auf, KAN-TON zu verlassen, und das ganze Handels-Geschwader fuhr den Fluss hinab.

Diese Maassregel brach die Hartnäckigkeit des Vice-Königs. Er schickte den Engländern eine Deputation von HOŃ-Kaufleuten nach und versprach Erörterung aller Beschwerden, wenn Staunton zurückkehren wolle. Als dieser in KAN-TON erschien, suchten die Chinesen ihr Versprechen zu umgehen, scheiterten aber an seiner Entschlossenheit. Nach langem Streit wurden die Hauptforderungen bewilligt und eine amtliche Urkunde darüber aufgenommen, die der Vice-König unterschrieb. Zum ersten Male gestand man darin den Engländern das Recht zu, unter Siegel und in chinesischer Sprache mit der Provinzial-Regierung zu correspondiren; kein chinesischer Beamte sollte ohne Erlaubniss des Handelsvorstehers die Factorei betreten, kein Chinese gehindert werden, bei den Engländern Dienste zu nehmen u. s. w. Das war ein grosser Erfolg.

In England fand das Auftreten des Ausschusses grosse Anerkennung sowohl im Parlament als bei den Directoren der ostindischen Compagnie. Die schriftlichen Versprechen des Vice-Königs erweckten die Hoffnung, dass im Wege der Verhandlung ein Weiteres zu erreichen wäre, und den Wunsch, noch einmal mit dem Kaiserhofe in Verbindung zu treten. Man hoffte noch immer Verträge zu erzielen, durch welche der Handel auf fester Grundlage aufgebaut, den englischen Unterthanen voller Rechtsschutz und eine geachtete Stellung gesichert würde. Die Sendung des Lord Amherst 1816 bezweckte, bleibende Beziehungen zu den kaiserlichen Behörden in PE-KIŃ anzubahnen; denn seit einer Reihe von Jahren hatte sich gezeigt, dass die Willkür und Doppelzüngigkeit der Provinzial-Beamten eine Hauptquelle der Widerwärtigkeiten waren, dass von der kaiserlichen Regierung eine billigere Beurtheilung der Verhältnisse zu erwarten sei. In England träumte man damals sogar von Einrichtung einer stehenden Gesandtschaft in PE-KIŃ; doch erreichte Lord Amherst eben so wenig als Lord Macartney.

Die Gesandtschaft verliess England am 10. Februar 1816 an Bord der Fregatte Alceste, in Begleitung der Kriegs-Brig Lyra und des Indienfahrers General Hewett. Am 12. Juli ankerten sie vor Macao; dort schifften sich Sir George Staunton und die chinesischen Secretäre der englischen Factorei ein. Am 28. Juli erreichten sie die PEI-HO-Mündung; die Gesandtschaft durfte am 9. August landen und traf am 12. in Tien-tsin ein, wo ihr im Namen des Kaisers ein glänzendes Fest gegeben, zugleich aber von den Mandarinen zugemuthet wurde, das Ko-to oder Kopfstossen vor einem gelben Schirme einzuüben. Die Gesandten aller China tributpflichtigen Reiche müssten diesen Gruss vor dem Kaiser verrichten, also auch die Engländer. Lord Amherst weigerte sich und wies darauf hin, dass Kien-lon sich von Lord Macartney nach der vor dem eigenen Monarchen üblichen Sitte habe begrüssen lassen, wurde aber von dem Augenblick an und auf der weiteren Reise schlecht behandelt. In Pe-kin angelangt, erhielt er von Kaiser Kia-kin die Weisung, sofort vor ihm zu erscheinen. Staubig und müde von der Reise, die in Karren auf holprigem Wege zurückgelegt wurde, liess Lord Amherst sich mit Unwohlsein entschuldigen. Der Kaiser sandte seinen Leibarzt, und gab auf dessen Bescheid, dass nur Ermüdung Lord Amherst von der Befolgung seines Willens abhalte, den Befehl zu schleuniger Abreise der Gesandtschaft. Sie kehrte also nicht nur unverrichteter Sache, sondern ohne überhaupt vorgelassen zu sein, auf dem Landwege nach Kan-ton zurück, wurde aber auf der Rückreise etwas besser behandelt, als vor der Ankunft in Pe-kin.

Die Ansicht, dass Lord Amherst's Sendung an seinem vornehmen Betragen gescheitert sei, ist sicher ungegründet. Die holländischen Gesandten, welche sich jeder Demüthigung unterzogen, wurden verspottet und beschimpft, während die Engländer wenigstens anständige Behandlung erfuhren. Obgleich auch diese formell nichts erreichten, folgte doch ihren beiden Gesandtschaften factisch eine Periode des besseren Vernehmens mit den Behörden in Kan-ton. Durch Ausführung des Ko-to hätten die Gesandten die Lehnspflicht ihres Landesherrn und die Unterthänigkeit ihrer Landsleute gegen die Krone China, welche diese beanspruchte, öffentlich bekannt. Es ist Thatsache, dass Chinesen das Ko-to niemals vor einem fremden Monarchen vollzogen haben, dass chinesische Gefangene sich weigerten, vor siegreichen Königen zu knieen, dass chinesische Gesandte lieber unverrichteter Sache, ohne Mittheilung ihrer Aufträge aus Japan heimkehrten, als sich zu jener Demüthigung verstanden. Die Frage hat politische Bedeutung; die Wahrung nationaler Würde und Unabhängigkeit ist die erste Bedingung des Erfolges im diplomatischen Verkehr mit China, und selbst die Anwendung von Gewalt hat immer gute Früchte getragen, wo es sich um den Ehrenpunkt handelte. — Die Sendung des Lord Amherst scheiterte, weil sie die Herstellung directer Beziehungen zum Kaiserhofe bezweckte, weil die Beamten in KAN-TON wohl wussten, dass bittere Beschwerde über sie geführt werden solle. Sie hatten in der Umgebung des Kaisers einflussreiche Freunde, welche den üblen Empfang der Gesandtschaft vorbereitet und dem Herrscher die schlechteste Meinung von den Fremden überhaupt und besonders von Sir George Staunton beigebracht hatten. Dieselben Beamten versuchten in KAN-TON, während die Gesandtschaft in PE-KIŃ war, ihr Uebelwollen in der unverschämtesten Weise an deren Schiffen auszulassen. Zunächst wurde dem General Hewett die Ladung verweigert, »weil es ein Tributschiff sei«. Dann verbot der Vice-König der Alceste und der Lyra, in den Perl-Fluss einzulaufen. Die Fregatte, unter Capitän Maxwell's Befehl, segelte aber ohne Aufenthalt langsam stromaufwärts, brachte das Feuer der Kriegs-Dschunken mit einem wohlgezielten Schuss, die Werke der Bocca mit einer Breitseite zum Schweigen und warf bei WAM-POA Anker. Nun wurde dem General Hewett sofort die Ladung geliefert, die Alceste auf das beste proviantirt. Der Vice-König erklärte sogar durch öffentliche Bekanntmachung, die Dschunken und Festungswerke hätten die Alceste nur salutirt.

Bald darauf kam Lord Amherst in KAN-TON an. Er hatte das Schreiben des Regenten in PE-KIŃ zurückgelassen. Dem Vice-König von KUAŃ-TUŃ wurde nun von dort ein kaiserliches Antwortschreiben zugestellt, zu dessen persönlicher Ueberreichung an den englischen Gesandten er verbunden war. Dieser machte zur Bedingung der Zusammenkunft, dass ihm und seinen Begleitern die Ehrenplätze eingeräumt würden. Das war eine harte Zumuthung, denn die höheren Mandarinen hatten bis dahin immer den Vortritt vor allen Europäern beansprucht. Die Stellung der Engländer in KAN-TON erforderte aber, dass öffentlich ein Beispiel statuirt werde, und man durfte die Gelegenheit nicht versäumen. — In einem gelbseidenen Zelte fand die Ueberreichung statt. Der Vice-König hob das kaiserliche Schreiben ehrerbietig über sein Haupt und legte es dann in die Hände des Gesandten. Man begab sich darauf zur Collation in ein anderes Zelt; Lord Amherst und Sir George Staunton sassen zur Linken, der Vice-König und der HOP-PO zur Rechten. Letzterer war die Triebfeder aller den Engländern vor kurzem angethanen Beschimpfungen. Sein Versuch, auch bei dieser

Gelegenheit unhöflich zu sein, wurde aber so barsch zurückgewiesen, dass er sich schleunigst entfernte. — So endete Lord Amherst's Gesandtschaft.

Bis 1829 folgte nun wieder ein Zeitraum der Ruhe, in welchem der Handel nur zwei unbedeutende Unterbrechungen erlitt; in beiden Fällen thaten die Mandarinen die ersten Schritte zur Ausgleichung. — 1821 geschah es, dass Boote von einem der Compagnie-Schiffe am Ufer des Perl-Flusses Wasser einnahmen, dabei von einer Pöbelrotte überfallen und mit einem Steinhagel begrüsst wurden. Der die Boote commandirende Officier feuerte einen Schuss über die Köpfe der Angreifenden; weit dahinter spielten auf der hohen Uferböschung Knaben, deren einen die Kugel tödtete. Die Mandarinen verlangten nun die Auslieferung eines Engländers zur Sühne; der Handelsvorsteher aber weigerte sich sogar jeder Bestrafung, da das Unglück durch Nothwehr und Zufall herbeigeführt sei. — Bald darauf entleibte sich der Schlächter eines der Compagnie-Schiffe, und die Chinesen beschlossen in ihrer Verlegenheit, diesen für den Mörder des Knaben anzusehen. Sie drangen darauf, eine Todtenschau vorzunehmen, und die an Bord gelassenen Mandarinen erklärten den Selbstmörder ohne Umstände für den Schuldigen [19]); die Behörden waren befriedigt und gaben den Handel wieder frei. — Die Fälschung erregte sogar bei der besseren Classe der Chinesen Anstoss: ein angesehener Bürger von Kan-ton bewog den Vater des getödteten Knaben zu der Erklärung, dass er den Schlächter nicht für den Thäter halte; darauf wurden beide verhaftet und als Unruhestifter bestraft, womit die Sache abgethan war.

Der zweite Fall war ernster. Die englische Fregatte Topaze ankerte gegen Ende des Jahres 1821 bei der kleinen Insel Lin-tin vor der Mündung des Perl-Flusses. Eine Abtheilung unbewaffneter Matrosen nahm am 15. December dort eben Wasser ein, als eine zahlreiche Bande hinterlistig über sie herfiel. Der commandirende Officier an Bord sah den Angriff, schickte ein Boot mit Seesoldaten ab, welche durch ihr Feuer den Rückzug der Matrosen deckten, und sandte, um weiterem Zuzug vorzubeugen, einige Vollkugeln nach dem benachbarten Dorfe. Vierzehn Matrosen

---

[19]) Die gegen die Engländer gerichtete Beschuldigung, dass sie zu diesem Verfahren die Hand geliehen hätten, ist nach Davis falsch.

wurden verwundet an Bord gebracht; die Chinesen hatten zwei Todte und vier Verwundete. Der Commandant des Topaze richtete eine Beschwerde an den Vice-König; dieser lehnte jede Mittheilung desselben ab, drohte dagegen das Ausschuss-Comité verantwortlich zu machen und den Handel zu verbieten, bis zwei Engländer vom Topaze zur Sühne ausgeliefert würden. Nach fruchtlosen Gegenvorstellungen beschlossen die Beamten der englischen Factorei, sich an Bord ihrer Schiffe zu begeben; am 11. Januar 1822 wurde in KAN-TON die englische Flagge gestrichen; das Handelsgeschwader fuhr den Strom hinab und legte sich bei der zweiten Barre vor Anker. Der Vice-König änderte darauf den Ton und erklärte schon am 13. Januar, durch die Abreise der Factorei-Beamten die Ueberzeugung gewonnen zu haben, dass sie keine Gewalt über das Kriegsschiff hätten; er ersuche sie deshalb zurückzukehren; der Handel könne jedoch erst wieder beginnen, wenn zwei Engländer ausgeliefert wären. Darauf ging man natürlich nicht ein, und der Vice-König suchte neue Auskunftsmittel. Als die Fregatte nach Macao ging, liess er verbreiten, sie habe sich versteckt; darauf legte sich Capitän ichardson wieder vor den Perl-Fluss. Den Vorschlag, die Sache zur Entscheidung nach England zu berichten, wies der Vice-König zurück und liess durch eine Deputation von HON-Kaufleuten abermals die Auslieferung fordern. Da lichteten die englischen Schiffe die Anker und segelten stromabwärts, mit geladenem Geschütz und gefechtsklar für den Fall eines Angriffs von den Strandbatterieen.

Die chinesischen Behörden hatten mit Abbruch der Verhandlungen gedroht, wenn das Geschwader den Fluss verliesse, forderten aber schon am 29. Januar die Engländer auf, eine Mittheilung an den Vice-König zu richten, dass zwei Seeleute von der Fregatte verschwunden seien; er werde solche als die Schuldigen ansehen und sich damit in PE-KIN rechtfertigen können. Nach Ablehnung dieses sauberen Vorschlages bat man, dass die Fregatte sich nur auf einige Tage entferne, damit der Vice-König berichten könne, sie sei geflüchtet. Der Ausschuss aber beharrte auf seinem Beschluss, nicht eher nach KAN-TON zurückzukehren, bis man ihn von jeder Verantwortlichkeit für die Kriegsschiffe entbände und den Handel ohne Bedingung freigäbe. Um falschen Auslegungen vorzubeugen, erklärte jetzt Capitän Richardson, dass seine Instructionen ihn zu baldiger Abreise zwängen. — Der Vice-König schickte darauf Beamte zur Untersuchung nach LIN-TIN; am 4. Februar kam mit Erlaubniss des Commandanten ein Mandarin an Bord des Topaze und inspicirte die Verwundeten. Der chinesische Admiral der Station wechselte Höflichkeitsbesuche mit dem Handelsvorsteher und Capitän Richardson, und am 8. Februar ging die Fregatte in See. — Die Chinesen erschöpften sich noch mehrere Wochen lang in Bemühungen, die Factorei-Beamten zu falschen Angaben zu vermögen, welche ihre Nachgiebigkeit rechtfertigten. Endlich kam ein Erlass des Vice-Königs, welcher die bedingungslose Freigebung des Handels und die Anerkennung des von den Factorei-Beamten aufgestellten Principes aussprach. Am 23. Februar kehrte das Geschwader nach KAN-TON zurück.

Anfang November 1822 verwüstete eine furchtbare Feuersbrunst die Stadt und legte auch die Factoreien in Asche. 50,000 Chinesen verloren ihr Obdach. Chinesische Polizei-Mannschaften schützten im Verein mit den Matrosen der fremden Schiffe die am Ufer aufgehäuften Bestände gegen Diebesbanden; eine grosse Menge Waaren aber verbrannte in den Factoreien. Die gewölbten Keller des englischen Gebäudes, wo etwa eine Million Silber-Dollars lagerte, blieben unversehrt. Die meisten Europäer mussten längere Zeit nach diesem Brande auf dem Wasser leben; nur den Beamten der englischen Factorei räumten die HoṄ-Kaufleute ein Haus ein, wo sie nach einer Woche ihre Geschäfte fortsetzen konnten.

Der Handel litt dann lange keine Störung, bis im Frühjahr 1828 Verhältnisse wiederkehrten, die schon früher einmal die Beziehungen zu trüben drohten. Die Unsitte hatte sich eingeschlichen, dass Fremde den HoṄ-Kaufleuten bedeutende Geldsummen zu hohen Zinsen liehen. 1782 sollen die geschuldeten Capitalien eine Million Pf. St. betragen haben. Die Gläubiger wandten sich damals nach vergeblichen Bemühungen um Rückzahlung an die ostindische Regierung, welche eine Fregatte nach dem Perl-Fluss schickte und durch deren Commandanten eine Vorstellung an den Vice-König von KUAṄ-TUṄ überreichen liess. Auf den Bericht des Letzteren entschied der Kaiser, dass die sämmtlichen HoṄ-Kaufleute solidarisch verpflichtet seien und für ihre zahlungsunfähigen Genossen einzutreten hätten; in Zukunft dürfe keiner ein Darlehn von den Fremden annehmen. — Der erste Theil dieses Befehls machte aber das Verbot, Schulden zu contrahiren, illusorisch; denn die Sicherheit, welche der Kon-su, ein aus bestimmten Steuern sich jährlich ergänzender eiserner Fonds des Hoṅ-Verbandes, gewährte, liess die Mitglieder desselben bei dem hohen Zinsfusse (12 Procent) immer bereitwillige Gläubiger finden. Welches auch das Schicksal des Schuldners sein mochte: das Capital war durch jenen Erlass gesichert.

In den ersten Jahrzehnten dieses Jahrhunderts belief sich die Zahl der Hoṅ-Kaufleute gewöhnlich auf zehn bis elf. Zwei der weniger bemittelten stellten ihre Zahlungen ein, ohne dass der Handel wesentlich darunter litt. Im Frühjahr 1828 aber fallirte eine grössere Firma mit einer Million Dollars; der Eigenthümer wurde in die Tartarei verbannt und starb auf der Reise. Im folgenden Jahre machte ein zweiter Hoṅ-Kaufmann einen betrügerischen Bankerott von gleichem Belang, flüchtete mit dem grössten Theile des Geldes, erwirkte sich durch den Einfluss angesehener Verwandten Straflosigkeit und überliess seine Schulden dem Hoṅ-Verbande. — Einem darüber getroffenen Abkommen gemäss wurden die zwei Millionen in regelmässigen Zahlungen bis zum Jahre 1833 abgetragen. Die kaiserliche Regierung aber merkte die schlechten Folgen ihrer Verordnung und hob dieselbe auf. Ein wirklicher Schaden erwuchs den Fremden daraus nicht; denn der hohe Credit leistete nur dem Leichtsinn gewissenloser Speculanten Vorschub, und die den Fremden erstatteten Summen kamen aus ihrer eigenen Tasche. Die Chinesen schrieben zur Tilgung der zwei Millionen eine besondere Steuer auf die Einfuhr aus, welche nachher nicht wieder abgeschafft wurde.

Die Zahl der Hoṅs hatte sich durch jene Vorfälle auf sechs vermindert, und diese waren der Ausdehnung des Handels nicht gewachsen. Das Monopol brachte glänzenden Gewinn, aber die Erpressungen der Beamten und die Verantwortlichkeit für die Fremden machten die Stellung der Hoṅ-Kaufleute schwierig und unbequem. Die meisten Capitalisten verschmähten sie; die Hoṅ-Kaufleute selbst trugen kein Verlangen, ihren Gewinn mit mehreren zu theilen, und die kantonesische Regierung behandelte die Sache, welche bald Gegenstand ernster Vorstellungen wurde, mit Indifferenz. Der englische Ausschuss liess deshalb das Handelsgeschwader der Compagnie 1829 vor der Flussmündung Anker werfen und 1829. richtete am 8. September ein Schreiben an den Vice-König, in welchem neben dem Gesuche um Vermehrung der Hoṅ-Kaufleute auch andere Härten zur Sprache kamen, vor allem die übermässige Höhe der Hafengebühren und die willkürlichen Erpressungen der Zollbeamten. In seiner Antwort zeigte der Vice-König sich nachgiebig im ersten Punkt, wies aber die anderen Beschwerden zurück und blieb gegen alle Vorstellungen taub. Der Ausschuss wandte sich nun an den General-Gouverneur von Indien mit der Bitte, ein Schreiben an den chinesischen Kaiser zu richten, wurde aber abschläglich beschieden. Die Verlegenheit der Engländer steigerte sich; im Ausschuss war man nicht einig; der Verlust aus der Verzögerung der Handelsgeschäfte stand zu den angestrebten Zwecken ausser Verhältniss. Als daher am 2. Februar der Vice-König erklärte, dass ein neuer Hoṅ-Kaufmann ernannt sei und weitere Ernennungen bevorständen, die übrigen Vorstellungen aber zur Entscheidung nach PE-KIṄ berichtet wären, gaben die Engländer bereitwillig nach. Das Handelsgeschwader ging nach WAM-POA, die Geschäfte begannen, und bis zum 1. März wurden dem Hoṅ-Verbande drei neue Mitglieder hinzugefügt.

Die nächste Handels-Saison war wieder sehr unruhig. Einige Parsees tödteten in einer nächtlichen Schlägerei einen Engländer, wurden festgenommen und zur Aburtheilung nach Bombay eingeschifft. Die chinesischen Behörden verlangten ihre Auslieferung und bezogen sich dabei auf einen 1780 vorgekommenen Fall: ein französischer Matrose, der damals einen Portugiesen erschlug, war von den französischen Beamten der einheimischen Justiz ausgeliefert worden, die denselben ohne Umstände stranguliren liess. — Der englische Ausschuss wies nun aber jenes Ansinnen zurück. Darauf befahl der Vice-König die schleunige Entfernung der Gemahlin des Handelsvorstehers, welche gegen die alten Vorschriften nach KAN-TON gekommen war; denn europäische Frauen durften nur in Macao wohnen. Die Androhung von Gewalt, welche jenen Befehl begleitete, veranlasste den Ausschuss, hundert bewaffnete Matrosen und zwei Achtzehnpfünder von WAM-POA kommen zu lassen; die Chinesen erklärten nun aber, dass kein Zwang beabsichtigt werde, und die Seeleute wurden nach vierzehntägigem Aufenthalt in den Factoreien wieder fortgeschickt.

Die Zurückhaltung der Schiffe vor der Flussmündung im Jahre 1829 war von dem Directorium der Compagnie missbilligt und der Ausschuss durch neue Beamte ersetzt worden, welche bald nach den erzählten Vorfällen im November 1830 in KAN-TON eintrafen. Die Erbitterung zwischen den Fremden und den Chinesen hatte sich keineswegs gelegt, und die neuen Beamten wurden mit Anträgen des Vice-Königs bestürmt, alle fremden Frauen aus KAN-TON zu entfernen. Er erlaubte schliesslich den anwesenden, bis zum Schluss der Handels-Saison zu bleiben, und die Engländer selbst verschmähten es nachher, ihre Frauen nach KAN-TON zu bringen, wo man sie durch öffentliche Anschläge beschimpfte. Die nationale Abneigung trat in dieser Zeit immer stärker zu Tage, und man kann, wenn damit das gute Einvernehmen in anderen Perioden verglichen wird, die gegenseitige Erbitterung kaum anders als aus persönlichen Leidenschaften erklären. — Beim Neubau der Factoreien nach dem grossen Brande 1822 war die Uferfront derselben ziemlich weit in den Fluss hinausgerückt worden. Nur eine Ecke vor dem Gebäude der ostindischen Compagnie blieb noch auszufüllen zu Ergänzung eines kleinen Platzes, der mit Sträuchern bepflanzt und zum Vorgarten eingerichtet werden sollte. Das ärgerte die Chinesen. Der frühere Ausschuss war wiederholt von den Behörden aufgefordert worden, von der Anlage des Gartens abzustehen, hatte sich aber nicht daran gekehrt und den Platz sogar durch englische Seeleute wieder herstellen lassen, als die Chinesen ihn im Sommer demolirten. Der neue Ausschuss blieb unbehelligt, so lange die Handels-Saison dauerte. Gleich nach Abfahrt des letzten Schiffes erschien aber der FU-YUEN in der englischen Factorei, liess die HON-Kaufleute und Dolmetscher rufen und stellte sie zur Rede über die gegen Befehl des Vice-Königs ausgeführten Arbeiten. Er gebot dem Vorsteher des HON-Verbandes und dem ersten Dolmetscher bei Todesstrafe, den Bau zerstören zu lassen, liess im Empfangssaale der Factorei die Hülle vom Bilde des Königs reissen, setzte sich mit dem Rücken gegen dasselbe und betrug sich mit gesuchter Grobheit. — Bald darauf wurde ein Erlass veröffentlicht, dessen Inhalt berechnet war, die Fremden zu beschimpfen, ihre Lage unerträglich zu machen: den Sommer über dürfte kein Fremder in KAN-TON bleiben; die eingebornen Diener sollten strenger beaufsichtigt werden, die Fremden sich unweigerlich allen Befehlen der HON-Kaufleute unterwerfen und niemals die Factoreien verlassen, auch ohne besondere Erlaubniss den Fluss nicht befahren; das 1814 gewährte Recht des schriftlichen Verkehrs mit den chinesischen Behörden sollte auf das äusserste beschränkt werden. — Diesen Bestimmungen trat der

Ausschuss mit der Erklärung entgegen, dass er den Handel am 1. August suspendiren werde, falls sie nicht zurückgenommen würden; er ersuchte zugleich den General-Gouverneur von Indien, eine Vorstellung an den Vice-König von Kuaṅ-tuṅ zu richten und ein Kriegsschiff nach China zu schicken. Ende Mai 1831 veröffentlichten die englischen Kaufleute und Agenten in Kan-ton eine Reihe von Resolutionen, durch welche sie das Verfahren des Ausschusses billigten und als einziges Schutzmittel gegen künftige Uebergriffe anerkannten.

Am 9. Juni ging dem Handelsvorsteher ein Erlass des Vice-Königs zu, welcher die in seiner Abwesenheit getroffenen Maassregeln des Fu-yuen billigte und die Sanctionirung jener Bestimmungen durch den Kaiser mittheilte. Nun war jede Aenderung derselben durch die Provinzial-Regierung abgeschnitten. Der Ausschuss zog deshalb seine Drohung der Handelssperre zurück und beschloss die Antwort des General-Gouverneurs von Indien abzuwarten. Einigen Eindruck scheint sein Auftreten aber gemacht zu haben: die Chinesen trafen keine Anstalt zu Ausführung jener Bestimmungen; die Engländer in Kan-ton blieben unbelästigt, und der Handel nahm ungestörten Fortgang.

1831. Im November 1831 kam das Kriegsschiff Challenger aus Bengalen mit dem erbetenen Schreiben des General-Gouverneurs, das nach einigen Umständlichkeiten in angemessener Weise überreicht wurde. Des Vice-Königs schriftliche Antwort verneinte zwar die Absicht, die Fremden zu beschimpfen, war aber im übrigen so unbefriedigend und in der Form so unziemlich, dass der Ausschuss die Annahme verweigerte. — Dabei hatte es sein Bewenden; denn die aus England einlaufenden Instructionen setzten weiterem Vorgehen ein Ziel. Das Monopol der ostindischen Compagnie für China war seinem Erlöschen nahe; in England beschäftigte man sich lebhaft mit der Frage seiner Erneuerung, welche zu heftigen Debatten im Parlament führte. Bei Beleuchtung der in China zu befolgenden Politik hatten die durch eigene Erfahrung der Verhältnisse Kundigen allerlei Theorieen und die Sonder-Interessen einflussreicher Männer zu bekämpfen. Das von der Majorität der Landesvertretung gebilligte Verfahren der Regierung war wohl kaum das richtige und ist auch von englischen Staatsmännern verurtheilt worden. Dennoch darf man zweifeln, dass eine gemässigte, allen Verhältnissen Rechnung tragende Politik die

Differenzen so gründlich zum Austrag gebracht und den Europäern jemals diejenige Stellung errungen hätte, welche das geistige Uebergewicht und die materielle Kraft der Grossmächte für ihre Unterthanen auf dem ganzen Erdenrund in Anspruch nehmen müssen. Die Geschichte hat die englische Politik gerechtfertigt, so scharf dieselbe sich vom sittlichen und in vielen Stücken auch vom practischen Standpunkte anfechten lässt.

II.
DER OPIUM-HANDEL UND DER OPIUM-KRIEG.
BIS 1842.

Am 22. April 1834 erlosch das Monopol der ostindischen Compagnie für den Handel mit China nach zweihundertjährigem Bestehen. Dieser Wendepunkt wurde besonders wichtig durch den Aufschwung, welchen der Opium-Handel in den letzten Jahren des Monopols genommen hatte.

Die Einfuhr des indischen Opium nach China mag um die Mitte des 18. Jahrhunderts begonnen haben; vor 1767 betrug sie kaum 200 Kisten (zu 140 Pfund) jährlich. In den folgenden Jahren wurden durch Portugiesen in Macao, welche damals diesen Handel fast ausschliesslich in Händen hatten, etwa 1000 Kisten eingeführt, die reichen Gewinn brachten. Die chinesische Regierung, welche bis dahin die Einfuhr gegen eine geringe Abgabe erlaubt hatte, erkannte jetzt den dem Volke dadurch zugefügten Schaden und verbot die Einfuhr wie den Gebrauch des Opium, welches seitdem nur geschmuggelt wurde. In kurzem stieg der Preis auf das Doppelte. Gegen Ende des 18. Jahrhunderts verbreitete sich das Opium-Rauchen über das ganze Reich. Der Schleichhandel nahm grosse Dimensionen an, ging aber allmälich in die Hände der Engländer über, deren indische Besitzungen das meiste und das beste Opium lieferten. Lange Zeit blieb Macao trotzdem ausschliesslicher Stapelplatz der Opium-Schmuggler, bis die Engländer, der portugiesischen Chicanen müde, ihren Vertrieb nach der kleinen Insel Lin-tin an der Mündung des Perl-Flusses verlegten. So bestand der einträgliche Schleichhandel viele Jahre unter Connivenz der Mandarinen, die mit namhaften Summen dafür bestochen, zugleich aber gezwungen waren, alle dabei vorkommenden Ungesetzlichkeiten zu dulden, weil sie des strengen Verbotes wegen den ganzen Verkehr ignoriren mussten. Das setzte die Behörden von Anfang an in eine falsche Stellung: während sie den kleinsten bei dem erlaubten

Handel vorkommenden Unregelmässigkeiten mit blutiger Härte entgegentraten, sahen sie ruhig den Gewaltthaten der Schmuggler zu, welche mit frechem Trotz die Gesetze höhnten. Die verwilderte Mannschaft der Opium-Schiffe bediente sich ihrer Waffen mit brutalem Leichtsinn. Oft wurden auf Lin-tin Chinesen erschossen, die sich nicht blind der Willkür dieses Gesindels fügten. Klagten die Verwandten bei den Mandarinen, so wiesen diese sie entweder ab, oder liessen die an den Factorei-Ausschuss gerichteten Anträge auf Bestrafung der Schuldigen sogleich wieder fallen; denn jede Untersuchung hätte das ungesetzliche Treiben an den Tag gebracht und die Mandarinen ihrer besten Einkünfte beraubt. Der Ausschuss aber verwahrte sich gegen jede Verantwortlichkeit für die Schmuggler.

Die glänzenden Erfolge des Schleichhandels mit Opium und die dadurch bewiesene Möglichkeit, dem Handel auf ungesetzlichem Wege grössere Ausdehnung zu geben, durch Bestechung der Mandarinen höheren Gewinn zu erzielen, als auf gesetzlichem Wege möglich war, erweckten bei den Engländern den Gedanken, denselben auch auf andere Artikel auszudehnen und systematisch zu treiben. Einige Schiffe gingen zunächst nach den Küsten östlich von Kan-ton, fanden aber für englische Manufacturen keinen Absatz; nur Opium und etwas Salpeter liessen sich verkaufen. Die Sache beschäftigte aber so sehr alle am chinesischen Handel Betheiligten, nicht nur in Kan-ton sondern auch in England, — wo Viele die grössten Hoffnungen darauf setzten und aus diesem Gesichtspunkt die Aufhebung des Monopoles wünschten, — dass der Ausschuss der Compagnie-Beamten selbst einen Versuch zu machen beschloss. Ein ostindisches Fahrzeug, der Lord Amherst, wurde mit allen möglichen dem Bedürfniss und Geschmack der Chinesen angepassten Artikeln befrachtet und unter den Befehl eines Beamten der Compagnie gestellt. Der Missionar Gützlaff begleitete denselben als Dolmetscher. Am 26. Februar 1832 segelte das Schiff von Kan-ton ab und kehrte am 4. September dahin zurück. Es hatte die Häfen A-moi, Fut-šau, Niṅ-po, Shang-hae berührt, auf dem Rückwege Korea und die Liu-kiu-Inseln angelaufen. Fast überall wurden die Engländer freundlich aufgenommen, scheiterten aber in ihren Bestrebungen. Wo die Mandarinen sich abweisend verhielten, stürmten jene geständlich deren Wohnungen, rannten ihre Dschunken an und schlugen die Thüren der

Cajüten ein. Alle Kunstgriffe der Schmeichelei, Bestechung und Einschüchterung blieben erfolglos; die Wachsamkeit der Behörden vereitelte jedes Geschäft. Man hatte wohl nicht erwogen, dass ausserhalb KUAŃ-TUŃ aller Handel mit Fremden verboten war, dass also den Mandarinen jeder Deckmantel der Connivenz fehlte. Der Amherst brachte den grössten Theil seiner Ladung nach KAN-TON zurück; Einiges hatte man verschenkt, verkauft fast gar nichts; der Verlust an dem Unternehmen war bedeutend. Von den Directoren der Compagnie wurde dasselbe getadelt, und besonders scharf gerügt, dass die Leiter und Theilnehmer sich falsche Namen beigelegt hatten; »denn solche Aufführung passe schlecht zu den Beschwerden über die Doppelzüngigkeit der Chinesen, und sei ganz und gar ungesetzlich«.

Gegen Ende des Jahres 1833 kam es zwischen den englischen Schmugglern und den Chinesen von LIN-TIN zu blutigen Kämpfen; ein Chinese wurde erschossen.[20]) Seine Gefährten mordeten aus Rache einen gefangenen Lascaren. Nun rückten die bewaffneten Boote der Opium-Schiffe zu förmlichem Angriff auf das nächste Dorf vor, erhielten aber ein so mörderisches Feuer, dass sie umkehren mussten. — Das war einer von vielen Fällen. Seeraub, Gewalt und Verbrechen jeder Art wurden straflos von den frechen Abenteurern verübt, die allen Leidenschaften freies Spiel gaben und sich in schrankenloser Willkür gefielen. In KAN-TON scheint man den sittlichen Maassstab für dieses Treiben verloren zu haben; die angesehensten Kaufleute waren am Opium-Handel betheiligt; englische Unterthanen durften sich öffentlich rühmen, das Haus eines Mandarinen angesteckt zu haben.

Vor der vom englischen Parlamente 1830 zu Berichterstattung eingesetzten Commission erklärten die besten Kenner der Zustände in KAN-TON, dass eine starke Zunahme des Schleichhandels und seiner schlimmen Folgen zu erwarten sei, wenn den Beamten der ostindischen Compagnie die Aufsicht über den gesetzlichen Handel entzogen würde;

---

[20]) Die Verwandten des getödteten Chinesen forderten von den Behörden Genugthuung; das Ereigniss war aber mit dem Opium-Handel verknüpft und musste verschwiegen werden. Um die Verwandten zu beschwichtigen, mietheten nun die HOŃ-Kaufleute einen englischen Vagabunden in Macao, welcher sich für den Schuldigen ausgab. Er sollte eine Zeit lang gefangen bleiben, in der Haft eine Geschichte erzählen, welche gegen die verbrecherische Absicht zeugte, und dann freigesprochen werden. So geschah es auch trotz dem Proteste des Ausschusses gegen solches Verfahren, in welches der Vice-König selbst gewilligt hatte.

solche Maassregel müsse die englische Regierung in Conflicte mit der chinesischen bringen und »früher oder später einen verderblichen Krieg zur Folge haben«. Die Commission drückte sich vorsichtig aus und empfahl keineswegs die gänzliche Abschaffung einer Behörde, unter welcher der britische Handel sich sogar zu grösserer Bedeutung aufgeschwungen hätte, als der ganz freie Handel anderer Völker, z. B. der Americaner. Von verständigen Männern wurde geltend gemacht, dass man auch bei gänzlicher Freigebung des englischen Handels die Factorei der ostindischen Compagnie mit dem Ausschuss-Comité als derjenigen Behörde, welche seit lange für berechtigt zu Vermitteleng der Beziehungen von der chinesischen Regierung anerkannt sei, fortbestehen, und die englischen Schiffe in ein ähnliches Verhältniss zu derselben treten lassen könne, in welchem bis dahin die ostindischen, sogenannten »country-ships« gestanden hätten. Ein Recht zu deren Beaufsichtigung scheint zwar der Handelsvorsteher der Compagnie in KAN-TON nur in so fern gehabt zu haben, als es aus der Bestallung vom Jahre 1699 hergeleitet werden konnte, welche zwar vergessen, aber niemals widerrufen wurde; thatsächlich vermittelte jedoch die Ausschuss-Commission alle Beziehungen der ostindischen Schiffe zu den chinesischen Behörden, soweit ihr Handel gesetzlich war. Der sicherste Weg der Ueberleitung in ein neues Stadium wäre wohl gewesen, die den Chinesen gewohnte Behörde noch eine Weile in der alten Form zu erhalten und nach den Forderungen der veränderten Umstände allmälich umzugestalten. Dass die Einsetzung einer neuen, den Chinesen ganz unbekannten Vertretung, deren Verhältniss zur Landesregierung vorher nicht festgestellt und vom Kaiser gebilligt war, zu Verwickelungen führen musste, ist leicht zu begreifen. Man vermauerte sich ein Thor, durch das man bequem ein- und ausging, um von neuem Bresche zu schiessen. Der Herzog von Wellington protestirte gegen solches Verfahren, als Lord Grey den Antrag auf gänzliche Einziehung der Compagnie-Behörden in KAN-TON stellte, welcher trotzdem angenommen wurde. Ein Parlaments-Beschluss ermächtigte den König, drei Aufsichts-Beamte für den englischen Handel mit China zu ernennen, denselben gewisse Vollmachten und Befugnisse zu ertheilen. Die ostindische Compagnie wurde nicht nur ihres ausschliesslichen, sondern überhaupt jeden Rechtes zum Handel mit China beraubt, das alle anderen britischen Unterthanen fortan genossen; und die

Durchführung dieser Maassregel geschah so eilig, dass die Compagnie ihre Schiffe und anderen Besitzthümer in Kan-ton mit Schaden verkaufen musste. Den dortigen Engländern kam die Nachricht von dieser völligen Umgestaltung aller Verhältnisse fast eben so überraschend, als den Chinesen; und bevor noch die nöthigsten Anstalten für den Wechsel getroffen waren, erschien der Ober-commissar[21]) Lord Napier am 15. Juli 1834 in Macao.

1834.

Zum zweiten Mitgliede der Commission war der letzte Handelsvorsteher (President of the select committee) Mr. Davis ernannt, als dritter vorläufig Sir George Robinson gewählt worden. Davis ist gewiss der vorzüglichste Kenner chinesischer Zustände und ein Mann von klarem besonnenen Urtheil gewesen, wohl geeignet, die Dinge in die richtige Bahn zu leiten; Lord Napier selbst wird als ein Staatsmann vom liebenswürdigsten Charakter und den lautersten Absichten geschildert; aber ihre Instructionen waren so beengend, den Verhältnissen so widerstrebend, dass jede angemessene Maassregel unterbleiben musste. — Die Gerüchte von den ausgedehnten Vollmachten der Commissare beunruhigten die argwöhnischen Chinesen. Der Regierung war keine Anzeige gemacht von Lord Napiers Ernennung; »Er selbst,« befahl die Instruction, »solle dem Vice-König seine Ankunft in Kan-ton schriftlich melden.« — Am 23. Juli schifften die Commissare sich in Macao auf der Andromache ein, segelten nach dem Ankerplatz bei Tšuen-pi, unterhalb der Bocca Tigris, und fuhren am folgenden Tage im Cutter der Fregatte nach Kan-ton. Lord Napier richtete an den Vice-König ein seine Ankunft und amtliche Sendung meldendes Schreiben, welches an der zu Ueberreichung der Eingaben bestimmten Stelle eingeliefert, von den Mandarinen aber zurückgewiesen wurde, weil es die Ueberschrift »Mittheilung« trug. Sie verlangten, dass statt dessen der Ausdruck »Gesuch« (Petition) gebraucht werde; so müssen alle von Kaufleuten an chinesische Behörden gerichtete Schreiben bezeichnet sein. Lord Napier verbot nun seine Stellung, diesem Ansinnen zu entsprechen und die Mittheilung unterblieb. Auch der Aufforderung, mit den Hoṅ-Kaufleuten zu unterhandeln, konnte er ohne Erniedrigung nicht nachkommen; das wusste der Vice-König, der offenbar nur wünschte, die Commissare aus Kan-ton

---

[21]) Chief-commissioner. Die drei Commissare hiessen auch »Superintendant of trade«.

zu vertreiben. Er sperrte den Handel, entzog Lord Napier seine chinesische Dienerschaft, schnitt ihm die Lebensmittel ab und liess seine Wohnung mit Soldaten umstellen. Nun ersuchte der Ober-Commissar den commandirenden Flotten-Officier, mit den Kriegsschiffen nach Wam-poa zu kommen. — Am Morgen des 7. September gingen Andromache und Imogen, gegen den Nordwind kreuzend, an den Batterieen der Bocca Tigris vorbei und brachten deren Feuer leicht zum Schweigen, mussten aber der Ebbe wegen unterhalb der Tiger-Insel ankern. Erst am 9. September wurde der Wind günstig. Die Werke der Insel liessen alle Geschütze auf die Fregatten spielen, jede hatte einen Todten und mehrere Verwundete. Sie fuhren, volle Breitseiten feuernd, auf Pistolenschussweite an den Werken vorüber, deren Trümmer der Besatzung um die Köpfe flogen. Windstillen verzögerten die Ankunft der Schiffe bei Wam-poa noch bis zum 11. September; die Chinesen hatten jeden Verkehr der dort ankernden Kauffahrer mit Kan-ton abgeschnitten.

Nun forderte der Vice-König als Bedingung für Aufhebung des Handelsverbotes die Entfernung der Kriegsschiffe aus dem Perl-Fluss und die Abreise des Lord Napier aus Kan-ton. Letzterer theilte der englischen Gemeinde mit, dass er alle ihm zu Gebote stehenden Mittel erschöpft habe, der Commission die ihr zukommende Stellung zu bereiten, und sich nicht für befugt halte, durch unfruchtbares Beharren auf seinen Ansprüchen die Interessen des Handels zu schädigen. — Die Kriegsschiffe gingen nach Lin-tin. Lord Napier reiste krank auf einem Proviantboot durch die südliche Flussmündung nach Macao und starb dort nach wenigen Wochen. Nach seiner Abreise wurden in Kan-ton die Handelsgeschäfte wieder aufgenommen.

Nach Davis' öffentlich ausgesprochenem Urtheil wäre diesen Verwicklungen durch eine an den Hof von Pe-kin gerichtete, den Behörden in Kan-ton zur Beförderung übergebene Mittheilung der englischen Regierung von der Ernennung und amtlichen Stellung der Commissare vorzubeugen gewesen. Auf solche Meldung hatte die kaiserliche Regierung wohl ein Recht; sie erklärte später unumwunden, dass sie dieselbe erwarten müsse und sich die Befugniss wahre, die Beziehungen fremder Bevollmächtigten zu den einheimischen Behörden zu sanctioniren. — Das wäre auch nur dem Exequatur europäischer Souveräne entsprechend. — Die Unterlassung dieses Schrittes brachte Lord Napier von Anfang an in eine falsche

Stellung. Es war ihm sogar verboten, ohne ausdrückliche Erlaubniss der heimathlichen Regierung sich an den Hof von Pe-kiṅ zu wenden, eine Maassregel, zu welcher Davis auch nach dem schlechten Empfange in Kan-ton drängte. Die Erlaubniss dazu konnten die Commissare selbst in den nächsten Jahren nicht erlangen; ihre Mittel waren allerdings erschöpft, ihre Stellung unhaltbar.

Nach Lord Napiers Tode wurde Mr. Davis Ober-Commissar, und ernannte Capitän Elliot, welcher bis dahin »Master Attendant« oder Zoll-Commissar der englischen Regierung im Kan-ton-Flusse [22]) gewesen war, zum Secretär der Commission. Anfang 1835 ging Davis nach England; Sir George Robinson wurde sein Nachfolger und Elliot trat als Mitglied in die Commission ein. Sie lebten ohne amtliche Thätigkeit in Macao und enthielten sich jeder Mittheilung an die Regierung in Kan-ton. Die dortige Gemeinde der englischen Kaufleute war ohne Organ den chinesischen Behörden gegenüber, und die Uebelstände dieser Lage machten sich fühlbar. Der Vice-König befahl den Engländern wiederholt, einen provisorischen Tae-pan oder Vertreter aus ihrer Mitte zu Beaufsichtigung des Schiffsverkehrs und Unterdrückung des Schleichhandels zu bestellen, und die Absendung eines Handelsvorstehers aus der Heimath zu erwirken, der aber Kaufmann sein müsse, nicht königlicher Beamter. Die Nachtheile der Lage trafen aber vorzugsweise die Chinesen; man liess deshalb ihre Anträge unbeachtet und wartete auf ihr Entgegenkommen. — Die Jahre 1835 und 1836 vergingen ohne wesentliche Störung, die gleichen Interessen förderten den ruhigen Betrieb der Geschäfte. Die englischen Commissare ersuchten unterdessen vergebens die heimathliche Regierung um Erweiterung ihrer Befugnisse. Sir George Robinson gab seinen Posten auf, und Capitän Elliot wurde Ober-Commissar.

1834.   Wie zu erwarten war, hatte der Schleichhandel seit 1834 ungeheure Dimensionen angenommen und erstreckte sich zum Schaden des gesetzlich erlaubten Handels bald auf alle möglichen Artikel. Die Opium-Einfuhr war streng verboten; die Behörden konnten sie um des grossen Gewinnes willen nur so lange dulden, als sich dieser Handel in die einsamen Buchten der Felsen-Eilande vor dem Perl-Flusse versteckte. Schon 1833 zwang die offene Gewalt

---

[22]) Die seitens der englischen Regierung von den Schiffen im Kan-ton-Flusse erhobenen Abgaben wurden mit dem Monopol der ostindischen Compagnie aufgehoben und jenes Amt ging ein.

der Schmuggler bei Lin-tin die Provinzial-Regierung zum Schein des Widerstandes. In den folgenden vier Jahren dehnte sich der Schleichhandel auf die östlich von Kan-ton gelegenen Küsten aus und drang selbst in den Perl-Fluss ein. 1837 steigerte sich 1837. die Frechheit der Schmuggler zu höhnischem Trotz. Bis nach Wam-poa wurde das Opium in kleinen Booten hinaufgeführt, deren Bemannung, das frechste Raubgesindel, mit dem Auswurf der chinesischen Bevölkerung verbrüdert war. Die Fluss-Ufer sind in jener Gegend dicht bewohnt, und der Strom wimmelt von Fahrzeugen; unter den Augen dieser Volksmenge trotzten die Schleichhändler den Zollbeamten mit bewaffneter Hand. Eine Räuberbande im fernen Waldgebirge pflegt die Obrigkeit kaum zu reizen; dringt sie aber in eine volkreiche Stadt, so folgt ein Vernichtungskampf. Zur Zeit des Monopol-Handels hatten die Beamten der Compagnie die Macht, den Schleichhandel auf Lin-tin zu beschränken und allen Ungesetzlichkeiten im Flusse mit Hülfe der chinesischen Obrigkeit zu steuern; letztere konnte mit einer Behörde verhandeln, welcher Aufrechthaltung der Gesetze und das Wohl der Gesammtheit am Herzen lag. Eine solche bestand jetzt nicht mehr. Bei gänzlicher Freigebung des Handels brauchten die englischen Commissare weitreichende Amtsgewalt und eine angemessene Seemacht zu deren wirksamer Ausübung; sie scheinen aber trotz allen Vorstellungen Jahre lang ohne Instruction geblieben zu sein.[23]) Ohne Machtvollkommenheit, ohne Mittel, dem Unwesen zu steuern und die drohende Katastrophe abzuwenden, sassen sie müssig in Macao. »Die freche Ausübung des Schleichhandels,« sagt Elliot in einer Depesche, »hat wahrscheinlich am meisten dazu beigetragen, die chinesische Regierung von der dringenden Nothwendigkeit zu überzeugen, der steigenden Verwegenheit der fremden Schmuggler entgegenzutreten und ihre Verbindung mit dem räuberischen

---

[23]) Die Apathie der englischen Regierung ist um so auffallender, als sie die richtigen Grundsätze öffentlich anerkannte. 1836 wollte ein englischer Schiffscapitän, dessen Ladung die Zollbehörden in Beschlag genommen hatten, sich durch Beraubung chinesischer Handelsdschunken schadlos halten, wurde aber daran gehindert. Eine Depesche der Foreign office an die Commissare erklärte nun, dass, wenn dieses Individuum von seinem Vorsatze nicht abstände, »man ihn dem Schicksal überlassen solle, welches seine Handlungsweise ihm wahrscheinlich bereiten werde; und dass alle Commandanten königlicher Kriegsschiffe, welche ihn anträfen, ihn nach dem den königlichen Schiffen vorgeschriebenen Verfahren gegen Seeräuber zu behandeln hätten.«

Gesindel der grossen Städte zu unterdrücken.« . . . . »So lange ein solcher Handel im Schoosse unseres gesetzlichen Handelsverkehrs besteht, hat die chinesische Obrigkeit guten Grund zu strengen Maassregein auch gegen diesen, da sie nicht in der Lage ist, zwischen beiden zu unterscheiden.« — Capitän Elliot ersuchte deshalb immer dringender die heimathliche Regierung um »deutlich begrenzte und ausreichende Amtsgewalt zu Zügelung einer Menschenclasse, deren freches und unbesonnenes Handeln nicht ohne grosse Uebelstände dem chinesischen Gerichtsverfahren preisgegeben werden könnte, deren Straflosigkeit aber den Ruf und das Wohlergehen der englischen Unterthanen schädigten«.

In Kan-ton wurde die Stimmung immer trüber. Zwei Hoṅ-Kaufleute stellten dort wieder ihre Zahlungen ein, und die Fremden, welchen sie drei Millionen Dollars schuldeten, hatten wenig Aussicht auf Befriedigung; denn die solidarische Verpflichtung der Hoṅ-Kaufleute war seit 1828 aufgehoben, und die Ausschussbehörde, welche früher die Steuerzahlung vermittelte und sich immer schadlos halten konnte, bestand nicht mehr. Die Gläubiger mussten auf harte Bedingungen eingehen, für deren Erfüllung doch Niemand bürgte.

1838. Im Juli 1838 kam Admiral Sir Frederick Maitland mit zwei Kriegsschiffen nach Macao. Capitän Elliot ging mit denselben nach der Mündung des Perl-Flusses und erhielt dort einen an die Hoṅ-Kaufleute gerichteten Erlass des Vice-Königs, den er uneröffnet mit der Erklärung zurückwies, dass nach gemessenem Befehl seiner Vorgesetzten keine Mittheilung in dieser Form angenommen werden dürfe. Elliot fuhr darauf nach Kan-ton und liess am Stadtthor ein Schreiben unversiegelt zur Beförderung an den Vice-König übergeben, damit kein Chinese wähnen könne, er habe dasselbe als »Gesuch« bezeichnet. Es wurde ohne Antwort zurückgeschickt. Nun machte Elliot öffentlich bekannt, er habe nur die friedlichen Absichten des Admirals constatiren wollen und werde Kan-ton verlassen, wenn der Vice-König seine Erklärungen unbeachtet lasse. — Unterdessen war an der Bocca Tigris ein englisches Boot mit Kugeln begrüsst und angehalten worden; ein Mandarin kam zur Untersuchung an Bord und erklärte, dass weder der Admiral noch andere Flottenofficiere stromaufwärts passiren dürften. Auf diese Nachricht fuhr Sir Frederick Maitland nach der Bocca hinauf und verlangte von dem chinesischen Admiral Kwan Genugthuung für jenen Angriff, die nach einigem Parlamentiren in angemessener Form geleistet wurde. Admiral Maitland kehrte auf den früheren Ankerplatz zurück und segelte bald darauf ab. Seine Anwesenheit hatte weder auf die Schuldregulirung noch sonst auf die Verhältnisse Einfluss; es fehlte an ausreichender Vollmacht.

Zwei Monat später wurde in KAN-TON eine Quantität Opium fortgenommen, und der HON-Kaufmann, der, unkundig der verbotenen Fracht, für das englische Schiff gebürgt hatte, mit dem KAŃ-GO[24]) bestraft, auch der Handel so lange gesperrt, bis der Schuldige KAN-TON verlassen hatte. — Um die Fremden zu schrecken, wollte die Obrigkeit ein Beispiel statuiren und liess auf dem Platz vor den Factoreien Anstalten zu Strangulirung eines chinesischen Schmugglers treffen. Die Fremden vertrieben jedoch die Schergen, ohne von der müssigen Volksmenge gehindert zu werden. Als nun der Haufen sich mehrte, schlugen unbesonnene Kaufleute aus den Factoreien ohne Provocation mit Stöcken dazwischen, wurden aber mit einem Steinhagel zurückgewiesen und in ihre Wohnungen gedrängt, deren Thore sie schlossen. Die Wuth der Volksmenge, welche die Factoreien stürmen wollte, hätte tragische Folgen gehabt, wenn nicht chinesisches Militär eingeschritten wäre. »Und solchen Gefahren,« schreibt Elliot in einer Depesche, »setzte man sich wegen des unredlich zusammengescharrten und verhältnissmässig geringen Gewinnes ruchloser Menschen aus, welche sowohl den englischen als den chinesischen Gesetzen trotzen zu dürfen glaubten.«

Capitän Elliot sah die wachsende Gefahr und berief eine Versammlung der Engländer in KAN-TON, welcher auch viele andere Fremde beiwohnten. Er stellte denselben vor, dass der Grund der Uebelstände in dem mit schrankenloser Frechheit betriebenen Opium-Handel im Perl-Flusse liege; Folgen davon seien die Schädigung und Unterbrechung des erlaubten Handels, Verhaftung und Bestrafung von Unschuldigen, üble Beleumdung aller Fremden und die Gewissheit, dass dieser ungesetzliche und gewaltsame Handel den wildesten Verbrechern und dem Auswurf aller Länder anheim fallen werde. — An die englischen Schmuggel-Schiffe erging der Befehl, den Perl-Fluss binnen drei Tagen zu verlassen.

---

[24]) Ein hölzernes Halsband oder vielmehr ein dickes Brett, in welches ein Loch zum Durchstecken des Kopfes geschnitten ist.

Elliot bot auch der chinesischen Obrigkeit seine Mitwirkung zu völliger Ausrottung des Schleichhandels im Flusse an; da wurde ihm zum ersten Male das wichtige Zugeständniss eines directen Verkehrs mit den Mandarinen ohne Vermittelung der Hoṅ-Kaufleute gemacht. — Die gemeinsamen Maassregeln bewirkten nun zwar in den nächsten Monaten einen Stillstand im Opiumhandel; der heraufbeschworene Sturm war aber nicht mehr abzuwenden.

Die chinesische Gesetzgebung steht durchaus auf sittlichem Boden: das Opiumverbot sollte das Volk vor einem verzehrenden Gift bewahren, zu dessen Gebrauch es neigte. Freilich wird auch in China Opium bereitet, der Genuss ist dort wahrscheinlich nicht auszurotten; ohne Frage beförderte und steigerte ihn aber die Einfuhr erheblich, die chinesische Regierung war formell und sittlich berechtigt, demselben entgegenzutreten. Die Frechheit der Schmuggler beschimpfte sie offen vor den Augen des Volkes, sie musste sich in ihrer Ehre tief gekränkt fühlen. Sie wurde zudem beunruhigt durch die steigende Ausfuhr baaren Silbers; denn der Werth des eingeführten Opium überwog damals bedeutend den der ganzen Ausfuhr, während heutigen Tages letztere die gesammte Einfuhr weit hinter sich lässt.[25]) — Der Hof von Pe-kiṅ zog die Lage in ernste Erwägung und liess sich Vorschläge machen, wie dem Uebel zu steuern sei.[26]) Es gab aber nach chinesischer Anschauung nur einen Weg. Der Sohn des Himmels vertritt ohne Rücksicht auf Zweckmässigkeit und Vortheil die himmlischen Gebote; der Gebrauch des Opium ist unsittlich und durfte deshalb nicht geduldet werden. So abscheulich oft die Mandarinen handeln, die kaiserliche Regierung wird sich principiell immer auf den Standpunkt der reinsten Sittlichkeit stellen, und muss es, weil sie

---

[25]) 1837 und 1838 betrug die Opium-Einfuhr 34,000 Kisten zu 80 Pfund, im Werthe von 25,000,000 Dollars, die zum grössten Theil baar bezahlt wurden.

[26]) Ein Mandarin Hae-natse betrachtete, der chinesischen Auffassung entgegen, die Sache vom practischen und nationalökonomischen Standpunkt. Er schlug vor, die Opium-Einfuhr gegen eine Abgabe von 7 Dollars für die Kiste zu erlauben, während die Kosten des Schleichhandels etwa 40 Dollars betrugen. Die vermehrte Strenge des Gesetzes schrob nach seiner Ansicht nur den Betrag des Lohnes in die Höhe, welchen die Beamten sich für ihre Connivenz zahlen liessen. »Die durch den Schleichhandel zur Gewohnheit werdende Gesetzlosigkeit erziehe eine Bande frecher Schurken, welche jedem Ansehn der Behörden trotzten und der schlimmsten Verbrechen fähig seien.« Der Urheber dieser Vorschläge wurde wegen der Unsittlichkeit seiner Anschauungen in die Tartarei verbannt.

im Bewusstsein des Volkes die sittliche Weltordnung vertritt. Sie verachtet deshalb ganz besonders die Regierungen christlicher Staaten, weil diese die Laster des Volkes besteuern und dadurch legalisiren; weil sie daraus Vortheil ziehen, statt sie zu verfolgen; weil sie den Schranken der Wirklichkeit und des praktischen Lebens Rechnung tragen, statt aus der idealen Weltordnung heraus zu regieren. Die extremen Widersprüche dieser Anschauung mit den Bedingungen der Körperwelt gehen durch alle chinesischen Verhältnisse und geben dem Volkscharakter jene sonderbare, zwischen Idealität und Gemeinheit schillernde Färbung.

Man fragte sich in PE-KIŃ also nicht, ob es möglich sei das Laster zu unterdrücken und den Schleichhandel auszurotten, ob aus Legalisirung der Einfuhr dem Reiche nicht grösserer Nutzen erwachsen könne als aus ihrer theilweisen Unterdrückung und geheimen Fortsetzung, sondern man hielt es für unbedingt geboten, sie mit allen Mächten zu befehden. Trug zu diesem Beschluss auch leidenschaftliche Erbitterung bei, so war sie durchaus natürlich.

Die HOŃ-Kaufleute kündigten den Ausländern in KAN-TON einen mit weitgehenden Vollmachten versehenen Special-Commissar an, welcher gegen den Opiumhandel strenge Maassregeln ergreifen werde. Im Januar 1839 erschien ein in ganz ungewöhnlicher Form direct an die fremden Kaufleute gerichteter Erlass, worin unter Androhung von Gewalt schleunige Entfernung der ausserhalb des Flusses geankerten Opiumschiffe gefordert und das Erscheinen eines kaiserlichen Bevollmächtigten verheissen wurde, »der, sollte die Axt in seiner Hand auch brechen oder das Boot unter seinen Füssen sinken, nicht eher ablassen werde, bis das Werk vollendet sei.« — Eines Tages wurde plötzlich ein chinesischer Schmuggler unter starker Bedeckung auf den Platz vor der Factorei geschleppt und angesichts der Fremden erdrosselt. Diese strichen ihre Flaggen und richteten an den Vice-König heftige Vorstellungen, welche unbeachtet blieben. Nun tauchten vielerlei Gerüchte auf und die Anzeichen des Sturmes mehrten sich. Bei der Bocca Tigris wurden alte Kriegs-Dschunken in Brander umgestaltet. Bei Macao bezogen chinesische Truppen ein grosses Zeltlager. Man glaubte, dass der Opium-Commissar seine Operationen dort beginnen werde; statt dessen erschien er am 22. März 1839 plötzlich in KAN-TON und verkündete seine Gegenwart durch Maassregeln, die jede Erwartung übertrafen,

Lin-Tse-tsiu war ein Mann von seltenen Gaben des Charakters, der eingefleischte Vertreter der altchinesischen Gesittung. Von unbedeutendem Herkommen, hatte er sich durch wohlbestandene Prüfungen, geschickte Verwaltung, Energie und Zuverlässigkeit zu den höchsten Aemtern emporgeschwungen; seine Integrität und Gewissenhaftigkeit standen über jedem Zweifel.[27]) Er blieb seinen Anschauungen selbst dann und bis an sein Ende treu, als er die Macht der Barbaren kennen lernte, und wegen schlechten Erfolges seiner Politik in Ungnade fiel. In das Privatleben zurücktretend strebte er mit rastlosem Eifer, durch literarische Studien sich über die Fremden zu unterrichten, um die Wege zu ihrer Vernichtung zu finden, und liess aus eigenen Mitteln einen Truppenkörper zu ihrer Bekämpfung ausbilden. Furchtlos sagte er auch im Unglück dem Himmelssohne seine Meinung; Tüchtigkeit, Treue der Gesinnung und unbeugsame Thatkraft erhielten ihm Ansehn und Einfluss bis an sein Lebensende; er blieb trotz seiner Degradirung eine politische Grösse. Lin war die Verkörperung der altchinesisch reactionären Parthei, welche im Gegensatz zu der den Umständen grössere Rechnung tragenden, zur Vergleichung neigenden, damals besonders durch tartarische Staatsmänner vertretenen Richtung die Aufrechthaltung unbedingter Oberhoheit und Unterdrückung der Barbaren durch unversöhnlichen Krieg bis aufs Messer wünschte.

Lin begnadigte nach seiner Ankunft in Kan-ton alle des Schleichhandels verdächtigte Eingeborne, drohte aber den Hoṅ-Kaufleuten mit der äussersten Strenge, wenn sie sich zweideutig benähmen. An die Fremden richtete er einen Erlass, in welchem ihnen zunächst die Wohlthaten und der grosse Gewinn vorgehalten wurden, deren sie im Handel mit China durch die Gnade des Himmelssohnes genössen. Dann kommen Vorwürfe über den unverzeihlichen durch schmachvolle Einführung des Opium bewiesenen Undank. »Da ihr euch im Lande der Ueberausreinen Dynastie befindet, so müsst ihr, ebensogut wie die Eingeborenen, den Gesetzen gehorchen. Ich höre, dass die bei Lin-tin ankernden Schiffe viele tausend Kisten Opium an Bord haben, die eingeschmuggelt werden sollen. Nun höret meinen Befehl, und mögen die fremden Kaufleute ihn

---

[27]) Lin ist Familienname, Tse-tsiu Ehrenbenennung, »die Muster-Würde«. Er war 1785 geboren.

eiligst befolgen, sobald er ihnen zu Gesicht kommt: sie müssen der Regierung das auf ihren Schiffen lagernde Opium bis auf die letzte Kiste ausliefern, ohne auch nur eine Spur davon zurückzubehalten. — Zugleich müssen die Fremden in chinesischer und in ihrer eigenen Sprache das schriftliche Versprechen geben, dass ihre Schiffe in Zukunft kein Opium mehr bringen, und wenn es heimlich geschähe, dem Staate die ganze Ladung verfallen sein sollte; dass die an der Einführung Schuldigen das Leben verwirken und sich der Strafe willig unterziehen wollen.« Nun folgen Verheissungen und Drohungen. »Ich schwöre, dass ich diese Sache bis zum Ende verfolgen, und nicht einen Augenblick auf halbem Wege stehen bleiben will. Die Volksstimmung ist so deutlich gegen euch, dass, sollte das Ohr sich der Reue verschliessen, die vernichtende Wirksamkeit unserer Land- und Seemacht gar nicht aufgeboten zu werden braucht. Es bedarf nur eines Aufrufes an die wehrhafte Bevölkerung, um euer Leben in meine Hand zu liefern u. s. w.«

Capitän Elliot fuhr, von den Vorgängen unterrichtet, in der Gig des englischen Kriegsschiffes Larne den Fluss hinauf und traf am Abend des 24. März 1839 bei den Factoreien in KAN-TON ein, wo die furchtbarste Aufregung herrschte. LIN verlangte peremtorisch, dass einer der angesehensten Kaufleute, Launcelot Dent, in die Stadt kommen und vor ihm erscheinen solle. Dieser weigerte sich, ohne Bürgschaft für seine Sicherheit Folge zu leisten und blieb gegen alle Vorstellungen der HOŃ-Kaufleute taub. Er war im eigenen Hause in grosser Gefahr; Elliot führte ihn deshalb noch am Abend seiner Ankunft persönlich nach der englischen Factorei, und erbot sich, Herrn Dent in seiner Begleitung nach der Stadt gehen zu lassen, aber nur gegen die vom kaiserlichen Commissar besiegelte Zusicherung, dass Jener seinen Blicken nicht einen Moment entzogen würde. — Noch in derselben Nacht wurden die chinesischen Diener der Fremden entfernt und die Zufuhr abgeschnitten. Auf dem Flusse cernirte man die Factoreien durch eine Kette von Booten; die Plätze vor und hinter denselben füllten sich mit bewaffneten Haufen; vor den Thoren hielten die HOŃ-Kaufleute und ein Detachement Soldaten Tag und Nacht mit gezogenen Säbeln Wache. — Die Fremden schwebten in grosser Gefahr. LIN's Absicht scheint gewesen zu sein, durch Einschüchterung und Verhaftung einzelner Kaufleute die Gesammtheit zum Nachgeben und zu

Unterzeichnung jenes Reverses zu vermögen. Dem musste auf jede Weise vorgebeugt werden; deshalb beschloss Elliot, welcher ohne getadelt zu werden jede Verantwortung für den Opiumhandel von sich weisen konnte, die ganze Verantwortlichkeit im Gegentheil auf seine Schultern zu nehmen. Folgender Erlass desselben wurde dem kaiserlichen Commissar mitgetheilt:

»Ich, Carl Elliot, Ober-Aufseher des englischen Handels in China, gegenwärtig mit allen Kaufleuten meines Landes und denen der anderen fremden Nationen von der Provincial-Regierung gewaltsam eingeschlossen, ohne Lebensmittel, Bedienung und Verbindung mit dem Heimathlande, habe von dem kaiserlichen Bevollmächtigten die Weisung erhalten, ihm alles Opium auszuliefern, welches im Besitze der Kaufleute meines Volkes ist. Durch die dem Leben und der Freiheit aller zu Kan-ton ansässigen Fremden drohende Gefahr und andere wichtige Gründe gezwungen, befehle ich den in Kan-ton gegenwärtigen Unterthanen Ihrer Grossbritannischen Majestät, mir alles Opium auszuliefern. Ich, besagter Ober-Aufseher des Handels, leiste Bürgschaft im vollsten Sinne des Wortes und ohne Vorbehalt, Namens der Regierung Ihrer Grossbritannischen Majestät, für alles Opium, das mir überwiesen wird. Der Werth desselben soll nach einer von der Regierung Ihrer Majestät später zu bestimmenden Norm ermittelt und den Eigenthümern erstattet werden.«

Mit den chinesischen Behörden wurde am 3. April ausgemacht, dass der zweite englische Commissar mit den Mandarinen und Hoṅ-Kaufleuten den Fluss hinabfahren und 20,283 Kisten Opium von den Schiffen ausliefern sollte, die zu diesem Zwecke unterhalb der Bocca Tigris versammelt wurden. In der Zwischenzeit hielt Lin die Blockade der Fremden aufrecht, erlaubte ihnen aber zum Einkauf von Lebensmitteln auszugehen und suchte durch Drohung und Bestechung die Ausstellung jenes Reverses zu erzwingen, welcher ihr Leben und Eigenthum in die Hände der chinesischen Obrigkeit gegeben hätte. Sie blieben aber einig. — Dieser Zustand dauerte fast sechs Wochen; erst am 4. Mai, als alles Opium abgeliefert, von den Chinesen mit Kalk gemischt und in das Wasser geschüttet worden war, erhielten die Engländer bis auf sechzehn Kaufleute die Erlaubniss zur Abreise. Capitän Elliot blieb in Kan-ton, bis am 25. Mai auch diese mit der Weisung, niemals zurückzukehren, aus der Haft entlassen wurden. Nun waren keine englischen Unterthanen mehr gefährdet.

In KAN-TON wurden alle chinesischen Kaufleute und Ladenbesitzer, die ohne ausdrückliche Ermächtigung mit den Fremden gehandelt hatten[28]), entfernt, ihre Strassen gesperrt, die Factoreien mit Palisaden eingefriedigt, Terrassen eingerissen, und die Fremden gleichsam zu Gefangenen in ihren eigenen Wohnungen gemacht. Die Americaner liessen diese Beschränkungen über sich ergehen; die Engländer berührten sie nicht, denn Elliot hatte seine Schutzbefohlenen angewiesen, sich ausserhalb des Perl-Flusses zu begeben, wenn sie nicht auf eigene Gefahr in KAN-TON bleiben wollten. Er verbot auch die Unterzeichnung eines von allen in die Flussmündung einlaufenden Schiffen geforderten, mit jenem ersten fast identischen Reverses, durch welchen die Fremden ihr Leben und Eigenthum in die Hand der chinesischen Justiz und der kaiserlichen Beamten geben sollten. LIN verweilte noch in KAN-TON, denn seine Aufgabe war nicht eher gelöst, bis nicht nur der Schleichhandel ausgerottet, sondern auch der gesetzliche Handel in seine alte Bahn zurückgeführt wäre. Sein dringendes Verlangen danach spricht aus mehreren an die Engländer gerichteten Aeusserungen. Aber auch auf den Schleichhandel übte seine Strenge nicht die erwartete Wirkung. Trotz der auf den Gebrauch des Opium gesetzten Todesstrafe stieg die Nachfrage in unerhörtem Maasse. Der Schleichhandel wendete sich nach den Küsten östlich von KAN-TON, wo ein Labyrinth von Inseln und Buchten jede wirksame Beaufsichtigung vereitelt. Mit dem Preise des Opium steigerte sich auch die Anfuhr aus Indien; der Schleichhandel artete in die wildeste Seeräuberei aus, welcher die englische Regierung ruhig zusah. Es ist kaum zu verwundern, wenn die Chinesen, ohnmächtig, diesem Unwesen zu steuern, als Repressalie den gesetzlichen Handel der Fremden drückten.

Die meisten Engländer hatten sich in Macao niedergelassen[29]); auf der sicheren Rhede von HONG-KONG, einer damals fast unbewohnten Felsen-Insel, ankerte das zahlreiche Geschwader der englischen Kauffahrtei-Schiffe. Dort wurde in einem Zusammenstoss britischer und americanischer Matrosen mit Chinesen einer

---

[28]) Die fremden Kaufleute, welche in ausgedehnter Geschäftsverbindung mit jenen standen, kamen dadurch sehr zu Schaden.

[29]) Die Portugiesen hatten alle ihr Opium nach Manila eingeschifft; LIN bestand aber auf Herausgabe eines gewissen Quantums und drohte im Weigerungsfalle die Festungswerke von Macao besetzen zu lassen.

der letzteren erschlagen. Die Behörden schoben die ganze Schuld den Engländern zu und verlangten in der hergebrachten Weise die Auslieferung eines Matrosen. Als dem nicht entsprochen wurde, rückte Lin mit 2000 Mann gegen Macao und verlangte, dass das englische Handelsgeschwader in den Fluss einliefe. Er liess auch alle chinesischen Dienstboten aus der Stadt entfernen und die Zufuhr abschneiden; der portugiesische Gouverneur erklärte sich unfähig, die englischen Unterthanen zu schützen. Um dieselbe Zeit traf das erste von den Kriegsschiffen vor dem Perl-Flusse ein, um welche Elliot den General-Gouverneur von Indien ersucht hatte. Der Commandant des Volage bot sofort dem Gouverneur von Macao Unterstützung zur Sicherung seiner Unabhängigkeit an; dieser antwortete ablehnend, er glaube sich zu strenger Neutralität verbunden. Sämmtliche Engländer verfügten sich nun an Bord der vor Hong-kong ankernden Schiffe.

In den folgenden Wochen kam es in den Gewässern um Hong-kong mehrfach zu blutigen Reibungen und Seegefechten. Chinesen überfielen kleine englische Fahrzeuge und mordeten die Besatzung; englische Boote griffen die Zufuhr abschneidende Kriegs-Dschunken an; so bildete sich allmälich ein Kriegszustand aus, ohne dass der Krieg erklärt war. Ende October zeigte sich noch eine Aussicht der friedlichen Lösung. Lin musste auf jede Weise die Fortsetzung des erlaubten Handels wünschen, dessen Ausfall in Kan-ton lebhaft gefühlt wurde. Er verständigte sich mit Elliot dahin, dass bis auf Weiteres der Handelsverkehr ausserhalb der Bocca Tigris erlaubt würde. Die englischen Kaufleute richteten sich wieder in Macao ein, und die Schiffe löschten ihre Ladungen bei Tšuen-pi. Elliot hatte sich bei diesem Abkommen ausdrücklich gegen Unterzeichnung jenes Reverses und Auslieferung eines englischen Seemannes verwahrt, auf welche die Chinesen immer noch bestanden, und es wäre bei dauernder Eintracht und Zähigkeit vielleicht zu vollem Ausgleich gekommen; aber ein britischer Schiffseigner lief, von Singapore kommend, ohne Hong-kong zu berühren, direct in den Perl-Fluss ein, unterzeichnete an der Bocca Tigris den verrufenen Revers und erhielt sofort die Erlaubniss nach Wam-poa zu gehen. Da trat Lin von dem getroffenen Abkommen zurück und verlangte unter Androhung von Gewalt, dass die ganze englische Handelsflotte unter denselben Bedingungen in den Fluss einlaufe oder binnen drei Tagen die chinesischen Gewässer verlasse.

Ein Dschunken-Geschwader von beträchtlicher Stärke lag, die englischen Schiffe bedrohend, unter Admiral Kwan bei Tsuen-pi; dort gingen nun auch die englischen Kriegsschiffe Volage und Hyacinth zu Anker. Der commandirende Officier Capitän Smith richtete unter Elliot's Mitwirkung eine Vorstellung an den kaiserlichen Commissar, welche Admiral Kwan sogleich zu befördern versprach. Lin befand sich in der Nähe. — Dem höflichen Ersuchen, dass die englischen Kriegsschiffe etwas weiter stromabwärts ankern möchten, entsprach Capitän Smith, um seine friedlichen Absichten zu bekunden. Am Abend des 2. November und am folgenden Morgen versuchten die Chinesen wiederholt neue Verhandlungen anzuknüpfen, erhielten jedoch die Antwort, dass die Engländer ihren Mittheilungen nichts hinzuzufügen hätten. Darauf verliess Kwan seine Stellung und setzte sich gegen die englischen Schiffe in Bewegung, welche ihm entgegenfuhren. Die 29 Kriegs-Dschunken warfen in guter Ordnung Anker und es folgte ein kurzer Notenwechsel, in welchem die Chinesen peremtorisch die Auslieferung eines Engländers forderten. — Capitän Smith hielt es für bedenklich, ein so starkes Geschwader über Nacht im Besitze des Flusses zu lassen, wo es offen die englische Handelsflotte bedrohte; einer auf Einschüchterung zielenden Bewegung gegenüber den Rückzug anzutreten, hätte sich mit der Ehre der Flagge nicht vertragen. Um die Chinesen auf ihren früheren Ankerplatz zu drängen, gab er deshalb gegen Mittag das Signal zum Angriff. Der Wind war günstig. Die Engländer segelten, volle Breitseiten feuernd, vorwärts und rückwärts die chinesische Schlachtlinie entlang. Eine Dschunke flog auf Pistolenschussweite in die Luft; drei andere sanken und viele wurden leck. Admiral Kwan kappte sein Kabel und griff tapfer an; aber nach Dreiviertel-Stunden suchte das ganze Geschwader retirirend seinen alten Ankerplatz zu gewinnen. Die Engländer, welche die Dschunken auch am folgenden Tage noch leicht zerstören konnten, liessen sie unbehelligt. Solche Schonung aber legen die Chinesen immer als Schwäche aus: sie hielten sich für die Sieger und mochten in diesem Wahn durch die Abfahrt der englischen Schiffe nach Macao bestärkt werden, wo jetzt die Einschiffung der britischen Unterthanen zu decken war.

Nun untersagte der kaiserliche Commissar jeden Verkehr mit den Briten. Eine Zeit lang nahmen noch americanische Schiffe die Ladung der englischen an Bord und führten sie nach Kan-ton, brachten ihnen auch Thee-Ladungen vor die Flussmündung hinaus; dem wurde aber bald ein Ende gemacht. Im December publicirte Lin einen kaiserlichen Erlass, welcher alle englischen und indischen Schiffe und Waaren auf ewige Zeiten verbannte. »Die Engländer,« hiess es, »sind vogelfrei; wie wilde Thiere sollen sie gehetzt werden.« Auch die Parsen, Hindu und Mohamedaner mussten als englische Unterthanen Kan-ton verlassen. Die anderen Fremden durften unter den früheren Bedingungen bleiben und ihren Handel fortsetzen; nur wurden die Zölle erhöht.

Der General-Gouverneur von Ostindien war ermächtigt worden, China den Krieg zu erklären. Im Mai und Juni 1840 versammelte sich die englische Flotte bei Singapore und segelte dann nach Hong-kong; drei Linienschiffe und vier Dampfer bildeten den Kern der Seemacht. Auf Transportschiffen kamen 4000 Mann Landtruppen. Als englische Bevollmächtigte fungirten Capitän Elliot und sein Vetter Admiral Elliot. Die Beschwerden der Briten waren in einem ernst und höflich gefassten Schreiben Lord Palmerston's niedergelegt, das später am Pei-ho übergeben wurde. Lin richtete unterdessen einen mit Drohungen gewürzten Brief voll sittlicher Entrüstung an die Königin Victoria, »deren Vorfahren sämmtlich unterthänig gewesen seien«, und forderte sie zum alten Gehorsam gegen die ewigen Gesetze des Himmlischen Reiches auf.

Natürlich glaubten die Chinesen, dass ein Reich von über 300 Millionen sich einiger Schiffe und einer Streitmacht von 4000 Mann, die noch dazu Tausende von Meilen von der Heimath entfernt waren, leicht erwehren könne. In China hatte Niemand, und am wenigsten der kaiserliche Hof, eine Ahnung von den materiellen Hülfsmitteln, der Stärke und Thatkraft der westlichen Völker; die wenigen Kriegsschiffe, welche vereinzelt in langen Zwischenräumen an den Küsten erschienen, konnten davon keinen Begriff geben. Die meisten Chinesen hatten niemals Europäer gesehen und hielten sie für seegeborne Unthiere, die unter Wasser lebten und nur selten auf festen Boden kämen. So dachten Kaiser Tau-kwan und seine Grossen nun wohl nicht; aber sie achteten die Engländer kaum höher, als der Europäer den Neu-Seeländer und andere wilde Völker der niedrigsten Stufe. — Die Entrüstung am Kaiserhofe ist um so begreiflicher, als man dort die Sachlage nur aus den gefärbten Berichten der Mandarinen in Kanton kannte; denn selbst ohne diese hätten die Ruchlosigkeit des Schleichhandels und Seeraubes, der freche Trotz gegen die Obrigkeit, die Thatsache, dass die angesehensten Häuser an dem sauberen Handel betheiligt waren, dass die englische Regierung ihn schützte, wohl hingereicht, den Hof von PE-KIŃ zu reizen. — Wenn die Erbitterung sich in KAN-TON selbst bei der von den Nachtheilen des Schleichhandels nicht betroffenen Bevölkerung zu unbezähmbarer Wuth steigerte, so ist der Grund dazu theils in deren anerkannt händelsüchtigem Charakter zu suchen, theils aber auch in dem Betragen der angesiedelten Kaufleute. Bezeichnend ist, dass die englische Land- und Seemacht während der folgenden Kriege gegen China, wo immer ihre Landsleute noch unbekannt waren, bei der Bevölkerung nach Ueberwindung des ersten Schreckens freundliches Entgegenkommen fanden und zu ihr in das beste Verhältniss traten. Selbst in KAN-TON verschwand der durch Jahrzehnte genährte bittere Hass, als englische Truppen die Stadt geraume Zeit besetzt hielten, bis auf die letzte Spur.

Die Chinesen erwarteten einen Angriff auf KAN-TON und machten dort grosse Rüstungen. Die Engländer liessen aber nur wenige Schiffe zur Blockade des Perl-Flusses zurück und segelten mit dem grössten Theil des Geschwaders nach der Insel TŠU-SAN. An den Küsten von TŠE-KIAŃ und FU-KIAN wurden Recognoscirungen vorgenommen.[30]

Die TŠU-SAN-Gruppe liegt in der Nähe von NIŃ-PO; die Inseln sind fruchtbar, stark bevölkert und gesund; einen Hafen

---

[30] Elliot wollte in A-MOI eine Note übergeben lassen. Die Fregatte Blonde lief am 2. Juli in den Hafen ein und sandte eines ihrer Boote an das Ufer, wo ein grosser Menschenschwarm zusammenlief. Die Mandarinen wiesen die Mittheilung zurück; Einer aus der Menge schoss einen Pfeil nach dem Dolmetscher, traf aber nicht. Zur Vergeltung feuerte die Blonde eine Breitseite in den Volkshaufen. Viele wurden zerschmettert und die Schaar stob auseinander. Der amtliche chinesische Bericht darüber lautete: »Die Beamten bemerkten ein Barbaren-Schiff mit einer weissen Flagge; an Bord war Alles ruhig. Plötzlich wurde ein Boot niedergelassen, das dem Ufer zueilte. Ein Individuum in demselben bat in der Mandarinen-Mundart um Frieden, brauchte aber unziemliche Ausdrücke. Unsere Beamten hinderten ihn an das Land zu kommen, worauf an Bord des Schiffes die rothe Flagge gehisst und die Geschütze abgefeuert wurden. In diesem Augenblick erschoss ein Mandarin den Dolmetsch mit einem Pfeil, so dass er todt in das Boot fiel, während die Soldaten sechs Barbaren durch ihr Feuer tödteten. Dann wurde ein anderes Boot niedergelassen, und einer der weissen Barbaren mit einem Speer durchbohrt. Sechs Stunden lang hielten unsere Truppen das Feuer der Schiffe aus, durch welches neun unserer Leute getödtet und viele verwundet wurden.«

besitzt nur die grösste. Die Bevölkerung hatte keine Ahnung vom Kriege mit England; unbefangen fuhren die Fischer dem Feinde entgegen und boten ihre Dienste an. Bei der Hauptstadt Tiṅ-hae legten sich die anwesenden Kriegs-Dschunken vor die Handelsflotte; die Ufer wimmelten von Menschen als das Geschwader erschien. Der chinesische Admiral kam an Bord des Flagg-Schiffes Wellesley, liess sich die Ursachen und den Zweck der Feindseligkeiten erklären und beklagte sich bitter, dass Unschuldige für die Fehler der Kantonesen leiden sollten; gegen diese möchten die Engländer kämpfen. »Wir erkennen euere Uebermacht; unser Widerstand ist nutzlos, und doch müssen wir Widerstand leisten. Verlieren wir gleich das Leben, so haben wir doch unsere Pflicht erfüllt.« Am folgenden Morgen waren auf den Uferhügeln Geschütze aufgestellt; geschäftig lief die Mannschaft durcheinander. Alle Kriegs-Dschunken lagen vor dem Hafen, ihnen gegenüber das englische Geschwader. Commodore Bremer wartete bis zwei Uhr auf friedliche Uebergabe und liess dann Truppen ausschiffen, die auf der anderen Seite der Insel landeten. Um halb drei fiel auf dem Wellesley der erste Schuss; sämmtliche Kriegs-Dschunken und Ufer-Geschütze antworteten. Die Engländer feuerten nur neun Minuten und liessen darauf die einzelnen Schüsse der Chinesen unbeantwortet, denn der Zweck war erreicht. Die Dschunken und ein Theil der Stadt lagen zerstört, und unter den Trümmern viele Einwohner begraben. Grosse Volkshaufen flohen in das Innere der Insel. Die Engländer konnten ohne Widerstand Tiṅ-hae besetzen, hatten aber Mühe, den Diebesbanden zu steuern, welche die verlassenen Häuser und die öffentlichen Kassen plünderten. — Der chinesische Admiral wurde schwer verwundet, der erste Civilbeamte ertränkte sich aus Verzweiflung; andere fielen, die meisten flohen.

Die Engländer richteten sich auf längere Zeit ein, denn Tšu-san ist die beste Operationsbasis gegen die Mündung des Yaṅ-tse-kiaṅ und den Norden. Sie gewannen bald das Vertrauen der Bevölkerung, die schaarenweise zurückkehrte. Die Mandarinen des nahe gelegenen Festlandes liessen aber durch Streifbanden jeden Engländer aufgreifen, der sich aus der Stadt entfernte. Es war unmöglich, diesem Unwesen gänzlich zu steuern; oft wurden Soldaten durch verrätherische Freundlichkeit in die Falle gelockt und grausam ermordet oder fortgeschleppt. Die Mandarinen terrorisirten auch die ländliche Bevölkerung der Insel dermaassen, dass die Garnison von Tiṅ-hae bald Mangel litt an frischen Nahrungsmitteln. So brachen denn Seuchen aus, welche die Reihen der Engländer bedenklich lichteten.

Die Statthalter der Küsten-Provinzen wetteiferten unterdess in grossmäuligen Berichten nach Pe-kiṅ, besonders Teṅ, der vorher als Gouverneur von Kuaṅ-tuṅ dem Opiumhandel thätigen Vorschub geleistet haben soll, und Yu-kien, ein grausamer Mongole, der sich in Turkestan einen Namen gemacht hatte.[31])

Dieser rüstete als Statthalter von Kiaṅ-su mit Eifer und schilderte die Engländer als eine verächtliche Räuberbande, welche leicht vom Angesichte der Erde zu vertilgen sei. »Ich habe einen früheren Commandeur der Flottenstation von Tšu-san ersucht,« schreibt er nach der Wegnahme, »die nöthigen Maassregeln zur Wiedergewinnung der Insel zu treffen. Zu dem Ende wird er sich verkleidet dahin begeben und die Stellung des Feindes erforschen. Dieser wird natürlich seine Streitkräfte vertheilt haben, um die wichtigsten Punkte zu besetzen, und unsre Soldaten können, sobald ihre Anzahl genügt, in der Stadt über sie herfallen und dieselbe wieder in Besitz nehmen u. s. w.« Ferner: »Da die Barbaren jetzt furchtsam in den Meeren von Tše-kiaṅ herumirren, so werden sie nach ihrer Niederlage in jener Provinz wahrscheinlich auch unsre

---

[31]) »Die Engländer,« schreibt Letzterer, »sind ein verworfenes und geringes Volk, das nur auf seine starken Schiffe und Geschütze pocht; aber die ungeheure Entfernung vom Vaterlande wird die Ergänzung der Vorräthe unmöglich machen; ihre Soldaten werden nach der ersten Niederlage, der Nahrungsmittel beraubt, den Muth verlieren. So wahr es ist, dass ihre Kanonen grosse Zerstörungen anrichten, werden sie doch für den Angriff unserer Häfen zu hoch liegen und wegen der Meereswellen nicht gerichtet werden können. Trotz dem Reichthum der Regierung ist das Volk zu arm, um zu den Kosten der Armee auf solche Entfernung beizusteuern. Gesetzt auch, die Schiffe wären ihre Heimath, und dass sie Wind und Wetter darin trotzen, so gehen sie doch zu tief und werden ohne chinesische Lootsen sicher stranden, ehe sie den Küsten nahen. Wenn auch wasserdicht, so sind sie doch nicht feuerfest; wir können sie leicht verbrennen. Die Mannschaft wird den Verheerungen des Clima's unterliegen und allmälich aufgerieben werden. Am Ufer zu kämpfen sind ihre Soldaten zu ungelenk. Wir müssen die Zugänge in das Innere des Landes sperren und die grössten Kanonen an die Küsten bringen, um ihren Schiffen den schrecklichsten Empfang zu bereiten; zugleich müssen wir Fahrzeuge voll Strauchwerk, Oel, Schwefel und Salpeter bereit halten und sie, unter Leitung unserer Kriegsflotte, mit Wind und Fluth gegen ihre Schiffe treiben lassen. Brennen diese einmal, so können unsere Schiffe auf sie feuern und sie vernichten, ohne auch nur einen Mann zu verlieren.«

Küste heimsuchen. Ich habe deshalb mit dem Commandeur der Truppen Maassregeln zu ihrer Vertreibung verabredet. Das Land dieser Barbaren ist über 10,000 Li von hier entfernt. Da ihr Handel mit Opium in Kan-ton und Macao, überhaupt ihr ganzer Handelsverkehr abgeschnitten wurde, so kamen sie nach Fu-kian, wo man sie ebenfalls verjagte, und nun haben sie den Wind benutzt, um diese nördlichen Küsten zu besuchen..... Ich sehe diese Feinde als schwache Binsen an, da ich von Jugend auf militärische Schriften las und den Schrecken meines Namens in Turkestan über Myriaden von Meilen verbreitete. Seitdem der Handel in Kan-ton geschlossen ist, traf ich Vorsichtsmaassregeln; und wenn sie wagen an unsere Küsten zu kommen, so werden sie sein wie die Motte in der Kerze, oder der Fisch im Netz u. s. w.« — Einige Kriegsschiffe recognoscirten die Küsten des mittel-chinesischen Festlandes und die Mündung des Yaṅ-tse-kiaṅ; überall waren die Anstalten zur Abwehr kindisch und lächerlich. Schon bei Vertheidigung von Tiṅ-hae thaten die chinesischen Geschütze der Bedienungsmannschaft mehr Schaden als dem Feinde; viele Stücke zersprangen, andere fielen von den Laffetten. Die Brander, auf welche die Chinesen in diesem und den folgenden Kriegen Millionen verschwendeten, erwiesen sich durchgängig unwirksam; die englischen Boote pflegten sie in aller Ruhe an das Ufer zu bugsiren. Die Schanzen und Festungswerke boten unnahbare Fronten, waren aber niemals im Rücken und in den Flanken gedeckt und konnten von da mit Leichtigkeit genommen werden. Das verschrieen freilich die Chinesen als Feigheit und falsches Spiel und konnten überhaupt nicht begreifen, warum sie nicht an ihren stärksten Punkten angegriffen wurden. Wie die Kinder glaubten sie durch Lärm und Grosssprecherei den Feind nicht nur schrecken, sondern auch schlagen zu können. Der Kaiser wurde durch die lügenhaften Rodomontaden seiner Statthalter lange getäuscht; er glaubte nicht nur in Pe-kiṅ vollkommen sicher, sondern auch in kürzester Zeit von dem lästigen Geschmeiss befreit zu sein.

Die Chinesen erwarteten zunächst einen Angriff auf die reiche Handelsstadt Haṅ-tšau, welche durch unbezwingliche Fluthströmungen gegen jeden Flotten-Angriff gesichert ist. Statt dessen fuhren die englischen Bevollmächtigten mit dem grössten Theil des Geschwaders nach dem Norden und erschienen am 28. Juli vor der Pei-ho-Mündung. Das war sehr unverhofft; an Rüstungen hatte hier niemand gedacht; der Weg nach der Hauptstadt lag dem Feinde offen. Capitän Elliot hatte auch die Absicht, eine Truppenbewegung auf PE-KIŃ zu veranlassen, wurde aber von der Schlauheit eines Mandarinen überlistet und kehrte unverrichteter Sache nach dem Süden zurück.

KI-ŠEN, ein Mandschu-Tartar vom höchsten Range und persönlicher Freund des Kaisers TAUK-WAŃ, hatte vor Ausbruch des Krieges alle Mittel zu dessen Abwendung aufgeboten. In einer Immediat-Eingabe erklärte er damals die strenge Ausübung der Strafgesetze gegen das Opiumrauchen und verschärfte Bewachung der Küsten für genügend, um dem Uebel zu steuern, und widerrieth jeden Gewaltschritt gegen die Fremden. KI-ŠEN war der vornehmste Vertreter der gemässigten Parthei und entschiedener Gegner des LIN, dessen Ansicht im kaiserlichen Rathe durchdrang. Das unverhoffte Erscheinen der Engländer vor der PEI-HO-Mündung erzeugte nun aber ernste Zweifel an dessen Politik, und TAUK-WAŃ befahl LIN's entschiedenstem Gegner, den Feind zur Umkehr zu vermögen. KI-ŠEN's feiner Takt und aalglatte Liebenswürdigkeit, seine unerschütterliche Ruhe und vollkommene Selbstbeherrschung machten ihn zu dieser Sendung sehr geeignet. Er konnte die widerwärtigsten Discussionen mit den schönsten Phrasen und Umgehung jeder Schärfe Stunden lang fortspinnen und, ohne sich durch Zusagen zu binden, dem Gegner den Wahn eines Erfolges beibringen. Bei den Verhandlungen an der PEI-HO-Mündung muss er nach beiden Seiten falsch gespielt haben; denn sicher theilte er das ihm übergebene Schreiben Lord Palmerston's dem Kaiser nicht mit, noch auch dessen wirkliche Antwort auf seine den Barbaren in den Mund gelegten Vorstellungen den Engländern; sonst war die Verständigung unmöglich.[32]) Capitän Elliot erreichte

---

[32]) Nach Davis hätte KI-ŠEN seinem Herrn gegenüber den Engländern etwa folgende Reden in den Mund gelegt: »Wir sind angewiesen, bei euerer ehrenwerthen Nation Klage zu führen über die Schädigung unseres Vertreters und der britischen Kaufleute durch die Oberbeamten in KAN-TON. Da unsere See- und Landmacht bedeutend ist, so brauchten wir einen Platz, um unsere Schiffe zu bergen und unsere Truppen unterzubringen. Die Oberbeamten in den Provinzen schlossen uns nicht nur ihre Häfen, sondern weigerten sich auch, unsere Vorstellungen an den Hof zu befördern. Deshalb mussten wir TŠU-SAN besetzen. Commissar LIN liess alle Europäer in KAN-TON einschliessen, schnitt ihnen den Verkehr ab und beraubte sie der Lebensmittel, bis das Opium an Bord der Schiffe ausgeliefert war, indem er sie mit dem Tode bedrohte. Eine Menge Opium

nur die leere Verheissung, dass alle Beschwerden streng untersucht und für das zerstörte Opium einige Entschädigung geleistet werden sollten. »In Kan-ton,« betheuerte Ki-šen bei den Verhandlungen immer wieder, »sei der Streit entstanden, nur dort könne die Untersuchung geführt werden,« und drang damit durch. Das englische Geschwader segelte nach dem Süden.

Elliot's Umkehr scheint nach unserer jetzigen Kenntniss der chinesischen Zustände unbegreiflich und wurde auch heftig angefochten; zu bedenken ist aber, dass man damals im Umgang mit den Grossen des Kaiserhofes noch keine Erfahrung hatte, dass ein günstiges Vorurtheil für deren redliche Gesinnung waltete. Erwägt man ferner, dass Elliot über sehr geringe Streitkräfte verfügte, nur unvollkommene Karten von den chinesischen Küsten besass und sich nothwendig eine falsche Vorstellung von der Wehrkraft des Landes machen musste, so erscheint die äusserste Mässigung nur gerechtfertigt.

Lin wurde nun degradirt, Ki-šen an seiner Stelle zum kaiserlichen Special-Commissar in Kan-ton ernannt und mit den Verhandlungen beauftragt. »Die englischen Barbaren,« lautete seine Instruction, »beklagen sich, dass die degradirten Beamten Lin und Teṅ ihre ursprünglichen Zusagen nicht hielten und so die jetzigen Zerwürfnisse herbeiführten. Da ihre Sprache unterwürfig und nachgiebig ist, so soll Ki-šen, zum stellvertretenden Statthalter von Kuaṅ-tuṅ ernannt, die Sache sorgfältig untersuchen. Wollen die Barbaren Reue zeigen und sich demüthig und unterthänig betragen, so mögen sie noch an der zärtlichen Gnade unserer himmlischen Dynastie für die Fremden Theil haben. Nichts darf übereilt

wurde aber auch aus den Schiffen ausserhalb des Hafens genommen, da der Commissar die Eigenthümer durch Hunger und Todesdrohungen zwang alles herauszugeben. Dann bestand er auf einer Verschreibung, nach welcher alle Leute an Bord eines Opiumschiffes künftig das Leben verwirkt haben sollten; aber der englische Commissar und die Kaufleute weigerten sich eine solche auszustellen, worauf die Commissare Lin und Teṅ den Handel in den Häfen schlossen, zu einer Zeit, da die Hoṅ-Kaufleute englischen Unterthanen mehrere Millionen schuldeten.« Der Kaiser soll geantwortet haben: »Wir haben Lin und Teṅ angewiesen, die Opium-Angelegenheit in Kan-ton zu ordnen; aber nach zwei Jahren haben sie, statt den Schleichhandel zu beseitigen, veranlasst, dass die Barbaren der Hauptstadt nahten. Was sind das für Dinge? Die Beamten haben den Staat und das Volk geschädigt, ihre Aufgaben aber nicht vollbracht. Ihre vorgesetzte Behörde hat sie der Degradirung würdig befunden, und sie müssen sich in Kan-ton zur Untersuchung stellen.«

werden. Kı-šen soll diese Angelegenheit in Treue schlichten und meine Absichten ausführen. Danach richtet euch!« — Die Küstenbehörden erhielten Befehl zu Einstellung jeder herausfordernden Feindseligkeit gegen die britischen Schiffe für die Dauer der Verhandlungen.

Kı-šen fand seine Stellung in Kan-ton schwierig, denn die Bevölkerung nährte den bittersten Fremdenhass und trat dem neuen Bevollmächtigten feindlich entgegen, sobald dessen Absicht einer friedlichen Lösung bekannt wurde. Der grosse Haufen wähnte mit den rebellischen Barbaren leicht fertig zu werden und drängte zu rascher Entscheidung; der degradirte Lın war noch immer sein Abgott. Ernstlich glaubte wohl Kı-šen selbst nicht an friedliche Vergleichung; seine erste Sorge in Kan-ton war die Verstärkung der Werke an der Flussmündung. Er gab dafür grosse Summen aus, aber die Anstalten blieben kindisch und unwirksam. Kı-šen setzte sich auch mit Lın in Verbindung, der einige Hundert Freiwillige auf eigene Kosten einüben liess, denn der Kampf war unvermeidlich. Der neue Bevollmächtigte wusste wohl, dass der Kaiser befriedigende Zugeständnisse an die Engländer niemals genehmigen würde; als Aeusserstes mochte ihm die Aufhebung des Handelsverbotes und eine Entschädigung für das Opium gelten, die aus den dafür aufzulegenden Zöllen in jährlichen Raten bezahlt werden könnte. Durch Verhandlungen suchte er Zeit zu gewinnen. Die Engländer liessen sich eine Weile täuschen, entdeckten aber am 6. Januar 1841 einen geheimen Erlass, nach welchem alle englischen Unterthanen und Schiffe, wo man sie auch treffen möchte, vernichtet werden sollten. Schon am folgenden Tage antwortete die englische Flotte durch Zerstörung der Werke vor der Flussmündung. Zuerst bewarfen ihre Geschütze Tšuen-pi mit solchem Erfolge, dass die Besatzung nach 25 Minuten ausriss. Eben so schnell ging es mit dem gegenüberliegenden Tı-kok-to. Die Werke wurden in Trümmer gelegt, 173 Geschütze unbrauchbar gemacht. Die chinesische Flotte stob auseinander als bei Beginn des Kampfes eine grosse Dschunke in die Luft flog; die anderen rannten an das Ufer und die Besatzung floh landeinwärts. Dreizehn grosse Kriegs-Dschunken wurden verbrannt.[33]) Am folgenden Morgen bat Admiral Kwan um Waffenstillstand.

---

[33]) Die Engländer erbeuteten den rothen Knopf, das Rangzeichen des alten Admiral Kwan, das ihm auf sein dringendes Bitten zurückgestellt wurde.

Die Chinesen hatten sich für unüberwindlich gehalten; am Ufer harrten dichte Volkshaufen des sicheren Unterganges der Engländer; desto grösser war die Bestürzung und Rathlosigkeit. Die Verhandlungen begannen von neuem und führten zu einer zwischen Elliot und KI-šEN geschlossenen Convention, nach welcher die Insel HONG-KONG der englischen Regierung abgetreten, eine Entschädigung von sechs Millionen Dollars für das zerstörte Opium gezahlt, der Handel binnen zehn Tagen eröffnet und den englischen Beamten der directe amtliche Verkehr mit den Mandarinen auf dem Fusse der Gleichberechtigung zugestanden werden sollte. In Folge dessen nahmen die englischen Bevollmächtigten HONG-KONG am 26. Januar 1841 förmlich in Besitz und sandten nach TŠU-SAN den Befehl, die Insel zu räumen.

KI-ŠEN hatte keine Wahl, denn von den Forts an der Bocca Tigris war kein Widerstand zu erwarten; der Weg nach KAN-TON lag dem Feinde offen. Die Zerstörung von TŠUEN-PI und TI-KOK-TO berichtete KI-ŠEN sogleich an den Kaiser: »Der Admiral gesteht, dass er die strengste Strafe verdient. Er weicht nur der Nothwendigkeit und hat sich zu einem Waffenstillstand mit den Barbaren verpflichtet, um Zeit zu gewinnen und sich neu zu rüsten.... Es scheint den Sclaven Deiner Majestät, dass es uns gar zu sehr an Vertheidigungsmitteln fehlt; wir haben nicht die Bomben und Raketen der Barbaren. Deshalb müssen wir sie auf andere Weise hinhalten, und das wird leicht sein, da sie Verhandlungen angeknüpft haben.«

Den Kaiser versetzte die Nachricht in maasslosen Zorn; am Tage des Empfanges erliess er drei fulminante Decrete: »KI-ŠEN hat, mit so wichtigen Angelegenheiten betraut, angesichts des hochfahrenden und ruchlosen Betragens der Barbaren nichts gethan, um Widerstand zu leisten. Jetzt erkennt man erst die wahren Absichten des Feindes. Sie billig zu behandeln ist nun ausser Frage; sie sollen vom Zorn des Volkes heimgesucht werden. Deshalb haben wir die Truppen verschiedener Provinzen nach KAN-TON entboten. KI-ŠEN und KWAN sollen streng bestraft werden.« Ferner: »Sie haben unsere Officiere und Soldaten in TŠUEN-PI angegriffen, verwundet, getödtet. Die Heimsuchung des Himmels zu offenbaren, wollen wir die Barbaren vom Angesichte der Erde wegfegen. Zu dem Zweck wird unser Heer TIŇ-HAE wiedernehmen. KI-ŠEN hat Befehl, den Patriotismus des Volkes zu wecken und die Köpfe der Barbaren in Körben nach PE-KIŇ zu senden.«

Die Convention stellt Kı-šᴇɴ nach dem Abschluss als ein vorübergehendes Nothmittel dar. »Die englischen Barbaren haben schon einen Boten nach Tšᴜ-sᴀɴ gesendet, um die Insel auszuliefern; sie haben auch die Werke von Tšᴜᴇɴ-ᴘɪ und die genommenen Dschunken wieder herausgegeben. Ohne auf Befehl zu warten, hat Dein Sclave es in seiner Beschränktheit übernommen, für die Engländer um Gnade zu flehen, die sich verpflichteten, ihre Kriegsschiffe zurückzuziehen. Obwohl ich dieses that, um das Volk vor Schaden zu wahren, muss ich doch um strenge Bestrafung bitten. Ich erhielt Deiner Majestät Befehl, dass die Engländer nicht billig behandelt werden dürften, dass deshalb von mir im Verein mit den Beamten Lɪɴ und Tᴇɴ die Feindseligkeiten wieder begonnen werden müssten, sobald die viertausend Mann Verstärkung einträfen. Dein Knecht hat diesen Befehl knieend gelesen und darauf die Oeffnung des Hafens hinausgeschoben, obgleich er dieselbe den Engländern auf einen bestimmten Tag versprochen hatte. Sie haben unterdessen die Herausgabe von Tšᴜ-sᴀɴ an I-ʟɪ-ᴘᴜ angeordnet und sich auch sonst sehr nachgiebig gezeigt. Aber ich habe mir nichts vergeben, sondern versprach nur, um Gnade für sie zu flehen. Ich bin sehr erzürnt auf sie wegen der schwierigen Lage, in die sie mich versetzten, und warte nur meine Zeit ab, um sie zu vernichten, sobald es möglich ist. Nach genauer Untersuchung des Flusses, der Werke an der Mündung und aller Zugänge der Stadt bin ich aber mit anderen Beamten der Ansicht, dass Kᴀɴ-ᴛᴏɴ nicht zu halten ist. Die Verstärkung ist noch weit entfernt, daher die Nothwendigkeit einer vorübergehenden Verständigung.« In einer zweiten Eingabe schildert Kı-šᴇɴ die Barbaren als »so unbezähmbar, dass ihre Officiere sie vom Angriff auf Tšᴜᴇɴ-ᴘɪ nicht abhalten konnten. Seitdem haben sie aber Reue und Furcht gezeigt und schicken ihre Kriegsschiffe fort. Die einzige himmlische Gunst, die sie erflehen, ist die Zulassung zum Handelsverkehr, da durch die Stockung des Handels ihr ganzes Volk der Mittel zum Lebensunterhalt beraubt ist.«

Kı-šᴇɴ brach also die Convention auf des Kaisers Weisung, rettete sich aber dadurch ebensowenig als durch die abgeschmackten Zuthaten seiner Berichte. Auf die Nachricht vom Abschluss war Tᴀᴜ-Kᴡᴀɴ's Erbitterung nicht zu beschwichtigen. »Da die Engländer in ihren Wünschen täglich ausschweifender wurden, so schärfte ich Kı-šᴇɴ Wachsamkeit ein; bei jeder Gelegenheit sollte er sie angreifen. Er hat sich aber von den Barbaren bestricken lassen und nicht einmal seine Amtsgenossen zu Rathe gezogen. Den Engländern Hong-kong abtreten, damit sie es zum Waffenplatz machen und dort Festungswerke bauen, und ihnen die Fortsetzung des Handels in Kan-ton erlauben, geht über alle Grenzen der Vernunft hinaus. Warum liess er sie von der Insel Besitz ergreifen? Gehört nicht jeder Zollbreit Landes und jeder einzelne Unterthan dem Staat? Und doch wagt er, solche Gnaden für die Barbaren zu erflehen und verbreitet sich obendrein über den erbärmlichen Zustand von Kan-ton, um unsere Zustimmung zu erlangen. Wie gross ist Ki-šen's Anmaassung und Schamlosigkeit! Er soll degradirt, in Ketten gelegt und unter Bedeckung nach Pe-kiṅ geführt, alle seine Besitzthümer sollen sofort eingezogen werden.« Noch an demselben Tage wurde mit der Confiscirung begonnen. Man schätzte Ki-šen's in den höchsten Aemtern angehäuftes Vermögen auf acht Millionen Pfund Sterling, fand aber bei der Einziehung weit mehr. Das Alles verschwand auf den Wink des Monarchen. Als dessen alter Günstling mit Ketten beladen nach Pe-kiṅ kam, konnte er kaum hundert Kupferpfennige auftreiben, um sich Nahrung für den Kerker zu kaufen; seine Frauen und Genossinnen wurden öffentlich versteigert.

Tšu-san räumten die britischen Truppen auf Elliot's voreilige Weisung am 24. Februar, nachdem im Süden die Convention schon den Tag zuvor gebrochen war. Der Kaiser erliess, durch lügenhafte Berichte gereizt, ein donnerndes Decret, worin die Engländer der Gewalt gegen Frauen und der gemeinen Räuberei beschuldigt wurden; sie hätten sich ferner herausgenommen, auf der Insel Befestigungen anzulegen, einen Canal zu graben und durch einen vorgeblichen Mandarin Steuern erheben zu lassen. »Nach ihren Gewaltthaten an der Flussmündung bleibt nichts übrig, als sie zu vernichten. Da Götter und Menschen gleich entrüstet sind über so ruchlose Geschöpfe, so kann ihre Vertilgung nicht fern sein.« Von Frieden durfte Niemand reden; Tau-kwaṅ betheuerte, ein Volk wie die Engländer dürfe nicht leben.

Der Pöbel in Kan-ton forderte nach dem ersten Schrecken in wilder Verblendung die Fortsetzung der Feindseligkeiten und verfluchte offen die Anknüpfung von Verhandlungen. Als nach dem Bruch der Convention bekannt wurde, dass die Engländer die Werke an der Bocca angreifen wollten, brach das Volk in lauten

Jubel aus und zog in hellen Haufen hin, ihre Vertilgung mit anzusehen; die Uferhänge bedeckten sich mit Tausenden. Kɪ-šᴇɴ, dem sein Schicksal noch unbekannt war, liess am Vorabend des Kampfes fünftausend Dollars unter die chinesischen Truppen vertheilen und versicherte in einer Ansprache die Bewohner von Kᴀɴ-ᴛᴏɴ, dass alle Zugänge zur Stadt gut bewacht und ungefährdet seien. — Am 26. Februar legte Sir Gordon Bremer sein verstärktes Geschwader, in welchem sich drei Linienschiffe, mehrere Fregatten und Dampfer befanden, vor die Werke an der Bocca und schoss sie zusammen. Die landenden Truppen fanden wenig Widerstand. Den braven Admiral Kᴡᴀɴ durchbohrte das Bajonet eines Marinesoldaten; sein Heldenmuth fand aber wenig Nachfolge.[34]) In einer Strand-Batterie bemächtigten sich sogar die Officiere, als das Feuer zu heiss wurde, der vorhandenen Boote und ruderten davon; die Mannschaft aber kehrte die Geschütze gegen ihre fliehenden Vorgesetzten. — Die chinesischen Truppen bestanden im Auswurf der Bevölkerung; nur auf die Ueberzahl setzten die Führer ihr Vertrauen. Von Disciplin und Waffenübung hatte man kaum eine Ahnung; die Geschütze wurden oft bis zur Mündung vollgestopft und richteten dann platzend grosse Verheerung an.

Tᴀᴜ-ᴋᴡᴀɴ's Bestürzung über die neue Niederlage zeigt sich in dem gleich darauf erlassenen Aufgebot an fünftausend Mann aus den acht Tartarenbannern. Diese gelangten niemals nach Kᴀɴ-ᴛᴏɴ, sondern blieben zum Schutze der Hauptstadt im Norden. Mit dem Oberbefehl im Süden hatte der Kaiser ein Triumvirat betraut: seinen Neffen und Günstling Yɪ-šᴀɴ, den Mongolen Lᴜɴ-ᴡᴜɴ und den siebzigjährigen Yᴀɴ-ꜰᴀɴ; nur dieser hatte die militärische Laufbahn gemacht und sich im Kampf gegen den einheimischen Gebirgsstamm der Mɪᴀᴏ-ᴛsᴇ ausgezeichnet. Yᴀɴ-ꜰᴀɴ traf gleich nach der Niederlage an der Bocca mit einem Truppenkörper in Kᴀɴ-ᴛᴏɴ ein und detachirte zweitausend Mann flussabwärts gegen die Engländer. Deren leichtes Geschwader unter Sir Thomas Herbert richtete aber am 1. März grosse Verwüstung unter ihnen an und sprengte ein europäisches Schiff in die Luft, das die Chinesen gekauft und zum Kampf gegen die Engländer gerüstet hatten. Darauf berichtete Yᴀɴ-ꜰᴀɴ seinem Herrn: »Die Soldaten aus Hᴏ-ɴᴀɴ haben den Barbaren eine Schlacht geliefert, in der sie viele tödteten

---

[34]) Das englische Flaggschiff feuerte einen Trauersalut, als Kᴡᴀɴ's Leiche am folgenden Tage abgeholt wurde.

und grosse Haufen in das Wasser jagten. Die Truppen schlugen sich brav. 30 Officiere, 450 Mann und der Commandeur der Abtheilung sind gefallen.« In Wahrheit lief das ganze Corps auseinander und durchstreifte plündernd das Land. Schon am 2. März konnte YAṄ-FAṄ keinen Widerstand leisten, als die Engländer vorrückten. Am 3. kamen der Präfect YU und der Vorsteher des HOṄ-Verbandes auf einem Floss unter weisser Flagge den Strom herab und ersuchten Capitän Elliot um Gehör: Man wolle den Handel gestatten, wenn die Briten ihre Kriegsschiffe zurückzögen; aber nur in PE-KIṄ könne über die schwebenden Differenzen unterhandelt werden. — Die Engländer besetzten darauf am 6. März »Fort Napier« in der Nähe von KAN-TON und nahmen Stellungen ein, aus welchen sie die Stadt und den Fluss vollkommen beherrschten. Den Kantonesen ertheilten sie die Weisung, ruhig bei ihren Geschäften zu bleiben, wenn die Stadt geschont werden solle.

Nun trat eine merkwürdige Waffenruhe ein; der friedliebende Elliot mag wieder auf eine Lösung gehofft und die momentanen Vortheile des Handels berücksichtigt haben. Die Kaufleute bezogen unter dem Schutze der englischen Waffen ihre Wohnungen in KAN-TON und betrieben ihre Handelsgeschäfte wie im tiefsten Frieden. Man verlor aber dadurch die kühlen trockenen Wochen des Frühjahrs und gewährte den Chinesen Musse zu neuen Rüstungen. YI-ŠAN, das Haupt des Triumvirates, traf am 14. April in KAN-TON ein, und fast täglich rückten Truppen aus den Provinzen in die Stadt. Am Ufer wurde eine schwimmende Batterie von mächtigen Dimensionen gebaut und mit Sandsäcken schussfest gemacht; die Chinesen hatten zum Glück das Gewicht der Geschütze ausser Rechnung gelassen, welche sie unter Wasser drückten. Die Mandarinen liessen Kanonen giessen, Pulver bereiten, Brander und Feuerflosse in grosser Menge rüsten, und übten eifrig ihre Soldaten ein. Es konnte dem blödesten Auge nicht entgehen, dass ein Angriff bevorstand; dennoch liessen die Engländer die heisse Jahreszeit herankommen, ohne sich zu rühren. Mitte Mai begannen die in der Nähe der Factoreien wohnenden chinesischen Krämer mit Hab' und Gut abzuziehen, und nun mussten auch die fremden Kaufleute auf Sicherheit bedacht sein; der Präfect YU versuchte aber noch am Tage vor dem Angriff ihre Wachsamkeit durch eine Bekanntmachung einzuschläfern, dass ihre Person und ihr Eigenthum keine Belästigung zu fürchten hätten.

Die Kaufleute hatten sich mit ihrer Habe an Bord der Handelsschiffe unterhalb Wam-poa geborgen; vor den Factoreien in Kan-ton ankerten nur noch ein englischer Schooner und ein Cutter, auf welche die Chinesen am 21. Mai plötzlich Brander losliessen und aus versteckten Geschützen feuerten. Die Engländer brauchten noch einige Tage zu Vorbereitungen und thaten dann den Chinesen wieder nicht den Gefallen, sie an ihren stärksten Punkten anzugreifen. Gross war die Ueberraschung, als der Commandirende der Landtruppen, Sir Hugh Gough, ein starkes Corps unterhalb der Stadt ausschiffen liess, dieselbe umging und die Höhen besetzte, welche sie von Norden beherrschen. Dort liegen einige Aussenwerke, deren Besatzung in panischem Schrecken davon lief. Die Engländer stiegen von den Höhen herab und warfen die auf dem abschüssigen Boden vor der Stadtmauer aufgestellen Chinesen aus allen Positionen. Das geschah am 25. Mai. Das schlecht gerichtete Geschützfeuer von der Mauer that wenig Schaden; dagegen litten die Engländer sehr von der Hitze und Feuchtigkeit. Sie hatten noch keine Artillerie und verschoben die weiteren Operationen auf den folgenden Morgen.

In der Stadt herrschte wilde Verwirrung; die Bewohner flohen haufenweise durch die unbesetzten Thore. Das Geschütz der englischen Schiffe entzündete Feuersbrünste, welche von Banditen angefacht und fortgepflanzt wurden. Die kantonesischen Truppen verstärkten das Raubgesindel und fielen nach Plünderung der Factoreien über die Stadt her; die Bürger vertheidigten ihr Eigenthum und das Blut floss in Strömen. Durch das Nord-Thor stürmten in voller Auflösung die von den Engländern geworfenen Truppen aus den nördlichen Provinzen herein, warfen sich auf die kantonesischen Soldaten, welche sie Verräther schalten, und machten Alles vor sich nieder; nun stand auch das Volk in Masse auf und die Metzelei wurde allgemein. Die Behörden waren ohne Macht und Ansehn.

Am Morgen des 26. Mai regnete es in Strömen; die englischen Truppen erwarteten den Befehl zum Angriff, hatten aber noch immer kein Geschütz. Da wehte auf den Wällen die weisse Flagge; der alte Yaṅ-faṅ bestieg die Stadtmauer, warf dem Feinde seine goldenen Armspangen hinab und wünschte zu unterhandeln. Elliot befand sich auf der anderen Seite der Stadt; die Verhandlungen dauerten bis in die Nacht. Während dieses Waffenstillstandes brachen Marodeure von den englischen Truppen bei den rückwärts gelegenen Dörfern einige Gräber auf, — eine Schandthat, welche die chinesische Pietät niemals verzeiht. Das Landvolk rottete sich zusammen und griff die Colonne im Rücken an; aus allen Dörfern kam Zuzug und der Haufen zählte bald Tausende. An Waffen fehlte es nicht; zwei Mandarinen, welche dort eben den Landsturm organisirten, führten ihn jetzt auch zum Kampfe. Der englische Bevollmächtigte drohte die Verhandlungen abzubrechen, wenn dem Unfug nicht gesteuert werde; da bewog der Präfect Yu mit grosser Mühe den Haufen zum Auseinandergehen.

Am Morgen des 27. Mai waren die Geschütze schon in Position gebracht und alle Vorbereitungen zum Angriff getroffen, als zum Aerger der Truppen die Meldung kam, der Frieden sei geschlossen. Elliot's Bedingungen waren schleunige Zahlung von sechs Millionen Dollars für das Opium und Eröffnung des Handels, wogegen er sich zur Zurückziehung der Kriegsschiffe aus dem Perl-Flusse verpflichtete.

Die Engländer erbeuteten in dem kurzen Feldzuge zwölfhundert Geschütze, eine grosse Zahl Wallbüchsen und andere Waffen; sie hatten nur funfzehn Todte. Die Truppen zogen sich nach HONG-KONG zurück, wo in Folge der Anstrengung und des heissen feuchten Wetters bald verheerende Seuchen unter ihnen ausbrachen. Ein furchtbarer TAI-FUN richtete auch unter den englischen Schiffen und Uferbauten argen Schaden an; darin sahen die Chinesen eine Strafe des Himmels, und hofften wieder auf schleunige Vernichtung der Barbaren[35]).

Der Abschluss der Convention wurde als ein grosser Fehler angesehen; in der That konnte die Stadt in wenig Stunden genommen sein; dann wäre der Uebermuth des Pöbels mit einem

---

[35]) YI-ŠAN schrieb dem Kaiser: »Am 29. Tage des 6. Mondes brach ein TAI-FUN aus, der die vor HONG-KONG geankerten Fahrzeuge der Barbaren auf die hohe See hinaustrieb, ihre Hütten und Zelte zerstörte und das Bollwerk am Ufer fortschwemmte, so dass nur der blosse Erdboden übrig blieb.« TAUK-WAŇ antwortete: »er sei glücklich und dankbar für den Beistand der Götter und zittere für das Loos der Fremden. Es sei zu hoffen, dass der Himmel sie vernichte, dass Dämonen sie durch mephitische Dünste wegfegten.« Er sandte YI-ŠAN zwanzig durch den Dalai-Lama geweihte Weihrauchkerzen, die er in Frömmigkeit den Götzen opfern möge, und liess durch vier Prinzen der kaiserlichen Familie und seine Hofbonzen im Friedenstempel zu PE-KIŇ Dankopfer darbringen. S. Davis China during the war and since the peace.

Schlage gebrochen und künftigem Uebel vorgebeugt worden. Der Frieden war mit geringen Opfern erkauft und konnte dem Kaiser in günstigem Lichte dargestellt werden: man bürdete die sechs Millionen Dollars den Hoṅ-Kaufleuten, also indirect dem fremden Handel auf und bat den Kaiser, die Summe nur einstweilen vorzustrecken. Ueberdies hatte man den besten Grund der Niederlage in dem Beistand chinesischer Verräther entdeckt, welche nicht nur jede Kundschaft gaben, sondern sogar in den feindlichen Reihen kämpften. Nicht Engländer, sondern Chinesen hatten China besiegt. Auch an Trophäen fehlte es nicht; man erbeutete die Leiche eines englischen Soldaten, dessen abgeschnittener Kopf als der des Sir Gordon Bremer nach Pe-kiṅ wanderte.

Des Kaisers Auffassung bezeichnet folgender Erlass an Yi-šan: »Ich habe die Vorstellung des Yi-šan gelesen, nach welcher der Angriff der Barbaren zweimal abgeschlagen und die Stadt vor allem Schaden bewahrt wurde. Unser Kriegsmuth hat den Feind in die äusserste Bedrängniss gebracht. Besagte Barbaren kamen und baten um Fürsprache, damit die kaiserliche Gnade für sie erfleht würde. Es scheint, dass dein Pflichtgefühl dir nicht erlaubte, ihnen den Handel zu verweigern; aber du musst ihnen befehlen, ihre Schiffe sofort in die offene See hinauszuschicken, die Festungen herauszugeben und den herkömmlichen Satzungen Folge zu leisten. Die Engländer dürfen keine verbotenen Artikel einführen; die Behörden sollen wirksame Maassregeln dagegen ergreifen. Die Festungen müssen hergestellt und gut bewacht werden; und wenn die Engländer die geringste Anmaassung zeigen, so sollst du sie durch deine Soldaten niederhauen lassen. Der Statthalter hat die zerstörten Häuser wieder aufzubauen. Die den Hoṅ-Kaufleuten vorgeschossenen 2,800,000 Tael müssen in zehn jährlichen Raten erstattet werden.«

In Yi-šan's Berichten kommen folgende Stellen vor: »Der Raum vor der Stadt war zu eng, um die chinesische Streitmacht zu Vertreibung der Barbaren gehörig aufzustellen. Bald machte sich auch Mangel an Lebensmitteln fühlbar, und da alle Zugänge vom Feinde besetzt waren, so konnten keine Vorräthe in die Stadt gelangen. Der Verlust der Provincial-Hauptstadt hätte viel Elend über die ganze Landschaft gebracht und eine allgemeine Plünderung herbeigeführt; deshalb war es unsere Pflicht, die ganze Truppenmacht innerhalb der Mauern zu ihrer Vertheidigung zurückzuhalten. Als wir nun über die zu ergreifenden Maassregeln zweifelhaft waren, bestürmte das Volk uns mit Bitten, durch Friedensschluss dem Jammer ein Ende zu machen. Nun hörten wir, der Feind wünsche zu parlamentiren, und schickten einen Officier hinaus. Als der Dolmetscher die Engländer über die Veranlassung ihrer Gewaltthaten und ihres rebellischen Auftretens befragte, antworteten sie, sie hätten, so lange schon am Handel und am Austausch ihrer Waaren verhindert, grosse Verluste erlitten und könnten ihre Schulden nicht bezahlen; während des Donners der Kanonen hätten sie ihre Wünsche nicht sagen können, deshalb erflehten sie jetzt die Fürsprache des Ober-Generals beim Kaiser, damit er ihnen Gnade angedeihen lasse, und, nach Tilgung ihres Guthabens, die Fortsetzung des Handels erlaube; dafür wollten sie sofort ihre Kriegsschiffe zurückziehen und die Festungen herausgeben. Da nun die Hoṅ-Kaufleute ähnliche Vorstellungen machten und die Bevölkerung solcher Maassregel Beifall zollte, so beschlossen wir, sie durch eine Summe Geldes abzufinden, da es bei weitem das Wohlfeilste war. Das Elend des Volkes war entsetzlich, und man konnte die Folgen nicht berechnen, wenn solcher Zustand länger dauerte. Wir beauftragten deshalb den Präfecten Yu, ein solches Abkommen zu treffen. Sind wir die Barbaren aber einmal los und haben erst alle Wege nach Kan-ton versperrt, so können wir den Handel wieder abschneiden und sie in die schlimmste Lage bringen.« — »Als ich auf Herausgabe von Hong-kong bestand, sagten sie, die Insel sei ihnen von Ki-šen abgetreten worden, und sie könnten eine Schrift zeigen, die das bewiese...... Ich werde aber Maassregeln treffen, um unser Gebiet von Hong-kong bald wieder zu nehmen.« — Am ersten Tage des Kampfes hatte Yi-šan Siegesberichte nach Pe-kiṅ gesandt.

Ein Privatbrief des Oberrichters von Kan-ton malt die wirkliche Lage in grellen Farben: »Wir hatten ein Heer von siebzehntausend Mann, gaben alles Geld in unseren Schatzkammern zum Betrage von mehreren Millionen aus, liessen Bauholz aus Kuaṅ-si, Pulver, Luntenflinten und alles mögliche Kriegsgeräth aus Kiaṅ-su kommen; und doch sind wir total geschlagen worden, ein Missgeschick, das mich mit Scham erfüllt und das ich kaum niederzuschreiben wage. Die Festungswerke, die gleich Schachfiguren ringsum postirt sind und die zum Schutz unserer Vorfahren ausreichten, hat diese Generation preisgegeben. Wir fürchteten die

Engländer wie Tiger, gaben unsere Werke auf und zogen uns schliesslich in die Stadt zurück, um zu capituliren. Wenn die Schiffe des Feindes Orte passirten, wo Dschunken versenkt waren, so zeigte sich kein Soldat, ihnen die Durchfahrt streitig zu machen. Während zahlreiche chinesische Verräther ihnen als Kundschafter dienten, wollte nicht ein einziger Barbar uns die Bewegungen der Engländer verrathen. Das setzte sie in Stand, die Tiefe des Wassers zu messen, uns überall zu überraschen. Unbegreiflich ist es, wie wir die Gelegenheit vorübergehen lassen konnten, Hong-kong wiederzunehmen und ihnen in den Rücken zu fallen, als sie alle ihre Truppen nach Kan-ton eingeschifft hatten; aber es unterblieb. Die Soldaten, welche die Aussenwerke vor den nördlichen Thoren vertheidigen sollten, verliessen ihre Posten wie Feiglinge. Als die Barbaren die Stadt bombardirten und mehr als tausend Häuser verbrannten, öffnete man die Thore, um die flüchtigen Soldaten aufzunehmen; aber von den Stadtbewohnern durfte Niemand hinaus. Selbst als das Volk in Masse die Fremden im Rücken angriff, wagten die zahlreichen Truppen nicht Stellung zu nehmen und von vorn auf sie einzudringen. — Wie leicht konnte man Elliot im Fremden-Quartier aufheben; aber das wollte Niemand unternehmen. — Als unsere Soldaten in die Stadt getrieben wurden, entbrannte ein wüthender Kampf mit den kantonesischen Truppen; bald bedeckten zahllose Leichen die Strassen. Alle Disciplin hörte auf; wildes Geschrei erfüllte die Stadt; überall sah ich Raub und Mord. Mehrere tausend Soldaten rannten davon, beladen mit gestohlenem Gut, und schützten dann vor, ihren Weg bei Verfolgung des Feindes verloren zu haben. Von der Schmach dieser Ereignisse bin ich ganz überwältigt und möchte mir das Leben nehmen; aber das würde wenig helfen. Wir werden für andere Völker fortan ein Gegenstand der Verachtung sein; das Gesindel des Landes wird Macht gewinnen und der Regierung Trotz bieten.«

Aehnlich fühlten Tausende aus den gebildeten Ständen; seit Kien-loṅ, unter welchem China noch in hoher Macht blühte, waren ja kaum funfzig Jahre verflossen. Die Classe der Studirten ergänzt sich dort beständig aus der grossen Zahl Derjenigen, welche Jahre lang für die Prüfung gearbeitet, aber keine Stellung erhalten haben, entweder weil sie durchfielen, oder weil kein Platz für sie war. Sie bilden, durch das ganze Reich verbreitet, den Kern der Bevölkerung, die würdigen Vertreter der in mehrtausendjähriger

Geschichte entwickelten chinesischen Gesittung. Von allen Volksclassen blieben die Studirten am längsten unversöhnlich gegen die Fremden; ihr Patriotismus war uneigennützig, im guten Bewusstsein des Rechtes und im Wahn überlegener Gesittung begründet. Weniger unverdächtig scheint die Vaterlandsliebe vieler Mandarinen, welche, dem Kaiser schmeichelnd und die Fremden gegen besseres Wissen herabsetzend, auf Vortheil und Beförderung ausgingen. Aber auch unter den Beamten gab es ächte Patrioten, wie den strengen unbeugsamen LIN. Sein Treubruch gegen die Fremden wirft weniger Schatten auf seinen Charakter, als auf die chinesische Anschauung, welche, des Völkerrechtes spottend, jeden den himmlischen Satzungen trotzenden Rebellen mit allen Mitteln zu bekämpfen gebietet. Der von den angesehensten Kaufleuten getragene, angesichts der chinesischen Obrigkeit verübte seeräuberische Schleichhandel gab wohl einige Veranlassung, die Engländer für ruchlose Wilde zu halten. — LIN blieb nach seiner Degradirung und den bitteren Erfahrungen, die er an den eigenen Landsleuten machte[36]), seiner Gesinnung durchaus treu. Nach der Capitulation schilderte er brieflich einem Verwandten mit tiefem Schmerze die tollen Excesse der chinesischen Soldaten, die Selbsucht des alten YAṄ-FAṄ, — der mitten unter dem Blutvergiessen nur darauf bedacht war, die Beute aus den Factoreien gegen baares Geld zu verkaufen —, das unwürdige Betragen sämmtlicher Beamten ausser dem Richter, und den Verrath des Präfecten YU, welcher den Angriff des Landvolks unterdrückte.

Die chinesische Regierung ergriff auch später nur halbe Maassregeln; sie hetzte und bewaffnete das Volk gegen die Fremden, führte es aber niemals in den Kampf. Und doch hätten die Engländer in der ansässigen Landbevölkerung achtbare Gegner gefunden, während die regulären Truppen sich aus dem niedrigsten Gesindel recrutirten, das mit wenig Ausnahmen beim ersten Schusse davon lief, und, die Dörfer plündernd, eine Geissel des Landes wurde. Nach dem Abzug der Engländer wurden Milizen in der Umgegend vertheilt, um dem Unfug dieser Banditen zu steuern. Die Truppen aus den nördlichen Provinzen betrugen sich gegen die Bevölkerung so unbändig, dass sie zurückgezogen werden mussten. Der Aufruhr während der Einschliessung erzeugte anarchische Zu-

---

[36]) Die auf seine Kosten gekleideten eingeübten achthundert Freiwilligen gingen mit einem Soldvorschuss davon, als der Dampfer Nemesis sich KAN-TON näherte.

stände, deren die Behörden in vielen Jahren nicht Meister wurden. Das Gesindel von Kan-ton und Tausende fahnenflüchtiger Soldaten durchstreiften raubend und brennend das Land, und vielen der Beraubten blieb keine Wahl, als ihnen zu folgen. So wuchs in den Provinzen Kuaṅ-tuṅ und Kuaṅ-si ein Zustand der Auflösung heran, der aller Anstrengung der Behörden spottete und den Keim der späteren Tae-piṅ-Bewegung legte. Der Heerd der Anarchie war Kan-ton; die Mandarinen hüteten sich dort aus Furcht vor offener Empörung, den Zügel allzu straff zu führen. Die Capitulation hatte ihrem Ansehn den ärgsten Stoss versetzt; denn bei der Bevölkerung schlug der Glauben Wurzel, dass sie ohne die Einmischung des Präfecten Yu die Engländer geschlagen hätte. Nach deren Abzug erschien in Kan-ton folgender Maueranschlag: »Wir sind die Kinder des himmlischen Reiches und fähig unsere Heimath zu vertheidigen. Wir können euch ohne Hülfe der Mandarinen vernichten. Das Maass eurer Missethaten ist voll. Wären wir nicht durch das Abkommen der Behörden an Ausführung unseres Vorhabens gehindert worden, so hättet ihr den Arm der Bürger fühlen sollen. Waget nicht, uns ferner zu beschimpfen, sonst machen wir ein Exempel aus euch, und wenn ihr Feinde in jeder Ritze und in jedem Winkel sehet, so werdet ihr nicht mehr entschlüpfen können.« — Placate von ähnlichem Inhalt wurden durch eine Reihe von Jahren häufig in den Strassen von Kan-ton angeheftet. Die Mandarinen thaten ihr Bestes, den Fremdenhass zu nähren, zogen aber zugleich bei der Bevölkerung ein gefährliches Bewusstsein der Selbstständigkeit und Autonomie gross.

Yi-šan's Niederlage konnte auf die Länge nicht verborgen bleiben, der Kaiser schonte ihn nur als nahen Verwandten. Er verschwand damals vom Schauplatz, wurde aber nach dem Frieden von Nan-kiṅ der Verschleuderung öffentlicher Gelder angeklagt, verhaftet und nach Pe-kiṅ abgeführt. Bis die Volkswuth sich gelegt hatte, blieb er eingekerkert und erhielt dann ein untergeordnetes Amt im chinesischen Turkestan. — Der zweite Commandeur Lūṅ-wun starb bald nach Abschluss der Convention. Der alte Yaṅ-faṅ bat um Urlaub nach seiner Heimath, dann um seinen Abschied, der ihm in Gnaden gewährt wurde.

Lin musste nach der Convention von Kan-ton zur Verantwortung in Pe-kiń erscheinen; »nicht«, wie der Kaiser ausdrücklich sagt, »auf die Vorstellungen der Barbaren, sondern weil der wirkliche Sachverhalt jetzt vollständig bekannt geworden sei. Der durch seine fehlerhafte Amtsführung verursachte Schaden habe diese Maassregel veranlasst, keineswegs irgend eine Rücksicht auf die englischen Vorstellungen.« — Lin wurde um vier Rangstufen degradirt und nach Ili verbannt, richtete aber an den Kaiser eine freimüthige Rechtfertigung seiner Politik, und bat sich der Armee anschliessen zu dürfen, welche damals in Tše-kiań operirte. Das wurde ihm gewährt. Seine Rathschläge bewirkten nachher die Aufstellung bei Tse-ki, welche zur Niederlage führte. — Darauf scheint Lin sich in das Privatleben zurückgezogen und mit litterarischen Arbeiten beschäftigt zu haben, bis er 1851 hochbejahrt vom Kaiser Hien-fuń zu Unterdrückung der Tae-pin-Rebellion nach Kuań-si geschickt wurde. Er starb auf der Reise. Die Wichtigkeit des schwierigen Auftrages aber beweist, wie hoch man damals seine Begabung und Thatkraft schätzte.

Schon in Kan-ton hatte Lin eifrig gestrebt, sich Kenntnisse über die Länder des Westens zu erwerben. Alle möglichen fremden Bücher und Zeitungen liess er übersetzen und verarbeitete die gesammelten Auszüge zu einem Werke in funfzig Büchern und zwölf Bänden: »Statistische Notizen über die Königreiche des Westens.« Ein Ministerial-Beamter in Pe-kiń, welchem das Manuscript übergeben wurde, ergänzte und erläuterte dasselbe durch Zusätze aus den kaiserlichen Archiven. So wurde es 1844 gedruckt und unter die höheren Staatsbeamten vertheilt[37]). Das Werk ist ein Gemisch von Scharfsinn und Unverstand, von Richtigem und Falschem, wie es bei den unzuverlässigen Uebersetzungen und des Verfassers Unfähigkeit zu jeder Kritik europäischer Verhältnisse nicht anders sein konnte; die meisten Vorschläge zur Vertheidigung China's sind chimärisch und abgeschmackt, wenn auch einzelne kluge Einfälle mit unterlaufen; es ist aber merkwürdig als Aeusserung eines begabten und ehrlichen Chinesen, und weil es, das einzige Werk dieser Art, damals grossen Einfluss auf die Ansichten der leitenden Politiker geübt haben muss.

Lin's auswärtige Politik geht von dem Grundsatz aus, dass

---

[37]) Ein Exemplar, das Gützlaff sich in Shang-hae verschaffte, ging nach Paris.

Barbaren durch Barbaren bekämpft werden müssen. »Wir pflegen Piraten durch Piraten zu bezwingen; warum sollten wir nicht in derselben Weise Barbaren bekämpfen, die viele Tausend Lı über das Meer kommen? Um das aber mit Erfolg zu thun, müssen wir uns über die Verhältnisse der auswärtigen Angelegenheiten unterrichten. Die Engländer fürchten drei feindliche Mächte: Russland, Frankreich und America; sie fürchten ferner vier von unseren Tribut-Staaten: Cochinchina, Siam, Ava und Nepal. Im Kriegsfall kann man sie entweder zu Lande oder zu Wasser angreifen.

»Ihre schwächste Stelle für den Angriff zu Lande ist Indien, gegen das wir Russland und Nepal in Gang setzen können. Indien liegt südlich vom Himalaya-Gebirge, welches dasselbe von Tibet scheidet; von England ist es viele Tausend Lı entfernt, während Nepal und Birma daran grenzen. Die russische Armee würde über das Schwarze oder das Kaspische Meer kommen müssen, wo dann noch das Gebiet einiger Hirtenstämme dazwischen liegt, welche sie erst unterjochen müsste; dann trennt sie nur noch ein mit starker Heeresmacht besetztes Schneegebirge von Indien.

»Bengalen, Malacca, Bombay und Madras erzeugen Opium in Fülle, aus welchem die Engländer ein Einkommen von über zehn Millionen jährlich beziehen. Die Russen haben lange den Besitz dieses Geldes begehrt; und während die Engländer das Himmlische Reich bekriegten, fürchteten sie, dass Jene nur einer Gelegenheit harrten, um ihnen Hindostan fortzunehmen. Damals wurde berichtet, ein russischer Gesandter sei nach China gegangen.

»Während der Regierung des Kań-gı wurden Fremde gebraucht, um einen Vertrag mit den Russen zu schliessen; nachher bediente man sich dieser, um Tšań-kı-hur[38]), einen mohamedanischen Häuptling, einzufangen, der China sehr gefährlich war. Warum sollten sie uns nicht in Bezug auf Indien gleiche Dienste leisten? Nepal liegt westlich von Tibet. Als wir unter Kıa-kıń die Gorka angriffen, fielen auch die Engländer über sie her. Deshalb erklärten Jene unserem Residenten in Tibet, dass sie mit Heeresmacht aufzubrechen und Indien zu überfallen gedächten. Hätten wir den Nepalesen erlaubt, den Osten von Indien zu belästigen, während die Russen eine Diversion im Westen machten, so wäre Hindostan in Gefahr gekommen, und die Schiffe dieser Barbaren hätten voll-

---

[38]) Er wurde verrätherisch nach Pe-kıń gelockt und dort grausam hingerichtet.

auf zu thun gehabt mit dem Schutze ihrer eigenen Besitzungen. Diese Pläne sollten zur Geltung kommen, aber wir müssen sie durch Fremde zur Ausführung bringen.

»Um die Engländer zur See anzugreifen, können wir uns der Franzosen und der Americaner bedienen. Frankreich ist von England nur durch eine Meerenge getrennt, America durch einen Ocean. Ersteres hatte Colonieen gegründet, welche die Engländer fortnahmen; daher bestand eine tiefgewurzelte Feindschaft. Als die Americaner wegen der drückenden Steuern gegen die Engländer aufstanden, unterstützten die Franzosen sie mit einer mächtigen Flotte, um den Feind durch Abschneidung seiner Vorräthe zu vertreiben. So wurden die Engländer zu einem Frieden gezwungen, bei dem sie viele Staaten verloren und nur vier im nordöstlichen Theile behielten. — In Indien hatten sowohl die Franzosen als die Holländer Niederlassungen. Die Engländer aber bekriegten sie und nahmen alle Ansiedelungen der anderen europäischen Staaten in Besitz.

»Von allen in Kan-ton verkehrenden Nationen haben nur die Engländer sich hochmüthig und unverschämt betragen, während die Franzosen und Americaner immer die ehrfurchtsvollste Unterwürfigkeit zeigten. Als der Handel verboten wurde, gaben die Engländer durch Blockirung unserer Häfen allen anderen Nationen Anlass zu grosser Unzufriedenheit. Nach dem Kampfe bei Kan-ton vermittelte das Oberhaupt der Americaner einen Vergleich, und Elliot verlangte nur den gesetzlichen Handel. Als unsere Soldaten die fremden Factoreien stürmten und aus Irrthum einige Americaner verwundeten, erhob ihr Oberhaupt deshalb keine Beschwerde u. s. w.«

»Was haben wir nun gethan? Nach zweihundertjährigem Handelsverkehr fragen wir uns noch immer, auf welchem Wege wir nach England gelangen können. Welches ist die Entfernung von Russland nach England? Wie weit erstrecken sich die mohamedanischen Stämme der Tartarei? Wir weisen die Gorka zurück, da sie, ihre Ergebenheit zeigend, Indien angreifen wollen! Wir hegen Argwohn, da die Franzosen und Americaner ihre Vermittelung anbieten! Kann das Würdigung unserer Beziehungen zu fremden Staaten genannt werden? Die Han-Dynastie benutzte die Bewohner von Central-Asien zum Angriff auf die Hunnen; die Tań-Dynastie brauchte die Turfanen, um Indien zu überfallen, und

Kaṅ-gi bediente sich holländischer Schiffe zu Befehdung von Formosa. Wir sind nur darauf bedacht, dass Niemand unseren Feinden gegen uns helfe, während wir gar nicht daran denken, ein Bündniss zu unseren Gunsten gegen den Feind zu schliessen. Wir streben nur, unsere eigenen Angelegenheiten vor dem Auslande zu verbergen, nicht aber den Zustand der Dinge in fremden Ländern zu erforschen. Und doch ist der einzige Weg, in unseren eigenen Sachen das Richtige zu treffen, dass wir auf genügende Kenntniss der Fremden ausgehen. Dazu brauchen wir aber eine Anstalt zu Uebersetzung fremder Werke.

»Wir sollten uns nun in der Zeit des Friedens die überlegenen Verbesserungen der Barbaren aneignen, um die Barbaren wirksamer zu zügeln, so wie wir vorher vorschlugen, Barbaren durch Barbaren zu bekämpfen. Drei Arten der Verbesserung sind nothwendig: eine Flotte, gute Feuerwaffen und ein reguläres Heer.

»Die Engländer sind jetzt im Besitz von Hong-kong und hochmüthig vor allen Barbaren; ihr Reichthum vermehrt ihren Einfluss. Folgen wir nun ihrem Beispiel; nehmen wir eine gebietende Stellung im Osten an. Wenn wir Docks einrichten wie andere Nationen, wenn wir schnellsegelnde gute Schiffe bauen, so wird das sehr zweckmässig sein. Wir haben durch das Opium schweren Schaden erlitten; aber sollten wir nicht auch wieder von der überlegenen Geschicklichkeit der Fremden grossen Vortheil ziehen können? Sowohl die Franzosen als die Americaner haben Arbeiter nach Kan-ton geführt, die Schiffe bauen können; sollten wir nicht europäische Seeleute anstellen, um uns das Segeln zu lehren, wie wir früher auch von europäischen Astronomen lernten?«

Einen bedeutenden Theil des Buches bilden Auszüge militärischer und artilleristischer Werke. Lin's Verbesserungsvorschläge für die Armee und Flotte scheiterten aber an Tau-kwaṅ's Sparsamkeit. Auch finanzielle Fragen behandelt er, und beweist, dass die Silber-Ausfuhr für das Opium den Ruin des Landes nach sich ziehen müsse.

Ki-šen, dessen Ansichten später in weiterer Ausdehnung zur Geltung kamen, als er selbst sie jemals aussprach, wurde der Sündenbock für alle von Anderen begangenen Fehler; am kaiserlichen Hofe liefen zahlreiche Adressen ein, welche ihn der schimpflichsten Feigheit und Verrätherei ziehen. Als die Festungen am Perl-Fluss fielen und Kan-ton capitulirte, wälzte man alle Schuld auf Kı-šen, der doch Alles gethan hatte, was Chinesen zur Abwehr des Feindes thun konnten. Zu seinen Gunsten erhoben sich wenige Stimmen; diese wurden überschrieen in hundert schmähenden Flugschriften, welche namentlich die conservative Classe der Studirten gegen den unglücklichen Staatsmann schleuderte.

Die dreizehn Artikel der gegen Kı-šen erhobenen Anklage und seine Verantwortung gewähren einen Einblick in die chinesische Auffassung von amtlicher Pflichterfüllung.

»1) Warum hast Du die Engländer nicht sofort angegriffen?

Ich wünschte sie erst durch vernünftige Vorstellungen zu leiten und argwöhnte nicht, dass sie mit brutaler Gewalt die Werke von Tšuen-pi angreifen würden.

2) Warum beriethest Du Dich nicht mit dem zweiten Gouverneur und den Uebrigen, ehe die Werke genommen wurden?

Die Beziehungen zu den Barbaren waren der vertraulichsten Art und gestatteten keine Behandlung vor der Oeffentlichkeit.

3) Warum entliessest Du die Fluss-Miliz und sandtest eine so geringe Anzahl Leute nach der Bocca, dass Admiral Kwan zu Grunde gehen musste?

Ich entliess die Fluss-Miliz keineswegs; sie nahm sogar am Kampfe Theil. Die Streitmacht in den Batterieen brachte ich auf 400 Geschütze und 8900 Mann.

4) Du hattest eine Unterredung mit dem Oberhaupt der Fremden und hast ihn bewirthet. Nur ein Comprador war als Dolmetscher zugegen.

Ich unterhielt mich mit ihm über die Einrichtungen des Handelsverkehrs, über Schleichhandel und die Bestimmungen gegen die Opiumeinfuhr, und da er nicht gegessen hatte, so gab ich ihm eine Mahlzeit. Unsere Unterredung war keine geheime; mehrere Civil- und Militär-Beamte wohnten ihr bei. Die zweite Unterredung war eine zufällige; denn ich ging nach den Werken der Bocca, um mich mit dem Admiral über ihre Vertheidigung zu besprechen, nicht um das Oberhaupt der Fremden zu treffen. Aber dieser kam und verlangte die amtliche Bestätigung der Abtretung von Hong-kong, stellte auch andere verrätherische Anträge, denen ich meine Zustimmung versagte.

5) Du hast Dich zur Vermittelung eines gemeinen Compradors, Pau-peń, bedient, der schon früher der Verrätherei beschuldigt wurde.

Ich fand ihn in Šan-tuṅ und brauchte ihn als Dolmetsch. Ich untersuchte die gegen ihn gerichtete Anklage und fand keine genügenden Beweise für seine Schuld.

6) Du gabst den Barbaren Hong-kong als Wohnort gegen unser Gesetz von der Untheilbarkeit des Reiches.

Ich stellte mich so, durch die Umstände gezwungen, um sie eine Weile hinzuhalten, hegte aber niemals ernstlich den Gedanken einer Abtretung.

7) Du hast zuerst dem Kaiser von diesem Zugeständniss abgerathen und Dich nachher doch dazu bereit finden lassen.

Ich rieth ab, aus Besorgniss, die Engländer möchten dort Festungen bauen, und gab dann zum Schein meine Zustimmung, weil ich in die äusserste Noth gerieth.

8) Du erhieltest den Befehl, die Engländer zu vernichten, hast es aber aufgeschoben.

Die Barbaren waren zuerst demüthig und gehorsam; erst später wurden sie unverschämt. Und in meiner Beschränktheit wollte ich diese Maassregel nicht wagen, ehe die grosse Armee versammelt wäre.

9) Du hast trotzdem Mittheilungen von den Barbaren entgegengenommen.

Das that ich, um sie hinzuhalten und ihren Angriff abzuwenden.

10) Du wagtest die Freigebung von A-moi, dem Schlüssel der Provinz Fu-kian, vorzuschlagen, wodurch Kan-ton Schaden gelitten hätte.

In meiner Beschränktheit glaubte ich, dass dieses Recht den Engländern gewährt werden möchte, da andere Fremde dort zugelassen werden; nicht dass sie dort wohnen sollten, sondern nur zu Handelszwecken.

11) Du erlaubtest dem Schiff, das den Befehl zur Auslieferung nach Tšu-san beförderte, unterwegs Lebensmittel zu kaufen.

Das that ich, um jedem Verzuge in Erreichung dieses wichtigen Zweckes vorzubeugen.

12) Warum stelltest Du die kriegerischen Antalten in Kan-ton als mangelhaft dar und entmuthigtest so die Soldaten?

Ich gab nur eine wahrheitsgetreue Darstellung der Wirklichkeit, nicht um Furcht einzuflössen, sondern meine Pflicht gegen den Kaiser zu erfüllen.

13) Warum hast Du nach der Einnahme der Werke von Tšuen-pi nochmals unterhandelt?

Um die Barbaren von weiteren Gewaltthaten abzubringen; es war nur Verstellung und durchaus nicht ernst gemeint.« — Der Staats-Gerichtshof erklärte Kɪ-šᴇɴ für einen Hochverräther und des schleunigen Todes würdig; der Kaiser aber milderte den Spruch dahin, dass er der Hinrichtung gewärtig eingekerkert bleiben sollte. Kɪ-šᴇɴ schmachtete, den Tod vor Augen, geraume Zeit im Kerker; die spätere Wendung der Dinge bewies jedoch, dass er nur der Gewalt der Umstände gewichen sei. Er wurde dann entlassen und gegen Ende 1841 ohne Rang und amtliche Stellung mit der gemessenen Weisung nach Tšᴇ-ᴋɪᴀɴ̇ geschickt, die Barbaren zur Umkehr zu vermögen; seine alte an der Pᴇɪ-ʜᴏ-Mündung so gut gespielte Rolle sollte er nochmals versuchen. Kɪ-šᴇɴ reiste Tag und Nacht bis Hᴀɴ̇-ᴛšᴀᴜ; der Commandirende der Truppen aber liess dem »Verräther«, der keine schriftliche Vollmacht hatte, die Thore schliessen. Er kehrte nach Pᴇ-ᴋɪɴ̇ zurück und lebte dort eine Zeit lang ohne Stellung; dann berief ihn der Kaiser zur Dienstleistung bei seiner Person. Nach dem Frieden von Nᴀɴ-ᴋɪɴ̇ wurde Kɪ-šᴇɴ kaiserlicher Resident in Tibet, wo Père Huc ihn sprach, und später Statthalter der Provinz Sᴇ-ᴛšᴜᴇɴ.

Die englische Regierung missbilligte die Convention von Kᴀɴ-ᴛᴏɴ und enthob Elliot und Sir Gordon Bremer ihrer Aemter in China. An des Ersteren Stelle trat Sir Henry Pottinger als einziger Bevollmächtiger; Sir William Parker erhielt den Oberbefehl der Flotte; sie trafen Mitte August 1841 in Macao ein und beschlossen, unverzüglich einen Feldzug gegen die mittelchinesischen Küsten zu unternehmen. Das kam den Mandarinen unverhofft. Der Präfect Yᴜ eilte nach Macao, um die Expedition zu hintertreiben, deren Ausführung auf die Häupter der kantonesischen Regierung Ungnade und Verderben bringen musste, trat aber so unverschämt auf, dass Pottinger ihn gar nicht vorliess. Obwohl ihm nun die Engländer ihre Absicht deutlich meldeten, so berichtete Yᴜ doch dem Kaiser, »es seien Gerüchte in Umlauf, dass die Barbaren nach dem Norden gehen wollten; er halte das für müssige Erfindung, werde aber wachsam sein u. s. w.« An die Behörden in A-ᴍᴏɪ schrieb der Präfect: »die Engländer hätten sich einiger Dschunken bemächtigt und würden wohl heimlich in den Hafen zu schlüpfen suchen.« Der Kaiser wurde von allen Seiten getäuscht. Er hatte in Erwägung der Gefahr, welche das Eindringen der Engländer in den Yaṅ-tse-kiaṅ dem Reiche bringen könnte, Berichte über den Zustand des Fahrwassers u. s. w. eingefordert, und erhielt von allen Uferbehörden die übereinstimmende Versicherung, das Einlaufen der Flotte sei ganz undenkbar.

Die Behörden der mittelchinesischen Provinzen hatten während der Ereignisse im Süden nicht aufgehört zu rüsten. Als Vice-König der »beiden Kiaṅ« fungirte der alte Tartare I-li-pu, welcher mit Ki-šen als vertrauter Rath des Kaisers seinen ganzen Einfluss zu Abwendung des Krieges aufgeboten hatte, trotz der Proscribirung aller friedfertigen Gesinnung seinen Ansichten auch treu blieb und eifrig eine Ausgleichung herbeizuführen strebte. Als das am Pfi-ho mit Ki-šen geschlossene Abkommen bekannt wurde, befahl I-li-pu in seinen Provinzen die Einstellung aller Feindseligkeiten und sandte, wie Ki-šen am Pei-ho, den Engländern auf Tšu-san eine Rinderheerde zum Geschenk. Dafür zieh man Beide nachher des Landesverrathes. Er behandelte auch die auf Tšu-san aufgehobenen Engländer mit grosser Milde und lieferte, gegen die Befehle aus Pe-kiṅ, bei Uebergabe der Insel die Gefangenen aus. — Als Hüter der Küste rüstete er aus allen Kräften.

Eine der ersten Maassregeln bei Ausbruch des Krieges war ein Verbot des Küstenhandels gewesen; keine Handelsschunke durfte auslaufen. Man glaubte, die Engländer bedürften, aus so weiter Ferne kommend, der Lebensmittel, und wollte sie aushungern. Der ungeheuere Ausfall an Steuern brachte aber die Regierung bald zur Besinnung, und das Verbot wurde aufgehoben. — Nach der Einnahme von Tšu-san erhielt I-li-pu den Befehl, sofort drei Linienschiffe nach englischem Muster bauen zu lassen. Der kaiserliche Willen leidet keinen Einspruch; der Beamte aber, welchem I-li-pu das Unmögliche auftrug, nahm sich das Leben. Dann sollten in Eile Kanonen gegossen werden, wozu alle Vorbereitungen fehlten. Endlich gelang es, eine Giesserei einzurichten; man stellte aus schlechtem Metall eine Menge Rohre vom grössten Kaliber her, die beim ersten Schuss platzten. Später wurden bessere Stücke aus Bronze und Eisen gegossen, die fast sämmtlich in die Hände der Engländer fielen. Die Chinesen glaubten immer, dass ihr Heil vom Umfange ihrer Rüstungen abhinge, und verschleuderten unmässige Summen.

Die Aushebungen hatten anfangs guten Fortgang; nach dem Aufruf des I-li-pu stellten sich binnen Monatsfrist über zehntausend Recruten. Viele desertirten aber schon mit dem ersten Soldvorschuss, und die Reihen lichteten sich immer mehr, da die Commandeure den grössten Theil der Löhnung unterschlugen. So war denn, abgesehen von der Qualität, auch die Anzahl der Truppen unzulänglich. Da die Kassen der Küsten-Provinzen dem Geldbedarf nicht genügen konnten, so erliess die Regierung einen Aufruf um freiwillige Beiträge der Bemittelten und stellte dafür Rang und Würden in Aussicht; der grösste Theil des Gesteuerten verschwand aber wieder in die Taschen der Mandarinen. Es fehlte durchaus an Ordnung, Ehrlichkeit, Tüchtigkeit, Organisation; nur der Schein wurde gewahrt. Man baute Festungswerke, warb Soldaten, bereitete Pulver, kaufte Luntenflinten und goss Kanonen; aber die Werke waren unhaltbar, die Soldaten verhungertes Gesindel, die Flinten nicht zu brauchen, das Pulver schwach und die Geschütze von schlechtem Metall. In der chinesischen Armee hatte man keine Ahnung von den einfachsten Regeln der Taktik und Strategie, die Bewaffnung war elend, und alle sittlichen Eigenschaften eines Soldaten mangelten nicht nur den Gemeinen, sondern auch den Führern. Bei jedem auf chinesische Truppen gemachten Angriff hörte nach dem ersten Abschiessen der Gewehre alle Ordnung auf; Jeder that was er wollte, die Glieder lösten sich, die Mehrzahl gab Fersengeld. Manche kämpften mit persönlicher Bravour und fielen im sinnlosen Einzelkampf gegen geschlossene Colonnen. Die ehrliebenden Führer nahmen sich das Leben, die feigen liefen davon. So fielen in jeder Action nur die Besten. Die Verpflegung war elend; auf ihren Märschen wussten die Truppen sich an der Bevölkerung schadlos zu halten und begingen plündernd die gröbsten Excesse. Oft rotteten sich die Landleute zusammen, ihnen Schlachten zu liefern; jeder Nachzügler wurde niedergemacht. Wo Truppen marschirten, hörten Handel und Gewerbe auf, denn es gab keine Sicherheit des Eigenthums. Um Sold-Rückstände zu bezahlen, nahmen die Mandarinen das Geld unter dem Namen patriotischer Beiträge oft wo sie es fanden; wer irgend konnte, floh aus dem Bereich der Erpressungen. Deshalb waren die besitzenden Classen den kaiserlichen Heeren eben nicht hold, und das Erscheinen der Engländer galt überall nur als Erlösung.

Am Hofe von Pe-kiṅ muss man den Zustand des Heeres

gekannt haben[39]) und nährte trotzdem den Wahn von China's unendlicher Ueberlegenheit. Von den Mandarinen aller Provinzen liefen Denkschriften ein, welche den Kaiser um rücksichtslose Vernichtung der Barbaren baten und ihm die Mittel dazu nannten. »Der einzige richtige Weg ist, den Engländern kühn die Stirn zu bieten. Die Russen sind jetzt unsere Freunde; ihr Land liegt nicht weit von England und grenzt an das unsere. Wir sollten deshalb eine kühne Armee werben — was etwa dreissig Millionen Tael kosten würde — und durch Russland direct nach England marschiren. Wenn wir den Krieg in ihre Heimath tragen und ihr Land besetzen, so verbannen wir sie auf immer von unseren Küsten. Da die Russen Feinde der Engländer sind, so würden sie unser Unternehmen fördern, uns, wenn wir in ihr Land kommen, Geschütze stellen und Hülfstruppen zuführen. — Sollte dieser Vorschlag verworfen werden, so müssen wir sie zu Wasser angreifen. Es ist bekannt, dass die Gorka bereit sind, die Engländer im Rücken anzugreifen, und dass die Cochinchinesen uns ebenfalls beistehen werden, wenn wir sie zur See angreifen. Zu dem Zweck sollte eine Flotte gerüstet werden — was ungefähr fünf Millionen Tael kosten würde — mit stärkerer Bemannung und schwererem Geschütz als die der englischen Schiffe. Damit könnten wir ihnen die Spitze bieten und der Sieg wäre uns gewiss. Dann sollten wir Singapore besetzen, in der Sunda-Strasse Posto fassen, ihnen die Zufuhr abschneiden und ihre Schiffe fortnehmen. So würden wir das Barbarenauge in die äusserste Noth bringen und es müsste unterliegen. Es bäte dann um Frieden und fügte sich demüthig unseren Befehlen. So nah an Bengalen könnten wir dann auch die Opiumzufuhr verhindern und diesem Handel für immer ein Ende machen u. s. w.«

»Während die Hülfsmittel des Feindes erschöpft sind,« heisst es

---

[39]) »Um den Feind zu besiegen,« sagt ein kaiserlicher Erlass aus dieser Zeit, »muss man vor Allem für Ruhe und Ordnung zu Hause sorgen. Es scheint, dass die Truppen auf ihrem Marsch durch die Provinzen die Bewohner misshandelt und bedrückt und eine Gährung erregt haben, welche schlimme Folgen haben kann. Die strengste Mannszucht muss aufrecht erhalten, und den Soldaten unter keinen Umständen die geringste Nachsicht gewährt werden. Wenn bemittelte Personen in den Küstenprovinzen unter Verheissung von Belohnungen zu freiwilligen Opfern aufgefordert werden, so sollen doch alle Erpressungen der Beamten unter dem Namen patriotischer Beiträge streng verboten sein. Man darf das Volk nicht bedrücken, um dem Feinde Widerstand zu leisten; seine Dienste sollen freiwillig und nicht durch Drohungen erzwungen sein.«

in einem auf Kı-šen gemünzten Aufsatz, »haben wir Verstärkungen erhalten, und brauchen nur die Dunkelheit der Nacht zu benutzen, um ihre Schiffe zu verbrennen. In einer von den Barbaren zu Kan-ton veröffentlichten Schrift ist anerkannt, dass, wenn auch unsere Armee und Flotte in ihrem jetzigen Zustande ganz unwirksam sind, doch die Leute sich zu trefflichen Soldaten eignen. Auch in Betreff des Opium haben sie Ansichten ausgedrückt, die der Einführung in unser Land ungünstig sind. Gründen wir also unsere eigene Schätzung auf die ihrige, so mögen wir ihnen wohl Widerstand leisten. Im vorigen Jahre waren ihre Seeleute bestürzt, als sie von unseren Rüstungen zur See hörten, und ebenso war es bei A-moi, wo ihre Schiffe sich zurückzogen. Ihre ganze Kriegsmacht beläuft sich jetzt auf sechstausend Mann; und wenn die opiumschmuggelnden Schurken ihnen nicht als Augen, Ohren und Flügel dienen, so werden sie unfehlbar Opfer unserer Rache. Wir dürfen nur unsere tapferen Soldaten reichlich belohnen, dann sind wir ihre Gegenwart bald los. Da ihre Geschütze auf die beiden Langseiten der Schiffe vertheilt sind, so müssen wir sie von vorn und von hinten angreifen, wo ihre Schüsse uns nicht treffen können; dann können wir sie ungestraft in Brand stecken.« .... »Das ganze Land muss gegen die Eindringlinge aufstehen; jede Fischerbarke soll als Kriegs-Dschunke ausgerüstet werden; jedes Ding, das schwimmen kann, ist von der Regierung in Beschlag zu nehmen, um den Feind zu vertreiben. Wo immer die Engländer landen, sollten unzählige Milizen aufmarschiren. ..... An der Pei-ho-Mündung hätten die Barbaren mit Schimpf und Schande abgewiesen werden sollen wie 1816, als ihre Gesandtschaft nach der Hauptstadt ging und sich vor dem Kaiser nicht niederwerfen wollte. Ihre unverschämten Forderungen in Kan-ton waren Folge dieses Fehlers, und Kı-šen bestärkte sie nur in ihrem übermüthigen Auftreten. Vernichtet könnten sie werden von den chinesischen Truppen, wenn deren Führer nur mehr Ernst und Kühnheit zeigen wollten. Kı-šen sprach nicht ein Wort von Besiegung der Barbaren; er buhlte um ihre Gunst. Man denke nur, dass ein Barbarenauge sich »Gesandter und Hoher Staatsbeamter« nennen konnte, und dass Kı-šen solche Titel gelten liess! Werden nicht durch solche Zugeständnisse die anderen Völker alle Ehrfurcht verlieren? Verträgt sich solche Erniedrigung mit der Würde des Reiches? Werden nicht alle westlichen Nationen unsere Schwäche verachten, und werden sie uns nicht, wie die Engländer, beschimpfen, wenn diese siegen? Es bleibt nichts übrig, als sie mit dem Schwert zu vertilgen.«

Dem entsprach die Stimmung in Pe-kiṅ; kein Frieden durfte mit den schändlichen Barbaren geschlossen, kein Zollbreit Landes abgetreten, keine Entschädigung, kein Handel zugestanden werden. Während in Kan-ton unterhandelt wurde, schickte der Kaiser einen Statthalter nach Kiaṅ-nan, der, jener Auffassung huldigend, sowohl seinem Vorgesetzten I-li-pu als Ki-šen feind war, und sie arglistig zu verdächtigen wusste. Lu Tad-žen brachte dem Kaiser den Glauben bei, dass die Engländer an Herausgabe von Tšu-san gar nicht dächten. Dieser wiederholte nun den peremtorischen Befehl, I-li-pu solle die Insel mit Gewalt nehmen. Der Vice-König hatte schon früher berichtet, dass er nur über zweitausend Mann verfüge und den Engländern nicht gewachsen sei. Jetzt musste er ohne Aussicht des Erfolges Anstalten treffen; aber die gepressten Seeleute desertirten in solcher Anzahl, dass die Einschiffung der Truppen unterblieb. Die bald darauf an die Garnison von Tšu-san ergangene Weisung, die Insel zu räumen, befreite I-li-pu von schweren Sorgen; er durfte jetzt hoffen das drohende Verhängniss abzuwenden: »Briefe von Ki-šen und Bourchier,« schreibt er dem Kaiser, »hatten mich benachrichtigt, dass Tšu-san herausgegeben werden solle. Deshalb liess ich die englischen Gefangenen frei und schickte die Officiere nach der Insel zurück. Dreitausend Mann rückten nun unter Befehl von drei Generalen in drei Divisionen, an Bord von 130 Booten vertheilt, gegen Tiṅ-hae. Um verrätherischen Absichten vorzubeugen, gab ich zehntausend Tael für Brennholz aus, um die Barbaren-Flotte anzustecken, wenn ein Versuch gemacht werden sollte, die Insel wiederzunehmen, stellte auch einen grossen Haufen Miliz auf, um im Falle der Noth über sie herzufallen, während ich selbst in Tšin-hae (am gegenüberliegenden Festlande) gute Wacht hielt. Als unsere Streitmacht sich Tšu-san näherte, verliessen die Barbaren, die zur Hälfte schon eingeschifft waren, Tiṅ-hae in grosser Verwirrung. Dann brannten wir ihre Baracken nieder u. s. w.«

Diese Entstellung rettete ihn nicht. »I-li-pu,« schreibt der Kaiser, »hat seine Operationen aufgeschoben, während in Kan-ton unterhandelt wurde. Da das Barbarenauge sich unlenksam zeigte, so war I-li-pu schon vor langer Zeit befohlen worden, Tšu-san mit seinen Truppen wiederzunehmen. Statt diesem Befehl zu gehorchen, hat er Verzögerungen herbeigeführt, unter dem Vorwande, dass weder Geschütze noch Truppen bereit wären. Sobald er aber hörte, dass die Engländer zum Abzug entschlossen seien, schickte er Soldaten hin. Da nun offenbar die Engländer von der Insel flohen, weil sie von den in Kan-ton zu ihrer Vernichtung getroffenen Maassregeln hörten, so war es Pflicht des I-li-pu, grausame Rache zu üben, die Befehle des Himmels durch völlige Vernichtung der Eindringlinge zu vollziehen, und durch kräftige Maassregeln das Herz des Volkes zu erfreuen. Deshalb befehlen wir, dass I-li-pu aus dem Staatsrath ausscheide und seine Pfauenfeder verliere, sein Amt als General-Gouverneur aber behalte.« Diesem Erlass folgte auf dem Fusse ein zweiter in den bittersten Ausdrücken: I-li-pu habe, den kaiserlichen Befehlen ungehorsam, Ki-šen's Rathschlägen Gehör gegeben. Der Mongole Yu-kien, bis dahin Statthalter von Kiaṅ-su, der bitterste Feind der Engländer, wurde zu seinem Nachfolger als kaiserlicher Commissar ernannt. Dieser sollte nicht zögern, die ganze Brut der verhassten Fremden zu vernichten. Ein drittes Decret befahl I-li-pu zur Verantwortung in Pe-kiṅ zu erscheinen. — Drei Tage kniete er am Thore des Palastes und flehte um den Richterspruch: der Greis von 75 Jahren, der als kaiserlicher Rath, Statthalter und Vice-König lange die höchsten Aemter bekleidet hatte, musste wie ein gemeiner Verbrecher nach der sibirischen Grenze wandern, wo die Verbannten am Amur Schiffe ziehen oder den Pelzjägern als Sclaven dienen.

Nach Herstellung des durch den Tai-fun angerichteten Schadens segelte das britische Geschwader gegen den 20. August 1841 nach Norden. Auf Hong-kong blieb eine schwache Besatzung zurück, die trotz aller Prahlereien der Chinesen ausreichte, die Insel zu halten. Die Mandarinen in Kan-ton schrieben dem Kaiser, die Engländer brächen nach dem Norden auf, weil sie gegen Kan-ton nichts mehr ausrichten könnten; nun solle Hong-kong schleunigst wiedergenommen werden.

Tau-kwaṅ befahl in einem Erlass an die Statthalter der Küsten-Provinzen die völlige Ausrottung des Feindes; »Yi-šan hat in Kan-ton ihre Schiffe zerstört und verbrannt; deshalb verliessen sie diese Gegend. Die Beamten sollen ihre Ansicht aussprechen, wie die Ueberbleibsel des Geschwaders zu vernichten sind.« — Die englische Flotte steuerte zunächst nach der Küste von Fu-kian, deren Bewohner ein unternehmender zäher Menschenschlag, vorzügliche Seeleute und mehr als alle anderen Chinesen mit Europäern bekannt sind; denn sie wandern zu Tausenden nach den Colonieen in Hinter-Indien und kehren, sobald sie genug erworben haben, an ihre heimathlichen Küsten zurück. Deshalb mag die chinesische Regierung auf dieses Gebiet und besonders A-moi ihr Augenmerk gerichtet haben. Seit der Recognoscirung der Fregatte Blonde im Juli 1840 war der Hafen stark befestigt worden; von der Stadt lief eine Steinmauer von unmässiger Dicke bis zur Hafenmündung. — Am Abend des 25. August fuhr das englische Geschwader in den Hafen und beschoss sich am folgenden Morgen eine Weile mit jener steinernen Schanze; dann landete eine Abtheilung Infanterie und stürmte sie fast ohne Widerstand in der ungedeckten Flanke. Die Chinesen warfen ihre dicken Schilde auf den Rücken und liefen davon; der Commandeur wandelte bedächtig in das Wasser und ertränkte sich angesichts der Flotte. Am Morgen des 27. August drangen die Truppen ohne Widerstand in die Stadt; ihr Verlust an beiden Tagen betrug zwei Todte und funfzehn Verwundete.

Der Gouverneur der Provinz Yen-Tad-žen hatte vor dem Angriff nach Pe-kiń berichtet, die Werke würden die feindliche Flotte in verheerendes Feuer hüllen und ihr keinen Weg zum Entschlüpfen lassen. Bei Beginn des Geschützkampfes bestieg er einen Hügel um Alles zu übersehen, und machte sich nach Erstürmung der langen Schanze aus dem Staube. »Ich selbst«, schreibt er dem Kaiser, »führte die Soldaten zur Schlacht. Wir versenkten einen ihrer Dampfer und vier Kriegsschiffe durch unser schreckliches Feuer; aber die Barbaren antworteten. Der Südwind blies unseren Soldaten den Pulverdampf in das Gesicht, und so ging A-moi verloren.« [40])

---

[40]) Der Kaiser antwortete: »A-moi ist der Schlüssel von Fu-kian. Yen und der Admiral der Station müssen es wiedernehmen. Dazu erlauben wir eine genügende Anzahl Milizen auszuheben; auch sollen Truppen zu Hülfe geschickt werden. Aber der Statthalter muss bedacht sein, die Hauptstadt Fu-tšau zu schützen und, statt die Barbaren zur See zu bekämpfen, ihren Angriff auf dem Lande abwarten. Uebrigens soll das Betragen des Gouverneurs und der anderen Commandeure, welche nicht Stand hielten, vom Strafgerichtshof untersucht werden.« Der Admiral der Station hatte bei Annäherung der englischen Flotte geglaubt, einen Zug gegen die Piraten unternehmen zu müssen, und rettete so das Geschwader der Provinz.

Die Engländer blieben nur kurze Zeit in A-moi, liessen aber eine Besatzung auf der gegenüberliegenden Felseninsel Ku-lań-su, welche Stadt und Hafen vollkommen beherrscht. Hier blieb die kleine Garnison den ganzen Krieg hindurch und noch einige Zeit nachher in ruhigem Besitz; die Bewohner von A-moi zeigten keine Spur von Feindseligkeit, versahen im Gegentheil die Engländer mit guten Lebensmitteln und behandelten sie wie ihre Beschützer. Der Dschunken-Handel mit Formosa wurde, ohne Belästigung von den englischen Schiffen, wie im tiefsten Frieden betrieben. — Nachdem die Stadt geräumt war, schickten die Mandarinen einen Siegesbericht nach Pe-kiń: die Barbaren seien nach wiederholten Angriffen der Miliz geflohen. »A-moi ist nun wieder in unserem Besitz, und die wenigen Schiffe auf dem Wasser flössen keine Besorgniss ein.« Von Ku-lań-su sagt der Bericht kein Wort. Nach einiger Zeit muss die Wahrheit bekannt geworden sein, denn der Gouverneur litt strenge Bestrafung.

Für die Kriegsparthei war der Fall des stark befestigten A-moi ein harter Schlag; man musste nun auch für andere Plätze fürchten. Dazu die Forderungen an den Staatsschatz! Der sparsame Tau-kwań hatte im ersten Zorn befohlen, dass nicht gespart werden solle; das liessen sich die Mandarinen nicht zweimal sagen. Während früher aus allen Provinzial-Kassen namhafte Ueberschüsse nach Pe-kiń flossen, forderte jetzt Fu-kian allein 3,000,000 Tael, eine benachbarte Landschaft 5,900,000 Tael aus dem kaiserlichen Schatz. In Tše-kian waren 1,500,000 Tael verausgabt, eine Million noch erforderlich.

Die ohnmächtige Wuth der kriegslustigen Räthe machte die abgeschmacktesten Vorschläge: man sollte die feindliche Flotte in dichte Rauchwolken einhüllen, dann in der Verwirrung angreifen; Taucher sollten die Steuerruder verderben und den Rumpf der Schiffe anbohren u. s. w. Das grösste Vertrauen setzte der Kaiser auf Yu-kien, der versprochen hatte, die Briten »lebendig zu schinden und auf ihren Häuten zu schlafen«.[41]) Der Hass des Mon-

---

[41]) Er führte diese Drohung wörtlich an dem einzigen Engländer aus, der in seine Hände fiel. Der Master eines direct nach Tšu-san bestimmten Truppenschiffes landete an einem Vorgebirge des Festlandes der Insel gegenüber, wurde dort aufgefangen und gebunden vor Yu-kien geschleppt, welcher seinen Fang in grossen Worten nach Pe-kiń berichtete und dafür die Pfauenfeder mit doppeltem Auge erhielt. Der Gefangene, Mr. Stead, wurde auf offenem Markt an einen Pfahl gebunden und, nachdem man ihm langsam die Haut abgezogen hatte, in Stücke geschnitten.

golen artete in Raserei aus und steckte seine Umgebung an; Jeder war sein Freund, der ihnen Schaden zufügte; wer nur entfernt an Vergleichung dachte, fiel als Opfer seines Zornes. Am meisten hasste er I-LI-PU, der es verschmähte, seine Hände mit dem Blute der Gefangenen zu besudeln, und in richtiger Würdigung seines Nachfolgers dieselben den Engländern auslieferte.[42])

Der Umstand, dass YU-KIEN kurz vor Räumung von TŠU-SAN zum kaiserlichen Commissar für die Küsten-Vertheidigung ernannt wurde, mag seine aufgeblasene Ueberhebung gesteigert haben; der Schrecken seines Namens, schrieb er, habe die Flucht der Barbaren beschleunigt. YU-KIEN betrieb die Rüstungen mit grossem Eifer und gab für Vermehrung der Truppen, in welche das schlechteste Gesindel eingestellt wurde, so viel Geld aus, dass selbst TAU-KWAŃ Reductionen verlangte. Am Hafen von TIŃ-HAE[43]) wurde ein grosses Erdwerk erbaut und mit bronzenen Geschützen armirt. Eine Menge Soldaten sollten sich, als Kaufleute verkleidet, auf den Schiffen einschleichen und sie in ihre Gewalt bringen.[44]) Alle Kunde von Operationen der feindlichen Flotte wies YU-KIEN als eiteles Gerede zurück und spottete öffentlich der Ohnmacht der Barbaren: sie hätten zu seinem Verdrusse niemals gewagt, sich mit ihm zu messen. Dem Kaiser schmeichelte er durch grossmäulige Berichte, welche jede Spur von Gefahr fortdemonstrirten[45]) und ein gläubiges Ohr gefunden hätten, wenn der Traum der Sicherheit nicht durch den Verlust von A-MOI gestört worden wäre. Dennoch war YU-KIEN der Held des Tages, der Retter von China; das lange Zögern der durch widrige Winde aufgehaltenen englischen Flotte bestärkte die Zuversicht.

Der flachgehende Dampfer Nemesis lief auf dem Wege nach

---

[42]) Aus I-LI-PU's Bericht über die Räumung von TŠU-SAN geht hervor, dass er von seiner Abberufung damals schon wusste.

[43]) TIŃ-HAE ist die Hauptstadt von TŠU-SAN.

[44]) Von einem gestrandeten Fahrzeuge erbeuteten die Chinesen zwei Carronaden und sahen die Inschrift darauf für ein kabalistisches Zeichen an, durch welches sie sicher ihr Ziel träfen. YU-KIEN liess sie genau nachgiessen; aber die Copieen platzten beim ersten Schuss.

[45]) Die Küsten, schrieb YU-KIEN, seien so flach, dass die Truppen nur in Booten landen könnten; diese würden von den Strandbatterieen unfehlbar vernichtet werden. Auch seien die Engländer so fest in ihre Uniformen eingeknöpft, dass sie sich am Lande nicht rühren und leicht zu ganzen Regimentern niedergemäht werden könnten.

Tšu-san die Küstenstadt Tši-pu an, wo eine Strandbatterie gestürmt und die Besatzung verjagt wurde. Der Phlegeton verwüstete einen anderen Ort, wo kurz vorher ein englischer Seemann aufgehoben war, den Yu-kien grausam hinrichten liess. Diesem scheint jetzt unheimlich geworden zu sein. »Es sind Gerüchte verbreitet,« schreibt er dem Kaiser, »als hätte ich zwei Barbaren lebendig geschunden; ich habe aber nur einen Gefangenen gehabt, den ich hinrichten liess; es ist abgeschmacktes Gerede, dass die Engländer dafür Rache nehmen wollen. Sie haben aber irgend einen unergründlichen Plan, und es ziemt uns auf der Hut zu sein. Da Tšu-san und Tšin-hae stark befestigt sind, so werden sie wahrscheinlich an irgend einem anderen Orte Störungen bereiten. Deshalb bin ich nach Shang-hae gegangen, um die nöthigen Rüstungen anzuordnen, damit wir nicht die Vertheidigung des einen Ortes über die des anderen versäumen. Es ist sehr wichtig, die bedürftigen Bezirke mit Reis zu versehen; darum erhielten die Kaufleute Erlaubniss, solchen auszuführen. So hoffe ich jeden Anflug von Unzufriedenheit zu verwischen und bin überzeugt, dass die getroffenen Maassregeln jede Besorgniss verbannen werden.« Yu-kien's Streben nach Popularität war sehr unfruchtbar; denn Jeder kannte seine Willkür, Grausamkeit und jähzornige Rachsucht. Er liess auch die öffentlichen Gelder ungern in die Taschen Anderer fliessen und hatte daher selbst unter den Mandarinen wenig Anhang. Auf die Nachricht vom Erscheinen der englischen Flotte vor Tšu-san versank Yu-kien in dumpfes Brüten; Niemand durfte ihm nahen; er ass und schlief mehrere Tage und Nächte nicht. Endlich ermannte er sich zu einem polternden Aufruf an das Volk, sandte aber nach der bedrohten Insel keine Verstärkung.

Die Besatzung von Tiṅ-hae soll zehntausend Mann betragen haben. Als die Dampfer Nemesis und Phlegeton recognoscirend in den Hafen liefen, feuerte der commandirende General mit eigener Hand den ersten Schuss und berichtete nach Abfahrt der Schiffe an Yu-kien, er habe das eine in den Grund gebohrt, dem anderen den Mast weggeschossen. Dieser machte in seinem Schreiben an Tau-kwaṅ einen vollständigen Sieg daraus: die feindliche Vorhut sei gänzlich vernichtet.[46]) — Erst in den letzten Tagen des September war die englische Flotte vor Tšu-san versammelt; der An-

---

[46]) Der Kaiser beförderte den General und verlieh ihm die Pfauenfeder; als diese Auszeichnungen aber eintrafen, war der Tapfere längst gefallen.

griff erfolgte am 1. October. Zum Sturm auf das grosse Erdwerk am Hafen schifften die flachgehenden Dampfer Truppen aus, die von der rechten Flanke eindrangen und die Besatzung aufrollten. Ernster Widerstand wurde an wenigen Stellen geleistet; der Commandirende fiel im Handgemenge. Eine auf ein Inselchen postirte Batterie säuberte die Hügel und warf mit den dicht am Ufer geankerten Schiffen Granaten in die Stadt; bald waren auch die Höhen in den Händen der Engländer, welche nun über einen in die Stadt einschneidenden Felssporn die Mauern stürmten. Sie hatten 2 Todte, 27 Verwundete. Die Chinesen beklagten sich bitter über den unbilligen Angriff auf die ungedeckte Flanke des Erdwerkes, dessen Vorderfronte allerdings stark genug war. — Ihr Ober-General war gefallen; zwei andere entleibten sich.[47])

Von den Bewohnern auf das freundlichste empfangen machten die Engländer bekannt, dass ihr Aufenthalt voraussichtlich mehrere Jahre dauern würde, und bannten dadurch alle Furcht vor den Mandarinen. Sie ordneten die Communal- und Justiz-Verwaltung unter Aufsicht ihrer eigenen Beamten und organisirten aus den Truppen eine Sicherheits-Polizei, welche dem Unwesen des Wegfangens Einzelner nach Möglichkeit steuerte. Der Aufenthalt der englischen Garnison auf Tšu-san dauerte bis 1847, und das Verhältniss gestaltete sich immer freundschaftlicher; Handel und Wandel blühten auf, und die Insel erfreute sich bald eines nie gekannten Wohlstandes, den sie dem Gelde der Engländer verdankte. An frischen Lebensmitteln fehlte es während dieser Occupation keineswegs, und der Gesundheitszustand war vortrefflich.

Yu-kien's Bericht über den Fall von Tšu-san war noch lügenhafter als alle früheren: neunundzwanzig englische Schiffe waren zurückgeschlagen worden; viele trieben als Wracks ohne Mannschaft und Geschütze auf dem Meere. Hunderte der Landen-

---

[47]) Der höchste Civil-Beamte floh mit so viel Geld als er tragen konnte, und warf, um den Glauben an seinen freiwilligen Tod zu erwecken, bei einem Canal die Kleidung ab; später wurde er entdeckt und in Pe-kiṅ zuerst zum Tode, dann zu Verbannung verurtheilt, endlich aber zu einer Geldbusse begnadigt. In seinen neuen Stellungen zeigte er sich sehr thätig für die Landesvertheidigung, erklärte aber freimüthig, dass alles Mühen fruchtlos sei. Bei späteren Unterhandlungen erschien er mehrfach als gern gesehener Vermittler im englischen Lager; er hatte gegen englische Gefangene die grösste Schonung bewiesen und mehreren das Leben gerettet. Nach der späteren Räumung von Tšu-san erhielt er dort seinen alten Posten wieder.

den fielen unter dem chinesischen Feuer u. s. w. Sechs Tage dauerte der blutige Kampf, bis die chinesischen Truppen der Uebermacht weichen mussten. »Als ich das hörte, stand mir das Haar zu Berge über die Frechheit dieser Schufte; ich berieth mich sofort mit Yu-yu-pun über die Sicherung von Tšin-hae, ohne auch nur einen Zollbreit zu weichen. Für jetzt werde ich verkleidete Soldaten nach Tšu-san schicken u. s. w.« — In seiner Antwort mahnt der Kaiser Yu-kien, sich seiner Abstammung würdig zu zeigen, und ermächtigt ihn so viel Truppen aufzustellen, als zur Vernichtung des Feindes nothwendig seien, »sobald derselbe nah genug käme«. — Yu-kien rief nun wieder das Volk an, in Masse aufzustehen, und verhiess reiche Belohnung. Mit 130,000 Mann drohte er auf Tšu-san zu landen und die Barbaren vom Angesichte der Erde wegzufegen; nicht einem soll das Leben geschenkt werden. Seiner Umgebung befahl er in fieberhaftem Wahnwitz unablässig, den Feind zu morden, zu ersäufen, in Stücke zu hauen, das Land von dieser Geissel zu erlösen.

Am Morgen des 10. October erschien die englische Flotte vor Tšin-hae, dem uneinnehmbaren »Bollwerk am Meere«, das auf einer Landzunge an der Mündung des Flusses von Niṅ-po liegt. Die Luft war heiter und ruhig, das Wasser spiegelglatt; die englischen Linienschiffe lagen, an ihren Ankerplatz bugsirt, so still wie Land-Batterieen; flachgehende Dampfer schifften ohne Störung die Truppen aus. Die am linken Ufer gelegene Stadt und Festung wurde den Schiffen überlassen; am rechten Ufer stand in befestigtem Lager die chinesische Streitmacht, gegen welche die gelandeten Truppen, 2200 Mann, in drei Colonnen marschirten. Der über fünftausend Mann starke chinesische Heerkörper rückte der Mittelcolonne muthig entgegen, formirte sich in guter Ordnung und brachte seine Artillerie in Thätigkeit. Die englische Mittelcolonne gab nun auch Feuer, während zu ihren Seiten die beiden anderen Colonnen deployirten. Die chinesische Schlachtordnung stutzte, wankte und zerriss; viele Todte blieben auf dem Platze. Die Mehrzahl der Chinesen rannte in das Wasser; wenige gaben sich gefangen, denn der Chinese kennt die Sitte des Pardongebens nicht. Die Engländer hatten acht Todte und sechszehn Verwundete; der Verlust der Chinesen soll gegen funfzehnhundert betragen haben.

Unterdess überschütteten die Schiffe die Festung mit einem Hagel von Geschossen. Die Pulverkammern, welche die Chinesen immer mit blindem Fatalismus exponiren, flogen eine nach der anderen auf. Die Festungs-Artillerie hatte strengen Befehl, ihr Feuer zu sparen, bis der Feind in sicherer Schussweite wäre; dazu kam es aber nicht, denn die englischen Geschütze reichten viel weiter. — Yu-kien soll sich das eine kurze Weile mit angesehen haben, konnte aber den dichten Eisenhagel und den Lärm der platzenden Geschosse nicht ertragen, vergass alle Prahlerei und lief davon. Unterwegs machte er einen schwächlichen Versuch sich zu ertränken, wurde aber von seinen Begleitern aus dem Wasser gezerrt und weiter geschleppt; am folgenden Tage vergiftete er sich. In Tšin-hae erbeuteten die Engländer seine ganze Correspondenz und viele wichtige Staatsschriften. — Der Gouverneur Yu-yu-pun, einer der kriegslustigsten Mandarinen, der sehnlichst verlangt hatte sich mit dem Feinde zu messen, hielt auch nicht lange aus. Nach einem auf der Flucht gemachten Scheinversuch, sich zu ertränken, sammelte er den Rest der chinesischen Truppen und trug vergebens auf Waffenruhe an. — Am Ende des Krieges wurde er wegen Feigheit zum Tode verurtheilt.

Der Statthalter Lu-ta-džen stellte dem Kaiser das Ende Yu-kien's im Lichte des Heldenthums dar, und Tau-kwaṅ ehrte seine »standhafte Seele« durch die höchsten Gnaden. Sein Sarg wurde von Würdenträgern nach Pe-kiṅ geleitet und unterwegs von allen Ortschaften feierlichst eingeholt; der Bruder und der Neffe des berühmten Helden erhielten hohe Aemter. Später entdeckte man aber seine maasslosen Unterschlagungen und die Lügenhaftigkeit seiner Berichte; da wurde sein Namen vor der Nachwelt als der eines Schwindlers gebrandmarkt, die Verwandten mussten aufkommen für die veruntreuten Summen.

Am Abend des 10. October besetzten die Engländer Tšin-hae ohne Widerstand und steckten das chinesische Lager an. Weit und breit waren die Felder mit den Leichen Neugieriger besät, welche dem Kampfe zu nah kamen. Am 13. October rückten die Truppen nach Niṅ-po hinauf, dessen Garnison angesichts der heranbrausenden Dampfer durch die Thore abmarschirte. Auch die Einwohner flohen zu Hauf mit ihrer beweglichen Habe; das Gesindel fiel plündernd über die Stadt her, und die Engländer konnten nur durch gewaltsames Einschreiten Ruhe und Ordnung stiften. Ein Theil der Armee bezog hier Winterquartiere, denn der um diese Zeit einsetzende Nordost-Monsun setzte den weiteren Operationen der

Flotte ein Ziel. Die Engländer hielten in Niṅ-po strenge Mannszucht, bezahlten alle Bedürfnisse und traten mit der Bevölkerung in das beste Verhältniss. Viele der Geflohenen kehrten zu ihrem Heerde zurück; an guten Lebensmitteln herrschte Ueberfluss; selbst benachbarte Städte sandten unaufgefordert ihre Beisteuer, die man gewissenhaft bezahlte. Die Sicherheit war in den ersten Monaten vollkommen, denn weit und breit gab es keinen chinesischen Soldaten; wie im tiefsten Frieden konnte man die Umgegend durchstreifen.

Ganz Tše-kiaṅ stand den Engländern offen; die rathlosen Mandarinen, welche auf ihre Truppen nicht bauen konnten, wandten sich um Hülfe nach Pe-kiṅ. Tau-kwaṅ befahl aber in der Defensive zu bleiben, bis die grosse Armee zur Vernichtung der ganzen Horde versammelt wäre. Ein Erlass an das Volk erklärte, die Barbaren hätten jede Spur von Gehorsam verloren und drei Provinzen angegriffen, die Bevölkerung sei nach allen Richtungen zerstreut; die entsetzlichen Berichte raubten den kaiserlichen Augenlidern den Schlaf, dem himmlischen Magen die Esslust: »Deshalb befehle ich, dass Yi-kiṅ unter dem Titel »Schreckenverbreitender Feldherr« mit Wun-wei und Tšun als Helfern nach Tše-kiaṅ aufbreche. Die grosse Armee wird sich zur anberaumten Zeit dort sammeln und beweisen, dass sie sich um das Land verdient macht.« — Die Strenge des Winters 1841—42 verzögerte den Zuzug aus dem Norden. Von Tartaren-Truppen gelangten überhaupt nur kleinere Abtheilungen nach den bedrängten Provinzen; die Hauptmacht blieb zum Schutze von Pe-kiṅ bei Tien-tsin stehen.

Yi-kiṅ war, wie Yi-šan, ein Verwandter des Kaisers und ein Mann von demselben Schlage, der sich besser auf lustigen Lebensgenuss verstand als auf den Krieg. Sein Hauptquartier schlug er in Su-tšau auf, einer der reichsten Städte von China, dem Sitze üppiger Schwelgerei und hoffährtiger Eleganz. Die gegen die Engländer von da aus angeordneten Operationen waren kaum militärische zu nennen; sie beschränkten sich anfangs auf Organisation von Streifbanden, welche auf Tšu-san und in der Umgegend von Niṅ-po einzelnen Soldaten auflauern und die Bevölkerung terrorisiren mussten. Aus dem schlechtesten Gesindel zusammengeschaart, wurden sie den Engländern wie den Chinesen sehr unbequem, übten aber auf den Gang des Krieges keinen Einfluss. In Folge von Yi-kiṅ's Drohungen verliessen viele wohlhabende Bürger Niṅ-po;

die Kaufläden wurden einer nach dem anderen geschlossen und die Stadt verödete. Die Bewohner von Tšu-san liessen sich dagegen nicht einschüchtern; sie vertrauten dem Schutze der Engländer, die in summarischem Verfahren Yi-kiṅ's auf der Insel betroffene Banditen am nächsten Baum aufzuknüpfen pflegten. In der Voraussetzung, dass viele Chinesen in den Reihen und der Uniform des Feindes kämpften, erliess der »Schreckenverbreitende Feldherr« Proclamationen, welche seinen Landsleuten und den schwarzen Soldaten, »die gezwungen dem Heere folgten«, Straflosigkeit und Belohnung verhiessen: »Wer einen der Haupt-Führer der Barbaren verräth, soll Beamtenrang erhalten; für Aufhebung eines untergeordneten Teufels wird eine Geldsumme bezahlt, und wer ein Schiff ausliefert, erhält die Ladung.« — Maueranschläge in den besetzten Städten forderten die fremden Soldaten auf, nach Hause zu gehen und für Vater und Mutter zu sorgen, statt China zu belästigen. Yi-kiṅ liess sogar unter der Hand den Engländern eine grosse Summe anbieten, wenn sie das Reich der Mitte auf immer verlassen wollten. Das Lustigste war aber eine an den Barbaren-General gerichtete Ermahnung, seine ganze Streitmacht in die Hände Yi-kiṅ's zu liefern, der ihn in Betrachtung solchen Gehorsams der gnädigen Rücksicht des Himmelssohnes empfehlen wolle. Ein Theil der Truppen müsse in die Gewalt der Behörden gegeben werden; die übrigen möchten nach Hause gehn. Wer in die chinesische Armee einzutreten wünsche, könne Aufnahme finden. Würde dieser Vorschlag binnen einer bestimmten Frist nicht angenommen, so müssten alle Barbaren sterben.

Yi-kiṅ erliess, in Su-tšau schwelgend, vergebens einen Aufruf nach dem anderen um Geld und Leute; niemand stellte sich und die Kassen blieben leer. Aber der Kaiser verlangte immer dringender, dass die Engländer aus Niṅ-po und Tšiṅ-hae vertrieben würden, und etwas musste geschehen. Der Feldherr ermannte sich zu Anwerbung einer Armee von zwanzigtausend Mann, denen er sechs Dollars Handgeld versprach, und rüstete einen Anschlag auf die besetzten Städte.

Die Engländer lebten in ihren Winterquartieren, durch chinesische Kundschafter von allen Bewegungen des Feindes unterrichtet, in voller Sorglosigkeit. Die Landeskinder widmeten sich eifrig der Spionage, und wenn einzelne aufgegriffen und grausam hingerichtet wurden, so drängten sich gleich andere zu dem einträglichen Gewerbe. Yı-kın war eben so gut bedient; die Engländer wussten sich von Verrath umgeben und entdeckten sogar Anschläge auf das Leben des Commandirenden in Nıń-po. Trotzdem herrschte dort das Gefühl der vollsten Sicherheit; man glaubte, nachdem häufig falscher Lärm geschlagen war, kaum noch an einen Angriff, als die Chinesen Anfang März 1842 ernstlich davor warnten. Am 10. verliessen aber viele angesehene Einwohner plötzlich die Stadt, deshalb wurde den nächtlichen Posten Wachsamkeit empfohlen.[48]) Gegen vier Uhr Morgens griff eine starke Colonne das westliche Thor mit verzweifelter Heftigkeit an, wurde aber geworfen. Sobald die Besatzung sich verstärkt hatte, öffnete sie die Thorflügel, trieb mit Kartätsch- und Gewehrfeuer den Feind durch die Hauptstrasse der Vorstadt[49]) und verfolgte ihn bis auf das freie Feld, wo die Landbevölkerung dem Blutbade mit sichtlichem Vergnügen zuschaute. — Unterdessen war das südliche Thor von einer anderen Colonne erstürmt worden, welche den Weg nach dem englischen Hauptquartier einschlug. Im Strassenkampf mit der feindlichen Infanterie zog sie aber gegen deren Schnellfeuer bald den Kürzeren und floh in toller Verwirrung. Die Chinesen liessen gegen vierhundert Todte auf dem Platz. — Auf die vor der Nordost-Ecke der Stadt im Fluss geankerte Fregatte Modeste richteten die Chinesen gegen Morgen ein Feuer aus maskirten Geschützen, welche durch einige Breitseiten beruhigt wurden, und liessen unschädliche Brander los.

Einen Angriff auf Tsın-hae in derselben Nacht wies die durch sichere Kundschaft vorbereitete Garnison leicht zurück. Auch Tsusan ward nicht vergessen, aber die in den Hafen gesandten Brander thaten keinen Schaden, und die übrigen Rüstungen auf einer benachbarten Insel machten die Engländer bei Zeiten unschädlich.

Nach diesen misslungenen Anschlägen nahm die Armee von Tše-kian bei Tse-ki in der Nähe von Nın-po Stellung, wo sie von zwölfhundert Mann auseinandergesprengt wurde. Die Chinesen

---

[48]) Eine Anzahl Knaben, welche die Truppen verlassen und halb verhungert in Nın-po gefunden und zu sich genommen hatten, erschienen am Morgen des 10. März ganz verstört bei ihren Herren. Sie machten die Gebehrden des Abfeuerns von Kanonen und Luntenflinten, riefen unablässig »Morgen kommen sie« und verschwanden.

[49]) Die Wirkung muss entsetzlich gewesen sein; an einer engen Stelle war der Haufen der Gefallenen so hoch, dass der Klepper eines Mandarinen nur mit dem Kopfe hervorsah.

schlugen sich besser als in der Campagne des vorhergehenden Winters, verloren aber auch hier viele Leute durch das Schnellfeuer der Engländer.[50]) Diese übernachteten im feindlichen Zeltlager,[51]) marschirten am folgenden Morgen noch einige Meilen landeinwärts und kehrten am 17. März nach Niṅ-po zurück.

TAU-KWAṄ hatte allmälich einen Begriff von der Stärke des Feindes bekommen; kein Ort, erklärte er offen, sei vor der unverschämten Dreistigkeit der räuberischen Barbaren sicher. — Der Kaiser-Canal, die Pulsader des Reiches war bedroht, durch welche PE-KIṄ und die nördlichen Provinzen ihre Zufuhr erhalten. Die Mündungen des Canals in den YAṄ-TSE-KIAṄ bei TŠIṄ-KIAṄ-FU sollten jetzt befestigt, auch NAN-KIṄ, WU-SOṄ und SHANG-HAE in Vertheidigungszustand gesetzt werden. — TAU-KWAṄ machte noch einen letzten Versuch, zum Herzen seiner Unterthanen zu reden: »Ich wünschte mein Volk von der furchtbaren Geissel des Opium zu befreien und schickte deshalb LIN TSE-TSIU als hohen Bevollmächtigten nach KAN-TON. Alle unterwarfen sich seinem Gebot ausser den Engländern, welche die Verbrennung des Opium zum Vorwande von Feindseligkeiten machten. Als sie am PEI-HO eine Darlegung ihrer Klagen überreichten, entliess ich LIN wegen ungehöriger Amtsführung und beauftragte KI-ŠEN mit Untersuchung der Beschwerden; als sie TŠU-SAN herausgaben, schenkte ich ihren Gefangenen das Leben und liess sie heimkehren. Dann betrugen sie sich in KAN-TON mit maassloser Gewaltsamkeit und Frechheit; aber auch da noch bequemte YI-ŠAN sich ihren Forderungen. Die den Kaufleuten geschuldeten Summen wurden bezahlt, und man erlaubte ihnen den sehnlichst begehrten Handel. Und doch waren sie wieder auf Schaden bedacht. Sie eilten nach dem Norden, besetzten abermals TŠU-SAN und wurden der Schrecken meines Volkes. Was habt ihr nur gethan, dass solche Leiden über euch ergehen mussten? Wenn ihr euch zusammenschaaret, um dieser Invasion Widerstand zu leisten, so will ich meinen Officieren befehlen, das Vaterland

---

[50]) Es waren lauter neue Truppen. In den Taschen aller hier und beim Angriff auf Niṅ-po gefallenen Soldaten fand sich noch das Handgeld von sechs Dollars. Die in das englische Hospital gebrachten Verwundeten starben meist an dem zu Befeuerung ihres Muthes reichlich genossenen Opium.

[51]) Einige im Lager erbeutete Geschütze waren genaue Nachbildungen der englischen Dreipfünder. Die Chinesen müssen also in Niṅ-po geschickte Spione gehabt haben, welche ihnen die Modelle lieferten.

tapfer zu vertheidigen und sie streng bestrafen, wo sie es daran fehlen lassen. Diejenigen meiner Unterthanen, welche sich verführen liessen oder mit den Barbaren gemeinschaftliche Sache machten, rufe ich jetzt zurück und verspreche ihnen Verzeihung für den Verrath. Alle meine Diener werden aufgefordert, sich mit ganzer Seele und allen Kräften zur Vernichtung dieses hassenswerthen Volkes zu verbinden.« — Dieser Erlass wurde in allen Heeresabtheilungen verlesen und auf öffentlichen Plätzen angeheftet, that aber gar keine Wirkung. Bei den chinesischen Truppen hatte der unaufhaltsame Siegeslauf der Engländer den Wahn erzeugt, sie seien durch Zaubermittel gefeit, die ihr Anstürmen unwiderstehlich, ihr Zielen unfehlbar machten.[52] — Kaum war der kaiserliche Erlass verbreitet, so kam aus Hong-kong die Nachricht, dass eine grosse Flotte dort eingetroffen und ein Theil schon nach dem Norden aufgebrochen sei. Nun stieg am Hofe wieder die Furcht auf, die Hauptstadt bedroht zu sehen. Auf das Heer konnte man nicht bauen, und die Ueberzeugung, dass Unterhandlungen angeknüpft werden müssten, scheint endlich durchgedrungen zu sein. Das erste Symptom davon war die Rückberufung des I-li-pu, den die kaiserlichen Couriere auf dem Wege nach dem Amur noch einholten. Ohne Rang und Vollmacht erhielt er nur den gemessenen Befehl, dem Vordringen des Feindes ein Ziel zu setzen.

1842. Am 7. Mai 1842 räumten die englischen Truppen Niṅ-po um sich zu weiteren Operationen einzuschiffen. Yi-kiṅ berichtete nun, er habe mit seinen Tapferen den Feind verfolgt und gänzlich aus dem Flusse vertrieben, viele Waffen und Munition erbeutet. Auch auf Tšu-san hatte er die Engländer geschlagen, »wo eine Menge ihrer Schiffe in die Luft gesprengt, viele Soldaten getödtet und Todesschrecken der ganzen Schaar eingeflösst wurden. Da sie nun Tag und Nacht bedrängt wurden, viele Leute verloren und Mangel litten an Lebensmitteln, so beschlossen sie abzuziehen.« Auf Tšu-san war indessen nicht die geringste Störung vorgekommen, und die Einschiffung in Niṅ-po ging ohne jeden Anstoss vor sich. Yi-kiṅ's Siegesberichte fanden denn auch in Pe-kiṅ

---

[52] Die chinesischen Soldaten kauften gierig beschriebene Papierschnitzel, durch welche sie schussfest zu werden glaubten. Mit solchen Talismanen, auf welchen nicht immer Sittensprüche standen, trieben die englischen Soldaten einträglichen Handel.

wenig Glauben; die Nachricht, dass die englische Flotte vor Tša-pu⁵³) ankere, folgte ihnen auf dem Fusse.

Widrige Winde hatten die Ankunft der Briten vor dieser Feste bis zum 17. Mai verzögert; am 18. Morgens landeten sie. Die chinesische Streitmacht stand ausserhalb der Stadt auf einem Hügelrücken, wo englische Truppen sie in der Flanke angriffen und vertrieben; eine zweite Colonne schnitt den Flüchtigen den Rückzug ab und sprengte sie ganz auseinander. Die Mauern der in einiger Entfernung vom Ufer liegenden Festung wurden leicht erstiegen; innerhalb fand man keinen Widerstand. Etwa dreihundert Tartaren hatten sich, von der Stadt abgeschnitten, in einen grossen Tempel geworfen und leisteten dort mehrere Stunden lang verzweifelte Gegenwehr; man musste Geschütze holen und das Gebäude in Brand schiessen. Nur dreiundfunfzig Tartaren blieben am Leben und diese meist verwundet. Die Engländer, die so achtbaren Widerstand in China noch nicht gefunden hatten, schenkten den erstaunten Gefangenen sofort die Freiheit. Sie selbst hatten bei Tša-pu neun Todte und funfzig Verwundete, die fast sämmtlich bei jenem Tempel fielen.

Bei Untersuchung der Stadt entdeckten die Briten, dass alle Frauen der tartarischen Garnison sich selbst und ihre Kinder gemordet hatten; man fand sie erhängt, erdrosselt, ertränkt. Diebesbanden plünderten, wie in allen genommenen Städten, mit unerhörter Frechheit die friedlichen Bewohner. Der Commandeur erhielt eine schwere Wunde und starb mit grosser Standhaftigkeit unter den Händen der englischen Aerzte.

Der amtliche Bericht über den Verlust von Tša-pu stellte die Thatsache ohne Umschweif und Bemäntelung dar. Yi-kin, der ausser Schussweite blieb, wurde zur Verantwortung gezogen und durch einen anderen Verwandten des Kaisers, den bekannten Ki-yin ersetzt, der von da an auf China's Beziehungen zum Ausland lange Zeit grossen Einfluss übte. Er erkannte von vornherein die Hoffnungslosigkeit des Widerstandes und strebte eifrig dem Kampfe ein Ende zu machen, welcher bei längerer Dauer den Thron der Mandschu gefährden musste. Mit I-li-pu vereinigt be-

---

⁵³) Tša-pu liegt etwa funfzehn deutsche Meilen nordwestlich von Tšin-hae am Ufer eines Aestuariums, welches die Mündung des bei der reichen Handelsstadt Han-tšau fliessenden Stromes bildet. Beide Städte sind durch einen das Ufer säumenden Damm verbunden.

trieb er durch dringende Vorstellungen das Friedenswerk, das am kaiserlichen Hofe von den meisten Räthen tartarischer Abstammung gefördert, von den chinesischen Mandarinen noch immer angefeindet wurde. KI-YIN ward zum Tartaren-General der Armee von HAN-TŠAU und kaiserlichen Special-Commissar ernannt. Der Statthalter der Provinz, LU-YUN-KO, ein eingefleischter Chinese von der extremen Kriegsparthei, blieb in seinem Amte. Aber selbst dieser erklärte jetzt dem Kaiser das ihm anvertraute Gebiet nicht halten zu können, und bat in hergebrachter Weise um strenge Bestrafung.

GNU-TA-DŽEN, General-Gouverneur der »beiden KIAN«, hatte Befehl erhalten, »die Mündung des YAN-TSE zu verstopfen«; seine Anstalten beschränkten sich aber auf den Bau einer langen Schanze am Ausfluss des WU-SON, hinter welcher Truppenmassen in befestigten Lagern standen;[54]) doch sandte er zuversichtliche Berichte nach PE-KIN, welche das Einlaufen der feindlichen Flotte für unmöglich erklärten. — Am 13. Juni ging das britische Geschwader, durch die Fregatte Dido und Transportschiffe mit 2500 Mann Landtruppen verstärkt, eine halbe Meile unterhalb jener Schanze im YAN-TSE-KIAN zu Anker. Am 14. und 15. liefen flachgehende Dampfer unter den feindlichen Kanonen in den WU-SON-Fluss. Kein Schuss wurde gefeuert, als ihre Boote die Ankerplätze für die grossen Schiffe durch Bojen markirten; am Ufer tanzten, jauchzten und lachten die Soldaten dazu. GNU-TA-DŽEN hielt seinen Truppen eine befeuernde Rede und liess ein Flugblatt voll begeisterter Citate verbreiten: »Die Nation stehe unter dem Schutz des Heeres, das sie unterhalte; der Sold der Truppen sei das Mark des Landes. Der Kaiser, der sein Volk wie seine Kinder liebe, gebe für die Armee viele Millionen TAEL aus, um dasselbe zu schützen. Sie möchten aus allen Kräften streben, ihre hohe Bestimmung zu erfüllen u. s. w.«

Am 16. Juni früh bugsirten Dampfer die grösseren Schiffe an ihre Ankerplätze im WU-SON-Fluss, den Schanzen gegenüber.

---

[54]) Nach Davis hatte ein Chinese aus TŠU-SAN nach dem Muster der englischen Dampfer kleine Fahrzeuge mit Schaufelrädern gebaut. Als sie fertig waren, soll er im Innern Feuer angezündet haben; aber die Räder wollten nicht laufen. Nun wurden Einrichtungen nach Art einer Tretmühle gemacht, um sie zu bewegen. GNU-TA-DŽEN soll grosse Hoffnungen auf diese Schiffe gesetzt haben, die sämmtlich in die Hände der Engländer fielen.

Die Chinesen eröffneten das Feuer und schossen besser als bei allen früheren Treffen; fast alle englischen Schiffe erhielten Kugeln in den Rumpf und das Takelwerk, sie hatten im Ganzen zwei Todte und fünfundzwanzig Verwundete. Erst als sie fest geankert lagen, antworteten die Briten und landeten nach zweistündiger Kanonade einige hundert Seeleute, welche die Chinesen aus sämmtlichen Werken trieben. Der Truppen-Commandeur fiel tapfer kämpfend; Gnu-Ta-džen floh dagegen zu allererst; die Engländer erbeuteten in seiner Wohnung viele wichtige Papiere. Sein erster Bericht an den Kaiser war sehr kurz: »Die Rebellen haben den Weg nach Wu-son erzwungen; Admiral Tšin ist todt, Pau-šan[55]) verloren.« In der Folge muss er sich besonnen haben: »Der Truppen-Commandeur hielt sieben Tage Stand, versenkte drei Schiffe, verwundete und tödtete eine Menge Barbaren. Diese aber feuerten von ihren Masten in die Schanzen und die Stellung wurde unhaltbar.« Der nächste Bericht war noch toller. — Die Engländer erbeuteten 253 Geschütze, darunter 43 von Bronze. An Mannschaft hatten die Chinesen geringen Verlust; denn die Erdwerke waren sehr dick, und beim Angriff liefen die Soldaten davon.

Die Stadt Wu-son ergab sich ohne Widerstand, ebenso Shang-hae, wohin eine englische Colonne am 19. Juni marschirte, während ein Theil des Geschwaders den Fluss hinauffuhr. In den Ufer-Batterieen, die nur wenige Schüsse gaben, fanden sich noch 111 Kanonen. Chinesische Feldarbeiter halfen den Landtruppen freiwillig unter fröhlichem Gelächter die Geschütze über schwierige Stellen des Weges ziehen. In Shang-hae demolirte das Volk den Ya-mum eines verhassten Mandarinen, der vor den Engländern fortlief, und empfing diese mit dienstbereiter Freundlichkeit. I-li-pu stellte sich dort mit unmöglichen Vorschlägen ein; er berief sich auf die Freigebung der Gefangenen[56]) und suchte durch dringende Bitten den Feind von weiterem Vorrücken abzuhalten. Unterdessen fuhr der Dampfer Nemesis jenseit Shang-hae noch eine Strecke flussaufwärts, ohne Truppen zu finden. Sein Rauch war aber in der endlosen Fläche auf viele Meilen sichtbar. Da er nun in einiger Entfernung von der reichen

---

[55]) Die Stadt am Yan-tse-kian, bis zu welcher die Verschanzungen reichen.
[56]) Ki-yin und I-li-pu lieferten als erstes Zeichen ihrer friedlichen Gesinnung sechzehn Gefangene aus, welche Yi-kin's Streifbanden während des Winters aufgehoben hatten.

Stadt Suṅ-kiaṅ wegen seichten Wassers umkehren musste, so berichtete der dortige Commandeur einen grossen Sieg nach Pe-kiṅ. Der Kaiser liess sich noch einmal täuschen und wurde in seinem Wahn durch die Bewegungen der Engländer bestärkt, welche am 23. Juni Shang-hae schon wieder räumten.

Die damals im Yaṅ-tse-kiaṅ versammelte Streitmacht bestand aus funfzehn Kriegsschiffen, fünf Dampfern und beinahe funfzig Transport- und Truppenschiffen. Einschliesslich der Seesoldaten waren neuntausend Bajonete an Bord, ausserdem dreitausend exercierte Seeleute zum Dienst am Lande disponibel. — Während am 8. Juli das Geschwader bei Fo-šan ankerte, trat eine totale Sonnenfinsterniss ein; der chinesische Aberglauben zog daraus seine Schlüsse. Ki-yiṅ rückte mit seiner durch Desertionen stark reducirten Armee den Engländern langsam nach; aber ein ernster Versuch das Geschwader aufzuhalten wurde nirgends gemacht, so passende Stellen sich dazu boten. Die Tiefe und Schiffbarkeit des Stromes übertraf alle Erwartungen; von Wu-soṅ bis Nan-kiṅ, auf eine Entfernung von funfzig deutschen Meilen, war das Fahrwasser tief genug für grosse Linienschiffe. Einige unbedeutende Schanzen feuerten auf das Geschwader, wurden aber leicht zum Schweigen gebracht; andere fand man verlassen. Unterhalb Tšiṅ-kiaṅ-fu beherrschten günstig gelegene Erdwerke eine Wendung des Stromes; sie hätten, wirksam vertheidigt, den Lauf der Schiffe wohl aufhalten können; die Besatzung feuerte aber nur wenige Schüsse und lief vor den gelandeten Truppen davon. Die Werke von Tšiṅ-kiaṅ-fu gaben keinen Schuss ab, als am 19. Juli das englische Geschwader davor ankerte.

In dieser wichtigen Festung, dem Schlüssel zum Kaiser-Canal, commandirte ein braver Tartar, der umsonst Verstärkung und Solderhöhung für seine Truppen verlangt hatte. Die Besatzung war ganz unzureichend. Hae-liṅ hielt mächtige Brander und Feuerflosse bereit, die nur, zu früh angezündet, in dem Canal verbrannten, wo sie geankert lagen. Auch missglückten alle Versuche, brennende Dschunken an die Schiffe zu hängen. — Am Morgen des 21. Juli wurden die englischen Truppen ausgeschifft. Eine Colonne stürmte das nordöstliche Stadtthor, fand jedoch innerhalb heftigen Widerstand und brauchte mehrere Stunden heissen Kampfes, um das westliche Thor zu gewinnen, das die zweite Colonne nach langem Marsch durch die Vorstädte nahm. Der Strassenkampf wurde mit Erbitterung fortgesetzt; die Tartaren vertheidigten sich hartnäckig in Häusern und hinter Gartenmauern; viele Gebäude mussten in Brand geschossen werden. Da Alles verloren war, verbrannte Hae-liń sich in seinem Hause auf einem aus Holz und amtlichen Schriften aufgethürmten Scheiterhaufen; man fand nur den Schädel und die Knochen seiner Füsse. — Nachher begannen wieder die Greuel unter den Tartaren-Frauen; nur wenige konnten verhindert werden, sich selbst und ihre Kinder grässlich zu morden. Den Schlussact spielten die unvermeidlichen Banditen, die auch hier mit ruchloser Frechheit plünderten.

Die Tartaren hatten sich bis auf den letzten Mann geschlagen; die ausserhalb der Stadt aufgestellten chinesischen Truppen jagte die dritte englische Colonne leicht auseinander. Ein grosser Theil der Stadtmauern wurde gesprengt. — Die Einnahme von Tšiń-kiań-fu entschied den Krieg; denn die Briten konnten nun den Kaiser-Canal sperren und, da sie auch die See beherrschten, die nördlichen Provinzen leicht aushungern. China war in zwei Hälften zerschnitten, der Süden vom Norden abgetrennt und sich selbst überlassen; wie leicht mochte dort der Aufruhr sein Haupt erheben! Den alten Wahn von der Unbesiegbarkeit tartarischer Truppen hatten die Engländer in Tša-pu und Tšiń-kiań-fu gründlich zerstört, und die Mandschu auch dadurch einer wichtigen Stütze beraubt.

Der Krieg bewirkte in den von ihm berührten Gegenden eine Auflösung aller bürgerlichen Ordnung. Fast überall bildet in China das Proletariat den überwiegenden Theil der Bevölkerung und wird den besitzenden Classen furchtbar, sobald der Druck der Autorität aufhört. In den bedrohten Gegenden pflegten die Mandarinen den Kopf zu verlieren; ihre Bestürzung und Rathlosigkeit gab dem Gesindel freies Spiel. Tausende von Räubern rotteten sich zusammen, plünderten das Land und schleppten alle bewegliche Habe, ja die Thüren und Fenster mit fort; andere Banden fielen über sie her und kämpften mit ihnen um die Beute. Auf den Gewässern trieben Piraten ihr Handwerk, und nirgends gab es Sicherheit, bis die englischen Truppen erschienen. Deren Anwesenheit war überall eine Befreiung für die ruhige Bevölkerung; denn sie hielten strenge Mannszucht, bezahlten ihre Bedürfnisse und wehrten energisch den heimischen Banditen. Ihr Betragen musste gegen das der kaiserlichen Beamten und Heere sehr vortheilhaft abstechen; für die Mandschu-Herrschaft ist das Volk fast nirgends in China begeistert, und man darf annehmen, dass die Briten sich an den Orten, welche sie gegen die kaiserlichen Heere halten konnten, ohne Widerstand der angesessenen Bevölkerung bleibend hätten einrichten mögen. Ueberall ausser in Kan-ton kam man ihnen mit offenen Armen entgegen, und bei längerem Aufenthalt gestaltete sich das Verhältniss immer freundlicher.

Die Gefahr solchen Zustandes für die Mandschu-Herrschaft musste Ki-yiṅ um so mehr ängstigen, als er, der europäischen Politik durchaus fremd, allen Grund hatte, die Engländer für Eroberer anzusehen. Seine und I-li-pu's amtliche Berichte hatten längst alle Hoffnung vernichtet, den Siegeslauf der Briten aufzuhalten. In seinen vertraulichen Mittheilungen an den Kaiser soll Ki-yiṅ hartnäckig auf unmittelbaren Friedensschluss gedrungen haben, während I-li-pu die Meinung vertreten hätte, dass erst unter den Mauern von Nan-kiṅ unterhandelt werden dürfe. Der Kaiser, argumentirte dieser, müsse seine Würde vor dem Volke wahren. Nachdem er so oft die Vernichtung der Barbaren verheissen und sein Bedauern ausgesprochen habe, dass er nicht selbst zu Felde ziehen könne, dürfe er nicht plötzlich, zu Friedensanträgen überspringend, sich in den Augen des Volkes erniedrigen; nur durch die härteste Noth müsse er zum Nachgeben gezwungen erscheinen; die Gründe dafür sollten schlagend und unbestreitbar sein. Zudem sei es ja doch möglich, dass die Expedition im Yaṅ-tse scheitere. — Die Kriegsparthei, deren Vertreter noch immer im Rathe des Kaisers sassen, scheint erst nach dem Fall von Tšiṅ-kiaṅ-fu kleinlaut geworden zu sein; solche Bestürzung trat auf diese Nachricht ein, dass der Hof in aller Eile zum Aufbruch nach der Tartarei rüstete. Der Schatz wurde schleunigst verpackt; dabei kamen nicht weniger als neun Millionen Tael abhanden, die niemals wieder gefunden wurden.

Die Entfernung von Pe-kiṅ war zu gross, um Verhaltungsbefehle abzuwarten. Nan-kiṅ musste um jeden Preis gerettet werden, und die kaiserlichen Commissare sahen sich gezwungen, auf eigene Verantwortung die ersten Schritte zu thun. Noch ehe die Flotte von Tšiṅ-kiaṅ-fu absegelte, erschien dort Šu, der frühere Gouverneur von Tšu-san, der wegen seiner ehrlichen Gesinnung bei den Engländern in gutem Ansehen stand und schon früher mit Aufträgen des I-li-pu in ihrem Lager gewesen war, mit friedlichen Eröffnungen. Mangel an Wind hielt das Geschwader noch einige Tage zurück; aber am 8. August ankerte der grösste Theil desselben vor Nan-kin, von dessen Mauern überall die weisse Flagge wehte.

Ki-yin und I-li-pu hatten dort den Einfluss des General-Gouverneurs Gnu-Ta-džen zu bekämpfen, der, zum dritten Bevollmächtigten ernannt, keine ehrlichen Verhandlungen wollte und den Feind in gewohnter Weise durch Täuschung und Aufschub zum Rückzug zu bewegen hoffte. Er ordnete allerlei kriegerische Demonstrationen an, und die Verhandlungen drohten sich zu zerschlagen. — Das Linienschiff Cornwallis ankerte im Strom, die Fregatte Blonde in einem westlich die Stadt bespülenden Canal, beide dicht unter den Mauern, in welche sie Bresche schiessen sollten. Truppen wurden ausgeschifft und alle Anstalten zum Sturm getroffen.

An Vertheidigung war nicht zu denken. Die Mauern von Nan-kin umschliessen ein ausgedehntes Areal, dessen grössere Nordhälfte Felder und Gärten einnehmen. Die Tartarenstadt, deren Mitte die Citadelle bildet, füllt den südöstlichen, die volkreiche Chinesenstadt den südwestlichen Winkel des Mauerumkreises aus, dessen südliche und westliche Seite ein Canal säumt. Südlich von diesem liegen, dem bewohnten Theil von Nan-kin gegenüber, ausgedehnte Vorstädte. — Ein ungewöhnlich hoher Wasserstand hatte das Land in grosses Elend versetzt, zugleich die Abwehr und die Zufuhr erschwert. Die Garnison — nach den englischen Berichten nur zweitausend Mandschu-Tartaren — war der Vertheidigung der Ringmauer nicht entfernt gewachsen, noch weniger die Anzahl der Geschütze. Dazu kamen Mangel an Lebensmitteln und die Indifferenz der Landbewohner, die, weit entfernt ihren Unterdrückern gegen die Engländer Hülfe zu leisten, den Anstalten zum Angriff gleichgültig zusahen. Selbst der Tartaren-Commandeur gewann die Ueberzeugung seiner Hülflosigkeit und erklärte, die Stadt nicht halten zu können. Die Vorbereitungen zum Sturm brachten auch Gnu-Ta-džen zur Besinnung; er schloss sich endlich der Botschaft der anderen Bevollmächtigten an den Kaiser an: »Wir sind von Gefahren umringt und in solcher Bedrängniss, dass jedes unvorgesehene Ereigniss Verderben bringen kann. Wir haben daher auf die Gefahr hin, das Leben zu verlieren, die Forderungen der Barbaren bewilligen müssen, um das Land zu retten. Indem wir uns nun den auferlegten Bedingungen fügen, erflehen wir für uns selbst die strengste Bestrafung.« — Nach Mittheilung der Friedensbedingungen fahren sie fort: »Die Engländer erklärten, dass nach Bewilligung ihrer Forderungen ewiger Frieden walten solle; für den Fall der Zurückweisung seien sie jedoch zu weiterem Vorrücken gerüstet. Während der Verhandlungen drang zu den Barbaren ein falsches Gerücht, dass sie von unseren Truppen überfallen und vernichtet werden sollten. Da hissten sie die rothe Flagge und erklärten, dass sie am folgenden Morgen angreifen wollten. Da sie nun wild und gewaltsam sind, so liessen wir unsere Truppen aufmarschiren; als diese aber auf einen Umkreis von sechszig Li vertheilt waren, stellte sich heraus, dass ihre Zahl zur Abwehr nicht ausreichte. Die Truppen aus den Provinzen sind entmuthigt und unzuverlässig; zudem beherrschen die Höhen von Tšuṅ die ganze Stadt, die Barbaren können auf uns herabschiessen. Dazu kommt, dass die Bewohner von Schrecken gelähmt sind; Myriaden bestürmten unsere Beamten, mit Thränen um Rettung ihres Lebens flehend. — Blicken wir zurück auf den Zeitraum, seit die Barbaren gegen uns aufstanden, so gewahren wir, dass keiner unserer Feldherren etwas gegen sie ausrichten, ihren Todesmuth bändigen konnte. Die Zahl ihrer Schiffe ist jetzt auf achtzig vermehrt. Sie beherrschen den Yaṅ-tse, haben den grossen Canal besetzt und das Reich in zwei Hälften getheilt. Die Sache wird dadurch noch schlimmer, dass sie Nan-kiṅ bedrohen und mit Gewalt zur Entscheidung drängen. Wir sehen die unentwirrbaren Verwickelungen unserer Lage. Bleiben wir hartnäckig, so ist Nan-kiṅ verloren; dann stehen Gan-wui, Kiaṅ-si und Hu-pi den Barbaren offen; und wohin ihre Erfolge sie nicht führen, da werden einheimische Verräther Unruhen stiften und das Land verwüsten. —. Aus diesen Gründen schlagen wir vor (obgleich der Tod dafür zu gelinde Strafe ist), dass die Forderungen der Engländer bewilligt werden. Wir sehen wohl, dass ihre Anträge unersättliche Gier verrathen; und doch beschränken sie ihre Ziele auf den Handel und hegen nicht andere unheildrohende Absichten. Zur Erhaltung von Kiaṅ-nan und um das furchtbare Drangsal des Krieges zu enden, beschlossen wir auf ihre Bedingungen einzugehen. Wir verbürgten uns endlich, dass, wenn sie Reue über das angerichtete Elend zeigten und einen Waffenstillstand schlössen, ihre Vorschläge bestätigt werden sollten;

würden sie dagegen wortbrüchig und unlenksam, so müssten wir unsere Soldaten zu tapferer Vertheidigung der Stadt aufrufen, gleichviel ob Sieg oder Niederlage die Folge wäre. — Wir fühlen wohl unseren Undank gegen die kaiserliche Gnade. Mit den wichtigsten Aufträgen betraut, waren wir unfähig zur Unterjochung dieser Feinde Schrecken einzuflössen. Wir erkennen unsere Dreistigkeit, indem wir diese Anträge stellen, und unsere Verbrechen sind unzählbar. Mit Furcht und Zittern harren wir bei Ueberreichung dieser Denkschrift der strengsten Bestrafung.«

Tau-kwaṅ antwortete: »Was die Wohlfahrt unzähliger lebender Wesen fördert, das muss ich bewilligen. Die Vorstellungen meiner Diener beweisen die Nothwendigkeit, den Drangsalen ein Ende zu machen und das Reich zu retten. Deshalb sollen die mitgetheilten Forderungen erörtert werden. Da die Barbaren sich aus dem Yaṅ-tse zurückziehen und Tšau-Pau-šan (die Citadelle von Tšin-hae) zurückgeben wollen, so möge der Handel in vier von den Häfen bewilligt werden; nur Fu-tšau muss ausgenommen sein. Ihr, meine Beamten, werdet ihnen klar beweisen, dass seit zweihundert Jahren ihr Handel immer friedlich durch die Hoṅ-Kaufleute vermittelt wurde, ohne Einmischung der Mandarinen in diese Dinge. In allen solchen Angelegenheiten führt die Bestimmung der Preise zu endlosen Auseinandersetzungen, und unsere Beamten sind der Sprache der verschiedenen Völker unkundig. Die Behörden können nicht mehr thun, als die einheimischen Händler bestrafen, die sich Unredlichkeiten zu Schulden kommen lassen. — Die ersten sechs Millionen sollen sofort bezahlt werden, als ein Zeichen, dass wir Wort halten wollen.« Dann folgt die Genehmigung der anderen Bestimmungen. Die Bevollmächtigten sollen den Engländern erklären, dass der Kaiser sie mit Offenheit behandele und ihre wichtigsten Forderungen bewillige; der Handel müsse nun in Frieden und Eintracht weitergehen. »Wir werden unsere beschädigten Festungen ausbessern und nach unserem Bedünken über unsere Truppen verfügen. Das darf den Barbaren keinen Argwohn einflössen. Habet Acht solche Einrichtungen zu treffen, die für immer alle Ursachen des Krieges beseitigen, und lasset nichts unvollständig oder zweifelhaft.«

Nachdem der Entwurf des Friedensvertrages zur Bestätigung nach Pe-kiṅ abgefertigt war, machten — am 20. August — die drei kaiserlichen Commissare Sir Henry Pottinger einen Besuch auf dem

Cornwallis. Am 24. erwiederte dieser die Aufmerksamkeit und wurde mit grossem Gefolge in einem Tempel ehrenvoll empfangen. Die Unterzeichnung des Vertrages geschah am 29. August 1842 an Bord des Cornwallis. I-li-pu litt schon damals an seiner Todeskrankheit; er musste an Bord getragen werden. »Ich bin ein alter Mann,« sprach er, »und stehe nun am Rande des Grabes, nachdem ich so viele Jahre dem Lande diente. Unbekümmert um die Entrüstung, die meine versöhnlichen Rathschläge hervorrufen mögen, oder die Strafe, die mich vielleicht noch für meine Bemühungen um den Vertrag ereilen wird, will ich mit dem letzten Athemzuge um Frieden für mein Vaterland bitten und damit meine Laufbahn beschliessen. Der Tod wird mich von dem bösen Leumund befreien, den dieser Schritt mir bereiten mag; mit der Zeit wird die heilsame und nothwendige That selbst für mich reden.« — Ki-yiṅ war der Frieden das unvermeidliche Ergebniss der waltenden Umstände. Für ihn handelte es sich um Rettung der Dynastie; unüberwindlich scheinende Schwierigkeiten schnitt er bei den Verhandlungen mit der Betrachtung ab: wenn wir nicht Frieden machen, so ist Alles verloren. »Ich war ein vertrauter Freund Ki-šen's,« sagte er nach Unterzeichnung des Vertrages zu Gützlaff: »wir hegten durchaus dieselben Ansichten; ich ging weiter als er jemals gewagt oder gekonnt hätte; aber die Lage forderte es und ich habe meine Pflicht gethan.« Gnu-Ta-džen bequemte sich nur mit heftigem Widerstreben der Noth; am meisten verdross ihn die im Vertrage stipulirte Gleichstellung der Barbarenstaaten mit China. In mürrischem Schweigen wohnte er den Verhandlungen bei, und redete nur, wenn er musste. In keine rosige Zukunft mochte er blicken, denn als einer der heftigsten Vertreter der Kriegspartei hatte er durch seine grossmäuligen Berichte viel dazu beigetragen, dass es zum Aeussersten kam.

Sir Henry Pottinger verkündete seinen Landsleuten den wesentlichen Inhalt des Friedensvertrages am Tage der Unterzeichnung: »China hat im Laufe dieses und der drei folgenden Jahre einundzwanzig Millionen Dollars an England zu zahlen. Die Häfen Kan-ton, A-moi, Fu-tšau, Niṅ-po und Shang-hae sind dem Handel aller Nationen geöffnet; dort werden Consuln zugelassen, welche über die Einhaltung des später festzustellenden Tarifes der Ein- und Ausfuhr- sowie der Binnen-Zölle zu wachen haben. Die Insel Hong-kong ist für ewige Zeiten der Krone England abgetreten.

Alle gefangenen britischen Unterthanen sollen ausgeliefert, und eine vom Kaiser unterzeichnete Bekanntmachung erlassen werden, worin den Chinesen im Dienste der Engländer, und solchen die mit ihnen in Verbindung gestanden oder unter ihrem Schutze gelebt haben, volle Verzeihung gelobt und unverbrüchlich gehalten wird. Die Verhandlungen zwischen Beamten der beiden Staaten, England und China, müssen künftig auf dem Fusse vollkommener Gleichstellung und Ebenbürtigkeit gepflogen werden.«

Unmittelbar nach Unterzeichnung des Vertrages ward die Flusssperre aufgehoben und der Handel eröffnet. Die Flotte blieb aber noch im Yaṅ-tse, bis am 15. September das ratificirte Friedens-Instrument aus Pe-kiṅ zurückkam und die ersten sechs Millionen der Kriegsentschädigung gezahlt waren. Dann wurde auch Tšin-hae herausgegeben. Tšu-san und die vor A-moi gelegene Insel Ku-laṅ-su sollten bis zur gänzlichen Tilgung der Kriegsschuld von den Engländern besetzt bleiben. — In der amtlichen Zeitung von Pe-kiṅ machte die kaiserliche Regierung die wesentlichsten Vertragsbestimmungen bekannt: »sie sind klar und deutlich abgefasst,« heisst es am Schluss; »selbst die geringsten Einzelnheiten fanden Beachtung, so dass für die Zukunft keine Schwierigkeiten mehr obwalten.«

Gegen Ende October verliess das ganze englische Geschwader das Mündungsgebiet des Yaṅ-tse und segelte nach Hong-kong.

III.
DIE ZUSTÄNDE NACH DEM FRIEDEN VON NAN-KIŃ.
BIS 1849.

Als Tau-kwań den Frieden von Nan-kiń genehmigte, entleibte sich sein vornehmster Minister. Die Yu-se oder Censoren — Staatsdiener vom höchsten Range, deren Amt die Kritik der öffentlichen Handlungen bedingt — tadelten den Kaiser wegen verderblicher Nachsicht gegen unfähige und treulose Räthe. Durch das ganze Reich ging ein Schrei der Entrüstung. Abseits vom Schauplatz des Krieges ahnte ja Niemand die Ueberlegenheit der englischen Waffen; man begriff nicht die Möglichkeit, dass das unermessliche Reich der Mitte, dessen Weltherrschaft durch Jahrtausende währte, von einem Häuflein Barbaren, wilden Inselbewohnern von der fernsten Grenze des Oceans bezwungen werden könne, dass Fremde den strahlenden Himmelssohn beschränkten. Am Kaiserhofe gingen viele Denkschriften namhafter Männer aus der Classe der Studirten ein, welche, wie die folgende, den Bruch des Vertrages forderten.

»Tsuń-tsuń-yuen überreicht eine Denkschrift, worin die Aufstellung eines Heeres vorgeschlagen wird, um die Barbaren mit dem Zorn des Himmels heimzusuchen und diese Gelegenheit zu ihrer Ausrottung nicht ungenutzt zu lassen.

Die Barbaren sind bis Nan-kiń vorgedrungen, und die Bevollmächtigten haben unter dem Druck der Gefahren die Erlaubniss nachgesucht, Frieden schliessen zu dürfen, was der grosse Kaiser aus Mitleid für das Leben seiner Unterthanen in seiner allumfassenden Güte ihnen im Drange der Umstände gestattete.

Sollte das nun zur Ausführung kommen, so entspringen daraus unfehlbar vier Uebel: 1) die Majestät des Reiches wird verletzt; 2) die Pulsader des Staates wird durchschnitten; 3) Rebellen werden das Haupt erheben; 4) die Völker an den Grenzen und fremde Staaten werden Störungen bereiten. — Besser wäre deshalb, bei dieser Gelegenheit einen Sieg zu erringen, als die Schmach hinunter zu würgen und, um Frieden zu haben, so viel bleibendes Unheil zu stiften.

1. Die Commissare behaupten, dass die Barbaren in ihren mörderischen Anschlägen noch niemals von einem Heere bezwungen wurden, obgleich wiederholt erhebliche Streitkräfte gegen sie ausrückten. Wird nicht das an Yu-yu-pun[57]) vollzogene Exempel andere Führer zu besserem Betragen leiten? An den Ufern des Yań-tse zog das Heer sich zurück; der grosse Canal ist im Besitze des Feindes; die Commissare wagen sogar zu berichten, dass Nan-kiń nicht zu halten ist. Statt Furcht und Schrecken einzuflössen, sind sie selbst ganz in Angst und Zittern versunken und verpflichten sich den Engländern über zwanzig Millionen zu zahlen! Sie fordern ferner, dass die von ihnen abgeschlossene Convention mit dem kaiserlichen Siegel versehen werde, ganz wie wenn ein Schuldner eine Verschreibung ausstellt oder ein Verkäufer einen Kaufact aufnimmt. Bedenken diese Männer wohl, welchem Hause sie dienen? und werden nicht Tributvölker, die davon hören, mit Verachtung auf China herabschauen? — Das ist der Schaden, den des Reiches Majestät erleidet.

2. Die Commissare verlangen für diese Barbaren zwanzig Millionen Dollars, als Entschädigung für das Opium, für Schulden der Hoń-Kaufleute und für Kriegskosten. Aber ist es nicht Unrecht, einen verbotenen Gegenstand zu bezahlen? — um so mehr, da der am zerstörten Safte erlittene Verlust schon durch ein Geschenk von Thee und Rhabarber ersetzt wurde? Wie kann nun ein so ausschweifender Preis verlangt werden? — Für die Schulden der Hoń-Kaufleute mögen diese selbst aufkommen; aber wie wird man einem Feinde Kriegskosten vergüten? Kann man ertragen, dass solche Summen aus den beschränkten Mitteln unseres Schatzes, vom Fett und Mark unseres Volkes genommen werden? Welche Bürgschaft haben wir, dass die Engländer in Zukunft ruhig bleiben und ihre Forderungen nicht steigern? Wenn also doch am Ende der Vertrag gebrochen und der Krieg erklärt werden muss, — welchen Vortheil kann dieser Frieden dem Volke bringen, wenn, neben den enormen Ausgaben für den dreijährigen Krieg, diese Contributionen unsere bereiten Mittel gänzlich erschöpfen? — Deshalb wird mit Genehmigung dieses Vertrages die Pulsader des Staates zerschnitten.

3. Die Commissare fordern Verzeihung für die treulosen Landeskinder, welche dem Feinde beistanden. Haben wir auch nichts da-

---

[57]) Er wurde wegen seines feigen Benehmens bei Tšin-hae zum Tode verurtheilt und in Pe-kiń enthauptet.

gegen, ihre Gefangenen freizugeben, so ist es doch die Höhe des Unverstandes, die Nichtswürdigen zu begnadigen, welche ihnen vorwärts geholfen haben, — abscheuliche Schurken, deren Fleisch das Volk verschlingen, auf deren Fell es schlafen möchte, deren Verbrechen laut nach Rache schreien! Wird das Volk nicht den Gehorsam gegen das Gesetz verlernen? — wird es nicht der Obrigkeit widerstreben? — wird dieses Beispiel nicht die Quelle künftigen Aufruhrs werden?

4. Die Commissare bemerken, dass wir durch kriegerische Maassregeln niemals etwas ausrichten können, deshalb den Umständen weichen und dem Krieg auf immer ein Ziel setzen müssen. Aber bezweckt diese Sprache nicht uns zu hintergehen? Erhielten nicht die Barbaren in KAN-TON sechs Millionen für ihr Opium und überfielen sie nicht trotz dem Versprechen, ihre Truppen zurückzuziehen, noch ehe die Dinte jener Convention trocknete, unser Land, und schlossen NAN-KIŃ ein? Und würden sie jetzt nicht noch andere Forderungen stellen, sobald die stipulirten Summen bezahlt wären? Schifften sie nicht mitten unter den Friedens-Verhandlungen Truppen aus? Welche Bürgschaft haben also die Commissare, dass nicht weitere Erörterungen folgen?

Der Ausspruch der Commissare, dass die Freigebung der fünf Häfen uns die Gunst, den guten Willen und das Vertrauen der Engländer erwerben wird, dass sie jene Häfen schützen und uns dadurch grosse Dienste leisten werden, ist eitel Geschwätz von Träumern. Ein Kind sieht ein, dass sie nach Willkür herrschen und uns ihren Willen dictiren werden, wenn wir ihnen die wichtigsten Punkte einräumen und sie zu Thorwächtern des Reiches machen.

Die Bevollmächtigten wollen ohne Rücksicht auf die Zukunft nur für den Augenblick Ruhe schaffen. Aber auch das werden sie nicht erreichen; denn wo soll es enden, wenn ihre jetzt gestellten maasslosen Forderungen als Beispiel für die Zukunft dastehen? Immer mehr wird der Feind erdreisten, mit der tiefsten Verachtung wird er das Reich der Mitte ansehen, und seine unersättliche Gier wird keine Grenzen kennen.

Dein Diener erklärt dir nun aufs eindringlichste, dass, obgleich die Stadt NAN-KIŃ Alles birgt, was ihm theuer ist, er lieber eine Entscheidungsschlacht an dieser Stelle geschlagen und das Leben seiner Familie gefährdet sehen möchte, als dass solche Vorschläge angenommen würden. Ist auch die südliche Einfahrt des Kaiser-Canals in der Gewalt des Feindes, so halten wir doch noch die nördliche bei YAŃ-TŠAU-FU besetzt. Wir können ein grosses Heer unter Befehl eines hohen Staatsbeamten senden, die Contingente aus KIAŃ-SU und GAN-wui an uns ziehen, Nan-kiṅ entsetzen und den Feind von allen Seiten umzingeln. Der Herbst naht heran, das Wasser muss bald fallen; dann stranden ihre schweren Schiffe, dann werden die Schwachen stark sein. Vergessen wir nicht, dass die Taṅ- und die Suṅ-Dynastie durch Vergleiche Unheil über sich brachten. Der grosse Kaiser wird in seiner Einsicht, Weisheit und Entschlossenheit den Irrthum einsehen und diese Gelegenheit ergreifen, sein Land aus Gefahr zu retten.«

Aber die Noth war zwingend, es gab keinen Ausweg. Der Frieden musste geschlossen und gehalten werden; denn durch die aus den Provinzen einlaufenden Berichte wurden allmälich die ungeheueren Ausgaben des Krieges bekannt. Wanderte auch der grösste Theil in die Taschen der Mandarinen, für den Staat war das Geld verloren. Der sparsame Tau-kwaṅ befahl in maasslosem Zorn den verantwortlichen Beamten, Alles zu ersetzen, und ordnete Untersuchungen an; viele der Schuldigen entleibten sich, einige wanderten in die Verbannung, andere harrten im Kerker des Richterspruches; aber nicht der zwanzigste Theil des Geraubten kam wieder ein. Von Kan-ton bis Pe-kiṅ waren im ganzen Reiche die Kassen leer, und das lauteste Kriegsgeschrei musste verstummen vor dem Bewusstsein der finanziellen Erschöpfung.

In Kan-ton hatte die Erbitterung sich keineswegs gelegt. Nachdem 1841 das britische Geschwader aus dem Flusse zurückgezogen und die Festungen an der Mündung ausgeliefert waren, sandten die Volksführer einen ruhmredigen Bericht nach Pe-kiṅ, wurden vom Kaiser gelobt und zu Befehdung der Barbaren angespornt. Bombastische Maueranschläge erschienen zu Hunderten. Das Volk bildete Vereine, in deren Versammlungen politische Reden gehalten und Maassregeln gegen die Fremden erörtert wurden. Diese Clubs emancipirten sich von der Obrigkeit und erwuchsen zu einer Gewalt, welche den Mandarinen offen trotzte; vermochten sie doch den verhassten Präfecten Yu aus dem Amte zu treiben! Die Behörden mussten sich um die Gunst der Volksführer bewerben und fürchteten deren Macht; sie benutzten die Bewegung für ihre Zwecke, mussten aber ruhig zusehen, wo sie ihnen entgegentrat, und waren unfähig, der Gewaltsamkeit des grossen Haufens zu steuern, die Frevler zu strafen.

Als zu Kan-ton die Nachricht vom Friedensschluss eintraf, gerieth das Volk in wilde Erregung. In allen Strassen erschienen Placate voll Schmähungen gegen den Vertrag, voll Geschrei über

Landesverrath: die Engländer wollten das Gebiet von Kan-ton nehmen, die Stadt besetzen; das sei nicht zu dulden. — Im December 1842, also wenige Monate nach dem Friedensschluss, zog ein Pöbelhaufen nach der englischen Factorei und steckte sie an allen Ecken an; schallender Volksjubel begrüsste das Zusammenstürzen des Flaggenmastes. Die politische Bedeutung dieser That gab sich auch darin kund, dass die Volksmänner der Plünderung wehrten. — Die Bewohner retteten sich, doch alle Gebäude verbrannten. Im Bericht an den Kaiser sagte der Gouverneur, die Bevölkerung habe in gerechter Entrüstung einige Excesse gegen die Barbaren begangen. Die Regierung zahlte ohne Umstände eine Geldbusse für den angerichteten Schaden, aber die Thäter blieben straflos; der grosse Haufen bestärkte sich im Wahn seiner Macht.

In früheren Jahren hatte die Mandschu-Regierung dem Volke niemals Waffen erlaubt; während des Krieges waren aber in Kanton und der Umgegend viele vertheilt und nachher nicht wieder abgeliefert worden. Mit diesen exercierten die Kantonesen unter selbstgewählten Führern — nicht, wie die Milizen, unter kaiserlichen Officieren — und bildeten sich selbstständig zu Soldaten aus. Gleich nach dem Brande der Factorei kam von den umliegenden Dorfschaften das Erbieten, sich den bewaffneten Vereinen anzuschliessen. Auf den Bericht darüber antwortete der Kaiser sehr gnädig; die Mandarinen förderten die Bewaffnung und Einübung der Landbewohner; auch entferntere Bezirke traten in den Verband. Der Vice-Gouverneur inspicirte bald darauf die nach Zehntausenden zählenden Schaaren und berichtete dem Kaiser: bei so vollkommener Wehrhaftigkeit sei künftig nichts zu fürchten. Die Namen der Führer wurden in Pe-kiṅ genannt, und sechszigtausend Dollars zur Vertheilung angewiesen. Die Häupter der Bewegung erhöhten den Werth ihrer Dienste durch Geldsammlungen für den Bau von Festungswerken, und erweckten im Volke eine Freude am Waffenhandwerk, ein männliches Bewusstsein der eigenen Kraft und Selbstständigkeit, welche einer despotischen Regierung auf die Länge Gefahr bringen konnten. — Der Central-Verein tagte in Kan-ton und hielt seine Versammlungen in einer zum Confucius-Tempel gehörigen Halle, wo die Berichte der Zweigvereine vorgetragen und alle wichtigen Schritte beschlossen wurden. Die Volksmänner schalteten mit schrankenloser Willkür, brannten die Amtsgebäude verhasster Mandarinen nieder und liessen unredliche Polizei-Beamten öffentlich hinrichten. In der Folge führten diese Selbstregierung und der Fremdenhass anarchische Zustände herbei, die gewaltsam unterdrückt werden mussten. Im Sommer 1843 kamen die Handelsbestimmungen und der Zoll-Tarif zum Vertrage von Nan-kiṅ zu Stande, und am 8. October wurde ein Additional-Vertrag unterzeichnet, nach welchem in Zukunft alle civilisirten Völker des Westens unter denselben Bedingungen wie die Engländer zum Handel in den fünf geöffneten Häfen berechtigt sein,[58]) die Engländer aber alle Rechte, welche jemals einem anderen Volke zugestanden würden, ohne weiteres ebenfalls geniessen sollten. Dieser Artikel der »meistbegünstigten Nation«, durch welchen die Verträge der westlichen Völker mit China 1844. eine gewisse Solidarität erhalten, ging in alle später abgeschlossenen, zunächst in diejenigen von America und Frankreich über, welche, im Sommer 1844 in Macao verhandelt, ersterer am 3. Juli, letzterer am 24. October unterzeichnet wurden. Beide enthielten die wesentlichen Bestimmungen des Vertrages von Nan-kiṅ. Neu waren im americanischen Vertrage einige Erleichterungen für den Schiffsverkehr und die Bestimmung, dass die Fremden chinesische Unterthanen als Sprachlehrer annehmen und nach Gefallen chinesische Bücher kaufen dürften, — worauf früher harte Strafen standen. Der französische Vertrag enthielt das neue Zugeständniss, dass jedes Kriegsschiff in alle chinesischen Häfen einlaufen und sich mit Lebensmitteln versehen dürfe. In beiden Verträgen wurde die Bestimmung getroffen, dass sie mit den Tarifen nach zwölf Jahren einer Revision unterliegen sollten. Die Gültigkeit dieses Artikels auch für den englischen Vertrag erkannten die Chinesen mit der ausdrücklichen Erklärung an, dass dessen Dauer über diesen Zeitraum hinaus dadurch nicht angefochten würde; die contrahirenden Mächte sollten nach Ablauf jener Frist nur Bevollmächtigte ernennen, welche sich über das Bedürfniss von Neuerungen verständigten.

[58]) Die Engländer rühmen sich der Initiative für diese Maassregel. Die chinesischen Bevollmächtigten machten aber schon im Juni 1843 bekannt: »dass, sobald sie vom Finanz-Minister in Pe-kiṅ die Handelsbestimmungen und die Tarife für die fünf Häfen erhalten und veröffentlicht haben würden, diese auf den Handel der anderen Völker eben so gut Anwendung finden sollten, als auf den englischen.« Es steht auch im Einklang mit dem Grundsatz, Barbaren durch Barbaren zu bezwingen, wenn sie sich die anderen Nationen verbinden wollten. Die Solidarität der Interessen ist aber für die Engländer mindestens eben so wichtig als für alle anderen Nationen.

Kleine Aenderungen bewirkten die Aufseher des Handels schon in den nächsten Jahren. — Das Schreiben des americanischen Präsidenten Tyler an den Kaiser von China,[59]) welches der Gesandte Caleb Cushing seiner Instruction gemäss in PE-KIŃ überreichen sollte, war schlecht geeignet für den Himmelssohn; die Erlaubniss zur Reise nach der Hauptstadt wurde kategorisch verweigert. Bei Ratification des americanischen Vertrages entdeckte man, dass der Bericht des Staatsrathes darüber in zwei verschiedenen Ausgaben gedruckt wurde: in der für die Chinesen bestimmten hiessen die Fremden überall Barbaren, in der zweiten war der anstössige Ausdruck durch einen milderen ersetzt. — Der französische Bevollmächtigte, Herr von Lagrené, erreichte nach langen Kämpfen, dass sein König im Vertrags-Instrument dieselben Hoheits-Titel erhielt, wie der Kaiser von China.[60]) Den chinesischen Katholiken erlaubte TAU-KWAŃ nur durch ein nach seinem Willen widerrufliches Edict freie Religionsübung; im Vertrage erhielten sie nur die französischen Unterthanen.

Neben den nur die Engländer betreffenden Schwierigkeiten waren besonders folgende Umstände der Entwickelung des Handelsverkehrs hinderlich gewesen:

1) Die Beschränkung des Handels auf KAN-TON; die Lage dieses Hafens am südlichsten Ende des Reiches, in grösster Entfernung von der Hauptstadt und den die wichtigsten Ausfuhrartikel erzeugenden Landschaften, von denen zugleich der stärkste Verbrauch der Einfuhr zu erwarten war.

2) Das der kleinen Gesellschaft der HOŃ-Kaufleute ertheilte Handelsprivilegium und die Beaufsichtigung der Fremden durch diese Monopolisten, welche wie eine Mauer zwischen Jenen und der Obrigkeit des Landes standen.

3) Die Höhe der Abgaben, die drückende Art ihrer Erhebung und die fiscalischen Bestimmungen, welchen der Handelsverkehr unterworfen war.

4) Die Anmaassung der Jurisdiction über die Fremden und die willkürliche Handhabung der chinesischen Gesetze, besonders in Fällen des Todtschlages.

---

[59]) S. Neumann Ostasiatische Geschichte (Leipzig 1861) S. 87.

[60]) Der Vertrag wurde von den französischen Oppositions-Blättern scharf getadelt, weil darin das Recht der meistbegünstigten Nation nur auf künftige Zugeständnisse, nicht auf früher gewährte bezogen war.

5) Die erniedrigenden Formen, welche die chinesische Regierung im Verkehr mit den westlichen Völkern anwendete, und die angemaasste Ueberhebung der Mandarinen in ihren amtlichen Mittheilungen an die Vertreter der fremden Staaten. Diese Hauptübel sollten die wesentlichen Bestimmungen der ersten Verträge beseitigen.

1) Unterthanen der fremden Mächte sollten »ohne Belästigung oder Beschränkung« in Kan-ton, A-moi, Fu-tšau, Niṅ-po, Shang-hae wohnen und Handel treiben.

2) Der Kaiser von China willigte in die Aufhebung des Monopoles der Hoṅ-Kaufleute und erlaubte den Fremden in allen fünf Häfen Handelsverbindungen anzuknüpfen mit wem sie wollten.

3) Er willigte in die Aufstellung und Veröffentlichung eines festen und billigen Tarifes für die Ein- und Ausfuhrzölle.

4) Die fremden Unterthanen sollten unter der Gerichtsbarkeit der Consularbeamten und Bevollmächtigten ihres Heimathlandes stehen und nach dessen Gesetzen behandelt werden.

5) Die Vertreter der fremden Staaten sollten mit den chinesischen Behörden sowohl der Hauptstadt als der Provinzen auf dem Fusse völliger Gleichstellung verkehren.

Das war der wesentliche Inhalt der ersten durch die Gewalt der englischen Waffen erzwungenen Verträge, deren Ausführung gegen den Willen der Chinesen grosse Schwierigkeiten gemacht hätte. Der alte Kaiser wusste aber, dass er einem neuen Kampfe nicht gewachsen sei, und fügte sich, so weit nothwendig, den Umständen mit staatsmännischer Weisheit. Wirkliche Verletzungen, ein Bruch der Verträge, kamen unter ihm nicht vor, wenn auch vielfache Versuche der Umgehung von ihm gebilligt und fremdenfeindliche Beamten mit besonderer Gunst behandelt wurden. Sein ernstes Streben nach Erhaltung des Friedens bewies Tau-kwaṅ durch Ernennung zuerst des I-li-pu, dann des Ki-yiṅ zu bevollmächtigten Commissaren für den fremden Handelsverkehr. Ki-yiṅ traf, zugleich als General-Gouverneur von Kuaṅ-tuṅ und Kuaṅ-si, im Mai 1844 zu Kan-ton ein. Um dieselbe Zeit kam Sir John F. Davis als englischer Bevollmächtigter zu Ablösung des Sir Henry Pottinger nach Hong-kong, welcher bald darauf nach England ging. Dem gemässigten Auftreten jenes mit den chinesischen Verhältnissen innig vertrauten Staatsmannes dankte man, dass die

Verträge Kraft gewannen und der Handel eine Reihe von Jahren ohne Störung blühte.

Kɪ-yiń, welcher den verhassten Frieden schloss und jetzt zu dessen Aufrechthaltung berufen war, hatte der Bevölkerung von Kan-ton gegenüber eine schwierige Stellung. Davis nennt ihn den schätzbarsten Charakter, mit welchem Vertreter westlicher Staaten in China jemals in Berührung kamen, und schreibt seine seltenen Umgehungen der Verträge weit mehr zwingenden Umständen als seiner Gesinnung zu. Die Liebenswürdigkeit und einfache Würde seines Charakters zeigten sich damals bei jeder Gelegenheit und erleichterten wesentlich den Verkehr; besonders freundlich gestalteten sich die Beziehungen, nachdem Kɪ-yiń im November 1845 Hong-kong besucht hatte. Mit Staunen betrachtete er dort die stattlichen Bauten und Kunststrassen, die grossartigen Werfte und Maschinen der Engländer. Er dankte Davis in warmen Ausdrücken für den freundlichen, ehrenvollen Empfang und sprach brieflich die Hoffnung aus auf »ewige Freundschaft zwischen den beiden Völkern, welche gleichmässigen Antheil haben sollten an den Segnungen des Friedenswerkes«. Seinem klaren Verstande konnte die Bedeutung der Cultur des Westens, ihrer sittlichen und materiellen Kraft nicht entgehen; und wenn er sich in seinen Berichten an den Hof[61] herabwürdigend über die Fremden äusserte, so mochte dem Kaiser gegenüber, der von seinen Vorurtheilen kaum geheilt sein konnte und nur so weit er musste dem Zwange wich, solche Sprache erfordert werden. Auch sein zweideutiges Auftreten beim Friedensschluss zu Tien-tsin 1858, welches zu seinem tragischen Ende führte, mag durch die Unmöglichkeit seiner Aufgabe und den bösen Ruf veranlasst worden zu sein, den er als Freund der Fremden am Hofe des Hien-fuń genoss.[62]

---

[61] Diese Berichte wurden mit den Antworten des Tau-kwań bei der späteren Einnahme von Kan-ton in den Archiven des Yi gefunden.

[62] Merkwürdigen Aufschluss über des Kaisers Ansichten giebt ein von Meadows (The Chinese and their rebellions S. 127) mitgetheiltes Gespräch zwischen Tau-kwań und Pi-kwei, einem hochgestellten Beamten, der später in Kan-ton die Macht der Engländer kennen lernte. Das Gespräch fand im October 1849, also nach Abberufung des Kɪ-yiń statt. Der Kaiser redet mit der grössten Geringschätzung von den Fremden und begreift nicht, wie Jener sich so habe von ihnen bethören und schrecken lassen, während man sie jetzt, nachdem unter dem neuen Vice-König Sɪu-kwań-tsin die Volkswehr so gut organisirt und so viel Geld für die Vertheidigung eingesammelt sei, gar nicht mehr zu fürchten brauche. Kɪ-yiń hatte von

Die Auslegung der Verträge musste auch bei redlichem Wollen Schwierigkeiten machen. Die Chinesen hielten sich, der fremden Sprachen unkundig, an ihren eigenen Text; Uebersetzungen sind aber um so ungenauer, als die Begriffe und Anschauungen des Volkes, in dessen Sprache übersetzt wird, von denen des anderen abweichen. Davis pflog mit KI-YIŇ über viele wesentliche Punkte Erörterungen, in welchen der Chinese meist nach gelindem Widerstande nachgab. So wollte letzterer anfangs die Gleichstellung der englischen mit den chinesischen Beamten auf den schriftlichen Verkehr beschränken, drang aber nicht damit durch. Auch die alte Monopolisirung des Handels durch die HOŇ-Kaufleute hätte er gern wieder eingeführt. Diese schuldeten dem Kaiser noch die im Lösegelde für KAN-TON vorgeschossenen drei Millionen Dollars, welche bei Fortdauer des Monopoles leicht ersetzt werden konnten. KI-YIŇ wollte nun statt der früheren geringen Anzahl hundert HOŇ-Kaufleute ernennen und schützte Besorgniss vor, dass bei gänzlicher Freigebung keine Aufsicht über die chinesischen Händler möglich sei, und dass die Fremden durch deren Unredlichkeit Verluste erleiden möchten. Davis urgirte dagegen den Wortlaut des Vertrages, worauf KI-YIŇ seinen Vorschlag zurückzog.

Sir John Davis zeigte bei jeder Gelegenheit, dass er nicht nur zum Schutze der englischen Unterthanen, sondern, wo sie die Eingebornen beschädigten, auch zu ihrer Bestrafung verbunden sei; und KI-YIŇ liess sich, so schwierig seine Stellung gegen die von blindem Hass gegen die Engländer erfüllte Bevölkerung war und so sehr strenge Maassregeln deren Erbitterung gegen ihn steigerten, niemals antreiben, wo es sich um Ahndung von Vergehen seiner Landsleute gegen Engländer handelte. Sein summarisches Verfahren gegen einige Chinesen, welche in HONGKONG einen Raub verübt und ihre Beute nach dem Festlande geschleppt hatten, schreckte für alle Zukunft von solchen Versuchen ab. Den englischen Behörden machten ihre eigenen Landsleute die grösste Noth; die »Pioneers of civilisation«, welche sich in den

---

Förderung der Volksbewaffnung immer abgerathen. — PI-KWEI, der damals zur Parthei des SIU-KWAŇ-TSIN gehörte, musste nach der Einnahme von KAN-TON Jahre lang unter dem Befehl der englischen Behörden als Präfect fungiren. Für die Echtheit der von ihm niedergeschriebenen Gespräche mit dem Kaiser giebt Meadows schlagende Gründe.

neu geöffneten Häfen ansiedelten, gehörten nicht alle zur ehrenhaften Classe der Kaufleute. Viele machten ein Gewerbe daraus, sich beschimpfen oder schädigen zu lassen, um dann eine grosse Kostenrechnung »für erlittenes Ungemach« oder »vereitelte Aussichten auf Handelsgewinn« aufzustellen. Solches Mühen fand bei Davis venig Förderung.

Ki-yiń hielt sich ängstlich an den Wortlaut der Verträge, was zu sonderbaren Irrungen führte. So kam 1846 ein englischer Handelsdampfer nach Kan-ton; der Zolldirector verweigerte aber die Erlaubniss zum Laden, »weil Dampfer im Vertrage nicht als Handelsschiffe genannt seien«. Ki-yiń schloss sich dieser Auffassung an und wies auf die Gefahr hin, welche die Frequenz der Dampfer im belebten Strome verursachen müsse; es kostete einen langen Schriftwechsel, ihn über den Irrthum aufzuklären. Bei dieser Gelegenheit kam auch das Recht der Kriegsschiffe zur Sprache, alle chinesischen Häfen anzulaufen. — Ziemlich fruchtlos waren die Bestrebungen der Engländer, die Ausführung der im Frieden von Nan-kiń versprochenen Amnestie durchzusetzen. Der Kaiser begünstigte stillschweigend die harten Maassregeln seiner Beamten gegen alle Chinesen, welche den Barbaren gedient hatten; sie lebten unter polizeilicher Aufsicht und wurden bei der geringfügigsten Anklage mit schweren Strafen heimgesucht. Viele verschwanden in den geöffneten Häfen unter den Augen der Engländer; von einigen weiss man, dass sie gefoltert und zu Tode geprügelt wurden; die Verwendung der Consuln rettete wenige. Die grausamen Mandarinen wurden, auch wo die auf Antrag der Engländer eingeleitete Untersuchung ihre Schuld klar zu Tage brachte, vom Kaiser nur scheinbar gelinde bestraft, nachher aber durch schnelle Beförderung für ihre Treue belohnt.

Grosse Schwierigkeit machte die Behandlung der Opiumfrage. Der Schleichhandel damit wurde in ungeheurer Ausdehnung betrieben, die angesehensten englischen Häuser waren daran betheiligt. Natürlich wussten die Behörden davon und konnten dem Treiben nicht wehren, widersetzten sich aber allen Vorschlägen zu seiner Legalisirung. Ki-yiń erklärte dem englischen Bevollmächtigten gleich nach seiner Ankunft in Kan-ton 1844 in einer amtlichen Note, dass die Regierung den Opiumhandel stillschweigend dulden und keine weiteren Verbote dagegen erlassen werde. Wenn ein Consul dem Vertrage gemäss Opiumschiffe anzeigte, so wiesen die Mandarinen ihn ab. Das Gift wurde auf allen Gassen von Kan-ton öffentlich feil geboten wie jeder andere Artikel; im Perl-Fluss war der Handel systematisch organisirt unter dem Schutz der chinesischen Unterbeamten, welche, durch die Aufstellung fester Tarife für den gesetzlichen Handel reichen Gewinnes beraubt, sich jetzt am Opium schadlos hielten. Nur die formelle Legalisirung fehlte. Umsonst stellte Sir John Davis den Chinesen vor, dass bei Besteuerung des Artikels der Regierung ein reiches Einkommen zufliessen und zugleich die Consumtion abnehmen möchte; Ki-yiṅ glaubte, dass der Schleichhandel trotz der Legalisirung fortbestehen und die Zolleinnahme nicht wachsen würde. Er wagte dem Kaiser auch wohl deshalb keine Vorschläge zu machen, weil chinesische Beamte für den Erfolg ihrer Maassregeln mit dem Kopfe verantwortlich sind, und weil Tau-kwaṅ durch seine fulminanten Edicte sich selbst den Rückzug verschlossen hatte. Offen wenigstens durfte die Regierung nicht nachgeben; und wenn man auch in den geöffneten Häfen von ihrer Connivenz wusste, so berührte das des Kaisers Würde vor dem unermesslichen Reich nicht so wesentlich als eine offene Legalisirung. Der Himmelssohn wahrte das sittliche Princip.

In Folge des Opiumhandels wurden nun auch alle anderen Import-Artikel geschmuggelt. 1845 gedieh das Unwesen bei Wam-poa zu solcher Höhe, dass Sir John Davis und Ki-yiṅ scharfe Maassregeln ergriffen; alle Schmuggelschiffe wurden damals aus dem Perl-Flusse entfernt. Der erlaubte Handel konnte diese Concurrenz um so weniger tragen, als die hochgespannten Erwartungen der fremden Kaufleute von den Folgen der Verträge sich keineswegs erfüllten. Die hohen Zölle auf Thee und Seide in England drückten noch immer die Ausfuhr; die Einfuhr fand wenig Absatz. Der Opiumhandel verschlang den grössten Theil des Capitals; englische Manufacturen brachen sich nur langsam Bahn. Anfangs kauften die Chinesen neben indischen Artikeln fast nur Rohstoffe, die sie selbst verarbeiten konnten, in erheblicher Menge, und an verarbeiteter Baumwolle nur ungefärbte Stoffe, um sie nach eigenem Geschmack zurecht zu machen.

Auch der Handel in den neu geöffneten Häfen blieb weit unter den darauf gesetzten Hoffnungen der Kaufleute, besonders in A-moi und Fu-tšau, wo der fanatische Statthalter von Fu-kian den

Fremden sogar das vertragsmässige Recht des Eintritts in die chinesischen Städte abschnitt. Sir John Davis setzte erst nach langen Kämpfen durch, dass die englischen Consuln dort innerhalb der Mauern wohnen durften. — Es fehlte an Capital und kaufmännischem Trieb. Zudem war die Schiffahrt auf dem nach Fu-tšau hinaufführenden Fluss so gefährlich, dass die Engländer ernstlich daran dachten, diesen Hafen aufzugeben und dafür die Freigebung eines anderen zu verlangen. Erst nach einer Reihe von Jahren gestalteten die Verhältnisse sich günstiger. Selbst in Niṅ-po blühte der Handel trotz dem freundlichen Entgegenkommen der Bewohner nur langsam auf. Shang-hae allein nahm raschen Aufschwung, wozu die Mitwirkung der Behörden beitrug, welche dort die Unternehmungen der Fremden kräftig förderten. In allen anderen Häfen suchten die Mandarinen den Verkehr zu drücken und in seinen alten Weg nach Kan-ton zurückzuleiten. Man erfuhr sogar, dass die Behörden im Innern des Landes den Waarentransport nach neuen Häfen hinderten; der Kaiser wollte die auf der langen Reise nach Kan-ton namentlich vom Thee in jedem Bezirk erhobenen Durchgangszölle nicht missen; so entging den Fremden ein Hauptvortheil der Freigebung jener Plätze. Die chinesische Obrigkeit versuchte trotz der in den Verträgen deutlich ausgesprochenen Befreiung des Handels von jedem Monopol auch wiederholt, einzelne Kaufleute durch Privilegien für diesen oder jenen Artikel zu begünstigen, und belastete die Einfuhr in das Innere mit schweren Abgaben. Die Beseitigung dieser Uebelstände kostete langen Kampf.

Nur die gebietende Stellung der Engländer in Hong-kong konnte überhaupt den Verträgen Geltung schaffen. Dort blühte in wenig Jahren die Stadt Victoria auf und wurde der Centralpunkt des englischen Handels in China. Wenn sich auch das Waarengeschäft in den geöffneten Häfen abwickelte, so hatten doch alle angesehenen Häuser ihren Hauptsitz in der Colonie und leiteten von da aus die Operationen ihrer Filiale. Die Insel ist als Flottenstation durch ihre sichere Rhede unschätzbar. Viele Tausend betriebsame Chinesen siedelten sich bald unter dem Schutze der Colonial-Behörden dort an, in voller Sicherheit vor Erpressungen der Mandarinen. Diese machten einige zaghafte Versuche, dort, wie in Macao, Steuern zu erheben und Jurisdiction zu üben, wurden aber derb zurückgewiesen. Die grossbritannische Regierung betrachtete Hong-kong als ihr Eigenthum durch Eroberung; im Friedensvertrage war die Insel auf ewige Zeiten abgetreten, »unter solchen Gesetzen und Verordnungen regiert zu werden, als Ihre Majestät geruhen würden zu befehlen«. Dieses Hoheitsrecht musste illusorisch werden, sobald chinesische Beamten dort walteten.

Oft ist die Frage erörtert worden, ob nicht der Besitz der Tšu-san-Gruppe dem von Hong-kong vorzuziehen wäre. Während Herr von Lagrené den französischen Vertrag negocirte, ging das Gerücht, dass Frankreich sich die Tšu-san-Inseln anzueignen wünsche. Es mag müssiges Gerede gewesen sein; die Absicht wurde auch amtlich geleugnet. In der That begreift man nicht, wozu Frankreich bei der geringeren Bedeutung seines Handels mit China eine so theuere Colonie hätte dienen sollen. Seine Theilnahme an den späteren Kriegen war freilich durch die Umstände auch nicht geboten; aber Kriegsruhm bezahlte das französische Volk immer gern, während die künstliche Erhaltung einer Colonie ohne innere Lebensfähigkeit schwerlich Anklang gefunden hätte. — Ohne Kampf wären die Inseln sicher nicht hergegeben worden; das beweisen die Geständnisse des Sir John Davis, welcher die Abtretung an England anbahnen sollte. Ki-yiṅ wies alle darauf zielenden Anträge kurz von der Hand. Die Chinesen mögen die strategische Bedeutung der Gruppe erkannt haben, deren Besitz für die Integrität des Reiches viel wichtiger war, als das an der fernsten Grenze gelegene Hong-kong; denn die Tšu-san-Inseln bilden ein ausgedehntes und dicht bevölkertes Gebiet dicht am Herzen des Landes, während Hong-kong nur ein kahler, von armen Fischern bewohnter Felsen war. Ihre Wichtigkeit für den Handel wurde nur anfangs überschätzt. Als Shang-hae damals schnell emporblühte und sogar Kan-ton zu überflügeln drohte, konnte in Tiṅ-hae, der Hauptstadt von Tšu-san, welches alle Vortheile eines Freihafens bot, während der vierjährigen Occupation kein Geschäft von Bedeutung angeknüpft werden. Es war kein Handelsplatz, keine Mündung der Wege aus dem Inneren; alle Waaren mussten von den Canal-Booten erst umgeladen werden, um nach den Inseln zu gelangen. — Ihre strategische Bedeutung in der Nähe der Yaṅ-tse-Mündung ist dagegen unzweifelhaft.

Welchen Werth die chinesische Regierung auf die Räumung von Tšu-san legte, geht auch daraus hervor, dass sie trotz der Geldnoth die im Vertrage stipulirte Kriegsentschädigung pünktlich zahlte. Ku-laṅ-su ward schon 1844 geräumt,[63]) da der englischen Regierung die kostspielige Erhaltung einer Garnison auf dem ungesunden Platze zwecklos schien. Zu Anfang des Jahres 1846 zahlte China die letzte Rate der bedungenen einundzwanzig Millionen und erlangte dadurch ein Recht auf Herausgabe von Tšu-san. Die einheimische Bevölkerung sah ungern die Engländer scheiden, unter deren Schutz sie ungeschoren von habgierigen Mandarinen in patriarchalischer Glückseligkeit lebte. Die ackerbauenden Bewohner zahlten keine Steuern, Handwerker und Kaufleute fanden Beschäftigung und reichen Gewinn; statt der früheren Kupfermünzen diente jetzt Silber als allgemeines Tauschmittel. Nur die conservative Classe der Studirten grollte den Fremden. Die kaiserlichen Behörden strebten nach dem Friedensschluss eifrig, ihre Autorität über die einheimischen Unterthanen wiederzugewinnen; aber die Engländer hatten bei der ersten Occupation zu üble Erfahrungen gemacht, um Mandarinen auf der Insel zu dulden. Selbst Ki-yiṅ unterstützte die Vorstellungen des Statthalters von Fu-kian,[64]) der einen Nothschrei über Bedrückung der Tšusaniten erhob. Davis blieb jedoch

---

[63]) Sir John Davis meldete damals Ki-yiṅ den Beschluss der englischen Regierung, Ku-laṅ-su zu räumen, mit der Bemerkung, dass der Kaiser darin ein Zeichen des Vertrauens sehen möge, und erhielt zu seinem Erstaunen folgende Antwort: »Der ehrenwerthe Gesandte theilt meine Ansichten von der genauen Einhaltung des Vertrages. Ich denke deshalb auch, dass die Garnison von Ku-laṅ-su zugleich mit denjenigen von Tšu-san zurückgezogen werden sollte, sobald mit der Rate des dritten Jahres die ganze Summe bezahlt ist. Die gute Absicht des ehrenwerthen Gesandten bei dem Vorschlage, Ku-laṅ-su zu räumen, ist unverkennbar; da es aber im Widerspruche steht mit der im Vertrage festgesetzten Anzahl von Jahren, so wäre es wohl besser bis zur gänzlichen Tilgung der Kriegsschuld zu warten und dann Ku-laṅ-su zugleich mit Tšu-san zu räumen. Dadurch würde bewiesen, dass unsere Nationen auch nicht ein Haarbreit von Erfüllung des Vertrages abweichen wollen.« Die Räumung von Ku-laṅ-su hatte, so lange Tšu-san besezt blieb, für China nicht den geringsten Werth, und Ki-yiṅ mochte denken »Timeo Danaos.«

[64]) Ki-yiṅ schrieb an Davis: »Die Absicht des englischen Commandeurs ist gewiss, für das Beste des Volkes zu sorgen; aber seine Maassregeln sind so geartet, dass sie unmöglich ausgeführt werden können. Ist man trotzdem darauf bedacht, so werden übelwollende Menschen, welche Feindschaft zwischen beiden Nationen zu säen wünschen, Zwietracht erregen, in der Hoffnung davon Vortheil zu ziehen. Gesetzt, ein Aufstand würde heraufbeschworen, so fürchtet der General-Gouverneur (von Fu-kian), dass der Commandeur in Tšu-san dem Bevollmächtigten nicht für die Folgen stehen könnte; er fürchtet noch mehr, dass auf die Nachricht davon das Volk in den verschiedenen Provinzen in seinen Vorurtheilen bekräftigt und der künftige Handelsverkehr stark beeinträchtigt werde.«

fest. Emissäre des Statthalters, die sich einschlichen, wurden verhaftet, nach KAN-TON transportirt und an KI-YIŃ ausgeliefert, der ferneren Versuchen ein Ziel setzte. Die Tšusaniten lebten sich in den Glauben ein, dass England die Inseln behalten wolle, und dieser Wahn konnte schwerlich so feste Wurzel schlagen, wenn er nicht anfangs genährt wurde. Als nun der Termin der Räumung herankam, fürchtete Davis mit Recht, dass sie ihr gutes Betragen büssen würden. Auf sein Ersuchen richtete KI-YIŃ einen öffentlichen Erlass an die Bevölkerung, welcher strenge Aufrechthaltung der Amnestie und volle Sicherheit nach der Einschiffung der Engländer gelobte. Jeder, der wollte, erhielt einen Pass in englischer und chinesischer Sprache, worin dem Inhaber unter Berufung auf den Friedensvertrag und jene Proclamation der Schutz der Behörden gesichert wurde. Wie unwirksam solche Maassregel bleiben musste, ist leicht zu erkennen. Selbst wenn die Bedrängten gegen die Wortbrüchigkeit und Willkür fanatischer Mandarinen den Consul anrufen konnten, so war damit noch wenig erreicht; aber die Engländer hatten kein anderes Mittel ihre Freunde zu schützen.

In den anderen Häfen gestaltete sich das Verhältniss zur einheimischen Bevölkerung fast eben so günstig wie auf TšU-SAN; nur in KAN-TON gab es Streit beim geringsten Anlass. Die Wetterfahne auf dem Flaggenmast des americanischen Consulats zeigte, der herrschenden Windrichtung gemäss, die meiste Zeit auf eine zufällig von Krankheiten heimgesuchte Gasse. Das musste ein Zauber sein, der das Uebel erzeugte. Der Pöbel rottete sich zusammen und suchte das Consulat zu stürmen, wurde aber vertrieben. — Bald darauf erschien ein beschimpfender Maueranschlag gegen die Engländer, die sich zum Neubau der Factoreien anschickten: Die neuen Gebäude würden wieder in Flammen aufgehen und »kein Frieden erflehender Präfect« sollte die Engländer vor der Rache der mächtigen Patrioten schützen. Es war eine beständige Gährung, welcher die in KAN-TON geleisteten Theilzahlungen der Kriegsentschädigung periodisch neuen Stoff zuführten. Die Furcht vor Collisionen mag die kantonesischen Behörden 1845 veranlasst haben, in offenem 1845. Widerspruch zu den Bestimmungen der Verträge die Ausflüge der Fremden wieder in die alten Grenzen einzuengen. Die Ausübung des Rechts, die Stadt KAN-TON zu betreten, urgirte Davis wegen der dort herrschenden Aufregung eine Reihe von Jahren nicht; er bestand jedoch auf einer öffentlichen Bekanntmachung der Behörden, welche dieses Recht anerkannte, und auf einem sogenannt »eigenhändigen« kaiserlichen Rescript[65]) desselben Inhalts, ehe er die Räumung von Tšu-san vollzog. Nach derselben verschlimmerte sich die Lage der Fremden in Kan-ton; der unbändige seiner Macht bewusste Volkswillen suchte beständig Anlass zu blutigen Reibungen. Im Juli 1846 griff der Pöbel nach einer gewöhnlichen Schlägerei mit verzweifelter Wuth die Wohnungen der Engländer und Americaner an; diese brauchten ihre Feuerwaffen und vertrieben die Chinesen, deren mehrere auf dem Platze blieben. Drei Stunden lang gaben die Sicherheitsbehörden kein Zeichen ihres Daseins und wären vielleicht gar nicht eingeschritten, wenn der Pöbel gesiegt hätte. Ki-yiṅ musste in solchen Fällen der Volksstimmung Rechnung tragen und forderte nach dem damals allgemein geltend gewordenen Grundsatze Lin's »Barbaren durch Barbaren zu bezwingen«, wieder ausschliesslich von den Engländern Sühne für das vergossene Blut. Davis aber verweigerte, wie immer, jede Bestrafung des in der Nothwehr begangenen Todtschlages.

Im October desselben Jahres wurden aus vielen Wunden blutend zwei englische Matrosen in das Consulat getragen, welche man in abgelegene Gassen gelockt, dann geprügelt, gesteinigt und mit Messern verletzt hatte. Der Consul forderte von Ki-yiṅ vergebens Bestrafung der Schuldigen; die Erbitterung des Volkes war zu mächtig. »Wenn ein Menschenleben verloren geht,« lautete eine öffentliche Kundgebung der Volksmänner, »und die Provinzial-Beamten die geringste Partheilichkeit bei der Untersuchung zeigen oder in ihren amtlichen Berichten von den Aussagen der Verwandten des Erschlagenen abweichen, so müssen diese Beamten sofort dem Kaiser angezeigt und bestraft werden. Aber noch grössere Strenge muss walten, wo das Leben von Chinesen mit dem von Fremden in Vergleichung kommt; tödtet ein ausländischer Teufel einen Chinesen, so soll dafür das Leben von zwei Ausländern verfallen sein. Im 5. Mond (Juli) des gegenwärtigen Jahres wurden über zwanzig Chinesen[66]) von den fremden Teufeln gemordet

---

[65]) Die Aeusserungen des kaiserlichen Willens sind in China weder Holographe noch Autographe. Der Kaiser macht in Zinnoberschrift Randbemerkungen zu den an ihn gerichteten Eingaben, oder Entwürfe, welche, in einer bestimmten Form redigirt, mit einem der kaiserlichen Siegel versehen und in ein gelbseidenes Couvert gesteckt werden. Das sind die sogenannt eigenhändigen Rescripte.

[66]) Nur drei wurden getödtet.

und ihre Leichen in den Fluss geworfen, um im Bauch der Fische begraben zu werden. Und doch behandelt die hohe Obrigkeit die Sache als wenn sie nicht davon gehört hätte, und sieht die ausländischen Teufel als Götter an, vor welchen nichts dunkel ist; die Chinesen aber schätzt sie gleich den Bestien und betrachtet Menschenleben so verächtlich, wie Härchen auf einer Mütze, Stäubchen die man wegblasen kann. Sie berichtete weder dem Kaiser darüber, noch traf sie hier die nöthigen Maassregeln. Das gesammte Volk klagt und stöhnt, und sein Kummer dringt in das Mark der Knochen. — Alle öffentlichen Vereine glühen von Eifer und einmüthigem Hass gegen die fremden Teufel, und da kein anderer Ausweg bleibt, so sind sie zu Bestimmung eines Tages gezwungen, an welchem sie hervortreten und selbstständig handeln werden. Um kurz zu sein: der Bürgschaftskaufmann MIṄ-KWA[67]) soll aufgefordert werden, die am Kampfe betheiligten Haupt- und Nebenpersonen unter den ausländischen Teufeln zu nennen, auf dass sie mit Feuer verbrannt werden können; oder es müssen Schritte geschehen, um sie zu ergreifen, damit kein einziges Chinesen-Leben ungerächt bleibe; — denn sonst möchten die fremden Teufel ganz toll und unbändig werden, und die Würde unseres himmlischen Reiches wäre schwer verletzt. Sollte MIṄ-KWA, auf Gewinn bedacht, die ausländischen Teufel schützen und ihre schleunige Nennung verweigern, so wollen wir nicht rasten bis wir sein Fleisch essen und auf seiner Haut schlafen, was des ganzen Volkes Herz innig freuen würde.«

Diese Stimmung[68]) musste Einfluss üben auf die Haltung des KI-YIṄ, welcher damals den auf Sicherung der Fremden zielenden Anträgen des englischen Consuls mit ungewohnter Grobheit begegnete. Es handelte sich um bauliche Veränderungen zu Erschwerung

[67]) Bei seinem Hause entstand die Schlägerei.
[68]) Auch in Macao documentirte sich die Erbitterung. Ein neuer Gouverneur von energischer Sinnesart, Senhor Amaral, suchte damals die Colonie zu heben, indem er Ordnung in die Verhältnisse brachte. Er schrieb u. a. eine Steuer auf chinesische Boote aus. Die Schiffer vereinigten sich zu entschlossenem Widerstande, landeten bei der Stadt mit einer Kanone und nahmen eine drohende Haltung an. Der Gouverneur fürchtete Gewalt und bat Sir John Davis um Unterstützung, auf dessen Veranlassung die Dampf-Fregatte Vulture sich vor die Stadt Macao legte. Die Chinesen wussten nicht, dass die englische Regierung, eingedenk der früheren Chicanen, jede active Unterstützung verboten hatte, und standen von weiteren Gewaltschritten ab. Der Gouverneur aber, der nur einen Arm hatte und sich nicht wehren konnte, wurde bald nachher auf einem Spazierritt ermordet.

der Communication mit den an die Factoreien grenzenden, vom schlechtesten Gesindel bewohnten Gassen. Kı-yıṅ gebot nun dem Consul nicht nur, »die fraglichen Einrichtungen in Rücksicht auf die Volksstimmung sofort zu inhibiren«, sondern auch »sich jeder ausserhalb des gewöhnlichen Geschäftslaufes liegenden Erörterung zu enthalten«. Sir John Davis gab darauf die geziemende Antwort, sollte aber bald zu thätigem Eingreifen gezwungen werden.

Anfang März 1847 wurden der Commandeur der in Hong-kong garnisonirenden Artillerie und fünf andere Engländer auf einem Ausfluge an den Ufern des Perl-Flusses ohne jede Veranlassung beschimpft und angegriffen, und wären ohne den Schutz eines Mandarinen sicher umgebracht worden. Gleich nach diesem Ereigniss erhielt Davis aus der Heimath deutliche Instructionen, hervorgerufen durch seinen Bericht über die Misshandlung der beiden Seeleute: »Sie werden der chinesischen Obrigkeit in klarer und bestimmter Sprache mittheilen, dass die britische Regierung die ungestrafte Misshandlung ihrer Unterthanen durch chinesischen Pöbel, welcher solche in seine Gewalt bekommt, nicht dulden wird, und dass, wenn die chinesische Obrigkeit nicht durch Ausübung ihrer Macht solche Unbilden verhindern und bestrafen will, die britische Regierung gezwungen sein wird, selbst die Sache in die Hand zu nehmen, und dass es nicht ihre Schuld ist, wenn in solchem Falle Unschuldige unter Strafmaassregeln leiden müssen, welche auf die Schuldigen gemünzt sind.«

Der englische Bevollmächtigte war nun zu peremtorischer Sprache gezwungen, erhielt aber keine Antwort. Darauf ging er mit einigen Kriegsschiffen den Perl-Fluss hinauf. Alle Widerstand leistenden Batterieen wurden genommen und die darin befindlichen Geschütze unbrauchbar gemacht. Sechsunddreissig Stunden nach der Abfahrt von Hong-kong ankerten die Briten vor Kan-ton.

Kı-yıṅ kam zur Conferenz in das englische Consulat und gewährte nun ohne Anstand alle Forderungen, auch die vom Consul früher gewünschten baulichen Einrichtungen in der weitesten Ausdehnung. An der östlichen und der westlichen Seite des Fremdenquartiers mündeten zwei chinesische Gassen, deren kürzeste Verbindung mitten hindurch führte, ein bequemer Weg für die dort hausenden Krämer. Schon nach dem Angriff auf das americanische Consulat war eine Abstellung dieses Uebelstandes in Aussicht genommen worden, denn die meisten

Händel veranlassten Vagabonden aus der Hefe des Volkes, die sich, auf das Recht des Durchganges fussend, haufenweise im Fremdenquartier herumtrieben. Aus Furcht vor dem Pöbel lehnte die Obrigkeit bis dahin die Beseitigung dieses Rechtes immer ab. Jetzt beschloss man die auf der einen Seite mündende, von den Engländern »Hoglane« getaufte Gasse abzusperren und in der Lücke eine protestantische Capelle zu bauen. Die winkligen Gässchen um die Factoreien waren immer ein Abgrund für die fremden Seeleute gewesen, welche dort zum Trinken verleitet, oft durch narkotische Mittel betäubt, dann ausgeplündert oder misshandelt wurden. — Bis zur Vollendung der Hoglane absperrenden Mauer blieben englische Truppen in KAN-TON, nachher bezogen auf den Wunsch der Fremden chinesische Wachtmannschaften die bei den Factoreien gelegene Kaufhalle. Die Vermauerung des Gässchens, aus welchem 1843 die Brandstiftung erfolgte, erwies sich äusserst segensreich.

Nachdem alles Andere zur Genugthuung der Engländer erledigt, auch für die Zulassung der Fremden in die Stadt KAN-TON ein fester Termin bestimmt war, verlangte Davis, dass die versprochene Bestrafung der an dem letzten Angriff auf seine Landsleute betheiligten Chinesen vor seiner Abreise stattfände. KI-YIŃ weigerte sich. Darauf schrieb ihm Jener: »Ich benachrichtige Ew. Excellenz, dass ich morgen nach HONG-KONG zurückkehren wollte. Da Sie aber, treulos ihren Verpflichtungen ausweichend, die Strafe an den Schuldigen in Gegenwart der dazu bestellten Beamten nicht vollziehen wollen, so lasse ich die Truppen in KAN-TON bleiben und werde morgen auf einem Dampfer nach FO-ŠAN (dem Schauplatz des Angriffs) gehn, und, wenn ich insultirt werde, die Stadt niederbrennen.« Um Mitternacht kam die Antwort. Um fünf am folgenden Morgen brachten chinesische Schergen drei der Schuldigen nach dem Wachthause vor dem Fremdenquartier und tractirten sie mit dem Bambus; dann theilte ein Mandarin dem dichtgedrängten Zuschauerhaufen den Grund der Bestrafung mit und drohte mit gleicher Busse für ähnliche Vergehen. Ausser den englischen Consular-Beamten wohnte ein Mandarin von hohem Range mit ansehnlichem Gefolge der Procedur bei. — Am 8. April 1847, gerade eine Woche nach ihrer Ankunft, schiffte die englische Streitmacht — eine Compagnie Infanterie — unter Zurücklassung eines kleinen Detachements sich wieder ein.

Von da an zeigten KI-YIŃ und seine Untergebenen den festen

Willen die Ordnung aufrecht zu halten, und die Bevölkerung von Kan-ton schien für einige Zeit eingeschüchtert. In der Umgegend war es nicht geheuer; das wehrhafte Landvolk bedrohte jeden Fremden, und diese gingen nur bewaffnet hinaus. Anfang December 1847 wurden sechs Engländer auf einem Ausflug in die Umgegend von einem Volkshaufen ermordet, nachdem sie mit Taschenpistolen einen Chinesen erschossen und einen anderen im Unterleib verwundet hatten. Ki-yin traf die wirksamsten Maassregeln zu Verhaftung der schuldigen Chinesen und liess ungesäumt die vier Rädelsführer in ihrem Dorfe, wo sie die That verübten, in Gegenwart eines englischen Militär-Detachements enthaupten. Ueber elf andere berichtete er an den Kaiser, welcher die gefällten Urtheile bestätigte.[69]

Einige Jahre vergingen nun ohne blutige Reibungen; aber das Feuer des Hasses glomm unter der Asche, und die Obrigkeit gewann ihr Ansehn bei der Bevölkerung so bald nicht wieder. Als mit dem Jahre 1849 der für die vertragsmässige Freigebung der Stadt Kan-ton zuletzt bestimmte Termin eintrat, erklärte die chinesische Regierung abermals, gegen den Willen der Bewohner nichts ausrichten zu können, und die Engländer kannten die Stimmung zu gut, um auf Einhaltung der Frist unbedingt zu bestehen.

[69] Von diesen elf wurden einer zu Enthauptung, einer zu Erdrosselung, drei zu schwerer Verbannung auf Lebenszeit, sechs zu leichterer Verbannung und der Bastonade verurtheilt. In Ki-yin's Bericht an den Kaiser, von welchem Davis sich eine Abschrift verschaffte, kommt Folgendes vor: »Ich möchte deshalb wünschen diese hartköpfigen Dorfbewohner mit äusserster Strenge zu züchtigen, damit das widerspänstige Volk mit ehrerbietiger Scheu erfüllt, damit für die Zukunft unzähligen Verwickelungen vorgebeugt und den Engländern jede Veranlassung genommen werde, selbst Vergeltung zu üben. Da es nur ein einziges Dorf ist, das keine Milde verdient, und auf mehrere Provinzen Rücksicht genommen werden muss, so können die in dieser einen Ortschaft zur Erbauung von Hunderten vollzogenen Todesstrafen auf deiner geheiligten Majestät Milde und zärtliche Sorge für das menschliche Leben keinen Schatten werfen.«

IV.

DIE TAE-PIŃ-BEWEGUNG
BIS 1857.

Der Opiumkrieg erschütterte die Autorität der Mandschu-Regierung in ihren Grundfesten. So leicht konnte nur ein morscher Bau ins Wanken kommen; bis dahin arbeitete jedoch die Verwaltungsmaschine in geordnetem Gange und ohne bedenkliche Störung. Betrachtete gleich das Volk die Tartaren als fremde Unterdrücker, so brütete doch der Hass nur im Dunkelen oder ermannte sich einmal zu hoffnungslosem Ringen. Die im Reiche zerstreuten Tartaren-Garnisonen genügten zu Aufrechthaltung der Ordnung im Grossen; das Volk zahlte seine Steuern; die Provinzial-Behörden konnten Ueberschüsse nach der Hauptstadt senden und der kaiserliche Schatz war reich gefüllt. Erst der Opiumkrieg stellte die Schwäche der Mandschu-Herrschaft in helles Licht und führte mittelbar die grosse Tae-piń-Bewegung herbei, welche funfzehn Jahre lang den Thron bedrohte und über den grössten Theil des Reiches unsägliches Elend brachte.

Die Geschichte von China's Eroberung durch die Mandschu ist in Kurzem folgende:

Die letzten Miń-Kaiser waren entartete Sprossen des grossen Hauses, dessen Gründer 1368 die mongolischen Nachkommen des Džengis-khan nach kaum hundertjähriger Herrschaft aus China vertrieb; sie lebten, von Eunuchen beherrscht, in tiefster Verweichlichung. Das leidende Volk scheint sie längst nicht mehr als echte Himmelssöhne angesehen zu haben und bediente sich reichlich des in der Theorie des chinesischen Staates begründeten Rechtes der Rebellion: die letzten fünfundzwanzig Jahre der Miń-Herrschaft bekämpften kaiserliche Heere unablässig Insurgenten in den Provinzen und die von Norden und Westen eindringenden

Tartaren-Stämme. Ein chinesischer Rebellen-Führer Lise-tšiṅ drang nach achtjährigem Kriege 1644 in Pe-kiṅ ein; da erhängte sich der letzte Miṅ-Kaiser, von Allen verlassen, im Garten der Marmor-Insel. Sein an der Nordgrenze gegen die Mandschu-Tartaren kämpfender Feldherr Wu-san-kwei gab aber die Dynastie nicht verloren. Zu schwach den Rebellen allein zu begegnen, schloss er Frieden mit dem tartarischen Landesfeind und zog mit diesem gegen Pe-kiṅ. Nach Einnahme der Hauptstadt überliessen die Tartaren Wu-san-kwei die Verfolgung des Feindes und erhoben ihren König auf den chinesischen Thron. Wu-san-kwei musste sich fügen. Der neue Herrscher gab ihm nach dem feudalen Herkommen seines Stammes eine Provinz im Westen des Reiches zu Lehen und erwarb sich durch Belehnung mit den südlichen Provinzen Kuaṅ-tuṅ, Kuaṅ-si und Fu-kian, welche erst nach siebenjährigen blutigen Kämpfen unterlagen, die Gunst anderer chinesischen Feldherren. Diese und Wu-san-kwei wähnten sich unter dem nächsten Kaiser Kaṅ-gi stark genug zum Abschütteln des Joches und wurden erst nach langen Kriegen bezwungen. Damals fiel auch Formosa, das unter Koxinga und seinem Nachfolger sich vierzig Jahre lang der Mandschu-Herrschaft erwehrt hatte. Als äusseres Zeichen der Unterwerfung mussten alle Chinesen die Tracht der Eroberer, den seitlich aufgeschlitzten Rock, annehmen, das Haar rund um den Kopf scheeren und den Schopf in der Mitte nach Tartaren Art in einen Zopf flechten, während unter den Miṅ-Kaisern das Haar frei herabhangend und ein mitten auf der Brust geknöpfter Rock getragen wurden.

Kaṅ-gi besass ungewöhnliche Gaben. Er hatte eine sorgfältige chinesische Erziehung genossen und begriff, dass der einzige Weg zu Erhaltung der Herrschaft die Aneignung der chinesischen Cultur, Durchführung der darin begründeten Staatsverfassung und Centralisation der Verwaltung sei. Nach Besiegung jener Vasallen verlieh er keine neuen Lehen. Das Ansehn der Mandschu reichte aber nicht aus, um durch blosse Nachahmung der altherkömmlichen chinesischen Einrichtungen den Thron zu sichern; sie mussten sich auf eine Hausmacht stützen und vor Allen ihre Stammverwandten verbinden. Diese Nothwendigkeit bedingte einen starken Eingriff in eine der ältesten und wichtigsten Einrichtungen des chinesischen Staatslebens.

China hat seit vielen Jahrhunderten keinen Adel und keinen

bevorzugten Stand gehabt als den der Studirten, welcher sich fortwährend aus allen Classen des Volks ergänzt und Jedem die Wege zu den höchsten Würden öffnet. Die Einrichtung der öffentlichen Prüfungen soll in China seit etwa tausend Jahren bestehen und bezweckt, dem Reiche den Dienst seiner besten Kräfte zu sichern. Zweimal alle drei Jahre findet in jeder Bezirksstadt (Fu) unter Leitung eines Provinzial-Commissars die erste Prüfung statt, zu welcher sich Jeder melden kann, während nur eine gesetzlich bestimmte Zahl Candidaten aus jedem Bezirke das Zeugniss der Reife, den ersten Grad erhält. Schon diese Prüfung erfordert weitgreifende literarische Studien, welche erhebliche Früchte für die Volksbildung tragen. Denn bei der beschränkten Zahl der Aemter kann nur eine kleine Zahl unter den Fähigsten graduirt werden; alle übrigen treten in das Privatleben zurück, sie sind der Kern der gebildeten Bevölkerung. — Alle drei Jahre findet in der Provinzial-Hauptstadt unter Aufsicht von zwei aus PE-KIŃ gesandten Commissaren die weitere Prüfung der in der ersten graduirten Candidaten, der SIU-TSAE statt. Von den fünf- bis zehntausend Examinanden pflegen hier nur siebzig zu bestehen; sie erhalten den Titel KEU-ŽIN. Diese dürfen sich zu den alle drei Jahre in PE-KIŃ abgehaltenen Prüfungen melden, aus denen jedesmal zwei- bis dreihundert TSIN-TSE oder Doctoren hervorgehen.

Alle diese Prüfungen erfordern keine Fachkenntnisse, sondern nur Verständniss und Beherrschung der gesammten philosophischen, historischen und schönwissenschaftlichen Literatur. Die den Examinanden gestellten Aufgaben bedingen aber keineswegs nur Gedächtniss-Thätigkeit, sondern eigenes Urtheil und Durchdringung der geistigen Entwicklung China's seit urältester Zeit. Der Grad des SIU-TSAE berechtigt bloss zur zweiten Prüfung; ein KEU-ŽIN hat Anwartschaft auf Anstellung, welche bei normalen Verhältnissen nach wenig Jahren erfolgt. Ein TSIU-TSE erhält sofort zum geringsten die Verwaltung eines Bezirkes.

Die Mandschu liessen nun die Prüfungen fortbestehen und beförderten keinen nicht graduirten Chinesen, vergaben aber viele Aemter ohne Prüfung an ihre Stammgenossen. Da der kaiserliche Willen absolut ist, so kann auch solche Stellenbesetzung nicht angefochten werden; aber bleibende Erbitterung erzeugte es in allen Theilen des Reiches beim Volke und vorzüglich bei der einflussreichen Classe der Studirten, dass so viele Aemter ihnen genommen wurden, dass Vortheile, die der höher gebildete Chinese nur durch angestrengte Arbeit erringen konnte, dem rohen Tartaren als ungesäte Früchte seiner Abstammung in den Schooss fielen. Dieses Missverhältniss wird eben so lange bestehen wie die Mandschu-Regierung und scheint selbst in den glänzendsten Zeiten ihrer Herrschaft eine Wurzel nagenden Grolles gewesen zu sein. Der chinesische Staat beruht wesentlich auf dem Princip, dass die sittliche Weltordnung durch sittliche Mittel zur Geltung gebracht werden muss, nicht durch Willkür und Gewalt. Nur diese, das tiefste Volksbewusstsein durchdringende Macht hält das colossale Reich zusammen. In diesem Sinne nennt Meadows die chinesische die höchste Gattung von Cultur. Unter der glänzenden Herrschaft des Kaṅ-gi und des Kien-loṅ, welche Jeder 60 Jahre regierten, hob China sich zu hoher Blüthe. Beide waren sparsam in Verleihung der Aemter an ihre Stammgenossen. Dennoch gab es in allen Provinzen tartarische Beamte und tartarische Garnisonen, welche den Chinesen in aller bürgerlichen Glückseligkeit immer wieder an das fremde Joch erinnerten. Am lebendigsten blieb dieses Gefühl in den südöstlichen Provinzen.

Fu-kian und Kuaṅ-tuṅ sind Küstenlandschaften, durch hohes Gebirge vom übrigen China geschieden. Nur wenige schwierige Pässe vermitteln den Verkehr. Der Nordhang des Gebirges sendet seine Gewässer in den Yaṅ-tse, der Südhang nach den mit tausend Inseln gesäumten Küsten. Etwa Tšu-san gegenüber tritt der östliche Vorsprung der Berge in das Meer; der südliche Theil von Tše-kiaṅ gleicht seiner Natur nach Fu-kian. Nördlich liegen ungeheure Ebenen, und die Küsten, meist angeschwemmtes Land, sind fast hafenlos; südlich giebt es wenig ebenes Land und eine grosse Zahl vorzüglicher Häfen und Buchten. — Kuaṅ-si ist Binnenland; der bei Kan-ton fliessende Tšu-kiaṅ oder Perlfluss entspringt in seinen unwegsamen Gebirgen. Deren Urbewohner, die Miao-tse, wurden von keiner chinesischen Dynastie vollständig bezwungen und bewahren noch heute ihre eigenthümliche Tracht und Sitte. In den Thälern leben Eingewanderte aus Kuaṅ-tuṅ. Die Bewohner dieser Provinz und der Landschaft Fu-kian sind ein beherzter, unternehmender Schlag, sehr verschieden von dem stätigen, an der Scholle klebenden Chinesen der grossen Ebenen in Norden. Ihre buchtenreichen Gestade haben sie von jeher auf das Meer getrieben; namentlich gehen aus Fu-kian beständig starke

Züge nach der Malacca-Strasse, den Sunda-Inseln, Siam, Cochinchina, den Philippinen, Formosa und Californien. Die Männer von Kuaṅ-tuṅ und Fu-kian sind abgehärtete, kühne und ausdauernde Seeleute; viele leben ganz vom Fischfang. Seeräuberei und Schleichhandel, welchen die Vorgebirge und Inseln tausend sichere Schlupfwinkel bieten, werden hier schwerlich ausgerottet werden.

Die letzten Prinzen des Miṅ-Hauses sollen in die rauhen Gebirge von Kuaṅ-si geflüchtet sein; im südchinesischen Volke lebte der Glauben fort, dass von dort aus ein kaiserlicher Sprosse das Reich einmal vom Barbarenjoche befreien werde. Seit der Unterwerfung bestanden in den drei Provinzen geheime Gesellschaften mit politischer Tendenz; die wichtigste war der Dreifaltigkeitsbund, dessen Wahlspruch Fan Tsiṅ Fu Miṅ, »Nieder mit den Mandschu, hoch die Miṅ«, deutlich genug ist. Die Mitglieder oder »Brüder« verpflichteten sich nach Art der Freimaurer zu gegenseitiger Hülfe und lockerten dadurch ihre Beziehungen zur Familie und bürgerlichen Gesellschaft; oft traten sie als mächtige Räuberbanden auf, welche zur See wie zu Lande die bestehende Ordnung befehdeten und den Provinzialbehörden Jahre lang zu schaffen machten. War der politische Zweck hier auch nur Deckmantel, so wurde er doch niemals vergessen; der Bund bildete einen Stamm, um den sich alle Unzufriedenen schaarten.

Den grössten Theil des 18. Jahrhunderts hindurch scheinen die geheimen Gesellschaften sich nach aussen wenig geregt zu haben; aber in den letzten Regierungsjahren des Kien-loṅ brachen Unruhen in mehreren Provinzen aus. Kia-kiṅ musste bei seiner Thronbesteigung einen Frieden mit den Miao-tse schliessen, der viel Geld kostete. Seine Hofhaltung verschlang ebenfalls grosse Summen; er scheint zuerst den Verkauf von Aemtern eingeführt zu haben, welcher den berechtigten Stolz der studirten Chinesen auf das tiefste verletzte und dem Ansehen der Mandschu neue Wunden schlug. — In den ersten Jahren dieses Jahrhunderts erhoben sich die Unzufriedenen in mehreren Provinzen; ein grosser Theil des Reiches wurde von zahlreichen Schaaren der Aufrührer und den schlecht bezahlten kaiserlichen Soldaten verwüstet. Die rebellischen Bewegungen scheiterten damals mehr an mangelnder Lebensfähigkeit, Organisation, Führung und am Widerstande der besitzenden Classen, als an der Macht der kaiserlichen Heere, die, wo sie keinen Sold erhielten, sich oft zu den Insurgenten schlugen. Von 1805 bis 1810 bot eine Piratenflotte, die nach Gützlaff aus achthundert Dschunken und tausend Booten mit einer Bemannung von siebzigtausend Seeleuten bestand, an den südöstlichen Küsten der Regierung offenen Trotz, schlug alle kaiserlichen Flotten und konnte erst, nachdem Zwietracht unter den Führern gesät war, durch Compromisse gebändigt werden.[70]) 1812 veranlasste Misswachs im Norden des Reiches einen Aufstand, der sich über fünf Provinzen verbreitete; diese Rebellen nannten sich TIEN-LI (himmlisches Recht) und gingen offen auf den Sturz der Mandschu aus. Am Kaiserhofe selbst müssen sie Theilnehmer gehabt haben; KIA-KIŃ wurde 1813 in seinem Palast überfallen und entging dem Tode mit genauer Noth. Er befahl damals die strengste Verfolgung aller Geheimbünde durch das ganze Reich; 1816 sollen über 10,000 Menschen zum Tode verurtheilt in den Kerkern geschmachtet haben.

Misswachs, Erdbeben und Ueberschwemmungen verwüsteten das Reich gegen das Lebensende des KIA-KIŃ. Sein Nachfolger TAU-KWAŃ muss ein ehrlicher Charakter gewesen sein; er stellte am Hofe ein sittliches Leben her, brachte Ordnung in die Finanzen und strebte nach dem Zeugniss der Zeitgenossen mit Ernst seinen Beruf zu erfüllen. Der Zustand des Reiches besserte sich; in den

---

[70]) Die Streitmacht der Piraten war vollständig organisirt; sie gehorchte nach dem Tode des Führers lange Zeit dessen Wittwe, welche für den activen Dienst ihre Stellvertreter ernannte. Zwei Engländer, Glaspoole und Turner, die längere Zeit bei ihnen gefangen waren, haben einen merkwürdigen Bericht veröffentlicht. Die strengste Mannszucht soll unter den Piraten geherrscht haben. Die Ehe war ihnen heilig, jeder unsittliche Verkehr und jede Gewaltsamkeit gegen Frauen streng verpönt. Alle Dschunken, die ihre Oberhoheit anerkannten, erhielten Geleitspässe; alle anderen Chinesen, besonders die in kaiserlichen Fahrzeugen gefangenen, behandelte man mit furchtbarer Grausamkeit. Man erhob Contributionen von den Küstenstädten; selbst europäische Boote konnten nicht ohne Schutz zwischen KAN-TON und Macao verkehren, denn die Piraten beherrschten alle Mündungen des TSU-KIAŃ. Die Regierung machte grosse Anstrengungen, und die Portugiesen in Macao stellten 1809 gegen eine Subvention von 80,000 TAEL sechs bewaffnete Fahrzeuge zum Dienst gegen die Seeräuber. Das Alles hätte aber kaum gefruchtet, wenn nicht Zwietracht zwischen ihnen entstanden wäre. Sie theilten sich in ein rothes und ein schwarzes Geschwader, die sich eine blutige Schlacht lieferten. Die Rothen siegten. Die Schwarzen benutzten nun die von der kaiserlichen Regierung für die fügsamen Piraten erlassene Amnestie; ihr Führer erhielt sogar Rang und Würden. Sie wurden gegen die von der Wittwe des früheren Hauptmannes befehligten Rothen verwendet, schnitten diesen die Zufuhr ab und zwangen sie, ebenfalls die Amnestie anzunehmen.

ersten zwanzig Jahren seiner Regierung gab es nirgends bedenkliche Unruhen. Dann aber kam der Opiumkrieg. Tau-kwaṅ, dessen ältester Sohn ein Opfer des Giftes geworden sein soll, trat anfangs dem Uebel scharf entgegen und gelobte ein über das andere Mal, das »Barbaren-Auge« vom Antlitz der Erde zu vertilgen, musste sich aber statt dessen den härtesten Bedingungen fügen.

Die Mandschu-Truppen, auf deren Ruf der Unbesiegbarkeit die Sicherheit der Dynastie wesentlich beruhte, kämpften zwar todesmuthig, fielen aber wie schwaches Rohr vor den fremden Waffen. Die Finanzen zerrüttete der Krieg auf Jahrzehnte. 27 Millionen Dollars erhielten im Ganzen die Engländer; die Rüstungen und Unterschleife verschlangen aber viel grössere Summen. Die Beeinträchtigung des Handels machte sich im Ausfall der Zölle fühlbar. In der Grundsteuer, welche eine Hauptquelle des chinesischen Staatseinkommens ist, konnte der Kaiser bei aller absoluten Gewalt keine Aenderung der uralt-hergebrachten Normen treffen. Tau-kwaṅ wusste sich nicht zu helfen und griff zu dem revolutionären Mittel des Stellenverkaufes, der unter Kia-kiṅ nur vereinzelt, jetzt systematisch betrieben wurde.

Neben der tiefen Wunde, welche diese Einrichtung der Classe der Studirten schlug, erzeugte sie noch andere Uebelstände. Zunächst die schwere Bedrückung des Volkes, an welchem der durch Geld zu Amt und Würden gelangte Mandarin sich durch Erpressungen schadlos hielt. Dann das Uebergewicht des Geldes über das Verdienst, welches der sittlichen Anschauung des Chinesen auf das schärfste widerspricht, nun aber vom Himmelssohne öffentlich anerkannt wurde. Für den gesitteten Chinesen verlor das käufliche Amt jeden Nimbus der Autorität; die besseren Volksclassen verachteten den neuen Beamtenstand; die Regierung musste an Ansehn einbüssen, was sie an Gelde gewann. Verdiente Männer, welche ihre Aemter der eigenen Arbeit und Redlichkeit dankten, wurden ungerecht daraus verstossen. Denn als die Käuflichkeit der Stellen aufkam, drängte sich eine Ueberzahl dazu; die Regierung nahm das Geld der Candidaten und gab ihnen Anwartschaft für die nächste Erledigung. Bald aber fand sich, dass die meisten nach dem gewöhnlichen Lauf der Dinge kaum in zehn Jahren Platz finden würden; sie schneller zu befriedigen, entliess man verdiente Mandarinen unter nichtigem Vorwande.

Fast noch tiefer als der Stellenhandel verletzten das chinesische Volksgefühl die von Tau-kwaṅ eingeführten Geldstrafen. China hat ein Strafgesetzbuch, dessen Grundlage zweitausend Jahre alt ist, das aus seiner Cultur herausgewachsen und deren Entwickelung gefolgt ist. Neuere Dynastieen änderten Einzelnes nach ihren Eigenthümlichkeiten; im Ganzen aber ist der Codex ein nationaler, kein dynastischer. Wohlfeile Ausgaben davon sind überall käuflich; der gemeine Chinese kennt und verehrt dieses Gesetzbuch, denn es ist streng unpartheiisch, wenn auch nach unseren Begriffen hart und grausam. Die Gleichstellung vor dem Gesetz, die Grundlage aller politischen Freiheit, kann aber keinen härteren Stoss erleiden als durch die Möglichkeit, Leibes- oder Freiheitsstrafen in Geldbussen zu verwandeln. Gross muss die Geldnoth gewesen sein, welche zu diesem Schritte trieb. Mit Ausnahme einiger Todesstrafen für die gröbsten Verbrechen sollten fortan alle Strafen abgekauft werden können. Die Möglichkeit dieser Neuerung beweist wohl am schlagendsten den tiefen Verfall des chinesischen Reiches.

Wie unter den neuen Quellen des Gewinnes, so musste das Volk auch unter den Ersparnissen leiden. Tau-kwaṅ entzog den Studirten die bis dahin zu den Prüfungsreisen gezahlten Zuschüsse. War er in den Tagen des Ueberflusses schon karg, so stellte er jetzt die nöthigsten Ausgaben ab. Der Gelbe Fluss verwandelte durch Ueberschwemmung die weiten Thäler von Ho-nan in Sümpfe und riss die Mauern der Hauptstadt Kae-fuṅ-fu fort; aber das Flehen der schwer betroffenen Bevölkerung ward nicht erhört, die nothwendige Eindämmung unterblieb, und Hunderttausenden ging aller liegende Besitz verloren. Wie in allen anderen Zweigen, so nahm die Regierung auch in der Armee starke Reductionen vor. Die entlassenen Truppen zogen sengend, mordend und plündernd durch das Land, und die geschwächte Executive konnte ihnen nicht wehren. Seeräuber vertrieben die Mandarinen aus den Küstenstädten von Fu-kian und Tše-kiaṅ; die Behörden mussten einen schmachvollen Vergleich mit den Führern schliessen, um sie los zu werden. Nun flüchtete der grösste Theil des Gesindels in die Berge, auf das Meer, und verwüstete von da aus viele Jahre lang unangefochten die Ebenen und Küsten; Handel und Wandel kamen zu Schaden. In KUAŃ-TUŃ trieb die von den Behörden bewaffnete Küstenbevölkerung das Piratenhandwerk mit bestem Erfolge. Die durch den Krieg geschwächte kaiserliche Marine war ganz unvermögend. Bald wagten sich Handelsdschunken nur unter dem Schutz europäischer Kauffahrer auf das Meer; aber auch diese gewährten in der Folge keine Sicherheit. Bei A-MOI überfielen Piraten zwei Opiumschiffe, mordeten die Mannschaft und raubten bedeutende Geldsummen. Als bald darauf in derselben Gegend eine werthvolle Handelsdschunke gekapert wurde, gelang es der englischen Corvette Scout die Piraten mit ihrer Prise zu fassen. Der Commandant lieferte den Behörden von A-MOI unter lautem Volksjubel sechsundachtzig Seeräuber zur Hinrichtung aus. Nach diesem Vorfall führten die Engländer mehrere Jahre lang gegen die Seeräuber einen Vernichtungskrieg.

Die vom Meere vertriebenen Piraten verstärkten die Räuberbanden auf dem Lande. In Schaaren von Tausenden zogen sie durch das Land, griffen volkreiche Städte an und schlugen überall die kaiserlichen Truppen. Das Volk bewaffnete sich nun auch in FU-KIAN, und das Ansehn der Regierung sank immer tiefer. Ueberall zeigte sich die Wirksamkeit der Geheimbünde, wenn auch planlos auf den Umsturz ausgehend. Oft wurden Emissäre des Dreifaltigkeitsbundes auf HONG-KONG verhaftet und den kaiserlichen Behörden ausgeliefert; ihre Papiere waren in Geheimschrift geschrieben, aber so viel liess sich daraus entnehmen, dass die Brüderschaft auf den Sturz der Tartarenherrschaft ausging und weit und breit durch das Volk verzweigt war. — Gegen Erpressungen der Mandarinen erhob das früher so geduldige Volk sich nach dem Opiumkriege häufig unter Führung der Studirten. So misshandelten und tödteten 1845 die anerkannt ruhigen Bürger von NIŃ-PO mehrere hohe Beamten und schlugen die gegen sie gesandte Miliz. Ganze Landschaften verweigerten die Steuerzahlung und konnten selten dazu gezwungen werden. Meist vertuschten die Behörden solche Vorfälle, damit die Erbitterung nicht weiter griffe.

In KAN-TON hatte 1847 ein Tartare der Garnison unabsichtlich den Tod eines chinesischen Mädchens veranlasst; darauf zerstörte der Pöbel das Haus des tartarischen Commandanten, und die Behörden konnten nur durch Nachgiebigkeit einem allgemeinen Aufstand vorbeugen. Die Fälle widerstrebenden und eigenmächtigen Handelns mehrten sich; ihre politische Bedeutung trat immer klarer zu Tage. Wurde das Haus eines verhassten Beamten niedergebrannt, so handelte das Volk genau nach Vorschrift seiner Führer, enthielt sich der Plünderung und schützte alle an die Brandstätte grenzenden Gebäude. Die obersten Behörden liessen solche Excesse ungerügt oder bestraften obenein den unbeliebten Beamten. Das Volk, zur Abwehr der Briten und der heimischen Banditen bewaffnet, liess die Obrigkeit seine Macht fühlen und bestritt ihr auch in der Umgegend von Kan-ton das Recht der Steuererhebung. Anfangs hatte Ki-yiṅ die Bewaffnung empfohlen, erkannte aber bald seinen Irrthum und warnte den Kaiser. Tau-kwaṅ aber wiegte sich in den Friedensjahren wieder in Träume von China's Ueberlegenheit und lieh der Reaction sein Ohr. Er glaubte, dass die Macht der Engländer im Sinken, ihre Stellung auf Hong-kong gefährdet, ihr Handel im Abnehmen sei, und sprach von ihnen als viehischen Geschöpfen, die keiner Beachtung werth, keiner anderen Leidenschaft fähig wären als der Habgier. Die Einfuhr englischer Baumwollenzeuge war ihm ein Dorn im Auge; der Gebrauch des Opium, hatte er sich einreden lassen, werde bei gänzlicher Ignorirung in wenigen Jahren von selbst aufhören. An der Bewaffnung des Volkes hatte Tau-kwaṅ besondere Freude und glaubte nicht, dass es jemals andere Rechte beanspruchen könne, als die auf uraltem Herkommen fussenden oder vom Himmelssohne gnädigst gewährten. Er hielt Ki-yiṅ für zu ängstlich, rief ihn 1848 nach Pe-kiṅ zurück und schickte den Siu-kwaṅ-tsin nach Kan-ton, der zu seiner Freude in einem Monat hunderttausend Mann auf die Beine brachte und mehrere hunderttausend Tael zu ihrer Unterhaltung sammelte; so lautete wenigstens dessen Bericht.

Ki-yiṅ erhielt eine ehrenvolle Stellung bei der Person des Kaisers, der in den letzten Lebensjahren auf seinen Rath wenig gehört zu haben scheint. Nach Tau-kwaṅ's am 25. Februar 1850 erfolgtem Tode gab ihm dessen Wittwe durch den Befehl zur Leitung der Exequien ein Zeichen des höchsten Vertrauens. Nach der Thronbesteigung des kaum zwanzigjährigen Hien-fuṅ[71]) gewann aber die Reaction grössere Macht. Gegen die Ansichten Ki-yiṅ's und Mu-tšan-ga's, welcher seit dem Opiumkriege die Seele der Regierung und Ki-yiṅ's stärkste Stütze in Pe-kiṅ gewesen war, liess der junge Kaiser eine zu seiner Beglückwünschung geschickte

---

[71]) Er war der vierte Sohn des Tau-kwaṅ.

englische Gesandtschaft in Tien-tsin zurückweisen und trat ihrem auf endliche Freigebung der Stadt Kan-ton gerichteten Antrage mit schroffer Weigerung entgegen. Als darauf keine Gewaltschritte folgten, wähnte des Kaisers Umgebung, durch abwehrendes Verhalten die Barbaren auch ferner schrecken zu können. »Des Reiches Würde sollte hergestellt, die unglückliche Wirkung des Krieges beseitigt, die Verträge sollten umgangen werden. Die Barbaren an des Reiches Grenzen müssten zu ihrer früheren Ehrfurcht vor der himmlischen Macht zurückkehren und, wie sonst, dem Himmelssohne unbedingten Gehorsam leisten.« Mu-tšan-ga, Ki-yiṅ und andere um den Abschluss und die Ausführung der Verträge verdiente Männer wurden degradirt und schimpflich bestraft. Der Erlass des jungen Kaisers lässt Tau-kwaṅ als gutmüthigen Schwächling erscheinen und bezeichnet Ki-yiṅ als schamlos und lasterhaft, frech, reuelos, feige, unpatriotisch und unfähig. »In Kuaṅ-tuṅ hat er den Barbaren zu Gefallen das Volk unterdrückt. Das Wohl des Staates kümmerte ihn niemals, was sich besonders bei den Verhandlungen über den Eintritt der Barbaren in die Stadt Kan-ton deutlich zeigte. So fremd war er allen Grundsätzen der himmlischen Gerechtigkeit und allen menschlichen Gefühlen, dass Feindseligkeiten entstanden, wo sie gar nicht erwartet werden konnten. Zum Glück erkannte des hingeschiedenen Kaisers Majestät die Zweideutigkeit des Mannes und befahl ihm nach der Hauptstadt zu kommen. So oft Ki-yiṅ im Laufe dieses Jahres vor uns beschieden wurde, sprach er immer von der Furchtbarkeit der englischen Barbaren; man müsse sich bei allen Differenzen ihren Wünschen fügen. Er wollte mit diesen Reden nur seinen Verrath bemänteln, sein Amt und sein Einkommen wahren u. s. w.«[72]) Mu-tšan-ga wurde einfach seines Amtes enthoben, um niemals wieder angestellt zu werden, Ki-yiṅ in die fünfte Beamtenclasse degradirt und als überzähliger Schreiber einem Ministerialbureau zugewiesen.

In Kuaṅ-tuṅ und den angrenzenden Landschaften wuchs seit Ki-yiṅ's Entfernung 1848 das gesetzlose Treiben, wozu das unkluge Benehmen des neuen Vice-Königs beitrug. Räuberbanden des Dreifaltigkeitsbundes lebten in beständigem Krieg mit den besitzenden Classen und ergänzten sich aus der Zahl der Beraubten.

[72]) Der ganze Erlass steht bei Neumann, Ostasiatische Geschichte, S. 106.

Der Hass gegen die schwache und gleichgültige Obrigkeit, welche dem bürgerlichen Leben keinen Schutz gewährte, steigerte sich mit dem Selbstgefühl, das die eigene Bewaffnung dem Volke einflösste. Grossen Zuwachs erhielten die Räuberbanden auch durch die Bemannung einer Piraten-Flotte von achtundfunfzig Segeln, 1849. welche im October 1849 in einer Bucht des südwestlichen Kuań-tuń von englischen Schiffen vernichtet wurden; zweitausend Mann retteten sich mit ihren Waffen und traten zu den Schaaren der Provinz Kuań-si über. Die amtliche Zeitung von Pe-kiń meldete bald darauf, dass eine starke Rebellenmacht den kaiserlichen Truppen dort in offenem Felde die Spitze biete. Seitdem wurden die Zustände immer verzweifelter. So dunkel und verwirrt die darüber nach Kan-ton gelangenden Nachrichten waren, so bewiesen sie doch, dass damals mehrere unter sich in keiner Beziehung stehende Aufrührerbanden, jede für sich stark genug, um kleine Städte zu nehmen und den Kaiserlichen zu trotzen, in Kuań-si hausten, von der Bevölkerung aber kaum so sehr gefürchtet wurden als die Truppen der Regierung, welche wehrlose Städte ausraubten, wo die Rebellen nur Vorräthe requirirten. Die Rebellen kämpften planlos für die Vertreibung der Tartaren und Herstellung der Miń-Dynastie. Eine alte Prophezeiung verkündete, an die Entthronung der Mongolen vor fünfhundert Jahren anknüpfend, den Sturz der Mandschu für 1851. Im Juli 1850 wurde am Nordthor von Kan-ton eine aus dem 6. Monat des 2. Jahres Tien-ti (Himmlische Tugend) datirte Proclamation eines Prätendenten angeschlagen, der seiner Regierung schon jenen Namen verliehen hatte und als Miń-Fürst Münzen prägen liess. Se. Majestät bot in diesem Aufruf zehntausend Tael Demjenigen, der ihm den Vice-König Siu-kwań-tsin gefangen zuführen würde. Tien-ti galt den Fremden in Kan-ton noch lange als das Haupt der Insurrection, nachdem die Führung in die Hände der Tae-piń-Secte übergegangen war. Durch Concentrirung um diesen Kern einer kleinen Schaar religiöser Fanatiker, deren Lehren an die Schriften des Alten und Neuen Testamentes anknüpften, gewann die Bewegung — gegen October 1850 — erst wirkliches Gewicht. Die Fremden blieben mehrere Jahre lang in völliger Unwissenheit von dem vorgeblichen Christenthume der Rebellen; 1852 gelangte eine abentheuerlich klingende Nachricht darüber nach Hong-kong, fand aber wenig Glauben und Verbreitung. Erst durch die Reise des englischen Bevollmächtigten Sir G. Bonham, welchen Herr Taylor Meadows Ende April 1853 auf dem Dampfer Hermes nach NAN-KIŃ begleitete, erhielt man Gewissheit. Die Mandarinen mögen den Fremden die religiösen Satzungen der Rebellen aus Besorgniss vor ihrer Theilnahme verhehlt haben, aber unbegreiflich bleibt es, dass nicht die Insurgenten, auf Beistand der Christen aus dem Westen hoffend, mit ihnen Verbindungen anzuknüpfen suchten. Die ersten verworrenen Darstellungen der Insurrection lassen, auf dunkele Gerüchte fussend, die Thatsachen nicht mehr mit Sicherheit erkennen; die früheste Geschichte der TAE-PIŃ-Secte klingt schon jetzt fast mythisch. Meadows lieferte die gründlichste und zuverlässigste Arbeit darüber; seinen Berichten ist die folgende Erzählung entnommen.

In einem Dorfe des Bezirkes WU, etwa sieben deutsche Meilen nordöstlich von KAN-TON, ward 1813 ein Knabe geboren, der schon in frühester Jugend grosse Begabung zeigte. Seine Eltern, arme Landleute, machten ihm mit Hülfe von Verwandten den Schulbesuch bis zum sechszehnten Jahre möglich; dann musste er eine Weile des Vaters Vieh auf die Weide treiben. Darauf wurde er Schulmeister im heimathlichen Dorfe, fand Musse zu Fortsetzung seiner Studien und bereitete sich zur ersten Staats-Prüfung vor. Wiederholt stellte HUŃ-SIU-TSUEN sich dazu in KAN-TON, erlangte aber niemals den ersten Grad. Bei einem solchen Aufenthalt in der Provinzial-Hauptstadt, wahrscheinlich 1833, erhielt er von einem bekehrten Chinesen LIAŃ-A-FA, der mit aufrichtigem Glaubenseifer für die protestantische Mission arbeitete und in jener Zeit viele religiöse Schriften vertheilte, eine Sammlung von Aufsätzen mit dem Titel KIUEN-ŠE-LIAŃ-YEN, »Gute Worte zu Ermahnung des Zeitalters«. Einige Capitel aus dem Alten und dem Neuen Testament in Morrisons Bibel-Uebersetzung waren darin mit Betrachtungen und Predigten des Verfassers abgedruckt. HUŃ-SIU-TSUEN scheint das Buch damals nur obenhin angesehen, dann bei Seite gelegt zu haben. 1837 liess er sich zu KAN-TON abermals ohne Erfolg prüfen und verfiel dort, geistig und körperlich erschöpft, in so schwere Krankheit, dass er im Tragstuhl nach dem heimathlichen Dorfe gebracht werden musste. Vierzig Tage litt er heftig, glaubte zu sterben und hatte im Fieber allerlei Visionen. »Er sah einen Drachen, einen Tiger und einen Hahn, dann viele Männer mit musicalischen Instrumenten und einen prächtigen Tragstuhl, in welchem sie ihn seiner Wohnung entrückten.... Bald gelangten sie an eine glänzende Stätte; auf beiden Seiten standen schöne Männer und Weiber, die ihn freudig jubelnd begrüssten. Eine alte Frau führte ihn vom Tragstuhl zu einem Fluss hinab und sprach: Du schmutziger Mensch, warum hast du mit jenen Leuten Gemeinschaft gehabt und dich erniedrigt? Ich muss dich jetzt rein waschen. — Nach der Waschung trat Huṅ-siu-tsuen mit einer Schaar tugendhafter Greise, unter denen er viele der alten Weisen erkannte, in ein grosses Gebäude, wo sie seinen Leib mit einem Messer öffneten, das Herz und andere Eingeweide herausnahmen und durch neue von rother Farbe ersetzten. Die Wunde wurde dann verschlossen und er konnte keine Spur des Einschnittes wahrnehmen..... Darauf traten sie in eine grössere Halle, deren Glanz und Schönheit unbeschreiblich waren. Ein ehrwürdiger Greis mit goldenem Bart und schwarzen Gewändern sass da auf dem höchsten Platz in ausdrucksvoller Stellung. Beim Anblick des Huṅ-siu-tsuen vergoss er Thränen und sprach: Alle menschlichen Wesen in der Welt werden von mir erschaffen und erhalten; sie essen meine Nahrung und tragen meine Kleidung; aber nicht ein Einziger hat ein Herz meiner zu gedenken, mich zu verehren. Doch noch schlimmer: sie nehmen meine Gaben und verehren damit Dämonen; sie erheben sich gegen mich und reizen meinen Zorn. Ahme du sie nicht nach. — Darauf gab er Huṅ-siu-tsuen ein Schwert, damit er die Dämonen ausrotten sollte, — aber seine Brüder und Schwestern möchte er schonen, — ein Siegel, durch das er die bösen Geister bezwingen würde, und eine gelbe Frucht von süssem Geschmack. Gleich nach Empfang dieser Zeichen der königlichen Würde begann Huṅ-siu-tsuen die in der Halle Versammelten zu ermahnen, dass sie zu ihrer Pflicht gegen den Alten auf dem Thron zurückkehrten. Einige antworteten: Wir haben wahrhaftig unsere Pflicht gegen den Ehrwürdigen versäumt. — Andere sagten: Warum sollen wir ihn verehren? Lasset uns fröhlich sein und mit unseren Freunden zechen. Huṅ vergoss Thränen über ihre Verstockung und liess nicht ab mit Ermahnungen. Der Alte aber sagte ihm: Fasse Muth und verrichte dein Werk, ich will dir helfen in jeder Noth. — Dann wandte er sich an die Versammlung der Alten und Tugendhaften und sprach: Huṅ-siu-tsuen ist seiner Sendung gewachsen. — Er führte ihn hinaus und liess ihn von oben hinabblicken: Betrachte die Menschen auf Erden! Hundertfältig ist die Verderbniss ihrer Herzen. Huṅ schaute hinab und erblickte einen solchen Abgrund von Bosheit und Laster, dass seine Augen den Anblick nicht ertragen, noch sein Mund ihre Thaten aussprechen konnten u. s. w.« — »Im Verlaufe seiner Krankheit sah Huṅ vielfach einen Mann in mittleren Jahren, den er seinen älteren Bruder nannte. Dieser begleitete und belehrte ihn auf seinen Wegen in die fernsten Weltenden zur Vertilgung der bösen Geister, und half ihm dieselben überwinden.«

Diese Worte sind den Aufzeichnungen des Huṅ-dźin, eines nahen Verwandten des Huṅ-siu-tsuen, entnommen, welcher im April 1852 nach Hong-kong flüchtete und dort dem Missionar Hamberg vorgestellt wurde. Er hatte aus der Erinnerung niedergeschrieben, was er während einiger Jahre mit Huṅ-siu-tsuen erlebte. Hamberg zeigte die Hefte im October 1852 dem Missionar Roberts, der in Huṅ-siu-tsuen einen 1847 von ihm unterrichteten Chinesen erkannte. Im Februarheft des zu London erscheinenden Chinese and Missionary Gleaner gab Roberts 1853 darüber eine Notiz, welche sicher beweist, dass das später publicirte Buch mit Huṅ-dźin's Erzählung nicht, wie Manche glaubten, eine auf die im Frühjahr 1853 zu Nan-kiṅ gesammelten Nachrichten gegründete Fälschung sei. Die vollkommene Uebereinstimmung mit Allem, was man später durch persönlichen Verkehr mit den Tae-piṅ und durch ihre Schriften erfuhr, gab aber jener Erzählung historischen Werth. Man darf kaum zweifeln, dass Huṅ-dźin in gutem Glauben berichtete. Er blieb später als chinesischer Katechist und Prediger mehrere Jahre im Dienste der Missionare zu Hong-kong und erwarb sich deren unbedingtes Vertrauen, erreichte dann nach mehrfachen Versuchen Nan-kiṅ und spielte in den letzten Jahren der Tae-piṅ-Herrschaft als erster Minister seines Verwandten eine grosse Rolle. Die schlimme Wandlung, welche der Besitz der Macht in seinem Charakter bewirkte, ist ebenso wenig ein Beweis gegen seine frühere Ehrlichkeit, als die mit Huṅ-siu-tsuen vorgegangene Wandlung in einen blutdürstigen Despoten die frühere Wahrhaftigkeit seiner religiösen Schwärmerei in Frage stellt.

Nach des Huṅ-dźin Bericht war Huṅ-siu-tsuen während seiner ganzen Krankheit ohne klares Bewusstsein; seine Verwandten hielten ihn für irrsinnig. Zuweilen gab er sich für den erwählten Kaiser von China aus. Der schlechte Erfolg bei den Prüfungen kränkte offenbar seinen Ehrgeiz; jene Fieberphantasieen erklären sich aber aus Vorstellungen der buddhistischen Anhänger des Confucius und aus Erinnerungen an Kapitel der Offenbarung Johannis in Lian-a-fa's Buch. — Allmälich genas Hun-siu-tsuen: »sein Aeusseres und sein Charakter waren ganz umgewandelt. Er betrug sich umsichtig, offen und freundlich, und nahm zu an Höhe und Gestalt. Sein Schritt wurde fest und gemessen, seine Anschauung frei und grossartig.« Von seinen Visionen pflegte er als einer sonderbaren aber keineswegs wichtigen Sache zu reden. Er trat wieder in sein Amt als Schulmeister und unterzog sich abermals vergebens der Staatsprüfung in Kan-ton.

Erst nach dem Frieden von Nan-kin scheint Hun-siu-tsuen auf die Fremden des Westens aufmerksam geworden zu sein, deren Religion er, in den Grundsätzen der heiligen Schriften China's erzogen, für finsteren Aberglauben halten musste. Jetzt las er, durch einen Freund veranlasst, das Buch des Lian-a-fa mit Aufmerksamkeit: »Er fand darin mit Erstaunen den Schlüssel zu seinen Visionen..... Er erkannte, dass der ehrwürdige Alte auf dem höchsten Platze, den alle Menschen anbeten sollten, Gott, der himmlische Vater, der Mann in mittleren Jahren aber, der ihn bei Ausrottung der bösen Geister unterwiesen und gestärkt hatte, Jesus, der Welterlöser sei. Die Dämonen mussten die Götzen sein; seine Brüder und Schwestern die Menschen auf Erden. Hun-siu-tsuen glaubte aus einem langen Traum zu erwachen; er freute sich den richtigen Weg zum Himmel und sichere Hoffnung auf ewiges Leben und Glückseligkeit gefunden zu haben.« So erzählt Hamberg nach dem Bericht des Hun-džin.

Hun-siu-tsuen glaubte sich nun berufen, die Welt, d. h. China, zu Anbetung des wahren Gottes, des Šan-ti, zurückzuführen, welchen der erste Herrscher der ruhmwürdigen Tšau-Dynastie verehrt hatte. Denn das früheste chinesische Zeitalter kannte einen persönlichen Gott; dieser Begriff ging erst in den Lehren des Confucius, im Buddhismus und Taoismus unter. — Der Glauben an Šan-ti musste den Fremden den Sieg über die götzendienerischen Mandschu verliehen haben. Hun-siu-tsuen und sein Freund Li tauften sich selbst und begannen in ihrem Dorfe nach dem Beispiel Lian-a-fa zu predigen, dessen Missionsthätigkeit in seinem Buche beschrieben war. — Wie weit damals schon die Schwärmerei des Hun-siu-tsuen mit Ehrsucht versetzt war, lässt sich nicht ermessen. Seine Haltung in späteren Jahren zeigt, dass diese Leidenschaft sogar zu maasslosem Grössenwahn in ihm ausartete und alle anderen Regungen verschlang. Aber das steht fest, dass er Jahre lang seine Lehren ohne selbstsüchtiges Streben predigte, den Götzendienst ohne Menschenfurcht verfolgte, eine grosse Gemeinde um sich sammelte und seine Schaaren zu unerhörten Erfolgen führte. Seine unbedingte Herrschaft über die Geister lässt sich kaum anders erklären, als aus der Tiefe und Festigkeit seiner Ueberzeugung und dem Glauben an seine göttliche Sendung.

Einer der eifrigsten Convertiten des Huṅ-siu-tsuen war Fuṅ-yuṅ-san, Schulmeister eines Nachbardorfes. Da Beide die Gedächtnisstafeln des Confucius aus ihren Schulstuben entfernten, so veröden diese bald gänzlich. Huṅ und Fuṅ mussten nach neuem Broderwerbe umschauen und zogen mit Pinseln und Tusche hausirend durch das Land. Anfang 1844 gelangten sie, durch die Provinz Kuaṅ-si wandernd, in das Gebiet der Miao-tse, unabhängiger Bergbewohner, auf deren Bekehrung sie grosse Hoffnungen setzten, mussten aber wegen Unkunde der Sprache umkehren und fanden Zuflucht bei einem Verwandten des Huṅ-siu-tsuen im Bezirke Kwei, wo sie fünf Monat blieben und eine Gemeinde von etwa hundert Seelen stifteten. Fuṅ-yuṅ-san trat darauf die Rückreise an, begegnete aber einigen ihm bekannten Erdarbeitern und begleitete sie nach dem »Distelberge« im Kwei-piṅ-Bezirk. Hier schleppte er mit ihnen Erde und bekehrte in kurzer Zeit nicht nur viele der Tagelöhner, sondern den Arbeitgeber selbst zu der neuen Lehre. Er blieb mehrere Jahre in dieser Gegend und gründete am Distelberge Gemeinden von »Gottesverehrern«, welche später der Kern der politischen Bewegung wurden.

Einen Monat nach Fuṅ verliess auch Huṅ-siu-tsuen seinen Verwandten Waṅ in Kuaṅ-si und wanderte nach der Heimath, wo er während der Jahre 1845 und 1846 predigte, religiöse Oden und Aufsätze schrieb. Im Sommer 1847 soll er nach Kan-ton gegangen und dort von dem americanischen Geistlichen Roberts zwei Monate lang unterrichtet worden sein. Dann schien er sich im Dienst der fremden Missionare dem Predigtamte widmen zu wollen und verlangte die Taufe, wurde aber abgewiesen, weil er zugleich um Unterstützung bat,[73]) und verliess darauf Kan-ton. Er zog wieder

---

[73]) Er soll dazu von neidischen Genossen angestiftet worden sein. Roberts fand damals nichts an ihm, das ihn von anderen Leuten seiner Classe unterschieden hätte. Dass Huṅ-siu-tsuen es wirklich war, der dessen Unterricht genoss, beweist die Aufnahme, welche Roberts später in Nan-kiṅ bei ihm fand.

nach Kuaṅ-si und hörte dort erst bei seinem Verwandten Waṅ von den Gemeinden der Gottesverehrer am Distelberge, wohin er sich unverzüglich begab. Die Gesellschaft zählte damals im Kwei-piṅ-Bezirk schon über zweitausend Mitglieder, und die Lehre verbreitete sich schnell über die angrenzenden Bezirke.[74]) Obwohl Fuṅ-yuṅ-san die Gemeinden gegründet hatte, wurde doch die Ueberlegenheit seines Lehrers sofort von Allen anerkannt. Dessen Wahn seiner göttlichen Sendung und seine in Kan-ton erworbene Bibelkenntniss mögen ihm die Autorität gesichert haben.

Meadows hat mit Recht darauf hingewiesen, wie sehr namentlich die Apostelgeschichte auf die Chinesen wirken musste; die bürgerlichen Verhältnisse hatten mit denen des römischen Reiches grosse Aehnlichkeit. Da gab es Gilden und Handelszünfte, welche selbstständig auftraten und Feste zu Ehren ihrer Schutzgötzen feierten; da kam der Bezirkshauptmann gleich dem Stadtschreiber von Ephesus in seinem Tragstuhl und redete zum Volke. Der gröbste Aberglauben beherrschte die Menge. Begriffe wie Teufelsbeschwörer, Geisterbanner, Zauberer, böse Geister und Götzen, mit denen wir keine lebendige Vorstellung mehr verbinden, sind der Anschauung des heutigen Chinesen so geläufig wie sie dem alten Römer waren. Huṅ-siu-tsuen mag sich dem Apostel Paulus verglichen haben und ahmte ihn nach im Feuereifer gegen den Götzendienst. Er drohte den Ungläubigen die schlimmsten Höllenstrafen: »Zu viel Geduld und Demuth passen nicht in unsere Zeiten, denn damit könnte man dieses verstockte Geschlecht nicht zügeln.« Er zerstörte ein in Kuaṅ-si weit berühmtes Götzenbild und veranlasste einen wüthenden Bildersturm, welcher die Gottesverehrer zuerst mit der Obrigkeit in Collision brachte. Ein reicher Mann aus der Classe der Studirten, Waṅ, trat öffentlich als Ankläger auf und beschuldigte die Gottesverehrer rebellischer Absichten. Fuṅ-yuṅ-san und einer seiner Gefährten wurden eingekerkert; die Bestechungen des fanatischen Waṅ machten ihre Lage bedenklich. Huṅ-siu-tsuen eilte nach Kan-ton um den Schutz des Ki-yiṅ anzuflehen. Dieser war jedoch kurz zuvor abgereist und Huṅ-siu-tsuen kehrte nach Kuaṅ-si zurück.

---

[74]) Huṅ-džin behauptet, dass viele in der ersten und zweiten Prüfung Graduirte und einflussreiche Männer unter den Bekehrten gewesen seien. Die sprachkundigen Fremden, welche später mit den Tae-piṅ verkehrten, fanden aber nur Männer von geringer Bildungsstufe unter ihnen.

Unterdessen war Fuṅ-yuṅ-san's Gefährte im Kerker an Misshandlungen gestorben, er selbst unter Bewachung zweier Polizeidiener nach seiner Heimath abgeschickt worden. »Auf der Reise aber sprach Fuṅ in seiner gewöhnlichen Art mit grosser Ueberzeugung und Beredsamkeit von der wahren Lehre, und sie waren nicht viele Meilen gegangeu, als die beiden Wächter sich bekehren liessen.« Sie setzten ihn nicht nur in Freiheit, sondern folgten ihm auch zum Distelberge und wurden bei der Gemeinde als Taufbedürftige eingeführt. Auf die Nachricht von Huṅ-siu-tsuen's Reise nach Kan-ton folgte ihm Fuṅ dahin, fand ihn aber nicht mehr und kehrte in sein Heimathdorf zurück. Auch Huṅ-siu-tsuen kam im November 1848 wieder in sein Dorf. Er pflegte dort mit seinen älteren Brüdern die Heerde der Gemeinde zu hüten und traf an den Grenzmarken oft mit Fuṅ zusammen, der ein ähnliches Hirtenleben führte. Sie lasen ihren Gefährten auf freiem Felde häufig Abschnitte aus dem Alten und dem Neuen Testamente vor: »viele der jüngeren Burschen«, erzählt Huṅ-džin, »welche ihre Ochsen auf den Weideplatz trieben, sammelten sich um Beide und horchten mit Spannung ihren Lehren.«

Im Juli 1849 kehrten sie nach dem Distelberge zurück, wo sich »während ihrer Abwesenheit in Kuaṅ-tuṅ bei der Gemeinde der Gottesverehrer allerlei Merkwürdiges zugetragen hatte, das Zwietracht unter den Brüdern erregte. Zuweilen geschah es nämlich, dass, wenn sie versammelt zum Gebet niederknieten, Einer oder der Andere plötzlich einen Zufall bekam, so dass er niederstürzte und sein Körper sich über und über mit Schweiss bedeckte. In solchem ekstatischen Zustande stiess er dann, vom Geiste getrieben, Worte der Ermahnung, des Vorwurfs oder der Weissagung aus. Die Sätze waren oft unverständlich, und meistens rhythmisch geordnet. Die merkwürdigsten dieser Aeusserungen hatten die Brüder in einem Buche niedergeschrieben und legten sie nun Huṅ-siu-tsuen vor, der die Geister nach der Wahrheit der Lehre beurtheilte, und entschied, dass die Reden der Verzückten theils wahr, theils falsch seien. Er bestätigte damit die von Yaṅ-sin-tsiṅ schon ausgesprochene Ansicht, dass sie theils von Gott und theils vom Teufel seien.«

Yaṅ-sin-tsiṅ war ein Mann von geringem Herkommen und grosser Begabung, der sich dem Bekehrungswerke eifrig gewidmet und damals schon bei den Gemeinden Einfluss gewonnen hatte.

Seine Verzückungen und die eines anderen »Bruders« Siao-tšao-wui bezeichnete Huṅ-siu-tsuen als gottgesandt. Yaṅ-sin pflegte im Namen des himmlischen Vaters zu reden, Siao-tšao im Namen Jesu. Des Ersteren Worte waren ernst und furchtbar; er weissagte künftige Ereignisse, ermahnte zur Tugend, brandmarkte das Laster und heilte oft Kranke durch Gebet. Siao-tšao redete milder und gütiger. — So berichtet Huṅ-džin im Einklang mit den viel späteren Mittheilungen der Tae-piṅ-Fürsten zu Nan-kiṅ, unter welchen jene Beiden selbst die vornehmsten waren.

Trotz seiner längeren Abwesenheit und trotz den Verzückungen des Yaṅ und des Siao sahen die Gottesverehrer Huṅ-siu-tsuen beständig als ihr Haupt an. Er zählte jetzt siebenunddreissig Jahre und hatte sich sehr verändert. Ernst und zurückhaltend in seinem Wesen und rein von Sitten strafte er rücksichtslos jeden Fehler der Seinen, und Alle duldeten es ohne Murren. Einige Monat nach dem Tode des Kaisers Tau-kwaṅ — im Juni oder Juli 1850 — sandte er drei Brüder der Gemeinde nach seiner Heimath, um seine ganze Familie holen zu lassen. Nach Huṅ-džin's Erzählung hätte er damals schon den Gedanken der Auflehnung gegen die Mandschu gefasst. Die Zahl seiner Anhänger war dermaassen gewachsen und ihr Bekenntniss stritt so heftig gegen die bestehende Ordnung, dass die Nothwendigkeit des Kampfes zu Tage lag. Die Aussichten einer Erhebung schienen günstig; denn in Kuaṅ-si war das Ansehn der Dynastie tief erschüttert; überall boten Rebellenschaaren den kaiserlichen Truppen offenen Trotz, und die angesessene Bevölkerung hasste letztere weit mehr als die Aufrührer. Dazu kam eine natürliche Spaltung in der Bevölkerung von Kuaṅ-si. Neben den in die Berge gedrängten Miao-tse wohnten dort Chinesen, deren Vorfahren in zwei weit von einander entfernten Perioden aus Kuaṅ-tuṅ einwanderten. Die Nachkommen der älteren Colonie hiessen Pun-ti, die der jüngeren Kei-kia. Die Pun-ti müssen sehr früh nach Kuaṅ-si gekommen sein, denn das Wort bedeutet »eingeboren«. Sie besitzen die wohlhabendsten Städte und Dörfer und bilden das conservative Element der Bevölkerung. Die Kei-kia, »Fremden«, wohnen auch schon seit mehreren Generationen in Kuaṅ-si und haben dort Städte und Dörfer; ihr Dialect gleicht aber dem von Kuaṅ-tuṅ viel mehr als der der Pun-ti, mit welchen sie immer in Spannung lebten. Alle Dreifaltigkeitsbündler in Kuaṅ-si gehörten zu den Kei-kia, ebenso alle »Gottesverehrer« der Gemeinden des Huṅ-siu-tsuen.

Nun entspann sich im Sommer 1850 zwischen den Pun-ti und Kei-kia um den Besitz eines Mädchens eine heftige Fehde, in welcher die Obrigkeit auf Seite der ersteren trat. Zu schwach oder zu indolent ihnen thätig zu helfen, scheint sie die Pun-ti zur Selbsthülfe getrieben zu haben, und veranlasste einen Bürgerkrieg, welcher die ganze Kei-kia-Bevölkerung zum Aufstande trieb. So bedurfte es nur der Concentrirung um einen Führer, um den Kaiserlichen gleich mit gewaltiger Masse entgegenzutreten; aber dazu scheint Huṅ-siu-tsuen die bewegende Thatkraft und militärische Begabung gefehlt zu haben. Hatte er die Absicht die Mandschu zu stürzen, so liess er sich doch von den Ereignissen treiben und blieb auch in der Folge nur das geistliche Haupt der Bewegung. Während die militärische und politische Leitung in die Hände Anderer, vorzüglich des Yaṅ-sin-tsiṅ überging, fuhr Huṅ-siu-tsuen fort sich der Ausbildung seiner Lehre zu widmen und sittlich auf seine Schaaren zu wirken, welche er mit puritanischer Strenge disciplinirte und durch Erweckung des Glaubens an göttliche Hülfe unüberwindlich machte. Dass damals Entschlüsse in ihm reiften, beweist der Umstand, dass er im Sommer 1850 seine Anhänger zum Verkauf aller liegenden Habe und Ablieferung des Geldes in die gemeinschaftliche Kasse antrieb, aus der alle genährt und gekleidet wurden. Aller Besitz sollte gemeinsam sein, Keiner etwas Eigenes haben. Wie gross sein Ansehn gewesen sein muss, lässt die Durchführung dieser radicalen Maassregel erkennen.

Im Spätsommer 1850, um dieselbe Zeit, als die Kei-kia aufstanden, waren auch die Gottesverehrer am Distelberge wieder in Conflict mit der Obrigkeit gerathen. Ein wegen Bildersturmes eingekerkerter Verwandter des Huṅ-siu-tsuen starb an Misshandlungen; er selbst und Fuṅ-yuṅ-san sollten verhaftet werden als Gründer einer Gesellschaft, »die nicht nur beschuldigt sei, den Gottesdienst Anderer zu stören, sondern auch die Banditen zu begünstigen und insgeheim verbrecherische Absichten gegen die Obrigkeit zu hegen«. Huṅ und Fuṅ flüchteten mit wenigen Begleitern nach dem Hause eines Freundes in enger auf einem einzigen schmalen Pfade zugänglicher Gebirgsschlucht. Die Mandarinen erkundeten ihre Zuflucht und besetzten den Pass mit Soldaten; Huṅ und die Anderen wurden dort ausgehungert oder gefangen, wenn nicht Hülfe kam. Da zeigte Yaṅ-sin-tsiṅ zum ersten Male seine Kraft und Fähigkeit. Von der Gefahr seiner Freunde unterrichtet, fiel er in Verzückung und begeistete die Brüder am Distelberge zu schnellem Handeln. Sie rückten vor den Engpass, schlugen die Kaiserlichen und entführten ihre Freunde im Triumph. Das geschah im October 1850.

Nun waren die Würfel gefallen. Huṅ-siu-tsuen sandte zu den zerstreuten Gemeinden und entbot sie alle zu sich. In dichten Schaaren strömten die Gottesverehrer herbei; ein gewisser Wei-tšiṅ, der spätere »Fürst des Nordens« kam allein mit Tausend seines Stammes.

Die erste militärische Bewegung im November oder December 1850 galt der reichen Marktstadt beim Distelberge, wo zahlreiche Verstärkungen zu den Tae-piṅ stiessen. Kaiserliche Truppen bezogen ein Lager in respectvoller Entfernung und wagten nicht, die befestigte Stadt anzugreifen. Nachdem die Tae-piṅ ihre Vorräthe aufgezehrt und die Kaiserlichen sich so weit verstärkt hatten, dass Einschliessung drohte, räumte Huṅ-siu-tsuen den Platz bei Nacht und zog sich in guter Ordnung zurück. Die nachgeschickten Truppen litten starken Verlust und rächten sich durch Plünderung der wehrlosen Stadt, welche die Tae-piṅ geschont hatten. Diese boten den Kaiserlichen die Spitze in einer neuen festen Stellung und verliessen sie erst wieder, als Mangel eintrat und Umzingelung drohte. Aehnlich operirten sie in den nächsten Monaten; sie schlugen alle Angriffe ab, wussten immer einen geordneten Rückzug zu bewirken und verstärkten sich bei jedem Schritt. Die amtliche Zeitung von Pe-kiṅ verkündete lauter Siege; die Tae-piṅ gewannen aber mit jeder Bewegung eine wichtigere Position, zuerst Landstädte, dann Bezirks-, dann Kreisstädte.

Vor der Tae-piṅ Concentrirung war die Regierung in Pe-kiṅ den Aufständen in Kuaṅ-si nur dadurch begegnet, dass sie dem Vice-König Siu-kwaṅ-tsin die Dämpfung derselben befahl. Jetzt sandte sie den hochbetagten Lin-tse-tsiu als kaiserlichen Bevollmächtigten, welcher auf der Reise starb. Darauf kamen zwei andere Commissare, Li-siṅ-yuen und Tšan-ten-kio, letzterer zugleich als Statthalter von Kuaṅ-si. Diese Beiden und der Vice-König Siu-kwaṅ-tsin, der sich in der Provinzial-Hauptstadt Kwei-liṅ festsetzte, waren die Commandeure, welche den Tae-piṅ in den ersten sechs Monaten mit unzureichender Streitmacht begegneten. In diesem Zeitraum wussten aber die Häupter der Bewegung ihre Schaaren so fest und sicher zu organisiren, wie die Grösse des

Unternehmens forderte. HUŃ-SIU-TSUEN nannte sich jetzt »Himmlischer Fürst« und »Jüngerer Bruder Christi«. Folgendes Manifest bezeichnet die von den TAE-PIŃ bald nach ihrer Constituirung als politische Parthei eingenommene Stellung, welche sie lange Zeit ohne Rücksicht auf momentanen Vortheil festhielten:

»Unser himmlischer Fürst hat die göttliche Sendung erhalten, die Mandschu auszurotten, — sie von Grund aus zu vertilgen, Männer, Weiber, Kinder, — alle Götzendiener auszurotten und das Reich als sein rechtmässiger Herr in Besitz zu nehmen. Das Reich und Alles was darin ist, gehört ihm; seine Berge und Flüsse, seine weiten Ebenen und öffentlichen Schatzkammern; ihr und Alles was ihr habt, euere Familie männlich und weiblich von euch selbst bis zu euerem jüngsten Kinde und euer Eigenthum vom ererbten Stammgut bis zum Armband des Neugebornen. Wir verfügen über die Dienste Aller und wir nehmen Alles. Alle, die uns widerstreben, sind Rebellen und teuflische Götzendiener; wir tödten sie ohne Jemand zu schonen. Wer unseren himmlischen Fürsten aber anerkennt und sich in unserem Dienste bemüht, soll vollen Lohn erhalten, gebührende Ehre und Rang im Heer und am Hof unseres himmlischen Hauses.«

Folgende aus den ersten Jahren der TAE-PIŃ-Bewegung stammende Proclamationen, welche in dem 1852 zu NAN-KIŃ gedruckten »Buch der himmlischen Befehle und Bestimmungen des kaiserlichen Willens« zu finden sind, geben einen Begriff von der damaligen Gestalt ihres Aberglaubens und ihrer sittlichen Haltung.[75])

[75]) Der Eingang lautet: »Im dritten Monat des MO-ŠIN-Jahres (1848) kam unser himmlischer Vater, der grosse Gott und höchste Herr auf die Erde herab und that unzählige Wunder und Thaten, begleitet von deutlichen Zeugnissen, welche im Buch der Proclamationen beschrieben sind. Im neunten Monat (October) desselben Jahres kam unser himmlischer älterer Bruder, der Heiland Jesus auf die Erde herab und that unzählige Wunder und Thaten, begleitet von deutlichen Zeugnissen, welche (u. s. w. wie oben). Damit es nun keinem Einzigen unserer ganzen Schaar, sei er gross oder klein, Mann oder Weib, Soldat oder Officier, an vollkommener Kenntniss des heiligen Willens und der Befehle des himmlischen Vaters und an vollkommener Kenntniss des heiligen Willens und der Befehle unseres himmlischen älteren Bruders gebreche, und damit Keiner aus Unwissenheit gegen die himmlischen Befehle und Bestimmungen verstosse, haben wir ausdrücklich die verschiedenen Kundmachungen untersucht, welche die wichtigsten der heiligen Vorschriften und Befehle unseres himmlischen Vaters und unseres himmlischen älteren Bruders enthalten, haben dieselben geordnet und in Form eines Buches veröffentlicht, damit unsere ganze Schaar dieselben fleissig lese und behalte, jeden Verstoss gegen die

»Am vierzehnten Tage des dritten Mondes des Sin-kae-Jahres redete der himmlische Vater im Dorfe Tuṅ-hiaṅ die Menge also an: O meine Kinder! Kennet ihr euren himmlischen Vater und euren himmlischen älteren Bruder? Worauf Alle antworteten: Wir kennen unseren himmlischen Vater und unseren himmlischen älteren Bruder. Der himmlische Vater sprach: Kennet ihr auch eueren Herrn, gewiss und wahrhaftig? Worauf sie alle antworteten: Wir kennen unseren Herrn sehr gut. Der himmlische Vater sagte: Ich habe eueren Herrn auf die Erde hinabgesandt, damit er der himmlische König werde. Jedes Wort, das er redet, ist ein himmlischer Befehl. Ihr müsst gehorsam sein; ihr müsst in Wahrhaftigkeit euerem Herrn dienen und eueren König achten. Ihr dürfet nicht wagen, zügellos zu handeln oder euch unehrerbietig zu gebahren. Wer von euch seinen Herrn und König nicht scheuet, wird in Bedrängniss gerathen.«

»Am achtzehnten Tage des dritten Mondes des Sin-kae-Jahres redete der himmlische ältere Bruder, der Heiland Jesus, im Dorfe Tuṅ-hiaṅ zu der Menge und sagte: O meine jüngeren Brüder! Ihr müsset die himmlischen Gebote halten und den euch ertheilten Befehlen gehorchen und in Frieden mit einander leben. Ist ein Höherer im Unrecht und ein Niederer einigermaassen im Recht, oder ist ein Niederer im Unrecht und ein Höherer einigermaassen im Recht, so schreibet nicht wegen des einzelnen Ausdrucks die Sache in ein Buch, noch knüpfet Fehde und Feindschaft an. Ihr sollet pflegen was gut ist und eueren Wandel reinigen; ihr sollet nicht in die Dörfer gehen und das Geld und Gut der Leute plündern. Wenn ihr in Reihen zum Kampfe gehet, so sollet ihr nicht weichen. Wenn ihr Geld habet, so müsst ihr das sagen und nicht glauben, dass es dem Einen oder dem Anderen gehört. Ihr müsset mit einigem Herzen und einiger Stärke die Berge und Flüsse erobern. Ihr sollet den Weg zum Himmel finden und darauf wandeln. Ist auch jetzt die Arbeit mühselig und qualvoll, so werdet ihr doch allmälich in hohe Aemter gelangen. Wenn, nachdem ihr unterwiesen seid, noch Jemand die Gebote des Himmels bricht und die euch gegebenen Befehle missachtet, wenn ihr eueren Officieren nicht gehorchet oder, in die Schlacht geführt, zurückweichet, so wundert euch nicht, wenn ich, euer erhabener älterer Bruder, euch zu tödten befehle.«

Ueber die Einzelnheiten des Winterfeldzuges fehlt es an

himmlischen Vorschriften vermeide und so handele, wie es unserem himmlischen Vater und unserem himmlischen älteren Bruder wohlgefällig ist. Auch einige unserer königlichen Proclamationen sind hinzugefügt, um euch mit den Gesetzen bekannt zu machen, damit ihr in der Furcht derselben lebet. Achtet darauf!«

Nachrichten, aber das ist sicher, dass die TAE-PIŃ, obwohl in der Defensive bleibend, immer wichtigere Plätze gewannen und sich beständig verstärkten. So stiessen zwei weibliche Rebellenführer, jede mit zweitausend Mann, zu HUŃ-SIU-TSUEN, unterwarfen sich seinem Befehl und nahmen seine Lehre an. Bald darauf liessen ihm acht Bandenführer des Dreifaltigkeitsbundes ihre Bereitschaft zum Beitritt melden. HUŃ-SIU-TSUEN stellte die Bedingung, dass sie den wahren Gott verehrten und schickte acht Brüder zu ihrer Unterweisung, welche jeder mit einem Geldgeschenk zurückkehrten. Die Dreifaltigkeitsbündler marschirten darauf zum TAE-PIŃ-Heere und lagerten sich in der Nähe. Nun hatte einer der zu ihrer Unterweisung gesandten Brüder das Geld nicht an die allgemeine Kasse abgeliefert; HUŃ beschloss dessen Bestrafung nach der vollen Strenge des Gesetzes und liess ihn enthaupten. Das schreckte sieben von den Bandenführern dermaassen, dass sie mit ihren Schaaren wieder abzogen.[76])

HUŃ-SIU-TSUEN äusserte sich damals über den Dreifaltigkeitsbund sehr deutlich: er verabscheue dessen abergläubische Gebräuche; auch sei wohl die Ausrottung der TSIŃ-, nicht aber die Aufrichtung einer neuen MIŃ-Dynastie zu erzielen. Auf die Zahl der Anhänger komme es nicht an: »Wenn wir die wahre Lehre predigen und auf Gottes mächtige Hülfe bauen, so werden Unserer wenige eine grosse Zahl der Anderen aufwiegen.« Er befahl auf das strengste, keinen Dreifaltigkeitsbündler aufzunehmen, der nicht den abergläubischen Gebräuchen entsage und sich zur wahren Lehre bekenne. — Diese puritanische Strenge und die Gütergemeinschaft scheinen mehrere Jahre lang dem TAE-PIŃ-Heere die Kraft verliehen zu haben, welche zu unbedingtem Erfolge führt. Mit dem Aufhören derselben begann der Verfall ihrer Herrschaft.

Im Frühjahr 1851 sandte die kaiserliche Regierung den Mandschu-General WU-LAN-TAE und bald darauf einen anderen Mandschu vom höchsten Range, den ersten Minister SAE-HAŃ-A, nach KUAŃ-SI. Letzterer kam als Generalissimus mit einem zahl-

---

[76]) Nur Einer, welchem die Strenge der Satzungen gefiel, blieb bei den TAE-PIŃ und wurde einer ihrer besten Führer. Es war LO-TA-KAN, der spätere Commandant von TŠIŃ-KIAŃ-FU, mit welchem Meadows mehrfach verkehrte. — Die anderen Bandenführer traten zu den Kaiserlichen über; sie sollen im Laufe des Krieges sämmtlich von den Rebellen gefangen worden sein.

reichen Stabe auserlesener Mandschu- und Mongolen-Officiere und einer Leibwache von 200 Tartaren. Ueber den Stand der Dinge giebt ein Ende April geschriebener Privatbrief des Gouverneurs von Kuaṅ-si an den Statthalter der Provinz Hu-pi die beste Auskunft.[77]) Nach ausführlichen Mittheilungen über seinen Feldzug seit Anfang März, worin bitter geklagt wird über die Unfähigkeit und Lässigkeit der Führer und die Feigheit der Truppen, fährt er fort: »Tae-piṅ und Nan-niṅ (zwei Kreise im Südwesten von Kuaṅ-si) melden eben, dass sie hart bedrängt werden; Yu-lin und Po-pi (Bezirke im Süden) sind so gut wie verloren; in Piṅ-lo und Ho (Bezirke im Westen) ist der General geschlagen und man weiss nichts von seinem Schicksal. In anderen Gegenden ist das Land von Rebellen überfluthet. Unsere Geldmittel sind fast erschöpft und unsere Truppenzahl gering; unsere Officiere sind uneinig und die Gewalt ist nicht concentrirt. Der Commandeur der Truppen will eine Fuhre brennender Scheite mit einer Tasse Wasser löschen. Er lässt auch den Truppen keine Ruhe und sendet sie bald hier- bald dorthin, so dass sie von den Märschen erschöpft sind...... Ich fürchte, dass wir ein ernstes Unglück bekommen, dass die grosse Menge gegen uns aufsteht und unsere eigenen Leute uns verlassen.« Dann kommen wieder Klagen über die Eifersucht und Gewissenlosigkeit der Führer und einige Nachrichten über die Tae-piṅ: »Die Rebellen haben fünf Hauptführer: Huṅ-siu-tsuen ist der erste, Fuṅ-yuṅ-san der zweite, Yaṅ-sin-tsiṅ der dritte, Hu-yi-sien und Tsaṅ-san-su sind die folgenden. — Huṅ-siu-tsuen ist nicht ein Mann vom Namen Huṅ; er ist eine Art Barbare. Fuṅ-yuṅ-san ist ein Graduirter des ersten Grades. Beide sind geschickt im Gebrauch der Truppen. Huṅ-siu-tsuen ist ein Barbar, der die alte Kriegskunst übt. Erst verbirgt er seine Stärke, dann zeigt er sie etwas, dann noch mehr, und zuletzt kommt er mit grosser Macht heran. Er gewinnt immer zwei Siege für eine Niederlage....... Die Zahl der Rebellen wächst immer mehr; je länger unsere Truppen gegen sie kämpfen, desto grösser wird deren Furcht. Die Rebellen sind meistens kräftig und verwegen; man kann sie auf keine Weise mit einem unordentlichen Haufen vergleichen, denn ihre Gesetze und Vorschriften sind streng und deutlich. Unsere Truppen haben keine Spur von Disciplin;

---

[77]) Der Brief ist ausführlich mitgetheilt in Meadows The Chinese and their rebellions, S. 154.

der Rückzug wird ihnen leicht, der Vormarsch schwer, und, noch so sehr ermahnt, bleiben sie schwach und furchtsam wie zuvor. Persönlich commandirend in jenen Schlachten fand ich die Truppen, welche aus den verschiedensten Gegenden stammten, alle gleich unbrauchbar u. s. w.«

Eine etwas später verfasste Denkschrift des Tartarengenerals Wu-lan-tae schreibt den Verfall des Heeres seinen Niederlagen im Kriege mit den Barbaren zu. Die Truppen sehen Flucht am Vorabend der Schlacht als »alte Gewohnheit«, das Aufgeben einer Stellung als »gewöhnlichen Hergang« an. Sie handeln ohne und gegen den Befehl ihrer Officiere. Die grosse Zahl der Banditen und Anhänger verbrecherischer Genossenschaften sind der Ohnmacht des Heeres im Kriege mit den Barbaren inne geworden und fürchten es nicht mehr.

Die amtliche Zeitung von Pe-kiṅ brachte den Sommer 1851 hindurch viele Siegesnachrichten, daneben aber auch Denkschriften wie die erwähnte, und kaiserliche Decrete voll scharfen Tadels gegen die Truppenführer und Beamten in Kuaṅ-si, deren mehrere degradirt wurden. Im Mai durchbrachen die Tae-piṅ die Stellung der Kaiserlichen an ihrem stärksten Punkt und rückten in den bis dahin unberührten Siaṅ-Bezirk. Ueber ihre nächsten Bewegungen ist man im Unklaren. Am 27. August aber besetzten sie die Bezirksstadt Yuṅ-nan, wo sie den ganzen Winter blieben. Sie richteten hier zuerst eine Hofhaltung ein und gaben ihrer politischen Verfassung festere Gestalt. Huṅ-siu-tsuen hielt einen pomphaften Umzug und liess sich als ersten Kaiser der neuen Dynastie ausrufen. Ende November erliess er folgendes Manifest:

»Unser himmlischer Vater, der grosse Gott und höchste Herr ist ein einiger wahrer Geist. Neben unserem himmlischen Vater dem grossen Gott und höchsten Herrn giebt es keinen Gott. Der grosse Gott unser himmlischer Vater und höchster Herr ist allwissend, allmächtig und allgegenwärtig, der Höchste über Alles. Es giebt kein Wesen, das nicht von ihm geschaffen und erhalten wird. Er ist Šaṅ (der Höchste); er ist Ti (der Herr). Ausser dem grossen Gott unserem himmlischen Vater und höchsten Herrn giebt es Niemand der Šaṅ und Niemand der Ti genannt werden kann.

Deshalb möget ihr Soldaten und Officiere uns von nun an als eueren Herrn bezeichnen; und das ist Alles. Ihr dürft mich nicht den höchsten nennen, sonst fehlt ihr gegen den Namen unseres himmlischen

Vaters. Unser himmlischer Vater ist unser heiliger Vater, und unser himmlischer älterer Bruder ist unser heiliger Herr der Erlöser der Welt. Unser himmlischer Vater und unser göttlicher älterer Bruder allein sind also heilig; und von jetzt an möget ihr Soldaten und Officiere uns als eueren Herrn bezeichnen; das ist Alles. Aber ihr dürft mich nicht heilig nennen, sonst fehlt ihr gegen die Benennung unseres himmlischen Vaters und unseres göttlichen älteren Bruders. Der grosse Gott unser himmlischer Vater ist unser geistiger Vater und unser geistlicher Vater. Früher hatten wir euch befohlen, den ersten und zweiten Staatsminister und die commandirenden Generale der Vorhut und der Nachhut des Heeres mit dem Namen »königlicher Vater« zu bezeichnen, was ein vorübergehendes Zugeständniss an die verderbten Gebräuche der heutigen Welt war. Es war aber nach der wahren Lehre eine kleine Beeinträchtigung der Vorrechte unseres himmlischen Vaters; denn unser himmlischer Vater allein ist zu dem Vaternamen berechtigt. Wir haben nun angeordnet, dass unser erster Staatsminister und Obergeneral als König des Ostens bezeichnet werden soll, welcher über alle Staaten der östlichen Gegenden gesetzt ist. Wir haben ferner angeordnet, dass unser zweiter Staatsminister und Hülfs-Obergeneral als König des Westens bezeichnet werde, welcher über alle Staaten der westlichen Gegend gesetzt ist. Wir haben auch angeordnet, dass der Commandirende der Vorhut als König des Südens bezeichnet werde, der über alle Staaten der südlichen Gegend gesetzt sein soll. Wir haben ferner angeordnet, dass der Commandirende der Nachhut als König des Nordens bezeichnet werde, welcher über alle Staaten der nördlichen Gegend gesetzt sein soll. Wir haben endlich unseren Bruder Si-ta-kae zum Hülfskönig ernannt, damit er unseren himmlischen Hof stützen helfe. Alle oben genannten Könige sollen unter Leitung des Königs von Osten stehen. Wir haben auch eine Kundgebung erlassen, durch welche unsere Gemalin als Frau aller Frauen (Kaiserin) und unsere Nebenfrauen als königliche Frauen bezeichnet werden. Beachtet Dieses.«[78])

[78]) In dem Buche von Lindesay Brine »The Taeping rebellion in China« (London 1862) sind noch andere Manifeste aus Yun-nan mitgetheilt. In einem derselben heisst es: »Wir möchten euch bei diesem Anlass einprägen, dass diejenigen, welche in der jetzigen Zeit nicht um ihr Leben besorgt sind und den Tod nicht fürchten, später gen Himmel fahren werden, wo sie ewiges Leben und Unsterblichkeit geniessen sollen. Die aber um ihr Leben besorgt sind, werden das Leben nicht erhalten, und die den Tod fürchten, werden den Tod finden. Ferner: Die in jetziger Zeit nicht nach Bequemlichkeit streben und keine Beschwerden fürchten, sollen danach in den Himmel kommen, wo sie ewige Ruhe und Erlösung von allem Weh finden; die aber nach Bequemlichkeit streben, werden keine Bequemlichkeit

Der Fürst des Ostens war YAṄ-SIN-TSIṄ, Fürst des Westens SIAO-TŠAO-WUI, Fürst des Südens FUṄ-YUṄ-SAN, Fürst des Nordens WEI-TŠIṄ. Diesen zunächst scheinen neun hohe Staatsbeamte den verschiedenen Zweigen der Verwaltung vorgestanden zu haben. Nach dem Privatbriefe des Gouverneurs von KUAṄ-SI hätte das TAE-PIṄ-Heer schon im Frühjahr 1851 aus neun »Armeen« zu 13,270 Mann bestanden, was durchaus nicht zu anderen von Meadows eingezogenen Nachrichten passt, nach denen um die Zeit der Besetzung von YUṄ-NAN die ganze Zahl nur 16,000 betragen hätte. Jene Angabe ist sicher zu hoch; aus den in dieser Zeit an das Heer gerichteten Manifesten spricht ein strenger puritanischer Geist, der wohl auf eine kleine Schaar fanatischer Streiter von ernster Ueberzeugung, nicht aber auf zusammengelaufene Massen wirken konnte. — Aeusserlich hatte das Heer eine feste Organisation. Die Tracht der Officiere bis zu den Königen hinauf war genau vórgeschrieben und sehr bunt. Als gemeinsames Zeichen der Auflehnung gegen die Mandschu schnitten alle TAE-PIṄ sich den Zopf ab und liessen das Haar auf dem ganzen Kopfe wachsen.

Während des Winters wurden die Rebellen in YUṄ-NAN von den Kaiserlichen immer enger eingeschlossen und verloren allmälich alle Stellungen ausserhalb der Stadt. Das Pulver ging ihnen aus und der Mundvorrath wurde immer knapper; sie mussten sich durchschlagen. In der Nacht zum 7. April 1852 rückten sie in drei Colonnen aus, durchbrachen unter starkem Verlust die kaiserlichen Linien und marschirten unangefochten weiter, da das feindliche Heer in gänzliche Auflösung gerieth.[79]) Sie rückten vor die Provinzial-

geniessen, und wer Beschwerden fürchtet, wird Beschwerden leiden. Kurz: gehorchet den Geboten des Himmels und ihr werdet Glückseligkeit geniessen; seid ungehorsam, und ihr werdet zur Hölle fahren.« — In einem anderen Edict ist die Aufstellung von Führungslisten für jeden Krieger des Heeres angeordnet.

[79]) Bei dieser Action wurde ein TAE-PIṄ-Führer gefangen, der sich den Kaiserlichen gegenüber HUṄ-TA-TSUEN und einen Genossen des HUṄ-SIU-TSUEN nannte. Nach seinen in der Zeitung von PE-KIṄ publicirten Geständnissen scheint er wirklich einer der leitenden Männer gewesen zu sein; er legte sich den Titel TIEN-TI bei und war vielleicht derjenige Rebellenführer, welcher vor Organisation der TAE-PIṄ unter diesem Namen in KUAṄ-SI auftrat. Unter den fünf Königen wird er nicht genannt, kann also kein so hohes Amt bekleidet haben wie diese. Nach seinen eigenen Geständnissen wäre er aber dem TIEN-WAṄ an Macht und Ansehn fast gleich gewesen. Wie viel Antheil an diesen Geständnissen vielleicht die Folter, vielleicht auch die Eitelkeit gehabt hat, als grosser Herr zu ster-

Hauptstadt Kwei-liṅ, das Hauptquartier des Vice-Königs, und belagerten dieselbe einen Monat lang vergebens. Am 19. Mai brach das Tae-piṅ-Heer nach Norden auf, überschritt die grosse südliche Wasserscheide und trat in die Provinz Hu-nan ein, wo zunächst die Bezirksstadt Tao-tšau genommen wurde. Den Juli, August und September marschiren sie langsam nordwärts, nehmen eine Stadt nach der anderen und erheben überall Contributionen. Den October und November hindurch belagern sie die Provinzial-Hauptstadt Tšaṅ-ša, um welche die Kaiserlichen allmälich überlegene Streitkräfte zusammenziehen. Die Tae-piṅ haben unterdessen eine Flotte von Flussbarken gesammelt, auf der sie, die Belagerung am 30. November aufhebend, den Fluss Siaṅ hinab nach dem Tuṅ-tiṅ-See fahren. Diesen durchkreuzen sie am 13. December und gelangen bei Yo-tšaṅ in den Yaṅ-tse-kiaṅ, dann stromabwärts nach der berühmten Dreistadt Han-kau, einem der reichsten Handelsplätze von China. Hier mündet der Han in den grossen Strom; zu seinen beiden Seiten liegen die Städte Han-kau und Han-yaṅ, und auf dem gegenüberliegenden Ufer Wu-tšaṅ, die Hauptstadt der Provinz Hu-pi, zusammen mit einer Bevölkerung von drei bis vier Millionen. Am 23. December besetzten die Tae-piṅ die beiden ersteren Städte; am 12. Januar 1853 erstürmten sie Wu-tšaṅ. Hier blieben sie einen Monat, mit Rüstungen und Einschiffung der unterwegs gesammelten Schätze beschäftigt. Dann segelten sie weiter stromabwärts, nahmen am 18. Februar Kiu-kiaṅ, einen wichtigen Platz am Eingang des Po-yaṅ-Sees, und am 24. Februar Gan-kiṅ, die Hauptstadt der Provinz Gan-wui. In diesen und den benachbarten Städten bis zur Entfernung von zwei Tagereisen von beiden Flussufern sammelten sie Geld und Vorräthe, die bald ohne Weiteres genommen, bald als Lösegeld eingezogen wurden.

Am 8. März erschien das Tae-piṅ-Heer vor Nan-kiṅ;[80]) am

---

ben, — denn der Tod war ihm gewiss, — mag dahin gestellt bleiben. Das auf dieser Sache ruhende Dunkel wird noch gemehrt durch den Umstand, dass die Tae-piṅ selbst in den ersten Jahren ihre Aera »Tien-ti« nannten. Erst nach Einnahme von Nan-kiṅ scheint dieser Ausdruck geändert worden zu sein.

[80]) Als Hien-fuṅ die Ankunft der Tae-piṅ vor Nan-kiṅ erfuhr, begab er sich an den Altar seiner Ahnen und betete inbrünstig um Frieden. »In dem darauf bezüglichen Decret, sagt die amtliche Zeitung, tadelt der Kaiser seine Minister wegen falscher Maassregeln, verurtheilt aber auch sich selbst, weil er nicht strenge Untersuchung der bestehenden Missbräuche angestellt habe, welche den Aufstand veranlasst und Elend über das Volk gebracht hätten. Der Gedanke daran raubt ihm den

19. März sprengten sie ein Stück der nördlichen Stadtmauer und stürmten die Bresche. Die chinesischen Truppen aus Šan-tuṅ und Kwei-tšau hielten nicht Stand. Die Tartaren-Garnison war nominell fünftausend Mann stark; so viele wurden in den Listen geführt und besoldet. Die Familien hatten sich aber während des zweihundertjährigen Aufenthaltes stark vermehrt; nach Meadows wären der wehrhaften Männer über siebentausend, und mit Greisen, Frauen und Kindern über zwanzigtausend Tartaren in Nan-kiṅ gewesen. Sie wussten, dass sie von den Tae-piṅ keine Gnade erwarten durften; sie standen zum Schutze des angestammten Herrscherhauses da, dessen Brod ihre Familien seit Jahrhunderten assen; sie hatten Weib und Kind, Haus und Hof, Freiheit und Leben zu verlieren und rührten doch keine Hand zum Kampfe. Sie fielen um Gnade flehend vor den eindringenden Rebellen nieder und liessen sich ohne Widerstand hinschlachten. »Wir erschlugen sie alle,« erzählte bald darauf ein Rebellenführer Herrn Meadows, »bis auf den Neugebornen im Arm der Mutter, und liessen nicht eine Wurzel zum Aufspriessen. Ihre Leichen wurden in den Yaṅ-tse geworfen.«

Am 1. April fuhr die Flotte der Insurgenten den Strom hinab nach Tšiṅ-kiaṅ-fu. Die kaiserlichen Dschunken ergriffen schmählich die Flucht, und die Stadt fiel ohne Gegenwehr. Die Tartaren waren davongegangen; einige Hundert wurden in den umliegenden Ortschaften niedergemacht. Am 2. April besetzten die Tae-piṅ Kwa-tšau auf dem Nordufer des Stromes und die anderthalb Meilen davon am Kaiser-Canal gelegene reiche Stadt Yaṅ-tšau. Eine Strandbatterie von dreiviertel Meilen Länge fiel mit allen Geschützen in ihre Hände, ohne dass ein Schuss gefeuert wurde. — So eroberten sie in wenig Tagen die wichtigste strategische Position des chinesischen Reiches und hätten den Norden aushungern können, wenn sie, wie die Engländer zehn Jahre zuvor, auch Herren des Meeres gewesen wären.

Nan-kiṅ, Tšiṅ-kiaṅ und die anderen wichtigen Punkte wurden in kurzer Zeit stark genug befestigt und verproviantirt, um dem Feinde sicher zu trotzen. Der kaiserliche General der Provinz nahm mit seinen Truppen eine beobachtende Stellung südlich von Nan-kiṅ ein und liess sein Dschunkengeschwader mehrere Meilen oberhalb der Stadt ankern, wagte aber nicht anzugreifen. — Die Zahl

Schlaf. Aber sich nur zu tadeln ist ein leerer Brauch. Deshalb bittet er den Himmel flehentlich und demüthig, seine Fehler zu vergeben und sein armes Volk zu retten.«

der Tae-piń-Truppen um diese Zeit ist schwer zu schätzen; man rechnete ihre gegen Nan-kiń rückende Streitmacht auf sechszig- bis achtzigtausend. Dazu kamen wenigstens hunderttausend, vielleicht die doppelte Zahl zurückgebliebener Bewohner der besetzten Städte, welche für die Insurgenten arbeiten mussten. Die waffenfähigen Männer darunter wurden zu Soldaten gepresst und in die nach dem Norden und Westen detachirten Armeen eingestellt, während ihre Angehörigen als Geisseln zurückblieben. — Die Tae-piń nahmen Alles, Mann, Weib, Kind und jede Sache vom geringsten Werth, inventarisirten und speicherten Alles, um aus dem gemeinsamen Vermögen alle Ausgaben zu bestreiten. In dieser methodischen Ordnung lag noch viele Jahre lang ihre Stärke; denn der gemeine Mann gab sich rücksichtslos seinen Führern hin, die für ihn dachten und sorgten. Nan-kiń wurde der Mittelpunkt, die grosse Schatzkammer ihrer Herrschaft; sie behaupteten sich dort elf Jahre lang. Huń-siu-tsuen und seine Könige scheinen geglaubt zu haben, dass mit der Einnahme der alten südlichen Hauptstadt der wichtigste Theil ihrer Aufgabe gelöst sei, dass sie von diesem Mittelpunkt aus das Reich ohne Schwierigkeit unterwerfen könnten. Hätten sie die begonnene Laufbahn weiter verfolgt, hätten sie sich mit der ganzen Wucht ihrer sieggewissen Schaaren auf den Norden geworfen, so möchte sie schwerlich ein kaiserliches Heer vor Pe-kiń aufgehalten haben, und es war, so weit man in der Geschichte mit Wahrscheinlichkeiten rechnen darf, um die Mandschu-Herrschaft geschehen. Sie gingen aber seit der Besetzung von Nan-kiń mehr auf Befestigung ihres Ansehns und politische Organisation als auf Eroberung aus. Huń-siu-tsuen umgab sich mit allen Attributen der Kaiserwürde, richtete eine glänzende Hofhaltung ein und verschloss sich, nur wenigen Vertrauten zugänglich, mehr und mehr in seinen Palast, wo er, von vielen Frauen umgeben, in theologisches Grübeln versunken sein soll. Die Leitung der Geschäfte besorgten die fünf Könige, und ordneten die ganze Staatsverwaltung nach dem Muster der Einrichtungen in Pe-kiń. Mit diesem Verfahren spachen die Tae-piń sich selbst das Urtheil. Als Eroberer konnten sie wahrscheinlich die Mandschu stürzen, die ihnen weder an Kriegsmacht noch an Ueberzeugung gewachsen waren. Als Organisatoren mussten sie unterliegen; denn ihren Besten fehlte die Einsicht und höhere Bildung, welche das Verständniss der alten politischen Einrichtungen und deren Umgestaltung in neue lebensfähige forderten. Sie ahmten nur nach; aber ihre communistischen Satzungen raubten der alten Staatsordnung einen Theil ihrer Grundlage; auch war die Masse des Bestehenden, Eingelebten bei aller inneren Zerrüttung viel zu mächtig, um einer neuen künstlichen Ordnung zu weichen, welche sich so schwächlich, in so geringem Umfang geltend machte. — Statt mit dem ganzen Heere nach Norden zu ziehen, blieben die Führer mit dem grössten Theil ihrer Kerntruppen in Nan-kiṅ. Tšiṅ-kiaṅ und Kwa-tšau erhielten zuverlässige Garnisonen unter bewährten Führern; das strategisch unwichtige Yaṅ-tšau, das sie nur seiner Schätze wegen besetzt hatten, wurde bald wieder aufgegeben. Nach dem Norden, gegen die Hauptstadt des Reiches zog keiner der fünf Könige; diesen wichtigsten Feldzug vertrauten sie Untergebenen und schickten nur einen Theil der alten Kerntruppen mit. Einen grossen Theil des nach Norden marschirenden Heeres scheinen gepresste Recruten gebildet zu haben; seine unglaublichen Leistungen beweisen nur die Schwäche des Widerstandes, lassen aber als gewiss annehmen, dass das gesammte Tae-piṅ-Heer unter den alten Führern sein grosses Ziel erreicht hätte.

Der Zug nach Norden war der einzige Eroberungszug der Tae-piṅ nach der Besetzung von Nan-kiṅ; ihre späteren Feldzüge nahmen, nicht unmittelbar auf den Sturz der Mandschu ausgehend, mehr und mehr den Charakter von Raubzügen an, welche Nan-kiṅ mit Schätzen und Proviant versorgen mussten. Jedes Jahr rückten die Heere aus und plünderten einige Provinzen, hielten aber keine bleibend besetzt. Nur wenige Städte am grossen Strom und die daran grenzenden Landstriche blieben beständig in ihren Händen. — Huṅ-siu-tsuen's religiöse Ueberspannung bildete sich zum Irrsinn aus; seine Lehre entartete in Vergötterung der eigenen kaiserlichen Person. Auch die Könige bewahrten keineswegs die alte Strenge, welche die Stärke ihrer Heere war; mehrere sollen ehrgeizige Absichten gehegt haben und kamen zu jähem Sturz. Neue Würdenträger wurden ernannt, darunter fähige, zuverlässige und überzeugte Männer. Seit aber die Eroberung nicht mehr Hauptziel war, geriethen die Tae-piṅ mehr und mehr in die Defensive. Die alten Kerntruppen starben weg; sie in der früheren Weise zu ergänzen, fehlte es an Glaubenswahn und Strenge. Man bedurfte der Massen, und, wenn auch einzelne Vorschriften bleibend aufrecht gehalten wurden, so ergänzten sich doch die Tae-piṅ-Heere in den späteren

Jahren fast durchgängig aus eben so schlechtem Gesindel, wie die kaiserlichen, und wetteiferten mit diesen in allen Verbrechen.

Als die Rebellen Nan-kiṅ genommen hatten, begann die Bevölkerung der in dem Landstrich zwischen Tsiṅ-kiaṅ und dem Meere gelegenen Städte mit ihrer fahrenden Habe auszuwandern; Shang-hae füllte sich mit Flüchtigen. Der Weg dahin stand dem Insurgentenheere offen und wäre ihm von kaiserlichen Truppen kaum bestritten worden. Die fremden Ansiedler organisirten sich zu einem Freicorps und liessen Erdwerke zum Schutz der Niederlassung aufwerfen, denn man fürchtete das Schlimmste. Wu, der Präfect von Shang-hae, ein Kantonese, welcher sein Amt erkaufte,[81]) hatte sich schon früher um die Rüstungen bemüht und die kaiserliche Flotte im Yaṅ-tse durch eine Anzahl Lorchas verstärkt, welche, beweglicher und besser bemannt als die Kriegsdschunken, der Tae-piṅ-Flotte bei Tsiṅ-kiaṅ kurzen Widerstand leisteten. Jetzt meldete Wu dem englischen Consul, er wünsche die vor Shang-hae ankernde Corvette Lily zu miethen, und bat, über die Unziemlichkeit solchen Antrages belehrt, dass für die Operationen im Yaṅ-tse einige Kriegsdampfer aus Hong-kong verschrieben würden. Vergebens wiederholte er sein Gesuch um Beistand, als der englische Bevollmächtigte Sir George Bonham am 21. März 1853 mit den Dampfern Hermes und Salamander vor Shang-hae eintraf. Im Verein mit dem Präfecten von Niṅ-po hatte Wu unterdessen eine Anzahl grösserer Lorchas aus Macao gerüstet und americanische Schiffe gekauft, welche mit Seeleuten aller Länder bemannt wurden. Der hohe Sold verführte selbst Matrosen der Kriegsschiffe zur Desertion. Um die Bevölkerung zu beruhigen und die Tae-piṅ zu schrecken, verbreiteten die Mandarinen in der Provinz, dass die Fremden die kaiserliche Flotte

---

[81]) Wu hatte sich im Handel mit den Fremden emporgearbeitet, sprach das gebrochene Pidgeon-Englisch, die Verkehrssprache zwischen den Fremden und den Kantonesen, welche sich im Laufe der Zeit zu einem feststehenden Jargon ausgebildet hat, und war dadurch, obgleich er keine Prüfung bestanden und keine Spur von litterarischer Bildung hatte, obgleich er nicht einmal den Mandarinen-Dialect — was so viel sagen will wie bei uns hochdeutsch — reden konnte, zu der Stellung in Shang-hae besonders geeignet. Er war fähig, thätig und opferte für die Rüstungen sein eigenes Vermögen, wurde aber dennoch später wegen des schlechten Erfolges degradirt.

mit ihren Schiffen unterstützen würden. Diese Nachricht, verbunden mit der Anwesenheit fremdgetakelter Schiffe im Strom, konnte die TAE-PIŃ gegen die Ausländer reizen. Um nun Jenen die Neutralität der Briten anzuzeigen und Kenntniss vom Stande der Dinge zu gewinnen, beschloss Sir George Bonham auf dem Hermes nach NAN-KIŃ hinaufzugehen.

Die Fahrt war glücklich. Am 26. April 1853 ankerte der Hermes bei der »Silberinsel« unterhalb TŠIŃ-KIAŃ. Als er darauf bei dem durch die americanischen Schiffe verstärkten Geschwader vorbeifuhr, folgten ihm diese und griffen die Werke der Rebellen an, welche deshalb auch auf den Hermes schossen. Ohne zu antworten dampfte die Corvette weiter und ankerte am Morgen des 27. April vor der nördlichen Ecke von NAN-KIŃ. Die Ufer-Batterieen feuerten mehrere Schüsse, schwiegen aber sobald die Engländer durch unterwegs aufgegriffene Chinesen den TAE-PIŃ ihre Friedfertigkeit schriftlich meldeten. Einige Officiere brachten die Antwort, worauf Sir George Bonham den Secretär Herrn Meadows nach dem Ufer sandte. Lieutenant Spratt begleitete denselben. Am Landungsplatz liefen viele Soldaten zusammen. Meadows fragte nach dem höchsten Beamten, zu welchem Zutritt zu erlangen sei, und wurde nach einem Hause der nördlichen Vorstadt geleitet. Aus der Thür traten zwei Männer in gelbseidenen Gewändern. Die Spalier bildenden Soldaten schrieen den Engländern zu, sich niederzuwerfen; Meadows aber grüsste europäisch und sagte den Beiden seinen Auftrag, eine Zusammenkunft des englischen Bevollmächtigten mit dem höchsten Würdenträger in NANKIŃ zu verabreden. Die Gelbgekleideten traten aber schweigend in das Haus zurück, wohin Meadows und Spratt ohne Umstände folgten. — Draussen gab es Tumult: Der den Engländern als Führer gedient hatte, bekam von den Anderen Schläge. — Die Gelben waren, wie sich später zeigte, der König des Nordens und der Hülfskönig. Ersterer fragte, nachdem sie sich niedergelassen, Herrn Meadows, ob er Gott den himmlischen Vater anbete. Auf die Antwort, dass die Engländer das seit achthundert Jahren thäten, wechselten die Beiden zufriedene Blicke und liessen Stühle bringen. Nun entspann sich zwischen Meadows und dem Nordkönig ein Gespräch: Jener forschte nach dem Rang und der Stellung der TAE-PIŃ-Häupter, meldete den Wunsch der englischen Regierung, beim Kampfe derselben mit den Mandschu vollkommen neutral zu bleiben und fragte nach der Haltung, welche sie im Falle eines Marsches auf SHANG-HAE gegen die Fremden zu beobachten dächten. Zugleich erklärte er, dass der Hermes zu den fremdgetakelten Schiffen im Flusse, welche, ihm folgend, die Werke bei TSIŃ-KIAŃ angegriffen hatten, in keiner Beziehung stehe, und dass die Verheissung der Mandarinen von der Hülfe der Fremden grundlos sei. Den Verkauf fremder Fahrzeuge an Chinesen könnten die Consularbehörden nicht hindern; unter ihrer früheren National-Flagge dürften solche aber nicht mehr fahren.

Der Nordkönig ging auf diese Auseinandersetzungen wenig ein, sprach fast nur von seinem Glauben und forschte nach dem der Engländer: als Kinder und Anbeter Gottes seien alle Menschen Brüder; ob Meadows die »Himmlischen Gebote« kenne. Dieser fragte ob deren nicht zehn seien und begann den Anfang herzusagen. Da legte der Nordkönig ihm freudig die Hand auf die Schulter und sagte wiederholt: »Dieselben wie unsere!« Auch der Hülfskönig drückte seine Freude aus. Nicht nur Frieden, hiess es jetzt, sondern innige Freundschaft könne zwischen ihnen sein; die Engländer möchten landen und nach Gefallen in NAN-KIŃ umherwandeln. — Der Nordkönig fragte auch nach Roberts in KANTON, der ein sehr guter Mann sei, und kam im Laufe des Gespräches immer wieder darauf zurück, wie er und seine Waffengefährten des besonderen göttlichen Beistandes genössen, ohne den sie gegen so überlegene Massen und Rüstungen nichts hätten ausrichten können: »Es wäre unrecht, wenn ihr den Mandschu helfen wolltet, und noch mehr, es wäre unnütz. Unser himmlischer Vater hilft uns; gegen ihn kann niemand kämpfen.«

Man verabredete, dass folgenden Tages ein TAE-PIŃ-Beamter an Bord des Hermes kommen und Sir George Bonham zu der Zusammenkunft abholen solle. Meadows erhielt die Versicherung, dass derselbe in einem YA-MUM der inneren Stadt Männer von angemessenem Range treffen solle, erreichte aber keine nähere Bezeichnung derselben. »Wie hoch der Rang des englischen Commissars auch sein möge«, sagte der Nordkönig, »er kann nicht so hoch sein, als der Rang Derjenigen, vor denen Ihr jetzt sitzet. Auf die Frage über den TAE-PIŃ-Kaiser erwiederte der Nord-König, er sei der »wahre Herr« und als Beherrscher von China auch Herr der ganzen Welt: »Er ist der zweite Sohn Gottes und alle Völker der Welt müssen ihm gehorchen.« Und als Meadows nicht antwortete: »Der wahre Herr ist nicht nur der Herr von China, nicht nur unser Herr, sondern auch euer Herr!« Meadows sprach von anderen Dingen und man schied in Freundschaft.

Der vom Nordkönig bezeichnete Beamte kam am folgenden Morgen nicht; am Nachmittage überreichten zwei andere Officianten an Bord des Hermes folgenden »Befehl« offen und unversiegelt:

»Durch gegenwärtigen Befehl sollen die Brüder aus der Ferne von den Regeln des Ceremoniels unterrichtet werden.

Da Gott der himmlische Vater unseren Herrn auf die Erde gesandt hat als wahren Beherrscher aller Völker der Welt, so müssen alle Menschen der Erde, welche an seinem Hofe erscheinen, den Regeln des Ceremoniels Gehorsam leisten. Sie müssen Meldungen verfassen, wer und was sie sind und von wo sie kommen. Erst nach Ueberreichung derselben kann eine Audienz bewilligt werden. Gehorchet diesem Befehl.

Am 24. Tage des 3. Monats des 3. Jahres des himmlischen Reiches von Tae-piń (28. April 1853).

Bemerkung: Es ist kein Siegel beigedruckt, weil euer gestriges Gesuch keines hatte.«

Meadows schickte dieses Schreiben mit der deutlichen Erklärung an die Absender zurück, dass England nationale Gleichberechtigung mit allen Staaten der Welt beanspruche. Um das Verhältniss zur Mandschu-Regierung zu beleuchten, wurde dieser Mittheilung ein Exemplar des englischen Vertrages beigefügt.

Am folgenden Nachmittage kam Lae, ein gleich nach den Königen rangirender Würdenträger an Bord und suchte die Wirkung jenes »Befehles« abzuschwächen, dessen Ton er mit Unkenntniss der Stellung der »fremden Brüder« entschuldigte. Er zeigte Verständniss für die Belehrungen des Herrn Meadows und versprach am folgenden Morgen mit einer angemessenen Zahl Sänften und Pferden am Ufer zu erscheinen, um den englischen Bevollmächtigten und sein Gefolge zu den Königen des Ostens und des Nordens zu führen. — Das Wetter war am 30. April stürmisch. Sir George Bonham entschuldigte sich wegen Unwohlsein und schickte Herrn Meadows, welchen mehrere Officiere des Hermes begleiteten. Sie erhielten am Ufer Pferde und wurden nach einem Hause geführt, wo vier Würdenträger sie empfingen. Lae hatte sich zum Ost-König begeben und kam erst später. Er bat die Engländer dringend, über Nacht bei ihm zu bleiben. Herr Meadows musste aber wegen der von seinem Vorgesetzten gefassten Entschlüsse ablehnen und übergab nur ein Schreiben desselben, welches sich über die Machtstellung und Neutralität der Engländer verbreitete und Aufschluss verlangte über die Absichten der Tae-piṅ gegen die Fremden im Falle eines Angriffes auf Shang-hae. Sir George Bonham meldete zugleich sein Vorhaben, am folgenden Tage auf dem Hermes weiter stromaufwärts zu fahren und erbat sich Antwort bei seiner Rückkehr.

Am Morgen des 1. Mai dampfte die Corvette den Yaṅ-tse hinauf und traf etwa zwanzig kaiserliche Dschunken, von denen einige Feuer gaben. Sie hatten eine unregelmässige Bemannung, allem Anschein nach von Kuaṅ-tuṅ-Piraten; Mandarinen waren nicht an Bord. Kaiserliche Truppen zeigten sich nirgends. Am folgenden Tage kehrte der Hermes nach Nan-kiṅ zurück, und am Morgen des 3. Mai wurde folgende auf ein langes Stück gelber Seide geschriebene Mittheilung an Bord geschickt.

»Von dem himmlischen Tae-piṅ-Reiche durch wahres
göttliches Gebot
Wir

| Yaṅ, König des Ostens, Honae (?) Meister, Herr und Heiler von Krankheiten, erster Minister und Oberfeldherr des Heeres | Siao, König des Westens, Hülfsminister und zweiter Oberfeldherr des Heeres |

richten hiermit einen Erlass an die Engländer aus der Ferne, welche längst den Himmel verehrt haben und jetzt hergekommen sind, unserem Herrscher ihre Unterwürfigkeit zu beweisen. Wir befehlen ihnen dringend, keine Zweifel zu hegen und ihre Gemüther zu beruhigen.

Der grosse Gott, der himmlische Vater schuf zu Anfang in sechs Tagen Himmel und Erde, Land und Meer, Menschen und Dinge. Von jener Zeit bis jetzt ist die ganze Welt ein Haus gewesen und Alle innerhalb der vier Meere wohnenden waren Brüder. Es kann keine Verschiedenheit geben zwischen den Menschen, kein Unterschied gemacht werden zwischen hoch und niedrig geborenen. Aber seit der Zeit, da böse Geister in die Herzen der Menschen eindrangen, haben sie die grosse Gnade Gottes des himmlischen Vaters, Leben zu geben und zu erhalten, nicht mehr erkannt; sie haben nicht mehr anerkannt das grosse Verdienst Jesus, des himmlischen Bruders, im Werke der Erlösung; und sie haben Klumpen von Thon, Holz und Stein in dieser Welt sonderbare Dinge verrichten lassen. Darum gelang es den Tartaren, den teuflischen Hunnen, unser himmlisches Land in Besitz zu nehmen.

Zum Glück aber gaben der himmlische Vater und der himmlische Bruder seit frühen Zeiten euch Engländern Offenbarungen; und ihr verehret seit lange Gott den himmlischen Vater und Jesus den himmlischen Bruder, so dass die wahre Lehre erhalten blieb und das Evangelium seine Hüter hatte.

Nun hat glücklicherweise der grosse Gott, der himmlische Vater, der höchste Herr seine grosse Gnade wieder offenbart. Er hat Engel gesandt, den himmlischen Fürsten unseren Herrscher in den Himmel zu bringen, und hat ihm dort in Person die Macht gegeben, aus den dreiunddreissig Himmeln die bösen Geister wegzufegen, welche er von dort in diese niedere Welt vertrieben hatte. Zu unserem grossen Heil hat in dem dritten Mond des Mo-šin-Jahres (April 1848) der grosse Gott abermals seine unendliche Gnade und Erbarmung gezeigt, indem er auf die Erde herabstieg, und im neunten Monat hat der Herr, der Welt-Erlöser, der himmlische Bruder ebenfalls seine grosse Gnade und Erbarmung gezeigt, indem er zur Erde herabstieg. Seitdem haben der himmlische Vater und der himmlische Bruder sechs Jahre lang unsere Angelegenheiten herrlich geleitet und uns mit mächtigem Arme beigestanden, indem sie zahllose Offenbarungen und Zeugnisse gaben, viele böse Geister ausrotteten, und unserem himmlischen Fürsten halfen, die Herrschaft der Welt anzutreten.

Da nun die Engländer weite Strecken nicht zu fern gefunden haben, sondern gekommen sind ihre Botmässigkeit zu beweisen, so so sind nicht nur die Heere unseres himmlischen Herrscherhauses in grosser Freude und Entzückung, sondern auch der himmlische Vater und der himmlische Bruder werden mit Vergnügen diesen Beweis euerer Loyalität und Aufrichtigkeit sehen. Deshalb erlassen wir diesen Specialbefehl, und gestatten euch, dem englischen Häuptling, mit den Brüdern eueren Untergebenen freien Eingang und Ausgang in vollem Einklang mit euerem Begehren und Wünschen, sei es, uns bei Ausrottung der Teufel zu helfen, sei es, euere gewöhnlichen Handelsgeschäfte zu treiben. Und es ist unsere ernstliche Hoffnung, dass ihr mit uns das Verdienst haben werdet, eifrig unserem Herrscher zu dienen und mit uns die Güte des Vaters der Seelen zu vergelten.

Wir gewähren euch Engländern nun die neuen Bücher der Verordnungen der Tae-pin-Dynastie, damit die ganze Welt lernen möge, den himmlischen Vater und den himmlischen Bruder anzubeten und zu verehren, auch zu erfahren, wo der himmlische König lebt, damit Alle dort ihre Huldigungen darbringen mögen, wo die wahre Berufung geschehen ist.

Ein Specialbefehl zu Belehrung aller Menschen, gegeben am

26. Tage des 3. Mondes des KWEI-HAO-Jahres (1. Mai 1853) des himmlischen Reiches von TAE-PIŃ.«

Sir George Bonham antwortete kurz, dass ihm derjenige Theil dieser Mittheilung ganz unverständlich sei, in welchem die Engländer als Unterthanen des TAE-PIŃ-Herrschers bezeichnet seien; dass die englische Regierung durch Vertrag mit der chinesischen für ihre Unterthanen das Recht erlangt habe, in fünf Häfen des Reiches Handel zu treiben, und dass, wenn die TAE-PIŃ wagen sollten, britische Unterthanen irgendwie an Person oder Eigenthum zu schädigen, solches Beginnen sofort in ähnlicher Weise gestraft werden solle, wie zehn Jahre zuvor durch Einnahme von TSIŃ-KIAŃ und anderen Städten an der kaiserlichen Regierung geschehen sei.

Am 4. Mai in der Frühe verliess der Hermes seinen Ankerplatz vor NAN-KIŃ. Trotz der Versicherung, dass er nicht belästigt werden solle, sandten die Batterieen am Eingang des Kaiser-Canals ihm einige Kugeln, ebenso die Werke bei TSIŃ-KIAŃ. Der Hermes glitt langsam daran vorbei, gab die Begrüssung mit Zinsen zurück und ankerte Nachmittags bei der Silberinsel. Alsbald erschien der Commandant von TSIŃ-KIAŃ am Ufer und entschuldigte sich wegen der durch Missverständnisse bewirkten Angriffe.

Der Eindruck des Erlebten war bei den Engländern ein gemischter, und verschieden nach der Auffassung der Betheiligten. Meadows, der die Verhandlungen führte und besonders durch seine Sprachkenntniss zu selbstständigem Urtheil berechtigt war, fasste die günstigste Meinung von den TAE-PIŃ, deren Glauben er für rein und ehrlich, deren Organisation er für lebensfähig hielt. Er glaubte sie stark genug und berufen die Mandschu zu stürzen, und blieb dieser Ansicht noch Jahre lang treu, nachdem ihre Lehre schon zu lästerlichem Aberglauben degenerirt, ihre Führer in wahnwitzige Selbstvergötterung versunken, die Heere zu wilden Räuberbanden ausgeartet waren. Das Alles musste Meadows einsehen; er verglich aber die TAE-PIŃ mit den Kaiserlichen, fand alle ihre Schattenseiten noch dunkler bei dem Gegner, und die Thatkraft grösser bei den Rebellen. Er vergass jedoch die Macht des Bestehenden, durch Jahrhunderte Eingelebten gegenüber jeder schwächlichen Neuerung; er vergass die Macht der chinesischen Cultur, den tiefen sittlichen Inhalt der nationalen Moral-Philosophie gegenüber der sinnlosen Leere des aus missverstandenen Axiomen des Christenthumes durch schwachköpfige Schwärmer entwickelten groben und sinnlichen Aberglaubens, welcher das Gehirn der Gründer verzehren musste.

Anfang Juni 1853 besuchte der americanische Missionar Taylor auf eigene Hand TṠIŃ-KIAŃ, wurde freundlich behandelt und mit Büchern beschenkt. Der Commandant gab ihm aber ein an die »fremden Brüder« in SHANG-HAE gerichtetes Schreiben mit, in welchem unter Hindeutung auf den durch die fremdgetakelten Schiffe bei Anwesenheit des Hermes verübten Angriff in freundlichem Ton um Unterlassung ähnlicher Besuche gebeten wird, bis in einigen Monaten die Tartaren gänzlich ausgerottet wären. — Dieser Wahn war damals bei den Rebellen allgemein; so sicher glaubten ihre Führer, dass die gegen Norden gesandte Heersäule solchem Unternehmen gewachsen sei.

Im Juli 1853 ging Herr Meadows in Begleitung des Lieutenant Spratt noch einmal in amtlicher Sendung den YAŃ-TSE hinauf. Durch den hohen Sold verlockt, waren von den englischen Schiffen viele Matrosen desertirt, und wenn man auch deren Auslieferung nicht erwarten konnte, so sollte doch eine Demonstration die kaiserlichen Behörden abschrecken, in Zukunft Deserteure in Dienst zu nehmen. Meadows blieb mit seinen Booten mehrere Tage bei dem unterhalb TṠIŃ-KIAŃ geankerten kaiserlichen Geschwader und forschte vergebens nach Deserteuren. Darauf gelang es ihm, nach TṠIŃ-KIAŃ hinein zu kommen, wo er, vom Commandanten[82] freundlich aufgenommen, seine gute Meinung von den Rebellen befestigte. Der persönliche Verkehr mit ihren besten Führern, deren ernste Gesinnung und tiefe Ueberzeugung, die Einigkeit, strenge Zucht und Sitte, welche damals bei den Garnisonen am YAŃ-TSE, dem vorzüglichsten Theile des alten Heeres herrschten, machten dem trägen, gleichgültigen, zucht- und haltungslosen Wesen bei den Kaiserlichen gegenüber den besten Eindruck. Bei vielen in SHANG-HAE angesiedelten Fremden fand seine Meinung Anklang: die protestantischen Missionare erwarteten, auf die damals gesammelten Nachrichten fussend, schnelle Bekehrung des chinesischen Reiches zum Christenthum. Die Kaufleute hofften von der TAE-PIŃ-Herrschaft Befreiung des Handels von den immer noch drückenden Fesseln; andere dachten an den grossen Gewinn, den sie durch Waffenlieferungen an die Insurgenten erzielen könnten. So bildete sich

---

[82] Der S. 175 Anm. 76 erwähnte LO-TA-KAN.

eine Parthei, die Jahre lang aus allen Kräften zu Begünstigung der Rebellen trieb.

Wären die Tae-pin im Herbst 1853 auf Shang-hae marschirt, so konnten sie es ohne Weiteres besetzen. Eine Schaar Dreifaltigkeitsbündler, etwa fünfzehnhundert Mann, bemächtigte sich am 7. September des Platzes und vertrieb die kaiserlichen Behörden. Sie hissten ihre eigene und die Flagge der Tae-pin, und forderten Diese zum Bündniss auf. Zwei Emissäre aus Nan-kin sollen damals nach Shang-hae gekommen sein; sie hätten aber die Götzen in allen Tempeln aufrecht stehend, das Opiumrauchen und andere Greuel in vollem Schwange gefunden und deshalb von der Verbindung abgerathen. Auf sich selbst angewiesen behaupteten die Dreifaltigkeitsbündler sich trotz der Belagerung achtzehn Monate; sie pressten die waffenfähigen Bewohner zu Soldaten, schlugen sich tapfer und hätten wohl noch länger ausgehalten wenn sie nicht mit den Franzosen, deren Ansiedelung der Chinesenstadt am nächsten liegt, in Collision gerathen wären. Die Commandanten der französischen Kriegsschiffe unterstützten nun die Kaiserlichen mit Mannschaft und Geschütz. Sie schossen Bresche, aber der Sturm wurde trotz der Theilnahme von zweihundert französischen Seeleuten abgeschlagen. Dann bewirkten sie eine engere Einschliessung und schnitten die Zufuhr ab, worauf Mangel und Unfrieden im Platze entstand, so dass die Kaiserlichen am 17. Februar 1855 fast ohne Widerstand eindringen konnten. Viele Insurgenten entkamen. Unter den unschuldigen Bewohnern, die nur aus Anhänglichkeit für ihre bejahrten Eltern, ihre Frauen und Kinder in der Stadt geblieben waren und gezwungen den Aufrührern dienten, wütheten die Mandarinen mit ruchloser Blutgier.

In ähnlicher Weise war A-moi im Mai 1853 von Dreifaltigkeitsbündlern besetzt worden, welche sich sechs Monat hielten und dann, hart gedrängt, zu Schiffe entflohen. Auch hier übten die Mandarinen an den unschuldigen Bewohnern Rache.

Im December 1853 fuhr der französische Bevollmächtigte für China auf dem Kriegsdampfer Cassini den Yan-tse hinauf und blieb acht Tage vor Nan-kin. — Ende Mai 1854 besuchte der americanische Gesandte auf dem Susquehanna die Rebellenhauptstadt und fuhr den Strom noch weiter hinauf bis Wu-hu. Ende Juli desselben Jahres schickte der neue englische Commissar Sir John Bowring seinen dolmetschenden Secretär Herrn Medhurst mit den Kriegsdampfern Styx und Rattler hin, welche ebenfalls einige Zeit vor Nan-kiṅ blieben. — Bei diesen Besuchen kamen die Fremden nur mit Tae-piṅ-Beamten untergeordneten Ranges in Berührung und konnten nicht Zutritt zu den »Königen« erhalten. Die Anmaassung der Oberhoheit über alle Länder der Welt steigerte sich mit jedem Besuch. Man bedeutete die Engländer und Americaner 1854 sogar ausdrücklich, dass es ihre Pflicht sei, dem himmlischen Kaiser als ihrem Lehnsherrn den Tribut der Vasallen zu bringen; man nannte sie nicht mehr »fremde Brüder«, sondern »Barbaren«. Für Chinesen war es unfasslich, dass fremde Nationen China's Weltherrschaft nicht anerkannten; bei den Tae-piṅ mochte deshalb der Verdacht aufsteigen, dass sie insgeheim den Mandschu huldigten, mit welchen sie ja Verträge hatten. Die Besuche der Ausländer mussten ihnen zwecklos scheinen und den Argwohn erwecken, dass sie für die Kaiserlichen Kundschaft einzögen. Während Sir George Bonham im Mai 1853 unbeschränkte Handelsfreiheit für seine Landsleute gewährt wurde, verlangte man jetzt, dass alle Handelsschiffe bei Tšiṅ-kiaṅ ankern und sich den Bestimmungen des dortigen Commandanten fügen sollten. Im Privatverkehr blieben die Tae-piṅ freundschaftlich; die Fremden konnten sich dem Eindruck nicht verschliessen, dass ihre Macht im Wachsen sei. — Nach dem Styx und dem Rattler kamen mehrere Jahre lang, bis zum November 1858, keine fremden Kriegsschiffe nach den von den Insurgenten besetzten Städten am Yaṅ-tse.

Die nach der Einnahme von Nan-kiṅ gegen Norden ziehende Streitmacht der Tae-piṅ setzte am 12. Mai 1853 über den Yaṅ-tse und schlug ein Tartarencorps von der Nordgrenze der Mandschurei, auf das der Kaiser grosse Hoffnungen setzte. Am 15. Mai überwand sie ein zweites Tartarencorps. Ende Mai nahm sie die Kreishauptstadt Fuṅ-yan und rückte gegen Kae-fuṅ, die Hauptstadt der Provinz Ho-nan. Ein Sturm auf dieselbe wurde am 22. Juni abgeschlagen. Nun überschritten die Tae-piṅ den Gelben Fluss und marschirten auf die Kreisstadt Wae-kiṅ, welche sie, im Felde von kaiserlichen Truppen bedrängt, zwei Monate lang vergebens belagerten. Dieser Platz beherrscht den weiter abwärts Wei genannten Tan-Fluss, welcher in den Kaisercanal mündet. Sie hätten von da eine ununterbrochene Wasserstrasse bis Tien-tsin gehabt, die zwar nicht, wie der Yaṅ-tse, zur Beförderung des Heeres, wohl aber für den Transport von Munition und Vorräthen geeignet war. Ein anderer Fluss strömt aus der Gegend von Wae-kiṅ nach dem Gelben Strom.

Die Thatsache, dass die Tae-piṅ am 1. September 1853 die Belagerung von Wae-kiṅ aufhoben und westlich in die Provinz Šan-si rückten, beweist, dass die Kaiserlichen stark genug waren, sie von jener Wasserstrasse abzuschneiden. Westlich marschirend, nahmen die Rebellen jetzt in rascher Folge einige Städte von Bedeutung, wandten sich von Piṅ-yaṅ zuerst östlich, dann nordöstlich nach der Gebirgskette, welche die Provinzen Ho-nan und Tši-li scheidet, überschritten dieselbe auf dem Lin-miṅ-Passe, schlugen ein Tartarencorps und debouchirten am 29. September in die Provinz Tši-li, in welcher Pe-kiṅ liegt. In mehreren Colonnen marschirend nahmen sie darauf bis zum 6. October mehrere Städte, schlugen am 8. eine Schiffbrücke über den Fluss Hu-to und nahmen am 9. die Kreisstadt Tsin-tšau, wo sie vierzehn Tage rasteten. Am 25. October gelangten sie an den Kaisercanal und längs desselben nach der Bezirksstadt Tsiṅ-hae und dem etwas nördlicher gelegenen Tu-lin, einer offenen kleinen Handelsstadt, die sie am 28. October besetzten. Sie standen hier nur vier deutsche Meilen von Tien-tsin und kaum über zwanzig von Pe-kiṅ entfernt. Ein Streifcorps der Tae-piṅ erschien am 30. October vor Tien-tsin, musste aber mit Verlust umkehren. Schon in den ersten Tagen des November wurde das Heer in Tsiṅ-hae und Tu-lin von überlegenen Streitkräften eingeschlossen, welche ihm theils von Kae-fuṅ gefolgt, theils von Pe-kiṅ entgegengesandt waren; darunter befanden sich die Mandschu-Garnison der Hauptstadt und das Aufgebot von zwei Mongolen-Fürsten, 4500 echte Nomaden, die von jenseit der Grossen Mauer kamen. In Pe-kiṅ scheint man in grosser Angst gelebt zu haben. Der Kaiser griff bei Aufbietung der Mongolen zu seinem letzten Mittel; denn die Mandschu rufen ungern diese Fürsten zu Hülfe, welche, ihrer Abstammung von Džengis-Khan eingedenk, die Herrschaft nicht nur über China, sondern über ganz Asien beanspruchen. Die berittenen Nomaden, denen sie gebieten, zählen nach Hunderttausenden; ihnen könnten die Mandschu nicht widerstehen, wenn sie einmal über das Reich hereinbrächen. Deshalb suchte die Tsiṅ-

Dynastie von jeher sich die Mongolen-Fürsten durch Heirathen zu verbinden, nahm aber ungern ihren Beistand an.

Die Streitmacht der Tae-piṅ war seit dem Tage, da sie die Ufer des Yaṅ-tse verliess, von jeder Verbindung mit Nan-kiṅ abgeschnitten und ganz auf sich selbst angewiesen. Nur verkleidete Boten konnten sich durchschleichen. Von Anfang seines Marsches folgte dem Heere ein Theil des Nan-kiṅ gegenüberstehenden Observationscorps, und die Truppen in den Provinzen verlegten ihm überall den Weg. Trotzdem durchmaass es in fünf Monaten eine Strecke von über 250 deutschen Meilen. Unterwegs müssen die Tae-piṅ aber schwere Verluste erlitten haben, und die Thatsache, dass sie von der strategisch unwichtigen Stellung in Tsiṅ-hae und Tu-lin nicht weiter vorrückten, beweist, dass sie es nicht konnten. Sie waren in der Ebene den wilden Reiterschaaren nicht gewachsen, welche alle ihre Ausfälle zurückwiesen.

Auf die Nachricht von der Einschliessung ihrer Nordarmee rüsteten die Tae-piṅ-Führer in Nan-kiṅ ein Heer zu deren Entsatz. Ein anderes Corps war ungefähr zu gleicher Zeit mit der nördlich marschirenden Streitmacht den Yaṅ-tse hinauf nach dem Po-yaṅ-See gerückt und liess in Gan-kiṅ, der Hauptstadt von Gan-wui, eine starke Garnison. Dieser Platz diente als Basis für die ferneren Operationen. Ueber die Bewegungen des nach Norden gesandten Hülfscorps weiss man wenig Genaues; es überschritt den Gelben Fluss, rückte am 17. März 1854 in die Hauptstadt des Bezirkes Fuṅ ein, nahm, wie der Kaiser sich in einem an seine Feldherren gerichteten Erlass ausdrückt, eine Stadt nach der anderen und erschien am 1. April vor der wichtigen Kreisstadt Lin-tsiṅ. Auf dieser Strecke muss die Heersäule täglich drei bis vier deutsche Meilen marschirt sein. Bei Lin-tsiṅ wurde sie von kaiserlichen Truppen angegriffen, welche den Winter über vor Tsiṅ-hae gestanden hatten. Wahrscheinlich bewirkte diese Diversion, dass die dort eingeschlossenen Tae-piṅ am 5. Februar 1854 den Rückmarsch antreten konnten. Im März lieferten sie den Kaiserlichen eine Schlacht und scheinen sich bald nachher mit dem Hülfscorps vereinigt zu haben, das am 12. April angesichts der kaiserlichen Truppen, der Mongolen und Mandschu-Reiter Lin-tsiṅ mit Sturm nahm. Ein Theil der vereinigten Nord-Armee besetzte am 3. Mai wieder die Bezirksstadt Fuṅ am Gelben Fluss und marschirte dann nach Süden; der grössere Theil hielt aber noch bis zum März 1855 verschiedene Gegenden der Provinz besetzt. Nach diesem Datum sollen keine Tae-pin mehr nördlich vom Gelben Flusse gestanden haben.

Die nach dem Po-yan-See detachirte Abtheilung begann im Juni 1853 die Belagerung von Nan-tšan, der Hauptstadt von Kian-si, welche im September von kaiserlichen Truppen entsetzt wurde. Mehrere Tae-pin-Corps zogen dann durch die Provinz, nahmen viele Städte, räumten sie wieder und sammelten Geld und Vorräthe aller Art, die nach Nan-kin geschleppt wurden. Aehnliche Expeditionen in die umliegenden Provinzen unternahmen die Tae-pin im Sommer 1854 und dehnten ihre Feldzüge südwestlich bis über Tšan-ša, die Hauptstadt von Hu-nan hin aus, westlich in Hu-pi bis zur Stadt I-tšan am Yan-tse-kian. Die Dreistadt Han-kau wurde am 26. Juni 1854 zum zweiten Male genommen und lieferte neue Schätze. Auf die Nachricht von ihrem Verlust befahl der Kaiser, den Statthalter der Provinz hinrichten zu lassen.

Nach dreimonatlicher Occupation räumten die Tae-pin Han-kau und die meisten anderen Plätze jener Gegend und fuhren beutebeladen nach Nan-kin; aber schon Anfang 1855 nahmen sie die Dreistadt abermals mit Sturm. Den ganzen Sommer durch wüthete der Krieg in Hu-pi und Kian-si; viele Städte wurden genommen und wiedergenommen; locale Aufstände mehrten die Verwüstung. Der jenseit des Gelben Flusses zurückgebliebene Theil der Nord-Armee insurgirte auf dem Rückmarsch viele Städte und verstärkte sich durch deren Gesindel; überall stiessen Räuberbanden zu den Tae-pin, welche solche Gemeinschaft jetzt nicht mehr verschmähten. Mehr und mehr verwilderten ihre Heere; die Berichte von rohen Verwüstungen und Schandthaten wurden immer häufiger. »Sie erschlagen die Beamten,« schreibt ein Mandarin aus Gan-wui, »verfolgen das Volk und zertreten es nach Lust mit den Füssen. Von Gan-wui westlich nach Ho-nan hinein, durch ein Gebiet von 300 Li Breite und 1000 Li Umfang liegen die Dörfer in Trümmern, Leichname sind in allen Richtungen umhergestreut..... Ihre Stärke beträgt nicht ganz 100,000 Mann; sie breiten sich östlich nach Kian-su hinein und nördlich bis an die Grenzen von Šan-tun aus..... Die Gewässer des Gelben Stromes sind neulich beunruhigt worden, und die betroffenen Bewohner, welche kein Obdach mehr haben, werden verführt, sich diesen Banden anzuschliessen.«[83]) — Die Provinz Ho-nan war überdies von Hungersnoth heimgesucht und im Zustande der furchtbarsten Anarchie.

Die blosse Aufzählung dieser Feldzüge, welche, ausgenommen den gegen Norden, lauter Raubzüge waren, zeigt schon, dass die Tae-piṅ-Bewegung ihre politische Bedeutung verloren hatte. Die Insurgenten verwüsteten von 1853 bis 1856 immer wieder die grosse Länderstrecke, welche zwischen I-tsaṅ westlich und Tšiṅ-kiaṅ östlich zu beiden Seiten des Yaṅ-tse liegt, und drangen bis in das Herz der Provinzen Gan-wui, Hu-pi, Hu-nan und Kiaṅ-si. Bleibend hielten sie aber nur Nan-kiṅ und die umliegenden Städte besetzt, wo unermessliche Schätze aufgehäuft wurden. Sie thaten den Mandschu durch Verwüstung jener Landschaften nur mittelbar Schaden, sich selbst aber weit grösseren, da ihr Namen gehasst und verflucht wurde, so weit man ihn kannte. Ueber gewaltige Mittel verfügend ermannten sich ihre Führer diese ganze Zeit und auch später nicht zu einem einzigen Unternehmen von politischer Bedeutung, sondern lebten planlos in den Tag hinein und gingen lediglich auf Raub und auf die Behauptung von Nan-kiṅ aus, welches schon in diesem Zeitraume beständig von kaiserlichen Truppen belagert, wenn auch nicht wirksam eingeschlossen wurde.

Die Lehre des Huṅ-siu-tsuen in ihrer ursprünglichen Gestalt ist in so fern ein merkwürdiges Phänomen, als sie gewissermaassen die unvermittelte Wirkung des Alten und Neuen Testamentes auf den Chinesen darstellt, wobei freilich der sehr unvollkommenen Uebersetzung von Morrison von vorn herein Rechnung zu tragen ist. Welchen Eindruck unsere heiligen Schriften ohne die Unterweisung confessioneller Glaubenslehrer auf den in fremder Gesittung erzogenen Menschen machen, können wir kaum ermessen; ein rechtgläubiger Katholik oder Protestant würde schwerlich selbst bei uns aus freier Durchdringung der Bibel hervorgehen. Das christliche Dogma in seiner heutigen Gestalt ist unter dem Einfluss der Anlagen und Anschauungen einer bestimmten Völkerfamilie, bestimmter historischer Ereignisse erwachsen; unter anderen Lebensbedingungen würden sich andere Confessionen entwickeln. Jedes

---

[83] In der amtlichen Zeitung von Pe-kiṅ gedruckt.

Bekenntniss hat sein historisches Element. Neben den rein menschlichen Anschauungen, der gemeinsamen Grundlage der Gesittung aller verschiedenen Völker, hat jeder Stamm seine eigenthümlichen, nationalen, welche seine Gesittung bedingen. Je stärker ausgeprägt, je weiter durchgebildet diese sind, desto abweichender müssen sich, von denselben Grundlagen ausgehend, die Bekenntnisse der verschiedenen Stämme entwickeln. Die angebornen und anerzogenen Anschauungen der heutigen Chinesen sind himmelweit verschieden von denen der Indogermanen. — Huṅ-siu-tsuen eignete sich in seiner Jugend die altchinesische Moral-Philosophie, wie sie in den heiligen Büchern und den darauf fussenden classischen Schriften enthalten ist, in ihrer vollen Ausdehnung an; von diesem Standpunkt aus betrachtete er die christlichen Glaubenslehren.) Der kurze Unterricht des Missionars Roberts scheint wenig auf ihn gewirkt zu haben, eben so wenig das Buch des Liaṅ-a-fa, das von geringer Bildung und plumpem Geiste zeugen soll. Huṅ-siu-tsuen war dreissig Jahre, als er auf dasselbe aufmerksam wurde; dass er nachher die Bibelübersetzung von Morrison las, beweisen seine Schriften. Durch das Studium der heiligen Bücher seines Volkes hatte sein Seelenleben feste Richtung gewonnen; er war durch und durch Chinese. Der historische Inhalt der Bibel mag in der Uebersetzung kaum anders lauten, als Erzählungen von fernen Stämmen des chinesischen Alterthums. In seinem nationalen Bewusstsein knüpfte Huṅ an Šaṅ-ti, den höchsten Herrn, an, welchen uralte Herrscher angebetet haben. Diesen Šaṅ-ti, welcher in den heiligen Büchern der Chinesen nur selten vorkommt, fand er in der Bibel auf jedem Blatt; er fand dessen zweiten Namen, Vater, Fu, einen jedem Chinesen heiligen Begriff, mit dem Worte Himmel, Tien, verbunden, welches Vorsehung, göttliche Weltordnung, höchstes Gutes bedeutet, welchem nur der dem Worte Fu beiwohnende Begriff der Persönlichkeit fehlt, um die Gottheit selbst zu bezeichnen. Als Mensch von religiösem Bedürfniss mochte Huṅ-siu-tsuen kaum zu der atheistischen Deutung neigen, welche die meisten chinesischen Philosophen den Ausdrücken Šaṅ-ti und Tien geben, und sich schon früh zur deistischen Auslegung derselben bekannt haben, soweit die Lehren des Confucius das zuliessen. Der Uebergang war um so leichter, als die Sittengesetze in den heiligen Büchern mit denen der Bibel in Einklang stehen. So knüpft Huṅ-siu-tsuen in seinen frühesten Schriften an bekannte chinesische

Weisheitslehren an und substituirt nur dem »Urgrund aller Dinge«, der gewöhnlichen Deutung von Sań-ti, den uralten Begriff des höchsten persönlichen Gottes. Sein wichtigstes Werk, das Tae-piń-Tšao-šu oder Buch der Belehrungen, welches 1853 bekannt wurde, ist eine an die gebildeten Classen in China gerichtete Rechtfertigung seiner Glaubenslehren, welche den psychologischen Vorgang seiner Bekehrung in klares Licht stellen soll und nach Meadows' Ausspruch mit tiefer Kenntniss der chinesischen Literatur im einfachen Ausdruck eines ernsten Mannes geschrieben ist, dem mehr daran liegt zu überzeugen als zu glänzen. Er bringt darin viele Belege aus den heiligen Büchern der Chinesen, stellt aber die Bibel als unfehlbare Quelle der Wahrheit über dieselben.

In Huń-siu-tsuen's Lehre ist Šań-ti oder Tien-fu der höchste Gott, der himmlische Vater, den er sich nach alttestamentlicher Weise in menschlicher Gestalt denkt; der allmächtige, allweise, allgegenwärtige Schöpfer und Erhalter der Welt. Die Vorsehung ist der Willen dieses persönlichen Gottes. Šań-ti allein ist Gott: »Selbst der Heiland, der Herr Jesus, wird nur Herr genannt. Nun ist doch oben im Himmel, unten in der Erde und unter den Menschen niemand grösser als Jesus. Ist nun selbst Jesus nicht »Ti«, Gott, wer wagt dann noch sich den Namen »Ti« anzumaassen.« Hiermit ist die Stellung des Erlösers in Huń-siu-tsuen's Lehre deutlich bezeichnet; Jesus wird nicht als ewiges, sondern als erschaffenes Wesen gedacht. — Alle Menschen sind Brüder; ihre Seelen erzeugt der Odem des Schöpfers. Für die unsterbliche Seele musste Huń ein neues Schriftzeichen erfinden, das er aus den Elementen Mensch und Dunst componirte; denn die orthodoxe Lehre des Confucius weiss nichts vom künftigen Leben. Aus dieser hielt Huń-siu-tsuen den Grundsatz fest, dass der Mensch von Ursprung gut ist. Das Böse schreibt er dem beständigen Wirken des Schlangenteufels zu, den er in der Bibel findet; in der chinesischen Sage nehmen nur gute Geister zuweilen die Gestalt der Schlange an. Im Bewusstsein der Tae-piń trat der Schlangenteufel an die Stelle des Höllenkönigs Yen-lo-wań, welchem man, wie vielen anderen Dämonen, aus abergläubischer Furcht opfert. Die Götzen sind dem gebildeten Chinesen nur Bilder furchtbarer Dämonen, dem grossen Haufen aber die Dämonen selbst; daher die Lust der Tae-piń an Vernichtung, »Tödtung« dieser »Teufel«, welche sie so lange in abergläubischer Furcht als die Herren ihrer Geschicke betrachtet hatten. — Die in chinesischen Tempeln übliche Anbetung von grossen Männern verurtheilte Huṅ als unverständig, »da sie ja längst gen Himmel gegangen seien«.

Gott ist der »himmlische Vater«; alle Menschen sind Brüder und Gotteskinder. Jesus ist der Erstgeborene, Tien-hiuṅ, der »himmlische ältere Bruder«. Von allen anderen ist Huṅ-siu-tsuen der grösste; denn er wurde in den Himmel entrückt und sah Gott von Angesicht zu Angesicht. Er ist Gottes zweiter Sohn, zur Herrschaft der Welt berufen, also Tien-waṅ der »himmlische Fürst«, oder Tšiṅ-tšu der »wahre Herr«. In der Vermischung der biblischen Lehren mit seinen eingebildeten Visionen und im tiefen Ehrgeiz seiner Gesinnung, welcher schon in dem leidenschaftlichen Streben nach literarischer Auszeichnung hervortrat, liegt wohl der Keim zu Huṅ-siu-tsuen's späterem Irrsinn. Er arbeitete sich beim Lesen der Bibel in die Ueberzeugung hinein, dass er wirklich in den Himmel entrückt und zum Propheten berufen worden sei. — Vor der Einnahme von Nan-kiṅ legte er das Beiwort »heilig« nur dem himmlischen Vater und dem himmlischen älteren Bruder bei, wie das in Yuṅ-nan erlassene Decret deutlich beweist. Er verband damit in chinesischem Sinn den Begriff vollkommener Reinheit und Güte, alldurchdringender Anschauung der Wahrheit, nicht aber der Allmacht und Allgegenwart.

Das Sittengesetz der Tae-piṅ bildeten die zehn Gebote in folgender Fassung:

1) Du sollst den grossen Gott ehren und anbeten.
2) Du sollst keine falschen Geister anbeten.
3) Du sollst den Namen des grossen Gottes nicht missbrauchen.
4) Am siebenten Tage, dem Tage der Anbetung, sollst du den grossen Gott für seine Güte preisen.
5) Du sollst Vater und Mutter ehren, auf dass deine Tage gemehret werden.
6) Du sollst nicht Menschen tödten noch schädigen.
7) Du sollst nicht Ehebruch oder andere Unreinheit begehen.
8) Du sollst nicht rauben und stehlen.
9) Du sollst nichts Falsches sagen.
10) Du sollst kein böses Gelüste haben.

Den einzelnen Geboten sind kurze Erklärungen beigefügt, welche sich dem Bibeltext anschliessen und echtes Verständniss des Decaloges beweisen. Unter den »Unreinheiten« ist beim 7. Gebot der Genuss des Opium angeführt, das ebenso wie der Tabak bei den Tae-pin verboten war.

Alle Menschen haben die »himmlischen Gebote« verletzt, und bisher war es unbekannt, wie man von den Folgen dieser Vergehen befreit werden könne. »Wer aber hinfort für seine Schuld vor Wan-šan-ti Busse thut, sich des Götzendienstes, der Sünde und des Bruches der himmlischen Gebote enthält, wird gen Himmel fahren und ewige Glückseligkeit geniessen.«[84]) Wer es nicht thut, fährt zur Hölle und leidet ewige Qualen. Um Busse zu thun, soll man »vor dem Himmel niederknieen und Wan-šan-ti um Vergebung seiner Schuld anflehen«. Dann soll man »seinen Körper mit Wasser aus einem Becken waschen, oder besser, in einem Fluss baden«. Das ist die Taufe. Dann sollen die Gläubigen Wan-šan-ti anbeten Morgens und Abends, ihn um Schutz anflehen und um die Gabe des heiligen Geistes, um ihre Herzen zu erneuen. Sie sollen ihm vor jeder Mahlzeit danken, ihn am siebenten, dem Tage der Anbetung, für seine Güte preisen, jeder Zeit die himmlischen Gebote befolgen und niemals die falschen Götter der Welt anbeten, noch die Schlechtigkeiten der Welt mitmachen. So werden sie Söhne und Töchter des Wan-šan-ti werden u. s. w.

Die Menschen, d. h. die Chinesen, haben durch das ganze Alterthum den wahren Gott verehrt. Allmälich verderbten sie Aberglauben und Götzendienst, welche unter dem Kaiser Tši-wan allgemein wurden. Eine Art Gottesverehrung blieb am Kaiserhofe dennoch erhalten; aber der Himmelssohn allein durfte die höchste Wesenheit anbeten. Nach des Tien-wan Lehre ist jeder Mensch dazu berechtigt. Die Tae-pin hatten keinen vermittelnden Priesterstand; ihr Gottesdienst war patriarchalischer Art. Für das Morgen-, Mittag- und Abend-Gebet, auch für häusliche Ereignisse, wie Geburtstage, Hochzeiten, Begräbnisse brauchten sie bestimmte Formeln. Einige dieser Gebete waren mit Speise- und Trankopfern verbunden. Kirchen hatten die Tae-pin eben so wenig als Geistliche; doch scheinen zum sonntäglichen Gottesdienste die politisch oder militärisch verbundenen Sectionen zusammengetreten zu sein.

---

84) Aus dem »Buch der himmlischen Gebote«.

Der Vorgesetzte sollte dann die heilige Schrift auslegen; vor seiner Umgebung übte Huṅ-siu-tsuen selbst am Sabbath dieses Amt. Im Uebrigen bestand der Gottesdienst im gemeinsamen Absingen von Litaneien, wozu die gewöhnlichen chinesischen Instrumente spielten. Nachher knieten Alle nieder und schlossen andächtig die Augen, während einer aus der Versammlung ein Gebet recitirte.

Folgende Verse waren für den Sonntags-Gottesdienst bestimmt:

> Wir preisen und rühmen Šaṅ-ti als himmlischen heiligen Vater.
> Wir preisen und rühmen Jesus als Welt-Erlöser, den heiligen Herrn.
> Wir preisen und rühmen den heiligen Geist als die heilige Einsicht.
> Wir preisen und rühmen die drei Personen als den geeinigten wahren Gott.
> Die wahren Lehren sind wahrhaftig von weltlichen Lehren verschieden.
> Sie erlösen des Menschen Seele und führen zu ewiger Seligkeit.
> Die Klugen nehmen sie freudig an als Mittel zur Seligkeit.
> Den Einfältigen wird, wenn sie erwachen, durch sie der Weg zum Himmel geöffnet.
> Der himmlische Vater in seiner grossen Güte, gross ohne Grenzen,
> Verschonte nicht seinen ältesten Sohn, sondern sandte ihn in die Welt herab,
> Der sein Leben hingab unsere Missethaten zu sühnen.
> Wenn die Menschen büssen und sich bessern, so werden ihre Seelen fähig, gen Himmel zu fahren. [85])

Die Fremden, welche 1853 Nan-kiṅ besuchten, erzählen, dass alle Tae-piṅ, auch die nicht lesen konnten, die zehn Gebote auswendig wussten und sie vor allen Mahlzeiten, welche durch das ganze Heer in Sectionen von acht Köpfen genossen wurden, laut hersagten. In der Stadt herrschte die grösste Ordnung; Jedem war seine Beschäftigung zugewiesen; das Ganze arbeitete wie ein Uhrwerk. Die waffenfähige Mannschaft war in das Heer eingestellt worden; die Frauen lebten gesondert in bestimmten Stadtvierteln, wo kein Mann sich sehen lassen durfte, mit Anfertigung von Mu-

---

[85]) In den ersten Zeilen bekennen sich die Tae-piṅ hier zur Dreieinigkeit, in den letzten zur Erlösung durch das Opfer Christi. Auf diese ist auch in dem an Sir George Bonham gerichteten Manifest hingedeutet. Meadows hat in den von ihm analysirten Schriften der Tae-piṅ von diesen Lehren nichts gefunden und behauptet, dass sie ihren Glaubenstheorieen widersprechen. Aus späteren Büchern soll aber das Bewusstsein, durch Christi Thaten und Leiden Hoffnung auf die ewige Seligkeit erlangt zu haben, sehr deutlich reden.

nition und anderen Arbeiten beschäftigt. Die Kinder wurden gut gekleidet und gepflegt, die Knaben unter streng militärischer Aufsicht in den Waffen geübt und in den Lehren der Tae-pin unterrichtet. Die neue Ordnung der Dinge schien niemand zu drücken, überall herrschten Frohsinn und gute Laune. Die Disciplin soll damals so streng gewesen sein, dass nicht nur schwere Vergehen und Ungehorsam, sondern sogar Nachlässigkeiten mit dem Tode bestraft wurden. Auch auf den Opiumgebrauch stand Todesstrafe, während man Tabakraucher nur mit dem Bambus züchtigte. Die Obrigkeit führte die strengste Gütergemeinschaft durch; sie nahm Alles, nährte, kleidete und beschäftigte Alle. Natürlich hörte der Handel auf; Kaufläden gab es damals in Nan-kin nicht. Die Obrigkeit bezahlte reichlich alle Vorräthe, welche Landleute aus nicht besetzten Gegenden nach den Tae-pin-Städten brachten. Innerhalb derselben gab es aber kein Privateigenthum. In Nan-kin konnten die Fremden keine Boote miethen; sie gehörten niemand, standen aber zur Verfügung Derjenigen, welche sie brauchten.

Unter den früh bekehrten Tae-pin, den Schülern des Hun-siu-tsuen und des Fun-yun-san fand Meadows ernste, von der tiefen Ueberzeugung beseligte Männer, dass sie unter Gottes unmittelbarem Schutze ständen. Die überwundenen Mühsale und Gefahren, ihre oft wunderbare Rettung, die beispiellosen Erfolge gegen weit überlegene Massen und Mittel waren ihnen Prüfungen Gottes und Offenbarungen seiner besonderen Gnade. Sie redeten beständig davon und bezogen sich in puritanischer Weise bei jedem Anlass auf den Allmächtigen. Mit stolzer Demuth und dankbar glänzenden Augen erinnerten sie daran, dass sie zu Anfang ihrer Unternehmung, vier Jahre zuvor, nur wenige Hundert stark waren und dass sie ohne des himmlischen Vaters unmittelbaren Beistand niemals hätten vollbringen können, was ihnen gelang. »In Yun-nan bedrängten uns ringsum grosse Massen. Wir hatten kein Pulver mehr; unsere Vorräthe waren aufgezehrt. Aber unser himmlischer Vater stieg herab und zeigte uns den Weg. So nahmen wir unsere Weiber und Kinder in die Mitte und erzwangen nicht nur den Durchgang, sondern schlugen völlig unsere Feinde. Ist es Gottes Willen, dass unser Tae-pin-Fürst Herrscher von China werde, so wird er Herrscher von China. Wo nicht, so wollen wir alle hier sterben.« So dachte der Kern des Heeres.

In der ersten Zeit nach der Einnahme von Nan-kiṅ scheint der Tien-waṅ noch für Ausbreitung seiner Lehre gewirkt zu haben; 1853 wurde dort an der Bibelübersetzung gedruckt, die Gemeingut werden sollte. Bald darauf muss sein Geist sich verwirrt haben; nach den Ausflüssen seiner Thätigkeit zu urtheilen, grübelte er nur noch über die Göttlichkeit seiner Person. Damit entartete die ganze Lehre zu crassem Aberglauben; schon 1854 zeigte sich die Tendenz, Gott Vater nicht nur in menschlicher Gestalt, sondern auch mit menschlichem Körper und in Mannskleidern zu denken. Die Jungfrau Maria galt wenigstens dem grossen Haufen als seine Gattin und Mutter mehrerer Söhne; sie wurde in der Vorstellung der Tae-piṅ mit der »himmlischen Mutter« des chinesischen Pantheon verschmolzen. Selbst Jesus scheint man mit einer Göttin der Tao-Secte vermält und als Vater einer zahlreichen Familie von Söhnen und Töchtern, den Enkeln des himmlischen Vaters, gedacht zu haben. — Huṅ-siu-tsuen überliess sich im Wahn seiner Göttlichkeit immer mehr allen Gelüsten und Leidenschaften, lebte fast nur in Gesellschaft von Frauen und strafte mit ruchloser Gewaltsamkeit die geringste Verletzung seiner tyrannischen Laune. Mit den Jahren steigerte sich die despotische Wuth zur wahnwitzigen Blutgier, welche den kleinsten Fehler mit schneller Hinrichtung ahndete. Nichtsdestoweniger überlebte seine Autorität alle tüchtigen Männer, welche seine Macht begründen halfen. Seine Abschliessung scheint den Nimbus der Göttlichkeit gestärkt zu haben; der Gewalt seiner noch so unsinnigen Befehle fügten sich Alle, und es ist ein merkwürdiges Phänomen, dass brave verständige Männer, die von seinem Irrsinn überzeugt sein mussten, ihm bis zum letzten Augenblick treu blieben und als einem höheren Wesen gehorchten.

Der militärische Lenker und politische Organisator der Tae-piṅ-Bewegung scheint von Anfang an der Ost-König, Yaṅ-sin-tsiṅ gewesen zu sein. Huṅ-siu-tsuen selbst hatte ihn als Organ des himmlischen Vaters anerkannt und dadurch zu grossem Einfluss erhoben, den er ihm später nicht mehr nehmen konnte; denn die Enthüllungen und Befehle, welche Yaṅ bei jeder wichtigen Bewegung in seinen Verzückungen empfing, mussten die Massen fanatisiren; auch hätte ihn niemand als Feldherrn und Regenten ersetzen können. Nach der Einnahme von Nan-kiṅ mag der Ost-König die Zurückgezogenheit des Tien-waṅ begünstigt haben, um freier schalten zu können. 1853 und 1854 fanden die Fremden seine Unterschrift unter allen Proclamationen; seine Thätigkeit erstreckte sich auf die kleinsten Einzelnheiten der Verwaltung.[86] Die Vermuthung, dass er nach der Herrscherwürde strebte, liegt sehr nahe; aber jeder Versuch, den zweiten Sohn Gottes zu stürzen, musste zu hoffnungslosem Kampf mit dem Kern der Armee, dem gläubigen Häuflein der »Gottesverehrer« führen. Als Organ des »himmlischen Vaters« mochte er hoffen, den TIEN-WAŇ allmälich zu überflügeln, und brauchte diese Eigenschaft zunächst zu dessen Demüthigung. Die Erzählung davon ist psychologisch zu merkwürdig, zu bezeichnend für die Sinnesart der Betheiligten und die Verhältnisse des TAE-PIŇ-Hofes, um nicht hier in einiger Breite wiedergegeben zu werden. Eine 1854 in NAN-KIŇ gedruckte amtliche Schrift berichtet den ganzen Hergang.

Am Morgen des 25. December, der ein Sabbath war, begab sich der Nord-König mit Gefolge zu Besprechung von Staatsgeschäften in den Palast des YAŇ-SIN-TSIŇ; bald nach seinem Fortgehen fiel dieser in Verzückung. Als »himmlischer Vater« liess der Ost-König einige Frauen seines Haushaltes rufen, hielt ihnen einen Sermon über ihre Fehler und befahl, dem Nord-König zu melden, dass der himmlische Vater ihn in seine Gegenwart entbiete. Unterdessen theilte er den Anwesenden einige Aufträge an sich selbst, den Ost-König mit, — denn in der Verzückung hatte YAŇ kein Bewusstsein von seiner Person —: er solle sich an den Hof begeben und dem TIEN-WAŇ die gegen seine Umgebung geübte Heftigkeit und Strenge verweisen; auch solle er dessen Aufmerksamkeit auf die Erziehung des Thronerben lenken, dass er demselben nicht zu viel Freiheit lasse und ihn seiner Bestimmung gemäss unterweise, dem Reiche als Beispiel und der ganzen Welt als Muster zu dienen. Nach einigen weiteren Aufträgen sagt der himmlische Vater: »Nun werde ich in den Himmel zurückkehren.«

Dem Nord-König wurde bei seiner Ankunft mitgetheilt, der himmlische Vater habe sich entfernt, aber den Befehl hinterlassen, dass er und sein Gefolge den Ost-König zum TIEN-WAŇ begleiten müssten. Auf dem Wege fiel YAŇ in seiner Sänfte wieder in Verzückung: als »himmlischer Vater« befahl er dem Nord-König, ihn in die Audienzhalle tragen zu lassen. Der TIEN-WAŇ, der unter-

---

[86] So fanden die Fremden alle die Vertheilung von Kleidungsstücken und Medicamenten, die Erhaltung der Reinlichkeit, Beobachtung von Anstandsregeln und Förmlichkeiten betreffenden Verfügungen mit seinem Namen unterzeichnet.

richtet worden war, kam nun dem »himmlischen Vater« zu Fuss bis zum zweiten Palastthore entgegen; letzterer zürnte aber und rief: »Siu-tsuen[87]), du begehst arges Unrecht! Ist dir das bewusst?« Der Tien-wan kniete mit dem Nord-König und allen Anwesenden nieder und sprach: »Dein unwürdiger Sohn weiss, dass er unrecht handelt und bittet den himmlischen Vater, ihm gnädig zu vergeben.« Dieser antwortete mit lauter Stimme: »Da du deinen Fehler eingestehst, so musst du mit vierzig Streichen gestraft werden.« Darauf werfen sich der Nord-König und alle Anwesenden mit dem Antlitz zur Erde, flehen thränenden Auges, dass ihrem Herrn die verdiente Strafe erlassen werde und erbieten sich, sie statt seiner zu leiden. Der Tien-wan verweist ihnen ihre Fürbitte, weil er die Strafe verdiene, und da der »himmlische Vater« auf Vollziehung derselben besteht, so streckt der Tien-wan sich zur Erde, um die Streiche zu empfangen. Da spricht der himmlische Vater: »Da du gehorsam bist, so will ich dir die Strafe erlassen.« Dann bezeichnet er ihm vier Frauen, die er von seinem Hofe entlassen solle, verweist ihn für weitere Verhaltungsbefehle an den Ost-König, dem er dieselben mitgetheilt habe und kehrt in den Himmel zurück. Der Nordfürst und sein Gefolge geleiten den Tien-wan ehrfurchtsvoll in seine Gemächer, während Yan sich aus seiner Verzückung erholt und wieder Ost-König wird. Der Nord-König berichtet ihm dann das zweite Herabsteigen des himmlischen Vaters, von welchem Yan natürlich noch nichts weiss.

Nun begiebt sich der Ost-König zum Tien-wan, um ihm die während der ersten Verzückung gegebenen Befehle des himmlischen Vaters auszurichten, welche die Frauen ihm mitgetheilt haben. Hun-siu-tsuen nimmt sie mit grosser Zerknirschung auf und rühmt die Weisheit von Yan's Belehrungen. Dieser verwahrt sich in ehrerbietiger Rede gegen jeden Antheil an den Weisungen, welche der reine Ausfluss des himmlischen Vaters seien. Zunächst soll Tien-wan den Thronerben sorgfältiger erziehen und vor den Einflüssen der Witterung hüten. Dann sollen die bei öffentlichen Arbeiten beschäftigten Frauen nicht so grausam behandelt werden. Die dritte Verwarnung lautet, dass er Männer und Frauen, die sich gegen ihn vergingen, nicht sofort mit dem Tode bestrafen müsse; alle solche Fälle, bittet der Ost-König, möchten ihm selbst

---

[87]) Siu-tsuen ist Vornamen, Hun Familiennamen.

zur Untersuchung mitgetheilt werden. Der Tien-wan antwortet: »Was du, mein jüngerer Bruder, gesagt hast, ist ganz richtig und in wahrhaftem Einklang mit den gütigen Absichten unseres himmlischen Vaters, welcher liebt was gut, und hasst was böse ist, und genau zwischen beiden unterscheidet. Deines älteren Bruders Betragen war heftig, und wenn mein jüngerer Bruder mich nicht gewarnt hätte, so möchte es geschehen sein, dass ich einige Menschen unschuldig hinrichten liess. Deine Anweisungen werden mich nicht nur behüten, ungerechte Strafen zu verhängen, sondern auch künftige Geschlechter werden nach diesem unserem Beispiel nicht mehr unbedacht zu handeln wagen.« Nun folgt eine lange Unterhaltung über die Pflichten mächtiger Herrscher. In Bezug auf die Frauen sagt Yan: »Unter den weiblichen Officianten des himmlischen Hofes und im Palast deines jüngeren Bruders sind alle diejenigen sehr gehetzt, welche für den Staat zu arbeiten haben. Einige sind die Gattinnen, andere die Mütter verdienter und treuer Beamten; einige haben für junge Kinder zu sorgen, andere alte Verwandte zu pflegen. Manche haben verdiente Ehemänner, die dem Lande zu Liebe ihr Hauswesen auflösten. Haben nun Frauen ihr häusliches Glück dem Wohl des Staates untergeordnet und den eigenen Vortheil dem allgemeinen Besten geopfert, so muss der König ihre treue Hingebung achten und ihnen gestatten, alle sechs Wochen nach ihren Verwandten zu sehen, alle Monat oder alle sechs Wochen ihren Hausstand zu besichtigen, oder auch alle Woche, alle vierzehn Tage ihren häuslichen Heerd zu besuchen, sei es, um ihre Kinder zu herzen, ihren alten Verwandten Liebe zu erweisen, oder ihren Gatten zu dienen. Auf diese Weise werden sie ihre Pflichten erfüllen können für die Wohlfahrt des Landes und das Gedeihen ihrer Familie.« Yan verbreitet sich dann weitläufig über die Frauen am Hofe des Tien-wan und schliesst: »Wenn die Frauen meinem älteren Bruder aufwarten, so ist das gewiss ihre Pflicht. Aber zuweilen mögen sie deinen gerechten Unwillen erwecken. Dann musst du sie milde behandeln und ihnen nicht Fusstritte geben mit dem Stiefel am Fuss. Denn, trittst du sie mit dem Stiefel am Fusse, so kann es ja sein, dass sie grade in der Lage sind, die Glückwünsche ihrer Freunde zu empfangen; dann störst du die gütigen Absichten unseres himmlischen Vaters, der gern das Menschenleben heranpflegt. Ferner: wenn Frauen in dem bezeichneten Zustande sind, so wäre es wohl gut, etwas gnädige Rücksicht zu nehmen und ihnen etwas Ruhe von der Arbeit zu gönnen, indem du ihnen eine getrennte Wohnung zum Wohnen und Ausruhen anwiesest. Deshalb kannst du doch verlangen, dass sie dir Morgens und Abends ihre Aufwartung machen. Solche Behandlung wäre billig. Und wenn doch eine der Damen durch ein kleines Versehen den Zorn meines Herrn erregen sollte, so wäre wohl rathsam, sie deshalb nicht gleich mit dem Bambus schlagen zu lassen. Du kannst sie ja tüchtig ausschelten und warnen, dass sie künftig achtsamer sein sollen. Sollte eine ein arges Verbrechen begehen, so musst du bis nach ihrer Entbindung warten und sie dann erst bestrafen.« — Huṅ-siu-tsuen erzählte dann noch von seinen eigenen Visionen und der Ost-König schied. Er fragte seine Begleiter, ob er recht gehandelt habe und ermahnte sie auf ihre Bejahung, ihren Vorgesetzten, besonders ihm selbst, ebenfalls alle Fehler vorzuhalten.

  Zwei Tage darauf entbot Yaṅ den Nord-König und den »Markgrafen Tiṅ-tien« zu sich und theilte ihnen seine nach reiflicher Ueberlegung gewonnene Ansicht mit, dass der vom himmlischen Vater dem Tien-waṅ ertheilte Verweis eigentlich auf sie alle Anwendung finde. Er wolle sich nun mit ihnen zu Hofe begeben und durch Darstellung der Sache in diesem Lichte den Herrscher beruhigen. In dessen Palast angelangt, werden sie aus besonderer Gnade zu einem Banket eingeladen. Vor und bei der Mahlzeit spricht der Ost-König wieder zum Tien-waṅ in längerer Rede, sucht dessen Kummer zu beschwichtigen, wiederholt seine Rathschläge wegen Behandlung der Frauen und Erziehung des Thronerben, und berührt unter anderem das Wesen des Drachen, welcher seit alter Zeit ein Wappen-Emblem der chinesischen Kaiser ist und von Vielen als ein Geist gedacht wird. Der Ost-Fürst sagt, nach den früheren Vorschriften des Tien-waṅ seien alle Drachen für Teufel zu halten; das National-Emblem müsse aber wohl ausgenommen werden. Huṅ-siu-tsuen erwiedert, er habe einst beim Herabsteigen des himmlischen älteren Bruders, — d. h. bei einer Verzückung des West-Königs, — gefragt, ob der Drachen ein Teufel sei, und eine verneinende Antwort erhalten. Ferner: bei seinem Besuche im Himmel habe er dort einen goldenen Drachen gesehen, und auf dem Marsche durch Han-yaṅ von einem Drachen geträumt, der ihm seine Ehrfurcht bezeigte. Aus diesen Gründen beschliesst er, dass der Drachen kein Teufel, sondern auch in Zukunft das Emblem der kaiserlichen Macht sein soll. — Unter Beziehung auf die vom himmlischen älteren Bruder im Lande Judaea gegebene Verheissung, dass an einem künftigen Tage der »Tröster« in die Welt kommen solle, erklärt der Tien-wan am Schlusse der Audienz, der Ost-König habe durch seine Thaten und Reden bewiesen, dass er der Tröster oder heilige Geist sein müsse.

Der in Nan-kin gedruckte Bericht enthält des Abgeschmackten noch viel mehr. Die handelnden Personen waren jedoch Urheber und Leiter eines Aufstandes, der über funfzehn Jahre lang am Throne rüttelte, seine Heereszüge über elf von den achtzehn Provinzen des eigentlichen China ausdehnte und die alte Hauptstadt Nan-kin, die wichtigste strategische Stellung des Reiches behauptete. Das psychologische Räthsel dieser Erscheinung wird bei der Unzulänglichkeit der Nachrichten schwerlich zu lösen sein. Wahrscheinlich spielten alle Betheiligten, jeder auf eigene Hand, vor einander Comödie. Dem zerrütteten Gehirn des Tien-wan ist ehrlicher Blödsinn allenfalls zuzutrauen; dagegen kann man schwer an die Redlichkeit des Yan, des klaren Kopfes, glauben, der als Feldherr und Organisator mit sicherer Hand die Massen leitete. Den Titel des »Trösters« und »heiligen Geistes« erhielt er fortan in allen amtlichen Handlungen und Schriften. Auch wurden die ersten Verse der Sonntags-Litanei 1854 durch folgende ersetzt:

Wir preisen den höchsten Herrn, der da ist der himmlische Vater, der einige wahre Gott.

Wir preisen den himmlischen älteren Bruder, den Erlöser der Welt, der sein Leben für die Menschen hingab.

Wir preisen den Ost-König, den heiligen göttlichen Athem (Geist), der die Sünden tilgt und die Menschen erlöst.

Wir preisen den West-König, den Regenmacher, einen himmelhoch ehrenwerthen Mann.

Wir preisen den Süd-König, den Wolkensammler, einen himmelhoch aufrichtigen Mann.

Wir preisen den Nord-König, den Donnerschleuderer, einen himmelhoch gütigen Mann.

Wir preisen den Hülfs-König, den Blitzschleuderer, einen himmelhoch gerechten Mann.

Nachdem die Könige in die Litanei aufgenommen sind, muss es auffallen, dass des Tien-wan darin nicht gedacht wird; der Einfluss des mächtigen Ost-Königs, welcher als heiliger Geist unmittelbar nach dem Erlöser folgt, lässt sich hier vermuthen. Ihm mag auch die Veröffentlichung jener auf Demüthigung des Tien-wan berechneten Erzählung zuzuschreiben sein; sonderbar ist nur, dass letzterer sie gestattete. Yan mochte hoffen, in seinen Eigenschaften als Organ des »himmlischen Vaters«, »heiliger Geist« und wirklicher Lenker des Tae-pin-Staates den Tien-wan allmälich verdunkeln und im passenden Augenblick beseitigen zu können. Alle Gesetze und Verordnungen wurden fortan nur von ihm unterzeichnet, und Hun-siu-tsuen verschwand so sehr vom Schauplatz, dass Viele ihn gestorben wähnten. Im Laufe des Jahres 1856 scheinen die Pläne des Ost-Königs zur Reife gelangt, aber verrathen worden zu sein. Man weiss nichts Zuverlässiges über den Hergang; nur so viel steht fest, dass Yan mit seinem ganzen Anhang im August genannten Jahres auf Befehl des Tien-wan ermordet wurde.[88]) Trotz oder vielleicht wegen seiner Abschliessung beherrschte dieser unbedingt die Massen. — Auch der Nord-König wurde damals beseitigt. Ernste Unruhen sollen diesen Ereignissen in Nan-kin gefolgt sein.

Nun waren die Tae-pin ihrer besten Führer beraubt. Daraus erklärt sich ihre Unthätigkeit in den nächsten Jahren, welche um so mehr auffällt, als locale Insurrectionen und der englische Krieg ihnen Vorschub leisteten. Fun-yun-san, der Süd-König und Siao-tšao-wui, der West-König fielen; aus der ursprünglichen Zahl blieb nur des Tien-wan älterer Bruder, der Hülfs-König Ši-ta-kae, übrig, der, allem Anschein nach durch Argwohn vertrieben, in der Provinz Se-tšuen an der Spitze eines starken Heerhaufens lange Zeit auf eigene Hand operirte.

Schon Anfang 1856 hatten kaiserliche Truppen die Dreistadt Han-kau wiedergenommen und Nan-kin hart bedrängt. In Kian-si, Hu-nan und Hu-pi gewannen die Kaiserlichen einige grosse Städte; die amtliche Zeitung von Pe-kin berichtete eine Reihe von Siegen. Aber locale Aufstände brachen in mehreren Provinzen aus. In den beiden Kian vernichteten Heuschreckenschwärme die Aernten. In Yun-nan erhob sich 1857 die mohame-

---

[88]) Neumann berichtet in seiner ostasiatischen Geschichte Näheres über die Ereignisse, ohne seine Quelle zu nennen. Gerüchte cursirten viele; aber die zuverlässigsten Schriftsteller, welche sich damals in China selbst mit der Geschichte der Tae-pin beschäftigten und gültige Kritik üben konnten, scheinen keinen Werth auf die umlaufenden Erzählungen gelegt zu haben, und äussern sich sehr vorsichtig.

danische Bevölkerung und nahm mehrere Städte. Rebellionen, Hungersnoth und Ueberschwemmungen brachten tiefes Elend über das Reich. Die amtliche Zeitung klagt im Ausdruck wilden Schmerzes über diese Heimsuchungen und ermahnt die Reichen dringend zu Unterstützung ihrer bedürftigen Mitbürger.

1857 besassen die Tae-piṅ nur wenige Städte auf dem Südufer des Yaṅ-tse von Tsiṅ-kiaṅ aufwärts bis Gan-kiṅ. Im folgenden Jahre räumten sie sogar Tšiṅ-kiaṅ aus Mangel an Vorräthen und litten in Nan-kiṅ grosse Noth. Sie sandten starke Heerhaufen nach Kiaṅ-si, um sich Lebensmittel zu schaffen, während Nan-kiṅ von den Kaiserlichen belagert blieb. Das war ihr einziger Feldzug 1858. Erst in den folgenden Jahren gewannen sie wieder tüchtige Führer, welche, zu aggressiver Thätigkeit übergehend, der Herrschaft des Tien-waṅ noch ein kurzes Dasein fristeten.

Locale Aufstände erschütterten die ganze Zeit hindurch auch die südlichen Provinzen. So bemächtigte sich schon 1854 eine starke Schaar von Dreifaltigkeitsbündlern in Kuaṅ-tuṅ der reichen Handelsstadt Fu-šan, nur drei Meilen von Kan-ton, und schloss von da aus letztere Stadt immer enger ein. Das ganze Flussnetz des Tšu-kiaṅ war in ihrer Gewalt; sie konnten Kan-ton aushungern, wenn nicht die Fremden, welche sie nicht anzutasten wagten, Lebensmittel für die Bevölkerung herbeigeschafft hätten. Die Zahl dieser Rebellen soll über 30,000 betragen haben; die Garnison von Kan-ton konnte nichts gegen sie ausrichten. Endlich ermannte sich die Bevölkerung und vertrieb, zu den Waffen greifend, im Februar 1855 den Feind aus der nächsten Umgebung. Die Rebellen verbreiteten sich nun über den Osten von Kuaṅ-tuṅ und über Kuaṅ-si, wo in den nächsten Jahren beständig gekämpft wurde; nur die Hauptstadt Kwei-liṅ soll allen Belagerungen widerstanden haben. Von Kuaṅ-si aus überschwemmten sie die Provinz Hu-nan und drangen bis zum Tuṅ-tiṅ-See vor. — In Hu-pi trotzten zahlreiche Insurgentenschaaren den Kaiserlichen. Die Aufstände in den nördlichen Provinzen Ho-nan und Šan-tuṅ beunruhigten sehr ernstlich die Behörden von Pe-kiṅ; am Gelben Fluss wurden mehrere Städte zerstört und zeitweise jede Verbindung mit dem Süden abgeschnitten. Diese Rebellen standen nach der amtlichen Zeitung von Pe-kiṅ zu den Tae-piṅ in naher Beziehung.

Kan-ton wurde nach jener Belageruug der Schauplatz eines furchtbaren Blutgerichtes. Die Obrigkeit setzte Prämien auf Einlieferung der Meuterer und bedrohte alle Ortschaften, welche nicht eine bestimmte Anzahl steuerten. Tausende auf Tausende wurden nach Kan-ton geschleppt und ohne Untersuchung geköpft. Meadows spricht von 70,000, die in einem Jahre dort gerichtet wären, gesteht aber, dass diese Zahl nicht sicher ist.

V.
DER LORCHA-KRIEG.
BIS 1858.

Bei Davis' Anwesenheit in Kan--ton 1847 wurde in den Verhandlungen mit Ki-yiṅ auch das im Vertrage von Nan-kiṅ den Engländern gewährte Recht auf freien Zutritt in die Stadt Kan-ton erörtert, und ausgemacht, dass die Ausführung dieser Bestimmung wegen der feindseligen Haltung des Volkes auf weitere zwei Jahre hinausgeschoben werden solle. Nach Ablauf dieser Frist brachte Davis' Nachfolger, Herr Bonham, die Sache wieder zur Sprache, wechselte mehrere Schreiben darüber mit dem Vice-König Siu und überzeugte sich schliesslich, dass der Zeitpunct nicht geeignet sei auf die Zulassung zu dringen. Er erklärte den Chinesen, dass die Frage in ihrer Integrität ruhen und zur Erledigung offen bleiben müsse. Gützlaff übersetzte die betreffenden Worte[89]) in Ausdrücken, die zwar nach dem Zeugniss der kundigsten Dolmetscher nicht missverstanden werden konnten, von den Chinesen aber so gedeutet wurden, als gäbe England seine Ansprüche auf. Bonham erhielt für die unklare Fassung von seinem Vorgesetzten eine Rüge, und in der That hat dieselbe zur Verschlimmerung der Beziehungen wesentlich beigetragen. Siu und sein Nachfolger Yi kamen bei allen späteren Erörterungen darauf zurück und verwiesen auf Bonham's öffentliche Bekanntmachungen durch Maueranschlag und die Zeitungen, in welchen den englischen Unterthanen der Eintritt in die Mauern von Kan-ton untersagt wird.[90])

[89]) »The question at issue rests where it was and must remain in abeyance.«
[90]) Aus mehreren gedruckten Depeschen des Yi scheint hervorzugehen, dass Herr Bonham oder ein Vertreter desselben den freien Zutritt in Kan-ton 1850 an der Pei-ho-Mündung gefordert hätte. Er sei, erzählt Yi, von den kaiserlichen Bevollmächtigten abgewiesen worden, weil im Vertrage von Nan-kiṅ nichts davon

Bonham's Amtsführung zeichnete sich durch Mässigung aus; er blieb im besten Einvernehmen mit den Mandarinen, der Handel blühte. Seinen Nachfolgern hielten die Chinesen oft in kindischer Weise sein gutes Betragen und die Standeserhöhung vor, mit welcher die Königin ihn dafür belohnt habe. Anfang 1852 ging Sir George Bonham auf Urlaub nach England; als sein Stellvertreter fungirte etwa ein Jahr lang Dr. Bowring. Alle an Letzteren während dieser Zeit gerichteten Depeschen seiner Vorgesetzten befehlen ihm die äusserste Mässigung den chinesischen Behörden gegenüber und die Vermeidung jeden Schrittes, der zu Conflicten führen könne; seine Haltung solle durchaus passiv sein, damit die Handelsinteressen nicht litten, England nicht in die Lage komme, Kriegsschiffe nach China zu senden.[91]) Bowring's sehnlichster Wunsch war schon damals ein feierlicher Empfang beim Vice-König in KAN-TON. Dieser entschuldigte sich höflich mit der durch den Andrang der Rebellen verursachten Häufung der Geschäfte, und Bowring erhielt den gemessenen Befehl, auf den Empfang nicht weiter zu dringen.[92])

Anfang 1854 gab Bonham seine Stellung in China auf und Bowring wurde zu seinem Nachfolger ernannt. In dem betreffenden Schreiben sagt Lord Clarendon: »Ohne Frage giebt es Puncte, deren wir uns versichern möchten und auf die wir sogar ein Ver-

stände, weil Kaiser HIEN-FUŇ die durch den geheiligten Willen seines Vaters sanctionirten Bestimmungen nicht ändern wollte, auch keinen Grund zur Aenderung zu entdecken vermöchte, da der Handel unter genauer Ausführung der Bestimmungen jenes Vertrages seither geblüht hätte.

[91]) »It is the intention of Her Majesty's government, that you should strictly adhere to the instructions given to you by the Earl of Granville, by which you are enjoined to avoid all irritating discussions with the Chinese authorities; and in conformity with the rule thus prescribed to you, you will abstain from mooting the question of the right of British subjects to enter the city of Canton. You will likewise abstain from pressing to be received as Her British Majesty's Plenipotentiary at any other description of place or in any other manner as your predecessors.« Schreiben von Lord Malmesbury, 21. Juni 1852.

[92]) Herr Bowring schickte seine Correspondenz mit YI nach London. In Lord Malmesbury's Antwort vom 21. Juli heisst es darauf: »I have to state in reply, that it is not necessary that you should pursue this correspondance..... There is no occasion for you, unless some unforeseen circumstances should occur, to press for personal intercourse with the Chinese authorities, and still less that you should moot the question of being received by them in the city of Canton.... I have further to enjoin you not to raise any question as to the admission of British subjects into the city of Canton, and not to attempt yourself to enter it.«

tragsrecht haben; und darunter möchte ich nennen den freien und unbeschränkten Verkehr mit den chinesischen Behörden und freien Zutritt in einige chinesische Städte, besonders KAN-TON. Die Behandlung dieser Fragen fordert aber grosse Vorsicht; denn wenn wir sie in drohender Sprache urgiren und doch nichts durchsetzen, so würde die nationale Ehre uns zur Anwendung von Gewalt zwingen, und wir würden, um Resultate zu erlangen, deren practische Vortheile nicht klar zu Tage liegen, die bedeutenden Handelsinteressen gefährden, welche uns in China schon erwachsen sind und die bei guter und gemässigter Leitung täglich grössere Ausdehnung gewinnen werden.« — Diese Worte veranlassten Bowring, sofort freien Zutritt in KAN-TON für seine Landsleute und seinen eigenen feierlichen Empfang in einem YA-MŪM dieser Stadt zu verlangen. Der Vice-König YI lehnte jene Forderung wegen der noch immer feindseligen Volksstimmung nochmals ab und antwortete, Ueberbürdung mit Geschäften vorschützend, auf den zweiten Punct anfangs höflich und dilatorisch. Nun entspann sich eine Correspondenz über das vertragsmässige Recht der englischen Behörden, mit den chinesischen auf gleichem Fusse zu verkehren, welches YI nicht anerkannt zu haben scheint. Er erklärte sich zum Empfange des englischen Bevollmächtigten bereit, brachte aber Oertlichkeiten dafür in Vorschlag, welche Bowring nicht angemessen schienen. So wichtig die Fragen der Etikette im Verkehr mit den Chinesen nun auch sind, so war doch Bowring's fieberhaftes Begehren nach feierlichem Empfang nicht in den Umständen begründet; es musste den Chinesen lächerlich erscheinen und sie zur Hartnäckigkeit reizen. Der Ton der Correspondenz wurde immer bitterer; YI verweigerte unbedingt den Empfang in einem YA-MŪM und die Freigebung der Stadt für den Fremdenverkehr, berief sich auch in beiden Puncten auf Sir George Bonham, der niemals den Empfang beansprucht, und über die Zulassung in KAN-TON jene unklare Aeusserung gethan hatte.

Am 24. Mai 1854 meldete Bowring dem Vice-König, dass er, auf weitere Erörterungen verzichtend, mit den anwesenden Kriegsschiffen nach dem Norden gehe. In SHANG-HAE traf er den amerikanischen Bevollmächtigten Mr. Maclane, welcher seine Creditive in PE-KIŃ zu übergeben wünschte. — Bowring richtete am 10. Juli ein Schreiben an den in SU-TŠAU residirenden Vice-König der beiden KIAŃ, klagte darin über YI's Unhöflichkeit und betheuerte, seine hochwichtigen Aufträge nur mit einem vom Kaiser ausdrücklich dazu bevollmächtigten Beamten vom höchsten Range besprechen zu können. I-liaṅ antwortete sarkastisch und wies Bowring an Yi als kaiserlichen Specialcommissar für alle den Fremdenverkehr betreffenden Angelegenheiten zurück. — Herrn Maclane beschloss der Vice-König zu empfangen, aber nicht in seiner Residenz, sondern in einem Dorf auf dem Wege nach Su-tšau. Er stellte ihm dort das Ungehörige seiner Absicht, nach Pe-kiṅ zu gehen, eindringlich vor und glaubte, wie aus seinem später in Kan-ton erbeuteten Schreiben an Yi hervorgeht, den Americaner beredet zu haben. Etwas später schrieb er mit Anspielung auf Bowring's Beschwerden an den Kaiser: »Was auch diese Häuptlinge gegen Yi-Miṅ-Tšin sagen mögen, — das ist klar, dass Yi der Mann ist, den sie zu fürchten gewohnt sind. Sie behaupten, dass sie nach Tien-tsin gehen. Das mögen sie aber nur vorgeben, um ihren Forderungen Gewährung zu verschaffen. Dein Knecht hat ihnen mit liebevollem Ernst befohlen, zu bleiben, und die Schiffe des Oberhauptes sind noch nicht abgefahren. Aber sicher ist es nicht, — so unbeständig und launenhaft ist der Barbaren Charakter, — dass sie nicht doch am Ende nach dem Norgen segeln und so versuchen, dem kaiserlichen Ansehen und den hohen Behörden der Küstenbezirke Zwang anzuthun.« Der Kaiser antwortete: »Es ist der Barbaren Natur, listig und boshaft zu sein.« I-liaṅ soll sie bedeuten, »dass in Tien-tsin eine Streitmacht versammelt ist, an Zahl gleich den Wolken«.

Bowring und Maclane erschienen vor der Pei-ho-Mündung mit einem englischen und drei americanischen Schiffen, von denen nur eines über die Barre ging. Ihre Dolmetscher Parker und Medhurst mussten mit zwei untergeordneten Mandarinen, Wan-Kien und Šwan-Ziṅ, in Verhandlung treten, deren Bericht unter den Papieren in Yi's Palast gefunden wurde. Sie beklagen sich bitter über die Unlenksamkeit der Barbaren und die Schwierigkeit, »deren Eitelkeit und Anmaassung zu brechen, ihre boshafte Sophistik zu schlagen«..... »Es ist auch gar nicht gewiss, dass sie nicht schlimme Anschläge verbergen; denn eigentlich bezwecken sie, einen Vorwand zu Zerwürfnissen zu finden..... Deine Knechte hielten ihnen eine Rede über die Forderungen der Pflicht. Medhurst und Parker hingen die Köpfe, da sie nichts zu erwiedern wussten, und entschuldigten sich wegen ihrer Verirrung. Sie sagten ferner, da

nun ein hoher Würdenträger zu Erörterung der Fragen nach
Tien-tsin kommen solle, so würde Frieden zwischen uns sein;
und, — so sehr freute sie das, — wenn sie auch sterben müssten,
so schmerze es sie nicht. Sie schienen sehr beschämt und führten
die ehrerbietigste Sprache.«

Bald darauf erschienen Tau, General-Gouverneur von Tši-li,
und Tsuń-luen, Director der kaiserlichen Getreidespeicher, an der
Pei-ho-Mündung und empfingen Bowring und Maclane auf deren
Ersuchen in einem am Ufer aufgeschlagenen Zelt. — Sie berichten
an den Kaiser, dass sie sich peremtorisch weigerten auf die Forderungen der Barbaren zu hören, und bezeichnen die Mittel, durch
welche dieselben zum Rückzug zu bewegen wären: »Würden deine
Knechte, nachdem sie angewiesen waren die Angelegenheiten der
Barbaren zu ordnen — wenn sie dieselben durch Vorstellungen vom
Richtigen so hätten überzeugen können, dass sie verhindert würden,
von ihren Verpflichtungen zurückzutreten —, würden sie dann gewagt haben, deine geheiligte Majestät mit Gegenständen zum Nachdenken zu behelligen, indem sie ehrfurchtsvoll um die himmlische
Entscheidung bitten? — Die englischen Barbaren sind voll hinterlistiger Anschläge, unbezähmbar wild und gebieterisch; die Americaner folgen nur ihrer Leitung. Der Anblick des eingereichten Verzeichnisses ihrer Forderungen beweist, dass sie nur ihr eigenes Ich
im Auge haben; weder mit dem Rechtsgefühl noch mit billigen
Grundsätzen sind dieselben vereinbar. Wir haben milde dagegen
remonstrirt; aber so verschlagen und schlüpfrig ist ihr Gemüth,
dass es schwer ist, ihnen das Rechte klar zu machen. — Nach
reiflicher Berathung beschlossen deine Knechte, ihnen diejenigen
Artikel in ihrer Eingabe zu bezeichnen, welche eine Erörterung zuliessen, und sie zur Verhandlung über dieselben — gleichviel ob
sie wichtig wären oder nicht — nach einem der fünf geöffneten
Häfen zu weisen. Deine Knechte würden dann denjenigen Platz,
nach welchem sie sich am liebsten begeben möchten, dem Throne
bezeichnen; die hohen Behörden der Provinz, in welchem derselbe
läge, würden von deiner Majestät den Befehl erhalten, mit einander
Rath zu pflegen, ihre Entscheidung nach den Eigenthümlichkeiten
des Falles zu treffen, über welche sie sich durch Untersuchung
belehrt hätten, und die Barbaren zur Rückkehr zu vermögen. (Sie
beschlossen) den Ausgang abzuwarten, die übrigen Vorschläge
sämmtlich zu verwerfen, und, sobald deine Majestät dieses Ver-

fahren gebilligt hätte, ihnen einen zweiten Brief zur Unterweisung zu schreiben und ihre Eingabe mit den Artikeln zurückzustellen. Sollten sie muthwillig verstockt sein, (so müsste man) dessen nicht achten und thätiger als jemals an unseren geheimen Rüstungen arbeiten, den Speer in der Hand warten. Mit dem Rechte auf unserer und dem Unrecht auf ihrer Seite scheint es, dass sie nichts gegen uns ausrichten können. Es ist die Natur der Mwan und Ei (Barbaren) den Schwachen zu beschimpfen und den Starken zu fürchten. Ohne einige Machtäusserung werden sie wohl nicht abzuschrecken sein von ihrem Vorhaben, Alles auszukundschaften. — Wir schlagen vor, bei ihrer Bescheidung eine gewisse Gleichgültigkeit zu zeigen, um so die Würde des Staates zu heben und ihre verrätherischen Anschläge zu verderben. Die Barbaren dürfen keineswegs erfahren, dass das von ihnen eingereichte Verzeichniss ihrer Anträge dem Throne vorlag. Man sagte ihnen, dass sie zur genaueren Prüfung entgegengenommen wären; dass über alles darin Enthaltene, das beiden Seiten Vortheil oder keiner Nachtheil bringen könne, deiner Majestät Befehl für sie erbeten werden solle; dass das Uebrige Punct für Punct wegen seiner Schädlichkeit und Frechheit abgelehnt werde, da es nachtheilig und unausführbar sei, und dass die Eingabe ihnen am 18. zurückgestellt werden solle. Niemals wurde den Barbaren gemeldet, dass deine Majestät eine Abschrift davon zur Einsicht erhielten.«

In einer anderen Denkschrift sagt Tsun-luen: »Veranlassung (ihres Erscheinens) waren die in Shang-hae rückständigen Abgaben, der Aufschlag auf die Theesteuer in Kan-ton und der Handel auf dem Yan-tse-kian. Die übrigen Forderungen sind leeres Geschwätz (Lügen), das Effect machen soll.« — Der Staatsrath berichtete über die Verhandlungen mit Bowring und Maclane an Yi: »Sie stellten eine Reihe Forderungen, mehr als eine wegen ihrer Unvernunft und Frechheit unannehmbar. Wir befahlen Tsun-luen und seinen Genossen vertraulich, sie alle zu missbilligen und abzulehnen, aber eine Erwiederung zu schreiben, als käme sie von ihnen selbst: dass drei Puncte — nämlich die Zerwürfnisse zwischen dem Volk und den Barbaren, die in Shang-hae rückständigen Abgaben und die Theesteuer — in Erwägung gezogen und erledigt werden sollten...... Sie werden nach Kan-ton zurückkehren. Ihr Vorgeben, dass sie nach ihrer Heimath gehen, um Instructionen von ihrer Obrigkeit einzuholen, ist nur noch eine von ihren Erfindungen.«

Der Staatsrath befiehlt Yı, die Barbaren eben so herrisch zu behandeln wie früher: »Vor Allem muss ihr Gesuch, auf dem Yaṅ-tse zu handeln, peremtorisch verweigert werden; auch dürfen sie nicht den Glauben fassen, dass dieser Gedanken uns jemals mitgetheilt wurde.«

Bowring erhielt also am Pei-ho nur leere Versprechungen deren Werth die mitgetheilten Auszüge beleuchten, und kehrte im August 1854 nach Hong-kong zurück. In den beiden folgenden Jahren wurde das Verhältniss immer gespannter, und im October 1856 fing der angehäufte Zündstoff bei geringem Anlass Feuer. Die Ereignisse, aus welchen der zweite Krieg mit China sich entwickelte, veranlassten im englischen Parlament die heftigsten Debatten; angesehene Männer sprachen dort offen aus, dass derselbe auf ungerechte, jedes menschliche Gefühl empörende Weise begonnen wurde. Bowring's Betragen fand den schärfsten Tadel; Viele schoben die ganze Schuld auf seine Eitelkeit und das reizbare Temperament des Consul Parkes. Mag nun gleich die politische Begabung des Dr. Bowring — welcher das Unglück hatte, den Diplomaten für einen grossen Sinologen und den Sinologen für einen tiefen Diplomaten zu gelten — keine glänzende gewesen sein, so darf man ihn doch kaum für den Gang der Weltgeschichte verantwortlich machen. Selten haben Einzelne die Schuld oder das Verdienst, grosse Entwickelungen durch freies Handeln aus eigener Kraft herbeigeführt zu haben; selbst der handelnde Staatsmann wird oft mehr getrieben als er treibt; seine Aufgabe ist, die Gewalten richtig zu schätzen, welche im gegebenen Augenblick die Welt bewegen. Das Bewusstsein, dass grössere Freiheit des Verkehrs und eine geachtetere Stellung der Fremden in China durch die Interessen des westländischen Handels geboten sei und nöthigenfalls erzwungen werden müsse, lebte in Vielen und mag sich auch der englischen Regierung mitgetheilt haben. — Ein sonst wohlunterrichteter und unpartheiischer Engländer, welcher die Ereignisse in China mit durchlebte und in nahen Beziehungen zu den Behörden stand, erklärte in einem durch den Druck verbreiteten Werke, Dr. Bowring sei von England aus angewiesen worden, keine Gelegenheit zu Anknüpfung von Händeln mit China vorübergehen zu lassen.[93])

---

[93]) Diese Ansicht ist positiv ausgesprochen in dem Werke von Andrew Wilson: The ever victorious army. Der Verfasser lebte lange Zeit in China und muss als Redacteur der angesehensten in Hong-kong erscheinenden Zeitung mit den Verhältnissen innig vertraut gewesen sein.

An die Wahrheit dieses Ausspruches darf man nicht glauben; aber das geht aus den von der englischen Regierung veröffentlichten Documenten hervor, dass sie nicht mehr, wie früher, der Krisis auf jede Weise vorzubeugen strebte.

Die folgende Darstellung gründet sich ausschliesslich auf englische Berichte, grösstentheils auf amtliche Schriften und das Buch des Herrn Oliphant, welcher Lord Elgin als Privat-Secretär begleitete.

In englischen Colonieen besteht die Einrichtung, dass fremde Fahrzeuge gegen Erlegung von Gebühren in die englischen Schiffsregister eingetragen werden, englische Legitimations-Papiere erhalten und unter englischer Flagge fahren dürfen. Viele chinesische Schiffe aus Hon-kong und Kan-ton bedienten sich dieses Vortheils, nicht immer zur Ehre der englischen Flagge. — Als Anfang October 1856 die Lorcha Arrow, unter deren Bemannung sich notorische Piraten befanden, vor Kan-ton lag, war die Gültigkeit ihrer englischen Schiffspapiere schon seit zwei Monaten erloschen. So unglaublich es nun ist, dass der englische Consul die Führung der Flagge unter seinen Augen einem Fahrzeug gestattete, dessen abgelaufene Papiere er in Händen hatte, so wurde diese Thatsache doch durch Zeugenberichte constatirt. Selbst Engländer scheinen an deren Wahrhaftigkeit gezweifelt zu haben und die Chinesen leugneten sie hartnäckig; die englischen Behörden legten aber schweres Gewicht darauf, dass die Flagge auf der Lorcha geweht habe und von chinesischen Polizeibeamten niedergeholt worden sei, welche am 8. October deren chinesische Bemannung verhafteten. Unbedingt hatte die Lorcha kein Recht auf die englische Flagge, und man kann schwerlich den Behörden irgend eines Landes die Befugniss absprechen, eine unrechtmässig geführte Flagge von einem ihm angehörigen Schiffe zu entfernen. Die Lorcha war aber notorisch Eigenthum eines chinesischen Unterthanen.

Consul Parkes beschwerte sich bei dem Vice-König Yı über die vermeintliche Beschimpfung und verlangte peremtorisch die unbedingte Auslieferung der Mannschaft. Yı erklärte, die Lorcha sei kein englisches Fahrzeug, die Flagge von den Häschern nicht niedergeholt, sondern im Schiffsraum gefunden worden; mehrere von der Besatzung seien Seeräuber, die übrigen neun wolle er ausliefern. Herr Bowring billigte das Verfahren des Consuls und wies ihn an, von Yı eine schriftliche Entschuldigung und feierliche

Zurücksendung der ganzen Mannschaft an Bord der Lorcha zu verlangen. Sollten Einige davon an die chinesischen Behörden auszuliefern sein, so müsse das durch Vermittelung des Consuls geschehen. Yi bestand auf seinen Aeusserungen, versprach, sich niemals an fremden Lorcha's zu vergreifen, und ersuchte die Engländer, das Recht auf ihre Flagge nicht an chinesische Schiffseigner zu verkaufen. Unterdessen hatte Sir John Bowring den Vice-König schon mit Feindseligkeiten bedroht und eine Handelsdschunke wegnehmen lassen, die man für eine kaiserliche hielt. — Am 15. October unterrichtete Consul Parkes den Vice-König von dieser Beschlagnahme und von der Anwesenheit englischer Kriegsschiffe bei den Werken der Bocca Tigris. Am 21. October stellte er, dazu angewiesen, eine Frist von vierundzwanzig Stunden für Erfüllung der bezeichneten Forderungen und drohte wieder mit Gewalt. Eine Stunde vor Ablauf dieser Frist wurden die zwölf verhafteten Chinesen nach dem englischen Consulat geschickt, aber ohne Begleitung eines höheren Beamten und ohne schriftliche Entschuldigung. Consul Parkes bestand auf Erfüllung dieser Förmlichkeiten. Unterdessen hatte Yi noch am 21. October ein Schreiben an denselben gerichtet, in welchem er alle seine Argumente wiederholte und sich gegen die Wegnahme jener Dschunke verwahrte. Am 22. antwortete Consul Parkes und forderte nochmals die feierliche Auslieferung der Verhafteten durch einen hohen Beamten und schriftliche Entschuldigung. Zugleich meldete er durch Circular den Fremden in Kan-ton das drohende Beginnen der Feindseligkeiten. Die Engländer beschlossen, sich der die Stadt beherrschenden Werke zu versichern. Am 23. October nahm Admiral Seymour die vier Festungen an der Bocca ohne Verlust und fast ohne Widerstand, und verkündete Yi seine Absicht, die Feindseligkeiten gegen die öffentlichen Gebäude und kaiserlichen Schiffe so lange fortzusetzen, bis ziemende Genugthuung erfolgt sei. »Die Antwort Seiner Excellenz« — berichtete der Admiral — »war sehr unbefriedigend.« Am folgenden Tag wurden zwei Werke weiter stromaufwärts, Birdsnest und Ša-mien, genommen und eine Garnison in die Factoreien gelegt, welche man in Vertheidigungszustand setzte. — Eine Abtheilung amerikanischer Seeleute übernahm den Schutz der amerikanischen Gemeinde.

Am 25. October besetzten die Engländer das vor Kan-ton gelegene befestigte Inselchen »Dutch Folly« und beschlossen damit eine Reihe von Operationen, von denen sie mit Unrecht grosse

Wirkung erwartet hatten. Statt nachzugeben, liess Yı die Factoreien durch Truppen angreifen, die mit einem Verlust von etwa vierzehn Todten und Verwundeten zurückgewiesen wurden. Am nächsten Tage schloss er das Zollamt.

Die Beurtheilung, welche die folgenden Schritte des Bevollmächtigten und des Admirals im englischen Parlament fanden, entheben den Verfasser jeder Kritik; trockene Aufzählung möge hier genügen. — Nachdem sich klar herausgestellt hatte, dass Yı durch Einschüchterung nicht zur Erfüllung jener unwichtigen Forderungen zu vermögen war, beschlossen Sir John Bowring und Admiral Seymour, die Sache auf ein wichtigeres Feld hinüberzuspielen: sie verlangten plötzlich die schleunige Freigebung der Stadt Kan-ton für den Fremdenverkehr, ein Recht, das England nach dem Vertrage von Nan-kiṅ zwar zustand, der Veranlassung des Streites aber ferne lag. Yı's Auffassung dieser unerwarteten Aenderung des Zieles spricht sich in folgendem Erlass an die Bürger von Kan-ton aus:

»Da die englischen Barbaren unter falschen Vorwänden Unruhen begonnen haben, während ihr wirkliches Ziel die Zulassung in der Stadt ist, so hat der General-Gouverneur in Rücksicht auf den einstimmigen Ausdruck des Widerstandes gegen diese Maassregel bei der Bevölkerung von Kan-ton im Jahre 1849 diese Zumuthung rund abgewiesen und ist entschlossen ihre Forderung nicht zu gewähren, mögen sie in ihren Handlungen und Listen noch so weit gehen.«

Dem Unbefangenen musste einleuchten, dass Yı, welcher sich unwesentliche Zugeständnisse nicht abzwingen liess, in einer wichtigen Differenz von altem Datum, in welcher seine minder begabten und thatkräftigen Vorgänger glücklichen Widerstand geleistet hatten, der Gewalt nicht weichen würde. Bowring und Seymour müssen anders gedacht haben, sonst bleiben ihre folgenden Schritte unerklärlich: sie brachten Tod und Verderben über eben die Bevölkerung von Kan-ton, zu welcher sie freien Zutritt verlangten.

Da Yı das am 27. October übergebene Ultimatum nicht beantwortete, so begann an demselben Nachmittag die Beschiessung seines etwa zweihundert Schritt vom Flussufer entfernten Palastes. Ein zehnzölliges Pivot-Geschütz des Encounter warf in Zwischenräumen von fünf bis zehn Minuten eine Granate auf denselben, während der Baracuta in einen Flussarm unterhalb der Stadt einlief und die auf den Höhen stehenden Truppen bombardirte. — Nun bot Yı durch Maueranschlag dreissig Tael für den Kopf jeden Engländers.

Am 28. October begannen die Schiffe die Häuser vor Yı's Palast zusammenzuschiessen. Am 29. war die Bresche bis zu demselben durchgelegt; Nachmittags landete Admiral Seymour mit seiner Mannschaft; die Chinesen leisteten einigen Widerstand; die Engländer hatten drei Todte und elf Verwundete. Die folgenden drei Tage wurde die Stadt bombardirt; ein grosser Theil der südlichen Vorstadt ging, »ohne dass es beabsichtigt wurde«, in Flammen auf. Am 1. November richtete Admiral Seymour abermals ein Schreiben an den Vice-König. Yı blieb unerschütterlich und begründete seine Haltung in angemessener Sprache. Eine Erwiederung des Admirals und die darauf erfolgte Replik des Statthalters brachten die Sache nicht weiter.

Admiral Seymour lässt nun die an die Factoreien grenzenden Strassen einreissen und bombardirt nachdrücklich die öffentlichen Gebäude. Das Inselchen French Folly wird befestigt, und der Baracuta zerstört dreiundzwanzig Kriegsdschunken. Admiral Seymour schreibt abermals an Yı, der nur noch kurz und schneidend antwortet und zu Repressalien schreitet. Auf die Schiffe vor KAN-TON werden nächtliche Angriffe gemacht und Brander losgelassen, deren sie sich kaum erwehren können. Alle fremden Fahrzeuge erhalten Feuer von den Flussufern. Die Chinesen haben die Werke an der Barre wieder armirt und beschiessen von da ein americanisches Schiff. Der americanische Commodor Armstrong fordert Genugthuung und schleift die Werke, da in vierundzwanzig Stunden keine Antwort erfolgt. Darauf verspricht Yı künftig die americanische Flagge zu respectiren, und der Consul Dr. Parker tritt wieder in seine Functionen ein.

Unterdessen haben auch die Engländer einige Werke an der Flussmündung geschleift. — Der reiche Kaufmann HAU-KWA und andere angesehene Kantonesen richten eine gemässigte Vorstellung an Bowring, in welcher sie den ganzen Streit sehr verständig beleuchten und flehentlich bitten, mit Brennen und Morden doch nur einzuhalten. Der englische Bevollmächtigte beruft sich auf die Ehre der Nation und verweist die Bittsteller an Yı, damit dieser die Forderungen gewähre. Am 17. November geht Bowring selbst nach KAN-TON und ersucht den Vice-König vergebens um eine Zusammenkunft. Am 24. Morgens erneut der Admiral das Bombardement, hält aber gegen Mittag ein, da Bowring den Statthalter abermals um ein Gespräch bittet. Dieser schlägt es ab und erhöht die Belohnung für englische Köpfe auf hundert TAEL.

Am 4. December vertrieben die Engländer die Chinesen nochmals von dem Inselchen French Folly, das diese wieder besetzt hatten, und litten dabei einigen Verlust. In den folgenden Tagen liess der Admiral hin und wieder eine Bombe in die Stadt werfen. Am 14. December »hegt er noch die feste Hoffnung auf Wirksamkeit seiner Maassregeln«. Am folgenden Tage aber brannten die Chinesen die Factoreien nieder; nur die Kirche und ein als Kaserne dienendes Haus blieben stehen. Am 17. December verschanzt sich der Admiral im Garten der Factoreien und legt dreihundert Mann als Besatzung dahin. — Yi setzt unterdessen seine Hetzjagd fort. Alle Kaufleute und Soldaten werden fortgeschleppt, wo sie einzeln betroffen werden.[94]) Einige Chinesen lassen sich, wie täglich geschah, als Passagiere an Bord des Dampfers Thistle aufnehmen, ermorden unterwegs die elf Mann starke Besatzung und nehmen deren Köpfe mit. Das Hong-kong gegenüber liegende Festland hört auf Lebensmittel zu liefern; aller Handel mit den Engländern ist verboten; kein Chinese darf bei schwerer Strafe in ihrem Dienst bleiben. — Am 4. Januar 1857 greifen die Chinesen die bei »Fort Macao« im Fluss geankerten Schiffe an und versenken viele Dschunken zu Sperrung des Fahrwassers. — Am 12. Januar lässt Admiral Seymour den Rest der Vorstädte verbrennen, »weil seine Stellung im Factorei-Garten bedroht ist«. Eine Abtheilung des 57. englischen Infanterie-Regiments soll die Stadtmauer stürmen, wird aber zurückgewiesen. Am 14. Januar sieht Admiral Seymour sich gezwungen seine letzten Stellungen in Kan-ton — den Factorei-Garten und French Folly — zu räumen, und zieht sich flussabwärts auf die Forts Birdsnest und Macao zurück. — Um diese Zeit ersuchte er den General-Gouverneur von Ost-Indien um fünftausend Mann Verstärkung. — Schon am 30. Januar musste auch Birdsnest aufgegeben werden, und Fort Macao blieb die einzige Stellung der Engländer im Perl-Fluss; sie hatten dort viele ermüdende Angriffe auszuhalten.

In den nächsten vier Monaten änderte die Lage sich wenig. Die Engländer waren auf Hong-kong beschränkt und lebten auch dort keineswegs in Sicherheit; man entdeckte ein Complott zu Vergiftung der ganzen Bevölkerung. Verhandlungen wurden nicht wieder angeknüpft. Die Chinesen fuhren fort, jeden Engländer,

---

[94]) Vielfach wurden Matrosen von liederlichen Dirnen in den Hinterhalt gelockt.

dessen sie habhaft werden konnten, fortzuschleppen oder zu morden. Englische Kriegsschiffe machten Jagd auf kaiserliche und Piraten-Dschunken und verbrannten Küstendörfer, welche feindselig auftraten. Zu ernstem Gefecht kam es den Winter über nur einmal im FA-TŠAN-Creek, einem Arm des Perlflusses. Achtung vor den englischen Waffen konnte die damalige Kriegführung den Chinesen nicht einflössen; YI musste sich bestärkt fühlen im Vertrauen auf seine Hülfsmittel. So schlecht hatten die Engländer in China noch niemals gestanden. Sie erreichten nichts mit allen Gewaltthaten, die unendliches Elend über die Bevölkerung brachten. Auf HONG-KONG wurden sie von Krämern und Gassenjungen gehöhnt und fühlten sich durchaus nicht sicher vor kopfabschneiderischen Ueberfällen.

Alle Maassregeln Bowrings und des Admirals wurden von der englischen Regierung gebilligt; im Parlament erregten sie einen Sturm der Entrüstung.[95]) Der Sieg der Opposition führte zu Auflösung des Hauses; bei den Neuwahlen siegte jedoch die Regierung. Cobden, Layard, Bright, Gibson und andere Vertreter der Humanität wurden nicht wieder gewählt, und die Fortsetzung des Krieges — ohne welche England in der That seine Stellung in China aufgeben musste — war entschieden. Die englische Regierung dirigirte eine Streitmacht von fünftausend Mann nach China, ernannte Lord Elgin zum Special-Commissar und Botschafter am Hofe von PE-KIŃ und schloss mit der kaiserlich französischen Regierung, welche vorzüglich durch die Misshandlung von Missionaren[96]) zur Theilnahme bestimmt wurde, einen Vertrag zu gemeinsamen Operationen. Russland und America schickten ebenfalls ausserordentliche Gesandte nach China, um bei den kommenden Ereignissen vertreten zu sein. — Auf Ceylon erhielt Lord Elgin die ersten Nachrichten vom Ausbruch des Meuterei-Krieges in Indien, und kurz nach seiner Ankunft in HONG-KONG wurden die Berichte von da so ernst, dass er auf eigene Verantwortung einen grossen Theil der nach China bestimmten Truppen von der Sunda-Strasse nach der Ganges-Mündung dirigirte und sich selbst nach Calcutta

1857.

---

[95]) Im Oberhause legten vorzüglich Lord Derby und Lord Ellenborough, im Unterhause Sir F. Thesiger und Cobden die Motive der englischen Politik im fernen Osten mit rücksichtsloser Schärfe bloss.
[96]) Die daraus entspringenden Verwickelungen veranlassten den französischen Consul in KAN-TON, am 22. November 1856 seine Flagge zu streichen.

begab. Jene Truppen trugen wesentlich zu Unterdrückung des Aufstandes bei; Lord Elgin durfte für den chinesischen Feldzug nicht mehr auf sie rechnen und erhielt als Ersatz einstweilen nur ein Infanterie-Regiment und fünfzehnhundert Marine-Soldaten. Der Wunsch, mit dem französischen Commissar Baron Gros zu conferiren, veranlasste ihn Anfang September wieder nach Hong-kong zu gehen; die dort versammelte Streitmacht war aber zu schwach und die Jahreszeit zu vorgerückt zum Feldzug gegen den Norden von China. Die Commissare beschlossen deshalb in Hong-kong zu bleiben, nach Ankunft der erforderlichen Truppen Kan-ton zu nehmen und erst im Frühjahr nach dem Golf von Pe-tši-li aufzubrechen.

Baron Gros traf Mitte October in Hong-kong ein; im November kamen auch der americanische und der russische Gesandte, Herr Reed und Graf Putiatine. Letzterer hatte, durch Sibirien reisend, in Kiakta umsonst versucht, Eintritt in das chinesische Reich und die Erlaubniss zur Reise nach Pe-kiń zu erhalten. Er ging nach dem Amur und von da auf eigene Verantwortung nach der Pei-ho-Mündung, wo die Mandarinen sich nach grossen Schwierigkeiten zu Annahme eines nach Pe-kiń bestimmten Schreibens anfangs nur unter der Bedingung verstehen wollten, dass der Gesandte die Antwort in Kiakta abwarte. Nach einigen Wochen erhielt er sie an der Pei-ho-Mündung: sein Besuch in Pe-kiń sei unerwünscht; das »Ko-to« könne den Gesandten durchaus nicht erlassen werden. — Die Bevollmächtigten mussten sich dadurch in ihrer Ansicht nur bestärken, dass allein von imposanter Machtentfaltung gegen die Hauptstadt eine angemessene Entwickelung des diplomatischen Verkehrs mit der chinesischen Regierung zu erwarten sei.

Anfang December kam die letzte Abtheilung der erwarteten Truppen nach Hong-kong. Lord Elgin und Baron Gros richteten nun Noten identischen Inhalts an den Vice-König Yi, welche die ersten Dolmetscher Herr Wade und Herr Marques unter Parlamentär-Flagge am 13. December in Kan-ton überreichten. Die englische Note lautete:

> Der Unterzeichnete beehrt sich, dem kaiserlichen Bevollmächtigten Yi u. s. w. zu melden, dass er der Träger von Creditiven ist, welche ihn als Ausserordentlichen Botschafter Ihrer Majestät der Königin von Grossbritannien und Irland bei dem Kaiser von China beglaubigen; und ferner, dass er von Ihrer Majestät der Königin von Gross-

britannien insbesondere zum Hohen Commissar und Bevollmächtigten Ihrer Majestät in China eingesetzt und abgesandt worden ist, mit Vollmachten unter Ihrer Majestät königlichen Handschrift und dem grossen Siegel des Vereinigten Königreiches, um die Streitigkeiten beizulegen, welche unglücklicherweise zwischen gewissen Behörden und Unterthanen Ihrer Majestät der Königin von Grossbritannien und gewissen Behörden und Unterthanen des Kaisers von China entstanden sind, auch mit dem Minister oder den Ministern, welche mit ähnlichen Vollmachten und Befugnissen von Seiner kaiserlichen und königlichen Majestät dem Kaiser von China ausgestattet sind, solche Verträge, Conventionen und Abmachungen zu unterhandeln und abzuschliessen, welche künftigen Missverständnissen vorbeugen und die Handelsbeziehungen zwischen den beiden Ländern fördern können.

Die Regierung Ihrer Majestät der Königin von Grossbritannien ist bei Absendung dieser besonderen Mission von den aufrichtigsten Gefühlen des Wohlwollens gegen das chinesische Volk und seine Regierung beseelt. Sie hat mit Befriedigung die glücklichen Resultate bemerkt, welche aus den durch den Vertrag von 1842 gewährleisteten erweiterten Begünstigungen des Handelsverkehrs zwischen Grossbritannien und China entstanden sind. Die betriebsamen Unterthanen Seiner Majestät des Kaisers von China haben daraus gesteigerte Einnahmen für die Erzeugnisse ihrer Arbeiten bezogen. Die Zollabgaben brachten dem kaiserlichen Schatz willkommene Zuschüsse. Der freie Verkehr erweckte Gefühle gegenseitiger Achtung zwischen den Eingeborenen und den Fremden. Mit einem Wort: in allen dem fremden Handel geöffneten Häfen von China ausser einem einzigen war der Handel von den gewohnten Folgen, nationalem Reichthum und internationalem Wohlwollen begleitet.

Diesem günstigen Bilde steht unglücklicherweise eine Ausnahme gegenüber. Die Behörden der Provinz KUAŃ-TUŃ haben in dem bezeichneten Zeitraum durch häufig wiederholte Beschimpfung von Fremden und durch die Weigerung, die Vertragsbestimmungen treu auszuführen, die friedlichen Beziehungen China's zu den Vertragsmächten gefährdet. Grossbritannien, Frankreich und America wurden nach einander gezwungen, durch Androhung oder Anwendung von Gewalt Genugthuung für muthwillig zugefügte Unbilden zu suchen, bis endlich eine Beschimpfung der britischen Flagge, gefolgt von der Weigerung des kaiserlichen Commissars, angemessene Entschuldigungen zu machen, ja selbst mit dem Vertreter Ihrer britischen Majestät in der Stadt zusammenzukommen, die mit Wahrnehmung der britischen Interessen in dieser Gegend betrauten Beamten genöthigt hat, zu

Zwangsmaassregeln gegen KAN-TON zu schreiten. Der so begonnene Kampf ist von den chinesischen Behörden in einer Weise fortgesetzt worden, welche der Menschlichkeit und den Regeln der Kriegführung unter civilisirten Völkern widerstrebt. Acte der Brandstiftung und des Mordes wurden durch dafür gebotene Belohnungen gefördert. Unter dem Einfluss dieser Aufforderungen wurden unschuldige Familien durch das Aufgreifen von Privatleuten in die tiefste Trauer versetzt; Fahrzeuge, in friedlicher Betreibung des Handels begriffen, wurden auf verrätherische Weise genommen, die europäischen Mannschaften und Passagiere barbarisch ermordet.

Der Unterzeichnete findet es angemessen, den kaiserlichen Commissar zu erinnern, dass die Regierung Ihrer britischen Majestät, in dem Bestreben, einem Zustande ein Ende zu machen, welcher so beklagenswerthe Folgen gehabt hat, ihre Bemühungen nicht auf Vorstellungen an die am Orte befindlichen kaiserlichen Beamten beschränkte. Im Jahre 1849 wurde auf ausdrücklichen Befehl des Viscount Palmerston, Ihrer Majestät Staatssecretär für die auswärtigen Angelegenheiten, eine Mittheilung an die kaiserliche Regierung in PE-KIŃ übermacht, welche dieselbe vor den Folgen warnte, die aus Nichterfüllung von Vertragsverpflichtungen entstehen würden, und mit den Worten schloss: Die chinesische Regierung möge diese Dinge wohl erwägen und bedenken, dass, was in Zukunft Unangenehmes im Verkehr der beiden Völker geschehen mag, die chinesische Regierung die Schuld davon tragen wird. Im Jahre 1854 stellte Ihrer Majestät Bevollmächtigter Sir John Bowring den kaiserlichen Commissaren, welche mit ihm an der PEI-HO-Mündung zu unterhandeln beauftragt waren, eindringlich die Nothwendigkeit vor, den britischen Unterthanen den freien Eintritt in die Stadt KAN-TON zu gewähren. Diese vom Geiste der Versöhnung und Humanität eingegebenen Vorstellungen blieben aber unbeachtet, und der Erfolg diente nur zum Beweise, dass die Nachsicht der britischen Regierung von der chinesischen missverstanden wurde.

Grossbritannien steht nicht allein mit der Ueberzeugung, dass die Zeit der Vorstellungen vorüber ist. Die Nichtbeachtung von Vertrags-Verpflichtungen und die hartnäckige Weigerung der Abstellung von Uebelständen, welche die britischen Behörden zu Anwendung von Waffengewalt zwangen, haben die gerechte Entrüstung Seiner Majestät des Kaisers der Franzosen erweckt. Die Regierungen von England und Frankreich sind einig in dem Entschluss, durch kräftiges und entschiedenes Handeln Genugthuung für frühere und Sicherheit gegen künftige Unbilden zu suchen.

Unter diesen Umständen hält der Unterzeichnete für seine Pflicht, dem kaiserlichen Commissar deutlich zu erklären, dass er nicht die Verantwortlichkeit auf sich nehmen kann, dem Fortgang feindlicher Operationen gegen KAN-TON Einhalt zu thun, bis folgende Forderungen der britischen Regierung unbedingt und rückhaltlos gewährt sind: die volle Ausführung aller Vertragsverpflichtungen in KAN-TON, einschliesslich des freien Eintrittes britischer Unterthannn in die Stadt; Entschädigung britischer Unterthanen und solcher Personen, die britischen Schutz beanspruchen können, für Verluste, welche sie durch die letzten Störungen erlitten haben.

Wenn diese mässigen Forderungen und die von Seiten des Kaisers der Franzosen durch Seiner kaiserlichen Majestät hohen Commissar und Bevollmächtigten gestellten von dem kaiserlichen Commissar innerhalb einer Frist von zehn Tagen vom heutigen Datum an rückhaltlos bewilligt werden, so soll die Blockade aufgehoben und die Aufnahme des Handelsverkehrs gestattet werden. Die englischen Truppen werden aber im Verein mit den französischen die Insel Ho-NAN[97]) und die Forts am Fluss als eine materielle Bürgschaft besetzt halten, bis die Bestimmungen eines Vertrages zu Regelung dieser und aller anderen zwischen der Regierung von Grossbritannien und derjenigen von China schwebenden Fragen von dem Unterzeichneten und einem vom Kaiser von China zum Unterhandeln mit ihm beauftragten Bevollmächtigten von gleichem Range festgestellt und der so festgestellte Vertrag von ihren betreffenden Souveränen ratificirt sein wird.

Sollte dagegen der kaiserliche Commissar diesen Forderungen mit einer Weigerung, mit Stillschweigen oder mit ausweichenden und aufschiebenden Vorwänden begegnen, so wird der Unterzeichnete es als seine schmerzliche Pflicht ansehen, die Commandeure der Flotte und der Landtruppen anzuweisen, mit erneuter Kraft die Operationen gegen KAN-TON fortzusetzen, indem er sich in diesem Falle das Recht vorbehält, seitens der britischen Regierung solche Zusatzforderungen an die Regierung von China zu stellen, als die veränderte Lage in seinen Augen gerechtfertigt erscheinen lässt.

Der Unterzeichnete u. s. w.

Elgin und Kincardine.

YI antwortete unter dem 14. December: eine Beschimpfung von Fremden sei weder in KAN-TON noch sonst wo vorgekommen;

---

[97]) HO-NAN ist eine von zwei Armen des TSŬ-KIAŃ gebildete Insel von beträchtlicher Ausdehnung, auf welcher, der Südseite von KAN-TON gegenüber, eine Vorstadt liegt.

die Frage der Zulassung in die Stadt sei weder im Vertrage von 1842 noch in dem Zusatzvertrage von 1844 berührt; Davis habe sie 1847 plötzlich angeregt. Er habe eine Frist von zwei Jahren dafür gestellt, sei aber schon ein Jahr nachher wegen der über seine Führung von den Kaufleuten erhobenen Klagen abberufen worden. Sein Nachfolger Bonham habe mit dem kaiserlichen Commissar Siu 1849 eine lange Correspondenz darüber gepflogen, die Frage der Zulassung in Kan-ton aber schliesslich fallen gelassen. Darauf habe Yi selbst, damals Gouverneur, mit dem Vice-König Siu an den verstorbenen Kaiser berichtet, dass die Engländer jene Forderung aufgegeben hätten, und der Kaiser habe darauf die Antwort erlassen: »Der Zweck mauerumschlossener Städte ist dem Volke Schutz zu gewähren. In der Beschirmung des Volkes liegt des Staates Sicherheit. Da nun die Bevölkerung Kan-tons den Fremden den Zutritt in die Stadt nicht gewähren will, wie könnten wir sie durch Befehle zwingen und ihnen gebieten, was sie durchaus nicht thun wollen? Die chinesische Regierung will gewiss nicht des Volkes Wünschen entgegentreten, um Fremden zu gefallen. Diesen Fremden geziemt es, nach der Stimmung unserer Völker zu forschen, wäre es auch nur, damit ihre Person und ihr Eigenthum nicht gefährdet würden. Das Volkswohl ist in unserem Reiche die Grundlage aller Handlungen der Regierung. Liebt der Herrscher seine Unterthanen, so gehorchen sie ihm. Das ist der Grundsatz, der immer bei uns gegolten hat. Den Neigungen der Menschen Zwang anthun, hiesse gegen die Natur, gegen den Himmel fehlen; das ist die Staatsmaxime unseres erhabenen Mittelreiches. Die Regierung Deiner Excellenz wird es nicht weniger für ihre höchste Pflicht ansehen, nur so zu handeln, wie sich mit dem himmlischen Rechte und den Pflichten gegen die Menschheit verträgt.«

Es sei ferner aus englischen Zeitungen bekannt, fährt Yi fort, dass Bonham's Betragen von der Königin gebilligt und durch eine Ordensverleihung belohnt worden sei. Auch die Haltung der Kaufleute zeuge für die Richtigkeit seiner Handlungsweise; deshalb zieme es Lord Elgin, ihn und nicht Davis nachzuahmen. 1850 habe Bonham von Shang-hae aus einen Beamten nach Tien-tsin gesandt und um Zulassung in Kan-ton gebeten; 1854 habe Sir John Bowring sich zu demselben Zweck dahin begeben und die Beobachtung des Vertrages nachgesucht. Da aber von der Zulassung in den Verträgen keine Rede sei, diese auch auf zehntausend Jahre zu Förderung des guten Vernehmens beider Nationen auf ewige Zeiten abgeschlossen seien, da sie sich ferner der Förderung der Handelsinteressen beider Völker zuträglich erwiesen hätten, so habe der Kaiser keine Veranlassung gefunden, dieselben anzutasten. Es gezieme ihm nicht, an den vom verstorbenen Kaiser gebilligten Bestimmungen Aenderungen zu treffen. In beiden Fällen seien den in TIEN-TSIN erschienenen Bevollmächtigten die gewünschten Neuerungen abgeschlagen und dieselben angewiesen worden, »in gehorsamer Unterwerfung unter den Vertrag die Geschäfte zu leiten«. Nachdem der Kaiser so deutlich seinen Willen ausgesprochen habe, dürfe kein Beamter von noch so hohem Range anders handeln als im Einklang mit diesem geheiligten Willen. — Was die Veranlassung des Streites betreffe, so sei die Lorcha Arrow Eigenthum eines Chinesen; keine Flagge habe auf derselben geweht. Drei von der Bemannung seien geständige Piraten gewesen; und doch habe YI auf die Vorstellung des Consuls Parkes alle zwölf Verhafteten ausgeliefert; dieser habe sie nicht angenommen und ohne Weiteres Feindseligkeiten begonnen. Man habe die Werke am Flusse genommen, die Stadt bombardirt und angezündet, — das könnten Millionen von Chinesen und Fremden aus eigener Anschauung bezeugen. Jeder Engländer und jeder Fremde habe aus Rechtsgefühl Parkes beim Anfang des Streites zu überreden gesucht, von seinem Beginnen abzustehen, aber er wollte nicht hören. »Er erklärte dazu persönlich für jeden Schaden verantwortlich sein zu wollen, den sie leiden möchten. Im Januar ging er nach HONG-KONG und stellte mit allen betroffenen Kaufleuten eine Rechnung über deren Verluste auf, was beweist, dass er ihre Entschädigung auf sich nahm. Die Art, wie diese bewirkt werden soll, ist lange festgestellt; China hat nichts damit zu thun. Seine Kaufleute sind — leider — zu einem Betrage geschädigt worden, der den von Deiner Excellenz Nation erlittenen Verlust weit übersteigt. Aber dieselbe Regel gilt für beide. Mein Palast (Hof) ist gedrängt voll Bürger und Volk aus der Stadt und den Vorstädten, die mich anflehen, an Deine Excellenz zu schreiben, damit Sie die Sache untersuche und unpartheiisch entscheide. Ich habe ihre Bitten nicht zum Gegenstande einer Note gemacht u. s. w.«

Die Besetzung von HO-NAN und den Werken am Flusse

erklärt Yı für ganz unmöglich wegen der Thatkraft und Erbitterung des Volkes, und warnt vor ernsten Misshelligkeiten, die daraus entstehen könnten. Er schliesst mit einigen Schmeicheleien und drückt sein festes Vertrauen auf die Weisheit, Unpartheilichkeit und Rechtsliebe Lord Elgin's aus, der nur von übelwollenden Menschen aufgehetzt sei. Er bezieht sich dann auf dessen Worte, dass der Handelsverkehr wieder aufgenommen werden solle und erklärt sich damit einverstanden. Es sei nicht Schuld der Chinesen, dass seit dem October des vergangenen Jahres kein fremdes Schiff da gewesen sei; Lord Elgin werde sich durch Wiederherstellung des Handels die Kaufleute aller Nationen verbinden.

Am 15. December wurde die KAN-TON gegenüberliegende Insel HO-NAN von 400 englischen Seesoldaten und 150 französischen Matrosen ohne Widerstand besetzt. Mehrere Kriegsschiffe gingen kaum zweihundert Schritte von den Geschützen der Stadtmauer im Flusse vor Anker, ohne dass die Chinesen Anstalten der Abwehr trafen. Die Bevölkerung schien sorglos ihren Beschäftigungen nachzugehen. Haufen von Neugierigen sahen vom Ufer aus den Arbeiten der Engländer auf dem Inselchen Dutch Folly zu, wo eine Mörserbatterie gebaut wurde. Nur die in KAN-TON nach Hunderttausenden zählende Flussbevölkerung verschwand; Boote und schwimmende Häuser trieben gemächlich den Strom hinab, um eine stille Bucht aufzusuchen. Am 17. December kam Lord Elgin auf dem Furious nach WAM-POA hinauf und beschloss mit Baron Gros, der Bevölkerung noch einige Tage zum Auswandern und zum Bergen ihrer Habe zu geben. Riesenplacate in weithin leserlichen Schriftzeichen wurden überall an den Stromufern angeschlagen, machten jedoch wenig Eindruck.

Am 24. December richtete Lord Elgin eine kurze Note an den Vice-König: er entdecke in dessen Schreiben keine Willfährigkeit, seinen mässigen Forderungen nachzukommen, und mache ihn nochmals auf die für diesen Fall vorausgesagten Folgen aufmerksam. Er habe die Commandeure der Flotte und der Landmacht ersucht, die Feindseligkeiten gegen KAN-TON mit erneuter Kraft wieder aufzunehmen und behalte sich das Recht vor, »seitens der britischen Regierung solche Zusatzforderungen an die Regierung von China zu stellen, als die veränderte Lage in seinen Augen rechtfertigen werde«. Aehnlich drückte Baron Gros sich aus. — Die Obercommandeure der Land- und Seemacht meldeten dem

Vice-König an dem demselben Tage, dass sie angreifen würden, wenn die Stadt sich binnen 48 Stunden nicht ergäbe.

In seiner Erwiederung an Lord Elgin erörterte Yɪ nochmals die Lorcha-Angelegenheit, bestritt die ihm vorgeworfene Unwillfährigkeit und berief sich abermals auf Bonham, der nach erschöpfender Discussion auf die Zulassung in Kan-ton verzichtet habe. Die beiden Nationen ständen auf freundschaftlichem Fuss, deshalb hindere nichts an gemeinsamer Berathung, auf welchem Wege die von Lord Elgin gewünschte Herstellung des Handels zu bewirken sei.

Der Furious mit der englischen und der Primauguet mit der französischen Gesandtschaft gingen nun auch bis unter die Mauern von Kan-ton hinauf, wo die anderen Kriegsschiffe ankerten. Erst am 27. wurden die Vorbereitungen zum Angriff vollendet. Am 28. December früh landeten die Truppen unterhalb der Stadt; zugleich begann das Bombardement und währte 27 Stunden lang ohne Unterbrechung. Die alliirten Truppen rückten fast ohne Widerstand gegen die nordöstliche Ecke der Stadt und besetzten Lin's Fort, ein Aussenwerk, dessen Garnison beim Platzen der ersten Granate davonlief; sie drangen, die Chinesen vor sich hertreibend, noch weiter nordwestlich vor und lagerten für die Nacht theils in Lin's Fort, theils im freien Felde. Die Geschütze der Stadtmauer feuerten lebhaft, aber zu hoch, und verletzten niemand. — Am folgenden Morgen schoben die Alliirten ihren rechten Flügel noch weiter vor und rückten zugleich unter die Stadtmauer, deren Geschütze sie auch jetzt nicht trafen, während das Feuer der eigenen Schiffe, das erst um neun Uhr schwieg, einigen Verlust brachte. Vor der nordwestlichen Ecke der Stadt wurden Kanonen zur Beschiessung von Magazine-hill aufgefahren, eines die Stadt beherrschenden Hügels, über welchen die Ringmauer läuft. Nun kam das Corps der chinesischen Kuli's,[98] welches die ganze Zeit gute

---

[98] Das Chinese-Commissariate-Corps, welches die Engländer für diese Feldzüge organisirten, bestand meist aus Hakka-Chinesen, welche zerstreut in Kuaṅ-tuṅ wohnen, einem eingewanderten Stamm wie die Kei-kia in Kuaṅ-si. Ein englischer Officier von diesem Corps giebt ihnen folgendes Zeugniss: »Im Feuer betrugen sich alle standhaft, und einige verrichteten Thaten, die jedem Engländer das Victoria-Kreuz eingebracht hätten. Ihre Zähigkeit ist wunderbar; ich sah sie zehn bis zwölf Stunden in der heissen Sonne arbeiten, und sie murrten nicht, wenn ihnen noch so starke Zumuthungen gemacht wurden. Ihr Fluch ist das Opium, und ich halte nicht für möglich, diejenigen zum Aufgeben desselben zu veranlassen, die sich

Dienste leistete, mit den Sturmleitern heran. Die Mauern wurden auf dem linken Flügel von den Engländern und Franzosen noch vor der festgesetzten Zeit und bald darauf auch auf dem rechten Flügel ohne jeden Verlust erstiegen; denn die Besatzung floh in dem Augenblick, da die Leitern angesetzt wurden. Die Truppen drangen auf der fünfundzwanzig Fuss breiten Esplanade nach beiden Seiten vor, besetzten westlich Magazine-hill und warfen die Chinesen, welche jenseit dieses Punctes einmal Stand hielten. Nach Osten verbreiteten sie sich über die ganze Länge der Stadtmauer und stellten durch die Vorstadt eine Verbindung mit den Schiffen her. Der rechte Flügel besetzte noch ein vor dem Nordthor gelegenes Aussenwerk, und die Stadt war genommen. — Die fünftausend Engländer hatten acht Todte und einundsiebzig Verwundete, die neunhundert Franzosen zwei Todte und dreissig Verwundete. In der Stadt richtete das siebenundzwanzigstündige Bombardement arge Verwüstungen an; im dichten Gewühl der Flüchtenden sollen viele Frauen und Kinder erdrückt worden sein. Nach dem Urtheil kundiger Engländer hätte eine dreistündige Beschiessung den militärischen Forderungen genügt.

1858.   Am Neujahrstage 1858 ergriffen die Botschafter durch feierliche Procession nach Magazine-hill Besitz von der Stadt; die Truppen hatten sich Hütten auf der Esplanade der Ringmauer gebaut, welche KAN-TON völlig beherrscht. Die Bevölkerung wurde unterdessen von den einheimischen Behörden regiert. Der Gouverneur PI-KWEI und andere hohe Beamten richteten eine Eingabe an Lord Elgin, in welcher sie gegen die Handlungsweise des Vice-Königs, der sie niemals zu Rathe gezogen habe, Verwahrung einlegten und sich bereit erklärten, in jedem von den Siegern vorgeschriebenen Sinne nach PE-KIŃ zu berichten. — Am 5. Januar beschlossen die Botschafter, YI verhaften zu lassen. Ein Detachement versicherte sich zunächst des Gouverneurs PI-KWEI und des Tartarengenerals. YI fand man erst nach längerem Suchen im Hause des zweiten Tartarencommandeurs, der sich selbst für den Vice-König ausgab, während dieser durch eine Hinterthür entwischen wollte. Er benahm sich trotzig und aufgeregt und mochte

---

daran gewöhnt haben; deshalb sind sie mit vierzig Jahren Greise. Sie trinken wenig. Sprachen lernen sie leicht: einige, die wir die ganze Zeit (3½ Jahre) bei uns hatten, sprachen französisch, englisch, und verständigten sich leicht mit den Sepoys.«

für sein Leben fürchten.[99]) Seine Archive bargen einen Schatz wichtiger Documente, welche die früheren Beziehungen zu den Fremden beleuchten und für deren Geschichte unschätzbar sind; u. a. die ratificirten Exemplare der Verträge mit England, Frankreich und America, welche wohl niemals nach PE-KIŃ gelangten.

Die Botschafter beschlossen, KAN-TON als Unterpfand für die Erfüllung ihrer Forderungen zu behalten, sahen aber wohl ein, dass sie der Regierung der Stadt nicht gewachsen seien. Die Ordnung lockerte sich zusehends; Diebesbanden plünderten ungestraft und der Verkehr begann zu stocken. Der complicirte Organismus der Verwaltung, durch welchen chinesische Bevölkerungen in den gewohnten Bahnen des bürgerlichen Verkehrs erhalten werden, konnte den Europäern nicht geläufig sein; und selbst wenn die der Sprache kundigen Dolmetscher fähig gewesen wären sich in kurzem damit vertraut zu machen, so war doch ihre Zahl der Geschäftslast nicht gewachsen. Die Botschafter unterrichteten deshalb PI-KWEI von ihrer Absicht, KAN-TON der kaiserlichen Regierung zurückzugeben, sobald ihre Forderungen erfüllt wären, und ersuchten ihn, bis dahin unter ihrer Oberhoheit die Verwaltung der mit seinem früheren Amte verbundenen Geschäfte zu übernehmen. PI-KWEI willigte ein, wurde von den Botschaftern feierlich installirt und vermochte auch seine Unterbeamten, welche theilweise geflohen waren, in ihre Functionen wieder einzutreten. Sein erstes Gesuch an Lord Elgin ging auf Herstellung der Handelsbeziehungen, durch deren Unterbrechung seit funfzehn Monaten die Stadt schwer gelitten habe und deren Erneuung den freundschaftlichen Verkehr wesentlich fördern werde. Darauf wurde durch eine vom 6. Februar datirte Proclamation die Blockade des Perl-Flusses, welche wegen der vielen Mündungen niemals effectiv gewesen war,

---

[99]) YI wurde an Bord des englischen Kriegsschiffes Inflexible gebracht, das einige Zeit bei der Bocca Tigris ankerte; er schien seine Gefangenschaft durchaus nicht zu begreifen und drückte täglich sein Befremden aus, dass Lord Elgin nicht erschiene und mit ihm in Verhandlungen träte, welche der einzige Zweck seines Aufenthaltes auf dem englischen Schiffe seien. Später glaubte der Botschafter, dass YI's Gegenwart in der Nähe von KAN-TON ungünstig auf dessen Bevölkerung wirke und schickte ihn nach Calcutta. Die Mittheilung dieses Beschlusses nahm der Vice-König mit vollkommenem Gleichmuth hin und erklärte mit allem einverstanden zu sein, was man über ihn verhängen möge. Nach seinem Tode wurde die Leiche nach KAN-TON gebracht und von der Bevölkerung mit Zeichen der tiefsten Ehrfurcht und Anhänglichkeit empfangen. Seine Thatkraft hatte die Stadt vor den Rebellenhorden geschützt, welche mit Zerstörung und Plünderung drohten.

amtlich aufgehoben. Die Festlichkeiten des chinesischen Neujahrs verzögerten die Aufnahme des Verkehrs noch einige Wochen; aber der Aufschwung desselben in den nächsten Monaten rechtfertigte die Maassregel vollständig. Wahrscheinlich litten die Kantonesen von der Unterbrechung noch mehr als die Fremden; denn diese konnten sich nach den anderen geöffneten Häfen wenden, wo die Feindseligkeiten im Süden die ganze Zeit nicht die geringste Verkehrsstockung bewirkten.

Kan-ton blieb vom 59. englischen Infanterieregiment und einigen Hundert französischen Matrosen besetzt. Das chinesische Zollamt wurde nach Wam-poa verlegt, wo auch die fremden Consuln sich niederliessen. Alle Zölle und Abgaben flossen, für Rechnung der Regierung erhoben, in die kaiserlichen Kassen. Nach Kan-ton durften Fremde nur mit Pässen der Militärbehörden kommen; der Belagerungszustand wurde dort bis auf Weiteres aufrecht erhalten. Die Occupation dauerte mehrere Jahre und hatte die besten Folgen; sie war vielleicht das einzige Mittel, den eingewurzelten und künstlich genährten Hass der Kantonesen gegen die Fremden zu tilgen; aber nur durch die Verantwortlichkeit der einheimischen Obrigkeit konnte ein gutes Verhältniss erzielt werden. Anfangs musste der chinesische Gouverneur mit grosser Strenge verfahren; erst nach längerem Umgang entwickelten sich freundschaftliche Beziehungen.

Im Frühling 1858 trafen Verstärkungen ein, welche es möglich machten, das 59. Regiment aus Kan-ton zurückzuziehen und mit anderen geeigneten Truppen zu den Operationen im Norden zu verwenden. Die in Hong-kong versammelten Commissare von England, Frankreich, Russland und America hatten beschlossen, gemeinschaftlich Noten an die Regierung in Pe-kiṅ zu richten und auf Sendung eines bevollmächtigten Würdenträgers nach Shang-hae anzutragen, mit welchem sie ihre Beschwerden erörtern könnten. Lord Elgins vom 4. Februar 1858 datirte Note war an den obersten Staatssecretär Yu gerichtet. Unter Mittheilung der mit Yi gepflogenen Correspondenz sprach sie sich über die durch dessen Haltung herbeigeführten Ereignisse und die Lage in Kan-ton aus, verkündete die Absicht der Alliirten, bis zu Erfüllung derjenigen den veränderten Verhältnissen entsprechenden Forderungen, welche sie sich vorbehalten hätten, die Stadt besetzt zu halten, und zeichnete in allgemeinen Umrissen die Natur dieser Forderungen, welche die Beziehungen der Fremden zu China auf sicherer Basis begründen sollten. Das Recht einer stehenden Gesandtschaft in Pe-kiṅ oder seiner nächsten Umgebung und ein erweiterter Verkehr im Lande waren die Hauptpuncte neben den Ansprüchen auf Entschädigung, zu welchen England sich berechtigt glaubte. Lord Elgin's Note schloss mit der Erklärung, dass, im Falle ein Bevollmächtigter garnicht oder mit mangelhaften Vollmachten erscheine, oder auf billige Vorschläge der Vergleichung nicht eingehe, der Botschafter »sich das Recht vorbehalte, ohne fernere Ankündigung oder Kriegserklärung solche Maassregeln zur Wahrung der Ansprüche seines Vaterlandes gegen China zu ergreifen, als nach seinem Urtheil förderlich und rathsam wären«. — Die Noten der anderen Gesandten stimmten in den auf freieren Verkehr und die Stellung der Fremden in China gehenden Hauptforderungen damit überein.

Lord Elgin's Privatsecretär Mr. Oliphant und der Vicomte de Contade schifften sich mit den Noten der Botschafter am 11. Februar nach Shang-hae ein, fanden dort aber keinen Beamten von angemessenem Rang, dem sie dieselben übergeben konnten. Der Tau-tae hatte sich zur Neujahrsgratulation zu dem in Su-tšau weilenden Statthalter verfügt. Die beiden Secretäre beschlossen nun, letzteren selbst dort aufzusuchen und nahmen das russische und das americanische Schreiben mit, welche inzwischen auf dem Mississippi in Shang-hae eingetroffen waren. Am 24. Februar brachen sie von da mit zahlreicher Begleitung in siebzehn Canalbooten auf, ignorirten die unterwegs empfangene Mittheilung, dass der Statthalter Tšaou sie in Kwan-šan erwarte, demselben Dorfe, wo I-liaṅ 1854 den americanischen Gesandten abgefertigt hatte, — und gelangten am 26. Februar wohlbehalten nach Su-tšau. Tšaou empfing sie zuvorkommend, nahm die Noten entgegen und bat nur, dass die Boote der Fremden während der Nacht ausserhalb der Stadt bleiben möchten; am nächsten Morgen folgte er sogar mit dem Tau-tae von Shang-hae der Einladung der Secretäre zum Frühstück. — Der Verkehr der Diplomaten mit den Mandarinen blieb auch nachher in Shang-hae so freundschaftlich, als ob niemals Zerwürfnisse vorgekommen wären. Ende März traf Lord Elgin auf dem Furious dort ein; bald darauf kam die Antwort auf die nach Pe-kiṅ beförderten Noten.

Der Staatssecretär Yu liess sich nicht zu einer directen Erwiederung herab, sondern wies die höchsten Behörden der Kiaṅ-

Provinzen an, den Bevollmächtigten seinen Willen mitzutheilen. Lord Elgin wurde benachrichtigt, dass Yi in Folge der Vorfälle zu Kan-ton degradirt und Wan zu seinem Nachfolger ernannt sei; dieser allein sei zu Regelung der Barbaren-Sachen ermächtigt, und zwar in Kan-ton, wohin Lord Elgin zurückkehren müsse, und an keinem anderen Orte. »Da jedem Beamten,« schreibt Yu an die Oberbehörden der beiden Kian, »bei der Regierung des himmlischen Reiches sein besonderer Wirkungskreis angewiesen ist und der Grundsatz, dass zwischen ihnen und den Fremden kein Verkehr stattfindet, von den Dienern der kaiserlichen Regierung immer heilig gehalten worden ist, so würde es sich für mich nicht schicken, das Schreiben des englischen Botschafters persönlich zu beantworten. Mögen Ew. Excellenzen ihm also alles oben von mir Gesagte mittheilen, dann wird sein Brief nicht unbeantwortet sein.« Aehnlich lauteten die Mittheilungen an die anderen Gesandten; nur wurde Graf Putiatine angewiesen, nach dem A-mur statt nach Kan-ton zu gehen.

Lord Elgin liess die ihm zugegangene Note dem Statthalter Tšaou zurückstellen, da nach dem Vertrage von Nan-kin der Vertreter der Königin von England ein Recht hätte auf directe Mittheilungen der obersten Behörden in Pe-kin, und meldete ihm zugleich seinen Entschluss, sofort nach dem Norden aufzubrechen, um mit den Würdenträgern des Kaiserhofes in nähere Beziehungen zu treten. Die Vertreter der anderen Mächte hegten dieselbe Ansicht, dass nur von energischem Auftreten an der Pei-ho-Mündung Erfolg zu erwarten sei.

In Voraussicht dieser Entwickelung hatte Lord Elgin Admiral Seymour schon Anfang März ersucht, zu Ende desselben Monats in Shang-hae ein starkes Geschwader, besonders Kanonenboote, zu versammeln. Anfang April waren aber erst wenige Schiffe dort angekommen, und da der Admiral seine eigene Abreise von Hong-kong verschob, so ersuchte Lord Elgin, auf schnelles Handeln bedacht, den in Shang-hae commandirenden Flottenofficier auf eigene Verantwortung um so viele Schiffe als entbehrlich seien. Am 10. April verliess er Shang-hae auf dem Furious in Begleitung der Corvette Pique und der Kanonenboote Cormorant und Slaney. Den Tag vorher war Graf Putiatine auf dem kleinen Dampfer America vorausgegangen, und mit den Behörden an der Pei-ho-Mündung schon in Verbindung getreten, als die englischen Schiffe am 14. April vor der Barre erschienen. — Am 16. April lief das Kanonenboot Slaney zu Recognoscirung der Werke nach der Flussmündung und nahm eine Anzahl Dschunken fort, die zum Transport von Truppen und Munition dienen sollten. In den nächsten Tagen trafen der americanische Kriegsdampfer Mississippi mit Herrn Reed an Bord und das englische Kanonenboot Nimrod auf der Rhede ein. Baron Gros kam auf dem Primauguet erst am 21. April.

Von den vor dem PEI-HO versammelten Schiffen konnte nur das Kanonenboot Slaney die Barre bei gewöhnlichem Wasserstande passiren, für Cormorant und Nimrod war das nur bei höchster Springfluth möglich und dann noch bedenklich. In sicherer Erwartung, dass in den nächsten Tagen mehrere innerhalb der Barre verwendbare Fahrzeuge eintreffen würden, richteten nun die vier Bevollmächtigten gleich nach Ankunft des Baron Gros Noten an den Minister YU. Lord Elgin meldet ihm unter Beziehung auf sein Schreiben vom 1. April aus SHANG-HAE, dass er nach der PEI-HO-Mündung gekommen sei, um in näheren Verkehr mit den Würdenträgern der kaiserlichen Regierung in PE-KIŃ zu treten, dass er bereit sei, in TA-KU oder an Bord seines Schiffes einen gehörig bevollmächtigten Vertreter des Kaisers von China zu treffen, mit welchem die in seinem Schreiben vom 11. Februar berührten Differenzen im Wege der Verhandlung ausgeglichen werden könnten. Sei nach Verlauf von sechs Tagen kein in passender Form beglaubigter Staatsbeamter in TA-KU erschienen, so werde Lord Elgin seine friedfertigen Eröffnungen als zurükgewiesen erachten und sich befugt glauben, solche ferneren Maassregeln zu Erzwingung der gerechten Forderungen seiner Regierung gegen China zu treffen, als er angemessen finde.

Am 24. April ruderten die Boote der vier Mächte nach der PEI-HO-Mündung. Lord Elgins dolmetschender Secretär Mr. Wade übergab dessen Note einem Mandarinen mit durchsichtig blauem Knopfe, welcher viele Entschuldigungen machte, dass die Engländer und Franzosen nicht landen dürften, während der russische und der americanische Officier in einem Zelt am Ufer empfangen wurden.

In den folgenden Tagen kamen das englische Flaggschiff Calcutta und das französische Geschwader unter Admiral Rigault de Génouilly an. Mit der nächsten Springfluth am 28. und 29. April gelang es drei französische Kanonenboote, ferner den Nimrod, Cormorant und den Tender des englischen Flaggschiffes, Coromandel über die Barre zu bringen, so dass nun sieben Fahrzeuge zum Einlaufen in die Flussmündung bereit lagen. Am 30. April kam eine Meldung von Tau, General-Gouverneur der Provinz Tši-li, dass er selbst, der General-Director der Getreidespeicher Tsuṅ-Luen, und Wu, Unter-Staatssecretär im kaiserlichen Cabinet, angewiesen seien, mit den fremden Gesandten in Ta-ku zu unterhandeln. Auf die Frage nach ihren Vollmachten erhielt Lord Elgin zur Antwort, dass dieselben sich auf Uebermittelung der Eröffnungen nach Pe-kiṅ beschränkten. Die Botschafter glaubten nun ihre friedfertigen Anträge erledigt. Am 1. Mai war die Frist abgelaufen und am Morgen dieses Tages gingen von den Flaggschiffen Befehle aus, welche unmittelbare Eröffnung der Operationen erwarten liessen. Die Boote wurden zu Wasser gelassen, die Landungsgeschütze darin aufgestellt, die Landungsmannschaften abgezählt und mit Mundvorrath versehen, und die Erwartung war auf das höchste gespannt, als am Nachmittag die Meldung kam, der Angriff sei auf unbestimmte Zeit verschoben.

Nun folgte eine dreiwöchentliche Unthätigkeit, während welcher Hunderte von Getreide-Dschunken in den Pei-ho liefen. Das Abschneiden dieser Zufuhr war ein wesentliches Moment für die Aussicht auf Erfolg; die Blockade der Flussmündung durfte aber nicht erklärt werden, so lange die Admiräle sich nicht stark genug glaubten, die Werke zu nehmen; denn die grössere Zahl der innerhalb der Barre geankerten Kanonenboote konnte vor der nächsten Springfluth nicht hinaus und musste beim Ausbruch von Feindseligkeiten in die schlimmste Lage gerathen. Jeder Verzug kam den Chinesen zu gut, welche emsig an Verstärkung der Werke arbeiteten, die Flussufer auf eine Viertelmeile mit Batterieen säumten und täglich schweres Geschütz in Position brachten. Politisch wirkte aber das Zaudern noch schädlicher, denn es gab dem Auftreten der Botschafter den Anschein schwankender Unsicherheit. Der Kaiser bestärkte sich im Wahn seiner Unüberwindlichkeit und befahl damals dem neuen Vice-König von Kuaṅ-tuṅ, die Fremden im Süden mit allen Mitteln zu befehden. Unter seiner Autorität organisirte sich dort ein Comité der National-Vertheidigung, das in Fa-yune bei Kan-ton tagte. Bewaffnete Banden lauerten vor der Stadt jedem Fremden auf, und innerhalb hausten Meuchelmörder. Der Commandant General Straubenzee fürchtete einmal ernstlich

Kan-ton nicht halten zu können, und die kleine Garnison in Hongkong sicherte keineswegs diese Colonie.

Die Botschafter an der Pei-ho-Mündung suchten ihre materielle Schwäche vor den Mandarinen durch dilatorische Correspondenzen zu bemänteln; Lord Elgin schickte ihnen am 6. Mai eine Abschrift der Ki-yiṅ und I-li-pu für den Abschluss des Vertrages von Nan-kiṅ verliehenen Vollmachten und ersuchte sie, sich ähnliche Beglaubigungen zu erwirken. Tau und Tsuṅ-luen weigerten sich aber kurz, darüber nach Pe-kiṅ zu berichten, und die Sache war erledigt. Mit dem russischen und dem amerikanischen Gesandten, die auf kleinen Dampfern in die Flussmündung eingelaufen waren, verkehrten sie unterdessen ganz freundschaftlich.

Bis Mitte Mai traf die erwartete Verstärkung endlich ein. England war jetzt durch vierzehn Kriegsschiffe vertreten, darunter elf Kanonenboote[100]), welche die Barre passiren konnten; Frankreich durch zwei Fregatten, zwei Dampfcorvetten und vier Kanonenboote. Die Botschafter beschlossen nun mit den Admirälen, die Werke an der Mündung zu nehmen und dann ohne fernere Feindseligkeiten den Pei-ho hinaufzufahren. Sie meldeten den kaiserlichen Commissaren, dass sie nothwendig fänden nach Tien-tsin zu gehen, um mit dem Kaiserhofe zu Pe-kiṅ in Verbindung zu treten; vorläufig müssten aber die Werke an der Pei-ho-Mündung den Commandeuren der alliirten Streitmacht übergeben werden. Letztere würden die Zeit bestimmen, innerhalb welcher die kaiserlichen Truppen abmarschiren müssten. Nach Besetzung der Werke durch Truppen der Alliirten würden die Botschafter den Fluss hinaufgehen, in der Ueberzeugung, dass dann die kaiserliche Regierung angemessen finden werde, ohne weiteren Verzug einen passenden Vertreter für die Verhandlungen zu ernennen. — Der Nimrod und der Cormorant hatten sich schon einige Tage zuvor dicht unter die Geschütze der Chinesen gelegt, um diese zu reizen; die Soldaten der Mitte machten dazu am Ufer drollige Sprünge, schwenkten Fahnen und brüllten höhnisch, feuerten aber keinen Schuss.

Als am 19. Mai sechs Kanonenboote der Alliirten die Boote mit den Landungstruppen über die Barre schleppten, liess der chinesische Commandeur ihnen durch Graf Putiatine sagen, sie

---

[100]) Darunter vier »Despatch-government-boats«; so heisst eine grössere Art Kanonenboote, welche den Postdienst der englischen Flotte besorgen.

möchten nur kommen. Für die Nacht ankerte aber die Flottille ausser Schussweite. Am 20. Morgens um acht Uhr übergaben die Flaggenofficiere das Ultimatum der Admiräle, welches für die Räumung der Werke eine Frist von zwei Stunden gewährte. Um zehn Uhr nahmen die Schiffe Stellung: drei grössere Kanonenboote sollten die Werke am nördlichen, drei andere diejenigen am südlichen Flussufer engagiren; hinter ihnen lagen die kleineren mit den Landungsmannschaften im Schlepptau. Auf das Zeichen zum Angriff schoss das Kanonenboot Cormorant vorwärts, durchbrach die aus fünf siebenzölligen Bambuskabeln gefügte Sperrkette und lief in den Fluss ein; die anderen folgten. Im Augenblick eröffneten die Werke ein heftiges Feuer. Das der Nordforts verstummte nach achtzehn Minuten, auf die südlichen Werke dagegen machte das schwere Geschütz der Schiffe wenig Eindruck. Gegen elf gingen die Admiräle mit den Landungstruppen den Fluss hinauf, landeten oberhalb der südlichen Batterieen und liessen sie in der Flanke stürmen. Als der erste Matrose hineinsprang, liefen die Chinesen so schnellfüssig davon, dass die Engländer nicht folgen konnten. Die Werke gewährten der Besatzung vollen Schutz gegen jeden Angriff von der Wasserseite, waren aber damals sämmtlich nach der Landseite offen und wurden nun schnell besetzt. Der Commandant entleibte sich. — Die Garnison der Nordforts hatte sich auf zwei verschanzte Lager zurückgezogen, welche eine starke Batterie deckte. Französische Mannschaften stürmten diese in der Flanke, und nun war in den Lagern, wo auch Cavallerie stand, kein Halten mehr. Die Truppen besetzten noch an demselben Abend den grossen Flecken TA-KU auf dem Südufer und fanden freundliche Aufnahme bei den Bewohnern. Viele Dschunken waren hier quer über den Fluss geankert und sperrten den Kanonenbooten den Weg; chinesische Soldaten gab es weit und breit nicht mehr.

Am 21. Mai war Ruhetag. Am Morgen des 22. durchbrachen die Kanonenboote den Dschunkenknäuel und gingen den Fluss hinauf. Die erschrockene Bevölkerung fasste bald Vertrauen und zeigte sich sehr dienstfertig. Die Admiräle liessen alles am Ufer aufgehäufte Stroh verbrennen, damit es nicht zu Herstellung von Brandern diene, und sandten alle Dschunken auf die Rhede hinaus, damit sie den Fluss nicht sperrten. Eine Reiterschaar, die sich in einiger Entfernung vom Ufer zeigte, erhielt einige Granaten und stob auseinander. Berittene Mandarinen winkten den Kanonenbooten vielfach vom Ufer, um Mittheilungen zu machen, wurden aber nicht beachtet.

Die Vertreibung der Dschunken aus dem Fluss raubte viel Zeit; erst am 26. Mai gelangten die Admiräle nach TIEN-TSIN. Eine Deputation der angesehensten Bewohner machte sogleich ihre Aufwartung und erbot sich zu Handelsgeschäften. Von einer politischen Macht ausserhalb China hatten sie keine Ahnung, hielten alle Fremden für Kaufleute und baten um Waaren- und Preisverzeichnisse; sie wollten trotz dem Verbot der Regierung Alles kaufen und reichlich bezahlen; dafür möchte man die Stadt schonen. Herr Lay,[101]) der die Admiräle als Dolmetsch begleitete, machte mit Mühe begreiflich, dass man keinen Handel, sondern kaiserliche Bevollmächtigte wünsche, und dass der Stadt TIEN-TSIN Unheil drohe, wenn solche nicht erschienen; worauf Jene betheuerten, so lange an den kaiserlichen Palast in PE-KIŃ klopfen zu wollen, bis der Himmelssohn sich erweichen liesse: sie hofften, dass Ihre erhabenen Excellenzen bis dahin dem angebotenen Mundvorrath zusprechen wollten, liessen eine Ochsen-Heerde an den Fluss treiben und schlachteten sie gleich als Friedensopfer.

Das Erscheinen der Engländer in TIEN-TSIN that die gehoffte Wirkung. Am 29. Mai erhielt Lord Elgin auf dem Furious ein Schreiben der Commissare TAU, TSUŃ und WU mit folgendem kaiserlichen Decret als Einschluss:

»Wir befehlen dem Haupt-Staatssecretär KWEI-LIAŃ, und WA-ŠANA, Präsidenten des Ministerium der Civilverwaltung, sich auf dem Postwege nach TIEN-TSIN zu verfügen zu Untersuchung und Erledigung der Geschäfte. Beachtet Dieses.«

KWEI-LIAŃ konnte nach YU als der erste Mann im Reiche gelten; auch WA-ŠANA zählte unter die vornehmsten Staatsdiener. Noch am Abend des 29. Mai fuhren Lord Elgin und Baron Gros nach TIEN-TSIN hinauf, wo unterdessen Vorbereitungen für ihren Aufenthalt getroffen waren. Der russische und der amerikanische Gesandte folgten am 30. Mai und erliessen in TIEN-TSIN sofort eine Proclamation, dass sie in friedlicher Absicht kämen. Am 3. Juni meldeten die chinesischen Commissare ihre Ankunft und zeigten sich bereit, schon am folgenden Tage die Verhandlungen zu beginnen.

---

[101]) Herr Lay stand damals als Director des Zollamtes für den fremden Handel in SHANG-HAE in kaiserlich chinesischen Diensten.

Der feierliche Empfang geschah in einem vor der Stadt gelegenen Tempel, wo zunächst die Vollmachten geprüft und von den dolmetschenden Secretären gültig befunden wurden. Als aber Lord Elgin nach dem Amtssiegel, dem Kuaṅ-faṅ fragte, erwiederten die Chinesen, dass nur für bleibende Stellungen ein solches verliehen werde, nicht aber für commissarische Aufträge. Darauf brach der Botschafter die Unterhaltung ab, wies die gebotenen Erfrischungen zurück und verabschiedete sich kurz mit der Bemerkung, dass er sich schriftlich darüber aussprechen werde. Das that die gewünschte Wirkung. Auf Lord Elgins amtliches Ersuchen wurde das Kuaṅ-faṅ unverzüglich aus Pe-kiṅ herbeigeschafft. Die Commissare baten nun den Botschafter schriftlich, dass Herr Lay, welcher durch seine Stellung als Zollinspector in chinesischen Diensten zum Vermittler besonders geeignet war, sie besuchen und mit seinem Rath unterstützen dürfe; Lord Elgin aber konnte nur erwünscht sein, dass derselbe täglich mit ihnen conferirte. — Auch die Gesandten von Frankreich, Russland und America tauschten mit den chinesischen Commissaren ihre Vollmachten aus.

Die Verhandlungen, welche von englischer Seite durch Lord Elgins Bruder, den Botschaftssecretär Honourable Frederick Bruce, Herrn Lay und Herrn Wade geführt wurden, waren schon im Gange, als eines Tages der alte Ki-yiṅ dem Botschafter seine Ankunft melden liess. Seit seiner Degradirung nach Hien-fuṅ's Thronbesteigung scheint er kein hohes Amt mehr bekleidet und keine Beziehungen zum Kaiserhofe gehabt zu haben. Hien-fuṅ mochte ihn, wie ein abgelegtes Werkzeug, dessen man nicht schont, in verzweifelter Lage noch einmal benutzen wollen; er sandte ihn ohne Vollmacht und amtliche Stellung, nur mit dem Auftrage, bei den Verhandlungen die chinesischen Interessen zu wahren. Lord Elgin erstaunte sehr, den alten Freund von Davis und Pottinger, welcher mehr als irgend ein chinesischer Staatsmann das Vertrauen der Europäer genossen hatte, noch einmal auf der Bühne erscheinen zu sehen. Eine in Yı's Archiven gefundene Denkschrift warf aber einen Schatten auf die Ehrlichkeit seiner Gesinnung, weshalb Lord Elgin seinen Besuch ablehnte und vorläufig die dolmetschenden Secretäre zu ihm schickte. Herr Wade und Herr Lay fanden einen fast erblindeten, hinfälligen Greis, der in Thränen ausbrach über die Lage von China und seine eigene Mission, welche ihm verderblich werden müsse. Herr Wade suchte ihn durch die Versicherung zu trösten, dass Lord Elgin seine Mitwirkung bei den Vertragsarbeiten peremtorisch ablehnen werde; das behagte ihm aber nicht. Er klagte, dass die Engländer China das Messer an die Kehle setzten, und sprach sich so deutlich aus, dass die Dolmetscher an seiner Feindschaft nicht mehr zweifelten. Unter den waltenden Umständen konnten sie in der That keine andere Gesinnung von einem Manne erwarten, dessen Friedenspolitik und gutes Einvernehmen mit den Fremden zu seinem Falle geführt hatte. Er musste glühenden Barbarenhass zur Schau tragen um sein Leben zu retten, benahm sich aber kopflos und rannte wirklich in sein Verderben.

Ki-yin scheint ohne Ueberlegung und politische Rücksicht in irrsinniger Angst nur darauf ausgegangen zu sein, um jeden Preis fremdenfeindlich zu erscheinen. Den schlimmsten Einfluss übte er auf die Bewohner von Tien-tsin. Während vorher die Fremden sich in und ausserhalb der Stadt ohne jede Belästigung frei bewegt hatten, wurden am Tage nach Ki-yin's Ankunft der englische Admiral und mehrere Flottenofficiere in der Stadt vom Pöbel angefallen, umgerannt und mit Steinen geworfen. Obwohl das spät am Nachmittag geschah, so musste doch ein Detachement Matrosen und Marinesoldaten sofort nach der Stadt marschiren. Das Thor wurde ihnen vor der Nase zugeschlagen und barricadirt; die Engländer kletterten jedoch über die Mauer, jagten den Pöbelhaufen innerhalb mit Fusstritten auseinander und sprengten das Thor. Dann rückten sie die Hauptstrasse hinauf nach dem Schauplatz des Tumultes und verhafteten einige Hausbesitzer nebst dem tartarischen Stadtcommandanten, welche für die Nacht eingesperrt und erst am Morgen freigelassen wurden. Nach zuverlässigen Mittheilungen war die Anregung zu feindseligem Auftreten gleich nach Ki-yin's Ankunft von den Ortsbehörden ausgegangen. Die Fremden erfuhren auch, dass dieser sich vor den anderen Commissaren in der stärksten Sprache über die Barbaren äusserte, zu hartnäckigem Widerstande und Fortsetzung des Krieges drängte. Da nun Kwei-lian und Wa-šana ihre Schritte zu Erzielung eines glimpflichen Abkommens überall durchkreuzt sahen, so baten sie den Kaiser unter dringenden Vorstellungen um Ki-yin's Abberufung. Hien-fun sandte ihm aber jetzt den ausdrücklichen Befehl zu bleiben und billigte dadurch stillschweigend seine Haltung.

Lord Elgin, welcher wünschen musste, sich des Ki-yin um jeden Preis zu entledigen, schickte am 11. Juni die Herren Wade und Lay zu den Bevollmächtigten, wo KI-YIŃ grade anwesend war. Die Secretäre erklärten, dass eine eben an den Botschafter ergangene Mittheilung in Geist und Haltung ganz anders, als nach den früheren Zusagen erwartet werden durfte, und durchaus nicht geeignet sei als Grundlage zu den Verhandlungen zu dienen. KWEI-LIAŃ und WA-ŠANA antworteten, so deutlich in Gegenwart des KI-YIŃ nur geschehen konnte, dass dieser den Inhalt der Note verantworten müsse. Herr Wade erwiederte, Lord Elgin könne zwar dem Kaiser keine Vorschriften machen für die Wahl seiner Bevollmächtigten; Glaubwürdigkeit und ehrenhafte Gesinnung seien aber nothwendige Erfordernisse zu Erledigung der schwebenden Fragen, und es könne keiner Parthei Vortheil bringen, wenn eine in dieser Rücksicht verdächtige Person auf die Verhandlungen Einfluss übe. Er übergab darauf den Bevollmächtigten eine Abschrift der in YI's Archiven gefundenen Eingabe KI-YIŃ's an den Kaiser, welche WA-ŠANA mit gedämpfter Stimme vorlas. Dieses Document spiegelt zu treu die Auffassung der Chinesen, um nicht hier im vollen Wortlaut wiedergegeben zu werden.

Der Knecht KI-YIŃ überreicht dem Throne knieend eine ergänzende Denkschrift. Die Details der Verwaltung in den Angelegenheiten der Barbaren-Staaten und die den Umständen angemessene Behandlung von Barbaren-Gesandten bei ihrem Empfange seinerseits bildeten den Gegenstand verschiedener Eingaben deines Sclaven.

Nachdem die ergänzenden Handelsbestimmungen auch von ihm unterhandelt wurden, hatte er die Ehre, die darin enthaltenen Artikel dem geheiligten Blick deiner Majestät zu unterbreiten, welche das Finanzministerium beauftragte, dieselben zu prüfen und darüber zu berichten. Das Alles ist bekannt. Es erinnert aber daran, dass im 17. Mond des 22. Jahres (August 1842) die englischen Barbaren durch Friedensverträge gebunden wurden. Die Americaner und Franzosen folgten nach einander im Sommer und Herbst dieses Jahres (1845). In diesem Zeitraum von drei Jahren gingen die Barbaren-Angelegenheiten durch verschiedene Phasen, und im Verhältniss der neuen Gestaltung wurde es nothwendig, den Standpunkt zu wechseln und Aenderungen zu treffen in den Mitteln, durch welche sie gezügelt und im Zaum gehalten werden möchten. Man muss sie natürlich gerecht behandeln und zu ihrem Gewissen reden; um sie aber in der Hand zu behalten, ist Schlauheit erforderlich.

In manchen Fällen muss man ihnen Vorschriften machen, aber ohne Angabe der Gründe; in anderen ist ihre Unruhe nur durch

Kundgebungen zu beschwichtigen, welche ihren Verdacht niederschlagen, und in einigen muss man sie zufriedenstellen und zu Dank verpflichten durch Gewährung des Verkehrs auf dem Fusse der Gleichstellung; manchmal muss man, um Zwecke zu erreichen, ein Auge zudrücken zu ihrer Falschheit, und die Schätzung (ihrer Handlungen) nicht zu weit treiben.

Geboren und erzogen in den fremden Gegenden ausserhalb können die Barbaren Vieles in der Verwaltung der himmlischen Herrschaft nicht begreifen, und sie geben Dingen, deren wirkliche Bedeutung ihnen unverständlich ist, beständig eine gezwungene Auslegung. So steht die Veröffentlichung der kaiserlichen Befehle (wörtlich: der seidenen Klänge) den Mitgliedern des grossen Staatsraths zu; aber die Barbaren achten sie für die eigenhändige Antwort deiner Majestät; und wenn man ihnen deutlich sagte, dass sie nicht von der Handschrift deiner Majestät sind, so würden sie kein festes Vertrauen darauf setzen. Die Malzeit, welche die Barbaren zusammen essen, nennen sie Mittagsmal (Ta-tsau). Sie lieben die Gewohnheit, eine Anzahl Menschen zu einem grossen Feste zu versammeln, bei welchem sie zusammen schmausen und zechen. Wenn dein Sclave den Barbaren an der Bocca oder in Macao eine Ehre erwies, sind ihre Obersten und Führer zusammengekommen zu zehn bis zwanzig und dreissig an Zahl, und wenn im Laufe der Zeit dein Sclave Anlass hatte, sich in die Barbarenwohnungen oder auf die Barbarenschiffe zu begeben, setzten sie sich um ihn herum zu seiner Aufwartung und wetteiferten im Anbieten von Speisen und Getränken. Um ihr Wohlwollen zu gewinnen, musste er ihren Löffel und Becher theilen.

Ein anderer Punct. Es ist eine Eigenschaft der Barbaren, viel aus ihren Frauen zu machen. Besucht sie ein Mann von Rang, so kommt sicher die Frau heraus, ihn zu empfangen. So haben z. B. der americanische Barbar Parker und der französische Barbar Lagréné ihre fremden Frauen mitgebracht, und wenn dein Knecht in Geschäften nach den Barbarenwohnungen kam, erschienen plötzlich die Frauen und grüssten ihn. Dein Knecht war verlegen und unbehaglich; sie aber freuten sich im Gegentheil über die ihnen angethane Ehre. Das beweist die Wahrheit, dass die Bräuche der westlichen Staaten nicht nach dem chinesischen Ceremoniel zu gestalten sind, und wollte man sie schelten, so diente das nicht zu ihrer Belehrung (wörtlich: spaltete nicht ihre Stumpfheit), sondern erzeugte nur Verdacht und Uebelwollen.

Ferner: Seit Anknüpfung freundschaftlicher Beziehungen wurden die verschiedenen Barbaren auf dem Fusse einer Art von Gleichstellung empfangen. Ein solcher Empfang ist nichts Neues mehr, und immer mehr wird es zur Pflicht, sie abzuwehren, sie auszuschliessen. Zu dem Ende empfahl dein Knecht jedesmal, wenn eine Barbaren-Angelegenheit verhandelt wurde, dem Finanzcommissar Wan-aw-tuṅ, den Gesandten zu bedeuten, dass ein chinesischer Würdenträger, der die fremden Angelegenheiten verwaltet, niemals für seine Privatrechnung etwas geben oder annehmen dürfe, dass er peremtorisch gezwungen sei, alle Geschenke zurückzuweisen; denn würden sie heimlich angenommen, so seien die Verordnungen der himmlischen Herrschaft darüber sehr streng; und nicht zu gedenken des Schadens, den er der Würde seines Amtes zufügte, möchte es (für den Uebertreter) schwer sein, der Strafe des Gesetzes zu entgehen. Die fremden Gesandten waren so verständig, sich danach zu richten; aber sie boten bei den Zusammenkünften deinem Knecht oft fremde Weine, Wohlgerüche und dergleichen von ganz geringem Werthe an. Da sie dabei mehr oder minder freundliche Absichten hegten, so konnte er sie nicht, ihnen in's Gesicht, ganz und gar zurückweisen; aber er beschränkte sich darauf, ihnen Schnupftabakflaschen, Börsen und solche Dinge, die man bei sich trägt, zu schenken, und brachte den chinesischen Grundsatz zur Geltung, viel zu geben, wenn auch wenig empfangen wurde. Ferner: als die Engländer, Franzosen, Italiener und Americaner darum baten, beschenkte sie dein Knecht mit einem Abdruck seines geringen Bildnisses.

Auf ihre Regierung zu kommen: Obwohl jeder Staat eine hat, so sind Herrscher da, männliche und weibliche, welche ihr Amt bleibend oder für die gegenwärtige Zeit behalten. Bei den englischen Barbaren z. B. ist der Herrscher ein Weib, bei den Franzosen und Americanern ein Mann. Der englische und der französische Herrscher regieren lebenslänglich; der americanische wird durch seine Landsleute erwählt und alle vier Jahre gewechselt; nach seinem Rücktritt hat er den Rang der Bürger (Nicht-Beamten).

Die Rangbenennungen sind auch verschieden bei jedem Volke. Um sie auszudrücken, stehlen sie chinesische Schriftzeichen und maassen sich prahlerisch eine Schreibweise an, auf welche sie kein Recht haben, um sich das Ansehn grosser Macht zu geben. Dass sie dadurch ihren Herrschern Ehre zu erweisen glauben, berührt uns nicht; wollten wir aber die für abhängige Staaten geltende Regel auf sie anwenden, so liessen sie sich das sicher nicht gefallen, da sie weder die chinesische Zeitrechnung noch deiner Majestät Bestätigung annehmen, (um nicht) in den Rang von Korea und Liu-kiu zurückzutreten. Und mit Leuten so uncivilisirt wie sie sind, so blind und unverständig in der Art und im Styl der Anrede, würde ein zähes

Festhalten an der Form der amtlichen Correspondenz, das nach Gebühr den Höheren oben und den Niederen unten stellt, zu heftiger Erörterung führen. In diesem Falle wäre das einzige Mittel, sich taub zu stellen; dann würde der persönliche Verkehr unmöglich, und nicht nur das, sondern eine Unverträglichkeit der Beziehungen würde daraus folgen, welche den wesentlichen Zweck der Zügelung beeinträchtigen müsste. Statt deshalb einen Streit über unwichtige Benennungen zu erheben, der zu keinem greifbaren Erfolge führen kann, wurde vorgezogen, diese Nebensachen unberührt zu lassen, um wichtige politische Erfolge zu sichern.

Das sind die Mittel und Modificationen, welche nach genauer Betrachtung der Barbaren-Angelegenheiten, Berechnung der zeitgemässen Erfordernisse und einer sorgfältigen Schätzung jeder Frage, — ob unbedeutend oder wichtig, — unvermeidlich angewandt werden mussten. Dein Knecht hat nicht gewagt, sie eine nach der anderen deiner geheiligten Einsicht zu unterbreiten, theils weil sie an und für sich von geringem Belang waren, theils weil es an Zeit fehlte. Da jetzt die Geschäfte mit den Barbaren im Ganzen beendet sind, so zählt er sie, wie seine Pflicht gebietet, hier eines und alle in dieser ergänzenden Denkschrift auf, welche er ehrfurchtsvoll deiner Majestät überreicht.

Die darunter stehende kaiserliche Antwort in Zinoberschrift lautet: Es war die einzige passende Auskunft. Wir verstehen die ganze Frage.

Merkwürdiger Weise änderte Kı-yıṅ, obgleich ihm der seine Politik billigende Befehl, in Tıen-tsın zu bleiben, eben zugegangen war, nach Verlesung dieses Documentes sofort seine Haltung und unterzeichnete mit Kwei-liaṅ und Wa-šana noch an demselben Abend ein Schreiben an Lord Elgin, in welchem sie einwilligten, auf Grund der anfangs verabredeten Präliminarien zu unterhandeln. Kı-yıṅ scheint gänzlich den Kopf verloren zu haben. Er brach zwei Tage darauf gegen den ausdrücklichen Befehl des Kaisers nach Pe-kiṅ auf, nachdem er demselben berichtet hatte, »dass er wichtige Vorschläge zu machen habe«. Unterwegs erhielt er noch in Tuṅ-tšau die kategorische Weisung, auf seinen Posten zurückzukehren, gehorchte aber nicht. In Pe-kiṅ wurde er auf Antrag des Fürsten von Wuı (Mıen Yu, eines Bruders von Tau-kwaṅ) vor einen Gerichtshof gestellt, welchem der Bruder des regierenden Kaisers Prinz von Kuṅ präsidirte, und zu Erdrosselung verurtheilt. Bis zur nächsten kaiserlichen Bestätigung von Todesurtheilen, —

welche alle drei Jahre erfolgt, — sollte er eingekerkert bleiben. Dieser Spruch hätte seine Begnadigung nicht ausgeschlossen; Hien-fuṅ »milderte« ihn aber dahin, dass Ki-yiṅ sich sofort zu entleiben habe. Das dieses Urtheil motivirende Decret wurde demselben von zwei kaiserlichen Commissaren zugestellt, in deren Gegenwart er den Giftbecher trank. Die Fremden in Tien-tsin erfuhren den Hergang noch vor Ende des Monats durch die amtliche Zeitung von Pe-kiṅ, welche auch jenes Decret wiedergab.[102]

Die Vertragsarbeiten der Neutralen hatten unterdess guten Fortgang. Am 14. Juni wurde der russische Vertrag mit folgenden neuen Zugeständnissen unterzeichnet: Der russische Minister des Auswärtigen sollte auf dem Fusse der Gleichstellung mit dem ersten Minister des grossen Staatsrathes in Pe-kiṅ verkehren, und Russland befugt sein, bei besonderem Anlass diplomatische Agenten dahin zu senden; russische Missionare sollten mit Pässen im ganzen Reiche umherreisen dürfen; ausser den schon geöffneten Häfen sollten Swa-tau, ferner ein Hafen auf Formosa und einer auf Hae-nan dem Handel offen stehen. Aehnlich lautete der vier Tage später unterzeichnete Vertrag mit America. Beide enthielten die Clausel der »meistbegünstigten Nation«, welche den Russen und Americanern jedes künftig anderen Völkern zu gewährende Vorrecht sicherte. — Ein Jahr vorher waren die Commissare beider Staaten mit Anträgen von weit geringerem Belang abgewiesen worden; sie erklärten unumwunden, dass sie ihre Erfolge nur dem durch die Alliirten geübten Druck zu danken hätten.

Die einzelnen Bestimmungen des englischen Vertrages führten zu lebhaften Erörterungen. In dem erwähnten Schreiben vom 11. Juni erklärten die chinesischen Commissare, dass gegen den bleibenden Aufenthalt eines Gesandten in Pe-kiṅ eigentlich nichts einzuwenden sei; wegen der gegenwärtigen Collisionen sei es aber besser, wenn derselbe in Tien-tsin verweile, während ihm sein amtlicher Wohnsitz in Pe-kiṅ angewiesen werden möchte. Auf Grund dieses Zugeständnisses wurde weiter verhandelt; am 21. Juni aber zogen die Chinesen dasselbe zurück; ein kaiserliches Decret gebiete ihnen, Lord Elgin zum Aufgeben jener Forderung zu vermögen; »der Norden sei kalt und staubig, für Fremde unerträglich«. Auch wurden die Freigebung von Tšin-kiaṅ, das Recht, im Innern des

---

[102] Das Decret ist mitgetheilt bei Oliphant, Narrative of the Earl of Elgins Mission to China. I. 370.

Landes zu reisen und den YAṄ-TSE zu befahren, wieder zurückgenommen. Am 24. Juni hatten die Commissare noch einen harten Kampf darüber mit Herrn Bruce, welcher nicht nachgab. Man liess die englischen und die chinesischen Exemplare vorbereiten und am 26. Juni sollte die Unterzeichnung stattfinden. Da baten aber KWEI-LIAṄ und WA-ŠANA die Gesandten der anderen Mächte um Verwendung bei Lord Elgin, weil nach einem eben eingegangenen Erlass ihnen nicht nur Degradirung, sondern der Tod drohe, wenn sie jene Forderungen gewährten. Die zu gleicher Zeit auftauchenden Gerüchte von KI-YIṄ's Schicksal eigneten sich wohl, dem Anspruch an Lord Elgin's Barmherzigkeit Nachdruck zu geben. Zudem stand er mit seinen Forderungen allein; Baron Gros hatte solche für Frankreich nicht gestellt, konnte also auch nicht mit Waffengewalt dafür eintreten. Das Aufgeben derselben machte aber die anderen Vortheile fast illusorisch; denn ein haltbarer Zustand war nur von directen Beziehungen zu den Behörden in PE-KIṄ, ein erheblicher Aufschwung des Handels nur von unmittelbarem Verkehr mit den Producenten und Consumenten im Inneren des Landes zu erwarten. Deshalb beharrte der englische Botschafter trotz der kritischen Lage, in welche die Isolirung ihn versetzte, auf seinen Forderungen und beauftragte Herrn Bruce am 26. Juni Morgens, deren Erfüllung in peremtorischer Sprache zu verlangen. Er glaubte die Commissare am besten vor dem kaiserlichen Zorn zu sichern, wenn er sie zu zwingen schiene. KWEI-LIAṄ und WA-ŠANA überzeugten sich nun von der Fruchtlosigkeit ihres Widerstandes und unterzeichneten am Nachmittage des 26. Juni den Vertrag in demselben Tempel vor der Stadt, wo sie die Botschafter empfangen hatten.

Neben jenen beiden enthielt der englische Vertrag noch andere wichtige Zugeständnisse: zunächst die Freigebung von NIU-TŠWAṄ in der Mandschurei, TEṄ-TŠAU in ŠAN-TUṄ und mehreren Häfen am YAṄ-TSE-KIAṄ, darunter HAN-KAU, dem grössten Stapelplatz des chinesischen Binnenhandels; dann die Regelung der Transit-Abgaben, welche stets zu Collisionen geführt hatten. — Der Schadenersatz für die Verluste in KAN-TON wurde auf 2,000,000 TAEL, etwa 650,000 Pf. St., festgestellt und ausserdem die Zahlung einer gleichen Summe für Kriegskosten stipulirt. Bis zur Tilgung dieser Summen sollte KAN-TON besetzt bleiben.

Wie Pottinger nach Abschluss des Vertrages von NAN-KIṄ, so verlangte jetzt auch Lord Elgin die ausdrückliche Bestätigung des Kaisers und erhielt nach vier Tagen von den Commissaren folgendes an dieselben gerichtete Decret:

»Wir haben euere Denkschrift gelesen und wissen Alles. Beachtet dieses.«

Der Botschafter antwortete, er erwarte noch immer die kaiserliche Bestätigung, worauf die Commissare erwiederten, »dass, sobald sie persönlich die mit den Siegeln und Unterschriften versehenen Originale der verschiedenen Verträge Seiner Majestät in der Hauptstadt vorgelegt und deren Ratification in der kaiserlichen Handschrift erlangt haben würden, dieselbe in grösster Eile zu Lord Elgins Kenntnissnahme nach Shang-hae befördert werden solle«. — Der Botschafter meldete ihnen darauf, er werde die kaiserliche Bestätigung in Tien-tsin abwarten und sei genöthigt, ein eben auf der Rhede von Ta-ku eingetroffenes Regiment — das 59. — dahin befördern zu lassen. Zugleich wurden die städtischen Behörden um Quartiere für dasselbe ersucht. Schon zwei Tage nach dieser Mittheilung sandten die Commissare ein Schreiben mit folgendem Einschluss:

»Am dreiundzwanzigsten Tage des 5. Mondes des 8. Jahres von Hien-fuṅ (3. Juli 1858) hatte der grosse Staatsrath die Ehre, folgendes Decret zu erhalten.

Kwei-liaṅ und sein College haben die Verträge der verschiedenen Nationen zu unserer Kenntnissnahme vorgelegt. Diese wurden verhandelt und untersiegelt von Kwei-liaṅ und seinem Collegen. Da Kwei-liaṅ und sein College uns nun vorstellen, dass die verschiedenen Nationen unsere handschriftliche Bestätigung als Zeugniss für deren Gültigkeit zu haben wünschen, so (geben wir hiermit) allen Vorschlägen in dem englischen, dem französischen, und in dem russischen und americanischen Vertrage, wie sie uns von den Ministern in ihren früheren Eingaben dargestellt wurden, unsere Zustimmung, und befehlen, dass im Einklang damit gehandelt werde.

Beachtet dieses.«

Das 59. Regiment, das schon auf dem Wege war, musste sich nun wieder einschiffen. Lord Elgin nahm am 6. Juli Abschied von den Commissaren und fuhr noch an demselben Tage auf die Rhede hinaus.

Der englische Botschafter hatte gewünscht, nach Abschluss des Vertrages seine Creditive in Pe-kiṅ zu überreichen und möchte diesen Gedanken vielleicht ausgeführt haben, wenn seiner Absicht gemäss die Operationen zwei Monate früher begonnen hätten. Damals war Kan-ton noch ruhig und die Regierung in Pe-kin unvorbereitet. Jetzt stand ein starkes Tartarencorps bei der Hauptstadt; die Julihitze machte alle Operationen zu Lande für europäische Truppen bedenklich. Aus dem Süden kamen ernste Nachrichten beim Eintreffen des 59. Regimentes, bei dessen Abfahrt von Hongkong noch keine Gefahr drohte. Bewaffnete Banden hatten Kanton angegriffen und wurden immer dreister, seitdem sie den Engländern in den Bergen der Weissen Wolken mit Erfolg die Spitze geboten hatten. Man entdeckte einen Anschlag der als Volkswehr organisirten Schaaren, die englische Gemeinde auf Hong-kong zu überfallen, und verfügte keineswegs über hinreichende Truppen, um sich dagegen zu sichern. Hätte die früher so erbitterte Bevölkerung von Kan-ton die Feindseligkeiten begünstigt, so konnte die Garnison sich kaum halten; sie stand aber jetzt mit derselben auf dem besten Fusse, verrieth alle Banditen, die sich in die Stadt schlichen, und nahm an deren Verhaftung thätigen Antheil. Trotzdem schien Kan-ton gefährdet. Wollte Lord Elgin nach Pe-kin gehen, so musste eine starke Garnison Tien-tsin halten; denn die Folgen waren unberechenbar. Die Umstände aber boten alle verfügbaren Truppen nach dem Süden zu schicken.

In Shang-hae erhielt Lord Elgin die Meldung, dass Kwei-lian, Wa-šana und Ho-kwei-tsin, General-Gouverneur der beiden Kian, angewiesen seien, die dem Vertrage beizufügenden Handelsbestimmungen und den Zolltarif mit ihm auszuarbeiten. Da nun jene erst in einigen Monaten dort eintreffen konnten, so benutzte Lord Elgin die Zwischenzeit zur Reise nach Japan, wo er den bekannten Vertrag schloss. Sein Bruder, Hon. Frederick Bruce ging direct nach England weiter, um den Vertrag von Tien-tsin zu überreichen. — Lord Elgin kehrte im September nach Shang-hae zurück, wo die chinesischen Bevollmächtigten sich Anfang October einstellten. Die Berichte aus Kan-ton lauteten fortwährend bedenklich. Die Volkswehr setzte unter dem Schutz der Provinzial-Behörden die Feindseligkeiten gegen die Fremden fort, als ob kein Frieden geschlossen sei. Lord Elgin hatte in Tien-tsin die Ereignisse im Süden gegen die Commissare nur vorübergehend berührt, weil er wünschte, dass die englischen Truppen selbst die Milizbanden züchtigen und zur Ruhe bringen möchten. Da er aber in Shang-hae erfuhr, dass der Kriegsausschuss der Mandarinen Lun, Lo und Su, welcher die patriotische Bewegung zu

Vertilgung der Barbaren leitete, unter Autorität des General-Gouverneurs Waṅ handele, weigerte sich Lord Elgin mit den Commissaren in persönlichen Verkehr und Unterhandlung zu treten, bis die chinesischen Behörden der Befehdung im Süden ein Ziel gesetzt hätten.

Kwei-liaṅ und Wa-šana antworteten, der Vertrag von Tien-tsin sei noch nicht publicirt und keine Nachricht darüber nach Kan-ton gelangt; deshalb beharre Waṅ noch in seiner früheren Haltung; Luṅ, Lo und Su seien hohe Beamte, vom Kaiser mit Organisation der Milizen beauftragt, welche in jeder von Unruhen heimgesuchten Provinz aufgestellt würden. Sie legten zugleich den Entwurf einer allgemein gehaltenen Friedens-Proclamation vor, deren Veröffentlichung sie dem General-Gouverneur Waṅ befehlen wollten. Lord Elgin verlangte dagegen die Entfernung des Waṅ von seinem Posten und Auflösung des Kriegsausschusses, als ein Zeichen, dass die kaiserliche Regierung es redlich meine mit Aufrechthaltung des Friedens und der freundschaftlichen Beziehungen. Beides versprachen die Commissare in Pe-kiṅ durchzusetzen, und die Verhandlungen begannen. Der englische Botschafter liess sich dabei durch Herrn Oliphant und Herrn Wade vertreten. Bei Berathung der Handelsbestimmungen und des Tarifes kamen viele wichtige Puncte zur Sprache.[103]) Unter anderem gewährte man der chinesischen Steuerverwaltung das Recht, ohne Zuziehung der englischen Behörden jeden Engländer in ihre Dienste zu nehmen, den sie bei den Zollämtern anstellen wollte. Zu dieser Auskunft trieb die Chinesen die bittere Erfahrung von der Unredlichkeit der ein-

---

[103]) Eine der wichtigsten Fragen betraf die beim Transport der Waaren im Inneren des Landes zu zahlenden Transitzölle. Schon im Vertrage selbst war sie berührt; jetzt wurde entschieden, dass die Abgabe bei steuerbaren Artikeln bis zur Hälfte der durch den Tarif ihnen aufgelegten Ein- oder Ausfuhrzölle, bei steuerfreien durchgängig $2\frac{1}{2}$ Procent des Werthes betragen solle. — Dadurch wurde der Transitzoll auf Thee, welcher gegen 100 Procent des Werthes betragen hatte, auf die Hälfte ermässigt. Für die Einfuhr wurde durchgängig eine Werthsteuer von 5 Procent angenommen, und diese Norm auch beim grösseren Theil der Ausfuhrartikel festgehalten. Für Seide zahlte man vorher eine geringere Abgabe; diese hielt man fest und besteuerte dafür andere Artikel etwas höher. — Die Küstenschifffahrt wurde mit der einzigen Beschränkung freigegeben, dass aus den neu geöffneten Häfen Teṅ-tšau und Niu-tšwaṅ Bohnen und Bohnenkuchen durch fremde Schiffe nicht exportirt werden sollten. Dieser Handel ging vorzüglich nach Shang-hae und beschäftigte viele Tausend chinesischer Schiffer; die Behörden fürchteten Aufstände, wenn dieser Erwerbszweig beeinträchtigt würde.

heimischen Beamten, mit denen die ausländischen Kaufleute zum Nachtheil der chinesischen Staatskassen vielfach conspirirten. — Besonders entsittlichend wirkte der Schleichhandel mit Opium, der eine regelmässige Einnahme-Quelle für die Unterbeamten der Zollämter bildete. Lord Elgin schlug daher Legalisirung des Opiumhandels unter hoher Eingangssteuer vor, welche jetzt bereitwillig angenommen wurde. Dagegen sollte dieser Artikel an den allen anderen für die Transitzölle gewährten Vortheilen nicht participiren. Der Transport nach dem Inneren durch ausländische Kaufleute konnte zu schlimmen Collisionen führen, und man fand nur gerecht, dass die Regierung den Handel damit nach eigenem Ermessen besteuere. — Erst nach Erledigung aller dieser Fragen traten die chinesischen Commissare mit dem wirklichen Zweck ihrer Sendung hervor.

Es musste schon auffallen, dass Männer von so hohem Range mit Verhandlungen beauftragt wurden, welche, ohne politische Bedeutung, nur eingehende Kenntniss der Zoll- und Handelsverhältnisse forderten. Ferner befremdete die lange Verzögerung ihres Erscheinens in Shang-hae. Offenbar sollte der Eintritt des Winters abgewartet werden, der den Chinesen Zeit gab zu Herstellung der neuen Werke am Pei-ho. Ein kaiserlicher Erlass vom 25. Juli, nach welchem die in den Fluss eindringenden »Barbaren« sich auf Kwei-lian's gütige Weisung entfernt hätten, war ein übles Zeichen; denn hier brach die Regierung innerhalb eines Monats nach Abschluss des Vertrages eine Bestimmung desselben, nach welcher der Ausdruck Eı, Barbaren, für die Fremden nicht mehr gebraucht werden durfte. Unter den Chinesen in Shang-hae ging das Gerede, die Commissare kämen weit eher, um Krieg als um Frieden zu machen; Positives erfuhren aber die Engländer über die kaiserliche Politik und deren unterirdisches Getriebe erst viel später. Den merkwürdigsten, wenn auch nicht erschöpfenden und vollkommen sicheren Aufschluss darüber gab der Bericht eines untergeordneten von Wan zum Spioniren nach Shang-hae gesandten Mandarinen, von welchem Consul Parkes sich eine Abschrift verschaffte. Danach hätte der Kaiser die Commissare bei der Abschiedsaudienz positiv bedeutet, dass alle sechsundfunfzig Artikel des Friedensvertrages umgestossen werden müssten. Der dritte Bevollmächtigte, General-Gouverneur Ho-kwei-tsiṅ hätte seine Collegen in Tšaṅ-tšan empfangen und bei gemeinsamer Berathung der einzuschlagenden Wege darauf bestanden, dass von keiner Aenderung die Rede sein dürfe. Die Bevollmächtigten hätten mehrere Vorstellungen in diesem Sinne an den Thron gerichtet, jedesmal aber die peremtorische Weisung erhalten, den vorgeschriebenen Standpunct einzuhalten. Zuletzt hätte der Kaiser eingewilligt, unter folgenden vier Bedingungen Frieden zu machen: dass kein Handel nach den Häfen am Yań-tse erlaubt würde; dass kein Gesandter nach Pe-kiń käme; dass Fremde nicht im Innern des Landes reisen dürften; dass Kan-ton schleunigst geräumt würde. — »Die Commissare können unmöglich so dumm gewesen sein, sich in Alles zu fügen. ... Niemals, seit Anfang der Welt, galt der Grundsatz, dass ein Beamter, statt den Räuber für seinen Diebstahl zu strafen, ihn versöhnen soll, indem er Alles thut, was dessen Bosheit gegen die beraubte Person vorschreibt.« — Der Verfasser, offenbar ein Mann von geringer Bedeutung, erzählt manches den Thatsachen Widersprechende und klagt über die Heimlichkeit der Verhandlungen; der grösste Theil seines Berichtes wurde aber durch später aufgefundene Papiere und durch die Ereignisse vollkommen bestätigt; so die Angaben über Ho-kwei-tsiń, der während der Verhandlungen noch mehrere Vorstellungen an den Thron gerichtet und endlich dem Kaiser geschrieben hätte, derselbe möge, wenn er seine Vorschläge nicht billigte, die drei Fürsten (die Prinzen von Wui, Kuń und Tšiń) nach Shang-hae schicken, denen die oberste Leitung der auswärtigen Angelegenheiten anvertraut sei, worauf der Kaiser an den Rand geschrieben hätte: »Seine Halsstarrigkeit wird ihm Verderben bringen«.

Nach der Schlussberathung über die Handelsbestimmungen ersuchten nun die Commissare Lord Elgin in einer vom 22. October datirten Note — unter Erörterung der Umstände, welche den Abschluss des Vertrages von Tien-tsin bedingten — von Einrichtung einer Gesandtschaft in Pe-kiń abzustehen und die englische Regierung zu Wahl eines anderen Wohnsitzes für ihren Vertreter zu vermögen. Sie stellten das Erscheinen fremder Gesandten in der Hauptstadt als die grösste Beschädigung dar, welche China zugefügt werden könne: es müsse die Lage der durch Rebellionen im Inneren ohnedem schon bedrängten Regierung wesentlich verschlimmern und könne zu Aufständen in Pe-kiń führen, deren Folgen sich nicht absehen liessen. Die Commissare gaben zu, dass England auf Erfüllung des unter dem Zwange der Waffengewalt bewilligten

Vertragsrechtes bestehen könne, baten aber, dasselbe nicht zu urgiren, versprachen auch dafür gewissenhafte Erfüllung aller anderen Bestimmungen und Gewährung neuer Vortheile ausserhalb des Vertrages. — Lord Elgin wechselte mit ihnen mehrere Noten darüber und versprach schliesslich, unter Festhaltung des Rechtes einer stehenden Gesandtschaft, ihr Gesuch dahin zu befürworten, dass, — wenn der mit Auswechselung der Ratificationen beauftragte Diplomat zu Pf-kiṅ in angemessener Weise empfangen und der Vertrag in allen Stücken gehalten würde, — die Regierung von Grossbritannien ihren Vertreter anweisen möge, seinen Wohnsitz anderswo als in der Hauptstadt zu nehmen und diese nur vorübergehend bei dienstlichem Anlass zu besuchen.

Hier beginnt erst der ernste Kampf um Gleichberechtigung, welchen die Diplomaten mit dem Vertrage von Tien-tsin ausgefochten wähnten. Der Himmelssohn, dessen Vorgänger seit mythischer Zeit als Herren der Welt gegolten und nur Unterthanen gekannt hatten, sollte in seiner Nähe Barbaren dulden, die ihm nicht einmal gleiche Ehrfurcht erwiesen, wie die seinen Hof besuchenden asiatischen Fürsten; er sollte sie mit dem Bewusstsein dulden, dass er sich von ihnen zwingen liess und sie mit Achtung und Rücksicht behandeln müsse, um neuen Demüthigungen vorzubeugen. Dem Herrscher über 300 Millionen, der keine Ahnung hatte von der übrigen Welt, muss das unfasslich gewesen sein. Ohne irgend verhältnissmässige Stützung auf physische Gewalt übte der Kaiser von China schrankenlose Macht über unbegrenzte Ländermassen, über ein Drittel der Erdenbewohner, und diese uralt angestammte Eigenschaft des weltbeherrschenden Himmelssohnes, dessen Willen anerkannt war als höchstes Gebot nicht etwa nach menschlicher Satzung, sondern nach unabänderlicher Weltordnung, sollte nun aufgegeben werden. Ein durch Jahrtausende gereifter Wahn verschwindet nicht mit einem Schlage. Der Frieden von Nan-kiṅ rüttelte daran. Hien-fuṅ lieh aber von Anfang an der retrograden Parthei sein Ohr und musste durch Yi's Erfolge 1856 in der durch Schmeichler genährten Ansicht bestärkt werden, dass zäher Widerstand zu gutem Ende führe. Angesichts des Feindes konnte er wohl kurze Zeit den Rath verständiger, den Machtverhältnissen Rechnung tragender Männer hören; nachher aber erschien ihm die vorübergehende Bedrohung wohl als böser Traum, den man abschüttelt, um sich zu neuer Thatkraft zu ermannen. Das Gewissen des Himmelssohnes ist seine inspirirte Neigung, denn über ihm giebt es keinen Richter, und das Volkswohl rechtfertigt jeden Vertragsbruch gegen Räuber und Rebellen, wie er die seinem Willen, d. h. der himmlischen Weltordnung widerstrebenden Barbaren betrachten musste.

Neben der Verletzung des kaiserlichen Ansehns führten die chinesischen Commissare in ihren Gesprächen mit Lord Elgin noch einen anderen Grund gegen die stehende Gesandtschaft in Pe-kiṅ an. Man hatte schlimme Erfahrungen gemacht mit Diplomaten und Consuln, deren Eitelkeit, heftiges Temperament und Eigensinn, deren hochmüthige Trägheit oder Unfähigkeit, den in der chinesischen Cultur begründeten Institutionen und Anschauungen Rechnung zu tragen oder sich auch nur darüber zu unterrichten, oft jeden erspriesslichen Verkehr unmöglich machten. »Die Lehre,« sagt Lord Elgin in seiner das Gesandtschaftsrecht beleuchtenden Depesche an Lord Malmesbury (Shang-hae, 5. November 1858), »dass jeder Chinese ein Bube und nur mit Hohn und Trotz zu bändigen ist, wird häufig etwas zu weit getrieben in unserem Verkehr mit diesem Volke.« Männer von solchem Schlage fürchteten die Commissare, wie sie offen bekannten, als Vertretr in Pe-kiṅ zu sehen, und besorgten von deren Anwesenheit unheilbare Verstimmungen.

Lord Elgin hielt nicht für rathsam, das Vertragsrecht, welches der englischen Regierung überliess, eine stehende oder vorübergehende Gesandtschaften nach Pe-kiṅ zu schicken, »in einer Weise zu brauchen, welche den Kaiser zu wählen zwänge zwischen verzweifeltem Widerstande und passiver Duldung Desjenigen, das er und seine Räthe für das grösste Unheil ansahen, welches das Reich befallen könne«. Zudem fürchtete der Botschafter wohl mit Recht, dass Kwei-liaṅ und Wa-šana hingerichtet würden, und besorgte von solchem Beispiel eine üble Wirkung auf die künftige Haltung chinesischer Staatsmänner. Endlich hoffte er durch Nachgiebigkeit in diesem Puncte andere im Vertrage nicht berührte Zugeständnisse, vor Allem die Erlaubniss zu erlangen, mit einem Geschwader den Yaṅ-tse-kiaṅ hinaufzugehen, wozu er vor Unterdrückung der Tae-piṅ-Rebellion und Ratification des Vertrages kein Recht hatte. Lord Elgin wünschte durch diese Expedition vor dem ganzen Reiche das ihm vom Kaiser gewährte wichtige Recht der Besichtigung der neuen Häfen zu constatiren und der englischen Flagge durch Mitführung eines stattlichen Geschwaders im voraus Achtung zu verschaffen. Nachdem er schriftlich versprochen hatte, über das Gesandtschaftsrecht in dem bezeichneten Sinne an seine Regierung zu berichten, fügten die Commissare sich ohne Umstände seinem Wunsch und gaben ihm Mandarinen mit Briefen mit, welche gute Aufnahme bei den kaiserlichen Behörden sicherten.

Nachdem auch die Vertreter von America und Frankreich die von den Engländern ausgearbeiteten Handelsbestimmungen und Tarife angenommen hatten, wurden diese am 8. November unterzeichnet. An demselben Tage trat Lord Elgin auf dem Furious in Begleitung der Schiffe Retribution und Cruizer und der Kanonenboote Dove und Lee seine Reise nach den Häfen des Yaṅ-tse an und kehrte in der zweiten Hälfte des December nach Shang-hae zurück.

Der Kaiser hatte die Commissare auf ihre Eingabe um Abberufung des Waṅ, Generalgouverneurs von Kuaṅ-tuṅ und Bevollmächtigten für den fremden Handel, abschläglich beschieden, denselben gegen den Vorwurf vertheidigt, nach dem Friedensschlusse feindlich gegen die Fremden gehandelt zu haben, und sich jeden Einspruch in die ihm allein zustehende Beurtheilung desselben verbeten. Bei einem Zusammenstoss englischer Truppen mit Milizbanden in der Nähe von Kan-ton erbeuteten erstere nun im Januar amtliche Documente aus dem Besitz des Kriegsausschusses, welche die Mitwirkung des Statthalters deutlich bewiesen. Lord Elgin drang deshalb nach seiner Rückkehr abermals auf dessen Abberufung und Auflösung des Kriegsausschusses, und meldete den Commissaren, dass er auf strenger Ausführung des Separat-Artikels über die Kriegsschuld und Kan-ton bestehen werde. Die Commissare betheuerten, das Ihre gethan zu haben, dem Kaiser aber keine Vorschriften machen zu können; über Kan-ton mit ihm zu unterhandeln, hätten sie bis dahin keine Zeit gefunden. Am 20. Januar antwortete Lord Elgin, dass er über letztere Frage nicht mehr mit ihnen correspondiren werde, da sie offenbar zu Beschlüssen darüber keine Vollmacht hätten; dass er die Commandeure der Land- und Seemacht in Kuaṅ-tuṅ dringend ersuchen werde, dort mit äusserster Strenge aufzutreten, und dass bei Ratification des Vertrages in Pe-kiṅ angefragt werden solle, ob die Feindseligkeiten in jener Provinz vom Kaiser gebilligt wären. Die Commissare äusserten sich darauf in den stärksten Ausdrücken über die Vorgänge und versicherten nochmals, dass Waṅ abgesetzt werden solle.

Unterdessen war dem Consul Parkes ein Document in die Hände gespielt worden, das, als geheimer Erlass der kaiserlichen Regierung auftretend, die Volkswehr zu Feindseligkeiten gegen die Engländer anfeuerte und die nichtswürdigste Politik der Hinterlist und Lüge bekundete. Lord Elgin schickte den Commissaren eine Abschrift davon und meldete, dass er selbst nach Kan-ton gehen und in drei Wochen nach Shang-hae zurückkehren werde; fände er sie dann nicht mehr anwesend, so werde er sich nach Pe-kiṅ begeben. Die Commissare erklärten unverzüglich jenes Document für gefälscht und betheuerten, dass binnen drei Wochen das die Absetzung des Waṅ aussprechende Decret aus Pe-kiṅ eintreffen müsse; bis dahin könne alles Andere erledigt werden; Lord Elgin möge doch bleiben. Dieser erwiederte am 25. Januar, dass sie in Bezug auf Kan-ton nicht Wort gehalten hätten und dass er über diese Angelegenheit nicht mehr mit ihnen correspondiren könne; alles Uebrige, das noch Erwägung fordere, werde er nach seiner Rückkehr mit ihnen abmachen, »friedlich oder anders, wie die chinesische Regierung angemessen finde«. Darauf ging er Ende Januar nach Hong-kong. Mitte Februar 1859 erhielt er dort ein Schreiben der Commissare mit folgendem kaiserlichen Decret, welches am 31. Januar durch die amtliche Zeitung von Pe-kiṅ publicirt wurde, als Einschluss.

»Wir erhielten heut eine Eingabe von Kwei-liaṅ und Wa-šana, des Inhalts, dass sie mit Schreiben von den Engländern ein falsches kaiserliches Decret empfangen hätten, in der Fassung derjenigen, welche direct vom kaiserlichen Hofe ausgehen. Man theilte ihnen mit, dasselbe sei von einem Engländer in Kan-ton eingesandt. Wir haben es mit äusserstem Erstaunen gelesen. Von jeher hielt China an den Grundsätzen der höchsten Gerechtigkeit fest in seinen Maassregeln zur Beruhigung der fremden Nationen; es schmiedete niemals Pläne, dieselben zu schädigen. — Nach den Misserfolgen des Yi-miṅ-tsin ernannten wir Waṅ-tsuṅ-han zum General-Gouverneur der beiden Kuaṅ und gaben ihm das Siegel als kaiserlicher Bevollmächtigter in unseren Gebieten. Was den Vice-Präsidenten Lo-tuṅ-yen und seine Collegen betrifft, so warben sie, von patriotischem Eifer getrieben, Freiwillige für die Landesvertheidigung, eine vollkommen rechtmässige Beschäftigung für die Ortsbevölkerung. — Nachdem aber vor kurzem die freundschaftlichen Verhandlungen von Kwei-liaṅ und seinen Amtsgenossen in Tien-tsin beendet wurden, hatte Waṅ-tsuṅ-han sich nur mit inneren und militärischen Angelegenheiten zu befassen, während Lo-tuṅ-yen und seine Collegen, unseren Befehlen gehorsam, nur einheimische Banditen verfolgten. Feindseligkeiten gegen die Engländer und Franzosen wurden nicht bezweckt. Obwohl diese Nationen noch nicht die Hauptstadt von Kuaṅ-tuṅ herausgegeben haben, so mögen sie doch, wenn sie Ordnung unter ihren Truppen halten und die Bewohner nicht belästigen, zusammen in Frieden leben, frei von jeder Behelligung. — Es ist aber ein Hofdecret geschmiedet worden, welches Schwierigkeiten zwischen Lo-tuṅ-yen und seinen Amtsgenossen einerseits und diesen beiden Nationen andererseits veranlasste und im Gemüth der Engländer Zweifel und Argwohn erweckte. Wir befehlen deshalb Waṅ-tsuṅ-han, scharfe Maassregeln gegen die gesetzlosen Fälscher zu ergreifen und sie mit der äussersten Strenge des Gesetzes zu strafen. So mögen alle Nationen wissen, dass China seine Angelegenheiten in einem offenen, gerechten und freisinnigen Geiste verwaltet, und dass, wenn einmal ein Vergleich geschlossen ist, Argwohn und Zweifel beseitigt werden können, so dass kein Platz bleibt für die Aufreizungen falscher Ränkeschmiede. — Da Shang-hae, wo die auf den allgemeinen Handel bezüglichen Einrichtungen jetzt getroffen werden, in beträchtlicher Entfernung von Kuaṅ-tuṅ liegt, so ernennen wir hiermit den General-Gouverneur der beiden Kiaṅ, Ho-kwei-tsiṅ, zum kaiserlichen Commissar für die auswärtigen Angelegenheiten, und befehlen Waṅ-tsuṅ-han, ihm durch einen Specialbeamten das jetzt in seinen Händen befindliche Siegel eines kaiserlichen Bevollmächtigten zu übersenden. — Beachtet dieses.«

Lord Elgin bestätigte den Commissaren unter dem 3. März den Empfang des Schreibens mit diesem Einschluss und meldete, dass sein Bruder Honourable Frederick Bruce zu seinem Nachfolger ernannt und zu Auswechselung der Ratificationen in Pe-kiṅ angewiesen sei. Zugleich theilte er ihnen seine Abreise aus China und die Zustimmung der englischen Regierung zu seinem Vorschlage mit, dass britische Gesandte auf die bewussten Bedingungen nur vorübergehend Pe-kiṅ besuchen möchten. Der Botschafter sagte in diesem Schreiben den Commissaren Lebewohl und schiffte sich am 4. März nach England ein.

Kan-ton blieb dem Vertrage gemäss besetzt; die Verhältnisse gestalteten sich dort immer günstiger. Handel und Gewerbe blühten, und die Ordnung und Reinlichkeit, an welche die englische Polizei die Bevölkerung gewöhnte, übten bleibenden Einfluss. Der

Commandant von Kan-ton liess seine Truppen zuweilen einen Uebungsmarsch in die Umgegend machen, wo sie von der ansässigen Bevölkerung immer freundlich behandelt wurden. Die meist aus Abenteurern zusammengesetzten Milizschaaren verloren durch Auflösung des Kriegsausschusses von Fa-yune endlich ihren Mittelpunct und liefen auseinander, so dass Ruhe und Sicherheit auch auf dem Lande hergestellt wurden.

VI.
DIE OPERATIONEN DER TAE-PIṄ.
VON 1857 BIS 1860

Nach Unterzeichnung der Handelsbestimmungen zum Vertrage von TIEN-TSIN am 8. November 1858 fuhr Lord Elgin von SHANG-HAE aus unter Zustimmung der kaiserlichen Behörden mit den Schiffen Furious, Retribution, Cruizer, Dove und Lee den YAṄ-TSE-KIAṄ hinauf, um die laut jenem Vertrage dem Handel freigegebenen Häfen zu besichtigen. TSIṄ-KIAṄ hatten die TAE-PIṄ damals schon geräumt. Als das englische Geschwader am 20. November sich NAN-KIṄ näherte, sandte der Commandeur das Kanonenboot Lee unter Parlamentärflagge voraus, um Feindseligkeiten der Rebellen vorzubeugen. Diese aber beschossen die englischen Schiffe mit grösster Heftigkeit. Der Furious erhielt mehrere Kugeln in den Rumpf, Retribution hatte einen Todten und zwei schwer Verwundete; langsam vorwärts dampfend erwiederten sie das Feuer mit guter Wirkung. Das Geschwader ankerte für die Nacht oberhalb NAN-KIṄ, kehrte jedoch am folgenden Morgen dahin zurück und bombardirte anderthalb Stunden lang die Aussenwerke am Fluss, welche nur schwächlich antworteten. Dann fuhren die Engländer stromaufwärts weiter und erreichten am Abend des 21. November die Stadt TAE-PIṄ, deren Commandant ein Gesuch um Hülfe gegen die kaiserlichen Kriegsdschunken an Lord Elgin sandte und folgenden Bescheid erhielt:

»Da eine Anzahl königlicher Kriegsschiffe auf dem Wege nach HAN-KAU war, wünschte der Botschafter dringend, die NAN-KIṄ besetzt haltende Parthei zu unterrichten, dass diese Schiffe ohne feindliche Absicht gegen dieselbe kämen. Zu dem Zwecke ging ein kleines Fahrzeug voraus. Eine Kanone wurde auf dasselbe abgefeuert, worauf es seiner Instruction gemäss nicht antwortete, sondern eine Parlamentärflagge aufzog. Trotzdem fuhr die Garnison von NAN-KIṄ fort, dasselbe zu beschiessen. In Folge dessen sind die das Fahrwasser beherrschenden Werke genommen und zerstört worden, zur Warnung für Alle, die sich hinfort an Ihrer Majestät Schiffen vergreifen sollten.«

Auf ihrer weiteren Fahrt erhielten die Engländer vor Gan-kiṅ abermals Feuer und bombardirten dafür eine halbe Stunde die Stadt. — Die so oft genommene Dreistadt Han-kau-Han-yaṅ-Wu-tšaṅ, früher der grösste Stapelplatz des chinesischen Binnenhandels, war damals nur ein Trümmerhaufen, in dessen verödeten Strassen man Fasanen aufstörte. Auf dem Rückwege besuchte Lord Elgin mehrere von den Tae-piṅ besetzte Plätze, deren Bevölkerung im tiefsten Elend lebte. Alle waffenfähigen Männer waren zu Soldaten gepresst, alle Uebrigen völlig ausgesogen worden. Die Meisten wohnten in Erdhütten auf dem Felde, denn die Tae-piṅ duldeten innerhalb der Städte Niemand, den sie nicht brauchten. Gan-kiṅ und Wu-hu fand man elend armirt; die Soldaten gehörten zur schlechtesten Classe des chinesischen Gesindels und sprachen die Dialecte aller Provinzen, eine zusammengelaufene Horde. Sie liessen das Haar rings um den Kopf wachsen, ohne jedoch, wie die alten Tae-piṅ, den Zopf abzuschneiden, den sie nur aufgesteckt trugen, um nach Gefallen in die Reihen der Kaiserlichen überzutreten. Das Amtszimmer des Commandanten von Wu-hu fand Herr Wade voll lärmenden Gesindels, das sich von dem zugleich als Richter und Oberpriester fungirenden General nicht zur Ruhe weisen liess. Der Commandeur des Geschwaders erhielt dort ein Schreiben von den Behörden zu Nan-kiṅ: der Tien-waṅ habe alle Diejenigen köpfen lassen, die aus Unwissenheit auf die Engländer geschossen hätten. Zugleich wurde folgendes an Lord Elgin gerichtete Manifest des Tien-waṅ auf der Retribution abgegeben:

1. Wir melden zu Unterweisung unserer fremden jüngeren Brüder vom westlichen Ocean.
2. Die Dinge des Himmels unterscheiden sich sehr von denen der Welt.
3. Der himmlische Vater Šaṅ-ti, der kaiserliche Šaṅ-ti.
4. Der geheiligte Vater Eines und Aller, über welche der Himmel sich ausspannt.
5. Unser leiblicher älterer Bruder ist Jesus.
6. Unser leiblicher jüngerer Bruder ist Siu-tsuen.
7. Im dritten Mond des Jahres Mo-šin (1848) stieg Šaṅ-ti herab
8. Und befahl dem König von Osten, ein Sterblicher zu werden.
9. Im 9. Mond dieses Jahres stieg der Erlöser herab,

10. Und gebot dem König von Westen, göttliche Kräfte zu zeigen.
11. Der Vater und der ältere Bruder veranlassten uns zu sitzen (auf dem Throne) des himmlischen Königreiches,
12. Mit grossem Gepränge von Macht und Ansehn in der Halle des Himmels;
13. Die himmlische Stadt[104]) zu unserer Hauptstadt zu machen, zu gründen das himmlische Reich;
14. (Dass) der Gesandte und das Volk aller Nationen ihrem Vater Kaiser huldigen möchten.
15. Der Tempel des wahren Geistes ist innerhalb des himmlischen Hofes.
16. Der Tempel des Kɪ-ᴛᴜ (Christus) ist ebenso herrlich in Ewigkeit.
17. Im Jahre Tɪṅ-ʏᴜ (1837) stiegen wir zum Himmel.
18. Der Vater schenkte uns, mit Worten der Wahrheit, einen Band Verse.
19. Und befahl uns, ihn gut zu lesen und als einen Beweis anzusehen,
20. Durch die Verse den Vater zu kennen, standhaft zu sein.
21. Ferner befahl der Vater dem älteren Bruder, uns zu belehren, wie wir sie zu lesen hätten.
22. Der Vater und der ältere Bruder unterrichteten uns persönlich und gaben uns wieder und wieder ihre Aufträge.
23. Der himmlische Vater Šᴀṅ-ᴛɪ gleicht in seiner Machtfülle der Tiefe des Meeres.
24. Hinauf bis zum 33. Himmel haben die Dämonen des Meeres sich den Weg gebrochen.
25. Der Vater und der ältere Bruder haben sie ein über das andere Mal vertrieben und uns dabei mitgenommen;
26. Unterstützt durch die Officiere und Soldaten des Himmels auf beiden Seiten,
27. Haben sie bei diesem Anlass zwei Drittel von ihnen erschlagen.
28. Von einem Thore des Himmels zum anderen wurden die Dämonen und Kobolde zurückgeschlagen,
29. Bis sie alle hinuntergejagt waren (unter die Erde),
30. Und nur ein Rest von ihnen übrig gelassen wurde; so offenbarte sich die Erhabenheit des Vaters.
31. Der Vater gebot uns dann, auf die Erde zurückzukehren, (versprechend)
32. In allen Dingen unsere Stütze zu sein.

[104]) Die Tᴀᴇ-ᴘɪṅ nannten Nᴀɴ-ᴋɪṅ Tɪᴇɴ-ᴋɪṅ, Himmelsstadt.

33. Er gebot uns, unser Herz zu beruhigen und nicht bekümmert zu sein;
34. Er, der Vater, würde helfen. Seine Gebote wurden zweimal und nochmals wiederholt.
35. Im Jahre Wu-šin (1848), als der König des Südens in Kwei-pin bedrängt wurde,[105])
36. Baten wir den Vater, herabzukommen und seine Bestimmungen zu offenbaren.
37. Wir waren von Kuaṅ-si nach Kuaṅ-tuṅ zurückgekehrt.
38. Der himmlische Vater kam wirklich herab und befreite den (König von) Süden.
39. Der Ost-König erlöst von Krankheit; er ist ein heiliger Geist.
40. Der Vater sandte ihn herab mit dem Befehl, die Dämonen zu vertilgen.
41. Er zerstörte Kobold-Teufel ohne Zahl,
42. Und war im Stande, ohne Verzug bei der Hauptstadt einzutreffen.
43. Als der Vater in die Welt hinabstieg, gab er seinen heiligen Willen zu erkennen.
44. Alles dieses wurde gelesen, und indem wir es wohl unserem Gedächtniss einprägten,
45. Kannten wir des Vaters Unfehlbarkeit
46. Und wurden durch den Vater und den älteren Bruder bewogen, die Tae-piṅ-Herrschaft zu gründen.
47. Da der Vater den Ost-König bestellt hatte, von Krankheit zu erlösen,
48. Für die Blinden, Tauben und Stummen,
49. So litt er grosses Elend.
50. Im Kampf mit den Dämonen wurde er im Nacken ermordet und stürzte zu Boden.
51. Der Vater hatte durch heiliges Gebot erklärt,
52. Dass unsere Krieger, wenn sie hinauszögen, unsägliche Trübsal dulden würden.
53. Dass, wenn sie zum Hofe (von Nan-kiṅ) kämen, sie heftig leiden würden.
54. (Die Worte) des heiligen Gebotes des Vaters wurden alle vollendet.
55. Der ältere Bruder gab sein Leben, Sünder zu erlösen.
56. Er gab sich hin für Myriaden Myriaden Tausend Menschen in der Welt.

---

[105]) Dieser Vers geht auf Fuṅ's Einkerkerung.

57. Der Ost-König litt, indem er die Kranken erlöste, gleich dem älteren Bruder.
58. Und kehrte, als er vom Unglück[106]) ereilt wurde, zum Orte des Geistes zurück, dem Vater für seine Güte zu danken.
59. Welches die rechten sind unter den Schriften des Vaters und des älteren Bruders, ist unmöglich zu wissen.
60. Wer die wahren wählte, muss zum Himmel aufsteigen.
61. Die heiligen Befehle des Vaters sind unzählbar.
62. Wir erklären den allgemeinen Inhalt von einem oder zwei.
63. Es ist einige Jahre her, dass der himmlische Vater auf die Erde herabstieg,
64. Begleitet von dem himmlischen Bruder, dessen Kummer so gross war als früher.
65. Jesus ist euer erlösender Herr,
66. Und fährt fort, euch mit ganzem Gemüth zu erlösen und zu ermahnen.
67. Der himmlische Vater erzeugte Tsuen, auf dass er euer Herrscher sei.
68. Warum seid ihr nicht auf das äusserste unterthänig? Warum beharrt ihr eigensinnig auf euerem früheren Betragen?
69. Ihr waret oft (schuldig) ernstlichen Ungehorsams gegen die Befehle.
70. Wenn wir nicht unsere Befehle erliessen, so wäre euere Kühnheit gross wie der Himmel.
71. Für wen ist der himmlische Vater herabgekommen?
72. Für wen hat Jesus sein Leben hingegeben?
73. Der Himmel hat euch einen König herabgesandt, euer wahrer Herr zu sein.
74. Warum seid ihr so unruhig, sind euere Herzen so unstät?
75. Lasset euere Söhne aller Orten ihre Häuser verlassen,
76. Aus ihrer Heimath ausziehen, entschlossen, unterthänige Diener zu sein,
77. Herbeikommen, ihrem König zu helfen, wild wie Tiger und Leoparden.
78. Wissend, dass sie einen Herrn haben, mögen sie Männer sein.
79. Wenn ihr nicht glaubet, dass der Beste der Welt in uns erschienen ist,
80. So bedenket doch, dass der Geist Vater nicht irrt in dem Herrscher, den er einsetzt.

---

[106]) Wörtlich Pest. Nach Herrn Wade steht dieses Wort figürlich für Unglück, Aufruhr u. s. w.

81. Nehmet als Beweis der unabhängigen Machtvollkommenheit des Himmels,
82. Dass, wenn (uns) auch Tausend umringen, sie mit Stärke und Kühnheit in Staub gebrochen werden.
83. Die Myriaden Länder, Myriaden Völker drängen sich in Myriaden zu (unserem) Hof;
84. Die Myriaden Berge, Myriaden Gewässer, auf unbegrenzte Entfernung.
85. Eine Myriade Li drängen sich Myriaden Augen ihren Weg hinauf.
86. Alles Wissen, alle Glückseligkeit, alles Verdienst (ist unser? oder des Himmels?)
87. Will ein Mann etwas vor dem Himmel verbergen, so soll er nicht sagen, dass der Himmel nichts davon weiss.
88. Der Himmel reicht so weit als das Meer tief ist, ja und weiter.
89. Sehet nun euch selbst ohne Muth und Entschluss.
90. Wie lange wollet ihr nicht treue Diener sein?
91. Bedenket, dass, wenn ihr in der dritten Wache (der Nacht) auf der dunkelen Strasse entschlüpfet,
92. Der rächende Dämon euch vor Tagesanbruch blenden wird.
93. Gehet, Jeder von euch, im wahren Pfade eueres Königs.
94. Glaubet an den himmlischen Vater und zweifelt nicht.
95. Der Himmel erzeugte den rechtmässigen Herrscher, das Reich zu lenken.

 Als Šaṅ-ti diesen heiligen Befehl herabsandte, gebot er uns, drei Sätze beizufügen. Wir fügten hinzu:

96. Der himmlische Vater und der himmlische Bruder haben grosse Mühsal der Seele (haben viel zu sorgen).
97. Alle Machtvollkommenheit und Gewalt kehrt zum höchsten Herrscher zurück.
98. Wie kann dem ganzen Tae-piṅ-Reich Glückseligkeit verliehen werden?

 Šaṅ-ti sandte auch einen anderen heiligen Erlass, sprechend:

99. Im neunfältigen Himmel lasst einen König des Ostens sein,
100. Das Reich zu stützen als ein Rathgeber von langer Dauer.

 Als Šaṅ-ti diesen beiden Zeilen seine Beistimmung gab, wollte er, dass wir zwei weitere beifügten. Im Einklang mit des Vaters heiligem Willen fügten wir diese beiden hinzu:

101. Ho-nae der Lehrer, der zugleich der Herr Erlöser von Krankheit ist,
102. Ist der grosse Beistand aller Menschen der Welt.

 In späterer Zeit machte Šaṅ-ti eine Aenderung, sprechend:

103. Lasset ein Paar Phönixe angestellt werden, einen im Osten, den anderen im Westen.
104. Lasset den Osten, Westen, Norden und Süden ihnen Huldigung erweisen.

Šan-ti machte eine zweite Aenderung, sprechend:

105. Lasset ein Paar Phönixe angestellt werden, einen im Osten, den anderen im Westen.
106. Und lasset sie in Dankbarkeit für die Gnadenfülle des Himmels, welche auf sie herabgestiegen ist, zusammen Huldigung darbringen.
107. Diesen Inhalt von des Vaters heiligem Willen in allgemeinen Bestimmungen
108. Erklären wir wahrhaftig zu euerer Belehrung, unsere fremden jüngeren Brüder.
109. Dass der himmlische Vater und der himmlische ältere Bruder wirklich auf die Erde herabgestiegen sind,
110. Ist als wahr erwiesen durch die Verse des Vaters.
111. Ihre (oder seine) göttliche Einsicht und Machtvollkommenheit können Worte nicht aussprechen.
112. Kommet bald zum himmlischen Tempel und ihr werdet es empfinden.
113. Der höchste ältere Bruder ist derselbe (oder von derselben Art) mit dem Vater.
114. Kein halber Satz der (ihrer) heiligen Befehle soll geändert werden.
115. Šan-ti, der himmlische Vater, ist der wahre Šan-ti.
116. Jesus, der himmlische ältere Bruder, ist wirklich der ältere Bruder.

Dieses Manifest war grösstentheils in sehr mittelmässigen siebenfüssigen Versen und in so schlechter Hand geschrieben, dass jeder Chinese von Erziehung sich dessen geschämt hätte; sein Inhalt giebt den stärksten Beweis für die Geisteszerrüttung des Tien-wan. Merkwürdig ist die Uebereinstimmung der seine Vision und Fun's Kerkerhaft berührenden Verse mit der Erzählung des Hun-džin. Aus den Versen über den Ost-König redet durch den Irrsinn das ruhelose Bewusstsein der Gewaltthat.

Auf der Rückfahrt beauftragte Lord Elgin Herrn Wade, Erklärungen wegen Beschiessung des Geschwaders zu fordern. Li, der Beamte, welcher als Statthalter von Kian-si damals an der Spitze der Executive in Nan-kin stand, entschuldigte sich ohne

Servilität und suchte wiederholt die Rede auf die gemeinsame Religion zu bringen: als Christen seien die Engländer Brüder der Tae-piṅ. Aber diese Betheuerungen klangen gezwungen und entbehrten der begeisterten Wärme, welche früher bei ihnen gefunden wurde. Die Zahl ihrer Truppen gab Li auf mehrere Hunderttausende an. Er bat, dass zu Vermeidung künftiger Missverständnisse vorher Meldung gemacht würde, wenn wieder englische Schiffe den Yaṅ-tse hinaufführen.

Nach den bei diesem Besuch in Nan-kiṅ gesammelten Nachrichten lebte der Tien-waṅ in tiefster Zurückgezogenheit, übte jedoch unbeschränkte Macht über die Gemüther. Selbst seine Minister scheinen ihn als höheres Wesen angesehen, an seine göttliche Sendung geglaubt zu haben, wie die Menge, die sich ohne Murren seiner blutigen Willkür fügte. Die Einsicht, dass nur dieser fanatische Wahn die Massen zusammenhielt, und das warnende Schicksal des Ost-Königs mögen selbst diejenigen Führer von Anschlägen gegen den Tien-waṅ abgeschreckt haben, welche seinen Irrsinn erkannten. Immer mehr vertiefte er sich in den Traum seiner göttlichen Abstammung und trat damals in seinen Decreten schon als dritte Person der heiligen Dreifaltigkeit auf; nicht als dem Vater und dem älteren Bruder gleichstehend, aber als dritter im Range. Auch für seinen 1849 geborenen Sohn forderte er jetzt göttliche Verehrung.

1858 und 1859 unternahmen die Tae-piṅ keinen Feldzug von Bedeutung und wurden in Nan-kiṅ von den Kaiserlichen immer enger eingeschlossen. Indessen gewannen sie in dem Kan-waṅ oder Schild-König und dem Tšun-waṅ oder Treuen König wieder zwei Führer, welche dem Aufstand neues Leben gaben und den Kampf bis zu Ende fochten. Der Kan-waṅ war niemand anderes als Huṅ-džin, der Vetter des Tien-waṅ, welcher dessen Bekehrungsgeschichte schrieb.

Als Huṅ-siu-tsuen im Herbst 1850 gegen die kaiserlichen Behörden aufstand, wollte auf seinen Ruf Huṅ-džin mit etwa funfzig anderen Verwandten zu ihm stossen, konnte aber nicht durchdringen und kehrte in sein Heimathdorf zurück, wo die Behörden jetzt Huṅ's Ahnengräber zerstören und seine Verwandten einkerkern liessen. Huṅ-džin musste fliehen, wurde nach wiederholten Versuchen, sich durchzuschleichen, in einen localen Aufstand verwickelt und festgenommen, entsprang jedoch und gelangte im April

1852 nach Hong-kong, wo er dem Missionar Hamberg seine Schrift über den Tien-wan einhändigte. Er erhielt bald darauf eine Stelle als Schulmeister in einem Hong-kong gegenüberliegenden Dorf, kehrte aber gegen Ende 1853 zu Herrn Hamberg zurück, der ihm die Mittel zur Reise nach Shang-hae gewährte. Dort blieb er mehrere Monate, suchte vergebens nach Nan-kin zu gelangen und ging endlich wieder nach Hong-kong. Hamberg war unterdessen gestorben; einige Mitglieder der Londoner Missions-Gesellschaft nahmen Hun-džin bei sich auf, unterrichteten ihn in den Glaubenslehren und stellten ihn als chinesischen Katechisten und Prediger an. Dieses Amt versah er von 1855 bis 1858 zur vollsten Zufriedenheit seiner Lehrer. »Er gewann sich,« heisst es im Missionary Magazine, »bald einen Platz im Vertrauen und in der Achtung der Missionare und bei den ihnen befreundeten chinesischen Christen. Seine literarische Bildung war achtungswerth, sein Temperament liebenswürdig und heiter, sein Geist von einer bei Chinesen ungewöhnlichen Beweglichkeit. Seine Kenntniss der christlichen Lehre mehrte sich erheblich, und seine aufrichtige Hingebung an dieselbe konnte nicht bezweifelt werden.«

Im Juni 1858 verliess Hun-džin abermals Hong-kong, um sich zu Lande nach Nan-kin durchzuschleichen. Während das englische Geschwader vor Han-kau lag, befand er sich in der Nähe und schickte einen Brief für seinen Lehrer Chalmers in Hong-kong. Erst im Frühjahr 1859 gelangte er nach Nan-kin und wurde vom Tien-wan sofort zum Kan-wan und ersten Minister erhoben. Ein Jahr darauf schrieb er dem Missionar Edkins, er fühle sich zwar seiner Stellung nicht gewachsen, arbeite aber eifrig für Verbreitung der wahren Lehre; im täglichen Verkehr mit seinem Vetter, dem Tien-wan, staune er über dessen Weisheit und Tiefe der Anschauung, welche über die gewöhnlicher Menschen weit hinausreiche. — Spätere Vorfälle zeigten, dass Macht und Glück sein Gemüth verdarben; der sanfte Prediger wurde ein roher Tyrann, der nicht verschmähte mit eigener Hand zu morden. Dass er als Organisator Erhebliches leistete, beweisen die vermehrte Regsamkeit und bessere Ordnung nach seinem Auftreten in Nan-kin.

Diese Stadt wurde, wie gesagt, seit 1853 beständig von kaiserlichen Heeren belagert, welche allmälich ihre drei dem Lande zugekehrten Fronten einschlossen. Bis 1859 beherrschten aber die Tae-pin den Yan-tse; sie konnten die Beute ihrer Raubzüge zu

Schiffe nach Nan-kiṅ bringen und die Garnison von der Wasserseite mit Vorräthen versorgen. Während der langen Belagerung befreundeten sich die Truppen der beiden Partheien und verkehrten vielfach ganz unbefangen mit einander; vor einem der Stadtthore war selbst ein regelmässiger Markt eingerichtet, wo kaiserliche den Tae-piṅ-Soldaten ihre Vorräthe verkauften. Bis 1859 soll die Besatzung der Stadt 15,000 Mann, die Cernirungsarmee gegen 30,000 gezählt haben; im Spätherbst genannten Jahres wurde aber letztere auf 300,000 Mann gebracht, die Stadt durch die verstärkte kaiserliche Stromflotte auch auf der Wasserseite völlig cernirt, und mit der Belagerung Ernst gemacht. Schon in den ersten Monaten des folgenden Jahres litt die Garnison Mangel, und es soll nahe daran gewesen sein, dass sie Menschenfleisch verzehrte. Der Tien-waṅ sah nach des Tšun-waṅ Erzählung den Ereignissen mit unerschütterlichem Gleichmuth zu: »er beschränkte sich darauf seinen Ministern einzuschärfen, dass sie den Vorschriften des Himmels nachkämen, und sagte, der Anblick, der sie umgebe, sei ein Zeichen grossen Friedens.« Unterdessen suchten die Tae-piṅ-Führer ausserhalb Nan-kiṅ die Cernirungs-Armee durch Diversionen zu theilen. Der Hülfskönig Si-ta-kae, — der einige Jahre lang in Se-tšuen auf eigene Hand operirte, — rückte jetzt mit Heeresmacht in die Provinz Tše-kiaṅ, nahm die Städte Ku-tšau und Yen-tšau, und verwüstete die Landschaften westlich davon. Ein anderes Tae-piṅ-Corps überfiel das reiche Haṅ-tšau und besetzte die Vorstädte, musste sich aber nach verzweifeltem Kampf um die Ringmauer zurückziehen. Kleinere Abtheilungen nahmen einzelne Plätze in den Nachbarbezirken; aber die Kaiserlichen konnten überall Truppen genug aufstellen, ohne die Cernirungsarmee zu schwächen, und wähnten schon die Uebergabe in wenig Wochen erzwingen zu können. Da zogen die Tae-piṅ in der Nähe von Nan-kiṅ ein starkes Entsatz-Heer zusammen, durchbrachen am 3. Mai 1860 die Linien der Kaiserlichen, zerstreuten die ganze Cernirungsarmee und erbeuteten alle ihre Vorräthe. Auf den Tien-waṅ machte diese Befreiung so wenig Eindruck, dass er sie weder in seinen Manifesten erwähnte, noch die siegreichen Feldherren zu sehen wünschte.

Die Cernirungsarmee war so vollständig geschlagen, dass sie sich gar nicht wieder sammelte. Nan-kiṅ wurde von keiner Seite bedroht; die kaiserlichen Heere standen in grosser Ferne und die Tae-piṅ ergriffen die Offensive. Yiṅ-Waṅ, der Heldenkönig, brach zum Entsatze des hart bedrängten GAN-KIŃ auf; in KIAŃ-SI bot der Hülfskönig den Kaiserlichen die Spitze, und TŠUN-WAŃ, der Treue König rückte in das unberührte reiche Gebiet, das sich östlich von NAN-KIŃ nach der Flussmündung und der Meeresküste erstreckt. Er schlug die Kaiserlichen in drei Schlachten, bemächtigte sich des Grossen Canales auf die Strecke vom YAŃ-TSE-KIAŃ bis zum TAI-HO-See und bedrohte SU-TŠAU. Diese in geringer Entfernung von SHANG-HAE gelegene Stadt galt als die reichste und blühendste von China. »Oben ist das Paradies, unten SU und HAŃ«;[107]) »Um glücklich zu leben, muss man aus SU-TŠAU sein«, sagen chinesische Sprüche. Der Glanz seiner Marmorbauten, seiner Denkmäler, Brücken, Strassen und Canäle, die Schönheit und Intelligenz seiner Bewohner, die Vorzüglichkeit seiner Manufacturen waren im ganzen Reiche berühmt. SU-TŠAU galt als Sitz der höchsten Lebensverfeinerung und Eleganz. Die Stadt selbst soll zwei Meilen Umfang gehabt haben; ausserhalb dehnten sich vier mächtige Vorstädte aus; die Bevölkerung wurde auf zwei Millionen geschätzt.

Beim Anrücken des TŠUN-WAŃ liess der in SU-TSAU weilende Statthalter HO-KWEI-TSIŃ die Vorstädte anzünden, um die Stadt zu retten; da ergriff die kaiserlichen Truppen wilde Raublust; sie stürzten sich in die brennenden Strassen, plünderten und übten die schlimmste Gewalt. Die Auflösung war vollständig. Die TAE-PIŃ fanden keinen Widerstand, und das Volk jauchzte dem einziehenden TŠUN-WAŃ als Retter zu, während auf der entgegengesetzten Seite die Kaiserlichen beutebeladen ausrückten. Das geschah am 24. Mai 1860.

Im amtlichen Bericht an den Kaiser über diese Ereignisse steht Folgendes:

»Die Auflösung des vor NAN-KIŃ gelagerten Hauptkörpers der Armee war nach der unterthänigsten Ansicht deiner Knechte dadurch veranlasst, dass HO-TŠUN (der commandirende Mandschu-General) Vertrauen in Männer setzte, die es nicht verdienten. Daher Unzufriedenheit unter den Truppen schon von älterem Datum; während TŠAŃ-KWO-LIAŃ, verdrossen über die Unmöglichkeit seine eigenen Maassregeln auszuführen, sich bei TAN-YAŃ in den Kampf stürzte und starb. Darauf gerieth das ganze Heer in solchen Zustand der Demoralisation, dass es sich auflöste, wo immer der

---

[107]) SU-TŠAU, HAŃ-TŠAU.

Feind erschien: — und er rückte sofort auf Tan-yaṅ und Wu-si, dann auf Tšaṅ-tšau und Wu-ni. Das Heer benahm sich gleich schlecht bei jedem Zusammentreffen. In Su-tšau hatten sich schon Spione eingeschlichen; ausserdem conspirirten desertirte Soldaten und Freiwillige mit den Rebellen vor den Mauern, so dass nach weniger als einem halben Tage plötzlich die Nachricht kam vom Verluste des Platzes. Ho-tšun, der in Hu-šu-kuan stand, sah mit eigenen Augen die Entmuthigung der Truppen und die verzweifelte Lage, und entleibte sich vor der Krisis; während auf der anderen Seite Tšaṅ-yu-liaṅ, als er Su-tšau verloren sah, eilig nach Tše-kiaṅ floh. Nachdem also ihr erster und zweiter Commandeur sich verloren gegeben hatten, blieb die Armee ohne Führer; Truppen und Freiwillige, viele Myriaden an Zahl, wurden in einem Morgen zerstreut, wie die Sterne; ihre Kriegs- und Mundvorräthe blieben dem Feinde. In weniger als einem Monat erlitt man solche Zerstörung und Vernichtung. Aus dem ganzen Alterthum wird kein ähnlicher Zustand der Verwirrung berichtet.« — Am Schluss dieser gemeinschaftlich mit dem Gouverneur der beiden Kiaṅ-Provinzen an den Kaiser gerichteten Eingabe räth Ho-kwei-tsiṅ dem Kaiser, um jeden Preis mit den Engländern Frieden zu schliessen und seine ganze Kraft auf Vernichtung der Rebellen zu wenden.

Zu Shang-hae versammelten sich im Frühjahr 1860 die zum Feldzug gegen den Norden bestimmten Streitkräfte der Alliirten. Als die Tae-piṅ auf Su-tšau rückten, ersuchte der Tau-tae von Shang-hae die Consuln von England und Frankreich, jene Stadt mit ihren Truppen zu schützen, und wurde dabei von den katholischen Missionaren unterstützt, welche für ihre etwa 3000 Seelen starke Christengemeinde von der bilderstürmenden Wuth der Rebellen das Schlimmste fürchteten. Der französische Feldherr, General Montauban, wollte ein Corps von 1500 Mann gegen dieselben schicken, wenn 500 englische Marine-Soldaten an dem Feldzuge Theil nähmen; Herr Bruce fand aber das Unternehmen bedenklich. Man war zu schlecht unterrichtet über die Stärke der Insurgenten, um zu wissen, ob die disponibele Truppenzahl der Aufgabe gewachsen wäre; ein Rückzug hätte den schlimmsten Eindruck gemacht und wichtige Erfolge in Frage gestellt. Die Aufwendung einer stärkeren Macht musste die nach dem Norden bestimmte Armee erheblich schwächen; das wussten und wünschten die Mandarinen, welche durch diese Diversion nicht nur die ihnen anvertraute Provinz gerettet, sondern auch der kaiserlichen Regierung in PE-KIŃ den wesentlichsten Dienst geleistet hätten. Die Gesandten und Feldherren der Alliirten kamen deshalb überein, sich auf Vertheidigung von SHANG-HAE zu beschränken. »Ich beschloss,« schreibt Herr Bruce unter dem 30. Mai an Lord John Russel, »in Uebereinstimmung mit Herrn von Bourboulon, dass es aus politischen und Humanitätsrücksichten zweckmässig wäre, wo möglich den Auftritten des Blutvergiessens und der Plünderung vorzubeugen, deren Schauplatz HAŃ-TŠAU-FU wurde, als diese Stadt vor kurzem von den Rebellen angegriffen wurde; und es schien mir, dass wir, ohne an dem Bürgerkriege Theil zu nehmen oder eine Meinung über die Rechte der Partheien auszusprechen, SHANG-HAE gegen Angriffe schützen und den Behörden helfen könnten, in der Stadt Ruhe und Ordnung zu erhalten, aus dem Grunde, dass sie ein dem Handel geöffneter Hafen ist, und wegen der nahen Beziehungen, in welchen die Interessen der Stadt zu denen der fremden Niederlassung stehen; denn erstere kann nicht angegriffen werden ohne grosse Gefahr für letztere. Wir erliessen deshalb getrennte Bekanntmachungen dieses Inhalts in gleichlautenden Ausdrücken.«

Es war in der That die einzige Rettung; denn die Reste der kaiserlichen Armee in KIAŃ-SU und TŠE-KIAŃ konnten den Insurgenten nicht entfernt die Spitze bieten. Soldaten der aufgelösten Heerkörper plünderten in starken Banden Städte und Dörfer und bedrohten selbst SHANG-HAE. Sie schlichen sich einzeln oder in kleinen Haufen mit versteckten Waffen in die Stadt, und da man befürchten musste, dass sie sich auch hier, nach ihrer gewöhnlichen Taktik, der Zugänge bemächtigen und die Mandarinen beseitigen wollten, so übergaben diese den Alliirten zwei Stadtthore. Unter dem Schutze der englischen und französischen Besatzung liessen sie dann die entlaufenen kaiserlichen Soldaten aufgreifen und haufenweise köpfen.

Anfang Juni kam der Statthalter HO-KWEI-TSIŃ nach SHANG-HAE und bemühte sich vergebens, die Alliirten zu aggressivem Vorgehen und Säuberung seiner Provinz von den Rebellen zu vermögen. Es war seine letzte, eitele Hoffnung, der drohenden Ungnade zu entgehen: bald darauf wurde er degradirt, nach PE-KIŃ berufen und enthauptet. HO-KWEI-TSIŃ erfüllte damit das gewöhnliche Schicksal unglücklicher Statthalter und zugleich die warnende Verheissung des Kaisers, dass seine Halsstarrigkeit — oder Ehrlichkeit — ihn zu schlechtem Ende führen werde.

Noch ehe die Vertreter von England und Frankreich die Vertheidigung von Shang-hae beschlossen, stellten reiche chinesische Kaufleute, welche von der Invasion Alles zu fürchten hatten, dem Tau-tae ansehnliche Geldmittel für Organisirung eines Freicorps zur Verfügung. Zwei Americaner von abenteuerlichem Lebenslauf, Ward und Burgevine warben damals etwa hundert Europäer, Americaner und Leute aus Manila an und rückten mit diesen im Juli auf die kaum vier Meilen von Shang-hae entfernte Stadt Sun-kian, für deren Einnahme der Tau-tae eine namhafte Summe bot. Beim ersten Anlauf abgewiesen, bemächtigte sich Ward in der folgenden Nacht eines Stadtthores und hielt dasselbe bis zur Ankunft kaiserlicher Truppen, welche die Tae-pin-Besatzung vertrieben. Das war die erste That der »Sieggewissen Schaar«, die später unter dem Befehl englischer Linien-Officiere so wesentlich zur Vernichtung der Tae-pin-Herrschaft beitrug. — Die Kaufleute fuhren fort mit offener Hand zu steuern, und der hohe Sold von 100 Dollars monatlich lockte viele Abenteuerer. So konnte Ward bald darauf mit 280 Mann und zwei Sechspfündern, unterstützt von 10,000 Mann kaiserlicher Truppen und 200 chinesischen Kanonenbooten, welche auf dem von Canälen durchfurchten Terrain sehr nützlich waren, gegen die Stadt Sin-pu rücken. Die Vertheidigung leitete ein englischer Lootse Savage. Ward wurde beim ersten Angriff geworfen und schmerzhaft verwundet, holte trotzdem Verstärkung aus Shang-hae, musste aber der Uebermacht des Tšun-wan weichen, der von Su-tšau anrückte. Dieser überflügelte ihn, nahm seine Geschütze und viele Gewehre weg und drängte das Freicorps auf Sun-kian, welches den Anlauf der Rebellen noch glücklich bestand.

Unterdessen bereiteten die Tae-pin sich zur Offensive. Sicher hatten sie bei dem Unternehmen auf Su-tšau ebensowohl die Verbindung mit den Fremden in Shang-hae, als die Reichthümer jener Stadt im Auge. Der Kan-wan, der so lange unter den Engländern gelebt hatte, kannte die Macht der fremden Waffen und die Sympathieen, die nicht bloss protestantische Missionare, sondern auch viele unter den ansässigen Kaufleuten damals noch für seine Parthei hegten. Die Engländer waren im Kriege gegen die kaiserliche Regierung begriffen, und die Hoffnung der Insurgenten, Verbündete an ihnen zu finden, wurde durch beschränkte Missionare und gewissenlose Kaufleute genährt. Unter letzteren gab es viele, die, der Verträge achtlos, durch Lieferung von Kriegsbedarf an die Rebellen in Eile reich zu werden hofften. Diese und die zahlreichen fremden Abenteurer in den chinesischen Hafenplätzen mussten, abgesehen von jeder Gesinnung, im Fortleben des Aufstandes ihren Vortheil finden. Konnten die Tae-piṅ in Shang-hae Dampfer kaufen, sich mit Schiesswaffen versorgen und eine Anzahl Fremde als Schiffsführer, Ingenieure und Instructoren für ihren Dienst gewinnen, so war ihnen auch ohne den Beistand der fremden Truppen innerhalb gewisser Grenzen der Sieg über die Kaiserlichen gewiss; und darauf hofften sie sicher.

Der Kan-waṅ traf bald nach der Besetzung von Su-tšau dort ein, um die Verhältnisse zu ordnen. Er liess die Schätze der Stadt an Silber und Seide nebst vielen Vorräthen nach Nan-kiṅ schleppen und führte eine regelmässige Besteuerung der ländlichen Bevölkerung ein. Gemeinschaftlich mit dem Tšun-waṅ richtete Huṅ-džin an die Missionare Griffith John und Edkins in Shang-hae eine Einladung, nach Su-tšau zu kommen, »zu Besprechung religiöser Angelegenheiten«.

Am 30. Juli brachen diese Herren mit drei anderen Geistlichen von Shang-hae auf. Die Insurgenten, deren Vorposten kaum zwei Meilen von da standen, waren dort sehr gemässigt verfahren; das Landvolk arbeitete auf den Aeckern wie im Frieden; Maueranschläge in den Dörfern forderten die Bevölkerung auf, ruhig zu bleiben, ihren Beschäftigungen nachzugehen und als gehorsame Unterthanen Beisteuern zu liefern. »Uns gilt es gleich,« sagten die Bauern, »ob Hien-fuṅ regiert oder der Tien-waṅ, wenn man uns nur in Ruhe lässt.« Es währte nicht lange bis sie den Unterschied merkten. — Weiterhin lagen die grösseren Märkte und Städte in Trümmern; Weiber und Greise irrten jammernd auf den rauchenden Brandstätten umher. Haufen von Leichen bedeckten die Ufer der Canäle, auf welchen die Missionare reisten; diese legten partheiisch die Verwüstungen vorwiegend den Kaiserlichen zur Last. »Die Leute,« schreibt Griffith John an die Londoner Missions-Gesellschaft, »reden im Allgemeinen Gutes von den älteren Rebellen, sie seien menschlich in der Behandlung des Volkes; aller Schaden werde von denen angerichtet, die sich ihnen erst neuerlich anschlossen. Wir freuten uns sowohl in Su-tšau als in

Kwun-šan zu sehen, wie das Landvolk sich ohne Furcht unter sie mischte und ihnen verkaufte, und wie Alles nach dem vollen Werth bezahlt wurde . . . . Am 2. August in der Frühe gelangten wir nach Su-tšau und hatten an demselben Tage eine Zusammenkunft mit dem Kan-wań. Er erschien in reichem Gewande und goldgestickter Krone, umgeben von vielen Officieren, welche sämmtlich Gewänder und Mützen von gelber und rother Seide trugen . . . . . Am folgenden Tage besuchten wir ihn wieder. Ein fremder Kaufmann war da, als wir eintraten, und der Kan-wań schien erregt. Bald erfuhren wir den Grund: eben war ihm gemeldet worden, dass seine Schreiben an die Vertreter der fremden Mächte in Shang-hae nicht geöffnet wurden, da die Stadt von englischen und französischen Soldaten besetzt sei. Ersteres erklärte er für eine persönliche Beschimpfung, letzteres für offene Verletzung des Neutralitäts-Principes, das die Fremden den beiden kämpfenden Partheien gegenüber befolgen sollten.« Huń-džin verbreitete sich im Laufe des Gespräches über religiöse Gegenstände und schilderte den Tien-wań als einen frommen Mann, der am liebsten die Bibel und The Pilgrims Progress läse. Sehr erbaut und hoffnungsvoll kehrten die Missionare am 5. August nach Shang-hae zurück.

Am 16. August rückte der Tšun-wań gegen Shang-hae vor; Sun-kiań blieb eingeschlossen in seinem Rücken. Er schickte folgendes Manifest an die Vertreter von England, Frankreich und America.

»Li, der Treue König des Himmlischen Reiches u. s. w., an die ehrenwerthen Gesandten u. s. w.

Ehe ich mein Heer von Su-tšau ausrücken liess, schrieb ich euch, dass es bald nach Shang-hae kommen werde, und dass, wenn die Wohnungen euerer ehrenwerthen Nationen und die Handlungshäuser gelbe Flaggen als unterscheidendes Zeichen aufzögen, ich sofort meinen Officieren und Soldaten Befehl geben wollte, diese auf keine Weise zu betreten oder zu behelligen. Da ihr nun mein Schreiben empfangen und gelesen hattet, so glaubte ich, ihr würdet nach seinem Inhalt gehandelt haben. Mir war jedoch unbekannt, dass euere ehrenwerthen Nationen an anderen Plätzen der Präfectur Sun-kiań Kirchen gebaut hätten, wo sie das Evangelium predigten, bis gestern, da meine Armee auf eine Abtheilung Kobolde (Tartaren) stiess, welche ihrem Vordringen entgegentrat; meine Soldaten griffen sie an und vernichteten viele. Bei diesen Kobolden waren vier Fremde; Einen davon erschlugen meine Soldaten, nicht wissend, aus welchem Lande er sei.[108]) Um nun mein gegebenes Wort zu halten, dass Fremde gut behandelt werden sollen, liess ich den Soldaten, welcher den Fremden getödtet hatte, sofort hinrichten, und hielt also mein Wort. Nachher sah ich, dass in Se-kiṅ eine Kirche war, und erfuhr erst dadurch, dass Leute euerer ehrenwerthen Nationen dahin kamen, das Evangelium zu lehren, und dass sie, obwohl sie keine gelbe Flagge aufzogen, die Kobolde doch nicht unterstützten.

Ist nun auch das Geschehene geschehen, so können doch für künftig Vorsichtsmaassregeln getroffen werden. Meine Armee wird jetzt unmittelbar auf Shang-hae rücken. Sollten in den Städten und Dörfern auf ihrem Wege Kirchen sein, so hoffe ich ernstlich, dass ihr den zugehörigen Leuten gebieten werdet, an den Thüren zu stehen und zu melden, dass es Kirchen sind, damit künftig keine Irrungen entstehen.

Meine Truppen gelangten schon nach Tsei-pan und werden bald in Shang-hae sein. Deshalb hoffe ich ernstlich, dass ihr ehrenwerthen Gesandten die Leute euerer Nationen vor euch bescheiden und anweisen werdet, ihre Thüren zu schliessen, darin zu bleiben und gelbe Flaggen auf den Häusern aufzustecken; dann haben sie meine Soldaten nicht zu fürchten, denn ich befahl schon, dass sie in diesem Falle niemand belästigen oder beschädigen sollen.

Nach meiner Ankunft will ich selbst alle anderen Sachen mit euch besprechen. Unterdessen sende ich dieses eilige Schreiben und ergreife die Gelegenheit, mich nach euerem Befinden zu erkundigen.

Tae-piṅ Tien-kau 10. Jahr 7. Mond. 9. Tag
(18. August 1860).«

An demselben Tage rückten die Truppen des Tšun-waṅ, in breiter Fronte Alles vor sich niederbrennend, gegen Shang-hae, warfen die Kaiserlichen aus ihrem verschanzten Lager eine Viertelmeile vor dem Westthore und jagten sie in die Stadt. Im Jesuitenhause Si-ka-be wurden mehrere chinesische Christen und ein französischer Priester gemordet.

Indische Infanterie (Sepoys) und englische Seesoldaten hielten die Stadtthore besetzt; die Flussfronte beherrschten britische Kanonenboote; alle Zugänge der fremden Ansiedlung waren durch Barricaden gesperrt, bei welchen die Freiwilligen standen. Man liess am 19. August die Tae-piṅ-Colonne bis dicht unter die Stadtmauer kommen und schoss sie dann zusammen. Der Angriff war kindisch und ohne Chance des Erfolges. Für die Nacht zogen die

---

[108]) Es war ein französischer Geistlicher.

Rebellen, unter welchen man einige Fremde sah, sich ausser Schussweite zurück. Am folgenden Morgen erneute der Tšun-waṅ den Angriff. Im Dunkel der Nacht hatte sich eine Tae-piṅ-Schaar in die zwischen der Stadt und der fremden Ansiedlung gelegene Vorstadt geschlichen; mit ihr stürzte sich der Pöbel raubend und mordend auf dieses reiche Viertel. Die Franzosen, an deren Colonie dasselbe grenzte, glaubten es zur eigenen Sicherheit anzünden zu müssen. Der Tag verging damit, die Rebellen durch Geschützfeuer aus den brennenden Strassen auf das Feld zu treiben, wo sie auf den schmalen zwischen bewässerten Aeckern laufenden Pfaden meist von Büchsenkugeln ereilt wurden. Auf diesen Pfaden rückten die Tae-piṅ am 20. August abermals im Gänsemarsch Fahnen schwenkend gegen die Stadt vor, prallten aber vor dem mörderischen Haubitzfeuer der Wälle zurück und schlugen die Richtung gegen die englische Niederlassung ein, wo eine Raketensalve ihnen den Rest gab. In der Nacht ging das Kanonenboot Pioneer den Fluss hinauf nnd warf Granaten in das Lager der Insurgenten, worauf sie dasselbe abbrachen und fortmarschirten. — Die Schwächlichkeit des Angriffs und die geringe Truppenzahl der Tae-piṅ lässt sich nur aus der Voraussetzung erklären, dass sie auf eine Erhebung in der Stadt rechneten und an Betheiligung der Fremden nicht glaubten. Ihr militärisches Auftreten machte den kläglichsten Eindruck.

Am 21. August sandte der Tšun-waṅ folgendes Schreiben an die fremden Consuln:

»Li, der Treue König des himmlischen Reiches u. s. w. richtet folgende Mittheilung an euch, die ehrenwerthen Consuln von Grossbritannien, America, Portugal und anderen Staaten.

Dass Wort gehalten werde, ist der Grundsatz, welcher unser Reich in seinen freundschaftlichen Beziehungen zu anderen Staaten leitet; aber betrügerische Vergessenheit früherer Verabredungen ist die wahre Ursache, dass die fremden Nationen ein Unrecht begingen. Als meine Armee nach Su-tšau gelangte, kamen Franzosen begleitet von Männern anderer Nationen dahin, um Handel zu treiben. Sie warteten mir persönlich auf und luden mich ein, nach Shang-hae zu kommen, um über künftige Freundschaftsbeziehungen zwischen uns Rath zu pflegen. Wissend, dass euere Nationen gleich uns Gott den himmlischen Vater und Jesus den himmlischen älteren Bruder anbeten, dass sie gleiche Religion und gleichen Ursprung mit uns haben, setzte ich mein ganzes volles Vertrauen auf ihre Worte und kam deshalb nach SHANG-HAE, um mit euch zusammenzutreffen. — Niemals kam mir in den Sinn, dass die Franzosen, getäuscht durch die Kobolde, ihr Wort brechen und den getroffenen Abreden den Rücken kehren würden. Aber nicht nur erschienen sie nicht bei meiner Ankunft, um mit mir Rath zu pflegen, sondern sie liessen sich in Verträge mit den Kobolden ein, die Stadt SHANG-HAE gegen uns zu schützen, wodurch sie ihre ursprüngliche Zusage brachen. Solche Handlungen sind gegen die Grundsätze der Gerechtigkeit. — Gesetzt nun, die Franzosen nähmen die Stadt SHANG-HAE und einige LI im Umkreis unter ihren Schutz, wie werden sie innerhalb dieses engen Raumes ihre Waaren verkaufen und mit Vortheil ihre Handelsgeschäfte treiben können? — Ich erfuhr auch, dass die Franzosen von den Kobolden des HIEN-FUŇ keine geringe Geldsumme erhielten, welche sie ohne Zweifel mit anderen Nationen theilten. Habet ihr anderen Nationen kein Geld von den Kobolden empfangen, — warum erschienen einige von eueren Leuten mit den Franzosen, als diese nach SU-TSAU kamen und mich zu Besprechungen nach SHANG-HAE einluden? Es ist so klar wie der Tag, dass euere Leute auch in SU-TSAU erschienen und mich dringend ersuchten nach SHANG-HAE zu kommen. — Noch klingen mir ihre Worte in den Ohren; unmöglich kann die Sache vergessen sein. — Wenn die Franzosen allein ihre Zusagen gebrochen und, nach dem Gelde der Kobolde lüstern, deren Stadt beschützt hätten, — wie kommt es, dass nicht ein Mann von eueren Nationen herauskam, sich mit mir zu berathen, als mein Heer an dieser Stelle anlangte? Auch ihr müsst Geld von HIEN-FUŇ's Kobolden genommen und es unter euch getheilt haben. Wissentlich also thatet ihr Unrecht, ohne zu erwägen, dass ihr nach anderen Orten als SHANG-HAE werdet gehen müssen, um Handelsgeschäfte zu machen. Offenbar erkennet ihr nicht, dass die Kobolde des HIEN-FUŇ auf die Wahrnehmung, dass euere Nationen dieselbe Religion haben wie das himmlische Reich, Geld gaben, um mit euch in Verbindung zu treten. Das heisst, Andere zum Tödten anstellen und Listen brauchen, um Trennungen zu bewirken. — Die Franzosen wurden durch die Schlauheit der Kobolde bestrickt, weil sie nur in SHANG-HAE nach Gewinn trachten und den Handel anderer Plätze nicht berücksichtigen. Sie haben nicht nur keine Entschuldigung gegen mich, sondern auch keinen Boden, auf welchem fussend sie vor Gott dem himmlischen Vater oder Jesus dem himmlischen älteren Bruder oder selbst vor unseren Heeren und den anderen Nationen der Erde bestehen könnten. — Unser souveräner Herr wurde vom Himmel eingesetzt und regiert jetzt zehn Jahre. Eine Hälfte des von ihm beherrschten Gebietes umfasst die reichen Landstriche im Osten und Süden. Der Nationalschatz bietet hinreichende Mittel, um unsere Heere mit allen Bedürfnissen zu versehen. Später, wenn das ganze Angesicht des Landes unter unserer Herrschaft steht, wird jeder einzelne Theil in unseren Listen aufgeführt werden, und von dem kleinen Gebiet Shang-hae's wird unser Erfolg nicht abhängen. — Aber im menschlichen Gemüth und in menschlichen Beziehungen haben alle Handlungen ihre Folgen. Die Franzosen verletzten ihr Wort und brachen den Frieden zwischen uns. Wollen sie ferner in Shang-hae bleiben und ihre Geschäfte treiben, nachdem sie vorher so unverständig handelten, so mögen sie das thun. Wenn sie aber wieder zu uns kommen, um zu handeln, oder in unsere Grenzen gelangen, so möchte wohl ich, so weit ich damit zu thun bekomme, in Grossmuth davon abstehen, mit ihnen über das Vergangene zu rechten; unsere Truppen und Officiere aber, welche ihrer Täuschung verfallen sind, müssen voll Entrüstung und Rachedurst sein, und ist zu fürchten, dass sie nicht mehr nach ihrer Bequemlichkeit in unser Gebiet kommen dürfen. — Nach Su-tšau gelangend hatte ich den Oberbefehl über tausend Officiere und mehrmal zehntausend Soldaten, ein tapferes Heer, voll Kraft, jeden Widerstand zu erdrücken, und von so gewaltiger Stärke wie die Berge. Wollten wir wirklich Shang-hae angreifen, — welche Stadt hätten sie denn nicht bezwungen? Welchen Platz haben sie denn nicht erstürmt? — Ich zog jedoch in Betracht, dass ihr und wir gemeinschaftlich Jesus anbeten, und dass schliesslich doch eine Verwandtschaft gemeinsamer Grundlage und gemeinsamer Lehre zwischen uns besteht. Ueberdies kam ich nach Shang-hae, einen Vertrag zu machen, um uns vereint zu sehen durch Handel und Verkehr; nicht kam ich, mit euch zu kämpfen. Hätte ich begonnen die Stadt anzugreifen und die Leute zu tödten, so wäre das gewesen, als wenn die Mitglieder einer Familie mit einander kämpften, und das hätte die Kobolde veranlasst, uns lächerlich zu machen. — Ferner: unter den Fremden in Shang-hae müssen Verschiedenheiten der Gemüthsart und Fähigkeiten sein; da müssen verständige Männer sein, welche die Grundsätze des Rechten kennen und wohl begreifen, was nützlich, was schädlich ist. Nicht alle können nach dem Gelde der Kobolde geizen und die allgemeinen Handels-Interessen in diesem Lande vergessen. — Deshalb will ich die Entrüstung dieses Tages für jetzt unterdrücken und barmherzig einen Pfad öffnen, auf welchem unser jetziges Verhältniss zu einander geändert werden kann. Ich fürchte sehr, dass, wenn meine Soldaten Shang-hae nehmen, sie die Guten und Bösen nicht werden unterscheiden können, in welchem

Falle ich keinen Boden hätte, auf dem ich vor Jesus dem älteren Bruder bestehen könnte. — Ein Gefühl tiefer Besorgniss um euch zwingt mich, euch fremden Nationen ernste Vorstellungen darüber zu machen, was weise und was thöricht ist in diesen Angelegenheiten, und über das Maass des Nutzens und Schadens der verschiedenen euch offenstehenden Wege. Ich bitte euch, fremde Nationen, nochmals reiflich zu erwägen, welcher Weg euch Vortheil, welcher Verlust bringt. — Sollten Einige von eueren ehrenwerthen Nationen das Vorgefallene bereuen und Freundschaftsbeziehungen zu unserem Staate für die zuträglichsten halten, so mögen sie ohne Besorgniss kommen, sich mit mir zu besprechen. Ich behandele die Menschen nach Grundsätzen der Gerechtigkeit und werde sie gewiss keiner Schmach aussetzen. Fahren aber euere ehrenwerthen Nationen fort, sich von den Kobolden täuschen zu lassen, ihrer Leitung in allen Dingen zu folgen, ohne über den Unterschied zwischen euch nachzudenken, so müsst ihr mich nicht tadeln, wenn ihr in Zukunft schwierig findet die Handelscanäle zu passiren, und wenn die einheimischen Erzeugnisse nicht hinausgelassen werden. — Ich muss euere ehrenwerthen Nationen bitten, die Umstände wieder und wieder zu erwägen, schreibe nun diese besondere Mittheilung und baue darauf, dass ihr mir eine Antwort gönnet. — Ich möchte mich nach euerem Befinden erkundigen.

Tae-piṅ Tien-kau. 10. Jahr. 7. Mond. 12. Tag.«

Dieses Schreiben blieb unbeantwortet. Auffallend und unerklärt ist die darin enthaltene Beschuldigung der Franzosen und die fehlende Adresse des französischen Consuls in der Ueberschrift. Die katholischen Missionare waren die bittersten Feinde der Tae-piṅ, und man vermuthet, dass französische Emissäre den Tšun-waṅ in Sicherheit wiegten, um ihn zu verderben. Dass derselbe an Widerstand der Fremden nicht glaubte, beweist seine ganz unzureichende Streitmacht und das wiederholte Vorgehen schwacher Colonnen, die nicht zu ernstem Kampfe, wohl aber bestimmt sein konnten einen Handstreich von Verräthern in der Stadt zu unterstützen. Dort gab es eine unzufriedene Parthei, welche den Rebellen die Thore zu öffnen dachte und nur durch die Truppen der Alliirten niedergehalten wurde; auch unter den Fremden waren, wie gesagt, viele Abenteurer und gewissenlose Speculanten, die gern im Trüben fischten und den Tae-piṅ den Sieg wünschten. Kein Wunder, wenn der Tšun-waṅ sich täuschen liess; sicher hatten ihm sowohl Chinesen als Fremde, das disciplinirte Häuflein Engländer und Franzosen unterschätzend, gewisse Aussicht auf den Sieg gemacht.

Herr Bruce sagt in einer Depesche über das Schreiben des Tšun-wań: »Ich kann natürlich nicht auf mich nehmen zu sagen, was für eine Sprache Individuen geführet haben, welche die Rebellen aufsuchten, um ihnen Waffen, Opium u. s. w. für die Beuteschätze von Su-tšau einzutauschen. Wenn aber die Missionare, welche zu ihnen kamen, sie auch durch unverständige Ausdrücke der Sympathie und Deferenz irre führten, so sagten sie ihnen doch klar und deutlich, dass sie beim Angriff auf Shang-hae Widerstand finden würden, diese Thatsache konnte ihnen nach unseren Proclamationen wirklich nicht unbekannt sein, wenn man die genaue Kenntniss von Allem was in Shang-hae vorging erwägt, welche sie sich durch einheimische und fremde Agenten verschafften.«

Der Tšun-wań verwüstete auf seinem Rückzug die Umgebung von Shang-hae und gab das Landvolk dem bittersten Elend preis. Er schnitt darauf eine starke Abtheilung Kaiserlicher ab, welche grösstentheils zu den Tae-pin übertraten. Dann berief ihn der Tien-wań nach Nan-kiń. Dem Yiń-wań war die Entsetzung von Gan-kiń missglückt; jetzt sollte der Tšun-wań den Kaiserlichen am Yań-tse die Spitze bieten. Er beschwor den Tien-wań auf Proviantirung von Nan-kiń zu denken und keine Mittel zu sparen, so lange die Wege noch offen ständen; doch dieser antwortete mitleidig: »Fürchtest Du den Tod? Ich, der wahrhaft erwählte Herr, kann ohne Hülfe von Truppen gebieten, dass der grosse Frieden seine Herrschaft über das ganze Land verbreite.« »Was konnte ich dazu sagen«, fährt der Tšun-wań in seinem Lebensabriss fort, »ich konnte nur seufzen und mit einem Heere aufbrechen um das belagerte Gan-kiń zu entsetzen.« Dieser Platz war der Schlüssel der Rebellenstellung im Yań-tse-Thale.

VII.
DIE ABWEISUNG DER GESANDTEN BEI TA-KU 1859 UND DER ENGLISCH-FRANZÖSISCHE FELDZUG GEGEN PE-KIŃ 1860.

Als Herr Bruce und der kaiserlich französische Gesandte Herr von Bourboulon Anfang Mai 1859 nach Hong-kong kamen, erhielten sie die befremdende Nachricht, dass Kwei-liań und Wašana noch in Su-tšau weilten. Mit den umlaufenden Gerüchten über die feindselige Haltung der chinesischen Regierung verglichen liess diese Zögerung der Commissare vermuthen, dass sie angewiesen seien, die Gesandten auf dem Wege nach Pe-kiń aufzuhalten. Herr Bruce schrieb ihnen deshalb, dass er sich zu Ueberreichung seiner Creditive und Auswechselung der ratificirten Vertrags-Exemplare zu Schiffe nach Tien-tsin begeben wolle und erwarte, dass dort seitens der chinesischen Regierung angemessene Vorbereitungen zu seiner Beförderung nach Pe-kiń getroffen würden.

Bei seiner Ankunft in Shang-hae — Anfang Juni — fand Herr Bruce drei Schreiben der Commissare vom 27. und 28. Mai vor: Lord Elgin habe sie aufgefordert, bis zu seiner Rückkehr in Shang-hae zu bleiben; sie hätten, auf sein Wort bauend, geduldig gewartet; das verpflichte Herrn Bruce jetzt, alle schwebenden Fragen dort mit ihnen zu erörtern, nämlich das Gesandtschaftsrecht, das Reisen im Innern des Landes, die Schiffahrt auf dem Yań-tse und die Herausgabe von Kan-ton; die Vorbereitungen zum Empfange in Tien-tsin und Pe-kiń sowie die Erledigung der mit Ratification der Verträge verknüpften Förmlichkeiten und Geschäfte könne nur durch sie selbst, die damit beauftragten Commissare bewerkstelligt werden; ihre Reise nach Pe-kiń erfordere mindestens zwei Monate; zudem sei es dort sehr heiss; deshalb möge Herr Bruce lieber in Shang-hae bleiben und schleunig die Verhandlungen mit ihnen beginnen, da der Termin der Ratification vor der Thür sei.

Da diese Noten den Empfang von Lord Elgins Schreiben vom 3. März bestätigten, — in welchem er die Entscheidung der englischen Regierung über das Gesandtschaftsrecht mittheilte, für alle anderen Punkte auf den Wortlaut des Vertrages verwies und den Commissaren Lebewohl sagte, — so konnte über ihre Bedeutung kein Zweifel walten: die chinesische Regierung wollte den Vertrag umgehen. Auf Umwegen suchten die Commissare sogar auszuforschen, zuerst, ob die Gesandten sich wohl zum Austausch der Ratificationsurkunden in Shang-hae verstehen würden; dann, ob sie nicht auf dem Landwege nach Pe-kiṅ reisen möchten. Letzterer ist der für tributbringende Gesandtschaften vorgeschriebene Weg, welche auf ihren Reisen ganz in der Hand der chinesischen Regierung und jeder Demüthigung ausgesetzt sind. — Herr Bruce antwortete deshalb amtlich, dass er auf seinem Entschluss beharre, dass jede Erörterung von Bestimmungen des Vertrages bis nach Ratification desselben zu verschieben sei, dass er die Commissare in Shang-hae nicht empfangen werde und für die möglichen Folgen ungenügender Vorbereitungen zu seinem Empfange im Norden verantwortlich mache. In ähnlichem Sinne äusserte sich Herr von Bourboulon. Herr Bruce machte Kwei-liaṅ und Wa-šana ferner darauf aufmerksam, dass vor Shang-hae mehrere Dampfer unter chinesischer Flagge ankerten, durch deren Benutzung sie noch zeitig genug zu den Vorbereitungen in Tien-tsin und der durch den Vertrag an ein bestimmtes Datum gebundenen Ratification eintreffen könnten. Sie antworteten unter dem 12. Juni, dass sie dazu der ausdrücklichen Erlaubniss des Kaisers bedürften; sie wollten aber auf dem schnellsten Wege[109]) an denselben die Bitte richten, andere Würdenträger zum Empfange der Gesandten nach Tien-tsin zu schicken. In neun Tagen könne ihr Schreiben nach Pe-kiṅ gelangen. »Bei den jetzt zwischen den beiden Nationen herrschenden friedfertigen Beziehungen wird gewiss nichts geschehen, das nicht in Einklang mit den Bestimmungen des Vertrages stände; die Commissare bitten daher Herrn Bruce, sich jeder Unruhe über diesen Punct zu entschlagen. Er braucht keine Besorgniss zu hegen. Sie möchten wünschen, dass er, vor der Mündung des Tien-tsin-Flusses angekommen, seine Kriegsschiffe ausserhalb der Barre

---

[109]) Dieser Ausdruck bedeutet in den amtlichen Mittheilungen der Chinesen die Beförderung durch Couriere, welche alle 24 Stunden 600 Li oder etwa 45 Meilen zurücklegen.

ankern lasse und dann ohne viel Gepäck und mit mässigem Gefolge zu Auswechselung der Verträge nach Pe-kiṅ reise. Da seine Sendung eine friedfertige ist, so wird er von Seiten der chinesischen Regierung durchaus höflich behandelt werden; und die Commissare wünschen aufrichtig, dass die freundschaftlichen Beziehungen sich von dieser Zeit an befestigen, und dass auf jeder Seite Vertrauen walte zur Redlichkeit und Gerechtigkeit der anderen.«

Unterdessen redete man in Shang-hae unverhohlen von dem Widerstande, welchen die Gesandten an der Peiho-Mündung finden würden; der Statthalter Ho-kwei-tsiṅ soll erklärt haben, die Engländer müssten der Regierung noch eine derbe Lection in Tien-tsin geben, ehe der Kaiser zur Einsicht gelange und sich dem Frieden bequeme; er selbst möchte nicht nach dem Norden gehen, dort gäbe es Streit. — Admiral Hope, der schon ein stattliches Geschwader versammelt hatte, liess auf diese Gerüchte von Hongkong noch ein Bataillon See-Soldaten kommen.

Vom Rendez-vous der Flotte bei den Ša-lu-tien-Inseln im Golf von Pe-tši-li ging Admiral Hope am 16. Juni mit der Fury und zwei Kanonenbooten nach der Peiho-Mündung, ankerte vor der Barre, und schickte ein Boot nach den Ta-ku-Forts, um die Gesandten bei den Behörden anzumelden. Ein bewaffneter Haufen am Ufer hinderte die Engländer am Landen. Der das Boot befehligende Officier verlangte eine Besprechung mit den Mandarinen, erhielt aber den Bescheid, es gebe dort weder Civil- noch Militärbehörden; die Verzäunung im Flusse sei von den Ortsbewohnern zum Schutz gegen Rebellen, nicht gegen die Engländer hergestellt; die Garnison bestände in Milizen. Der Wortführer, der sich für den Ingenieur der Werke ausgab, versprach ein Schreiben nach Tien-tsin zu befördern und die Antwort auszuliefern.

Auf diese Meldung sandte Admiral Hope nochmals ein Boot nach den Forts, mit dem Gesuch, die Flusssperre binnen drei Tagen zu beseitigen, damit die englischen Schiffe einlaufen könnten. Das wurde versprochen. — Admiral Hope kehrte darauf nach den Ša-lu-tien-Inseln zurück, erschien am 18. Juni mit dem ganzen Geschwader vor der Pei-ho-Mündung, und liess der hochgehenden See wegen die Kanonenboote innerhalb der Barre ankern. Am 20. Juni trafen die beiden Gesandten auf der Rhede ein. Admiral Hope fuhr selbst nach der Flussmündung, um sich über den Zustand derselben zu unterrichten und ein an den Präfecten von

Tien-tsin adressirtes Schreiben zu übergeben. Er meldete darin, dass das Geschwader während der Reise des Gesandten nach Pe-kiń auf der Rhede bleiben werde, und bat um Einrichtung eines Marktes für die Mannschaft, welche in kleinen Abtheilungen landen, den Bewohnern von Ta-ku aber nicht beschwerlich fallen sollte. Am Ufer drängte sich wieder die bewaffnete Rotte; Einer drohte mit blankem Säbel, als der Dolmetscher, Herr Mongan, aus dem Boote sprang. Sie behaupteten Milizen zu sein und auf eigene Verantwortung zu handeln; Behörden gebe es nicht; die Beseitigung der Flusssperre hätten sie niemals versprochen. — Die Verzäunung war im Gegentheil verstärkt worden. — Auf den Werken wehte keine Flagge, noch zeigten sich dort Soldaten.

Herr Bruce und Herr von Bourboulon waren entschlossen, auf Benutzung des Pei-ho, welcher als die Hauptstrasse nach Pe-kiń gilt, unter allen Umständen zu bestehen, und ersuchten am 21. Juni Admiral Hope die zur Beseitigung der Flusssperre erforderlichen Schritte zu thun. Dieser meldete den Chinesen sein Vorhaben und traf während der beiden folgenden Tage die nöthigen Anstalten. Unterdessen kam auch der americanische Gesandte Herr Ward auf der Fregatte Powhattan, begleitet von einem kleinen Dampfer auf der Rhede an; Kwei-liań und Wa-šana hatten ihn in Shang-hae ausdrücklich ersucht, mit den Gesandten von England und Frankreich zu Auswechselung der Ratificationen nach Pe-kiń zu gehen, wozu der americanische Vertrag ihn allerdings nur unter starken Modificationen berechtigte. Er fuhr am 24. Juni auf dem kleinen Dampfer nach der Flussmündung und verlangte einzulaufen, wurde aber abgewiesen. Darauf ging Herr Ward innerhalb der Barre zu Anker, um den Erfolg der Operationen abzuwarten. — Während der Nacht zum 25. Juni liess Admiral Hope einen Theil der dreifachen Verzäunung mit Pulver sprengen.

Frankreich war vor der Pei-ho-Mündung nur durch die Fregatte Du Chayla vertreten. Die englische Fregatte Magicienne und die Rädercorvette Fury ankerten mit jener vor der Barre; innerhalb derselben lagen die Dampfer und Kanonenboote Nimrod, Plover, Cormorant, Lee, Banterer, Starling, Opossum, Forrester Kestrel, James, Haughty. Am Morgen des 25. Juni schleppten zwei Dampfer die Boote mit der englischen Schiffsbrigade und sechszig Mann vom Du Chayla über die Barre. Opossum und Plover liefen in die Flussmündung und zogen mit ihren Ankern die starken Pfähle der ersten Verzäunung heraus, drangen hindurch und nahmen die zweite in Angriff. Da eröffneten die Werke, die bis dahin verlassen schienen, ein wohlgezieltes Feuer von mörderischer Wirkung, das vom ganzen Geschwader erwiedert wurde. Die Truppen landeten auf dem durchweichten Strande unterhalb des südlichen Forts und wateten bis an die Hüften einsinkend im Schlamme vorwärts. Viele verschwanden in tiefen Wassergräben; die Hinübergelangten zerschmetterte das Kartätschfeuer der Wälle. Nun trat Ebbe ein; mehrere Kanonenboote geriethen auf den Grund und wurden unter der Wasserlinie getroffen. Lee, Cormorant und Opossum sanken; die anderen Schiffe setzten, übel zugerichtet, das Feuer bis zehn Uhr Abends fort um den Rückzug der Truppen und den Transport der Verwundeten zu decken, welcher bis ein Uhr Nachts dauerte; die Americaner leisteten dabei treuen Beistand. Der Verlust der Engländer betrug 464 Todte und Verwundete, darunter 7 todte und 22 verwundete Officiere; die Franzosen hatten 4 Todte und 10 Verwundete. Die ganze Streitmacht betrug 1300 Mann. Admiral Hope wurde, auf dem Plover die Operationen leitend, an der Hüfte verletzt, wollte aber den Befehl nicht abgeben und liess sich, als der Plover sank, auf das Opossum bringen. Auf diesem zerschmetterte eine Kugel die Brüstung der Commando-Brücke; der Admiral, der sich daran lehnte, stürzte acht Fuss tief hinab und brach eine Rippe. — Die meisten Schiffe konnten nur unter den äussersten Anstrengungen ausser Schussweite gebracht und in den folgenden Tagen so weit ausgebessert werden, dass sie die See halten mochten. — Der Admiral zeigte Herrn Bruce an, dass seine Streitkräfte nicht ausreichten um den Eingang in den PEI-HO zu erzwingen. So mussten die Gesandten ihre Mission als gescheitert betrachten und kehrten nach SHANG-HAE zurück.

Am Morgen des 25. Juni um neun Uhr, als die Operationen an der Flussmündung eben eingeleitet wurden, kam eine Dschunke langseit der Magicienne, welche etwa neun Seemeilen von den TA-KU-Forts lag. Ein Mandarin von untergeordnetem Range übergab ein Schreiben des General-Gouverneurs von PE-TŠI-LI: er habe Befehl erhalten, sich nach PE-TAŃ-HO, — der Mündung eines kleinen Flüsschens zehn Seemeilen nördlich von der PEI-HO-Mündung, — zu verfügen und dem englischen Gesandten seine Dienste anzubieten. KWEI-LIAŃ und WA-ŠA-NA seien zurückberufen als diejenigen Beamten, welche die Auswechselung der Ratificationen bewirken und die Gesandten nach Pe-kiṅ führen müssten. Herr Bruce werde deshalb ersucht zu verweilen, bis die Garnison von Pe-taṅ-ho zurückgezogen wäre; dann würde der Statthalter auf die Rhede hinauskommen und ihn nach dem dortigen Landungsplatze führen, von wo er sich zu Lande nach Pe-kiṅ begeben könne. — Dieses Schreiben war vom 23. Juni datirt, brauchte also zwei Tage, um zehn Seemeilen zurückzulegen. Herr Bruce schickte dasselbe zurück, weil der Name der Königin von England darin eine Stufe tiefer stand als der des Kaisers von China. Wollte er es berücksichtigen, so musste er die schon begonnene Action unterbrechen. Die Gesandten betrachteten es zudem als ihr gutes Recht, auf dem selbstgewählten Wege, der Hauptverkehrsstrasse, nach Pe-kiṅ zu reisen, und sahen in der Insinuation der chinesischen Regierung nur einen neuen Versuch, sie nach Art der tributbringenden Gesandten zu empfangen und in den Augen der Bevölkerung herabzusetzen.

Herr Ward beschloss nach dem missglückten Unternehmen der Alliirten gegen die Pei-ho-Mündung, die Auswechselung der Ratificationen nach den Bedingungen des americanischen Vertrages zu bewirken, welcher dem Gesandten der Vereinigten Staaten erlaubt, einmal jährlich mit einem Gefolge von zwanzig Köpfen die chinesische Hauptstadt zu besuchen, unter der Bedingung, dass er dem kaiserlichen Ceremonien-Amt vorher davon Meldung mache und seine Geschäfte ohne Verzug beende. Er schickte den kleinen Dampfer nach der Pe-taṅ-Mündung; als dessen Boot der Küste nahte, floh die Bevölkerung des dort gelegenen Dorfes. Mit Mühe trieb man zwei Männer auf, welche die Beförderung des von Herrn Ward an den Statthalter von Tši-li gerichteten Schreibens übernahmen, zugleich aber vor dem Angriff eines in der Nähe stehenden Cavalleriepostens warnten. Gleich darauf sprengten Tartaren heran; die Americaner entwischten mit Noth in ihr Fahrzeug. Dann aber kam eine Dschunke mit Lebensmitteln hinaus und brachte die Nachricht, dass das Schreiben befördert sei und in kurzem beantwortet werden solle.

Einige Tage darauf schrieb der Statthalter Haṅ-fu dem Gesandten, dass der Kaiser ihm erlaube, nach dem 19. Juli mit zwanzig Personen über Pe-taṅ nach der Hauptstadt zu reisen, wo nach Ankunft der Bevollmächtigten die Ratifications-Urkunden ausgewechselt werden sollten. Herr Ward landete am 20. Juli und wurde bedeutet, dass er die Reise bis zu einem zwei Meilen oberhalb Tien-tsin am Pei-ho gelegenen Dorfe in den landesüblichen Karren machen müsse. — Chinesen von Stande reisen immer in Sänften; in solchen wurden auch Lord Macartney, Lord Amherst und ihr Gefolge befördert; nur ihre Dienerschaft reiste in Karren. — Herr Ward bequemte sich dieser Demüthigung und hatte von Staub, Hitze und den holprigen Wegen furchtbar zu leiden. Vom Dorfe Pei-tsaṅ fuhr man den Pei-ho hinauf in Booten bis Tuṅ-tšau, von da jedoch wieder in Maulthierkarren. Herr Ward konnte das Rütteln auf den ausgefahrenen Granitplatten nicht ertragen und ging in der glühendsten Sonne zu Fuss, bis ein mitleidiger Mandarin ihm sein Pferd gab; vor Pe-kiṅ musste er aber wieder in den Karren; sein Einzug war kläglich.

Man wies den Americanern ein geräumiges Haus an, dessen Zugänge von Soldaten bewacht wurden; Herr Ward wurde zurückgewiesen, als er auf die Strasse hinaustreten wollte, und nur auf seine Drohung, jeden amtlichen Verkehr abzubrechen, gestattete man seinen Begleitern auszugehen, gab ihnen aber weder Pferde noch Wegweiser, so dass die Erlaubniss illusorisch wurde. Mitglieder der seit mehreren Wochen in Pe-kiṅ weilenden russischen Gesandtschaft wurden von den Wachen abgewiesen, als sie Herrn Ward besuchen wollten, und ein Schreiben derselben gelangte erst nach sechs Tagen in seine Hände. Man versprach den Americanern etwas mehr Freiheit, sobald die Geschäfte erledigt wären. Es galt, sie durch Einschüchterung zu vermögen, bei der feierlichen Audienz, welche der Kaiser zu wünschen schien, das Ko-to zu vollziehen. Dem fügte Herr Ward sich aber nicht, und nun fragte ihn Kwei-liaṅ in einem groben Brief, warum er eigentlich nach Pe-kiṅ gekommen sei, wenn er so hartnäckig auf seinem Sinne beharren wolle. In seiner Antwort berief Herr Ward sich auf die kaiserliche Einladung zur Auswechselung der Ratificationen und Ueberreichung seines Beglaubigungsschreibens. Die chinesische Regierung benutzte darauf, ihrem Grundsatze getreu, alle Beziehungen zu fremden Völkern als rein commercielle anzusehen, welche mit dem dafür ernannten Commissar verhandelt werden müssen, die Erwähnung jenes Schreibens, um dessen Ueberreichung zum einzigen Zweck von Herrn Wards Sendung zu stempeln, weigerte sich aber dasselbe anzunehmen, wenn der Gesandte nicht schriftlich erkläre, dass das Ko-to nicht aus Mangel an Achtung vor dem

Kaiser auf seiner oder des americanischen Präsidenten Seite verweigert werde. Herr Ward trug kein Bedenken, sich in diesem Sinne auszudrücken und durfte nun Kwei-liaṅ das Schreiben überreichen. Für den Austausch der Ratificationen, sagte man ihm, müsse er eigentlich nach Shang-hae zurückkehren; in Rücksicht auf die weite Reise wolle man aber dem Vertrage in Pe-kiṅ das Siegel beifügen und ihm später das ratificirte Exemplar durch den Statthalter von Tši-li aushändigen lassen. Der Gesandte musste dann auf demselben Wege nach Pe-taṅ zurückkehren, wo der Statthalter ihm das besiegelte Vertragsexemplar übergab.

Folgender im October 1860 im Sommerpalast gefundene kaiserliche Erlass in Zinoberschrift bezeichnet die Auffassung des Kaisers:

»Wir haben heut die Antwort der americanischen Barbaren auf die Mittheilungen des Kwei-liaṅ und seines Amtsgenossen gelesen. (Sie zeigt dass) in Betreff ihrer Vorstellung bei Hofe nichts mehr geschehen kann, um sie zur Vernunft zu bringen. Ausserdem stellen diese Barbaren durch die Erklärung, dass ihr Respect vor Seiner Majestät dem Kaiser derselbe ist, wie der, welchen sie vor ihrem Fi-li-si-tien-ti (Präsidenten) hegen, China eben den Barbaren des Südens und Ostens (Mi-van und Ei) gleich, eine Anmaassung von Grösse, die gradezu lächerlich ist. — Der Antrag von gestern, dass sie eine Zusammenkunft mit den Prinzen haben sollten, braucht auch nicht weiter berücksichtigt zu werden.«

Bald nach Herrn Wards Abreise veröffentlichte die amtliche Zeitung von Pe-kiṅ folgendes Decret:

»Am 11. Tage des 7. Mondes des 9. Jahres von Hien-fuṅ (9. August 1859) hatte der Innere Rath die Ehre folgendes Decret zu erhalten.

Im vorigen Jahre fuhren die Schiffe der Yaṅ-ki-li (Engländer) in den Hafen von Tien-tsin und eröffneten das Feuer auf unsere Truppen. Wir befahlen deshalb dem Kor-tšin-Fürsten Saṅ-ko-lin-sin, Ta-ku gut zu befestigen; und den Gesandten der verschiedenen Völker, welche zu Auswechselung der Verträge heraufkamen, wurde durch Kwei-liaṅ und Wa-šana mitgetheilt, dass Ta-ku so befestigt sei, und dass sie den Umweg über den Hafen Pe-taṅ machen müssten. Trotzdem hielt der Engländer Bruce, als er im 5. Mond nach der Küste von Tien-tsin kam, seine Verabredung mit Kwei-liaṅ und Wa-šana keineswegs, sondern erzwang sich sogar den Weg in den Hafen von Ta-ku, indem er unsere Vertheidigungsanstalten zerstörte. Am

24. des 5. Mondes (24. Juni) kämpften unsere Truppen noch nicht, obgleich seine Fahrzeuge bis Kɪ-ᴋᴜ-ᴛᴀɴ heraufkamen und die Ketten mit Bomben sprengten. Am 25. rissen über zehn Dampfer mehr als zehn der eisernen Pfähle aus, mit welchen der Fluss gesperrt war; sie hissten sämmtlich rothe Flaggen als Zeichen ihrer Kampfbegier. Der Statthalter von Tšɪ-ʟɪ, Hᴀɴ̇-ғᴜ, sandte einen Brief des Präfecten von Tɪᴇɴ-ᴛsɪɴ hinaus, aber die Engländer wollten ihn garnicht annehmen und erkühnten sich zuletzt sogar, die Forts zu bombardiren. Darauf erwiederten unsere Truppen das Feuer, versenkten mehrere ihrer Schiffe und tödteten mehrere Hundert von ihrer Infanterie, als sie landete.

So haben die englischen Truppen diese Niederlage wirklich über sich selbst gebracht; es war dabei durchaus keine Art von Treubruch auf Seiten von China.

Unterdessen blieb der americanische Gesandte John Ward seiner Verabredung mit Kᴡᴇɪ-ʟɪᴀɴ̇ und dessen Collegen treu, fuhr nach dem Hafen von Pᴇ-ᴛᴀɴ̇ und bat um Erlaubniss, nach Pᴇ-ᴋɪɴ̇ hinauf zu gehen, um ein Schreiben seiner Regierung zu überreichen. Wir gestatteten deshalb seine Zulassung in Pᴇ-ᴋɪɴ̇ zu Aushändigung desselben, und, nachdem wir heute die vom americanischen Gesandten an Kᴡᴇɪ-ʟɪᴀɴ̇ und Wᴀ-šᴀɴᴀ gerichteten uns vorgelegten Briefe gelesen haben, finden wir ihre Sprache so ehrerbietig, und von so wahrem Herzen eingegeben, dass wir den bezeichneten Gesandten ermächtigten, das Schreiben, mit dessen Ueberreichung er beauftragt ist, an Kᴡᴇɪ-ʟɪᴀɴ̇ und Wᴀ-šᴀɴᴀ auszuliefern, welche wir zum Empfange desselben anwiesen.

Was die Auswechselung seines Vertrages betrifft, so sollte er eigentlich nach Sʜᴀɴɢ-ʜᴀᴇ zurückkehren, um ihn dort auszutauschen. Aber in Rücksicht auf die weite Reise, die er machte, geben wir die besondere Erlaubniss, dass dem Vertrage das Siegel angehängt und dass derselbe Hᴀɴ̇-ғᴜ überliefert werde, um ihn gegen ein anderes Exemplar dem bezeichneten Gesandten auszuhändigen, damit vom Datum der Auswechselung Frieden und Handel für immer sei. So zeigen wir unser inniges Verlangen, den Männern aus der Ferne sorgliche Zärtlichkeit und unsere Achtung vor Redlichkeit und gerechten Grundsätzen zu beweisen.

Kᴡᴇɪ-ʟɪᴀɴ̇ und Wᴀ-šᴀɴᴀ sollen dieses unser Belieben dem Gesandten John Ward zu seiner Unterweisung melden. Beachtet dieses.«

Der folgende Erlass ist vom 5. Juli 1859 datirt:

»In einer heut von Sᴀɴ̇-ᴋᴏ-ʟɪɴ-sɪɴ und Tsᴀᴇ-ʜᴀɴ̇ überreichten zweiten Eingabe stellen dieselben uns dringend vor, dass, da die englischen Barbaren so ihre Vasallenpflicht verletzten und sich empörten, und die französischen Barbaren, ihnen verbündet, deren Bosheit Vorschub leisteten, das Verbrechen von beiden der Art ist, dass der Tod keine genügende Strafe wäre; die jetzt gebotene Gelegenheit müsse benutzt werden, um unsere Würde zu wahren und die Zügel mit solcher Strenge anzuziehen, dass ihre Verstockung und Frechheit gebändigt werde.

Seit dem 21. Jahre von Tau-kwaṅ (1841) suchten diese Barbaren fortwährend Streit; wieder und wieder lehnten sie sich gegen die Erhabenheit des Himmels auf. Seine verewigte Majestät, kanonisirt als der Vollkommene, konnten trotzdem nicht über sich gewinnen, — so gross war die mütterliche Zärtlichkeit, welche er für die aus der Ferne fühlte — ihre Ausschreitungen mit der ganzen Strenge des Gesetzes heimzusuchen. Ja, er erlaubte ihnen in den fünf Häfen Handel zu treiben und gab Geld aus seinem Schatze her, sie zu begütigen und zu trösten. Die den äusseren Völkern zugewendeten mildthätigen Spenden waren nicht unbedeutend. Hätten dieselben eine Spur von Gewissen gehabt, so wären sie ohne Zweifel, von Dankgefühl für Seiner Majestät kaiserliche Grossmuth erfüllt, in Frieden ihrem Beruf nachgegangen und auf ihren Unterhalt bedacht gewesen, und, wäre irgend eine Ursache der Unzufriedenheit bei ihren Beschäftigungen entstanden, so wäre gegen die Besprechung und Erledigung solchen Falles, wie er sich darstellte, nichts einzuwenden gewesen. Wozu also dieser Starrsinn, dieses wilde Gebahren und das beständige Prahlen mit ihrer Tapferkeit? Sie sind ein zehrendes Gift für unser Volk gewesen; sie sind rebellisch in unsere Grenzen eingedrungen; in den unerträglichen Gewaltthaten, welche sie begingen, haben sie das Uebermaass ihres Undankes gezeigt. Wollten wir unsere Truppen brauchen, was hinderte die schleunige Ausrottung dieser Soldätchen? Wir denken aber daran, dass unsere Vorfahren ihre weite Herrschaft durch Menschenliebe und Biederkeit gründeten, dass sie die wilden Völker mit Grossmuth und Milde begütigten und trösteten; dass mehrere Jahrhunderte hindurch kein Soldat leichtsinnig gebraucht, keine Ration zwecklos ausgegeben wurde; und so haben die vier Barbarenstämme so allgemein wie die Eingeborenen des Reiches zu den Geheiligten aufgeschaut, ihre hohe Menschenliebe und die Tugend preisend, mit der sie schweigend die lebende Menge erhielten. Sollten deshalb die Häupter der Barbaren ihr Antlitz ändern und sich erneuen, indem sie das aufrichtige Anerbieten friedlicher Unterwerfung machen, so werden wir, — da wir ja mit unserem weiten Reiche die Rathschlüsse unserer Vorfahren erbten, — in ehrerbietiger Uebereinstimmung damit gewiss keinen

Menschen zu hart drücken. Aber wenn sie fortfahren dreist zu sein, und Forderungen wiederholen, zu denen sie kein Recht haben, dann werden wir sie in dem Augenblick vernichten. Nicht ein Sprosse, das geloben wir, soll übrig bleiben dürfen. Die Loyalität und der Muth der Fürsten, deren Eingabe uns vorliegt, verdienen gewiss alles Lob, und es wäre sicher nicht leicht, unter den Ministern und Dienern in und ausser der Hauptstadt solchen Eifer für die Staats-Politik und die Wohlfahrt des Volkes zu finden. Wir sind davon sehr erbaut und befriedigt. Was aber die wirksame Zügelung durch straffes Anziehen des Zaumes betrifft, so sind wir mit uns einig, dass es nicht recht wäre, in Anwendung von Gewalt (wörtlich von Bösem) den ersten Schritt zu thun. Wir befehlen deshalb, dass von dieser Denkschrift nicht Act genommen und dass sie zurückgegeben werde. — Beachtet dieses.«

Der Mongolenfürst Saṅ-ko-lin-sin war 1859 und 1860 die stärkste Triebfeder des Krieges; das wegwerfende Auftreten des Herrn Lay gegen den alten Kwei-liaṅ hatte ihn heftig erbittert; er hasste die Engländer ehrlich, hatte von der Ueberlegenheit der europäischen Waffen keine Ahnung und glaubte sicher, ihnen trotzen zu können. Hien-fuṅ scheint vor dem Kampfe bei Ta-ku nicht ganz zuversichtlich gewesen zu sein. Zuerst sollten die Commissare sich bemühen, die Gesandten auf friedlichem Wege von der Reise nach Pe-kiṅ abzuhalten. Noch vor der Peiho-Mündung versuchte man, dieselben zur Reise über Pe-taṅ zu bewegen; sie wären dann eben so schimpflich behandelt worden wie Herr Ward, und hätten sich kaum dagegen wehren können. Die Besatzung der Ta-ku-Forts musste vorgeben, auf eigene Verantwortung zu handeln, damit im Falle der Niederlage dem Kaiser eine Hinterthür offen bliebe. Nach dem Siege warf er schnell die Maske ab; schon nach wenig Tagen sah man von den zu Ausbesserung ihrer Schäden vor dem Pei-ho zurückgebliebenen Schiffen auf den Werken die Feldzeichen von fünf der acht Tartaren-Banner wehen, in welche die kaiserliche Hausmacht eingetheilt ist, und in dem Erlass vom 9. August machte der Kaiser kein Hehl aus dem Siege seiner Truppen. Die darin enthaltenen Unwahrheiten, dass Kwei-liaṅ und Wa-šana die Gesandten ersucht hätten, über Pe-taṅ zu gehen, und dass die Engländer das Feuer eröffnet hätten, kommen vielleicht auf Rechnung der eingesandten Berichte. — Herr Ward fand die Mandarinen in Pe-kiṅ übermüthig und sieggewiss; der Erfolg an der Pei-ho-Mündung hatte ihnen die Köpfe verdreht und den Eindruck der früheren Niederlage verwischt. Man glaubte, dass es bei Abweisung der Gesandten sein Bewenden haben werde. Ho-kwei-tsiń, der Statthalter der beiden Kiań und kaiserliche Bevollmächtigte für den fremden Handel richtete — offenbar auf Befehl — bald nach Ankunft der beiden Gesandten in Shang-hae ein Schreiben an Herrn von Bourboulon: er habe gehofft, die Gesandten würden den Austausch der Verträge in Pe-kiń bewirken; der americanische Vertreter sei durch den Statthalter von Tši-li über Pe-tań dahin geführt worden und lebe auf dem besten Fusse mit den dortigen Würdenträgern; die Ratificationen würden ausgetauscht werden, sobald Kwei-liań und Wa-šana in der Hauptstadt einträfen. Herr Bruce habe nicht gewusst, dass der Statthalter Hań-fu ihn in Pe-tań erwarte, und sei nach Ta-ku hineingegangen, »was er nicht hätte thun sollen«; die Folge war, gewiss ohne Absicht auf beiden Seiten, ein Unfall, der nicht hätte vorkommen müssen. Kwei-liań und sein College seien jetzt wohl in Pe-kiń eingetroffen und Herr von Bourboulon werde Zeit sparen, wenn er sich unverzüglich nach der Küste von Tien-tsin begäbe und seinen Vertrag zugleich mit Herrn Ward austauschte. Dem englischen Gesandten könne er solche Mittheilung nicht machen, weil derselbe ihn niemals als kaiserlichen Bevollmächtigten angegangen habe. Er ersuche aber Herrn von Bourboulon, Herrn Bruce »mit sanften Worten von weiteren Gewaltschritten abzurathen und ihn zu versichern, dass, wenn es ihm möglich wäre, Herrn von Bourboulon nach dem Norden zu begleiten, er allen Argwohn entfernen möge; dass Kwei-liań und seine Amtsgenossen ihn in Pe-tań gewiss in treuer Erfüllung früherer Verabredungen höflich behandeln würden.«

  Der französische Gesandte erwiederte, dass Herr Bruce und er selbst über die Vorfälle am Pei-ho an ihre Regierungen berichtet hätten und bis auf weitere Instructionen keine Schritte zur Reise nach Pe-kiń thun würden. Darin sah Ho-kwei-tsiń eine Friedensbotschaft. »Es wird nun keine Feindschaft mehr geben«, schreibt er nun auch an Herrn Bruce, »die Waffen werden abgelegt u. s. w.«; er bittet, einen Tag zu nennen, an welchem die Gesandten nach dem Norden aufbrechen wollten, damit er an den Kaiser berichte, und die chinesischen Bevollmächtigten Anstalten für ihren Einzug in Pe-kiń träfen. Herr Bruce lehnte in seiner Antwort jede Erörterung des Gesandtschaftsrechtes mit Ho-kwei-

TSIŃ ab, da dieser nur für die Handelsangelegenheiten bevollmächtigt sei.

Des Kaisers Wunsch, den Frieden zu erhalten, geht auch aus dem Erlass vom 5. Juli hervor. In KAN-TON betrugen sich die Mandarinen auf Eingebung aus PE-KIŃ sehr zuvorkommend. HIEN-FUŃ schickte jetzt sogar an die Stelle des fremdenfeindlichen WAŃ einen neuen General-Gouverneur, welchem in zwei Edicten eingeschärft wurde, »gelinde zu regieren, die Engländer und Franzosen ruhig und ehrerbietig zu halten wie früher und ihnen keinen Anlass zu Verdacht zu geben.... Wenn sie Reue zeigten, könnten auch jetzt noch die freundschaftlichen Beziehungen hergestellt werden.« »Die Engländer haben bei verschiedenen Anlässen Streit begonnen, aber Ich, der Kaiser, muss nicht zu streng sein in meinem Verkehr mit fremden Staaten. Wenn sie mit reuigem Herzen KWEI-LIAŃ's Ankunft zum Austausch der Verträge abwarten wollen, so kann über die Sache hinweggegangen, weiterer Waffengewalt vorgebeugt und Einhalt gethan werden.... Die Kriegslust besagten Volkes kann nicht als hinreichender Grund gelten zu Anordnung von Maassregeln, welche den Handel der Kaufleute der verschiedenen Völker beeinträchtigen und sie an Besitz und Kapital schädigen würden. Diese Angelegenheit habe Ich, der Kaiser, in meinem Geiste ernstlich erwogen.« — Beide Edicte beginnen mit einem kurzen Berichte über den Kampf bei TA-KU: »Herr Bruce sagte, er wolle die Vertheidigungsanstalten unseres Hafens beseitigen.... Unter diesen Umständen blieb SAŃ-KO-LIN-SIN nichts übrig, als den Feind zu treffen, und die Folge war, dass eine grosse Zahl der Feinde getödtet und zwölf ihrer Schiffe zerstört wurden.« SAŃ-KO-LIN-SIN commandirte also selbst in TA-KU.

Die Regierungen von England und Frankreich billigten in allen Stücken die Haltung ihrer Vertreter und den Versuch, die Einfahrt in den PEI-HO zu erzwingen, und erneuten das Bündniss zu gemeinsamer Action gegen die chinesische Regierung. Herr Bruce wurde angewiesen, auf formeller Entschuldigung wegen des Angriffes auf die englischen Schiffe bei TA-KU zu bestehen, ehe er auf weitere Anträge zu Ratification des Vertrages eingänge. Er sollte ferner auf der Forderung beharren, in einem englischen Schiffe nach

Tien-tsin hinaufzufahren, um von dort durch die chinesischen Behörden mit gebührenden Ehren nach Pe-kiń befördert zu werden. Auf Erfüllung dieser Bedingungen sollte er sich schleunigst nach der Hauptstadt begeben, bei unpassender Behandlung von Seiten der chinesischen Behörden aber an die Pei-ho-Mündung zurückkehren und die Sache in die Hände des Admirals legen, der ihn mit einem starken Geschwader dahin zu begleiten habe. Ferner sollte er der chinesischen Regierung anzeigen, dass das wegen des Gesandtschaftsrechtes gemachte Zugeständniss durch die Vorfälle an der Pei-ho-Mündung erledigt sei, und dass Ihrer Majestät Regierung ihren Gesandten auf Grund der betreffenden Vertragsbestimmung anweisen werde, seinen Wohnsitz bleibend in Pe-kiń zu nehmen. Sollten bis zum Eintreffen dieser Instructionen keine friedlichen Anträge an Herrn Bruce gelangt sein, so möge derselbe den ersten Minister des Kaisers von Englands Forderungen unterrichten und ihm anzeigen, dass, wenn nicht binnen dreissig Tagen nach dem Datum seiner Mittheilung eine Antwort mit der unbedingten Annahme dieser Forderungen einliefe, die Commandeure der britischen See- und Landmacht angewiesen werden sollten, geeignete Maassregeln zu ergreifen, um den Kaiser von China zu Erfüllung der von ihm durch seine Bevollmächtigten im Vertrage von Tien-tsin eingegangenen und durch sein kaiserliches Edict anerkannten Verpflichtungen zu zwingen. Ferner sollte der Gesandte der chinesischen Regierung anzeigen, dass eine ansehnliche Geldentschädigung von ihr gefordert werde. — Aehnliche Instructionen erhielt der Vertreter von Frankreich.

In der Voraussetzung, dass Hien-fuń einer imposanten Machtentfaltung gegenüber leichter nachgeben werde, verzögerten Herr Bruce und Herr von Bourboulon die Ueberreichung ihrer Ultimatum bis zum 8. März. Dieselben wurden an den ersten Staatssecretär Pań-wań-tšań gerichtet und dem bevollmächtigten General-Gouverneur Ho-kwei-tsiń zu Beförderung nach Pe-kiń übersandt. Das englische Ultimatum lautete:

»Der Unterzeichnete hat die Ehre u. s. w. an Seine Excellenz den ersten Staatssecretär Pań-wań-tšań und ihre Excellenzen die Mitglieder des Grossen Staatsrathes Seiner Majestät des Kaisers von China eine Mittheilung zu richten.

Der Unterzeichnete beehrt sich zu erklären, dass er seiner Pflicht gemäss der Regierung Ihrer Britannischen Majestät einen vollständigen Bericht über alle Umstände vorlegte, welche Bezug haben auf seine Reise nach der Mündung des Tien-tsin-Flusses im vorigen Sommer zum Zwecke der Auswechselung der auf oder vor den 26. Juni anberaumten Ratificationen des Vertrages.

Ausser seiner ganzen Correspondenz mit den kaiserlichen Bevollmächtigten und anderen Beamten der kaiserlichen Regierung hat der Unterzeichnete der Regierung Ihrer Britannischen Majestät die Abschrift eines kaiserlichen Decretes vom 9. August 1859 eingeschickt, welches auf den Wunsch des Kaisers dem Gesandten der Vereinigten Staaten am Abend vor seiner Abreise aus Pe-kiṅ eingehändigt wurde. Darin heisst es:

»Im vorigen Jahre fuhren die Schiffe der Engländer in den Hafen von Tien-tsin und eröffneten das Feuer auf unsere Truppen. Wir befahlen deshalb dem Kor-tšin-Fürsten Saṅ-ko-lin-sin Ta-ku gut zu befestigen; und den Gesandten der verschiedenen Völker, welche zu Auswechselung der Verträge heraufkamen, wurde durch Kwei-liaṅ und Wa-šana mitgetheilt, dass Ta-ku so befestigt sei, und dass sie den Umweg über den Hafen Pe-taṅ-ho machen müssten. Trotzdem hielt der Engländer Bruce, als er im 5. Mond an die Küste von Tien-tsin kam, seine Verabredung mit Kwei-liaṅ und dessen Gefährten keineswegs, sondern erzwang sich sogar den Weg in den Hafen von Ta-ku, indem er unsere Vertheidigungsanstalten zerstörte.«

Der Unterzeichnete verfehlte nicht, sofort Ihrer Majestät Regierung anzuzeigen, dass der Kaiser sonderbar getäuscht worden sei. Wäre ihm in der That von den Commissaren in Shang-hae mitgetheilt worden, dass Seine Majestät beschlossen hätten, fremden Gesandten die natürliche und bequemste Strasse nach seiner Hauptstadt zu versperren, so würde der Unterzeichnete solchen Beweis unfreundlicher Gesinnung von Seiten der kaiserlichen Regierung gewiss als passenden Anlass zu Beschwerde und Unterhandlung angesehen haben.

In den Schreiben der kaiserlichen Commissare gelangte jedoch keine Mittheilung der Art an den Unterzeichneten. Niemals wurde der Hafen von Pe-taṅ von ihnen genannt, noch traf der Unterzeichnete irgend ein anderes Abkommen mit ihnen, als das in seinem Schreiben vom 16. Mai enthaltene, in welchem er Seine Excellenz Kwei-liaṅ von der Beschaffenheit und dem Zwecke seiner Sendung und seiner Absicht, zu Schiffe nach Tien-tsin zu gehen, unterrichtete und Seine Excellenz ersuchte, die nöthigen Befehle zu seiner Beförderung von dieser Stadt nach Pe-kiṅ zu geben.

Er erlaubt sich, Abschrift dieser Mittheilung und der am 12. Juni von den Commissaren empfangenen beizufügen. Diese werden beweisen, dass man den Unterzeichneten in völliger Unkenntniss von des Kaisers Absicht, ihm die Benutzung der gewöhnlichen Flussstrasse zu verwehren, von Shang-hae abreisen liess.

Ein ähnliches Stillschweigen wurde gegen Admiral Hope, Oberbefehlshaber von Ihrer Majestät Kriegsschiffen in diesen Meeren, beobachtet, als er zu Förderung des Seiner Excellenz Kwei-liaṅ in dem oben bezeichneten Schreiben mitgetheilten Zweckes am 17. Juni vor der Flussmündung erschien, um die bevorstehende Ankunft des Unterzeichneten und seines Collegen, des französischen Gesandten, zu melden. Der Admiral erhielt die Versicherung, dass die Durchfahrt von der sogenannten Miliz geschlossen sei, welche er die sperrenden Balken bewachend fand, und zwar ohne Befehl ihrer Regierung, von deren Beamten, wie die Milizen wiederholt versicherten, keiner in der Nähe des Ortes war; sie sei ferner nicht zur Abwehr der Fremden, sondern einheimischer Feinde gesperrt. Diese falschen Darstellungen begleitete ein falscher Schein: die Batterieen der Werke waren maskirt, keine Banner wehten darauf, kein Soldat zeigte sich. Ferner: um jeder Verificirung der Aussagen der Milizen vorzubeugen, verhinderte man allen Verkehr mit dem Ufer. Nachdem sie versprochen hatten, die Hindernisse im Flusse zu beseitigen, leugneten die Milizen dieses Versprechen. Sie betrugen sich grob und gewaltsam gegen die Officiere, welche abgeschickt wurden mit ihnen zu reden, und gingen in einem Falle so weit, das Leben eines Herrn zu bedrohen, welcher mit einer Botschaft vom Admiral beauftragt war.

Das war die Lage der Dinge, als der Unterzeichnete ausserhalb der Barre eintraf. Da er fand, dass die Beamten fortfuhren unsichtbar zu bleiben, während die Milizen auf der Aussage beharrten, dass die Flusssperre ihr eigenes unautorisirtes Werk sei, so ersuchte er den Admiral, Schritte zu thun, die ihn in Stand setzten, zur bestimmten Zeit die Hauptstadt zu erreichen. Dieses wollte der Admiral — nach gehöriger Anzeige an die Milizen und nachdem er den Abend vorher von ihnen die Versicherung erhalten hatte, dass sie gewiss nichts weiter mitzutheilen haben würden — am 25. Juni, dem achten Tage nach seiner Ankunft, bewerkstelligen, als die Forts, welche diese acht Tage lang allem Anschein nach verlassen gewesen waren, plötzlich das Feuer auf sein Geschwader eröffneten. Offenbar haben die in den Forts commandirenden Officiere, um diese verrätherische Handlungsweise zu verbergen, Seiner Majestät noch eine Erfindung aufgebunden, indem sie Dieselbe glauben machten, das britische Geschwader hätte die Offensive ergriffen und die Forts bombardirt. Das ist ohne jede Grundlage; kein Schuss wurde gefeuert, bis die Batterieen begonnen hatten, da die Schiffe keinen anderen Zweck verfolgten, als die quer durch den Fluss gelegten Hindernisse zu beseitigen.

Die Thatsachen sind einfach die von dem Unterzeichneten dargestellten, und die Regierung Ihrer Britischen Majestät hat nach reiflicher Erwägung entschieden, dass, möge der Kaiser Kunde von diesem Act der Feindseligkeit gehabt, oder mögen seine Beamten sie angeordnet haben, derselbe eine Beschimpfung ist, für welche die kaiserliche Regierung verantwortlich gemacht werden muss. Ihrer Britischen Majestät Regierung verlangt deshalb unmittelbare und bedingungslose Annahme folgender Forderungen:

1. Dass ausreichende und befriedigende Entschuldigung gemacht werde für die Handlung der Truppen, welche im vergangenen Juni von den Ta-ku-Forts aus auf die Schiffe Ihrer Britischen Majestät feuerten, und dass alle Kanonen und alles Material, wie auch die bei dieser Gelegenheit verlassenen Schiffe zurückgegeben werden.

2. Dass die Ratificationen des Vertrages von Tien-tsin unverzüglich in Pe-kiṅ ausgewechselt werden; dass, wenn der Gesandte Ihrer Britischen Majestät sich zu dem Zwecke nach Pe-kiṅ begiebt, man ihm gestatte in einem Britischen Fahrzeug über Ta-ku den Fluss hinauf nach der Stadt Tien-tsin zu gehen; und dass von den chinesischen Behörden Anstalt getroffen werde, ihn und sein Gefolge mit der gebührenden Ehre von dieser Stadt nach Pe-kiṅ zu führen.

3. Dass den Bestimmungen des genannten Vertrages volle Ausführung gegeben werde, einschliesslich einer zufriedenstellenden Einrichtung für die schleunige Auszahlung der 4,000,000 Tael, welche in dem Vertrage stipulirt sind für erlittene Verluste und militärische Ausgaben der Britischen Regierung, veranlasst durch das schlechte Betragen der Behörden in Kan-ton.

Der Unterzeichnete ist ferner angewiesen zu erklären, dass, in Folge des Versuches dem Unterzeichneten den Weg nach Pe-kiṅ zu versperren, die zwischen Lord Elgin und den kaiserlichen Commissaren im October 1858 getroffene Verabredung über den Wohnsitz des Britischen Gesandten in China nichtig ist, und dass es nunmehr ausschliesslich Ihrer Britischen Majestät zusteht, im Einklang mit den Bestimmungen von Artikel II. des Vertrages von Tien-tsin zu entscheiden, ob oder nicht sie ihren Gesandten anweisen will, seinen Wohnsitz bleibend in Pe-kiṅ zu nehmen.

Der Unterzeichnete hat ferner zu bemerken, dass die Beschimpfung am Pei-ho Ihrer Majestät Regierung gezwungen hat, ihre Streitmacht in China mit beträchtlichem Kostenaufwande zu verstärken und die Contribution, welche von der chinesischen Regierung zur Bestreitung dieser Ausgaben gefordert werden soll, wird grösser oder geringer sein, je nach der Eilfertigkeit, mit welcher die oben bezeichneten Forderungen von der kaiserlichen Regierung vollständig erfüllt werden.

Der Unterzeichnete hat nur hinzuzufügen, dass, wenn er in einem Zeitraum von dreissig Tagen vom Datum dieser Mittheilung an gerechnet nicht eine Antwort mit der unbedingten Zustimmung Seiner Majestät des Kaisers von China zu diesen Forderungen erhält, die Commandeure der Britischen See- und Landmacht solche Maassregeln ergreifen werden, als sie geeignet finden für den Zweck, den Kaiser von China zu Erfüllung der durch seine Bevollmächtigten in Tien-tsin für ihn eingegangenen und durch sein kaiserliches Edict vom Juli 1858 gebilligten Verpflichtungen zu zwingen.

Shanghae, 8. März 1860.

gez. Frederick W. A. Bruce.«

Das französische Ultimatum lautete ähnlich.

Die Antwort traf in Gestalt eines an Ho-kwei-tsiṅ zu Mittheilung an den Gesandten gerichteten Schreibens des Grossen Staatsrathes am 8. April 1860 in Shang-hae ein:

»Der Grosse Staatsrath schreibt eine Antwort zur Mittheilung.

Vor Kurzem erhielt der Staatsrath eine Depesche von dem Commissar und zugleich eine von ihm eingesandte Mittheilung des englischen Gesandten Bruce, deren Inhalt ihn in das höchste Erstaunen setzte.

Er erklärt zum Beispiel, dass auf Pe-taṅ von den kaiserlichen Commissaren Kwei-liaṅ und Collegen niemals angespielt wurde. Nun ist bekannt, dass im vorigen Jahre Kwei-liaṅ und seine Collegen in Shang-hae auf den britischen Gesandten warteten, zu dem ausdrücklichen Zweck, mit ihm persönlich alle für die Auswechselung eines Vertrages angemessenen Maassregeln zu erwägen. Sobald sie die Ankunft des Gesandten Bruce in Wu-soṅ erfuhren, ersuchten sie ihn wiederholt schriftlich, mit ihnen zusammenzutreffen; in der That war ihre Absicht, ihm mitzutheilen, dass Ta-ku befestigt sei und dass er über Pe-taṅ gehen müsse. Er aber wies sie zurück und weigerte sich der Zusammenkunft. Die kaiserlichen Commissare Kwei-liaṅ und Collegen meldeten ihm ferner, dass Kriegsschiffe unter keiner Bedingung über die Barre gehen dürften; aber der britische Gesandte Bruce achtete nicht dieser Worte; und als, nach seiner Ankunft vor der Küste von Tien-tsin, Haṅ, General-Gouverneur von Tši-li, einen Beamten mit einem Geschenk von Proviant und der Mittheilung an ihn sandte, dass er über PE-TAŃ gehen müsse, wollte er nichts annehmen, sondern führte plötzlich seine Schiffe nach TA-KU und begann die dortigen Anstalten der Schutzwehr zu zerstören. Wie kann er nun behaupten, dass er niemals die geringste Andeutung erhielt, über PE-TAŃ zu gehen? Da er zum Austausch von Verträgen kam, warum brachte er Kriegsschiffe mit? Offenbar bezweckte er, Streit zu machen. Wie kann er nun China vorwerfen, ihm zu nahe getreten zu sein?

Die Vertheidigungsanstalten sind auch gar nicht hergestellt worden, um die Engländer abzuwehren. Gesetzt, die Kriegsschiffe einer anderen Nation kämen so weit her unter britischer Flagge; sollte man ihnen gestatten, nach Gefallen den Anstand zu verletzen? Wohl denn, die Vertheidigungswerke bei TA-KU können nicht entfernt werden, auch nachdem die Verträge ausgetauscht sind.

Noch viel unschicklicher ist die unter verschiedenen Benennungen gestellte Forderung der Zurückerstattung von Kanonen, Waffen und Schiffen. China's Kriegskosten waren ungeheuere. Die Kosten des Küstenschutzes von KUAŃ-TUŃ und FU-KIAN bis TIEN-TSIN hinauf belaufen sich vom ersten bis zum letzten auf mehrere Millionen. Wollte es Ersatz von England fordern, so würde England finden, dass seine Ausgaben nicht die Hälfte von denen China's betragen.

Was die Erstattung von Geschützen betrifft, so zerstörte England im vorletzten Jahr die TA-KU-Forts und nahm Besitz von einer Anzahl Kanonen, welche China gehörten. Müsste es denn nicht seinerseits bedenken, wie es für diese Ersatz leisten sollte? Nebenbei aber wurde die Hälfte der britischen Schiffe und Kanonen in das Meer versenkt; sie sind garnicht in Besitz von China. So kann man denn von beiden Seiten gleichmässig die Frage fallen lassen.

Dann ist da noch (die Meldung dass) die Abrede, laut welcher nach Auswechselung der Verträge der britische Gesandte anderswo wohnen sollte, aufgehoben sei. Das Abkommen, laut welchem der britische Gesandte nach Austauschung der Verträge entweder einen anderen Wohnsitz wählen oder (die Hauptstadt) nur besuchen sollte, wenn wichtige Geschäfte abzuthun wären, war deutlich abgeschlossen von Lord Elgin in Verhandlung mit den Commissaren KWEI-LIAŃ und seinen Collegen. Die (jetzt angekündete) Widerrufung dieses Uebereinkommens ist noch unvernünftiger (als alle anderen Anträge).

Als im vorigen Jahre nach Ratificirung des americanischen Vertrages eine Aenderung in der Höhe der Tonnengelder eintrat und die Häfen von TAI-WAN und TŠAŃ-TŠAU (SWA-TAU) dem Handel geöffnet wurden, bat der britische Gesandte dringend um die gleiche Vergünstigung.[110]) Die Engländer hatten ihren Vertrag nicht ausgetauscht; aber Seine Majestät der Kaiser, grossmüthig gegen fremde Nationen und voll zarter Rücksicht für die Interessen des Handels, gestattete gnädig die Gewährung einer Gunst an die Engländer, für welche sie gleichfalls dankbar sein müssten. Soll aber das fest geschlossene Uebereinkommen nichtig werden, so wird es von Seiten Chinas nicht unpassend sein, die Bestimmung zu cassiren, durch welche es den Engländern die den Americanern laut ihrem Vertrage zustehende Ermässigung von Tonnengeldern gewährte.

Auf das Gesuch (des britischen Gesandten) um höfliche Behandlung bei seinem Erscheinen im Norden zur Auswechselung der Verträge zu kommen: wenn er aufrichtig ist in seinem Verlangen nach Frieden, so soll er dem Commissar überlassen, über alle Einzelheiten des Vertrages nachzudenken, über welche noch ein Abkommen zu treffen ist. Und nachdem die Verhandlungen in Shang-hae eingeleitet und die beiden Partheien vollkommen einig geworden sind, soll er ohne Kriegsschiffe und mit mässigem Gefolge nach dem Norden kommen und in Pe-tan zur Auswechselung der Verträge warten; dann wird ihn China für das Geschehene gewiss nicht weiter belangen. Er muss angewiesen werden, sich mit den für die Auswechselung des americanischen Vertrages aufgestellten Vorschriften bekannt zu machen, und der einzuschlagende Weg soll weiter mit ihm besprochen werden.

Ist er aber entschlossen, eine Anzahl Kriegsschiffe mit hinaufzubringen, und besteht er darauf über Ta-ku zu reisen, so wird das beweisen, dass seine wahre Absicht nicht die Austauschung der Verträge ist, und es muss dem mit dem Küstenschutz betrauten hohen Beamten überlassen bleiben, die erforderlichen Maassregeln zu treffen.

Die bei diesem Anlass (vom britischen Gesandten) geschriebene Depesche ist grossentheils in der Sprache zu unbotmässig und ausschweifend, um seine Anträge anders als oberflächlich zu erörtern. In Zukunft muss er die Schicklichkeit nicht so verletzen.

Die obigen Bemerkungen sollen von dem Commissar dem britischen Gesandten mitgetheilt werden, welchem nicht geziemen wird, halsstarrig auf seiner Ansicht zu beharren, da er durch solches Betragen Veranlassung geben würde zu vielem späteren Leide.

Eine nothwendige Mittheilung.«

---

[110]) Herr Bruce war angewiesen, in seinen Beziehungen zu den Behörden der geöffneten Hafenplätze keine Aenderung eintreten zu lassen. Als nun nach Ratification des Vertrages der Americaner für diese eine Ermässigung der Tonnengelder eintrat, trug Herr Bruce auf Grund des Artikels der »meistbegünstigten Nation« auf das gleiche Vorrecht an. Ho-kwei-tsin berichtete darüber nach Pe-kin.

Die Antwort an Herrn von Bourboulon lautete ähnlich.

Von einer kaiserlichen Entscheidung ist in diesem Schreiben nicht die Rede; auch fehlt die gewöhnliche Ueberschrift kaiserlicher Decrete. Die Gesandten sollten glauben, man habe ihre Schreiben zu unwichtig gefunden, um sie dem Kaiser vorzulegen. Von arger Perfidie zeugt die Behandlung der Frage, ob KWEI-LIAṄ die Gesandten zur Reise über PE-TAṄ aufforderte; sie beweist deutlich, dass weder der Kaiser noch die Commissare getäuscht, sondern die Engländer hinterlistig in die Falle gelockt wurden. Die Entschädigungsfrage ist hier eben so naiv aufgefasst, wie bei anderen Gelegenheiten. Die Vertragsbestimmungen heissen Vergünstigungen, und der herablassend befehlende Ton der Schlusssätze beweist, dass alle früheren Lehren vergessen waren. Die Gesandten constatirten deshalb in getrennten Schreiben an HO-KWEI-TSIṄ die Ablehnung ihrer Forderungen und verwiesen die kaiserliche Regierung auf die am Schlusse ihres Ultimatum ausgesprochenen Warnungen. Zugleich ermächtigten sie die Ober-Commandos der Land- und Seemacht zu Einleitung der Feindseligkeiten.

Herr Bruce war von der englischen Regierung angewiesen worden, den Golf von PE-TŠI-LI blockiren zu lassen. Man glaubte zwar, dass diese Maassregel die Regierung in PE-KIṄ drücken würde, kannte aber die Communicationsmittel im Innern des Landes nicht genug, um beurtheilen zu können, ob die Blockade wirklich fühlbaren Mangel im Norden verursachen möge, und dachte wohl mit Recht, dass sie den Kaiser nicht zum Nachgeben zwingen würde. Die Alliirten mussten sich vor Allem das Vertrauen der Chinesen in den geöffneten Häfen erhalten. Der ganze Getreidehandel nach dem Golf von PE-TŠI-LI wird nun mit dem Capital von Kaufleuten in SHANG-HAE, NIṄ-PO und anderen mittelchinesischen Städten betrieben, und beschäftigt etwa 3000 Dschunken mit einer Bemannung von über 100,000 Seeleuten.[111]) Die Unterbrechung dieses Handels, das Aufbringen und Zerstören von Dschunken hätte viele Tausende brodlos gemacht, deren Erbitterung und Unthätigkeit den Fremden in den göffneten Häfen gefährlich werden konnte. Unzweifelhaft hätten die Mandarinen jede feindselige Stimmung der Bevölkerung benutzt. Man fürchtete ferner, dass die durch

---

[111]) In diesem Handel soll ein Capital von 7,000,000 Pfund Sterling stecken.

die Tae-pin-Bewegung im Innern des Reiches bewirkte Auflösung sich auch auf die Küstenprovinzen ausdehnen möchte, wenn dort Erwerblosigkeit einträte, — dass die bürgerliche Ordnung gefährdet und die regierende Mandschu-Dynastie ernstlich bedroht werden möchte, eine Eventualität, welcher die englische Regierung dringend vorzubeugen wünschte. Erhielt man sich das Vertrauen der Bevölkerung in Mittel-China, so musste sich der gute Ruf der Verbündeten, welche nur die kaiserliche Regierung bekriegten, das Volk dagegen auf jede Weise schonten und alle Bedürfnisse bezahlten, auch nach den nördlichen Provinzen verbreiten und den militärischen Operationen grossen Vorschub leisten. Herr Bruce beschloss deshalb auf eigene Verantwortung, die Blockade nicht zu verhängen. Zu Befestigung des Vertrauens liessen die Gesandten Proclamationen im Lande verbreiten, welche der Bevölkerung volle Sicherheit des Eigenthumes und der Familie versprachen, die Fortsetzung des Handelsverkehrs und den Beschluss meldeten, nur gegen die bewaffnete Macht und die Rathgeber des Kaisers zu kämpfen, welche ihn zum Kriege drängten. Die Mandarinen unterstützten die Verbreitung dieser Proclamationen und hinderten keinen Chinesen den Verbündeten zu dienen. Dazu mag sie vor Allem die Angst vor den Tae-pin getrieben haben. Man lebte in Shang-hae, wo sich im April und Mai 1860 die Streitmacht der Alliirten versammelte, und in den anderen Häfen wie in Freundesland. Die Chinesen stellten Pferde in Menge und meldeten sich haufenweise zu contractlicher Lieferung von Lebensmitteln. Als die Absicht der Alliirten bekannt wurde, Tšu-san zu besetzen, stiegen dort plötzlich die Miethspreise der Kaufläden; viele chinesische Speculanten siedelten vom Festlande dahin über.

Die Besetzung der Tšu-san-Inseln wurde am 14. April von den in Shang-hae versammelten Gesandten und Commandeuren beschlossen; am 21. April erschienen die dazu bestimmten Schiffe vor Tin-hae. Die chinesischen Behörden fügten sich ohne Umstände der Sommation des englischen Oberfeldherrn, General Sir Hope Grant, lieferten alle Waffen aus und übergaben den Alliirten die militärischen Posten. Die chinesischen Truppen erhielten freien Abzug. Zwei englische und zwei französische Commissare bildeten die oberste Regierungsbehörde. Die Mandarinen vom Civil-Dienst mussten ihre Functionen als richterliche, Administrativ-, Municipal- und Steuerbeamten unter Aufsicht der Commissare fortsetzen. Aus den Reihen der Occupationstruppen wurde ein Polizei-Corps zu Aufrechthaltung der Ordnung und Sicherheit organisirt. Die Anträge des Tau-tae von Shang-hae auf militärischen Beistand der Alliirten gegen die Su-tšau bedrohenden Rebellen im Mai 1860 und die darauf folgenden Ereignisse übten keinen Einfluss auf den Gang des Krieges. Anfang Juni kam der General-Gouverneur Ho-kwei-tsiṅ, aus seiner Residenz vertrieben, nach Shang-hae, und ersuchte die Gesandten von England und Frankreich um eine Zusammenkunft, welche am 9. Juni bei Herrn Bruce stattfand. Sein Mitbevollmächtigter für den fremden Handel, Schatzmeister und Provincial-Gouverneur Sie und der Tau-tae von Shang-hae Wu waren dabei gegenwärtig. Ho dankte den Gesandten zunächst für die Maassregeln zum Schutze der Stadt und bezeichnete als Veranlassung seines Besuches zunächst den ausdrücklichen Auftrag, die zwischen den Verbündeten und der kaiserlichen Regierung schwebenden Differenzen auszugleichen; dann das Gesuch, dass die Alliirten ihre Streitkräfte zu Pacificirung der Provinz brauchen möchten, in welcher sie so erhebliche commercielle Interessen hätten. Ohne nähere Erörterung des ersten Punctes ging er sofort mit Eifer auf den zweiten über und machte die eindringlichsten Vorstellungen. Herr Bruce antwortete im Laufe des Gespräches, dass die zweite und alle Fragen von localer Bedeutung sich um die erste drehten; das von Ho angerufene gute Einvernehmen der Verbündeten mit der chinesischen Regierung bestehe nicht und könne nur durch Erfüllung ihrer Forderungen hergestellt werden. Ho erklärte die Ta-ku-Affaire für ein Missverständniss, an welchem die Verbündeten mitschuldig seien: sie hätten zur Ratification der Verträge Kriegsschiffe mitgebracht und Kwei-liaṅ's Ankunft nicht abwarten wollen. Die Antwort des Staatsrathes auf das Ultimatum habe wenig zu bedeuten, sei vielleicht nicht einmal vom Kaiser sanctionirt. Wolle Herr Bruce die Unterhandlungen ihm und seinem Collegen Sie anvertrauen, so könne Alles ausgeglichen werden; sie seien jetzt ebenso dazu ermächtigt, wie früher Kwei-liaṅ und Wa-šana; Abschrift des betreffenden Decretes solle eingesandt werden. Herr Bruce widerlegte Ho's Darstellung der Ta-ku-Affaire und erklärte, auf weitere Unterhandlungen nicht eingehen zu können, da er angewiesen sei, auf unbedingter Erfüllung der Forderungen zu bestehen. Ho kam nochmals auf den eigentlichen Zweck seines Besuches, Unterstützung gegen die Rebellen zurück, deren Gewährung ihn befähigen werde, auf den Kaiser zu Gunsten der Alliirten zu wirken. Er sprach mit grosser Wärme; an der Vertreibung der Tae-piń aus seinen Provinzen hing ja sein Leben.

Die versprochene Abschrift des kaiserlichen Decretes sandten die Commissare nicht; Ho-kwei-tsiń zeigte aber das vom 13. Mai datirte Original dem französischen Legationssecretär Grafen von Klesczkowsky, welcher ihn bald nach jener Zusammenkunft besuchte, aber nur die beiden ersten Colonnen des Decretes lesen durfte. Darin befahl der Kaiser den Commissaren in allgemeinen Ausdrücken, zu gewähren, was gewährt werden müsse, und zu verweigern, was man verweigern müsse. Die Mandarinen waren wohl selbst von der Unzulänglichkeit dieser Vollmacht überzeugt, welche ausserdem Gehässiges gegen die Barbaren enthalten haben mag.

Ho-kwei-tsiń sprach die Absicht aus, in Gemeinschaft mit dem Statthalter von Tše-kiań eine Vorstellung an den Kaiser zu richten, dass angesichts der durch die Rebellen-Invasion hereingebrochenen Noth die Forderungen der Verbündeten unbedingt erfüllt werden müssten. Die Abschrift einer solchen Eingabe gelangte in die Hände der Engländer und wurde wohl mit Unrecht angezweifelt; denn der Freimuth dieser Darstellung stimmte durchaus zu Ho-kwei-tsiń's derber Sprache gegen den Kaiser bei früherem Anlass, und selbst die darin ausgesprochene Unwahrheit, dass Herr Bruce die Audienz nachgesucht und sich zu ihm begeben habe, spricht für die Echtheit des Documentes. Ho's Degradirung und Ungnade, welche Ende Juli in Shang-hae bekannt wurde, brachte man mit dieser Eingabe in Zusammenhang; sie war aber das gewöhnliche Loos unglücklicher Statthalter, deren Provinzen die Rebellen besetzten. Von einer fulminanten Erwiederung des Kaisers, welcher den Gedanken, die Barbaren um Beistand anzurufen, mit Entrüstung zurückgewiesen hätte, hörte man in Shang-hae nur gerüchtweise.

Unter dem Eindruck, dass die chinesische Regierung denjenigen Bevollmächtigten leichter Zugeständnisse machen werde, welche die Verträge von Tien-tsin abschlossen, als denjenigen, welche sie am Pei-ho mit Erfolg zurückwies, hatten die englische und die französische Regierung Lord Elgin und Baron Gros als ausserordentliche Botschafter mit weitreichenden Vollmachten nach China gesandt. Ein Schiffbruch im Hafen von Point de Galle (Ceylon) verzögerte bis Ende Juni ihre Ankunft in Shang-hae, von wo sie in kurzem nach dem Golf von Pe-tši-li weitergingen. Rendezvous der englischen Schiffe war die Bai von Ta-lien-wań an der Nordküste, das der französischen die Bucht von Tši-fu am Südufer des Golfes. Die Effectiv-Stärke der englischen Flotte im nordchinesischen Meere betrug am 11. Juli 1860 2 Schrauben-Fregatten, 3 Räder-Fregatten, 2 Segel-Fregatten, 5 Räder-Corvetten (Sloops), 4 Segel-Corvetten, 5 grössere Kanonenboote (despatch-gun-boats), 18 Kanonenboote, 1 Schiff der indischen Seemacht, 1 Tender, — zusammen 41 Kriegs-Fahrzeuge mit 261 Geschützen. Ausserdem lagen damals 126 Transportschiffe in der Ta-lien-wań-Bai. Die Gesammtstärke der Landmacht, welche lange am Ufer lagerte, betrug am 11. Juli einschliesslich der Officiere 11,564 Köpfe (dienstfähige Mannschaft in Reih und Glied 10,202). — In der Bucht von Tši-fu waren 29 französische Kriegsschiffe und an Landtruppen 8467 Mann mit 296 Officieren versammelt.

Die Rüstungen der Franzosen wurden erst im Juli fertig; am 26. Juli fuhren beide Flotten nach dem Rendezvous vor der Pei-ho-Mündung; mehrere Dampfer schleppten eine Anzahl Dschunken mit den französischen Landtruppen dahin. Am 29. Juli trafen auch die Kanonenboote mit Dschunken im Schlepptau ein, welche Lebensmittel auf zehn Tage für die ganze Armee an Bord hatten. Die Recognoscirungen hatten ergeben, dass in Pe-tań allein eine Landung der Truppen möglich sei; am 30. Juli bewegte sich also die ganze Flotte nach dieser Rhede und ankerte sechs Seemeilen vom Ufer. Dort lag auch eine russische Fregatte nebst drei Kanonenbooten; der Gesandte, General Ignatief hatte kurz zuvor mit den Botschaftern von England und Frankreich in Shang-hae conferirt und sich erst eben wieder nach Pe-kiń begeben.

Wegen stürmischen Wetters blieben die Alliirten am 31. Juli unthätig. Am 1. August landete ihre Vorhut südlich von Pe-tań und erreichte nach beschwerlichem Waten in tiefem Schlamm den Dammweg, welcher von da längs dem Strande nach der Pei-ho-Mündung führt. Die Nacht über bivouaquirten die Truppen grossentheils auf schlammigem Boden; zuweilen erschien eine tartarische Reiterpatrouille. Sobald die Fluth erlaubte, liefen Kanonenboote in die Flussmündung; sie fanden die Forts zu beiden Seiten sowie den Flecken Pe-tań von der Garnison verlassen. Die Einwohner empfingen die Truppen freundlich, als diese sich am 2. August dort einrichteten.[112]) Am 3. August wurde eine Recognoscirung auf dem nach der Pei-ho-Mündung führenden Dammweg unternommen; tartarische Reiterei gab Feuer auf die Truppen, warf sich aber schnell in ein verschanztes Lager, als Geschütze gegen sie aufgefahren wurden. In den folgenden Tagen wurde die Ausschiffung vollendet.

Am 5. August empfing Lord Elgin an Bord des Schiffes Granada den americanischen Gesandten Herrn Ward, welcher kurz vor den Alliirten auf der Rhede angelangt und mit dem General-Gouverneur Han in Correspondenz getreten war. Letzterer betheuerte, dass die Ratificirung des englischen und des französischen Vertrages noch immer vollzogen werden könne, wenn die Gesandten über Pe-tan nach Pe-kin reisen wollten; der Kaiser denke nicht daran, die 1858 von ihm erzwungenen Vertragsbestimmungen zu halten, wünsche aber keinen Krieg; Herr Ward möge die Botschafter von Seiner Majestät gnädiger Gesinnung unterrichten.

In Pe-tan fehlte es an gutem Wasser; Admiral Hope schickte deshalb ein Kanonenboot den Fluss hinauf, wo sich eine Meile oberhalb der Mündung besseres fand. In der Nähe stand auf dem linken Ufer ein Tartaren-Posten. Unnützes Blutvergiessen zu vermeiden, sandten die Engländer einen Dolmetscher unter Parlamentärflagge an denselben und meldeten, dass hier kein Angriff stattfinden werde. Das nahm General-Gouverneur Han zum Vorwand eines Schreibens an Lord Elgin: Er habe erfahren, dass die Botschafter zu Auswechselung der Ratificationen über Pe-tan nach der Hauptstadt reisen wollten, und deshalb beim Erscheinen der Schiffe die Besatzung von da entfernt. Einige Tausend Soldaten seien gelandet und hätten einen Vorstoss gemacht, sich aber nach dem Flecken zurückziehen müssen. Das Erscheinen des Dolmetschers mit der die Worte »kein Kampf« tragenden Flagge beweise nun deutlich, dass jener Vorstoss leichtsinnig von den Truppen und Freiwilligen unternommen wurde, dass der Gesandte nichts davon wisse. Erfreut über Lord Elgins Rechtsgefühl und Friedensliebe, werde er

---

[112]) Nach dem amtlichen französischen Bericht wäre der Flecken verlassen gewesen. Dem widersprechen die ausführlichen Erzählungen englischer Officiere, welche nicht erfunden sein können. Sie melden, dass die Bewohner rein ausgeplündert wurden, wobei die indischen Reiter und französische Soldaten das Beste gethan hätten. Beim Abmarsch der Truppen, berichten die Engländer, sei Pe-tan fast von allen Bewohnern verlassen gewesen.

die chinesischen Commandeure anweisen, sich gleichfalls der Feindseligkeiten zu enthalten. Ein Beamter solle dem Botschafter aufwarten, damit derselbe ihm gemeinschaftlich mit dem Vertreter von Frankreich den Tag einer Zusammenkunft anberaume. Er, Han, sei vom Kaiser mit Erledigung aller schwebenden Fragen beauftragt. — Lord Elgin säumte nicht, das vorgebliche Missverständniss aufzuklären und zu melden, dass die Feindseligkeiten bis zu unbedingter Erfüllung der gestellten Forderungen fortgesetzt werden müssten.

Die Pei-ho-Mündung war 1860 noch stärker befestigt als das Jahr zuvor; den Fluss sperrte eine vierfache Verzäunung. Auf dem rechten, südlichen Ufer lagen drei Forts, durch Dammwege verbunden, welche ihre Batterieen bestrichen; ebenso zwei Forts auf dem Nord-Ufer; sämmtlich Redouten mit Cavalieren, aus Lehm um stark gezimmerte Balkengerüste aufgeführt. 1858 und 1859 waren die Werke noch auf der dem Wasser abgewendeten Seite offen, 1860 aber ringsum geschlossen und mit Gräben umzogen, deren Ränder spitzige Bambuspfähle schützten. Ringsum dehnt sich die sumpfige Ebene aus, durchschnitten von Canälen und Dämmen, welche die zerstreut liegenden Dörfer verbinden. In der Richtung auf Pe-tan waren letztere an den zugänglichen Stellen der Ebene durch Wälle verbunden, die mit den verschanzten Dörfern selbst eine Vertheidigungslinie um die nördlichen Forts herum bis an den Pei-ho bildeten. Zwischen dieser Umwallung und Pe-tan schützte bei dem Dorfe Sin-ho noch ein verschanztes Lager den Zugang. — Oberhalb des inneren Nord-Forts vermittelte eine Schiffbrücke den Verkehr mit dem Südufer.

Nach einigen Recognoscirungen an den vorhergehenden Tagen rückten die Truppen der Alliirten am 12. August auf Sin-ho vor. Das Terrain machte Schwierigkeiten; selbst auf den Dämmen war der Boden von starken Regengüssen so aufgeweicht, dass Geschütze und Munitionswagen stecken blieben. Die Verschanzungen bei Sin-ho hielten, nur mit Wallbüchsen und einer Kanone armirt, etwa eine halbe Stunde das Feuer der Alliirten aus und wurden dann preisgegeben. Den folgenden Tag schlug man Brücken über die Canäle und besserte die Wege aus. Am 14. August schob sich der von englischen Truppen gebildete rechte Flügel bis an den Pei-ho vor, wo die Schanzenlinie beim Dorfe Tan-ko auf dessen Ufer stösst. Hier erhielten die Engländer Feuer von einigen

Dschunken und einer Batterie auf dem südlichen Ufer, brachten es aber mit ihrem Feldgeschütz bald zum Schweigen; einige Matrosen setzten über, vernagelten die chinesischen Kanonen und verbrannten die Dschunken. Nach einstündigem Bombardement war auch das Feuer der Umwallung auf der ganzen Linie beruhigt; die Engländer erstiegen dieselbe bei Taṅ-ko; gleich darauf wehte auf dem linken Flügel die Tricolore von den Schanzen. Die Tartaren flohen theils über die Schiffbrücke auf das Südufer, theils in das innere Fort des Nordufers, zu welchem der Weg jetzt auf allen Seiten freilag. — Von Pe-taṅ schafften die Verbündeten in den folgenden Tagen ihr schweres Geschütz herbei und speicherten bei Sin-ho den mitgeführten Proviant. Hier fand man eine Anzahl chinesischer Documente: eine aus den letzten Tagen datirende Correspondenz zwischen dem General-Gouverneur Haṅ und dem Tartarenführer Te, welcher Sin-ho als wichtigsten Punct zu seinem Hauptquartier gemacht hatte; dann eine Denkschrift des Ho-kwei-tsiṅ, eingereicht mit dem englischen und dem französischen Ultimatum; ein nach Empfang der letzteren erlassenes vertrauliches Schreiben des Grossen Staatsraths an den Kor-tšin-Fürsten Saṅ-ko-lin-sin und den General-Gouverneur Haṅ und die als Antwort eingereichte Denkschrift der letzteren.

In der Correspondenz zwischen Haṅ und Te ist deutlich ausgesprochen, dass ersterer vom Kaiser gemessenen Befehl hatte, Frieden zu machen. Von Erfüllung der englischen Forderungen oder anderen Bedingungen ist keine Rede. Te beschreibt die Recognosciruugen vom 3. und 9. August; er konnte den Feind vernichten, beschränkte sich aber auf Behauptung seiner Position, weil der Kaiser in seiner Milde die Barbaren zu versöhnen wünscht. Haṅ dankt dafür, ermahnt ihn aber, sich durch die Mittheilung der kaiserlichen Decrete nicht in seinen Operationen stören zu lassen. »Die Natur der Barbaren ist wie die der Hunde oder Schaafe. Erst schicken sie eine Friedensflagge und nun wollen sie nicht zugeben, dass sie das in der Absicht thaten, Frieden zu schliessen.« Te möge auf wirksame Abwehr bedacht sein; griffen die Barbaren an, so müsse ihre Frechheit gestraft werden. Der Statthalter und der Feldherr suchen sich in diesen Schreiben gegenseitig die Verantwortlichkeit zuzuschieben: »Ich weiss«, sagt letzterer, »dass der Kaiser den Frieden wünscht; deshalb werde ich ernstlich bedacht sein, Feindseligkeiten zu vermeiden, welche den Erfolg unserer friedfertigen Eröffnungen vereiteln könnten.« — »Ja«, schreibt der Statthalter, »der Kaiser wünscht den Frieden, verlangt aber auch, dass kein militärischer Vortheil verloren gehe. Lass deshalb die Sorge um den Erfolg meiner Unterhandlungen dich nicht in Erfüllung deiner Pflichten als Feldherr beirren.«

Die das Ultimatum der Verbündeten beleuchtende Denkschrift verbreitet sich zunächst über Verhandlungen, welche zu Schlichtung der Differenzen zwischen chinesischen und englischen Kaufleuten gepflogen wären.[113]) Die Engländer hätten acht Puncte aufgestellt, durch deren Annahme Herr Bruce vielleicht zu gütlichem Vergleich bewogen werden könne; Ho-kwei-tsiń finde sie aber unannehmbar und habe den chinesischen Kaufleuten befohlen, den Engländern einen derben Verweis zu geben. Herr Bruce sei wüthend und ganz unbezähmbar, »weil er bei Tien-tsin in die Falle gelockt wurde«. Die beiden Gesandten sind »unzertrennliche Gefährten in Pflichtvergessenheit und Schlechtigkeit; ihr Charakter ist in der That blutdürstig und treulos«. Er, Ho, habe ihnen dem kaiserlichen Befehl gemäss trotzdem mittheilen wollen, dass sie ihre Verträge unter denselben Bedingungen auswechseln könnten, wie die americanischen Barbaren; der englische Häuptling hätte aber, wie man erzählte, zu Schiffe nach Tien-tsin gehen wollen, um ein Schreiben zu überreichen,[114]) und sich davon nur durch Vorstellungen der englischen Kaufleute abhalten lassen. Ho commentirt nun das Ultimatum der Gesandten, das er erbrochen und gelesen habe, nach dem Geschmack des Hofes von Pe-kiń, nennt dessen Sprache frech und unbotmässig und behauptet, dass die Fremden grosse Angst vor der Tapferkeit der Tartaren hätten. — Die Denkschrift war von Auszügen aus englischen Zeitungen über die Rüstungen und Pläne der Alliirten begleitet. — Ho-kwei-tsiń mochte solche Sprache dem Hofe gegenüber nothwendig finden; sie liefert freilich einen starken Beweis für die Doppelzüngigkeit auch der redlichsten chinesischen Diplomaten, deren unmögliche Stellung zwischen dem europäischen

---

[113]) Nach Angabe der Engländer sind diese »Verhandlungen« eine reine Erfindung, gegründet auf Unterredungen eines chinesischen Kaufmannes mit einem englischen, welcher sich durch politische Erörterungen und den Schein des Einflusses bei den Chinesen ein Ansehn geben wollte.

[114]) Geht auf die frühere Absicht des Herrn Bruce, das Ultimatum an der Pei-ho-Mündung überreichen zu lassen.

Völkerrecht und der chinesischen Staatsidee, zwischen den Mündungen englischer Kanonen und dem tödtlichen Zorn des Himmelssohnes jedes Messen mit gewöhnlichem Maasse verbietet.

Das vertrauliche Schreiben des Staatsraths an Saṅ-ko-lin-sin theilt diesem ein kaiserliches Decret vom 27. März 1860 mit, in welchem Hien-fuṅ zunächst alle Forderungen des Ultimatum deutlich aufzählt und den Befehl des Staatsraths an Ho-kwei-tsiṅ erwähnt, dasselbe zu beantworten. Dann erörtert der Kaiser die Rüstungen der Allirten und ihre Recognoscirungen bei Pe-taṅ. Saṅ-ko-lin-'sin und Haṅ-fu sollen die Pei-ho-Mündung nach Möglichkeit befestigen. Der russische Häuptling Ignatief werde wegen Ablehnung gewisser Forderungen Kriegsschiffe nach der Pe-taṅ-Mündung bringen; das sei den Russen aber nur in ruhigen Zeiten erlaubt; jetzt könnten sie mit den anderen Barbaren verwechselt werden, und daraus Collisionen entstehen, die zu ernsten Irrungen führten. Brächten sie etwa Waffen, so möge man solche in kleinen Fahrzeugen abholen, niemand landen lassen und die Schiffe streng bewachen. Kämen aus Pe-kiṅ Russen nach der Küste, so müsse man sie unverzüglich festnehmen und nach der Hauptstadt zurückführen, damit sie nicht kundschaften könnten Leicht möchte ein listiger Anschlag dahinter stecken.

Das merkwürdigste Document war die gemeinsame Denkschrift von Saṅ-ko-lin-sin und Haṅ-fu. — Am Eingange werden die Zeitungsnachrichten über die Rüstungen des Feindes berührt; die tartarische Streitmacht sei ihm gewachsen; in Pe-taṅ könne so leicht nicht gelandet werden. Dann folgt, in mehrere Puncte zerlegt, eine Beleuchtung der Politik der Alliirten.

    1. Nach der Niederlage am Pei-ho hätten sie wohl gern um Frieden gebeten; aber aus Besorgniss, dass China Kriegsentschädigung verlangen würde und dass die andern Nationen jenseit des Meeres sie verachten möchten, fuhren sie fort mit leeren Drohungen und dachten dadurch ihren Ruf zu retten; gaben aber den Barbaren-Kaufleuten zu verstehen, dass sie eine Ausgleichung herbeiführen möchten. Das ist der erste Punct, in welchem ihre Politik ganz deutlich war.

    2. Als diese Barbaren im vorigen Jahre mit Kriegsschiffen und Geschützen die Küste heraufkamen, wollten sie uns mit Gewalt der Waffen zwingen. Deshalb mochten sie, wohl wissend, dass Kwei-liaṅ und sein College lange in Shang-hae auf sie warteten, diese gar nicht sprechen, besorgend, ihre unredlichen Absichten möchten entdeckt

und Maassregeln getroffen werden, welche die Befriedigung ihrer rebellischen Gelüste vereitelt hätten. Vermehrten sie in diesem Jahre ihre Streitkräfte wirklich, um Rache zu üben, so hätten sie niemals zugelassen, dass sich in Shang-hae das leiseste Gerücht von ihrer Absicht verbreite. ... Diese unverhohlene Kundgebung von Muth, diese rückhaltlose Oeffentlichkeit wäre nicht das Spiel der ausgemachtesten Dummköpfe gewesen, und sie sind nicht die ausgemachtesten Dummköpfe. ... Wenn man auf tausend Li den Feind bewachen will, so sollte jeder Mund geknebelt, jede Trommel gedämpft sein. ... Wer wollte ihn benachrichtigen, damit er sich rüste? Das beweist, dass sie um Frieden werben möchten; sie wollen aber nicht die ersten sein, davon zu reden. Das ist der zweite Punct, in welchem ihre Politik vollkommen klar ist.

3. Welches ist der Unterschied zwischen Barbaren-Häuptlingen und Barbaren-Kaufleuten? Nicht leicht ist es, eines Menschen Wünsche zu errathen, bis die Worte aus seinem Munde gingen. Nun erriethen die Barbaren-Kaufleute den Wunsch des Bruce, dass China das erste Wort sage. Er möchte die Feindseligkeiten einstellen, zu einer bestimmten Zeit nach Tien-tsin kommen, dann in die Hauptstadt einziehen; von beiden Seiten soll keine Entschädigung beansprucht werden; er, der Häuptling, möchte mit allen Ehren behandelt werden. Unter diesen Bedingungen wird sich eine Ausgleichung herbeiführen lassen. Das heisst, dass der Häuptling Bruce bereit ist, sich unserer Versöhnung zu unterwerfen, und dass er den Barbaren-Kaufleuten das zu verstehen giebt. Aber er erhebt in störrischer Haltung Schwierigkeiten und stellt eine Anzahl unerfüllbarer Forderungen, damit wir die ersten Schritte thun. Das ist der dritte Punct, in welchem ihre Politik ganz deutlich ist.

In den Erörterungen zwischen dem Tau-tae und seinem Collegen und den Barbaren-Kaufleuten in Shang-hae nahmen Jene weder einen zu hohen noch einen zu tiefen Ton an und hatten guten Erfolg. Ihr ganzes Auftreten war den Umständen angemessen. Aber in ihrem Verfahren bei dem jetzigen Anlass, in der Annahme der von den Barbaren an den Staatssecretär gerichteten Schreiben, in ihrem Versprechen, den General-Gouverneur für sie um dessen Beförderung zu ersuchen, scheinen sie sich etwas vergeben zu haben. Es ist gleichgültig, in was für unverschämten und respectwidrigen Ausdrücken die Barbaren ihre Forderungen stellen; die Hauptsache ist, dass, nachdem eine Mittheilung von ihnen zuerst ausgegangen ist, wir uns in die Finger stechen in den Gründen, welche wir anführen müssen. Beinah ein Jahr waren diese Häuptlinge in Shang-hae, polternd und drohend in hochfahrendem Tone, auf hundert Schliche bedacht. Ihr Trug hatte sich völlig blosgestellt, und da wir nicht in ihre Schlinge gehen wollten, riss ihnen die Geduld zu warten. Daher nun dieser neue Kunstgriff, diese Ueberreichung einer Eingabe an den Staatssecretär, durch welche sie friedfertige Eröffnungen vermeiden. Nebenbei: diese Barbaren haben seit zwanzig Jahren ihren Dünkel genährt, und man durfte gewiss nicht erwarten, dass sie in einem Tage die Köpfe hängen, die Ohren anlegen, mit den Schwänzen wedeln und um Gnade flehen würden. Deshalb musste ihre Mittheilung in frecher und rebellischer Sprache gehalten sein. Aber Wu und seine Collegen hätten ihnen sagen sollen, dass der General-Gouverneur der beiden Kiaṅ ein Beamter vom höchsten Ansehn im chinesischen Reiche und zugleich kaiserlicher Commissar zu Leitung der Barbaren-Angelegenheiten ist; dass ihre Schreiben nicht nach der Hauptstadt gesandt werden, sondern dem kaiserlichen Commissar zur Verfügung vorgelegt werden würden; und der Commissar hätte ihnen zunächst einen Verweis ertheilen sollen für den im vorigen Jahre begangenen Fehler, dass sie den geziemend an sie erlassenen Befehlen nicht gehorcht hätten; dann musste er ihre Versöhnung durch sanfte Ermahnungen bewirken und ihnen versprechen, wenn sie aufrichtige Reue zeigten, deine Majestät zu vermögen, ihnen aus Gnade die Zahlung einer Kriegsentschädigung zu erlassen und ihnen die Fortsetzung des Handels zu gestatten. Hätten sie dann noch auf ihrem Verlangen nach Rache für die Züchtigung von Ta-ku beharrt, dann (hätte er ihnen sagen mögen) sollten sie nur wieder nach Ta-ku gehen und es ausfechten, so könnten sie die Würde ihres Volkes wahren und im Falle des Sieges thun was ihnen beliebte; sollte es ihnen aber wieder nicht glücken, dann wäre es zu spät zur Reue. — Hätte man ihnen solche Antwort gegeben, so kam es zu keinem Zusammenstoss. Die Barbaren hätten sich natürlich in heftiger Sprache gewehrt, nach und nach aber unserer Botmässigkeit gefügt, und wenn sie noch auf Zugeständnissen für den Handel zu bestehen dachten, so konnte man ihnen leicht einige machen, welche die Schicklichkeit nicht verletzten und ihnen Vortheil brachten. Indem sie dann einen gewissen Betrag ihrer Forderungen erlangten, hätten sie keinen Schaden gelitten an ihrem Rufe; durch diesen einen Schritt hätte den Feindseligkeiten vorgebeugt und die Versöhnung der Barbaren herbeigeführt werden können.

In diesem Ton geht es weiter. Die Lage ist jetzt sehr verwickelt; Ho-kwei-tsiṅ hat Schwäche bewiesen; nun werden die Barbaren uns Bedingungen stellen, auf die wir nicht vorbereitet sind. Der Kaiser sollte Ho anweisen, sich durch die Umstände leiten zu lassen; wäre die Sprache der Barbaren ehrfurchtsvoll und unterthänig, so müsse er ihre Gesuche gewiss vor den Thron bringen, sonst aber ohne Umstände abweisen. — Shang-hae würden die Barbaren nicht angreifen, da sie dort Handel trieben. Die Befestigungen von Ta-ku und die Beschaffenheit des Uferlandes kennten sie wohl und würden dort nicht leichtsinnig operiren. Ihre Schiffe würden nur Anker werfen und sich an der Küste herumtreiben, um ein Schreiben abzugeben und vielleicht einen Ueberfall zu versuchen; aber kein Schreiben dürfe angenommen werden; man müsse sie nach Shang-hae zurückweisen, wo sie sich an den kaiserlichen Commissar zu wenden hätten.

Nun folgen technische Einzelnheiten über die Festungswerke und Erörterungen über die Besoldung des Heeres. »Deine Majestät haben in himmlischer Freigebigkeit 200,000 Tael aus dem Schatze der Steuer-Verwaltung hergegeben, welche mit den in der Provinz Tši-li ausgeschriebenen Contributionen bis zu Ende des 4. Mondes (17. Juni) ausreichen. Nach Ablauf des 4. Mondes wird nichts da sein, an das man sich halten könnte. Deine Knechte werden unverzüglich Schritte thun zu Beschaffung von Mitteln und keine Mühe sparen, freiwillige Beiträge zu fördern. Ob diese den ganzen Bedarf decken oder nicht, werden sie deiner Majestät in einer anderen Eingabe melden und deine Befehle darüber erflehen.«

Die Mischung von gesundem Menschenverstand mit kindischem Dünkel und der äussersten Unkenntniss der Verhältnisse in diesem Document gab einen starken Beweis für die Nothwendigkeit, sich in directen Verkehr mit dem Hofe von Pe-kiṅ zu setzen, wenn die Fremden in China eine würdige Stellung einnehmen wollten.

Gleich nach der Einnahme von Taṅ-ko sandte Gouverneur Haṅ vom nördlichen Ufer ein Schreiben für Lord Elgin herüber, der noch auf der Rhede von Pe-taṅ verweilte: er verstehe nicht, was die Feindseligkeiten bedeuten sollten; er habe dem Botschafter schon des Kaisers allumfassende Liebe für jedes lebende Wesen gemeldet; nach einem eben eingegangenen Erlass habe der Kaiser nun einen Commissar ernannt, der den britischen Gesandten in der Hauptstadt empfangen und mit ihm conferiren solle. — Am folgenden Tage, den 15. August sandte Haṅ-fu schon wieder eine Note: der das Schreiben vom 14. bringende Officier habe im englischen Lager eine weisse Friedensflagge bemerkt; dieses Zeichen des Wunsches, die freundschaftlichen Beziehungen zu erhalten, sei höchst erfreulich. Er, Haṅ, sei angewiesen, den Botschafter zu erwarten, und bereit, sofort mit ihm in Unterhandlung zu treten. — Am 16. August schreibt Haṅ-fu Lord Elgin, er habe eben ein Decret erhalten, nach welchem ein kaiserlicher Commissar beauftragt sei, sich zu Unterhandlungen nach Ta-ku zu verfügen; er ersuche deshalb Lord Elgin, die Einstellung der Feindseligkeiten anzuordnen, um Verlusten und dem Bruch der freundschaftlichen Beziehungen vorzubeugen. — Am 17. August meldet Haṅ, der Kaiser habe aus Rücksicht auf Lord Elgins weite Reise jetzt die Würdenträger Wen-tsiaṅ und Haṅ-ki ausdrücklich nach Pe-taṅ gesandt, um ihn zu Austausch der Ratificationen und Herstellung der Freundschaft auf ewige Zeiten nach Pe-kiṅ zu geleiten; er bitte den Botschafter, ihm seinen Aufenthalt und den Tag seiner Abreise zu bezeichnen, damit die Commissare Wen und Haṅ ihn treffen könnten.

Auf alle diese Mittheilungen antwortete Lord Elgin von Pe-taṅ aus am 17. August unter Beziehung auf seine Note vom 8., dass die Feldherren eben beschäftigt seien, die Ta-ku-Forts zu nehmen und ihm eine Durchfahrt nach Tien-tsin zu öffnen. Bis das bewirkt und ausreichende Bürgschaft für Erfüllung der im Ultimatum gestellten Forderungen geleistet sei, könne er die Generale nicht um Einstellung der Operationen ersuchen. — Consul Parkes, der als Dolmetscher beim englischen Hauptquartier stand, sollte diesen Brief überreichen. Unter Parlamentärflagge und begleitet von mehreren Officieren setzte er am 18. August an der Stelle über den Fluss, wo die Schiffbrücke abgebrochen war, und wurde zum General-Gouverneur nach Ta-ku geführt. Dieser war sehr höflich, besprach die Lage aber von seinem Standpunkt aus: er könne Lord Elgins Schreiben nur nach Pe-kiṅ senden und die gegenwärtige Einstellung der Feindseligkeiten melden. Herr Parkes berichtigte natürlich diese Anschauung und verwies auf die das Gegentheil ausdrückende Note des Botschafters, deren Inhalt Haṅ aus aller Fassung brachte. — Die von den Engländern beantragte Auswechselung von Gefangenen wurde bereitwillig zugestanden. Zwei englische Soldaten kamen schon früher zurück; jetzt lieferte Haṅ sogar dreizehn dem Train zugetheilte Chinesen gegen eine gleiche Anzahl verwundeter Tartaren aus. In Ta-ku waren alle Läden geschlossen, die Stadt wie ausgestorben, trotz einer in den Strassen angehefteten Proclamation, welche die Einstellung der Feindseligkeiten meldete.

Am 18. August schrieben auch die aus Pe-kiṅ gesandten Commissare Wen-tsiaṅ und Haṅ-ki von Tien-tsin aus an Lord Elgin: Haṅ-ki habe Befehl gehabt, den Botschaftern nach ihrem Eintreffen an der Küste von Tien-tsin zu melden, dass die Verträge ratificirt und die freundschaftlichen Beziehungen befestigt werden sollten.. Auf die Nachricht von Feindseligkeiten seien nun die Commissare vom Kaiser angewiesen, den Botschaftern mit obiger Meldung entgegenzugehen. Sie besorgen, dass der General-Gouverneur von Tši-li den Wunsch der chinesischen Regierung mitzutheilen verfehlt habe, und kommen deshalb selbst nach Tien-tsin; sie sind ermächtigt, die Botschafter nach Pe-kiṅ zu geleiten u. s. w. — Lord Elgin, welcher kurz zuvor nach Taṅ-ko übergesiedelt war, verwies in der Antwort kurz auf sein Schreiben an Haṅ vom 17. August. — Am 20. schrieben Wen-tsiaṅ und Haṅ-ki abermals: ein Erlass des Grossen Staatsraths melde ihnen die Ernennung eines Commissars, welcher in der Hauptstadt mit den Botschaftern conferiren solle. Da über die 56 Artikel des Vertrages schon unterhandelt worden sei, so möchten die Botschafter gewiss nach Pe-kiṅ kommen und die Verträge nach dem Beispiele der Americaner im vorigen Jahre austauschen, damit die freundschaftlichen Beziehungen hergestellt würden. Die Berathungen der vier von Herrn Bruce beantragten Artikel (der Forderungen des Ultimatum) könne bis zu Lord Elgin's Conferenz mit dem kaiserlichen Commissar in der Hauptstadt verschoben werden; fände man dann die Vorschläge vernünftig, so stände ihrer Annahme nichts im Wege.

Unterdessen hatte am 18. August eine Abtheilung französischer Truppen bei Taṅ-ko auf das südliche Ufer des Pei-ho übergesetzt und dort nach kurzem Gefecht den Flecken Siao-leaṅ genommen. Zwischen diesem Dorfe und Taṅ-ko wurde eine Schiffbrücke geschlagen. Der französische Feldherr, General Montauban, wünschte die Süd-Forts anzugreifen, fügte sich aber nach schriftlicher Niederlegung seiner abweichenden Ansicht in den Plan des General Sir Hope Grant, die Nord-Forts zu berennen, und unterstützte dessen Operationen mit seinen Truppen.

Am 20. August waren die Vorbereitungen beendet. In der folgenden Nacht wurde das schwere Geschütz in den dafür gebauten Batterieen gegen das innere Nord-Fort in Position gebracht; bei Tagesanbruch eröffneten die Chinesen das Feuer. Die Geschütze der inneren Süd-Forts bestrichen zum Theil die Angriffslinie der

Verbündeten. Das äussere Nord-Fort an der Flussmündung beschossen einige Kanonenboote auf so weiten Abstand, dass die chinesischen Geschosse sie nicht erreichten. Nach zweistündigem Artillerie-Feuer der Verbündeten flog gegen sieben Uhr Morgens das Pulvermagazin des inneren Nord-Forts in die Luft; nur einige Secunden schwiegen dessen Geschütze, setzten dann aber den Kampf mit grosser Wärme fort. Bald darauf flog auch die Pulver-Kammer des äusseren Nord-Forts in die Luft. — Nun werden Feldgeschütze auf 600 Schritt vom inneren Nord-Fort aufgefahren; die englische und die französische Sturm-Colonne gehen vor. Das Werk ist von einem doppelten Wassergraben umgeben und der Damm dazwischen mit zugespitzten Bambuspfählen gespickt. Die Besatzung schlägt sich tapfer; auch bringt das Flankenfeuer der Süd-Forts den Sturm-Colonnen Verlust. Nach wiederholtem Anlauf werden die Wälle erklommen. Die Chinesen wehren sich verzweifelt, die Gräben und Bambuspfähle ausserhalb hemmen ihre Flucht. Ein Tartaren-General fällt tapfer kämpfend im Handgemenge. Der Widerstand im Innern soll eine halbe Stunde gewährt haben; die Engländer verloren an Todten und Verwundeten gegen 200, die Franzosen 130 Mann.

Gegen 11 Uhr verstummte das Feuer der anderen Werke; auf den Wällen wurden weisse Flaggen sichtbar; es handelte sich aber nur um Ueberreichung jenes letzten Schreibens der Commissare. Offenbar wollten die Chinesen Zeit gewinnen. Die Verbündeten stellten ihnen eine dreistündige Frist zu Auslieferung der anderen Forts, erhielten aber keine Antwort. Bis zwei Uhr waren die artilleristischen Vorbereitungen zum Angriff auf das äussere Nord-Fort getroffen; die Süd-Forts schienen verlassen und thaten keinen Schuss; alle Flaggen waren verschwunden. Nun rückte die Sturm-Colonne der Verbündeten gegen das äussere Nord-Fort und drang ohne Widerstand durch das Thor. Nach dem amtlichen Bericht der Franzosen stürzte sich die Besatzung den Truppen in wildem Gedränge entgegen und suchte zu entkommen; nach dem englischen streckte sie ruhig die Waffen. Nach den französischen Angaben betrug ihre Stärke 3600, nach den englischen 1500 Mann. Zu ihrem höchsten Erstaunen gab man ihnen die Freiheit.

Nun erboten sich die Chinesen, die Schiffe der Verbündeten passiren zu lassen; Consul Parkes machte aber, auf das südliche Ufer übersetzend, Hań-fu dessen verzweifelte Lage klar und überwand dessen Widerstreben, auch die Süd-Forts und das ganze Gebiet bis TIEN-TSIN den Verbündeten auszuliefern. Noch an demselben Tage richtete derselbe folgende Zeilen an Lord Elgin:

»Da die Commandeure der englischen Flotte und Landmacht am 5. Tage dieses Mondes durch Wegnahme der Werke in unserem Rücken ihre Ueberlegenheit im Kämpfen zeigten, so fügten sich unsere Truppen in die Unterwerfung (bekannten sich für besiegt). Der General-Gouverneur meldet deshalb dem englischen Botschafter, dass keine Veranlassung mehr ist zu Feindseligkeiten. — Ein kaiserlicher Commissar mit Vollmachten soll unverzüglich eintreffen, und der britische Gesandte wird ersucht, durch die TA-KU-Mündung den Fluss hinauf zu fahren.«

Die Ober-Befehlshaber der Verbündeten erhielten von HAṄ-FU folgendes Schreiben:

»Der Unterzeichnete, HAṄ-FU, General-Gouverneur der Provinz TŠI-LI, richtet folgende Mittheilung an die Ober-Feldherren der englischen und französischen Flotte und Landmacht.

Am 5. Tage des gegenwärtigen Mondes avancirten die ehrenwerthen Ober-Feldherren zur See und zu Lande gegen die Werke und nahmen die auf dem Nord-Ufer gelegenen. Dieser Erfolg bewies die Wirksamkeit der Truppen der ehrenwerthen Ober-Feldherren; die geschlagene chinesische Armee bot ihre Unterwerfung an. Letztere ist deshalb aus allen Forts auf dem Süd-Ufer abgezogen; sie ist bereit, alle diese Forts in den Besitz der ehrenwerthen Ober-Feldherren auszuliefern, mit aller Munition, den befestigten Lagern und Verschanzungen.

Der Unterzeichnete verpflichtet sich ferner, Officiere abzuschicken, welche den von Seiten der Ober-Feldherren dazu commandirten Officieren die Lage der Minen und aller geheimen Vertheidigungsanstalten in den Werken bezeichnen, damit den ehrenwerthen Verbündeten durch dieselben kein Schaden zugefügt werde. Es ist ausgemacht, dass nach Uebergabe der Forts, sobald sie erfolgt sein wird, die Feindseligkeiten in diesem Gebiet aufhören, und dass die Bewohner nicht geschädigt, sondern an Person und Eigenthum geschützt werden sollen.

Eine nothwendige Mittheilung.

HIEN-FUṄ, 10. Jahr, 7. Mond, 5. Tag. (21. August 1860.)«

Das Tartaren-Heer zog sich noch an demselben Abend auf dem rechten PEI-HO-Ufer mit Umgehung der französischen Stellung bei SIAO-LEAṄ auf TIEN-TSIN zurück. In der Nacht zum 22. August beseitigten die Kanonenboote die Verzäunung in der

Flussmündung, und schon am folgenden Morgen lagen mehrere derselben vor Taṅ-ko.

Am 23. August Morgens ging Admiral Hope mit Herrn Parkes auf dem Coromandel, begleitet von fünf Kanonenbooten, den Pei-ho hinauf und ankerte Abends etwa zwei Meilen unterhalb Tien-tsin. Truppen zeigten sich auf dem ganzen Wege nicht; die Bevölkerung der Uferdörfer benahm sich freundlich. Auf dem Ankerplatz erschien eine Deputation der angesehensten Bewohner von Tien-tsin, nach deren Bericht Fürst Saṅ-ko-lin-sin mit einigen hundert Reitern am Abend vorher im Zustande der äussersten Erschöpfung an der Stadt vorübergekommen, Haṅ-fu am Mittag des 23. in Tien-tsin eingetroffen war. Zu Vertheidigung des Walles, welchen Saṅ-ko-lin-sin im Umkreise von mehreren Meilen um Tien-tsin mit kopfloser Verschwendung hatte aufwerfen lassen, wurde nicht einmal Anstalt gemacht; seine Ausdehnung stand ausser allem Verhältniss zur Zahl der chinesischen Truppen.

Am 24. früh fuhren die Schiffe nach der Stadt hinauf; Admiral Hope liess die beiden den Zugang auf dem Fluss beherrschenden Redouten besetzen und entbot den Statthalter Haṅ-fu zu sich, der mit den beiden anderen Commissaren, Wen-tsiaṅ und Haṅ-ki bereitwillig erschien. Der Admiral eröffnete ihnen, dass sie die Stadt als im Besitze der Alliirten betrachten müssten; die Bewohner sollten volle Sicherheit geniessen, und die Civilbehörden unter Autorität des Ober-Commandos der Alliirten in ihren Functionen verbleiben. Haṅ-fu und die Commissare protestirten anfangs gegen ihre Mediatisirung, fügten sich aber bald den bestimmten Weisungen des Admirals. Während dieser Besprechung besetzte ein Detachement See-Soldaten das Ostthor und hisste dort die englische und die französische Flagge. Eine in den Strassen angeheftete Proclamation beruhigte die Einwohner. — Consul Parkes hatte an demselben Tage noch eine Unterredung mit den chinesischen Commissaren, welche bereitwillig auf alle Vorschläge eingingen. Durch sie trat er mit dem Comité in Verbindung, welches Saṅ-ko-lin-sin's Heer mit Proviant versorgt hatte und nun ohne Umstände dieselbe Verbindlichkeit gegen die Alliirten übernahm. Schon am Morgen des 25. August erschien der erste Transport von Ochsen, Schaafen, Obst und Gemüse. An demselben Tage kamen Lord Elgin nnd 2000 Mann englischer und französischer Truppen auf Kanonenbooten nach Tien-tsin. — Das Gros der Armee marschirte zu Lande und bezog ein Lager bei der Stadt. Ueberall war die Bevölkerung freundlich und dienstbereit.

Aus Pe-kiṅ hörte man in den nächsten Tagen, dass Saṅ-ko-lin-sin zum Verlust seiner dreiäugigen Pfauenfeder, seines Ehrenpostens in der kaiserlichen Leibgarde und des Ober-Commandos des blauen Mandschu-Grenzbanners verurtheilt war, »als leichte Strafe«. — Von den Commissaren erhielt Lord Elgin die Meldung, dass Kwei-liaṅ und Haṅ-fu zu kaiserlichen Special-Bevollmächtigten, Haṅ-ki zum Hülfs-Commissar ernannt seien. Kwei-liaṅ schrieb darauf dem Botschafter, er sei angewiesen, die Auswechselung der Ratificationen einzuleiten und alle in dem Schreiben vom März — dem Ultimatum — gestellten Anträge zu erledigen; am 31. August werde er in Tien-tsin eintreffen und das Kuaṅ-faṅ oder Amtssiegel mitbringen. Kwei-liaṅ's Titel in diesem Schreiben legte demselben über die Autorität eines Bevollmächtigten hinaus die Befugniss bei, den Umständen gemäss nach eigenem Ermessen zu handeln.

Lord Elgin antwortete am 29. August, dass er die Oberbefehlshaber der Flotte und Armee nicht eher um Einstellung der Feindseligkeiten ersuchen könne, bis alle Forderungen der englischen Regierung zugestanden wären. In Betreff der zu erhöhenden Kriegsentschädigung sei er ermächtigt, neben den im Vertrage von Tien-tsin stipulirten 4,000,000 Tael noch einmal die gleiche Summe anzunehmen, wenn alle Bedingungen sofort bewilligt würden. Als Bürgschaft für deren gewissenhafte Erfüllung müsse der Hafen und die Stadt Tien-tsin alsbald dem fremden Handel geöffnet werden. Dann solle die englische Streitmacht sich nach Ta-ku und Taṅ-tšau zurückziehen, und diese Plätze besetzt halten, bis die Kriegsschuld von 8,000,000 Tael vollständig getilgt wäre. Nach Unterzeichnung einer diese Bestimmungen enthaltenden Convention werde er sich zu Auswechselung der ratificirten Verträge nach Pe-kiṅ verfügen.

Die Commissare erwiederten unter dem 2. September: Lord Elgins Schreiben beweise dessen Verlangen nach Erhaltung des Friedens und Einstellung der Feindseligkeiten. Der Vertrag von 1858 solle gewissenhaft erfüllt, und allen Anträgen des Schreibens vom 8. März Folge gegeben werden; man möge die kriegerischen Operationen sistiren, »damit die freundschaftlichen Beziehungen sich kräftigten.« Die Kriegsentschädigung solle auf die Steuer-Erträge der geöffneten Häfen angewiesen werden. Die Anberaumung einer Conferenz zu Erledigung dieser und aller den Einzug der Botschafter in Pe-kiṅ betreffenden Punkte behielten sie sich vor.

Lord Elgin gab nun den Commissaren seine Befriedigung über die Annahme aller Forderungen zu erkennen und liess eine Convention in acht Artikeln folgenden Inhalts entwerfen:

1. Bedauern des Kaisers von China über die Unterbrechung der mittels des Vertrages von Tien-tsin hergestellten freundschaftlichen Beziehungen durch die Versperrung der Ta-ku-Mündung seitens seiner Officiere.

2. Volle Herstellung des Artikel III. des Vertrages von Tien-tsin, welcher England berechtigt, in Pe-kiṅ eine stehende Gesandtschaft zu haben, und Abolirung der in dieser Rücksicht von der britischen Regierung nachträglich gemachten Zugeständnisse.

3. Ratification des Vertrages durch den Gesandten in Pe-kiṅ unmittelbar nach Unterzeichnung der Convention.

4. Vollständige Ausführung der Bestimmungen des Vertrages von Tien-tsin, soweit sie nicht durch die Convention geändert werden.

5. Diese soll nicht gesondert ratificirt werden, sondern durch Ratification des Vertrages von Tien-tsin dieselbe bindende Kraft erhalten, wie der Vertrag selbst.

6. Der Separat-Artikel des Vertrages von Tien-tsin (die Kriegsentschädigung betreffend) tritt ausser Kraft. Der Kaiser von China verpflichtet sich zu Zahlung von 8,000,000 Tael in feinem Sei-si-Silber oder mexicanischen Dollars von gleicher Güte, und zwar: 1,000,000 Tael in Tien-tsin binnen zwei Monaten nach Unterzeichnung der Convention; 333,333 Tael zu zahlen in Kan-ton an oder vor dem 1. December des laufenden Jahres. Zu Tilgung der Restsumme soll alle sechs Monate der fünfte Theil des Brutto-Ertrages der Zollämter für den fremden Handel an Agenten der englischen Regierung gezahlt werden, bis die ganze Summe abgetragen ist. Die erste Rate dieser Zahlung muss am 31. März 1861 abgeliefert sein. — Von den 8,000,000 Tael sind 2,000,000 zu Entschädigung von Kaufleuten und 6,000,000 zum Ersatz der Kriegskosten an die englische Regierung bestimmt.

7. Nach Ratification des Vertrages wird Tšu-san geräumt; nach Zahlung von 1,000,000 Tael ziehen sich die britischen Truppen

nach TA-KU und TAṄ-TŠAU zurück. Nach Tilgung der ganzen Schuld werden auch die genannten Plätze und KAN-TON geräumt.

8. Nach Ratification des Vertrages von TIEN-TSIN werden dieser Vertrag und Artikel 5. der Convention durch die Ortsbehörden in allen Theilen des Reiches publicirt.

Den Commissaren wurde dieser Entwurf und der Entschluss des Botschafters mitgetheilt, nach Unterzeichnung desselben die kriegerischen Operationen zu sistiren und mit einem seiner hohen Stellung als Vertreter Ihrer Grossbritannischen Majestät angemessenen Gefolge zu Austausch der Ratificationsurkunden und Ueberreichung eines Schreibens seiner Königin an den Kaiser von China nach PE-KIṄ zu gehen.

Am 8. September sollte die Convention unterzeichnet werden; am 6. Nachmittags begaben sich die chinesischen Secretäre der englischen Botschaft, Herr Wade und Consul Parkes, behufs Feststellung des chinesischen Wortlautes zu den Commissaren. Diese erklärten aber plötzlich den Artikel, nach welchem die Convention ohne gesonderte Ratificirung in Kraft treten sollte, für ganz unmöglich; so etwas dürfe in keinem chinesischen Vertrage stehen; die Convention müsse sogar vor der Unterzeichnung dem Kaiser vorgelegt werden; das sei bis zum 8. September nicht zu bewirken. Bei Erörterung ihrer Vollmachten erwies sich nun, dass ausser dem ganz allgemein gehaltenen Decret ohne Datum:

»Wir ernennen KWEI-LIAṄ und HAṄ-FU zu hohen Special-Commissaren. KWEI-LIAṄ soll mit schnellster Postbeförderung nach TIEN-TSIN gehen und sich mit seinem Collegen zu Erledigung der Geschäfte verbinden. Achtet darauf!«

empfangen von HAṄ-FU am 25. August, die Commissare entweder keine Vollmachten besassen oder solche verleugneten. Ersteres stand im Widerspruch mit KWEI-LIAṄ's Schreiben, in welchem er sich die Eigenschaft eines PIEN-AI-HIṄ-SE, eines den Umständen gemäss nach Discretion zu handeln Ermächtigten, beilegt. Die Commissare verloren sich bei Erörterung dieses Zwiespaltes in die gewohnte unlogische Argumentation, welche jede Möglichkeit eines Resultates abschnitt. Lord Elgin aber sah in dem ganzen Verfahren eine Unredlichkeit und die wohlüberlegte Absicht, die Verbündeten hinzuhalten, damit über deren Operationen der Winter hereinbräche. Er zeigte deshalb in Uebereinstimmung mit Baron Gros den Commissaren unter Darlegung des Sachverhaltes an, dass, abgesehen von dem bewiesenen Mangel an Wahrheitsliebe, die von ihnen vorgeschützte Nothwendigkeit, aus Pe-kiṅ die Bestätigung aller ihrer Schritte einzuholen, einen Zeitverlust herbeiführe, dem er sich nicht aussetzen wolle. Er habe deshalb die Oberbefehlshaber der Truppen ersucht, eine Streitmacht bereit zu stellen, mit welcher er unverzüglich nach Tuṅ-tšau aufbrechen könne. Vor Ankunft in dieser Stadt werde er weder ihren Besuch empfangen, noch auf Abmachungen zu Herstellung des Friedens eingehen.

Die Commissare versuchten nun in einem amtlichen und einem halbamtlichen Schreiben das Aeusserste, um Lord Elgin zurückzuhalten: sie hätten über die mit den dolmetschenden Secretären erörterten Fragen sofort an den Thron berichtet und erwarteten in zwei Tagen die Antwort; man müsse bei Friedensverhandlungen doch etwas Geduld und Nachsicht üben; nur drei Tage möge Lord Elgin warten u. s. w. — In welcher übelen Lage sie waren, bewies nachträglich das im Sommerpalast erbeutete Fragment eines Decretes in Zinoberschrift, datirt vom 7. September 1860, das wahrscheinlich auf Kwei-liaṅ's Bericht erlassen wurde und die Absichten des Kaisers wie seine unklaren Begriffe in deutliches Licht stellt.

»Was die Aeusserung angeht, dass Tien-tsin schon in der Barbaren Händen ist, und dass es deshalb nichts ausmacht, ob ihnen der Handel dort versprochen wird oder nicht, ferner dass die Barbaren sich der Werke am Zusammenfluss des Canals mit dem Flusse bemächtigten, so wird, wenn sie nach und nach eine grosse Streitmacht heraufbringen, nichts übrig bleiben, als sie im offenen Felde zu bekämpfen. Körper von Fleisch Schiffen und Kanonen entgegen zu stellen ist ganz unmöglich.

Unsere erste Ansicht war und ist noch die richtige. Kwei-liaṅ und seine Collegen hätten bei diesem Anlass den Barbaren Tien-tsin nicht versprechen sollen. Wollten sie Krieg, so musste man sie weit (in das Land) hinein führen und dann nach einer Todesschlacht sie klar bedeuten, dass von den neuen Bedingungen keine Rede sei und dass der alte Vertrag Geltung haben möge. Ging das nicht, so konnte der Handel in Tien-tsin statt des Aufenthaltes in der Hauptstadt bewilligt werden. Da diese Minister den Handel gewährt haben, so wird der einzige Weg sein, dem Artikel, wie er dasteht, beizustimmen und (die Barbaren) für jetzt festzuhalten; und wenn die Unterhandlung ganz und gar zusammenbricht, Kwei-liaṅ und seine Collegen zurückzurufen oder zu degradiren und, nach Maassgabe des Punctes, zu welchem die Dinge gediehen sein mögen, solche weiteren Einrichtungen zu treffen, wie die Lage bedingt.

Was ihre Forderung der Kriegskosten betrifft, so brauchten sie viele Listen um uns in die Enge zu treiben, und wollten uns keinen anderen Ausweg lassen als uns ihren Vorschriften zu fügen. Aber abgesehen von der Unmöglichkeit, die zwei Millionen in der anberaumten Frist zu erlegen, stände die Sache ganz ausser Frage, auch wenn die Summe aufzubringen wäre. Es gilt seit alter Zeit für schmachvoll, unter der eigenen Stadtmauer Frieden zu schliessen; und wenn man abermals mit beschämtem Antlitz Gaben austheilen soll, — wird dann noch Jemand glauben, dass China noch einen Mann hat?

In Betreff seiner Begleitung durch Truppen zu Auswechselung der Verträge, auf Grund der durch den gegenseitigen Argwohn gebotenen Vorsicht: — was braucht er noch Haufen von Soldaten mitzubringen, nachdem die Versöhnung einmal bewirkt ist? Brächte er Haufen von Soldaten mit, so bewiese das, dass er irgend einen verborgenen Zweck hätte. Würde dem Vorschlage zugestimmt, so käme er, in der Hauptstadt angelangt, sicher mit anderen Forderungen heraus, die man kaum gewähren könnte; und es wäre dann eben so unmöglich zu kämpfen, als unpassend, das Verlangte zu gewähren, wenn man auch dazu geneigt wäre. Ferner möchten sich Abtheilungen von Barbaren-Truppen eine nach der anderen einschleichen, so dass man sie auch mit Kriegsmacht nicht wohl aufhalten könnte. Auch stände nicht in unserer Macht, das Gesindel, das ihnen folgte, durch noch so strenge Befehle an Erregung von Alarm und Unruhen zu hindern. Eine gefährliche Krankheit dränge auf den Körper ein, und, nachdem er einmal davon ergriffen wäre, müsste das Herz im Innern zerspringen. Würde man dann noch von dem wichtigsten aller Orte, von der Hauptstadt, reden?

Haben Kwei-lian und seine Collegen sich so wahnsinnig verirrt, dass sie die beiden letzten Puncte auf eigene Verantwortung zuzugeben wagten, so verletzten sie nicht nur unsere geschriebenen Befehle und zeigten Furcht vor den Barbaren, sondern sie haben einfach das Reich genommen und es in deren Hände gelegt. Wir wollen sofort dem Gesetze Geltung verschaffen durch Hinrichtung dieser Minister, und es dann mit den Barbaren ausfechten.

Was die Zulassung des Häuptlings Pa (Parkes) in die Hauptstadt betrifft, so muss, nachdem einmal Frieden zwischen den beiden Ländern geschlossen ist, gewiss der betreffenden Abtheilung sofort geboten werden, Einrichtungen zu treffen für Lieferung alles Erforderlichen. Was bedarf es denn (Pa's) persönlicher Besichtigung? Ausserdem wird dieser rebellische Häuptling, müssig schnappend, wüthig bellend, gewiss andere beschränkende Forderungen stellen; und ist er einmal da, so geht er nicht wieder. Es wäre also eben so schlimm, als wenn Truppen zu Austausch der Verträge mitkämen. Auf keine Weise kann es bewilligt werden, gewiss nicht.

Was nun die Weigerung (der Barbaren) anlangt, ihre Truppen sofort aus der Stadt Tien-tsin und von Ta-ku zurückzuziehen, so sollten nach ihrer Versöhnung die Feindseligkeiten sofort aufhören. Ist es verständig, Ersatz zu verlangen, indem man (Einem) das Messer an die Kehle setzt? Ausserdem knüpft diese Bestimmung an diejenige wegen der Schadloshaltung an, um eine Grundlage für künftige Entschädigungs-Forderungen zu haben. Sie zu cassiren, wird man am besten thun, beim Zusammenbrechen der Verhandlungen eine Entschädigung von den Barbaren zu fordern.

Was den Krieg aufs Messer betrifft, so ist wesentlich, dass derselbe bald beginne und nicht verschoben werde. Wir müssen den Herbst und Winter benutzen, indem wir darin unseren Vortheil brauchen und sie an ihrer schwachen Stelle drücken. Warten wir bis Frühling und Sommer nächsten Jahres, so werden die Barbaren gewiss grosse Massen schwarzer Barbaren ausheben und die Streitmacht der ganzen Welt (wörtlich der vier Völker) heranführen, mit uns anzubinden; und sie werden sich mit den langhaarigen Rebellen verbünden; und dann hätten wir, zwischen dem Kriege mit denen in der Nähe und denen aus der Ferne, Noth genug, unser Reich zu behaupten.

Die obigen Bemerkungen, welche unsere Ansichten erschöpfen, schrieben wir mit eigener Hand nieder, um dem Prinzen von Wui, Tsae-yuen, Twan-ha, Su-tsuen und anderen Mitgliedern des grossen Staatsraths auszudrücken, dass alle Abkommen, die sie treffen mögen, damit in Einklang stehen müssen. Haben sie irgend ausführbare Pläne, die von diesen abweichen, so sollen sie uns dieselben persönlich auseinandersetzen. Es darf durchaus nichts zurückgehalten werden.

Ein Special-Decret.

7. Mond. 22. Tag (7. September) um die Hai-Zeit
(9—10 Uhr Vormittags).«

Am 9. September setzte sich die erste englische Colonne unter Befehl des General Sir Hope Grant von Tien-tsin aus in Marsch; am 10. brach General Montauban mit den französischen Truppen auf. Lord Elgin folgte dem Hauptquartier des englischen Ober-Generals; da aber in der ersten Nacht sämmtliche chinesische Karrenführer mit ihren Thieren durchgingen, so verzögerte sich die Bewegung des Botschafts-Personals um einen Tag. Schon im Lager von Yaṅ-tsun, wenige Stunden von Tien-tsin, erhielt Lord Elgin ein Schreiben von zwei der höchsten Würdenträger des Reiches, Tsae-yuen, Prinzen von Ei, und Mu-yin, Präsidenten des Kriegsministeriums. Sie kündigten sich als kaiserliche Commissare an, tadelten Kwei-liaṅ in wegwerfender Sprache, und ersuchten den Botschafter mit seinen Truppen nach Tien-tsin zurückzukehren, wo sie alsbald zu Verhandlungen eintreffen würden. Der Vormarsch könne zu Verwickelungen führen, die Reise nach Tuṅ-tšau sei nur Zeitverlust u. s. w. Da schon alle Anträge der englischen Regierung angenommen seien, so würde sich gewiss in einer Conferenz Alles schlichten lassen. — Lord Elgin antwortete natürlich ablehnend und bezog sich auf seine an kaiserlichen Bevollmächtigten wiederholt gemachten Erfahrungen.

Als der Botschafter am 12. September in aller Frühe aufbrach, kamen zwei staubbedeckte Mandarinen des weissen Knopfes angeritten und übergaben ein neues Schreiben: Tsae-yuen und Mu-yin sind erstaunt über Lord Elgin's Vorrücken; ob diese Bewegung wohl zum Wunsche seiner Regierung stimme, freundschaftliche Beziehungen anzuknüpfen; ihnen schiene sie unpassend und unüberlegt; Lord Elgin möge alle seine Truppen in die Quartiere nach Tien-tsin schicken. Handele es sich nur um Ausführung des Vertrages ohne ausserordentliche Zusätze, so müssten sie erklären, dass sie nicht seien, wie der Minister Kwei-liaṅ: »dass sie ihr Wort nicht essen würden« u. s. w. Die chinesischen Truppen ständen bei Ho-si-wu; erfolge ein Zusammenstoss, so würden die Verhandlungen gefährdet; sie dürften sich in die militärischen Anordnungen nicht mischen und hofften, der Botschafter werde ihren Rath beherzigen.

Von diesem fast drohenden Schreiben nahm Lord Elgin keine Notiz, sondern setzte mit den Truppen den Vormarsch fort, erhielt aber gegen 7 Uhr am Abend desselben Tages von den neuen Commissaren noch eine lange Depesche in milderem Ton. Sie melden den Empfang von Lord Elgins Antwort auf ihre erste Mittheilung, bitten denselben, seine Truppen bei Yaṅ-tsun Halt machen zu lassen, und einen Platz zwischen diesem Orte und Ma-tau, — wo sie selbst sich aufhielten, — nach seiner Wahl zur Zusammenkunft zu bestimmen. Dort könne der »Vertrag« mit den ursprünglich festgesetzten Bestimmungen unterzeichnet werden: »so entsteht gewiss kein Verzug. Gehen die Verhandlungen nicht sachte, welche Schwierigkeiten fänden Seine Excellenz, ihren Marsch auf Tuṅ-tšau fortzusetzen? Es wäre niemals zu spät« u. s. w.

Lord Elgin glaubte diese Anträge nicht ganz von der Hand weisen zu dürfen. Er befragte zunächst Sir Hope Grant über die Möglichkeit einer unmittelbaren Bewegung auf Tuṅ-tšau, und erhielt aus dessen Hauptquartier die Antwort, dass es nothwendig sei, in Ho-si-wu ein Proviant-Depot anzulegen, Verstärkungen und das schwere Geschütz abzuwarten; darüber könnte eine Woche vergehen. Ungewiss, ob sie Lebensmittel fänden und ohne genügende Transportmittel, hatten Sir Hope Grant und General Montauban nur einen Theil der disponiblen Truppen vorgeschoben; Proviant, Munition und das schwere Geschütz mussten auf dem Pei-ho befördert werden, dessen geringer Wasserstand den Transport erschwerte. Wies Lord Elgin während dieser Truppen-Concentrirung alle Unterhandlungen zurück, so konnte sich bei den Chinesen leicht der Gedanke befestigen, die Alliirten gingen auf Eroberung, auf den Sturz der Dynastie aus. Die Gefahr verzweifelten Widerstandes, einer Massenerhebung im Rücken des Heeres lag nahe. Deshalb liess jetzt Lord Elgin ein Schreiben aufsetzen, in welchem er den Chinesen zwar die Fortsetzung der Bewegung auf Tuṅ-tšau ankündete, zugleich aber versprach, das Heer an einem von da leicht erreichbaren Puncte Halt machen zu lassen, und selbst mit einer Escorte von 1000 Mann zunächst zu Unterzeichnung der Convention nach Tuṅ-tšau, dann zu Ratificirung des Vertrages nach Pe-kiṅ zu gehen, wenn sie für ihr gutes Betragen die Bürgschaft leisten könnten, die er verlangen werde. Die Ueberreichung dieses Schreibens wurde der Discretion der Herren Wade und Parkes überlassen, welche mit Cavallerie-Escorte von zwanzig Mann am 14. September Morgens zunächst nach Ma-tau, das die Commissare verlassen hatten, dann nach Tuṅ-tšau ritten, wo sie dieselben trafen. Sie wurden noch an demselben Nachmittag vom Prinzen Tsae-yuen (Ei-tsiṅ-waṅ) und Mu-yin sehr höflich empfangen und conferirten mit denselben bis Mitternacht. Für die Frage der Vollmachten zeigten Beide wenig Verständniss. Tsae erklärte vornehm, dass seine Unterschrift eben so bindend sei als die kaiserliche; eine ausdrückliche Vollmacht nach europäischem Muster sei aber leicht zu beschaffen. Den Inhalt der Convention kannte er eben so wenig als Mu-yin, obgleich in dem Schreiben an Lord Elgin von deren Unterzeichnung beständig die Rede war. Er las jetzt zum ersten Male den Entwurf und erklärte sofort emphatisch, die Zahlung von 1,000,000 Tael binnen zwei Monaten nicht versprechen zu können; man müsse die Frist auf fünf Monate stellen. Dann erhob er noch Einwendungen gegen die längere Besetzung chinesischen Gebietes, den bleibenden Aufenthalt eines Gesandten in Pe-kiṅ, die Zahlung der Kriegskosten, Freigebung von Tien-tsin und die mündlich mitgetheilte Bedingung, dass Lord Elgin mit tausend Mann Escorte nach Tuṅ-tšau und Pe-kiṅ käme. — Das Schreiben des Botschafters gaben die Secretäre nicht ab.

Nach langem Verhandeln, welches die desultorische Art und die unlogischen Deductionen der Chinesen zu einer harten Geduldsprobe machten, vereinigte man sich über die Hauptpuncte, welche Herr Wade nun im Entwurf eines Schreibens der Commissare an Lord Elgin zusammenfasste: sie hätten alle ihnen vorgetragenen Puncte vollständig erfasst; das kaiserliche Edict zu ihrer Bevollmächtigung solle beigebracht werden; indessen könne ihre hohe Stellung, von derjenigen Kwei-liaṅ's sehr verschieden, als Bürgschaft für die bindende Kraft ihrer Unterschriften dienen. Sie seien befugt, eine Convention wie die Kwei-liaṅ vorgelegte zu unterzeichnen und darauf die Ratification der Verträge in Pe-kiṅ zu bewirken; Lord Elgin möge auf diese Versicherung hin mit tausend Mann Escorte nach Tuṅ-tšau kommen, das Gros der Armee aber nicht näher als fünf Li südlich von Tšaṅ-kia-van Stellung nehmen lassen. Nach Unterzeichnung der Convention möchten die Truppen sich zurückziehen. — Mit einem Schreiben dieses Inhalts, vom Prinzen Tsae und Mu-yin unterzeichnet, kehrten die Herren Wade und Parkes am 15. September nach Ho-si-wu zurück. Auf dem Hinwege hatte sich mit ihnen ein anderes Schreiben der chinesischen Commissare gekreuzt, die darin dringend vor weiterem Vormarsch warnten, und die Convention, — welche sie damals garnicht kannten, — abzuschliessen, zu unterzeichnen, zu untersiegeln versprachen, wenn Lord Elgin sie mit unbewaffnetem Gefolge treffen wolle. — Vielleicht steckte dahinter die Absicht verrätherischer Aufhebung.

Lord Elgin beantwortete die von Herrn Wade aufgesetzte Note am 16. September: Die englischen Truppen sollten am folgenden Morgen nach der bezeichneten Stellung südlich von Tšaṅ-

KIA-VAN aufbrechen und keine Feindseligkeiten begehen, wenn sie nicht angegriffen würden; die Commissare möchten beruhigende Proclamationen an das Volk erlassen, damit es zu seinen Wohnstätten zurückkehre, die Läden öffne und Lebensmittel auf den Markt bringe; dann solle Alles baar bezahlt, bei Abwesenheit der Landbewohner aber das Nothwendige genommen werden. Lord Elgin wolle zu Unterzeichnung der Convention mit tausend Mann nach TUŃ-TŠAU, dann mit derselben Escorte zu Ratificirung des Vertrages und Ueberreichung des königlichen Schreibens nach PEKIŃ gehen. Nach Vollziehung dieser Handlungen sollten sich die Truppen nach den im VII. Artikel der Convention bezeichneten Stellungen zurückziehen. Am Schlusse giebt Lord Elgin den Commissaren zu bedenken, dass er schon zweimal durch Beamte mit unzureichenden Vollmachten getäuscht worden sei.

Mit diesem Schreiben verliess Consul Parkes am 17. September Morgens zu Pferde das Hauptquartier bei Ho-SI-WU, begleitet von dem General-Quartiermeister der Cavallerie-Brigade Colonel Walker, dem Intendantur-Officier Herrn Thomson, Lord Elgins Privatsecretär Herrn Loch, dem Attaché Herrn de Normann, dem Times-Correspondenten Herrn Bowlby und einer Escorte von fünf Mann Königs-Dragonern und zwanzig Mann vom Regimente Fane's[115]) Horse unter Befehl des Lieutenant Anderson. Mit dem Schreiben des Baron Gros gingen der Sous-Intendant Dubut, der Artillerie-Oberst Foullon-Grandchamps, Generalstabscapitän Chanoine, die Administrationsofficiere Ader und Gagey, Lieutenant Kaïd Osman, Abbé Duluc, die Botschafts-Attachés Herren de Bastard, de Méritens und d'Escayrac de Lauture, begleitet von einigen Ordonnanzen nach TUŃ-TŠAU. — Nur die auf den Bericht der Secretäre gegründeten Friedensaussichten bewogen Sir Hope Grant zum Aufgeben seines früheren Vorhabens, das schwere Geschütz, die Verstärkungen und Vorräthe in den Stellungen von Ho-SI-WU abzuwarten.

Am 17. September marschirten die Truppen bis MA-TAU; am 18. Morgens rückten sie gegen TŠAŃ-KIA-VAN vor, um den von Colonel Walker ausgesuchten Lagerplatz zu beziehen. — Herr Parkes traf mit seinen Gefährten am 17. September in TUŃ-TŠAU ein, besprach sich noch an demselben Abend mit dem Prinzen von

---

[115]) Ein nach seinem Commandeur benanntes unregelmässiges ostindisches Cavallerie-Regiment, in welchem Sik's, Afganen und Perser dienten.

Tsae, und verliess die Stadt am folgenden Morgen mit Colonel Walker, Herrn Thomson, fünf Königsdragonern und vier von Fane's Reitern, um zunächst auf dem Lagerplatz bei Tšaṅ-kia-van die nöthigen Einrichtungen zu treffen. Capitän Chanoine mit seiner Ordonnanz, die Herren de Bastard, de Méritens, Kaïd Osman, Ader, Gagey, ein Chasseur und zwei Spahis ritten eine Stunde später aus Tuṅ-tšau. Lieutenant Anderson mit sechszehn Mann von Fane's Reiter-Regiment, die Herren de Normann und Bowlby, Dubut, Foullon-Grandchamps, Abbé Duluc, d'Escayrac de Lauture und mehrere Ordonnanzen blieben dort, um bis zur Rückkehr des Consul Parkes Anstalten für den Empfang der Botschafter und für Verproviantirung der Truppen zu treffen.

Von Tuṅ-tsau bis Tšaṅ-kia-van ist kaum eine Meile; der Weg läuft eine uferartige Bodenterrasse entlang, welche nach Süd-Osten abfällt. Am 17. September hatte Consul Parkes dort nichts Verdächtiges bemerkt; am 18. früh auf demselben Wege zurückkehrend, fand er nahe bei Tšaṅ-kia-van grosse Massen tartarischer Truppen, und viele Geschütze in Batterieen aufgefahren, welche man den Tag vorher nicht gesehen hatte. Da die anwesenden Officiere keine Auskunft gaben, so ritt Herr Parkes, nur von einem Königs-Dragoner begleitet, nach Tuṅ-tsau zurück; die anderen Herren setzten ihren Weg fort, ausser Colonel Walker mit vier Mann von der Escorte, und Herrn Ader mit einem Chasseur, welche unter den Tartaren halten blieben, um Herrn Parkes zu erwarten und auf die Bewegungen des Feindes zu achten.

Unterdessen waren auch die Truppen der Verbündeten bei Tšaṅ-kia-van eingetroffen und standen der chinesischen Streitmacht gegenüber. Die aus Tuṅ-tšau zurückkehrenden Engländer und Franzosen gelangten glücklich in ihre Reihen; Herr Loch übergab den Brief des Consul Parkes an Lord Elgin, welcher noch in Ho-si-wu weilte, einer Cavallerie-Ordonnanz, und kehrte dann, beunruhigt durch das Ausbleiben des Consul Parkes und der anderen Gefährten, mit Capitän Brabazon von der englischen Artillerie und zwei indischen Reitern in die feindlichen Linien zurück. Das geschah um acht Uhr. Von allen Seiten sahen die Verbündeten Truppen anrücken, namentlich Tartaren-Cavallerie, welche ihre Flanken bedrohte. Ein chinesischer Officier kam mit schwacher Bedeckung herüber, »um die Truppen nach dem für sie bestimmten Lagerplatz zu führen.« Das wurde glücklich abgelehnt; die Chinesen hatten viele versteckte Batterieen auf diesen Platz gerichtet und ihre Stellungen so genommen, dass sie denselben umzingeln konnten.

Es wurde zehn Uhr; man spähte in banger Erwartung nach Parkes und seinen Gefährten. Von einem Hügel liessen sich die feindlichen Linien übersehen, wo Colonel Walkers rothe Uniform unter den grauen Tartaren deutlich zu erkennen war. Plötzlich entstand dort Bewegung, fielen Gewehr- und Kanonenschüsse: dann gallopirten Colonel Walker und seine vier Reiter aus den feindlichen Linien in die englischen hinüber. Ein Pferd wurde erschossen, zwei Reiter leicht verwundet. Alle entkamen.

Oberst Walker war, auf Herrn Parkes wartend, in den feindlichen Linien umhergeritten, was man ihm anfangs höflich, dann in grober Sprache verbot. Soldaten drängten sich trotzig um sein Pferd; einer warf ihm sogar den Degen aus der Scheide, den ihm ein Officier wieder zustellen liess. Gleich darauf sah er Herrn Ader und den Chasseur in einem dichten Knäuel Soldaten, welche sie misshandelten; er bahnte sich den Weg zu ihnen, fasste Herrn Ader, — der einen Säbelhieb über den Kopf hatte und noch aus anderen Wunden blutete, — bei der Hand und suchte ihm fortzuhelfen; da stürzten sich die Soldaten auf Oberst Walker und suchten ihm den Degen aus der Scheide zu reissen; dem wehrend schnitt er sich in die Hand und musste den Franzosen loslassen, der nun sofort unterlag. Man wollte Oberst Walker vom Pferde reissen; er machte sich aber los, ritt mit seinen Leuten Alles vor sich nieder und entrann durch das Feuer der dichten Haufen.

Nun entspann sich der Kampf auf der ganzen Linie. Die gegen 20,000 Mann starke chinesische Streitmacht lehnte ihren rechten Flügel an die alte Stadt Tšaṅ-kia-van, den linken an den etwa dreiviertel Meilen entfernten Pei-ho. Auf dem rechten Flügel der Verbündeten standen 1000 Franzosen, unterstützt von einer Escadron Fane's Horse; das Centrum und den linken Flügel bildeten englische Truppen. Die Verbündeten gingen überall vor; ihre Artillerie brauchte vier Stunden zu Vernichtung der chinesischen, deren Batterieen mit geschickter Bodenbenutzung in gedeckten Stellungen angelegt waren. Die beiden Flügel der Verbündeten warfen die vor ihnen stehenden Truppen leicht aus allen Positionen, verfolgten sie dann zusammenstossend eine halbe Stunde über Tšaṅ-kia-van hinaus und kehrten, zu weiterer Verfolgung durch den starken Marsch am Morgen zu erschöpft, nach jener Stadt zurück, welche der Plünderung preisgegeben wurde. Der Gesammtverlust der Engländer betrug 20, der der Franzosen 15 Todte und Verwundete. Ueber 80 Geschütze blieben in ihren Händen. Unter den Tartaren richtete die Artillerie schlimme Verwüstungen an.

Der Brief des Herrn Parkes meldete Lord Elgin, dass die Aussichten günstig seien. Der Prinz von TSAE habe nur drei Puncte angefochten: die unbestimmt hinausgeschobene Zurückziehung der englischen Truppen, die Stärke von Lord Elgins Escorte und die Ueberreichung des königlichen Schreibens an den Kaiser. Parkes wolle nun bei TŠAŇ-KIA-VAN Einrichtungen für das Lager und den Proviant der Truppen treffen, dann wieder nach TUŇ-TŠAU reiten, um die Verbreitung der Proclamation zu besorgen, an welcher die Typenschneider die Nacht und den Tag über arbeiteten, und wo möglich am Abend nach Ho-si-wu zurückkehren.

Nachdem die Botschafter sich mit den Ober-Generalen über die zu Befreiung ihrer Landsleute geeigneten Maassregeln berathen hatten, ging am 19. September ein Cavallerie-Detachement gegen TUŇ-TŠAU vor. Herr Wade übergab den dortigen Behörden eine Notification der Botschafter: dass alle englischen und französischen Unterthanen nach den Hauptquartieren zurückkehren müssten; dass, wenn ihrer freien Bewegung Hindernisse bereitet würden, die Armee der Verbündeten unverzüglich PE-KIŇ nehmen werde; TUŇ-TŠAU solle unberührt bleiben, wenn die Bewohner jedem Widerstande entsagten. — Man wollte damit den Chinesen für Herausgabe der Gefangenen eine Hinterthür lassen. — Der oberste Mandarin von TUŇ TŠAU erklärte mit grosser Ruhe, sämmtliche Engländer und Franzosen hätten die Stadt vor Beginn der Schlacht verlassen; weiter wisse er nichts. Die in der Richtung von PE-KIŇ lagernden Tartaren gaben, die Parlamentärflagge nicht achtend, überall Feuer; so war denn kein anderer Bescheid zu erlangen. Herr Wade kehrte unter dem Eindruck zurück, dass die Vermissten auf dem Wege von TUŇ-TŠAU nach TŠAŇ-KIA-VAN ermordet wären. Am folgenden Morgen ging abermals Cavallerie zur Recognoscirung vor und fing einen Chinesen, welcher betheuerte, mehrere Europäer gesehen zu haben, die in Karren nach PE-KIŇ geführt wurden.

Am 21. September früh gingen die Alliirten, verstärkt durch 2000 Franzosen unter General Collineau, von TŠAŇ-KIA-VAN gegen

Norden vor und stiessen etwa dreiviertel Meilen von der Stadt auf den Feind. Das chinesische Heer stand südlich von dem Canal, welcher Tuṅ-tšau mit Pe-kiṅ verbindet: in der Mitte die Infanterie und Artillerie, auf beiden Seiten weit ausgedehnt die tartarische Reiterei, die offenbar die feindliche Schlachtreihe überflügeln sollte. Die französischen Truppen operirten gegen die breite Marmorbrücke von Pa-li-kao, die Engländer gegen eine hölzerne Brücke, die westlich davon über den Canal führt. Die Flügel der chinesischen Armee sollten auf das Centrum und mit diesem über den Canal gedrückt werden. Die Tartaren wurden mit ihren kleinen Pferden von den Kings-dragoon-guards und Fane's Reitern dermaassen übergeritten, dass sie nicht wieder Stand hielten. Auch im Centrum und auf dem linken Flügel wichen die Chinesen, die zuerst sogar angriffen, nach kurzem Widerstande ihr Lager dem Feinde überlassend, gegen den Canal zurück. Beim Uebergang über die Marmorbrücke hielten sie zum letzten Mal mit zehn Geschützen Stand und litten starken Verlust von der feindlichen Artillerie; Viele ertranken, die über den Canal schwimmen wollten. Die Verfolgung der Engländer reichte auf ihrem linken Flügel bis eine Meile vor Pe-kiṅ. Am Süd-Ufer des Canales rastend, erhielten sie Feuer aus einem versteckten Tartaren-Lager am Nord-Ufer; darauf ging ein Detachement hinüber, vertrieb den Feind und nahm seine Geschütze. Die Franzosen lagerten nördlich von Pa-li-kao. — Den Engländern kostete dieser Tag 2 Todte und 29 Verwundete, den Franzosen noch weniger.

Am 22. September erhielt Lord Elgin folgendes Schreiben vom Prinzen von Kuṅ, dem Bruder des regierenden Kaisers:

»Der Prinz von Kuṅ, kaiserlicher Commissar mit Vollmachten u. s. w., macht eine Mittheilung.

Da Tsae, Prinz von Ei und Mu, Präsident des Kriegsministeriums, die Geschäfte nicht zufriedenstellend erledigt haben, so wurde ein Decret empfangen, welches sie ihrer Vollmachten beraubt. Der Prinz von Kuṅ, welcher die Ehre hatte, zum Commissar mit Vollmachten ernannt zu werden, will sofort Haṅ-ki und Lau-wei-wan absenden, um eine Zusammenkunft zu Erörterung der Friedensfrage zu halten. Seine Excellenz der britische Gesandte möge zu Herstellung des freundlichen Verhältnisses die Feindseligkeiten auf einige Zeit suspendiren. Eine Mittheilung an Seine Excellenz Lord Elgin u. s. w.

Hien-fuṅ. 10. Jahr. 8. Monat. 7. Tag
(21. September 1860).«

Nun standen die Alliirten dicht vor Pe-kiṅ, und es wäre gewiss auch für die Sicherheit der Gefangenen am besten gewesen, sogleich die Hauptstadt zu nehmen. Dazu fehlten aber die erforderliche Truppenzahl und das schwere Geschütz. Die blosse Androhung solcher Maassregel musste unverständig erscheinen ohne schleunige Action. Man war in der schwierigsten Lage. Einerseits durfte nicht zugegeben werden, dass die englischen und französischen Parlamentäre als rechtmässig gefangen zu betrachten seien, auf der anderen Seite konnte es denselben, ohne die Friedensaussichten zu fördern, Gefahr bringen, wenn man den Chinesen ihren Verrath in ungeschminkten Worten vorhielt. Ein Moment der Aufregung bei den leitenden Staatsbeamten, des panischen Schreckens und tumultuarischer Verwirrung beim Volke konnte Jenen das Leben kosten. Die öffentlichen Interessen mussten den individuellen voranstehen. Sich durch die Zurückhaltung der Gefangenen irgend ein Zugeständniss entlocken zu lassen, wäre politisch ein äusserst gefährlicher Präcedenzfall gewesen; denn es hätte die Chinesen gelehrt, dass sie durch verrätherische Aufhebung Einzelner durchsetzen könnten, was sie im Wege ehrlicher Unterhandlung und offenen Kampfes nicht erreichten. Deshalb erforderten sowohl die diplomatische Correspondenz als die kriegerischen Operationen grosse Vorsicht und Stätigkeit.

Lord Elgin antwortete dem Prinzen von Kuṅ zunächst mit einem Schreiben, welches demselben die Möglichkeit liess, die Festhaltung der Parlamentäre nach chinesischer Weise auf untergeordnete Officiere zu schieben. Er fügte eine Abschrift der an die Behörden von Tuṅ-tšau gerichteten Notification bei und erklärte, dass er nicht in der Lage sei, die Einstellung der Feindseligkeiten vor Rückkehr der Gefangenen zu veranlassen.

Schon am 23. September kam eine Erwiederung des Prinzen: Die englischen Beamten hätten bei ihrer Anwesenheit in Tuṅ-tšau mit den früheren Commissaren acht Anträge erörtert, welchen zugestimmt worden sei. Beim zweiten Besuch habe man sich wegen Ueberreichung des königlichen Schreibens nicht gleich geeinigt; die englischen Officiere seien ärgerlich aufgebrochen. Unterwegs wären sie mit chinesischen Soldaten aneinandergerathen und von diesen verhaftet worden. »Daher ist es nicht die chinesische Regierung, welche irgendwie gegen die Aufrechthaltung des freundschaftlichen Verhältnisses fehlte. Die in Rede stehenden Officiere sind jetzt in

Pe-kiṅ; keiner litt tödtlichen Schaden; aber vor dem Friedensschluss wird es kaum möglich sein, sie zurückzuschicken. Die Stadt Tien-tsin und die Festungen von Ta-ku wurden genommen und sind noch im Besitz der britischen Regierung. Was ist dagegen das Fehlen weniger britischen Unterthanen wohl für ein Grund zur Beschwerde? Sollen die beiden Regierungen wirklich Freunde werden, will die britische, das Aufhören des Krieges wünschend, ihre Kriegsschiffe von den Ta-ku-Forts entfernen, so wird die chinesische Regierung, sobald die gestellten Anträge erörtert und erledigt sind, die erwähnten Officiere in dem Zustande ausliefern, in welchem sie dieselben findet, um das freundschaftliche Verhältniss ganz herzustellen. — Der von Seiner Excellenz an seine Beamten gerichtete Brief dürfte kaum zu übergeben sein, so lange der jetzige Kriegszustand dauert. Er soll abgeliefert werden, sobald die Truppen zurückgezogen sind.«

Nun schrieb Lord Elgin nach reiflicher Berathung mit Sir Hope Grant im Wesentlichen Folgendes: Die jetzt in Pe-kiṅ zurückgehaltenen englischen Unterthanen seien unter Parlamentärflagge und mit Zustimmung der kaiserlichen Commissare in Tuṅ-tšau oder auf dem Rückwege gewesen, als der Treubruch Saṅ-ko-lin-sin's den Conflict des 18. September herbeiführte. Ihre Verhaftung sei eine Verletzung des Völkerrechtes, welche die chinesische Regierung der gerechten Rache der jetzt dreissig Li von Pe-kiṅ gelagerten Armee aussetze. Die Ueberreichung des königlichen Handschreibens sei bei jener Gelegenheit nicht zum ersten Male erörtert, auch niemals als Kriegsfall, sondern nur als Frage der Courtoisie behandelt worden. »Ein Staat, der sich für civilisirt ausgiebt und sich der gegenseitigen Vollziehung solcher Höflichkeitsacte weigert, setzt nothwendig seine Freundschaftsversicherungen dem Argwohn aus. Um aber ferneren Beweis seines aufrichtigen Verlangens nach Herstellung des Friedens zwischen Grossbritannien und China, und dem kaiserlichen Prinzen eine letzte Gelegenheit zu geben, einen Schlag abzuwenden, der die Zerstörung von Pe-kiṅ und den wahrscheinlichen Sturz der jetzt in China herrschenden Dynastie nach sich ziehen wird, stellt der Unterzeichnete folgende Anträge:

Wenn im Zeitraum von drei Tagen vom Datum dieses Schreibens (25. September) die in Pe-kiṅ zurückgehaltenen englischen und französischen Unterthanen nach den Hauptquartieren zurückgeschickt werden, und wenn der kaiserliche Prinz seine Bereitwilligkeit anzeigt, die zu Tien-tsin in Kwei-lian's Hände niedergelegte Convention zu unterzeichnen, so soll das Gros der britischen Armee nicht über seine gegenwärtige Stellung hinaus vorgehen. Die Convention soll in Tuń-tšau unterzeichnet werden, und, nachdem sie unterschrieben ist, wird der Unterzeichnete mit angemessener Bedeckung zu Austausch der Ratificationen des Vertrages von Tien-tsin sich nach Pe-kiń begeben. Nach Vollziehung dieser Handlungen soll die britische Armee ihren Marsch nach Tien-tsin antreten, an welchem Platze sie bis zum Frühjahr bleiben wird, da die Unredlichkeit, die Ausflüchte und Zögerungen der chinesischen Regierung und ihrer Agenten unzuträglich machen, vor dem Winter weiter zu gehen.

Werden diese Bedingungen angenommen, so können von jeder Seite Abgeordnete ernannt werden, um solche Präliminarien zu vervollständigen, als nothwendig sein mögen. Werden sie nicht angenommen, so wird das britische Heer auf Pe-kiń vorrücken und gemeinschaftlich mit Frankreich Maassregeln ergreifen, welche beweisen sollen, dass das Völkerrecht in den Personen englischer und französischer Unterthanen nicht ungestraft verletzt werden kann.«

In der vom 27. September datirten Antwort auf diese Note weist der Prinz von Kuń jede Verantwortung für die »unrechten Handlungen« früherer Commissare zurück; er sei ein naher Verwandter des Kaisers, mit voller Autorität ausgestattet, gerecht und wahrhaftig in seinem Verkehr mit Menschen u. s. w. Da alle Bestimmungen der Verträge erfüllt werden sollten, so sei der Frieden gewiss herzustellen, wenn beide Theile ihre Zusagen hielten. Für Ueberreichung des königlichen Schreibens solle eine passende Räumlichkeit ausgesucht und ein Räucheraltar aufgestellt werden; der Prinz nehme dann den Brief in Empfang und lege ihn auf den Altar, damit demselben gebührende Ehre widerfahre. Die auf Zerstörung der Hauptstadt und den Sturz der Dynastie bezüglichen Worte ziemten sich für keinen Unterthanen. »Ist es recht vom britischen Gesandten sie zu brauchen, während er den Frieden zu wünschen betheuert?« Sollte ein zweckloser Krieg so lange fortgesetzt werden, als Soldaten übrig seien, so habe China noch seine Truppen jenseit der Grenze, ferner diejenigen, welche es aus den Provinzen heranziehen könne u. s. w. Der frühere Commissar habe allerdings die englischen Officiere greifen, binden und einkerkern lassen, er selbst aber ihre Wächter angewiesen, sie aus der Haft zu entlassen, »ihnen bequeme Wohnungen zu geben, die Wunden der Verletzten zu pflegen, und sie höflich zu behandeln.« Eine beigefügte Karte des Consul Parkes mit der Bitte um Haṅ-ki's Besuch möge beweisen, dass er sich wohl befinde. — Die Abgeordneten zu Feststellung der Präliminarien sollten erscheinen, sobald ein Tag für die Conferenz anberaumt wäre. — Minder höflich als dieses Schreiben an Lord Elgin war ein gleichzeitiges an Baron Gros, welches mit Hinrichtung aller in Pe-kiṅ anwesenden Franzosen drohte, wenn französische Truppen vorrücken sollten.

Die Alliirten brauchten zum Heranziehen ihrer Truppen und Geschütze noch einige Tage, welche mit diplomatischer Correspondenz ausgefüllt werden mussten. Lord Elgin constatirt in einem Schreiben vom 28. September, dass trotz allen Betheuerungen der Redlichkeit die Gefangenen nicht ausgeliefert seien, und erinnert den Prinzen an die erlittenen Niederlagen. In der Erwiederung vom 29. September kommt der Prinz auf seine Argumentation über die rechtmässige Festhaltung der Parlamentäre und die Betheuerungen seiner Unschuld zurück. Dann folgt die wichtige Mittheilung, dass der Kaiser zu den Jagden abgereist sei, zu deren Abhaltung im Herbst ihn das Gesetz verbinde. Deshalb müsse der Prinz den königlichen Brief in Empfang nehmen, auf den Altar legen u. s. w. Die Nähe des Heeres versetze die Bevölkerung der Hauptstadt in grosse Erregung; man könne für die Sicherheit der Gefangenen nicht einstehen, wenn sie jetzt Hals über Kopf hinausgeschickt würden. Sobald das Heer etwas zurückgewichen und der Frieden unterzeichnet sei, werde der Prinz für ihre anständige Auslieferung Sorge tragen. Wenn die Verbündeten wieder bei Tšaṅ-kia-van Stellung genommen hätten, dann könnten binnen drei Tagen Unterhändler abgefertigt werden, welche die Unterzeichnung der Convention verabredeten. Sollte die Armee gegen Pe-kiṅ vorrücken, so könne die Sicherheit der Gefangenen nicht verbürgt werden.

Am 30. September schreibt Lord Elgin kurz, er müsse seine Forderungen als abgelehnt betrachten und werde das Ober-Commando der Truppen davon unterrichten. — Am 1. October erwiedert Prinz Kuṅ, es hiesse die Achtung gegen die Gefangenen verletzen, wenn man sie vor dem Friedensschluss hastig zurückschicken wollte; er begreife nicht, wie der Botschafter von Ablehnung seiner

Anträge reden könne, da dem Vertrage von Tien-tsin und der Convention in allen Stücken zugestimmt worden sei. Seine, des Prinzen Schreiben müssten schlecht übersetzt oder unaufmerksam gelesen worden sein. Zwangsmaassregeln könnten nur den Friedensschluss und die Sicherheit der Gefangenen in Pe-kiṅ compromittiren. Der Prinz habe einen Beamten zu Parkes geschickt, welcher mit ihm alle die Unterzeichnung des Vertrages berührenden Puncte ins Reine bringen solle. — Darauf verweist Lord Elgin den Prinzen am 2. October auf sein Schreiben vom 30. September und meldet ihm, dass die Truppen den Vormarsch schon angetreten haben.

Die Verbündeten lebten unterdessen im Lager von Pa-li-kao wie im Frieden; auf ihre Proclamationen kehrten die Landbewohner zurück, öffneten ihre Märkte und lieferten für gutes Geld bereitwillig Lebensmittel, Karren, Zugvieh und Alles, was man wünschte. Die einzigen Ruhestörer waren die dem englischen Train zugetheilten Chinesen, deren Gewaltsamkeit gegen das Landvolk mit eiserner Hand gebändigt werden musste. — Das schwere Geschütz und die Munition kamen unter schwacher Bedeckung den Pei-ho herauf; sie konnten leicht genommen oder in den Fluss versenkt werden, wenn die chinesischen Feldherren nicht ganz den Kopf verloren hätten. Bis zum 2. October waren auch alle disponibelen Truppen aus Tien-tsin eingetroffen. — Tägliche Recognoscirungen gegen Pe-kiṅ hatten die Verbündeten mit dem Terrain für die nächsten Operationen und den Stellungen des Feindes vertraut gemacht.

Als die Truppen am 3. October über den Canal rückten, ging Lord Elgin nach Tšaṅ-kia-van zurück und erhielt dort zwei von demselben Tage datirte Noten des Prinzen von Kuṅ.

1. Da beide Theile einig seien über Annahme des Vertrages von 1858 und der Convention, so stehe dem Frieden garnichts im Wege. Früher habe die Freundschaft nicht Bestand gehabt, weil die Verträge unter dem Druck der Waffen abgeschlossen wurden und weil man niemals genügende Aufklärung über die Bedeutung der einzelnen Artikel erhielt. Jetzt solle der Vertrag mit Parkes, der gut chinesisch könne, durchgegangen werden, sobald man damit fertig sei, werde an Lord Elgin Meldung ergehen. »Es ist anzunehmen, dass gegen dieses Verfahren keine Einwendung geschieht. Da die Erörterung aber noch im Gange ist, so kann man unmög-

lich die britischen Unterthanen zurückschicken.« Der Prinz habe das chinesische Heer aufgefordert, sich eine Meile zurückzuziehen und die britische Streitmacht müsse ohne Frage ein Gleiches thun. Rückten die Truppen vor, so würden die Verhandlungen wieder unter dem Druck der Waffen stattfinden und sich wahrscheinlich zerschlagen; dann möchten die britischen Unterthanen in Pe-kiń zu Schaden kommen. Der Prinz hat deutlich gesprochen und hofft, dass der Dolmetscher genau übersetzt.

2. Parkes und Loch haben vier Briefe eingesandt; deshalb muss der Prinz einen besonderen Boten schicken. Er hofft, dass die Zweckmässigkeit seines Vorschlages erwogen wird, dass sich beide Armeen zurückziehen und dass an einem zwischen den beiden Stellungen gelegenen Orte durch Parkes und einen Abgeordneten des Prinzen der Frieden auf dauerhafter Grundlage geschlossen wird.

Mit diesem Schreiben kam ein Brief vom Consul Parkes an Lord Elgin in chinesischen Schriftzeichen: die kaiserlichen Behörden ersuchten ihn, seine Bereitwilligkeit zum Unterhandeln u. s. w. auszudrücken; ferner ein Privatbrief, um Kleider für ihn selbst und Herrn Loch bittend. Am Rande stand hindostanisch von des Letzteren Hand »Auf Befehl«. — Das Englische war den Chinesen nicht geheim; einzelne hatten es in den Hafenplätzen gelernt.

Lord Elgin antwortete am 4. October, er billige durchaus des Herrn Parkes Bemühungen um Herstellung des Friedens, finde aber in keinem Schreiben des Prinzen eine befriedigende Antwort auf seine wiederholt gestellte Forderung, dass die unrechtmässig festgehaltenen Engländer ausgeliefert würden. Die unveränderlichen Friedensbedingungen finde der Prinz in seinem Schreiben vom 25. September. — In einem Kleiderbündel erhielten Parkes und Loch die hindostanisch geschriebene Nachricht vom Vorrücken der Verbündeten; zugleich wurde angefragt, wo sie sich aufhielten; woraufhin mit dem nächsten Schreiben des Prinzen die Auskunft kam, dass sie im Kao-miao-Tempel wohnten.

Erst am 5. October marschirten die Verbündeten etwa parallel mit der östlichen Mauer, von Pe-kiń weiter nach Norden. Am 6. ging das Gros der englischen Truppen auf die den Exercierplatz der Garnison begrenzenden alten Erdwälle vor der nordöstlichen Ecke der Tartarenstadt los, wo die chinesische Streitmacht lagern sollte. Den ganzen Tag zeigten sich kleine Schaaren tartarischer Reiter beobachtend vor und neben den Truppen; man wusste aber auf dem coupirten, mit Gärten, Tempelhainen und Friedhöfen bedeckten Terrain keineswegs, ob die feindliche Armee in der Nähe oder sonstwo stehe. Erst von der Höhe des alten Walles sahen die Engländer, dass der Exercierplatz vom Feinde geräumt sei. Nun schrieb Sir Hope Grant dem General Montauban, der weiter links marschirte, er denke nach dem nordwestlich von Pe-kiṅ gelegenen Sommerpalast Yuaṅ-miṅ-yuaṅ zu rücken. Gleich darauf zeigten sich stärkere Tartarenhaufen, welche die englische Infanterie in den Dörfern eine Weile aufhielten und Sir Hope Grant veranlassten, bei mehreren eine Viertelstunde vor dem Nord-Ost-Thore gelegenen Lama-Tempeln Halt zu machen. General Montauban marschirte unterdessen im Einklang mit jener Meldung nach Yuaṅ-miṅ-yuaṅ, wohin die englische Cavallerie, welche ihn zufällig traf, ebenfalls vorrückte. Sir Hope Grant liess am folgenden Morgen einen Salut von 21 Schüssen feuern, um seine verschwundene Cavallerie und die Franzosen aufzuspüren.

An demselben Morgen des 7. October scheint Lord Elgin nach dem englischen Hauptquartier gekommen zu sein. Er empfing an diesem Tage ein Schreiben des Prinzen von Kuṅ: Der Botschafter hat seine Note vom 6. October — welche ihn verfehlte — nicht beantwortet und die englischen Truppen rücken vor: »Was bedeutet das? Nach Frieden sieht es nicht aus. Ein Brief des Consul Parkes folgt beiliegend. Sind des Gesandten Absichten wahrhaft friedlich, so hofft der Prinz, dass Derselbe die britischen Truppen sofort einige Li zurückzieht, damit am 24. des Mondes (8. October) ein Beamter zur Conferenz hinauskommen könne; bei diesem Anlass sollen die jetzt in der Hauptstadt weilenden britischen Unterthanen mit gebührenden Ehren zurückgeschickt werden. Gehen die Truppen nicht rückwärts und hören die Feindseligkeiten nicht auf, so kann nicht wahre Freundschaft zwischen den beiden Ländern bestehen. Wie wäre unter solchen Umständen der Abschluss des Vertrages und die Auslieferung der britischen Unterthanen zu bewirken? Das zu erwägen ist Sache Seiner Excellenz.«

Der Brief des Consul Parkes war chinesisch, an Herrn Wade gerichtet und vom 6. October drei Uhr Nachmittags aus dem Kao-miao-Tempel datirt. Die Mandarinen haben ihm gesagt, dass am 8. October die Gefangenen mit allen Ehren ausgeliefert werden sollen; dass die chinesischen Feldherren ihren Truppen befohlen haben, einige Lɪ zurückzuweichen, damit ein ehrlicher Frieden geschlossen werde. Ziehen sie sich wirklich zurück, so glaubt Parkes annehmen zu dürfen, dass die Verbündeten nicht weiter vorgehen.

Nach reiflicher Berathung mit Sir Hope Grant beschloss Lord Elgin den Behörden von Pe-kiṅ mitzutheilen, dass ihrer Stadt noch immer das Unheil der Erstürmung gespart werden könne, wenn sie die Gefangenen sofort auslieferten und eines der Stadtthore den Verbündeten übergäben. Letzteres sollte als Pfand dienen für die wirkliche Unterzeichnung der Convention und Erfüllung aller Zusagen. — Man forderte die Chinesen auf, einen Beamten von angemessenem Range nach einem Orte zwischen der Stadtmauer und dem englischen Lager hinauszuschicken. Darauf wurde Haṅ-ki in einem Korbe von der Mauer herabgelassen und erschien am 7. October um vier Uhr Nachmittags an dem bezeichneten Ort, wo Herr Wade ihm das jene Forderungen enthaltende Schreiben einhändigte und in langer Unterredung die Lage erklärte. — Am Nachmittag des 8. October wurden die Herren Parkes und Loch, mit einem indischen Reiter, ferner Herr d'Escayrac de Lauture mit vier französischen Soldaten ausgeliefert. Die anderen Gefangenen seien von Pe-kiṅ entfernt, sollten aber bald eintreffen. — Später — am 12. October kehrten noch neun Reiter von Fane's Regiment und ein französischer Soldat zurück, welche den Tod des Lieutenant Anderson, des Attaché de Normann, mehrerer indischer Reiter und französischer Soldaten meldeten. Dann wurden am 14. October noch zwei von Fane's Reitern lebend und die Leichen von zwölf anderen Gefangenen ausgeliefert, unter denen man Anderson, de Normann und Bowlby erkannte. Unter den den Franzosen zugestellten Leichen waren nur die des Sous-Intendant Dubut und des Colonel Grandchamps kenntlich. Undurchdringliches Dunkel schwebte über dem Schicksal von Capitän Brabazon und Abbé Duluc, welche am 19. September von den anderen Gefangenen getrennt worden waren. Die Chinesen wollten nichts von ihnen wissen. Aber schon damals ging das Gerücht, dass General Tšen-pao, bei Pa-li-kao verwundet, sie im Zorn über die verlorene Schlacht habe hinrichten lassen.

Die Berichte der gefangenen Parlamentäre gewähren einen tiefen Einblick in die chinesische Gesittung. Merkwürdig contrastirt darin der Abgrund gemeiner Bosheit und Hinterlist, barbarischer

Rohheit, Grausamkeit und Verworfenheit in den höchsten Ständen und der chinesisch-tartarischen Armee mit der Gutmüthigkeit und Humanität, welche die Gefangenen durchgängig beim Volke und selbst bei Menschen fanden, die wegen gemeiner Verbrechen mit ihnen eingekerkert waren. Diese Episode liefert ferner einen neuen Beweis, dass das grösste Hinderniss des guten Einvernehmens mit China der unbändige Dünkel ist, welcher den Anspruch anderer Souveräne auf Gleichstellung mit dem chinesischen Kaiser nicht begreift, der unbezähmbare Widerwillen des Himmelssohnes, diese bis in unsere Zeit niemals erfolgreich angefochtene Eigenschaft aufzugeben, auf welche sich die Möglichkeit seiner Herrschaft über ein Drittheil der Erdenbewohner wesentlich gründet.

Dass, während Prinz Tsae und Mu-yin wiederholt die Unterzeichnung der Convention und Erfüllung aller Forderungen versprachen, derartige Absichten keineswegs gehegt wurden, beweist folgender am Tage der Schlacht von Tšaṅ-kia-van oder den Tag vorher in Pe-kiṅ publicirte kaiserliche Erlass.

»Sei es, dass wir die (Bewohner der) Weltmeere besänftigten oder sie zügelten[116]) — wir behandelten sie doch alle mit demselben Gefühl des Wohlwollens, und der Handel der Nationen der äusseren Gewässer wurde mit keinem Verbot belegt. Die Engländer und Franzosen jedoch fingen nach vielen Jahren des Friedens mit China, in welchen sich lange Zeit kein Anlass zur Fehde bot, im Winter des 7. Jahres (unserer Regierung) Krieg in Kuaṅ-tuṅ an, drangen mit Gewalt in seine Stadt und nahmen durch hinterlistigen Ueberfall die Behörden gefangen. Da wir aber glaubten, dass der General-Gouverneur Yi-miṅ-tšin durch übermässige Unbeugsamkeit und Willkür diesen Streit heraufbeschworen habe, so liessen wir nicht sogleich Truppen marschiren zu ihrer Bestrafung. Und als im 8. Jahre der Barbaren-Häuptling Elgin und Andere nach (der Küste von) Tien-tsin kamen, um sich zu beschweren, geboten wir dem General-Gouverneur Tau-tsiṅ-siaṅ sich dahin zu verfügen, ihre Sache zu untersuchen und zu ordnen. Die Barbaren aber benutzten unseren Mangel an Bereitschaft, stürmten die Festungen und kamen den Fluss herauf nach Tien-tsin. Besorgt, dass durch (des Krieges) verderblichen Einfluss der Geist des Lebens vergiftet werde, verloren wir wenig Zeit in Erörterungen mit ihnen, sondern schickten sogleich den Haupt-Staatssecretär Kwei-liaṅ und seinen Collegen ab, mit ihnen zu unterhan-

---

[116]) D. h. väterlich in Frieden mit ihnen lebten oder im Kriege begriffen waren.

deln, den Streit zu schlichten und den Feindseligkeiten ein Ziel zu setzen. Da nun der Vertrag, den sie uns zu bestätigen ersuchten, vieles mit Gewalt Erzwungene enthielt, so befahlen wir wieder Kwei-liaṅ und seinen Collegen nach Shang-hae zu gehen, mit dem Befehl, den Zoll-Tarif zu berathen und festzustellen, den Vertrag in neue Erwägung zu ziehen, und klar und zufriedenstellend einzurichten, damit derselbe treulich gehalten werden könne.

Im 8. Jahre aber segelten der Barbare Bruce und Andere, — wild, hochfahrend und unlenksam, — wieder mit Kriegsschiffen herauf, gingen gerade auf Ta-ku los und zerstörten unsere Vertheidigungs-anstalten, zogen sich auch nicht eher zurück, bis Saṅ-ko-lin-sin, der höchste commandirende Officier, ihnen einen derben Schlag versetzte. — Das brachten die Barbaren selbst über sich; die ganze Welt weiss, dass China keinen Treubruch an ihnen verübte.

Als nun in diesem Jahre die Häuptlinge Elgin und Gros abermals vor der Küste erschienen, erlaubte ihnen China, um nicht allzu hart gegen sie zu sein, bei Pe-taṅ zu landen und auf diesem Wege nach der Hauptstadt zu reisen, um die Ratificationen ihrer Verträge auszutauschen. Doch verbargen diese Barbaren Gewalt in ihren Herzen; sie brachten auf Wagen befestigte Kanonen mit, gelangten mit Fussvolk und Reitern in den Rücken der Ta-ku-Festen und kamen wieder nach Tien-tsin herauf, als unsere Truppen sich zurückgezogen hatten.

Da Kwei-liaṅ derjenige war, welcher im vorletzten Jahre in Tien-tsin den Vertrag schloss, so wiesen wir ihn an, sich wieder dahin zu begeben und angemessene Befehle an sie zu erlassen (ihnen gebietend das Rechte darzustellen). Noch immer hofften wir, dass die Barbaren einigen Begriff von Anstand und Recht hätten, und gewiss hätten wir die Grossmuth geübt, alle ihre Gesuche zu gewähren, wenn das Zugeständniss mit Schicklichkeit gemacht werden konnte. So war es aber nicht: Elgin stellte unmässige Forderungen; seine Habgier wollte einen Ersatz für die Kriegskosten erpressen; er wollte die Oeffnung neuer Häfen erzwingen; er wollte ein grosses Heer in das kaiserliche Domanial-Gebiet eindrängen; unverschämt und hinterlistig betrug er sich auf das äusserste.

Darauf schickten wir Tsae-yuen, Prinzen von Ei und Mu-yin, Präsidenten der Kriegsverwaltung ab, um ihnen abermals den rechten Weg zu zeigen und die verschiedenen Zugeständnisse, um welche sie warben, mit ihnen zu erwägen und befriedigend abzumachen. Und doch wagten diese rebellischen Barbaren ihrer Wildheit zu fröhnen; sie drängten hart gegen Tuṅ-tšau mit ihren Truppen und erklärten, dass sie dieselben sogar in unsere Gegenwart bringen würden.

Wie könnten wir noch vor dem Reiche bestehen, hätten wir länger schweigend geduldet? Wir gaben gemessenen Befehl an unsere Truppencommandeure, Fussvolk und Reiter von allen Seiten zusammenzuziehen und Jene zum Tode zu bekämpfen, während die Gebildeten und das Volk der die Hauptstadt umgebenden Bezirke entweder die Miliz versammeln sollen, dass sie sich mit einträchtigem Herzen am Kriege betheilige, oder Freiwillige einüben, welche seine Verbindungen bedrängen und versperren mögen. — Wenn Jemand, sei er Officier, Soldat oder ein Anderer, einem schwarzen Barbaren den Kopf abschneidet, so soll er 50 Tael Belohnung erhalten; wer den Kopf eines weissen Barbaren abschneidet erhält 100 Tael Belohnung; wer einen vornehmen Barbaren-Häuptling gefangen nimmt, erhält 500 Tael Belohnung; wer ein Barbarenschiff verbrennt, erhält 5000 Tael Belohnung. Alle unsere Schätze sollen darauf verwendet werden.

Das Volk von Tien-tsin galt immer für patriotisch und tapfer; gewiss fühlt es dieselbe Feindschaft wie wir, theilt unseren Hass und wird im offenen Felde und im Hinterhalt kämpfen, bis der verpestende Hauch des Aufruhrs erstickt ist.

Wir sind kein kriegslustiger Herrscher, noch jemals zu Streit geneigt; und die Beamten wie das Volk des Reiches werden ohne Frage unseren Schmerz über die so verzweifelte Lage der Dinge begreifen.

Was diejenigen Eingebornen von Fu-kian und Kuaṅ-tuṅ angeht, welche die Barbaren gefangen nahmen, so sind auch alle diese unsere Kinder. Und wenn einer von ihnen sich befreien und zu uns zurückkehren oder uns mit dem Kopfe eines Barbaren-Häuptlings beschenken will, so soll er dafür auch reichlich belohnt werden. Diese Barbaren kommen 10,000 Li von ihrer Heimath her um ihre Waaren zu verbreiten. Verstockte und schändliche Betrüger allein haben sie durchaus darin gefördert, bis die Dinge zu dem jetzigen unheilbaren Zustande gediehen sind.

Es liegt uns ferner ob, zu gebieten, dass ihnen alle Häfen geschlossen und der Handel abgeschnitten werden. Die anderen Völker, welche ehrerbietig und gehorsam sind, sollen, wenn sie fortfahren in Frieden ihren Geschäften nachzugehen, nicht beunruhigt noch belästigt werden. Und wenn diese nämlichen Barbaren nach Ausgabe dieser unserer ernsten Vermahnung und deutlichen Anweisung befähigt sind, zu einem Gefühl ihrer Uebertretung zu erwachen, sie zu bereuen und Treue zu geloben (zu ihrer Lehnspflicht zurückzukehren), so wollen wir ihnen auch ferner gestatten, in den bisher offenen Häfen den Handel fortzusetzen, als Zeichen unserer allumfassenden Menschenliebe.

Wenn sie aber, auf ihrem Sinn beharrend, kein Einsehen haben, wenn sie, ihr Gewissen unterdrückend, mit ihren Gewaltthaten fortfahren, so müssen unsere Feldherren und Krieger und unsere Freiwilligen aus dem Volke die äussersten Anstrengungen zu ihrer Ausrottung machen, nachdem sie einen Eid geschworen, dass die verhasste Brut gänzlich vertilgt werden soll. — Mögen sie bei Zeiten klug sein. Beachtet dieses.«

Offenbar erliess der Kaiser dieses Manifest, als Tsae und Mu-yin ihm nach dem Besuche der Herren Wade und Parkes Bericht erstattet hatten. Dass Lord Elgin mit tausend Mann nach Pe-kiṅ kommen wollte, schlug dem Fass den Boden aus. Saṅ-ko-lin-sin schob seine Truppen nach Tšaṅ-kia-van vor, und hoffte die Verbündeten auf dem für sie bestimmten Lagerplatz zu umzingeln. Tsae und Mu-yin mussten zum Schein die Verhandlungen fortsetzen, als Consul Parkes am Morgen des 17. September wieder nach Tuṅ-tšau kam. Die Commissare empfingen ihn mit äusserster Freundlichkeit, gingen auf die meisten Vorschläge ein und erhoben ernsten Einspruch nur gegen die persönliche Ueberreichung des königlichen Handschreibens an den Kaiser. Dasselbe solle in ehrerbietigster Form von einem dazu ermächtigten Prinzen oder Commissar entgegengenommen, auch eine eigenhändige Antwort ertheilt werden; nur dürfe es keine Audienz veranlassen. Herr Parkes bezeichnete das königliche Schreiben als ein Zeichen der Achtung und Freundschaft, fand aber keinen Anklang, und ersuchte die Commissare, sich bei der nahen Conferenz mit Lord Elgin selbst darüber zu verständigen. Sie verlangten jedoch hartnäckig, dass die Frage sofort entschieden werde, so dass Herr Parkes endlich weitere Erörterungen ablehnte. Offenbar suchte man einen Streitpunct, der nach den früheren Zugeständnissen keinen Argwohn erregte. — Nachmittags besprachen die Commissare sich mit den französischen Beamten, welche eben so wenig Verdacht schöpften. Am Abend las Parkes die von Herrn Wade verfasste Proclamation an die Bevölkerung vor, welche der Prinz sehr lobte und sofort für den Druck zu schneiden befahl. Dann wurden noch Officiere bezeichnet, welche die Vorbereitungen auf dem Lagerplatz, und andere, welche die Einrichtungen für den Proviant mit ihm treffen sollten. Abends trennte man sich mit gegenseitigen Glückwünschen wegen Feststellung der Präliminarien.

Als am 18. September die Herren Colonel Walker, Parkes und Loch mit einigen Mann Escorte und den ihnen beigegebenen chinesischen Officieren nach dem designirten Lagerplatz ritten, fanden sie, wie gesagt, jenseit Tšań-kia-van an der Landstrasse maskirte Batterieen und Truppenmassen, die, mit vorgeschobenen Reitervedetten, eben in Schlachtordnung aufgestellt wurden. Von den Officieren erhielt Herr Parkes ungenügende Auskunft, und ritt nun mit einem Königsdragoner von der Bedeckung nach Tuń-tšau zurück, um die Commissare zur Rede zu stellen und seine Gefährten zu holen. Herr Loch setzte seinen Weg fort. Colonel Walker blieb mit vier Reitern in den feindlichen Linien.

Die Franzosen, welchen Herr Parkes begegnete, trieb er zur grössten Eile an. In Tuń-tšau musste er sich fast mit Gewalt in die Gegenwart der Commissare drängen, deren Haltung durchaus verwandelt war. Er fragte nach dem Zweck der um den Lagerplatz der Verbündeten aufgestellten Truppen; die folgende Unterredung schrieb er gleich darauf nieder.

Prinz Tsae. Wir sind nicht Militärbehörden und haben über die Truppen keine Verfügung.

Herr Parkes. Aber Euere Excellenzen haben als kaiserliche Commissare gewiss die Macht, ihre Generale zu Vermeidung von Feindseligkeiten anzuweisen; und ein Zusammenstoss droht jetzt zu erfolgen zwischen den Truppen, von denen ich eben sprach, und der Colonne der Verbündeten, welche in kurzem denselben Platz erreichen muss. Wollen Sie deshalb das schleunige Zurückziehen der Truppen anordnen?

Prinz Tsae. Nur wenn der Frieden hergestellt ist, können wir unsere Truppen anweisen, sich zurückzuziehen.

Herr Parkes. Ich glaubte, dass der Frieden von Ihnen selbst und den Alliirten beschlossen sei. Sind nicht alle Präliminarien in unseren Zusammenkünften erörtert und festgestellt worden?

Prinz Tsae. Das finden wir nicht. Du hast einen wesentlichen Punct unentschieden gelassen: den der Audienz.

Herr Parkes. Ich erklärte Eueren Excellenzen, dass ich in diesem Puncte ohne Instruction sei, versicherte aber auch, dass er ein anderes Mal entschieden werden könne; und die Thatsache, dass ich dafür nicht instruirt war, beweist, dass von dieser Frage nicht Krieg und Frieden abhing.

Prinz Tsae. Wir sehen die Sache anders an und bleiben dabei, dass kein Frieden sein kann, bis dieser Punct endgültig entschieden ist. Ehe der Frieden geschlossen ist, können unsere Truppen sich nicht zurückziehen.

Herr Parkes. Ich bedauere, Euere Excellenxen in diesem Tone reden zu hören. Wenigstens hätten Sie mir das gestern erklären sollen. Ich kann nur zurückkehren und Lord Elgin berichten, was Sie jetzt sagen.

Prinz Tsae. Du kannst weit mehr thun, wenn du willst; du kannst die Sache gleich abmachen, aber das willst du nicht.

Herr Parkes. Ich kann nur wiederholen, dass ich keine Vollmacht habe, irgend Derartiges zu thun. Alles was ich thun kann ist, zu Lord Elgin zurückzukehren.

Während dieses Gespräches wetteiferten die den Prinzen umgebenden Mandarinen, Herrn Parkes in unverschämtem Ton zu überschreien, ohne dafür zurechtgewiesen zu werden.

Unterdessen war Herr Loch, — welcher, beunruhigt um seine Gefährten, nach Beförderung des Briefes an Lord Elgin in die feindlichen Linien zurückkehrte, — mit Capitän Brabazon in Tuṅ-tšau angekommen; sie ritten jetzt mit Herrn Parkes und den anderen dort zurückgebliebenen Engländern, Franzosen und Indern nach Tšaṅ-kia-van. Jenseit dieser Stadt in den chinesischen Linien angelangt, hofften sie in etwa zehn Minuten heraus zu sein, als das Feuer begann. Tartarische Reiter verlegten ihnen den Weg; Herr Parkes und Herr Loch sollten mit einem indischen Reiter zu einem höheren Officier in der Nähe geführt werden; sie sowohl als ihre zurückbleibenden Gefährten hatten Parlamentärflaggen. Unterwegs geriethen sie unter einen Haufen Fussvolk, dessen Officiere mit Mühe das Schiessen auf die Engländer verhinderten. Der chinesische General hielt jenseit eines Canales; Parkes und Loch mussten absteigen und in einem Boote übersetzen. Da ritt ein anderer Mandarin zu jenem heran und von allen Seiten erscholl es »der Fürst«. Es war Saṅ-ko-lin-sin. — Nun wurden Parkes und seine Gefährten gewaltsam vorwärts gestossen und jenseit des Canales vor dem Fürsten zu Boden geworfen. Dieser fragte barsch nach den Namen; Parkes gab von seiner Sendung Rechenschaft und verbat sich die schimpfliche Behandlung, worauf der Mongole ihn anfuhr: warum er nicht die Frage der Audienz erledigt habe? »Weil ich dazu nicht ermächtigt war.« — »Höre«, erwiedert Saṅ-ko-lin-sin, »du kannst verständig reden. Zwei Siege habt ihr gewonnen gegen einen von uns. Zweimal wagtet ihr die PEI-HO-Festen zu nehmen; warum stellt euch das nicht zufrieden? Und nun erkühnt ihr euch auszusprechen« — das bezog sich auf die Proclamation, — »dass ihr jede Streitmacht angreifen werdet, die eueren Marsch auf TUŇ-TŠAU hemmt? Das thue ich jetzt. Du sagst, dass du die Kriegführung nicht leitest; aber ich kenne deinen Namen und weiss, dass du an allem Uebel schuld bist, das dein Volk begeht. Du hast auch vor dem Prinzen von EI freche Reden geführt. Es ist Zeit, dass euch Fremden Respect gelehrt werde vor chinesischen Edelen und Ministern.« — Die Erwiederungen des Herrn Parkes verlachte der Mongolenfürst und befahl den Soldaten, denselben zu ihm in ein nah gelegenes Haus zu bringen; dort wurde er wieder auf die Knie geworfen. SAŇ-KO-LIN-SIN fragte, ob Parkes für ihn schreiben wolle, dass die Engländer den Angriff einstellen möchten. Das könne nichts nutzen, erwiederte dieser, da er auf die Operationen des Heeres keinen Einfluss übe. — »Ich sehe«, sagte der Fürst, »dass du halsstarrig bist und mir nichts nutzen kannst.« Dann befahl er, Parkes, Loch und den indischen Reiter zum Prinzen von EI, alle Uebrigen aber nach TŠAŇ-KIA-VAN zu führen. — Herr Parkes und seine Begleiter wurden mit zwei französischen Soldaten, die sie vorher nicht gesehen hatten, in eine schlechte Karre gepackt und fortgefahren, als eben ein französischer Officier — offenbar Herr Ader, — übel zugerichtet nach dem Hause gebracht wurde.

Die Fahrt der fünf Gefangenen ging zunächst nach TUŇ-TŠAU, von da in schneller Gangart auf PE-KIŇ zu, die Kreuz und die Quere, da Prinz TSAE nicht zu finden war; die escortirenden Reiter — funfzig Mann — erbauten sich sichtlich an den durch das Stossen des Karrens verursachten Qualen und höhnten sie grimmig. Endlich gelangte man in ein Lager; die Gefangenen mussten aussteigen und wurden vor einem General wieder zu Boden geworfen; Parkes stellte sich ohnmächtig, um weiteren Fragen zu entgehen. Nachdem man ihre Taschen geleert, brachte man sie in einen Tempel zum Verhör vor einem Mandarin aus dem Gefolge des Prinzen TSAE, TSIŇ-TAD-ŽEN, welcher eben drohte, Parkes foltern zu lassen, als er abgerufen wurde. Draussen entstand Getümmel. Soldaten stürzten mit blanker Waffe herein, zerrten die Gefangenen aus dem Tempel und banden ihnen die Hände auf den Rücken. Das Lager wurde abgebrochen, in wilder Bestürzung lief Alles durcheinander. Die Gefangenen wurden wieder in einen

Karren geworfen, dann aber, weil die Fahrt zu langsam ging, in zwei vertheilt. Des Gebrauches ihrer Hände beraubt, litten sie furchtbar unter dem Stossen auf den ausgefahrenen Steinplatten. Oft stockte die Fahrt; Reiterei avancirte gegen Tuṅ-tšau, während andere Truppentheile und das Gepäck in vollem Rückzug begriffen waren. Der Prinz von Eɪ, Mu-yɪɴ und Haṅ-ki kamen, nach Pe-kiṅ eilend, in Sänften vorüber, ohne der Gefangenen zu achten. Der Diese geleitende Tsiṅ-tad-žen zeigte bei ihrer ersten Bitte um etwas Erleichterung und Wasser eine so teuflische Freude, dass sie nachher schwiegen. Die Fahrt dauerte von halb drei bis Dunkelwerden; dann wurden die Gefangenen noch im Triumph durch die Strassen von Pe-kiṅ gefahren und gegen acht Uhr in einem Hofe abgesetzt, auf dessen Laternen Parkes mit Schaudern die Inschrift »Strafverwaltung« las.

Man schleppte die Gefangenen der Reihe nach in ein schmutziges Gemach, wo Mandarinen niederen Ranges sie verhörten. Nur Parkes konnte die unerheblichen Fragen beantworten; die Anderen kannten die Sprache nicht. Alle Gefangenen wurden mit schweren Ketten beladen und durch mehrere Höfe nach getrennten Kerkerräumen gezerrt. Parkes fand sich mit etwa siebzig wild aussehenden Kerlen in demselben Behältniss. Seine Fesselung bestand in einer langen Kette, die von einem eisernen Halsband über den Rücken herabhing; Hände und Füsse wurden mit anderen Ketten daran festgeschlossen. Die Schergen warfen ihn auf ein Brett und befestigten seine Ketten an eine von der Decke herabhangende, schleppten ihn aber schon gegen Mitternacht wieder zum Verhör vor jene Mandarinen. Man warf ihn auf die Knie und drohte im voraus mit Folterung. Noch ehe eine Frage gestellt war, fassten vier Schergen ihn bei den Ohren, den Haaren und dem Bart und misshandelten ihn jedes Mal, wenn der Verhörende ihn anfuhr. Als er, nach seinen Vorgesetzten gefragt, deren Rang in chinesischen Ausdrücken nannte, schrie Jener ihm zu, dass kein Fremder sich solche Titel anmaassen dürfe. Parkes sagte darauf die englischen; die Unmöglichkeit, dieselben nach dem Klange niederzuschreiben, zwang aber die Mandarinen, sich die chinesischen wiederholen zu lassen. Nun musste er über die Truppenzahl der Verbündeten, über Machtverhältnisse in England und Indien berichten und wurde nach den meisten Antworten misshandelt. Auf die Frage nach dem englischen Fürsten »Waṅ« erwiederte Parkes, es gebe in England und Indien viele Fürsten; alle aber ständen unter einem einzigen Souverän, wie in China. »Was ist das für eine Sprache«, schrieen die Mandarinen, »du selbst hast gesagt, dass du so lange in China bist; du kannst unsere Sprache reden und unsere Bücher lesen und musst also wissen, dass es nur Einen Kaiser giebt, der über alle Länder herrscht. Deine Pflicht ist es, diese überlegene Kenntniss deinen Landsleuten mitzutheilen, statt sie in ihren verrückten Ansichten zu bestärken.« — Sie glaubten, dass Verräther in PE-KIŃ seien und wollten Parkes zwingen, solche zu nennen: er selbst müsse oft verkleidet dort gewesen sein. Das glaubten sie wegen seiner guten Aussprache der in PE-KIŃ gesprochenen Mundart.[117]) Am Schlusse des Verhörs erlaubten sie ihm, selbstständig Aussagen zu machen, liessen ihn aber unter Schmähungen misshandeln und fortschleppen, als er nach Constatirung der Thatsachen Gerechtigkeit forderte.

Herr Parkes blieb nun bis zum 22. September in demselben Kerker, streng bewacht von vier Schliessern, welche jede Bemühung vereitelten, mit Herrn Loch, der in einem anderen Raume weilte, Gedanken auszutauschen. Während dieser Tage besuchten das Gefängniss viele hohe Staatsbeamte, darunter der Präsident und die Beisitzer des Strafgerichtshofes, mehrere Censoren und Präsidenten von Ministerien. Viele liessen Herrn Parkes in den Hof hinausführen und vor sich auf die Knie werfen, um ihn zu höhnen und zu beschimpfen. Dagegen behandelten ihn fast alle Mitgefangenen, — lauter Menschen aus den niedersten Volksclassen, darunter Diebe und Mörder, — freundlich, ehrerbietig und mitleidig. Sie nannten ihn bei seinem Titel, halfen ihm seine Ketten tragen und lauschten aufmerksam seinen Worten. Viele waren durch Schmutz und schlechte Nahrung abgezehrt, voller Wunden und Schwären, in denen die Würmer nagten; der Geruch war entsetzlich. — Die Regierung giebt den Gefangenen nur die kärglichste Nahrung, bei der sie langsam verschmachten. Wasser, Thee, Reis, Licht und Brennholz werden nur gegen hohe Vergütung von den Schliessern gereicht; ein Theil des Strafmaasses wird Denjenigen erlassen, welche sie leisten können. — Herr Parkes war auf der im Kerker aufgehängten Liste als Aufrührer und einer von fünf

---

[117]) Die Mundart von PE-KIŃ ist die von den Mandarinen gesprochene, welche allen Dolmetschern im diplomatischen Dienst geläufig sein muss.

Verbrechern aus der **Gesammtzahl** von 73 bezeichnet, welche die schwersten Ketten tragen mussten. Dennoch befahlen die Mandarinen, ihm essbare Nahrung, d. h. zweimal täglich Reis oder Nudeln mit etwas Fleisch oder Gemüse, Thee und Tabak zu geben, welche der vermögendste unter den Mitgefangenen bezahlen musste; — und gerade dieser behandelte ihn am gütigsten.

Am 22. September erhielt Parkes mit seinen vier Wächtern einen besonderen Raum von acht Fuss im Geviert. Der Kerkermeister liess ihn nicht mehr, wie sonst, vor sich knieen. — An demselben Tage zeigte der Prinz von Kuṅ Lord Elgin seine Bevollmächtigung an. — Parkes wurde gefragt, ob er nicht einen Brief schreiben oder auf andere Weise für Ausgleichung des Streites wirken könne. Dann erschien Haṅ-ki, stellte sich sehr mitleidig und beschwor ihn, den Frieden herzustellen, verweigerte aber jede Mittheilung der letzten Ereignisse und meldete nur die Ernennung des Prinzen von Kuṅ. Da er beim Scheiden versprach, bald wieder zu kommen, am 23. und 24. September aber nicht erschien, so schrieb Parkes auf seine chinesische Karte die Bitte um Haṅ-ki's Besuch. — Prinz Kuṅ sandte dieselbe an Lord Elgin, als Zeichen, dass der Gefangene sich wohl und in bequemer Lage befinde.

Am 26. September erschien Haṅ-ki mit zwei Kerkermeistern und hielt eine lange Rede: Der grosse Staatsrath habe Sitzungen gehalten wegen der auswärtigen Beziehungen; er sehe die jetzigen Feindseligkeiten der Alliirten ganz anders an als alle früheren Kriege; diese seien nur gegen die Vicekönige geführt worden, jene bedrohten den Thron. Der Kaiser wolle sich aus Vorsicht nach seinem Jagdschloss Džehol in der Tartarei zurückziehen und die Hülfe der 48 Mongolen-Fürsten anrufen, von denen jeder gegen 20,000 Mann stellen könne. Würde Pe-kiṅ genommen und die kaiserliche Kriegsmacht über die Reichsgrenze gedrängt, so zerfiele das Reich, und mit dem Handel wäre es zu Ende. Wollte man es darauf wagen? Die Majorität der Prinzen und Minister seien dafür. Die Prinzen von Tsiṅ, von Ei und Saṅ-ko-lin-sin behaupteten, dass kein Frieden mit den Fremden möglich sei, weil sie immer neue Forderungen stellten; der auswärtige Handel sei China schädlich u. s. w. Der Prinz von Kuṅ aber wünsche andere Wege einzuschlagen und diese möge Herr Parkes bezeichnen. Thue er das nicht, so müsse er das Ziel der Volkswuth werden, die sich im Augenblick der äussersten Noth nicht bändigen lasse.

Consul Parkes gab angemessene Antworten, hielt Haṅ-ki die Doppelzüngigkeit der chinesischen Staatslenker vor und verwies ihn auf Lord Elgin's Forderungen. Haṅ-ki gestand, dass ein Notenwechsel zwischen dem Prinzen und dem Botschafter im Gange sei, wollte aber weiter nichts sagen und kam immer wieder auf die Nothwendigkeit, dass Herr Parkes an Lord Elgin schreiben und Alles in Gang bringen müsse. Dieser weigerte sich standhaft jeder Einmischung und verlangte, mit Herrn Loch und chinesischen Commissaren, die friedfertige Eröffnungen machen könnten, nach dem englischen Hauptquartier gesandt zu werden. Haṅ-ki drohte zuletzt ziemlich offen, und schied, wie er sagte, mit dem Bewusstsein, dass er dem Prinzen nichts Befriedigendes mitzutheilen habe.

Am 28. September erschien Haṅ-ki mit einem Officier des Prinzen von Kuṅ: Letzterer habe von seinen Privat-Unterredungen mit Herrn Parkes gehört und ihn holen lassen; er missbillige die Behandlung der Gefangenen und schiebe die Schuld auf Saṅ-ko-lin-sin. Der Prinz verfolge trotz der herbsten Kritik in Leitung der auswärtigen Angelegenheiten ganz andere Wege als seine Vorgänger. Er werde, was immer geschehen möge, gegen die Fremden die Gesetze der Billigkeit und Courtoisie beobachten. Parkes solle unverzüglich gute Wohnung und alle Bequemlichkeit erhalten; dafür müsse er aber die Verbündeten überreden, sich gleich dem Prinzen von edlen Grundsätzen leiten zu lassen. — Parkes erwiederte, dass Rechtsgefühl und Courtoisie seine Landsleute nach wie vor leiten würden, und dass Verleugnung derselben seitens der chinesischen Regierung den Krieg veranlasst habe. Mit Gerechtigkeit und Courtoisie auf ihrer Seite sei gewiss ein Ausgleich herbeizuführen. »Hört«, sagte Haṅ-ki, »er betheuert, dass sein Volk gerecht handeln wird! Nehmt ihm die Ketten ab!« — Nun erzählte er vom ungewissen Ausgang der Unterhandlungen; Herr Parkes müsse zum Dank für die bewiesene Milde den Prinzen dabei unterstützen. Jener bat, das ablehnen zu dürfen, damit die Chinesen sich im Falle des Misslingens nicht an ihm rächten, hielt dem Mandarin die ganze Schändlichkeit des geübten Frevels vor und verwies ihn auf den Brauch der civilisirten Völker. Nach langem Reden schied Haṅ-ki mit der Eröffnung, dass Consul Parkes am folgenden Tage abgeholt werden solle; Dieser weigerte sich aber, den Kerker ohne Herrn Loch zu verlassen. Das hiesse neue Schwierigkeiten machen, erwiederte Haṅ-ki; er müsse dann erst wieder Verhaltungsbefehle einholen. — Bald kam er wieder; wenn Parkes schriftlich erkläre, dass der Prinz ausnehmend gütig gegen ihn gewesen und ein Mann von hoher Begabung und Weisheit sei, so möge auch Herr Loch das Gefängniss verlassen. Dessen weigerte sich Herr Parkes: er verlange keine Gunst, sondern Gerechtigkeit; des Prinzen Fähigkeiten könne er nicht beurtheilen und von seiner Güte habe er keinen Beweis, so lange er im Kerker sitze und nicht als Kriegsgefangener behandelt werde, sondern als Verbrecher. Auf angemessenen Vortrag werde der Prinz ihn sicher aus der schimpflichen Lage befreien.

Der listige Han-ki bemühte sich auch ferner vergebens. Am 29. September brachte er die Weisung, Parkes und Loch aus dem Kerker zu ziehen und nach dem Kao-miao-Tempel in der Nähe des nordöstlichen Thores, Gan-tiṅ-men zu bringen. Das geschah in zwei Karren, unter starker Bedeckung. Ihr Gemach im Tempel war zwanzig Fuss lang und zehn breit, mit Ausgang auf einen Hof von vierzig Fuss im Geviert, den sie benutzen durften. »Zu ihrer Bedienung« wohnten im Vorzimmer acht Schliesser aus dem Gefängniss; am Eingang und rings um das Gebäude hielten Soldaten Wache. Man versah die Gefangenen mit allen Bequemlichkeiten, guter Nahrung, sogar mit Handtüchern, Seife und Schreibmaterial. Parkes stellte darauf folgendes Zeugniss aus:

»Herr Loch und ich werden von den chinesischen Behörden jetzt gut behandelt; man sagt uns, dass es auf Befehl des Prinzen von Kuṅ geschieht. Man sagt uns auch, dass Seine Hoheit ein Mann von grosser Entschlossenheit und Klugheit ist, und ich meine, dass unter diesen Umständen die Feindseligkeiten eine Weile suspendirt werden können, um Gelegenheit zu Unterhandlungen zu geben.«

Haṅ-ki und andere Würdenträger kamen nun täglich: Krieg und Frieden, Recht und Unrecht, Verrath und Treue, Barbarei und Cultur wurden eingehend besprochen. Die Invasion eines Landes und das Anrücken auf die Hauptstadt, meinten die Chinesen, streite gegen Recht und Vernunft; nähmen die Alliirten Pe-kiṅ, so würden die Vicekönige der Provinzen gegen sie zu Felde ziehen. Herr Parkes erinnerte sie dagegen an die Invasion der Mandschu und den Aufstand im Süden. — Am 1. October verlangte Haṅ-ki, er möge Lord Elgin schriftlich ersuchen, die Armee der Verbündeten 10 oder 20 Li zurückzuziehen und Verhandlungen auf neutralem Gebiet einzuleiten. Herr Parkes verstand sich nur zu dem zweiten

Vorschlag, schrieb in diesem Sinne an Lord Elgin und fügte Privatbriefe bei, für den Fall, dass der Prinz sie befördern möge. Am 3. October meldete ihm Haṅ-ki, dass sie nicht abgeschickt seien, weil Lord Elgin nach seiner Antwort die Verhandlungen »zwischen den beiden Heeren«, nicht, wie beantragt wurde, »auf neutralem Gebiet« haben wollte. Es kostete viel Mühe, ihm den gleichen Sinn beider Ausdrücke begreiflich zu machen.

Von den Schliessern brachte Herr Parkes heraus, dass die Verbündeten bei Pali-kao standen; Haṅ-ki suchte ihn im Dunkeln zu halten, zu überlisten. Statt der Originale zeigte er ihm Auszüge von Lord Elgin's Noten und verlangte deren Auslegung: ob danach von der Audienz abgestanden, ob nichts Anderes verlangt würde, als Erfüllung des Vertrages von Tien-tsin, u. s. w. Erst am 3. October gab er Herrn Wade's Brief ab, der gleich nach Empfang der Karte aus dem Kerker mit der Bitte um Haṅ-ki's Besuch eingeschickt worden war. Darin stand: »Unsere Granaten können mit Leichtigkeit die Stadt zerstören; und wenn Ihnen Leides geschieht, so wird Pe-kiṅ von einem Ende zum anderen verbrannt.« Aus diesem Briefe erfuhr Herr Parkes auch zuerst, dass seine Gefährten, die er bei Tšan-kia-van verliess, gefangen seien. Haṅ-ki wollte nichts von ihnen wissen; er habe nur zufällig von einigen Fremden im Lager Saṅ-ko-lin-sin's gehört. — Parkes antwortete am 3. October und erhielt am 4. die Versicherung, dass nun auch alle seine früheren Briefe befördert seien. Am 5. gab Haṅ-ki nach heftigem Sträuben einen Brief von Herrn Wade vom 4. October heraus; er kannte den Inhalt dieses wie aller anderen aus der beigefügten Uebersetzung: vor Auslieferung der Parlamentäre werde Lord Elgin nicht auf Verhandlungen eingehen; wollten die kaiserlichen Behörden sich nicht fügen, so nähmen die Feindseligkeiten ihren Fortgang; geschähe den Gefangenen Leides, so würde Pe-kiṅ bombardirt; dessen Zerstörung müsse den Sturz der Dynastie bewirken; im Süden machten die Tae-piṅ ungeheuere Fortschritte. Parkes las den Brief laut vor Haṅ-ki und einem anderen Grossen, welche umsonst nach Fassung rangen: man könne die Forderungen nicht bewilligen; die Dinge müssten ihren Lauf nehmen. Sie schieden, kehrten aber zweimal um: ob es denn gar keinen Ausweg gäbe! Befreit würden die Gefangenen zur Rache drängen. Der Prinz wünsche Parkes vor der Auslieferung zu sprechen; das könne erst in zwei bis drei Tagen geschehen.

Am 6. October erschien HAṄ-KI gegen Mittag: er habe die Nacht über mit dem Prinzen den Vertrag von 1858 und die Convention durchgearbeitet; Dieser wolle beide annehmen und in drei Tagen die Gefangenen ausliefern, wenn die Verbündeten sich, wie die chinesischen Truppen, einige LI zurückzögen. Das möge Herr Parkes Lord Elgin schreiben. Der Prinz wünsche von ihm Erklärungen über einige Puncte des Vertrages, über die stehende Gesandtschaft, die Kriegskosten und die Räumung der besetzten Plätze. Parkes gab sogleich darüber Auskunft, weigerte sich aber, die Zurückziehung der Truppen vorzuschlagen, und schrieb nur die früher erwähnten Zeilen an Herrn Wade. — Auf HAṄ-KI's Wunsch schrieb er ferner Folgendes nieder: »Wenn Herr Loch, ich selbst und alle anderen Gefangenen in angemessener Weise ausgeliefert werden, so wird die britische Regierung keine Rache nehmen. — So weit ich die jetzige Lage beurtheilen kann, beabsichtigt die britische Regierung nicht, neue Forderungen gegen die chinesische zu erheben, wenn letztere sich zu Annahme der Bestimmungen des Vertrages von 1858 und der Convention von TIEN-TSIN ohne jede Beschränkung versteht.«

Am 7. October Morgens hörte man im KAO-MIAO-Tempel, welcher innerhalb der nördlichen Stadtmauer der Stellung der Engländer bei den Lama-Tempeln nahe lag, sehr deutlich die zu Orientirung der Franzosen gefeuerten Kanonenschüsse. In grosser Erregung kam HAṄ-KI, nach deren Bedeutung zu fragen. Er konnte nicht mehr verbergen, dass der Feind vor dem Thore stand, dass der Sommerpalast besetzt, der Prinz von KUṄ noch bei Zeiten, er selbst mit genauer Noth entronnen sei. Die Thore der Hauptstadt habe er verschlossen gefunden und sei in einem Korbe auf die Mauer gehisst worden. Herr Parkes stellte ihm vor, dass jetzt nur schleunige Auslieferung der Gefangenen retten könne; HAṄ-KI wusste aber nicht, wie das unter dem Kanonendonner zu machen wäre. Er versprach bald wieder zu kommen, erschien aber den ganzen Tag nicht. Auf Anfrage in seinem Hause erfolgte Nachmittags der Bescheid, er habe sich von der Stadtmauer hinabwinden lassen, wahrscheinlich um den Prinzen von KUṄ zu suchen. — Die Schliesser und Wachen waren ein Bild der Angst und Bestürzung.

Am Morgen des 8. October kam HAṄ-KI, erschöpft und bekümmert: den Prinzen hatte er nicht erreichen können, der war zu weit; deshalb schrieb er Lord Elgin, die Gefangenen sollten sofort ausgeliefert werden, wenn die Truppen aus dem Sommerpalast entfernt würden, den sie eben plünderten. Zu gleicher Zeit war Lord Elgin's Schreiben gekommen, das zu einer Zusammenkunft vor dem Tı-šıṅ-Thore um vier Uhr Nachmittags aufforderte. Haṅ-ki habe sich dort eingefunden; aber die Alliirten verlangten jetzt ausser Freigebung der Gefangenen auch noch die Auslieferung eines Stadtthores; das sei ganz unmöglich. Herr Parkes las das Schreiben der Generale und rieth zu Fügsamkeit. — Einige Augenblicke waren die Aussichten wieder sehr düster; endlich erklärte Haṅ-ki, die Auslieferung der Gefangenen solle Nachmittags erfolgen. Gegen zwei Uhr meldete er, dass alle versammelt seien; unter starker Bedeckung fuhr man sie, jeden in einem Karren, nach dem Nord-West-Thore Se-tšı-men. Hinter ihnen wurden die Thorflügel zugeworfen. Kein Chinese wagte sich hinaus; sie mussten sich den Weg nach dem Lager selbst suchen.

Die anderen der Sprache unkundigen Gefangenen in Pe-kıṅ wurden ähnlich behandelt wie Herr Parkes, dessen männliche Haltung auf das Schicksal aller den besten Einfluss übte.[118]) Viel trauriger war das Loos derjenigen, welche auf Saṅ-ko-lin-sin's Befehl bei Beginn der Schlacht nach Tsaṅ-kia-van gebracht werden sollten. Gleich nachdem Parkes, Loch und der indische Reiter sich von ihnen trennten, wurden Jene von dichten Haufen umdrängt, mussten absteigen und ihre Waffen abliefern. Nachher gab man ihnen die Pferde wieder und führte sie zum Uebernachten nach einem Tempel zwischen Tuṅ-tšau und Pe-kıṅ. Am 19. September Morgens mussten sie nach Pe-kıṅ reiten. Ueber die Art und die Veranlassung, auf welche Capitän Brabazon und der Abbé Duluc sich unterwegs von ihnen trennten oder getrennt wurden, finden sich nirgend bestimmte Angaben; es hiess, sie gingen nach dem englischen Lager. Wahrscheinlich sollten sie als Parlamentäre dienen und fielen bei der schnellen Niederlage an diesem Tage der ohnmächtigen Wuth des Tartaren-Generals zum Opfer. — Die anderen Gefangenen wurden im Triumph durch die Strassen von Pe-kıṅ, dann nach dem Sommerpalast Yuaṅ-mıṅ-yuaṅ geführt und auf einem Hofe je sechs zusammen in Zelten untergebracht, Euro-

---

[118]) Dem Betragen des mit ihnen gefangenen indischen Reiters stellen die Herren Parkes und Loch das glänzendste Zeugniss aus.

päer und Inder gesondert. Nach zweistündiger Ruhe holte man sie heraus unter dem Vorwande, dass sie sich waschen sollten. Sie mussten niederknieen; ihre Hände wurden rücklings mit den Füssen zusammen geknebelt; fielen sie um, so erhielten sie Fusstritte auf den Kopf und in's Gesicht; sie wurden in solche Stellung gebracht, dass die ganze Last des Körpers auf den Händen ruhte. So blieben sie drei Tage und Nächte der grimmigsten Sonnenhitze und der bittersten Kälte ausgesetzt. Einige wurden nach Entfernung der Stricke mit Ketten gefesselt. Bei Jedem stand ein Wächter, der die Umfallenden misshandelte. Die häufig genetzten Stricke schnitten bald tief in das Fleisch, und die Hände schwollen zu unförmlichen Klumpen. Rief Einer nach Nahrung, so wurde ihm Schmutz in den Mund gestopft; nur selten erhielten sie etwas ekelhafte Speise und fast gar kein Wasser. Viele Chinesen weideten sich täglich an ihren Qualen. Herr de Normann, der Einzige, der ein wenig chinesisch konnte, wurde wiederholt verhört, erhielt auch einmal essbare Nahrung.

Am vierten Nachmittag wurden die Gefesselten in Karren geworfen und in vier Haufen gesondert. Lieutenant Anderson, Attaché de Normann und fünf Reiter von Fane's Regiment blieben zusammen. Die ganze Nacht durch ging es in scharfem Trabe. Am Morgen gelangte man nach einem Fort, belud die Gefesselten mit schweren Ketten und steckte sie in Käfige. Hier starb zuerst Lieutenant Anderson am neunten Tage der Gefangenschaft: er war schon am zweiten Tage der Fesselung im Sommerpalast vor Schmerz und Hunger irrsinnig geworden und blieb es, mit wenigen lichten Augenblicken, bis zum Tode. Seine Finger und Nägel platzten schon in YUAŃ-MIŃ-YUAŃ; Würmer erzeugten sich in den Wunden und krochen auf dem Körper herum; die Knochen der Handgelenke lagen zu Tage, und das Fleisch hing in verdorrten Fetzen herunter. — Die Leiche blieb drei Tage unter den Ueberlebenden liegen, denen man am Abend von Anderson's Tod die Stricke abnahm; sie befanden sich sämmtlich in ähnlichem Zustand. Fünf Tage später verschied einer von Fane's Reitern und nach weiteren drei Tagen Herr de Normann. Die Uebrigen blieben leben und wurden ausgeliefert; ihre Hände und Füsse waren unförmliche Massen von Geschwüren, ihre Finger verkrüppelt und ungelenk.

Drei französische Soldaten und fünf indische Reiter wurden zusammen nach dem Gebirge gefahren. Am dritten Tage gelangten sie nach einer von Höhen umschlossenen Stadt. Ein Franzose starb unterwegs, ein zweiter am Tage nach der Ankunft im Kerker, ein indischer Reiter wenige Tage später an den Folgen der grässlichen Fesselung. Die Ueberlebenden behandelte man besser, nahm ihnen die Ketten ab und wusch ihre Wunden.

Eine dritte Abtheilung — Herr Bowlby, ein französischer Officier, ein Reiter von den Kings-dragoon-guards und vier von Fane's Regiment — fuhr die ganze Nacht durch. Sie erhielten keine Nahrung, sondern, wenn sie darnach verlangten, Hiebe und Fusstritte. Am nächsten Vormittag gelangten sie in ein Fort, wo man sie drei Tage und Nächte geknebelt in freier Luft liegen liess und dann zusammen in ein feuchtes schmutziges Gelass steckte. Herr Bowlby, der Times-Correspondent, starb zwei Tage nach der Ankunft; sein Körper blieb mehrere Tage liegen und wurde dann über die Mauer geschmissen. In den folgenden Tagen starben der französische Officier, der englische Dragoner und zwei von Fane's Reitern. Zwei Inder kehrten lebend zurück. — Die Erlebnisse der vierten Abtheilung — drei Franzosen und vier indischer Reiter — kennt man nicht, da nur ihre Leichen ausgeliefert wurden.

Der Zeitraum vom 6. bis zum 13. October 1860 bildet in den für das englische Parlament gedruckten Urkunden eine Lücke. Lord Elgin's Depeschen aus jenen Tagen mögen die Plünderung des Sommerpalastes beleuchten, welche, von den französischen Truppen begonnen und von den englischen fortgesetzt, in den Augen des Staatsmannes vielleicht wenig Gnade fand.

Während am 6. October 1860 die englische Infanterie und Artillerie ihr Lager bei den Lama-Tempeln aufschlugen, marschirten die französische Colonne und die englische Reiterei nach dem nordwestlich von Pe-kiṅ gelegenen Sommerpalast. Weder im Dorfe Hae-tien, das vor dem Eingang liegt, noch auf dem ganzen übrigen Wege zeigten sich Truppen. Gegen sieben Uhr Abends erreichte die Spitze der französischen Colonne das Hauptportal von Yuaṅ-miṅ-yuaṅ. Die Thorflügel wurden eingeschlagen. Etwa zwanzig schlechtbewaffnete Eunuchen stürzten sich den Eindringenden wüthend entgegen; drei blieben auf dem Platze; mehrere Franzosen erhielten Wunden. Die Paläste von Yuaṅ-miṅ-yuaṅ lagen zerstreut in einem von hohen Mauern umschlossenen ausgedehnten Park mit Flüssen und Seen; unbeschreibliche Schätze, der mehrhundertjährige Tribut aller Provinzen des weiten Reiches waren darin aufgehäuft. Jedes Zimmer soll einer Raritätensammlung geglichen haben; an den Wänden liefen Etagèren hin, darauf standen dichtgedrängt die kunstreichsten Arbeiten, auch pariser Luxussachen, namentlich Uhren aus dem vorigen Jahrhundert, in ungezählter Menge[119]. Ein solches Zimmer reihte sich an das andere, und ein Palast an den anderen: viele waren bis zur Decke mit kostbaren Gewändern, Pelzen und Seidenstoffen vollgepfropft, andere enthielten Haufen von Gold und Silber.[120] Der amtliche Bericht an die französische Regierung behauptet, dass Yuaṅ-miṅ-yuaṅ reichere Schätze enthielt, als sämmtliche Schlösser in Frankreich, und ein englischer Cavallerie-Officier erzählte dem Verfasser, dass seine Pferde, anderer Streu entbehrend, bis an den Bauch in Seidenstoffen standen. — Die kostbarsten Gegenstände und viele wichtige Documente fand man in den Wohngemächern des Kaisers und in der Audienzhalle

Der Truppen und sogar der Officiere scheint sich eine Art Raserei bemächtigt zu haben: was man nicht fortbringen konnte, zerschlug, verdarb, vernichtete man. Lord Elgin und Sir Hope Grant kamen am Morgen des 7. October herübergeritten und fanden die Verwüstung schon furchtbar. Die Plünderung wurde in den nächsten Tagen fortgesetzt; alle englischen Officiere erhielten Urlaub dazu aus dem Lager vor Pe-kiṅ; stündlich entdeckte man neue Fundgruben und erschöpfte doch keineswegs den Schatz; für die Chinesen blieb die reichste Nachlese. — Die Franzosen, welche die Auswahl hatten und an der Quelle sassen, behielten jeder, was sie nahmen; keiner soll zu kurz gekommen sein. Sir Hope Grant fürchtete für seine Truppen den entsittlichenden Einfluss der Plünderung und gestattete sie nur den Officieren. Diese und die englische Reiterei, welche gleich nach den Franzosen am Sommerpalast eintraf, mussten ihre Beute an das Obercommando abliefern; sie wurde im Lager versteigert und der Erlös unter die ganze Armee vertheilt.[121]

---

[119] Viele Gegenstände, die man ihrer beträchtlichen Grösse wegen für Bronze hielt, waren aus purem Golde.

[120] Man fand u. a. viele Säcke mit portugiesischen Dublonen, den für den Besitz von Macao jährlich gezahlten Grundzins.

[121] Viele Gegenstände wurden zu unerhörten Preisen gekauft. — Der ganze Erlös betrug 123,000 Dollars. Jeder Gemeine erhielt 17 Dollars. Die Officiere wurden nach ihren Rangstufen in drei Classen gesondert und erhielten verhältnissmässige Antheile. Die Generale Sir Hope Grant, Sir John Michell und Sir Robert Napier verzichteten auf die ihren zum Besten der Truppen.

Wann der Kaiser Yuaṅ-miṅ-yuaṅ verliess, ist ungewiss. Man fand die Denkschriften Saṅ-ko-lin-sin's, welcher zur Flucht rieth, und vieler Censoren und Minister, welche diesen Gedanken in den stärksten Worten verdammen. In den an die kaiserlichen Gemächer stossenden Höfen lagen blutige und zerfetzte Kleidungsstücke der gefangenen Parlamentäre; dort standen auch ihre Pferde; man glaubte, dass Hien-fuṅ selbst sich an ihren Qualen weidete, und verbrannte diese Gebäude schon damals. — Wo der Prinz von Kuṅ in dem Zeitraum vom 7. bis zum 12. October, dem Datum seiner nächsten Mittheilung weilte, ist ebenfalls unklar. Nach Haṅ-ki's Aussage zog er sich mit der chinesischen Armee zurück; wahrscheinlich suchte er den Kaiser auf.

Am 9. October marschirten die französischen Truppen nach dem Lagerplatz der englischen und stellten sich auf deren linkem Flügel auf; am 10. richteten die Generale Sir Hope Grant und de Montauban an den Prinzen von Kuṅ eine Sommation auf Auslieferung des Nordost-Thores der Tartarenstadt, Gan-tiṅ-men, welchem die Verbündeten gegenüberstanden; sei dieselbe bis zum 13. October nicht erfolgt, so würde die Stadtmauer bombardirt. — Man traf alle Anstalten; die recognoscirenden Officiere konnten bis unter die Mauern reiten, deren Besatzung eifrig weisse Fahnen schwenkte, aber keinen Schuss feuerte. In die Häuser der kleinen Vorstadt vor dem Gan-tiṅ-Thore, kaum hundert Schritt von dessen Kanonen, brach man ohne Belästigung Schiessscharten. Für die Breschebatterieen bot die hohe und starke Parkmauer des Tempels der Erde passende Emplacements; etwa 600 Schritt östlich vom Gan-tiṅ-Thore sollte die Stadtmauer niedergelegt werden.

Die Dolmetscher hatten am 10., 11. und 12. October Zusammenkünfte mit Haṅ-ki, der zuversichtlich eine Lösung versprach und am 12. die Antwort des Prinzen von Kuṅ auf die Sommation vom 10. October übergab. Er habe wiederholt gemeldet, dass seine Officiere zu ehrenvoller Behandlung des Herrn Parkes angewiesen seien, dass nach Feststellung aller die Unterzeichnung der Convention betreffenden Fragen mit Demselben die britischen Unterthanen ausgeliefert werden könnten. Wie es nun komme, dass nach diesem grossmüthigen Verfahren gegen die englische Regierung britische Truppen den kaiserlichen Gartenpalast beschimpft, Seiner Majestät Audienzhalle und Wohngebäude niedergbrannt hätten. »Ist es vernünftig, dass, während die Nation des Gesandten

doch die Pflichten des Menschen gegen den Menschen kennt und
längst Disciplin in ihre Armee gebracht hat, während ihre Truppen
muthwillig den Gartenpalast geplündert und verbrannt haben, die
Commandeure beider Armeen und der britische Gesandte Unkenntniss dieser Ereignisse vorschützen? Vom Standpuncte des Rechtes
müsste der britische Gesandte in seiner Antwort deutlich erklären,
was für Strafe gegen die Truppen verhängt, was für Entschädigung geleistet werden solle. Heut aber erhielt der Prinz zu
seiner Ueberraschung ein Schreiben von Seiner Excellenz Sir Hope
Grant, meldend, dass Derselbe sich des Gan-tiṅ-Thores zu bemächtigen wünscht und als Vorspiel dazu Batterieen baut; und
dass er im Weigerungsfalle am 29. dieses Mondes (13. October)
die Stadt angreifen will.« — Nun folgt ein unverständiges Durcheinander von Erklärungen und Argumenten: der Vertrag und die
Convention sollen angenommen werden; dass der Gesandte eine
Escorte dazu mitbringt, steht schon in der Convention; diese spricht
aber nur von des Gesandten Eintritt in die Hauptstadt; die Stadtthore stehen unter Obhut hoher Officiere, welche deren Oeffnen
und Schliessen bewachen; werden sie jetzt plötzlich geöffnet, »der
Dienst der Bewachung und Visitirung rücksichtslos vernachlässigt«,
so wird das Gesindel des Platzes alle Art Unfug stiften; deshalb muss man Schutzmaassregeln treffen. Da nun Frieden sei
zwischen beiden Nationen, so könne das Thor wohl auch von englischen Truppen besetzt werden; doch müssten in der Antwort auf
diese Note die Anordnungen specificirt sein. Nach Eintreffen dieser
Antwort könne man einen Tag zu Unterzeichnung der Convention
u. s. w. bestimmen, damit Anstalten dazu getroffen werden. — Am
Schlusse rühmt der Prinz seine Milde gegen die Gefangenen und
die Treue, mit welcher er Wort gehalten habe. Dazu lieferte der
Zustand der neun mit dieser Note ausgelieferten Franzosen und
Inder einen passenden Beleg. Der Prinz mochte um deren Misshandlung nicht wissen.

Am 13. October Morgens um zehn schickte Sir Hope Grant
ohne Rücksicht auf jenes Schreiben Herrn Parkes unter angemessener Bedeckung ab, die unbedingte Auslieferung des Thores zu fordern. Haṅ-ki suchte Ausflüchte und Aufschub. Die Bresche-
Geschütze waren geladen und gerichtet; — da öffneten sich wenige
Minuten vor zwölf die Thorflügel, und die Truppen zogen ein. Die
Engländer besetzten die Mauerstrecke vom Gan-tiṅ bis zum Ti-šiṅ-

Thore, die Franzosen die andere Seite bis zur südöstlichen Ecke der Tartarenstadt. Die Sieger brachten über die breiten Rampen ihre Feldgeschütze mit Leichtigkeit auf die Mauer und richteten sie auf die Stadt. Pe-kiṅ lag zu ihren Füssen. Am nächsten Tage wurden die letzten überlebenden Gefangenen und die stark verwesten Leichen der Uebrigen ausgeliefert. Die lebenden litten an den furchtbarsten Wunden und verloren zum Theil den Gebrauch ihrer Glieder. Lord Elgin ahnte nicht diese Unmenschlichkeit, als er am 7. October seine letzten Forderungen stellte. Im Heer der Verbündeten gährte wilde Erbitterung; die Führer mussten bedacht sein auf einen Act exemplarischer Vergeltung, der den intellectuellen Urheber der Misshandlungen mit besonderer Härte träfe. Auch sollte die Bevölkerung von Pe-kiṅ erfahren, dass die Verbündeten wirklich Herren der Situation seien, damit nicht in gewohnter Weise die geübte Schonung als Schwäche und Ohnmacht gedeutet würde. In Pe-kiṅ selbst öffentliche Gebäude zu zerstören, hinderte Lord Elgin sein gegebenes Wort. Die Zahlung einer grossen Summe Geldes hätte nur das Volk, nicht den Fürsten getroffen und wäre zudem eine unwürdige Sühne der verübten Verbrechen gewesen. Die Auslieferung der wirklichen Urheber war nicht zu hoffen; man hätte sie auch kaum zu strafen gewusst. Deshalb beschloss Lord Elgin die völlige Zerstörung der eigentlichen Residenz der Tsiṅ-Dynastie, des Sommerpalastes, welche den Kaiser persönlich am härtesten treffen und auf die Bevölkerung von Pe-kiṅ den tiefsten Eindruck machen musste. Baron Gros und General Montauban lehnten jede Theilnahme an dieser Maassregel ab.

Am 14. October hatte der Prinz von Kuṅ eine Note an Lord Elgin gerichtet, in welcher er die Disciplin seines »Gefolges« — er wollte nicht sagen der »Truppen« — lobte, und meldete, dass Haṅ-ki mit Verabredung der für Unterzeichnung der Convention u. s. w. zu treffenden Anstalten beauftragt sei. Lord Elgin antwortete in einem sehr ernsten Schreiben. In ungeschmückter Sprache hält er dem Prinzen den Verrath von Tuṅ-tšau, die verbrecherische Misshandlung der Gefangenen und seine falschen Berichte über deren Wohlergehen vor. Die Versprechen der Alliirten seien in der Voraussetzung gegeben, dass die Erklärungen des Prinzen auf Wahrheit beruhten, würden aber durch deren Grundlosigkeit null und nichtig. Der Prinz gebehrde sich, als sei der Frieden schon geschlossen; diese Auffassung der Lage sei irrig, da die Voraussetzungen nicht erfüllt seien. Ohne Vergeltung der an den Gefangenen verübten Schandthaten könne kein Frieden sein zwischen Grossbritannien und der Tsiń-Dynastie. Der Sommerpalast werde von Grund aus zerstört werden; ausserdem habe die chinesische Regierung 300,000 TAEL als Entschädigung für die überlebenden Gefangenen und die Verwandten der gemordeten zu zahlen. Der Convention müsse ein Artikel beigefügt werden, welcher es in das Belieben der englischen Regierung stelle, TIEN-TSIN bis zur gänzlichen Tilgung der Kriegsschuld besetzt zu halten. Hätte der Prinz Lord Elgin nicht bis zum 20. October 10 Uhr Vormittags angezeigt, dass die Summe von 300,000 TAEL am 22. zur Zahlung bereit liegen solle, dass er am 23. die Convention unterzeichnen und die Ratificationsurkunden des Vertrages auswechseln wolle, so werde Lord Elgin den commandirenden General ersuchen, sich des kaiserlichen Palastes in PE-KIŃ zu bemächtigen und solche ferneren Schritte zu thun, als er zu Durchführung dieser Forderungen angemessen erachte. Sollte der Widerstand der chinesischen Regierung ihn zu diesem Verfahren zwingen, so werde er zugleich den Commandeur der Flotte ersuchen, Gewaltschritte anzuordnen. Er erinnere den Prinzen daran, dass bisher die Steuern in KAN-TON für kaiserliche Rechnung erhoben seien, dass nur die Truppen der Verbündeten SHANG-HAE vor den Rebellen schützten, dass ihre Flotte sowohl das Meer als die Binnenwässer beherrsche und die Getreidezufuhren nach der Hauptstadt leicht abschneiden könne.

Kaum 20 Meilen von PE-KIŃ spottete damals ein Insurgenten-Heer der kaiserlichen Macht; der politisirende Bürger der Residenz kannte natürlich genau dessen Beziehungen zu den Alliirten, der Sturz der Tsiń-Dynastie bildete das Tagesgespräch. Man glaubte denselben besiegelt durch die Zerstörung des Sommerpalastes, welche mit Darlegung der Gründe und Drohungen gegen das Kaiserhaus den Bewohnern der Hauptstadt in Proclamationen angezeigt wurde.

Am 18. October marschirte ein englisches Detachement nach YUAŃ-MIŃ-YUAŃ und steckte die zahlreichen in meilenweiten Gärten zerstreuten Paläste, leider auch die Bibliothek in Brand, die reichste und berühmteste Sammlung von ganz Asien, deren Zerstörung nicht nur ein unersetzlicher Verlust für die Wissenschaft war, sondern auch die Europäer in den Augen jedes gebildeten Chinesen zu rohen Barbaren stempeln musste. Diesen Act des Vandalismus wird die Geschichte niemals vergessen.[122] — Zwei Tage lang wütheten in Yuaṅ-miṅ-yuaṅ die Flammen; schwarze Wolken hingen auf der Brandstätte; ein leichter Wind blies den Rauch und glimmende Funken über die Hauptstadt hin, deren Strassen sich mit feiner Asche bedeckten. — Während des Brandes, am 19. October, meldete Prinz Kuṅ, dass er Alles bewillige: in der Geldforderung erkennt er die wohlwollende Absicht, durch Sühnung der Misshandlungen das freundschaftliche Verhältniss befestigt zu sehen.

Unterdessen ging in Pe-kiṅ ein Gerücht, dass von Westen starke Truppenmassen anrückten. Prinz Kuṅ, plauderten die Bürger, wolle den Botschafter in die Stadt locken, ermorden u. s. w. Englische Reiter-Patrouillen, welche täglich die Gegend nach dem Gebirge durchstreiften, fanden keinen Feind. Am 22. October entdeckte aber Major Probyn mit seinen indischen Reitern ein verschanztes Tartarenlager dicht unter der westlichen Stadtmauer. Sonderbarer Weise war es die erste Recognoscirung an dieser Stelle. Die Tartaren rückten beim Anmarsch der Inder in guter Ordnung aus, und ein Officier kam geritten, zu fragen, was sie wollten. Der Commandeur nahm denselben mit, liess ihn aber bald wieder los, da die Dolmetscher entdeckten, dass die Tartaren ohne feindselige Absicht die ganze Zeit dort gestanden hatten. — Grade als die indische Cavallerie hinausritt, wollte der Prinz von Kuṅ, welcher bis dahin ausserhalb Pe-kiṅ geweilt hatte, zu Unterzeichnung der Convention von dieser Seite einziehen. Beim Anblick der dunklen Reiter wähnte er, es sei auf seine Person gemünzt, kehrte eiligst um, floh hastig mehrere Meilen weit und schrieb an den russischen Gesandten General Ignatief, der ihn über die Absichten der Verbündeten beruhigte.

Am Abend des 22. October wurden die geforderten 300,000 Tael in die Hände englischer Intendantur-Beamten gezahlt. Die feierliche Unterzeichnung der Convention erfolgte erst am 24. October in der »Ceremonien-Halle«, einem grossen Gebäude im Südosten der Tartarenstadt. Um gegen Ueberrumpelung sicher zu sein, liess

[122] Die Bibliothek soll den grössten Schatz ungedruckter Manuscripte und viele Unica enthalten haben, welche für die Geschichte nicht blos von China, sondern von ganz Asien unersetzlich sind. Der Chinese redet von dem Verlust dieser Schätze etwa wie bei uns von einer Zerstörung des Vaticanes geredet würde; Yuaṅ-miṅ-yuaṅ soll weitaus die wichtigste Sammlung dieser Art für den ganzen Welttheil gewesen sein.

Sir Hope Grant alle auf den Weg des Botschafters mündenden Strassen durch englische Truppen besetzen. Hundert Reiter und vierhundert Mann Infanterie escortirten Lord Elgin und sein Gefolge, welchem sich viele Officiere zu Pferde und in Sänften anschlossen. Die Bevölkerung drängte sich neugierig hinzu, und die chinesische Polizei brauchte fleissig die Peitsche, um den Weg frei zu halten; doch sah man kein Zeichen der Feindlichkeit oder Missachtung.

In der Ceremonien-Halle empfing, umgeben von vielen Würdenträgern, der Prinz von Kuṅ den Botschafter mit tiefer Verbeugung; sie setzten sich zugleich an einen in der Mitte stehenden Tisch. Rechts nahmen die Engländer, links die Chinesen Platz. Der Prinz soll mit finsterer Hoheit auf die Versammlung geblickt haben. — Zunächst wurden die Vollmachten geprüft; die chinesische lautete:

»Am 7. Tage des 8. Mondes des 10. Jahres der Regierung von Hien-fuṅ (21. September 1860) hatte das Gross-Secretariat die Ehre folgendes kaiserliche Decret zu empfangen.

Wir ernennen Yi-sin, kaiserlichen Prinzen von Kuṅ, zum kaiserlichen bevollmächtigten Commissar mit Vollmacht Alles zu thun, was für den Austausch von Verträgen und den Friedensschluss erforderlich sein mag. Achtet darauf.«

Nun wurde die Convention unterzeichnet, welche ausser den bezeichneten Artikeln noch Bestimmungen über die Abtretung der Landspitze Kau-luṅ, Hong-kong gegenüber, und über die legalisirte Auswanderung von Chinesen auf englischen Schiffen enthielt.[123]) —

[123]) Der im Auszuge mitgetheilte Entwurf der Convention erlitt folgende Modificationen. Der 3. Artikel der unterzeichneten Convention normirt die Kriegs-Entschädigung auf 7,000,000 Tael, von denen 500,000 bis zum 30. November in Tien-tsin, 333,333 nach Abzug der für den Neubau der Factoreien vorgeschossenen Summe bis zum 1. December 1860 in Kan-ton zu zahlen sind. Zu Tilgung der Restsumme wird vierteljährlich ein Fünftel der Brutto-Einnahme der Zollämter für den fremden Handel angewiesen, und die erste Rate am 31. December 1860 für das dann endende Vierteljahr gezahlt werden. Der 3. Artikel des Entwurfes fällt fort. — Der 4. Artikel der unterzeichneten Convention ist der 5. des Entwurfes. — Der 5. Artikel legalisirt die Auswanderung von Chinesen auf englischen Schiffen. — Durch Artikel 6. wird derjenige Theil des Stadtgebietes von Kau-luṅ der englischen Krone als Dependenz der Colonie Hong-kong abgetreten, welcher derselben durch den General-Gouverneur von Kuaṅ-tuṅ auf ewige Zeiten vermiethet war. — Artikel 7. ist Artikel 4. des Entwurfes. Der 8. Artikel stipulirt die Publication des Vertrages und der Convention durch die chinesischen Behörden. Nach dem 9. Artikel sollen Tšu-san und Pe-kiṅ gleich nach Unterzeichnung der Convention und Ratificirung des Vertrages geräumt, Kan-ton, Ta-ku, Tien-tsin und die Küste von Tien-tsin dagegen nach Wahl der englischen Regierung bis zur völligen Tilgung der Kriegsschuld besetzt bleiben.

Dann schritt man zu Auswechselung der Ratificationen des Vertrages von 1858. Da aber die chinesische Form der Ratificirung von der unter europäischen Staaten üblichen wesentlich abweicht, so ersuchte Lord Elgin den Prinzen, unter seinem Siegel zu bescheinigen, dass die von ihm angewandte für den Kaiser bindend sei:

»Der Prinz von Kuṅ, bevollmächtigter Commissar Seiner Majestät des Kaisers der Ta-tsiṅ-Dynastie, stellt hiermit eine Bescheinigung aus.

Es sei kundgethan, dass der Abdruck des Waṅ-ti-tši-pau (des 5. der 25 Reichssiegel) — ehrerbietig beigefügt diesem Vertrage, welcher der im Jahre Wu-wu zu Tien-tsin abgeschlossene Friedensvertrag ist — Zeugniss giebt von der vollen Zustimmung Seiner Majestät des Kaisers von China zu allen darin enthaltenen Bestimmungen und seinem Versprechen, dieselben zu halten, und dass dasselbe eine ausdrückliche Ermächtigung durch kaiserliche Namensunterschrift unnöthig macht. — Diese Bescheinigung wird deshalb dem Vertrage zu ewigem Gedächtniss angehängt. — Gegeben zu Pe-kiṅ am 11. Tage 9. Mondes des 10. Jahres von Hien-fuṅ (24. October 1860).«

Dann wurde ein Protocoll über die Verhandlungen aufgenommen und von den Bevollmächtigten in doppeltem Exemplar unterzeichnet. — Ueber diese Proceduren verging eine gute Weile, so dass keine Zeit blieb, die angebotene Collation einzunehmen. Während der Verhandlungen liessen die Chinesen Thee herumreichen. — Erst am Abend erreichten die Engländer wieder ihre Quartiere.

Am folgenden Tage fand die feierliche Unterzeichnung der französischen Convention und die Ratificirung des Vertrages von 1858 in ähnlicher Ordnung statt. In der Convention war die im Vertrage von Tien-tsin auf 2,000,000 Tael normirte Kriegsentschädigung auf 8,000,000 [124]) erhöht, welche unter gleichen Modalitäten gezahlt werden sollten, wie die Entschädigung an England. Ferner sollten die während der Christenverfolgungen confiscirten, zu kirchlichen und wohlthätigen Zwecken bestimmten Gebäude der katholischen Missionen, welche schon ein Edict des Kaisers Tau-kwaṅ (vom 20. März 1846) den früheren Eigenthümern zugesprochen hatte, behufs Auslieferung an dieselben der französischen Gesandt-

---

[124]) 7,000,000 Tael erhielt die kaiserlich französische Regierung, 1,000,000 wurden zu Entschädigung französischer Unterthanen und Schutzbefohlenen verwendet.

schaft übergeben werden. — In allen übrigen Puncten glich die französische Convention der englischen.

Am 27. October bezog Lord Elgin den für ihn eingerichteten Palast des Prinzen von Ei im Südosten der Tartarenstadt und wechselte bald darauf Höflichkeitsbesuche mit dem Prinzen von Kuṅ, der sich im persönlichen Verkehr über Erwarten zugänglich zeigte und weit offener über die Verhältnisse sprach, als man jemals von chinesischen Würdenträgern gehört hatte. Er schien aufrichtig in den für die Zukunft ausgesprochenen Hoffnungen, dass durch den directen Verkehr vielfache Irrungen vermieden werden, dass aus dem freundschaftlichen Verhältniss beiden Völkern Vortheile erwachsen möchten.

Der Abmarsch der englischen Truppen aus Pf-kiṅ war anfangs auf den 1. November anberaumt, wurde aber hinausgeschoben, da Lord Elgin die kaiserliche Bestätigung der Convention abzuwarten wünschte, welche erst aus Dže-hol, dem Jagdschloss in der Tartarei, eingeholt werden musste; sie kam schneller als erwartet wurde und genau in der verlangten Fassung. Schon am 2. November erhielt Lord Elgin ein Schreiben des Prinzen mit dem Versprechen, folgendem Erlass die weiteste Verbreitung zu geben.

»Am 15. des 9. Mondes (28. October) hatte das Nin-ko (Gross-Secretariat) die Ehre, nachstehendes kaiserliche Decret zu erhalten.

In Sachen des Austausches der Verträge, uns vorgetragen von Yi-sin, Prinz von Kuṅ: Nachdem Yi-sin, Prinz von Kuṅ, am 11. und 12. dieses Mondes mit den Engländern und Franzosen die im 8. Jahre abgeschlossenen Verträge zugleich mit den die Fortsetzung bildenden Conventionen des gegenwärtigen Jahres ausgetauscht hat, befehlen wir (zu verkünden), dass wir die ewige Aufrechthaltung aller und jeder Bestimmungen in den Verträgen und Conventionen versprechen und gutheissen, damit fürder kein Krieg mehr zwischen uns sei (wörtlich: Schild und Speer für immer ruhen); dass vielmehr Beide das gute Einvernehmen fördern und befestigen, da die friedlichen Beziehungen auf gutem Glauben beruhen, ohne Zweifel und Argwohn auf beiden Seiten.

Die hohen Provinzialbehörden sollen eine und alle durch Circular angewiesen werden, Alles auszuführen, was dem Vertrage nach zu seiner Erfüllung geschehen muss.

Achtet darauf!«

Zwei Tage vorher hatte der Prinz von Kuṅ dem Botschafter schon die Weisungen an die Behörden von Kuaṅ-tuṅ zu Abtretung von Kau-luṅ und Zahlung der ersten Rate der Kriegsschuld übersandt; jetzt liess er das kaiserliche Decret nicht nur in der amtlichen Zeitung von Pe-kiṅ drucken, sondern auch durch Maueranschlag in der ganzen Hauptstadt verbreiten.

Am 7. November traf Herr Bruce in Pe-kiṅ ein und wurde von Lord Elgin dem Prinzen als Gesandter Ihrer Majestät der Königin von England vorgestellt. Prinz Kuṅ erwiederte den Besuch und horchte aufmerksam dem Bericht des Herrn Bruce über den Angriff der Tae-piṅ auf Shang-hae. — Am nächsten Tage reisten Lord Elgin und sein Bruder nach Tien-tsin ab. — Der russische Gesandte General Ignatief verliess Pe-kiṅ um dieselbe Zeit. Herr Bruce und Herr von Bourboulon blieben den Winter über in Tien-tsin, liessen jedoch sprachkundige Beamte in der Hauptstadt zurück, welche die gemietheten Wohngebäude für sie einrichteten.

Am 7. und 8. November verliessen die letzten englischen Truppen Pe-kiṅ, nachdem die französischen einige Tage früher abmarschirt waren. Der grösste Theil der Streitmacht wurde in der zweiten Hälfte des November vor der Pei-ho-Mündung eingeschifft; in Tien-tsin und den Ta-ku-Festen blieben etwa 4000 Mann englischer und eine geringere Zahl französischer Truppen. — Lord Elgin, Baron Gros und die Obergenerale reisten noch vor Eintritt des Winters nach dem Süden, nachdem vorher das Abkommen getroffen war, dass in Gemässheit der Convention von Pe-kiṅ die Mia-tau-Inseln von englischen, der Hafen von Tši-fu von französischen Truppen besetzt bleiben sollten, bis die Kriegsschuld getilgt oder die Räumung von den verbündeten Regierungen verfügt wäre.

REISEBERICHT.

XIII.

SHANG-HAE.
VOM 7. MÄRZ BIS 22. APRIL 1861.

Grössere Contraste sind kaum denkbar als die Küsten von Japan und Mittel-China. Dort zackige Bergrücken mit tiefgeschnittenen Buchten, grüne Halden, freundliche Dörfer und Tempel, beschattet von mächtigen Wipfeln, waldumgürtete Felskuppen, ein glitzernder Strand, auf dem sich unter heiterem Frühlingshimmel krystallklare blaue Wogen brechen; — hier in Nebeldunst gestreckt, in eintöniger Weite das platte angeschwemmte Land, das der YAṄ-TSE unaufhaltsam in das seichte Meer hinausbaut; lehmgraue Städte, wiedergespiegelt in trüben, lehmgelben Fluthen, die sich wühlend am formlosen Lehmufer hinwälzen. Dazu Winterkälte und ein bleierner Wolkenhimmel, der nicht abliess, seine Güsse erbarmungslos auszuschütten, als Anfang März 1861 Arkona und Thetis im Wu-soṄ-Fluss ankerten.

Ihres Tiefganges wegen mussten beide Schiffe bis zur nächsten Springfluth vor Wu-soṄ bleiben. Der Gesandte fuhr am Morgen des 7. März auf dem Dampfer Météore, welchen das kaiserlich französische Flotten-Commando ihm bereitwillig zur Verfügung stellte, mit seinen Begleitern nach SHANG-HAE hinauf. Er selbst, der Legationssecretär Pieschel und der Attaché Graf zu Eulenburg nahmen dort bei dem oldenburgischen Consul Herrn Probst, die übrigen Herren bei anderen Ansiedlern Wohnung, welche sie gastfrei zu sich einluden. Nur ein kurzer Aufenthalt war beabsichtigt, da der Gesandte nach vorläufig eingezogenen Erkundigungen den Zeitpunct für ungünstig hielt zu Verhandlungen mit der chinesischen Regierung, und von SHANG-HAE zunächst nach BAṄKOK gehen wollte. Bei näherer Betrachtung der Verhältnisse änderte er schnell seinen Entschluss, sandte den Attaché von Brandt auf dem am 9. März abgehenden Dampfer Feelon nach TIEN-TSIN, um seine Uebersiedelung dahin vorzubereiten, und richtete sich, da Seiner Majestät Corvette Arkona einiger Reparaturen bedurfte, auf mehrere Wochen in Shang-hae ein. Weil aber die Küsten des nördlichen China weder gastliche Häfen für die Schiffe, noch ein ergiebiges Feld für die Thätigkeit der Naturforscher boten, so ersuchte Graf Eulenburg den Commodor, die Fregatte Thetis nach dem Süden zu schicken. Die Capitän Jachmann ertheilte Instruction dirigirte Denselben zunächst nach Hong-kong, und zu mehrwöchentlichem Aufenthalt nach Manila; von da war ihm der Weg nur im allgemeinen, durch die Sulu- und Celebes-See, um den Süden von Borneo herum nach Singapore vorgezeichnet, und anheimgegeben, je nach den nautischen und Witterungsverhältnissen die Inseln Mindanao, Borneo, Celebes, Gilolu und Java anzulaufen. Zu seiner Vertretung ertheilte der Gesandte dem Legationssecretär Pieschel die nöthigen Vollmachten. Mit Diesem schifften sich die Herren Dr. von Martens, von Richthofen, Regierungsrath Wichura und die kaufmännischen Mitglieder der Expedition, Herren Jacob und Grube, welche ihre Geschäfte in China beendet hatten, auf der Thetis ein, die am 27. März Shang-hae verliess und erst vor Bankok, wo sie am 22. November Anker warf, wieder mit der Arkona zusammentraf.

In Shang-hae liegt die Niederlassung der Fremden östlich der mauerumschlossenen chinesischen Stadt am Ufer des Wu-son. Eine Reihe palastartiger Gebäude säumt den »Bund«, so heisst der breite Quai am Flusse. Die steinernen Häuser der Fremden blicken kalt und langweilig in die öden Strassen; lebendig ist es nur in den chinesischen Gassen. — Dort wohnen im Schutz der Barbaren dichte Haufen betriebsamer Landeskinder, die dafür den höchsten Grundzins zahlen. — Jeder der Vertragsmächte wurde ein bestimmtes Terrain zugewiesen, so dass es ein englisches, französisches, amerikanisches Viertel gab; die meisten Deutschen wohnten damals in der englischen Niederlassung. Die Kaufleute erhielten den Grund und Boden zu bestimmten Normen von den Consular-Behörden und verpachteten ihn theilweise mit grossem Vortheil an Chinesen.

Die europäischen Strassen laufen vielfach zwischen Gartenmauern, über welche die Wohngebäude fortblicken; eine gleicht der anderen. Zuweilen trabt ein Reiter auf englischem, australischem oder arabischem Ross durch die todten Gassen; hin und wieder begegnet man langen Zügen von Kuli's,[125]) die je zwei an schwankem Bambus aufgehängte Seidenballen in tactmässigem Laufschritt nach dem Bund tragen. Dort lärmen dichte Haufen fremder und bezopfter Matrosen. Nah der Chinesen-Stadt bedeckten damals den Wu-soṅ-Fluss, in lange Gassen geordnet, die unzähligen Boote der geflüchteten Canalbevölkerung von Su-tšau, das die Tae-piṅ noch immer besetzt hielten. Vor der Ansiedlung ankerten malerische Dschunken, fremde Dampfer, Schooner, Barkschiffe und Kanonenboote, noch weiter flussabwärts die grösseren Kriegs- und Handelsschiffe. — Bei schönem Wetter ging Nachmittags die ganze europäische Bevölkerung auf dem Bund spazieren, wo zuweilen das Musikcorps der Arkona spielte. Man ahnt hier Shang-hae's grossartigen Handel, welcher in seinen besten Jahren den achtzehnten Theil des Werthes der gesammten englischen Einfuhr geliefert haben soll. Hunderte von Seidenballen lagern, der Einschiffung harrend, am Bund, jeder Ballen wohl 1000 Dollars werth. In den Gewinn dieses Handels theilten sich damals wenige deutsche, englische, französische und americanische Häuser von ungeschminkter Opulenz: die Einrichtungen prächtig, auf den Tafeln die Leckerbissen aller Länder, in den Küchen berühmte französische Köche, in den Ställen die edelsten Pferde. Die wenigen Kaufläden führten europäische Artikel aller Art; neben kostbaren pariser Broncen und Toiletten lagen Yorkshire-Schinken, Streichhölzer und Stiefeln neben Goldschmuck und Diamanten. Der ansässige Kaufmann verschmäht fast nach dem Preise zu fragen: zu Neujahr kommt die Rechnung. Klein Geld giebt es kaum; denn die chinesischen Kupfer- und Eisenmünzen cursiren nur unter den Eingebornen. Selten sieht man englische Drei- und Sechs-Pence-Stücke; die gangbare Klein-Münze ist der englische Shilling, der als Viertel-Dollar gilt. Da es aber auch daran mangelt, so zerhaut man die mexicanischen Dollars in vier Theile. Die Schiffsmannschaften, welche ihren Sold in dieser Münze beziehen, haben nun das

---

[125]) Der Ausdruck Kuli, Coolie bezeichnet bei den Fremden in China die grosse Classe des Proletariates, die ohne bestimmtes Gewerbe auf jede Weise ihren Lebensunterhalt zu verdienen sucht; also Tagelöhner, Lastträger u. s. w.

Talent entwickelt, durch geschickte Theilung aus jedem Dollar fünf Viertheile zu schlagen, eine Manipulation, in welcher auch die Matrosen der Arkona und Thetis sehr geschickt wurden. — Grossen Luxus trieben damals die vornehmsten englischen Handlungshäuser in Dampfern: nur um in Shang-hae die Post aus Hong-kong einige Stunden vor Ankunft des »P. and O.«[126]) Schiffes zu haben, liessen sie auf berühmten schottischen Werften die schnellsten Dampfer bauen; bei günstigen Conjuncturen sollen oft grosse Summen damit gewonnen werden.

Man lebt in Shang-hae wie in europäischen Städten und würde sich kaum im fremden Welttheil fühlen, wenn nicht die bei uns die Hauptmasse der Bevölkerung bildenden ärmeren Classen fehlten. Die »Gesellschaft« ist sehr klein, in wenig Tagen kennt man alle Gesichter. Die Gegenwart der französischen und der englischen Garnison, welche zum Schutz gegen die Tae-pin in Shang-hae blieben, brachte damals einige Abwechselung in das gesellige Leben. Die angesiedelten Kaufleute, die Consuln, die Befehlshaber der Truppen und Kriegsschiffe wetteiferten in Festlichkeiten, — aber die glänzendsten Bälle konnten nur sechzehn Damen aufweisen, darunter eine unverheirathete; das war der ganze Bestand. Bei allem Glanz und Luxus hat die Geselligkeit in diesen Ansiedlungen etwas unharmonisches; die Damen besonders stammen aus den verschiedensten Lebenskreisen, und da hier alles Ansehn auf Reichthum beruht, so begegnet man starken Anomalieen; an Stadtklatsch und Kabalen ist kein Mangel.

Für uns war der Aufenthalt in Shang-hae ein angenehmer Ruhepunct, eine kurze Pause der Reise im fremden Welttheil, fast eine vorübergehende Rückkehr auf europäischen Boden. Den gastfreien Ansiedlern dankten wir willkommene Belehrung über Land und Leute, den fremden Officieren anziehende Berichte aus dem jüngsten Feldzug über Pe-kin und den Sommer-Palast, von wo sie manches Beutestück zeigten. Graf Eulenburg erwiederte die erwiesene Gastfreundschaft durch mehrere Feste an Bord der Arkona: zunächst am allerhöchsten Geburtstage Seiner Majestät des Königs, an welchem nicht nur die preussischen und die fremden Kriegsschiffe, sondern auch die Handelsschiffe aller Nationen schon früh im reichsten Flaggenschmuck prangten. Auf der Arkona war

---

[126]) Peninsular and Oriental steam-navigation-company.

Morgens Gottesdienst; um zwölf Uhr brachte Capitän Sundewall mit der auf dem Verdeck angetretenen Mannschaft ein donnerndes Hoch auf Seine Majestät König Wilhelm aus, während Arkona und Thetis den königlichen Gruss von dreiunddreissig Schüssen feuerten. Die englischen und französischen Kriegsschiffe lagen dem Ufer zu nah, um ohne Gefahr für die Fensterscheiben der Stadt salutiren zu können; doch traten dort die Wachen in's Gewehr und präsentirten unter den Klängen von »Heil Dir im Siegerkranz«. Zwei Hamburger Schooner feuerten mit nur zwei Kanonen einen wackeren Salut von einundzwanzig Schüssen. Um zwei Uhr versammelten sich an Bord der Arkona die vom Gesandten geladenen Gäste, darunter General de Montauban, Contre-Admiral Protet, Capitän Corbett von der englischen Flotte, die Consuln von England, Frankreich, Hamburg, Hannover und Oldenburg. — Erst bei einbrechender Dunkelheit schieden die Gäste.

Am 9. April gaben Graf Eulenburg und Capitän Sundewall auf der Arkona ein Tanzfest, zu welchem die Officier-Corps der Kriegsschiffe und die Elite der Gesellschaft geladen wurden. Das Quarterdeck war in einen Ballsaal verwandelt: die Seitenwand bildeten in hübscher Drappirung die Flaggen aller Länder, die Decke das Sonnensegel in beträchtlicher Höhe. Blumengewinde, Bambuswedel, Sträusse von Camelien- und Pfirsichblüthen, die blankgeputzten Landungsgeschütze und Waffentrophäen, um die Landesflagge gruppirt, gaben dem Raum zugleich ein festliches und militärisches Ansehn. Durch Lücken, welche Licht und Luft einliessen, blickte man auf die sonnigen Ufer, — es war ein heiterer warmer Frühlingstag. — Gegen zwei Uhr Nachmittags erschienen General de Montauban und Contre-Admiral Protet mit ihren Stäben und dem Musikcorps des 101. Infanterie-Regimentes, welches abwechselnd mit dem der Arkona zum Tanze spielte und grössere Stücke vortrug.

Den 18. und 19. April fanden von schönem Wetter begünstigt auf der Bahn von SHANG-HAE die Frühlings-Rennen statt. Die Rennbahn, anderthalb englische Meilen im Umkreis, ist musterhaft angelegt und gehalten; ein steinernes Gebäude mit offener Galerie dient der eleganten Welt als Tribüne. Dort fand sich auch der TAU-TAE oder Präfect von SHANG-HAE in einer Sänfte mit Gefolge von Lanzen-, Schwert- und Fahnenträgern ein, die eher schmutzig theatralisch als kriegerisch aussahen und beim Kommen und Gehen ein merkliches Gebrüll ausstiessen. — Es waren nur Herren-Rennen, geritten von den Eigenthümern der Pferde oder deren Freunden in Jockey-Tracht. Für einheimische Ponys gab es zwei Preise, einen für Araber; alle übrigen galten englischen Pferden und australischen englischer Race; letztere siegten in den meisten Rennen. Bei der Tribüne spielte die französische Militärmusik. Ein buntscheckiger Haufen von Chinesen, englischen, französischen und indischen Soldaten säumte die Bahn, und es ging wenig anders zu als auf englischen Rennplätzen. Die Kaufleute wenden grosse Summen auf diesen Sport und wetten so stark wie in der Heimath.

Unsere deutschen Landsleute machten uns das Leben sehr angenehm. Sie allein hatten sich damals in Shang-hae einen geselligen Mittelpunct geschaffen; dazu führte zunächst das musicalische Bedürfniss. Die Liedertafel »Germania« besass einen hübschen Saal mit Lese- und Billardzimmer, wo die Mitglieder der Expedition gastfreie Aufnahme fanden. Der Verkehr mit den Landsleuten und die Berührung mit der heimischen Civilisation that Allen wohl; für den »Reisenden« aber bietet Shang-hae wenig Anziehendes. Man fühlt sich nicht zu Hause, denn das Volksleben, die arbeitenden Classen fehlen, — noch auch recht in der Fremde, weil das europäische Element so stark vertreten ist. Freilich bedarf es nur eines kurzen Ganges, um ganz in China zu sein; aber das chinesische Shang-hae ist so durchaus reizlos, verfallen, so unerlaubt schmutzig und übelriechend, dass wir ihm immer gern den Rücken wandten. Zudem war das Wetter während des fast siebenwöchentlichen Aufenthaltes fast durchweg abscheulich. Shang-hae liegt in der Breite von Kaïro, wo im April die Hitze unerträglich wird. Hier aber regnete, schneite und stürmte es den März über unablässig, und im April entbehrte man ungern des Kaminfeuers. Brach einmal die Sonne durch, so glühte plötzlich die Luft, und wurde im Umsehn wieder eisig, hart und schneidend. Der Sommer ist verzehrend heiss, doch giebt es oft im Juni noch Schnee.

Zwischen der Ansiedlung der Fremden und der Stadtmauer liegt ein freier Raum, bedeckt mit wüsten Trümmerhaufen. Hier stand die reiche chinesische Vorstadt, welche beim Angriff der Tae-piṅ am 19. August 1860 eingeäschert wurde; alle chinesischen Grosshändler hatten dort ihre Wohnungen und Lager. Der Brand währte mehrere Tage; Tausende kamen um Haus und Hof und mussten auch für die Zukunft ihrem Besitz entsagen, denn die Franzosen, deren Ansiedlung an diese Vorstadt grenzt, widersetzten sich aus strategischen Rücksichten der Herstellung.

Die Ringmauer von SHANG-HAE ist aus Luftziegeln erbaut, etwa 25 Fuss hoch. Auf dem zwölf Fuss breiten Umgang standen kleine eiserne Geschütze und die Zelte der Wachen, die meist schlafend betroffen wurden. Zur Sicherung gegen die TAE-PIN hielten damals noch englische Truppen eines der Stadtthore, ein anderes französische besetzt; zu Erleichterung des Verkehrs mit der Fremdenstadt war auf dieser Seite eine Bresche in die Ringmauer gebrochen. Das Innere ist ein Labyrinth enger, krummer, kothiger Gassen und Winkel, in denen sich eine bunte Menge lärmender Chinesen, französischer und anglo-indischer Soldaten drängte. Lange Züge von Kulis schleppen die Lasten, denn für Karren oder Thiere ist kein Raum. Begegnet man einer Sänfte, — die langen Tragstangen ruhen auf den Schultern der Träger, — so ist kaum auszuweichen. Man watet in tiefem Koth, über schlüpfrige Steinplatten. In den offenen Thüren der Häuser, die fast sämmtlich Kaufläden oder Schenken sind, sitzen die Bewohner, schwatzend, rauchend, arbeitend; man blickt in Werkstätten und Kramläden, wo in buntem Schmutz Gemüse, Fische, Schweinefleisch, Früchte, Haifischflossen und andere ungeheuerliche Esswaaren, oder ein tolles Allerlei von Tabaks- und Opiumpfeifen, Glimmkerzen, Seidenzeugen, Tusche, Porcelan, europäischen Glasflaschen, Streichhölzern und dem in der ganzen Welt unvermeidlichen englischen Kattun durcheinander liegen. — Manche Gewerke haben ihre eigenen Gassen; so die Schuhmacher, Strohflechter und die Holzschnitzer, die hübsche Rahmen fertigen und die Platten zum Buchdruck schneiden; denn mit beweglichen Typen wird nicht gedruckt.

Die Häuser sind von Holz und Stein, ein- bis zweistöckig, mit geschnörkeltem buntem Zierrath und phantastischen Aushängeschilden; aber schwarz und russig, verkommen und baufällig. Aus den Garküchen strömen Dämpfe siedenden Fettes; in allen Winkeln liegen Kehrichthaufen, unaussprechliche Dünste athmend. Entsteht durch Nachlässigkeit eines Hausbesitzers Feuer, so haben alle durch seine Schuld abgebrannten Nachbarn das Recht, den Schutt ihrer Häuser auf sein Grundstück zu schleppen; so entstehen oft mitten in dichtbewohnten Gassen ungeheure Schutthaufen, bequeme Stätten zu Ablagerung aller Undinge, die dort ungestört faulen dürfen. Aus trüben Pfützen schöpft man das Trinkwasser, das mit Alaun geklärt und meist als Thee genossen wird; in grossen Kesseln siedet er auf dem Herde der zahlreichen Kneipen. Im Gebrauch geistiger Getränke sind die Chinesen mässig; ihr Sam-šu ist ein aus Reis bereiteter Branntwein; dagegen rauchen sie fast beständig den im Lande gebauten schlechten Tabak. Die Pfeifen gleichen den japanischen, haben fusslange Rohre und metallene Köpfchen, die man in wenig Zügen leert; ein salpetergetränkter glimmender Fidibus giebt angehaucht eine helle Flamme, und Pfeife folgt auf Pfeife. — Opiumhöhlen finden sich in Shang-hae wie anderwärts im Reiche der Mitte für alle Volksclassen. Die Raucher liegen auf Bänke gestreckt, etwas Opium wird abgeschabt, gekocht und durch Papier filtrirt, der bräunliche Satz zu einem Kügelchen gedreht, das der Raucher an der Spitze einer Nadel über einer Oelflamme schmilzt. Die Pfeife bildet ein fusslanges Rohr mit seitlich angebrachten Metallnäpfchen, das der Raucher vor das schmelzende Kügelchen bringt, um den Duft einzusaugen. Dem Anfänger sollen eine bis zwei Pfeifen genügen, während der Geübte Stunden, ja Tage lang eine nach der anderen raucht. Mässig genossen wirkt Opium kaum verderblicher als Tabak, und selbst das Uebermaass hat nach gültigem Zeugniss keine schlimmeren Folgen als Branntweintrunk; niemals soll es so viehische Zustände erzeugen, führt aber zu Siechthum und frühem Tode. Der Knochen- und Muskelbau widersteht dem Gifte länger als das Nervensystem: man sieht Männer mit kräftigen Gliedern, die ein elendes Dasein hinschleppen und jede Arbeit meiden. — Der Dunst der Opiumhöhlen ist betäubend.

Die Tempel von Shang-hae sind so schmutzig wie alles Uebrige. Man tritt durch ein rohbemaltes Thor in den Vorhof, wo es lustig hergeht: da wird gewürfelt, geflötet, geplaudert, gewahrsagt, Karten und Domino gespielt. In einem Haupttempel bereitete man bei unserem Besuch zu Belustigung des Götzen eine theatralische Vorstellung nebst Concert vor. Die Tempel gleichen den beschriebenen in Singapore, sind aber meist von roher Bauart, schmutzig, verfallen, und die Sammelplätze aller obdachlosen Bummler und Bettler. Die grösseren Tempel umgeben viele Höfe und Nebengebäude, mit Ausgängen nach verschiedenen Gassen; in

Hallen und Gängen stehen lange Reihen grotesker Bildsäulen, kanonisirte Kaiser, Priester und Weltweise darstellend. Die sonderbarsten Fratzen, colossale Schreckbilder mit grimmigem Schnurr- und Knebelbart finden sich in den Tempeln der Tao-Secte: das sind die schicksallenkenden Dämonen, die Spender allen Uebels, das des Volkes abergläubische Furcht durch Opfer abzuwenden trachtet.

Der Justizpalast, wo der Tši-hien oder Oberrichter wohnt, ist eben so schmutzig wie die Tempel; zwei Flaggenmaste bezeichnen die Wohnung des hohen Beamten. Solche Masten, an welchen bei Festlichkeiten bunte Banner und Laternen prangen, stehen vor allen grösseren Tempeln; Mandarinen soll diese Auszeichnung zuweilen durch kaiserliche Gnade verliehen werden. — Am Thore des Justizgebäudes sieht man gewöhnlich Sträflinge mit dem Kaṅ-go, einem schweren Brett um den Hals, auf welchem ihre Vergehen aufgezeichnet sind. In den Vorhöfen lungert das grässliche Geschlecht der Henker und Schergen, das sich von Erpressung und Grausamkeit, oft gegen unschuldig Eingekerkerte, mästet. Von Ketten erdrückt, liegen die Gefangenen dicht gedrängt in engen, dunkelen Verliessen; die von der Regierung gelieferte Kost läst sie langsam verschmachten; in den Wunden und Schwären der elenden Gerippe nagen die Würmer. Wahre Jammergestalten sieht man zum Verhör führen, wo Peitsche und Folter das Geständniss erpressen. Selbst der flüchtige Anblick weckt Grauen.

Vom Blutdurst der Justiz redet folgender Vorfall, der damals frisch im Gedächtniss der Ansiedler lebte. Der chinesische Comprador eines Engländers erschoss beim Putzen eines Revolvers, den er nicht geladen glaubte, einen Freund, der ihn eben besuchte. Niemand zweifelte an der Absichtslosigkeit; der unglückliche Thäter aber floh, da die chinesische Justiz Blut für Blut fordert. Nun zog der Richter seine Frau und Kinder ein und zwang sie durch unerhörte Grausamkeit, den Flüchtling unter Mittheilung ihrer Qualen zur Rückkehr aufzufordern. Der Brief blieb ohne Wirkung, und nach langer Haft wurde die Familie entlassen. Da trieb den Flüchtling die Sehnsucht nach Shang-hae, wo die Schergen ihn bald aufspürten und zur Richtbank schleppten.

Die Stadt besitzt ein reinlich gehaltenes Findelhaus und andere Anstalten wohlthätiger Vereine. Einer derselben stellte sich die Aufgabe, Särge, namentlich für Kinder, an Unbemittelte zu verschenken; das gilt für die grösste Wohlthat. In den Werkstätten des Hauses zimmerte man sie aus festen vierzölligen Bohlen; — so stark und gut verpicht müssen sie sein, denn der Chinese behält seine abgeschiedenen Lieben möglichst lange, oft Jahre lang, im Hause, und stellt dann den Sarg, wenn ein passender Platz oder die Mittel zum Begräbniss fehlen, auf freiem Felde aus. — In einer mit dieser Anstalt verbundenen Schulstube stand ein Götzenbild, vor welchem jedes eintretende Kind sich verbeugte, ein Genius der Wissenschaften, dem zu Ehren der Ofen der Schulstube nur mit bedrucktem Papier geheizt wurde. Stösse von Maculatur lagen im Hofe; mehrere Sammler lieferten den gelehrten Brennstoff.

Schrecklich sind die Badehäuser; man prallt zurück vor Qualm und Dunst. Die auf dem Steinboden des Baderaumes sitzenden nackten Gestalten wurden mit fast siedend heissem Wasser begossen; in den ärmlichen Vorzimmern kleidete, kämmte, rasirte man sich. Reinlicher schienen die anstossenden Gemächer, wo nach dem Bade heisser Thee in kleinen Schalen gereicht wurde.

Als Muster mittelchinesischer Bau- und Gartenkunst ist der sogenannte Theegarten in Shang-hae sehenswerth. Früher Sommer-Residenz des Tau-tae diente die Anlage damals als Cantonnement französischer Truppen. Zum Hauptgebäude, das in der Mitte eines grossen Teiches steht, führt in grilligem Zickzack eine schmale Brücke; die Nebengebäude, meist Pavillons mit geschwungenen Dächern und phantastischem Schnörkelzierrath, liegen unregelmässig zerstreut in den steifen Anlagen, welche mit künstlichen Felsen, Brückchen und anderen Spielereien prangen. — In den besten Gebäuden bestehen die Fensterscheiben aus durchsichtigen Platten von Austerschale.

Die chinesische Bevölkerung von Shang-hae schätzte man 1861 auf 200,000, nämlich etwa 70,000 innerhalb der Ringmauer, 100,000 in den Vorstädten, 25 bis 30,000 in der Fremden-Niederlassung. Dem Europäer scheinen diese und andere Schätzungen chinesischer Bevölkerungen im Verhältniss zum Areal und zur Häuserzahl übertrieben: sie sollen aber auf sicheren Angaben beruhen; man wohnt in China gedrängter als anderswo. Die Nähe der Tae-piṅ brachte häufige Schwankungen in die Volkszahl von Shang-hae; viele Bürger flohen vor ihnen aus der Stadt, zahlreiche Landbewohner flüchteten hinein. Auch vor den kaiserlichen

XIII. Zeichen des Verfalles. 385

Truppen und den versprengten Resten der Armeen, welche nach den Siegen der Tae-pin und dem Fall von Su-tšau (1860) in gelösten Schaaren plündernd durch das Land zogen und Shang-hae überflutheten, wichen viele Bewohner mit Allem was sie bergen konnten. Im Ganzen minderte sich die Volkszahl und vorzüglich der Wohlstand. Die Verbrennung der reichsten Vorstadt, die Stockungen des Handels, welche die Verwüstung der Seiden-Districte durch die Tae-pin nach sich zog, und die für Kriegführung gegen diese gebrachten Opfer müssen die Bevölkerung hart mitgenommen haben. Noch immer gab es vermögende Kaufleute; aber das Volk war arm und ausgezehrt. Aeussere Zeichen der Opulenz sah man nirgends.

In minderem Grade erhält man den Eindruck tiefen Verfalles, welchen Shang-hae macht, auch in anderen chinesischen Städten. Es ist, als hätte ihre Gesittung sich ausgelebt. Ueberall zeigt sich die äusserste Vernachlässigung und Hinfälligkeit neben Spuren der alten Cultur, Kraft und Grösse. In den Häusern der Wohlhabenden schimmern das schönste Schnitzwerk, Porcelan und Broncen von echtem Kunstwerth durch den Staub und Schmutz von Jahrzehnten. Die Bemittelten kleiden sich noch reinlich und anständig; aber ihr Hausrath ist zerbrochen, ihre Diener gehen zerlumpt. Ueberall die gleichen Zeichen der Verkommenheit; selbst der Luxus tritt plump und schäbig auf. So kann es nicht gewesen sein in China's Blütheperioden. Viele Kunstfertigkeiten sind ganz verloren gegangen; in anderen sind die Chinesen noch heute Meister, so weit das Mechanische geht, sie können aber nur nachahmen, nicht erfinden, schaffen; die Thatkraft fehlt und das muthige Leben, das uns in Japan freute. Der heutige Chinese ist so zu sagen das todte Erzeugniss seiner Erziehung; die Gesittung muss altersschwach, verknöchert und ohne treibende Kraft sein, die kein neues schaffendes Leben, keine thätigen Geister weckt.

Solch Urtheil mag hart klingen einem Volke gegenüber, dessen Sprache man nicht kennt, und der Verfasser ist weit entfernt, Kennern wie Meadows zu widersprechen, welche mit Bewunderung von den sittlichen Eigenschaften der Chinesen reden. Eine Cultur, die ein so ungeheures Volk zusammengekittet, zu solcher Höhe der Bildung und des bürgerlichen Lebens erhoben hat, — in welchem zum geringsten Theile die Gewalt, zum grössten das Bewusstsein des sittlichen Gesetzes Recht und

Ordnung, den Staat und die Familie erhält und sichert, — muss auf festen Grundlagen ruhen: aber dem Eindruck kann sich kein Unbefangener entziehen, dass sie nicht mehr schöpferisch wirkt. Individuell hat der heutige Chinese etwas Fertiges, Selbstgenügsames, ja Abgelebtes, Würdeloses. Vielen fehlt es nicht an einer gewissen Tüchtigkeit: sie fassen schnell, handeln geschickt und sind zu allen practischen Arbeiten anstellig, die man sie lehren mag; doch hat ihr Wesen etwas Hohles, Prosaisches, Maskenhaftes. Fragt man ansässige Europäer, so spenden sie der Redlichkeit und Zuverlässigkeit einzelner heimischen Kaufleute, Handlungsgehülfen und Diener das höchste Lob; viel mehr noch hört man aber von Schurkerei, Hinterlist und berechneter Grausamkeit reden. Die Familienliebe ist eine anerkannte Eigenschaft der Chinesen; aber von Zügen hochherziger Freundschaft, Hingebung und Aufopferung wird wenig berichtet; und diejenigen Eigenschaften des Geistes und Herzens, welche dem Leben den höchsten Werth verleihen, scheinen selten zu sein. Ausnahmen giebt es gewiss; aber im Ganzen ist der heutige Chinese ein gesundes Weltkind, das sich mehr aus practischen als aus sittlichen Rücksichten der bürgerlichen Ordnung fügt, und auf seinen Vortheil bedacht ist, so weit es ihn nicht in schlimme Conflicte bringt. So erscheint wenigstens dem oberflächlichen Beobachter der Durchschnitt. Ein zuverlässiger Maassstab für die Gesittung eines Volkes ist der Werth des menschlichen Lebens, welcher steigt mit dessen würdigem Genuss. Der Werth des Menschenlebens ist aber kaum irgendwo geringer als in China.

Oft wird behauptet, die Mandschu verschuldeten China's Verfall. Hätte wohl nicht das massige Reich die wilden Horden abgeschüttelt, wenn es bei voller Kraft war? Die Entsittlichung am Hofe der letzten Miṅ-Kaiser deutet auf arge Zerrüttung im Volke. Man könnte sogar vermuthen, dass der kräftige, wenn auch rohe Tartarenstamm dem alternden Körper frische Säfte zuführte. Kaṅ-gi, der in sechzigjähriger Regierung die Macht seines Hauses begründete, war ein grosser Herrscher. Unter dem grössten Kaiser der Tsiṅ-Dynastie, Kien-loṅ,[127]) der ebenfalls sechzig Jahre regierte und dann abdankte, um seinen Grossvater nicht zu beschämen,

---

[127]) Kaṅ-gi regierte von 1662 bis 1722; Kien-loṅ herrschte von 1735 bis 1795 und starb 1799, 89 Jahre alt.

erlebte China wieder eine hohe Blüthe, und zwar, nach Kunstwerken, — keineswegs vereinzelten, — aus dieser Periode zu urtheilen, der gesunden, kräftigen Blüthe. Da ist, wenigstens in der Kunst, kein Zeichen des Verfalls, kein sinnliches Raffinement, sondern frisches rüstiges Leben. Sollte das nicht die Tsiṅ-Herrschaft, das Aufrütteln der alten chinesischen Cultur durch die kräftige Hand der Tartaren-Kaiser gewirkt haben? — Erst unter KIEN-LON's Nachfolgern, in diesem Jahrhundert, scheint der Verfall eingetreten und reissend fortgeschritten zu sein; die mächtige Hand fehlte, welche das Reich zusammenhielt, und in sich hatte der Organismus keine Lebenskraft. KIA-KIṄ war ein schlechter Regent und Verschwender; er führte den Aemter-Verkauf ein. TAU-KWAṄ hatte bürgerliche Tugenden aber keine Herrschergaben. Die englischen Kriege brachten die grösste Noth über das Reich und gaben es Rebellionen preis; sie zerbrachen das göttliche Ansehn des erwählten Himmelssohnes und den Wahn von der Unbesiegbarkeit der Tartaren, auf welchen das Tsiṅ-Haus seine Herrschaft wesentlich gründete; sie zerrütteten die Finanzen und zwangen den Kaiser zu ausgedehntem Aemter-Handel und Einführung von Geldstrafen, welche seitdem eine unentbehrliche Quelle des Staatseinkommens wurden. Dadurch erhielt allerdings die chinesische Gesittung den härtesten Schlag. Denn ihr ist der Kaiser der erwählte Sohn des Himmels, das berufene Organ der Weltordnung, mit welcher er sich im vollkommensten Einklange befindet; seine Befehle sind die Gebote des Himmels, denen sich jeder Gute fügt, um selbst im Einklang mit der Weltordnung zu leben. Seine Geburt giebt dem Kaiser kein Recht auf den Thron; der Vorgänger, welchen seine Regierung als Himmelssohn legitimirte, hat ihn unter seinen Agnaten erwählt. Dass die Wahl richtig war, muss erst die Regierung des neuen Kaisers, der Segen beweisen, welchen sie dem Reiche bringt; die Prüfung, die er täglich besteht, zeigt ihn als den Würdigsten, als echten Himmelssohn. Wie nun der Thron, so sind auch alle Aemter berufen, die Weltordnung zur Geltung zu bringen; die Würdigsten sollen sie bekleiden. Diese im ganzen Reiche herauszufinden, ist der Zweck der öffentlichen Prüfungen, einer Einrichtung, die, nach Ueberwindung des Feudalismus vor Jahrhunderten zum integrirenden Theil des politischen Systemes wurde und auf dessen sittlicher Grundlage beruht.

Nun blieb ja die Herrschaft der Tsiṅ, welche sich die chinesische Gesittung aneigneten, in gewissem Maasse doch eine Gewaltherrschaft und stritt gegen das Grundprincip des chinesischen Staates, dass das Bewusstsein der sittlichen Weltordnung, nicht Gewalt die Menschen regieren soll. Durch sittliche Mittel soll die Ordnung erhalten, die Menge gelenkt werden von den Würdigsten, durch Prüfung bewährten. Im ganzen Reiche aber erinnerten Mandschu-Garnisonen und Mandschu-Beamte an den fremden Zwang. Letztere bestanden keine Prüfung; was der an Cultur weit überlegene begabte Chinese nur durch angestrengteste Arbeit errang, das fiel dem rohen Mandschu als reife Frucht seiner Abstammung zu; denn um sie zu verbinden und sich im Beamtenstande eine zuverlässige Stütze zu sichern, vergaben die Mandschu-Kaiser beständig viele Stellen ohne Prüfung an ihre Stammgenossen. Noch schlimmer wurde es aber, als sie solche verkauften. Nicht nur musste das den Chinesen erbittern, nicht nur stritt es gegen sein sittliches Bewusstsein, sein natürliches Anrecht auf Theilnahme an der Staatsleitung und die daraus erwachsenden materiellen Vortheile, sondern es erzeugte schlechte Verwaltung und Erpressungen. Der Amtskauf war eine Capital-Anlage, welche den Käufer darauf anwies, das Volk auszusaugen. Während die intellectuellen Fähigkeiten des geprüften Mandarinen einige Bürgschaft leisteten auch für seinen Charakter, kamen jetzt wichtige Aemter in die Hände roher unwissender Menschen, die ohne politische oder sittliche Rücksichten nur darauf ausgingen, ihre Taschen zu füllen. Die Grausamkeit, Willkür und Käuflichkeit dieser Blutsauger gewahrt selbst der Fremde; gewiss beschleunigen sie wesentlich den schnellen Verfall des chinesischen Reiches, sind aber doch wohl mehr förderndes Symptom als Wurzel der Krankheit.

Einen furchtbaren Schlag versetzte Tau-kwaṅ der chinesischen Gesittung auch durch Einführung der Geldstrafen. Der Mammon giebt im fernen Osten weit weniger Ansehn als bei uns, wenn auch der Chinese ebensosehr danach strebt. Das Grundprincip des uralten chinesischen Strafgesetzes war volle Unpartheilichkeit, volle Gleichheit ohne Ansehn der Person, des Ranges und Vermögens. Es gab keine Geldstrafen. Die Einführung derselben musste die ärmeren Classen und somit die Masse des Volkes mit grausamer Härte treffen und verderben. Auch diese Maassregel fördert ohne Zweifel die Auflösung, aber verursacht sie nicht.

Wäre die chinesische Gesittung bei gesunder Kraft, sie stiesse diese Schäden ab. Sie trug die Blüthen, deren sie fähig war, wird aber vielleicht keine neuen treiben, sondern verdorren. Es wäre eine dankbare Arbeit, den Mängeln und Lücken der chinesischen Cultur und deren inneren Gründen nachzuspüren; dazu fehlen dem Verfasser die Kenntnisse, Zeit und Gelegenheit. Die factischen Ergebnisse aber drängen sich jedem Reisenden auf, und die Tiefe der Zerrüttung weckt den Gedanken, dass es der Einimpfung neuer Elemente, vielleicht unserer eigenen höheren Cultur bedarf, um die chinesische wieder zu heben, der Auflösung ein Ziel zu setzen.

In Shang-hae hatten wir wenig Verkehr mit Mandarinen. Seit Zerstörung von Su-tšau wohnte dort der Fu-tae oder Statthalter von Kiaṅ-su, Siue-tšwaṅ, ein Würdenträger mit dem rothen Knopf ohne Abzeichen, welcher die höchste Rangstufe verleiht. Die erste Berührung fand bei einem militärischen Exercitium statt, das der Fu-tae für General de Montauban anordnete. Mit Diesem begaben sich Graf Eulenburg und einige seiner Begleiter am 10. April Nachmittags auf den eingefriedigten Exercirplatz innerhalb der Stadt. Drei Kanonenschüsse begrüssten die Fremden. Durch ein von Fahnenträgern gebildetes Spalier gelangten sie zu einem langen, niedrigen Zelt, wo der Statthalter sie empfing. Der commandirende chinesische Officier sprach knieend einige Worte zum Fu-tae und gab darauf mit einer rothen Fahne das Signal. Zuerst kam ein Vorbeimarsch in Sectionen; die beiden ersten bildeten Krieger mit schweren Luntenflinten, die je zwei, der eine den Kolben, der andere den Lauf auf den Schultern trugen. In den folgenden Sectionen — zusammen höchstens 200 Mann — führte jeder Soldat eine gewöhnliche Luntenflinte Nun stellten sich die Leute mit den schweren Flinten in Abständen von einigen Schritten vor dem Zelte auf und gaben mit ziemlicher Präcision mehrmals Feuer; dabei ruhte der Lauf auf der Schulter des vorderen Trägers. — Dann kamen die anderen Sectionen und führten ein regelmässiges, für die schwerfällige Waffe ziemlich schnelles Tirailleur-Feuer mit Durchtreten der Glieder aus. Nach Wiederholung dieses Exercitiums bewaffnete sich die ganze Schaar mit buntbemalten Schilden und bildete nach einigem Wirrwarr durch Neben- und Uebereinandertreten eine Art Tableau, wie ein grosses Schild, das der folgenden Schaustellung als Hintergrund diente. Von zwei Einzelkämpfern trug der eine Schwert und Schild, der andere eine lange Lanze oder zwei kurze Schwerter, oder eine Art Dreschflegel. Der zweite drang auf den ersten ein, und dieser zeigte seine Gewandtheit, indem er theils die Schläge mit dem Schilde parirte, theils auswich, sich auf der Erde kugelte und hinter seinem Gegner aufsprang. Zehn solcher Paare erschienen hintereinander und thaten dasselbe; man glaubte Kunstspringer zu sehen, so abgepasst, so unkriegerisch waren alle Bewegungen. Die anwesenden französischen Officiere erklärten, in der Action niemals solche Luftsprünge chinesischer Soldaten gesehen zu haben; es waren wohl abgerichtete Trabanten, die der Fu-tae vorführte.

Den Gästen, welche im Zelt an einem langen Tische sassen, war unterdessen Thee gereicht worden, in welchem frischgrüne Blätter herumschwammen, wahrscheinlich etwas Erlesenes, das nur den Europäern wie ein Kräuterdecoct aus der Apotheke schmeckte. Ein darauf folgender Imbiss aus frischen und eingemachten Früchten, Fleischpastetchen, Kuchen und schrecklichem Champagner war so ärmlich und schmutzig, dass nur Höflichkeit den Ekel überwand. Die bunten, abgestossenen Porcelan-Teller bildeten eine Musterkarte chinesischer und englischer Service, wie sie sich nur bei Klein-Trödlern findet; die europäischen Messer, Gabeln, Löffel und Gläser schienen vielfach gebraucht, aber selten gereinigt zu sein. — Warme Mandelmilch und eine zweite Dosis Thee, anders bereitet, schlossen die Mahlzeit.

Am 12. April machte der Gesandte mit einigen Begleitern dem Fu-tae einen Besuch. Morgens sandte er nach chinesischem Brauch seine Visitenkarte. Jeder Mandarin hat deren zwei; die eine nur mit seinem Namen, die andere mit allen Titeln, in fetten Lettern von oben nach unten auf Stücke carmoisinrothen Papieres in länglichem Gross-Octav gedruckt. Sie sind auch jedem Europäer im Verkehr mit den Chinesen nothwendig; der Dolmetscher Herr Marques, welchen Graf Eulenburg für die Zeit seiner Anwesenheit in China aus Macao zu sich berufen hatte, entwarf sie für die Gesandtschaft. Da die Chinesen keine Buchstabenschrift kennen, so ist es schwierig, den Klang der fremden Namen wiederzugeben. Ihre Schriftzeichen drücken Begriffe aus; das einsilbige Wort aber, das solchem Zeichen entspricht, hat nebenbei noch viele andere Bedeutungen. Da nun jede anstössige Nebenbedeutung bei der Wahl der Zeichen vermieden werden muss, so hat die Zusammenstellung grosse Schwierigkeit. Pin z. B. heisst Soldat, Eis,

Krug, eine Krankheit, Ruhe und Pfannkuchen; die feinen Unterschiede der Aussprache nach der verschiedenen Bedeutung sind bei vielen Worten kaum hörbar. Lord Elgin, dem in Pe-kiń die mongolischen Kartoffeln schmeckten, bat einen der Dolmetscher, 200 Katti davon zu bestellen, die er mitnehmen wollte. Zum Unglück bedeutet dasselbe Wort »Aal«, und der Botschafter erhielt 200 Katti lebender Aale. — Da wenige chinesische Silben gleich deutschen lauten, so giebt es oft komische Klänge: den Namen Eulenburg drückten die Zeichen Gnai, Lin, Pu aus. Gnai heisst die Blume Artemisia, auch Anmuth, Lieblichkeit; Lin heisst Wald; Pu Meereswelle oder leuchtend, schimmernd. — Im Ausdruck des Ranges auf den officiellen Karten mussten die Worte Ta-kuo, Reich, und Tšin, kaiserlich, der eigenartigen Sprache der Chinesen entlehnt werden; nach chinesischer Anschauung gebühren sie nur dem Reich der blumigen Mitte und seinem himmlischen Herrscher; alle anderen Ausdrücke bezeichnen aber abhängige Staaten und wären deshalb unangemessen.

Das chinesische Ceremoniel fordert auch, dass man in Sänften »vorfährt«; dabei sind die Farbe, die Zahl der Träger u. s. w. für jeden Rang genau vorgeschrieben. Herr Probst hatte für den Gesandten eine schöne geräumige Sänfte besorgt, die mit grünem Zeug beschlagen und mit Frangen garnirt war; acht Träger, die seinem Range gebührten, erhielten kleidsame grüne Costüme mit rothen Borten. Die für seine Begleiter gemietheten Sänften zu vier Trägern waren eng und gebrechlich, aber bequemer als der japanische Norimon; man sass wenigstens aufrecht. Die Bewegung ist unangenehm; die langen Tragstangen aus Bambus federn, und es geht im Laufschritt. Von je zwei Trägern einer Sänfte hat jeder die beiden Tragstangen auf den Schultern, von je vier jeder eine Tragstange; bei acht Trägern hängt das Ende jeder Stange mittelst Strickes an einem Tragholz für zwei Männer.

Gegen zwei Uhr Nachmittags bestiegen wir die Sänften; es ging durch die Fremdenstadt, dann mit Hindernissen durch die engen Gassen der Chinesenstadt; oft mussten die Träger über Geräthe setzen, die im Wege lagen. Eimer mit Fischen, Gemüsekörbe und alte Leute, die sich nicht schnell genug an die Wände drückten, wurden ohne Besinnen umgerannt; entgegenkommende Sänften mussten oft in die offenen Kaufläden geschoben werden. Dabei fluchten und schrieen die Träger ohne Unterlass, denn als Diener des Vornehmen gefällt sich der Chinese in Grobheiten.

Siue-tšwaṅ und der Tau-tae von Shang-hae, — ein Mandarin des rothen Knopfes mit dem Symbol des langen Lebens, also zweiter Rangstufe, — empfingen den Gesandten und seine Begleiter am Eingang des Hauses und führten sie durch einen ärmlichen Hof und prunklose Gänge in das Hauptgemach, das nicht sehr geräumig, aber desto schmutziger war, eine vorn offene Halle mit rauchgeschwärzten Holzpfeilern; etwas geschnitztes Gitterwerk und Fetzen rother Seide mit goldgedruckten Sprüchen darauf sollten ihr ein Ansehn geben. Reinlich war nur die Kleidung der Mandarinen: der mit Pelz gefütterte Rock und die Beinkleider von schwerer dunkelblauer Seide, seiden auch die Stiefel mit dicken Filzsohlen; darüber trug der Tau-tae einen langen Kragen von feinem Lammfell. Von den kleidsamen Wintermützen, auf deren Spitze der Knopf, das Abzeichen des Ranges sitzt, hing bei beiden die Pfauenfeder, ein Zeichen der höchsten kaiserlichen Gunst über den Zopf hinab. Der Fu-tae hatte ein Vollmondsgesicht; der Kopf des Tau-tae war schmal und knochig, sein Wesen lebhaft und aufgeweckt. — Im Grunde des Gemaches stand ein Holzkasten ohne Lehne, bezogen mit geblümtem Kattun, der beschmutzt und zerrissen war. Hier nahm Siue-tšwaṅ zur Rechten des Gesandten Platz, vor ihnen auf einem Stuhle Herr Marques. Für die Attachés standen Stühle auf der rechten Seite, ihnen gegenüber setzte sich der Tau-tae.

Der Fu-tae fragte neugierig nach dem Lande Preussen, Po-lo-su, das er nicht kannte und mit Pi-li-ši, Belgien, verwechselte, welches 1858 vergebens mit China in diplomatischen Verkehr zu treten suchte. Der Gesandte unterrichtete ihn von seiner Absicht, in Tien-tsin oder Pe-kiṅ der kaiserlichen Regierung seine Anträge zu machen. Die beiden Würdenträger wussten von den Beschwerden der Landreise dahin viel zu erzählen; zur See machten sie niemals den Weg. Der Mission des Gesandten schenkten sie wenig Aufmerksamkeit; doch äusserte der Fu-tae wie beiläufig, sie werde auf Schwierigkeiten stossen; denn die Verträge seien China's Unglück und hätten nur Kriege verursacht. Die Unterredung durch den Dolmetscher ging etwas schwerfällig. — Die unvermeidliche Collation war eben so reinlich und ungeniessbar wie die auf dem Exercirplatz: den Tisch bedeckte ein bunter Kattunlappen mit

Schmutzflecken; die abgestossenen englischen Fayence - Teller zeigten noch Spuren der letzten Benutzung, und in den trüben Gläsern erkannte man kaum die Farbe des Trankes. Wohlschmeckend waren nur die getrockneten LAI-TŠI, aber der Champagner eben so schlecht als der SAM-ŠU. Beim Abschied geleiteten die Mandarinen den Gesandten bis zur Sänfte und schüttelten ihm die Hand, statt sich nach chinesischer Sitte die eigenen zu drücken.

Bei einem Diner, das General de Montauban Tags darauf den beiden Würdenträgern gab, benahmen sie sich mit grosser Sicherheit. Nach den ersten Gerichten verlangten sie ihre Pfeifen, rauchten einige Züge, und fuhren damit fort, so oft ihre Teller leer waren. Auch ihr Dolmetscher, der, von den Jesuiten erzogen, bequem französisch sprach und im übrigen gute Manieren hatte, konnte der Rauchlust nicht widerstehen.

Am Morgen des 15. April kündigten der FU-TAE und der TAU-TAE dem Gesandten durch Visitenkarten ihren Besuch an; zum Zeichen, dass sie willkommen seien, sandte Graf Eulenburg nach chinesischem Brauch seine eigenen zurück. Gegen zwei erschienen die Herren; das Gefolge, etwa dreissig sehr zerlumpte Galgengesichter mit Fahnen, Schwertern und Schilden füllten Hof und Garten; die militärischen Trabanten trugen Fuchsschwänze an ihren Kappen, die Scharfrichter hohe spitzige Mützen aus blutrothem Filz. Die Sänften der beiden Würdenträger waren mit grünem Zeug beschlagen, unten ein breiter rother Streifen, auf welchem schwarze Schriftzeichen den Rang des Besitzers nannten. Die Sänften der vornehmsten Begleiter, welche den Zug schlossen, glänzten durch Schmutz und Zerlumptheit.

Beim Frühstück assen die Herren Chinesen viel Schinken und Süssigkeiten, waren aber sonst ziemlich mundfaul. Offenbar stellten sie sich unwissend, um dem forschenden Kreuzfeuer von Fragen über die Verhältnisse in PE-KIŃ zu entrinnen, das der Gesandte auf sie richtete. Nach Tisch wurde der FU-TAE guter Dinge; viel Vergnügen machte ihm ein Album von Photographieen, doch ging er schnell über die während des Krieges aufgenommenen Ansichten von PE-KIŃ weg. Von den stärksten Schlägen eines electro-magnetischen Rotationsapparates, die jedem Europäer Zuckungen bereiten, verspürte er wenig Wirkung; er hielt die Kolben ganz ruhig und gefiel sich darin, den Versuch zu wiederholen.

Die Umgebung von Shang-hae ist flach und reizlos, eine unabsehbare Alluvial-Ebene, die sich südlich bis zum Tsien-tan und der Bai von Han-tšau, nördlich bis Wae-gan am Südufer des Gelben Stromes und von der See etwa 30 Meilen westlich landeinwärts erstreckt. So gross wie das Königreich Portugal umfasst sie den grössten Theil der Provinz Kian-su und einen Theil von Tše-kian. Der Yan-tse, dem sie ihren Ursprung dankt, schiebt seinen Bau immer weiter ins Meer hinaus; was heut als niedrige Sandbank nur zur Fluthzeit aus dem Wasser taucht, wird nach wenig Jahren bewohnt und angebaut. Der grösste Theil der Ebene soll kaum zehn Fuss über der höchsten Springfluth, viele Stellen unter deren Niveau liegen. Der Yan-tse-kian durchschneidet sie, nach Osten strömend, ungefähr in der Mitte, der Grosse Canal kreuzt denselben in ihrer westlichen Hälfte. Ein dichtes Netzwerk von Rinnsalen, die weder Flüsse noch Canäle zu nennen sind, durchfurcht die ganze ungeheure Fläche von der Han-tšau-Bai bis zum Gelben Fluss. Dieser liegt höher; mächtige Dämme trennen ihn von der Ebene; hier erst müssen die Canalboote durch Schleusen gehen, während südlich bis zu der etwa 70 Meilen entfernten Han-tšau-Bai der Wasserstand durch den Yan-tse-kian und die Meeresfluthen geregelt wird. Keine Schleuse hemmt den Bootsverkehr in diesem weiten Gebiet; es ist der fruchtbarste und volkreichste Landstrich von China.

Die Wasserläufe in dieser Ebene sind meist die natürlichen Rinnsale, welche bei deren allmäliger Entstehung als Verkehrswege und zum Abfluss des Regenwassers offen gehalten wurden; die grösseren, wie der bei Shang-hae fliessende Wu-son, gleichen Strömen; die kleinsten zu Bewässerung der Felder und Fortschaffung der Aernte dienenden werden auf kurzer Planke überschritten. Nur an wenigen Stellen erheben sich Felshügel einzeln oder in kleinen Gruppen aus der Ebene, einst Inseln, wie die vor der Mündung des Yan-tse liegenden Rugged-islands. Vom Thurm der englischen Kirche in Shang-hae gewahrt man bei heller Luft solche Höhen am fernsten Horizont.

Selten lockte das Wetter zu Spaziergängen; dann wanderte man auf schmalen Pfaden die Rinnsale entlang. Die Brücken bestehen hier meist aus einer schmalen Steinschwelle; — sie müssen aus weiter Ferne herbeigeschafft sein; denn erratische Blöcke kann es nicht geben, da, abgesehen von der südlichen Lage, die Ebene kein gehobener Seeboden ist. Ueberall ist sie angebaut; wir sahen nur schlecht bestellte Weizen-, Gersten- und Bohnenfelder, doch baut man im Sommer auch Reis und Baumwolle. Weit und breit waren alle Bäume und Haine von den TAE-PIŃ und kaiserlichen Soldaten umgehauen; Tausende von Särgen, die frei auf den Feldern umherstehen, erhöhen den Eindruck der traurigsten Oede. Ein günstig gelegener Begräbnissplatz gehört zu des Chinesen höchsten Lebenswünschen; die Bonzen ziehen Vortheil vom Aberglauben des Volkes und suchen für Geld durch Zauberformeln den besten Platz aus. Die das nicht bestreiten können, scheinen die Beisetzung auf freiem Felde der Einscharrung vorzuziehen. Faulende Särge werden oft von wilden Hunden aufgekratzt; dann starrt dem Wanderer der zerfleischte Leichnam entgegen; benagte Gliedmaassen liegen auf den Feldern. — Neben manchen Tempeln stehen Leichenhäuser, wo bei Vermuthung von Scheintod die Körper bis zum Eintritt der Verwesunng ausgestellt bleiben.

Am 17. April machten wir im Reiseboot des Herrn Probst einen Ausflug nach der nahgelegenen Pagode. Alle Handlungshäuser besitzen solche Boote, auf welchen ihre Reisenden die Seidendistricte besuchen; es sind flache chinesische Fahrzeuge, über deren Mitte eine bequeme Kajüte gebaut ist; vorn und hinten arbeiten die Schiffer. — Die Fahrt ging stromaufwärts, zunächst durch dichte Reihen der Dschunken von SU-TŠAU. Gleich oberhalb der Stadt liegt TO-KAN-DU, das Mutterhaus der französischen Jesuiten, welchen vom päpstlichen Stuhl die Provinzen KIAŃ-SU und TŠE-KIAŃ zugetheilt sind. Von da an bieten die Ufer wenig Wechsel ausser vielen gegrabenen Einschnitten, welche durch einen kurzen Wall geschlossen werden können und zum Ueberwintern der Dschunken dienen; denn hier giebt es in der Breite von Kaïro dickes Eis in den Flüssen. — Nur langsam trieb uns die Fluth hinauf; dann bog das Boot etwa fünfviertel Meilen oberhalb SHANG-HAE in ein engeres Rinnsal ein und hielt bei einem verfallenen Landhaus europäischer Bauart, das die Nähe der Rebellen unbewohnbar machte. Von da führte der Weg durch gut bestandene Gersten- und Rapsfelder und Gärten mit mächtigen Pfirsichbäumen, die in voller Blüthe standen.

Die Pagode, ein schlanker zierlicher Bau von hübschen Verhältnissen, besteht aus einem vierseitigen steinernen Kern, um den sich auf achteckigem Grundriss ein Holzbau von sieben Stockwerken erhebt; es sind offene Gallerieen mit geschweiftem, vorspringendem Dachstuhl; der oberste läuft in eine kunstreich geschmiedete eiserne Spitze aus, von welcher Ketten nach seinen hornartig aufwärts gekrümmten Ecken herabhangen. Im Mittelpunct des untersten Stockwerkes sitzt ein vergoldeter Budda. Leiterartige Treppen führen bis zur obersten Gallerie, wo uns die unabsehbare grüne Fläche im herrlichsten Sonnenschein zu Füssen lag; hier und da ein Dorf mit blühenden Pfirsichbäumen, die in dieser Gegend der Verwüstung entgangen waren; der schlängelnde Fluss von tausend Segeln belebt, in der Ferne der Mastenwald von Shang-hae, am äussersten westlichen Horizont zwei inselartig aufsteigende Höhen.

Die niedrigen Häuser des umgebenden Dorfes dienen dem luftigen, leider stark verwitterten und der Zerstörung preisgegebenen Bau als Folie; die Gassen sind wo möglich noch enger, schmutziger und parfümirter als in Shang-hae. Vor kurzer Zeit hatten die Tae-pin hier gehaust; viele Häuser lagen in Schutt und verkohlten Trümmern, im Tempel die Götzen gestürzt und zerschlagen; um eine grosse hölzerne Puppe, die offenbar bekleidet war, hatte das Gesindel Feuer gemacht; schwarz und klumpig sass der Rumpf auf dem Fussgestell. Uebrigens erzählten die wenigen Dorfbewohner, welche unter den Trümmern noch ein elendes Dasein fristeten, die kaiserlichen Soldaten hätten eben so schlimm gewüthet.

Den Rückweg machten wir zu Fuss, um das Missionshaus der Jesuiten in Si-ka-be zu besuchen; man wandelte durch blüthenduftende Bohnenfelder. Die Anstalt liegt einsam im freien Felde, etwa dreiviertel Stunden von der Pagode und zwei von Shang-hae entfernt.

Si-ka-be ist ein Erziehungshaus unter Obhut von sechs Jesuiten-Patres, welche den Gesandten und seine Begleiter freundlich empfingen; wie alle Missionare dieses Ordens trugen sie chinesische Kleidung und den langen Zopf. Einige Patres bereisen die Provinzen Kiaṅ-su und Tše-kiaṅ, wo in kleinen zerstreuten Gemeinden 76,000 chinesische Katholiken wohnen. Sowohl in der Hauptanstalt Si-ka-be als in den anderen unter Obhut ansässiger Seelsorger stehenden Schulen werden nach Verhältniss des Raumes und der Mittel alle Knaben aufgenommen, die sich melden, gleichviel ob von christlichen Eltern oder nicht. Chinesische Lehrer ertheilen ihnen diejenige Erziehung, welche die erste Staatsprüfung fordert. Daneben besteht der Katechumenen-Unterricht für die jungen Christen, welchem die heidnischen Zöglinge beiwohnen dürfen, aber nicht müssen: viele vertiefen sich aus Neugierde in die Glaubenslehren; oft sollen beim Unterricht solche Schüler junge Christen verbessern, die ihre Lection nicht können. Nur die sich freiwillig melden, werden getauft; die Zahl der Katholiken mehrt sich aber in diesen Provinzen ansehnlich, denn Lockenderes giebt es kaum für den Chinesen, als die classische und wissenschaftliche Bildung, welche den Weg zu Staatsämtern, zu den höchsten Würden öffnet.

Bei unserem Besuch zählte Si-ka-be 96 Zöglinge, die in der Anstalt wohnten; dem Alter und den Fortschritten nach waren sie in drei Classen getheilt; nur die Wohlhabenden bezahlten einen Erziehungsbeitrag. Alle schienen wohlgenährt und munter, der gesunde Glanz ihres Auges sprach von körperlicher Frische. Trotz der späten Nachmittagsstunde waren die Schulstuben noch gefüllt: in jeder Ecke sass ein Lehrer mit höchstens zehn Schülern, die er einzeln vornahm, während alle anderen, nach chinesischer Art den Körper wiegend und die Beine schlänkernd, ihre Lection mit singender Stimme sagten. Die Patres beschränkten sich auf den Unterricht in der Religion und im Französischen; letztern geniessen nur die besten Schüler als Belohnung; der Mehrzahl wäre die fremde Sprache Ballast.

Die Anstalt ist äusserlich musterhaft gehalten; in den Ess- und Schlafsälen, den Schulstuben, der Bibliothek, dem Garten, der Apotheke, überall die grösste Ordnung und Reinlichkeit. Die Altäre der Kirche schmücken Oelgemälde, von Zöglingen nach kleinen Heiligenbildchen ausgeführt; wir trafen solchen jungen Maler bei der Arbeit; die Zeichnung war gut, der Ausdruck des Kopfes zart und innig, nur fehlte jede Spur malerischer Wirkung. Den Hauptaltar hat nach französischer Zeichnung ein Zögling meisterhaft in Holz geschnitzt.

Die anwesenden Missionare machten den Eindruck von Männern, die der Welt entsagten und in Erfüllung ihres Berufes die höchste Befriedigung finden. Innere Heiterkeit und Seelenruhe ohne jeden Anstrich von Frömmelei redete vorzüglich aus dem Vorsteher der Anstalt, dessen männliche Lebenserfahrung und feiner Ton vermuthen liessen, dass er nicht immer in der Kutte steckte. Wer die Jesuiten in fernen Welttheilen sah, kann sich dem Eindruck nicht verschliessen, dass sie dort segenreich und anders wirken, als in europäischen Landen, wo der Orden freilich andere Zwecke verfolgt. — Durch frühlingsduftende Gefilde kehrten wir bei Mondschein nach der Stadt zurück.

Tae-pin-Truppen standen damals in unmittelbarer Nähe von Shang-hae. Seit der Zurückweisung im Sommer 1860 wagten sie auf die Stadt keinen Angriff mehr, streiften aber bis in ihre nächste Umgebung. Si-ka-be, wo im August 1860 ein Missionar ermordet wurde, hatte französische Besatzung. Oft stiegen am Horizont die Rauchsäulen brennender Ortschaften auf; zuweilen wurden Dörfer kaum eine halbe Stunde vor den Thoren zerstört. Dann flüchteten die Bewohner unter die Mauern von Shang-hae und schlugen Lager von Strohhütten auf, wo des Jammers kein Ende war. Man sah diese Streifzüge nur als Recognoscirungen der Rebellen an, welche erkunden sollten, ob fremde Truppen die Stadt noch besetzt hielten; das in Shang-hae garnisonirende anglo-indische Reiter-Regiment sandte stehende Patrouillen nach allen Richtungen. Zuweilen zogen kaiserliche Truppen gegen die Aufrührer, hausten aber eben so schlimm wie diese und pressten den Dorfbewohnern durch die Drohung, sie als Hehler von Rebellen anzugeben, oft den letzten Heller ab; wo solcher Verdacht einmal erwachte, übten die Behörden summarische Justiz und mordeten manchen Schuldlosen. Der Tau-tae bedrohte die Erpressungen seiner Krieger umsonst mit den härtesten Strafen: ein zum Ankauf von Seide ausgeschickter Inspector des Hauses Jardine Matheson wurde bald nach unserer Abreise in seinem Boote von kaiserlichen Soldaten überfallen und der baaren Summe von 80,000 Dollars beraubt. Der englische Consul machte den Tau-tae von Shang-hae verantwortlich, in dessen Bezirk die That verübt war; schon nach zwei Tagen hatte man dreissig Räuber mit 50,000 Dollars gefangen; das Fehlende mussten die Behörden ersetzen.

Täglich hörte man von der Ruchlosigkeit der kaiserlichen Soldaten: so schlachtete ein zum Kampfe ausziehendes Detachement vor den Thoren von Shang-hae einen Gefangenen, um die Waffen in sein Blut zu tauchen, im Wahn, das mache siegreich. Einzelne Tae-pin wurden auf diesen Streifzügen wohl gefangen, ihre Häupter barbarisch in den Strassen angenagelt; von ernster Action hörte man niemals. Die Truppen näherten sich dem Feinde in aufgelösten Schaaren auf Schussweite; Jeder nahm einen Gegner aufs Korn und hielt die brennende Lunte auf die Pfanne, was dem Gemeinten Zeit gab, sich zu ducken. Ebenso thaten die Tae-pin. Lautes Schimpfen und höhnende Grimassen bildeten nach dem Bericht von Augenzeugen den wesentlichsten Theil dieser Gefechte. Fragte man die Mandarinen, warum sie nicht kräftiger eingriffen, so gaben sie zu verstehen, dass bei der herrschenden Uebervölkerung ein Aderlass ganz zweckmässig sei; dahinter versteckte sich der gemeinste Stumpfsinn. Auch das Landvolk wäre, in Masse aufstehend, der Rebellen Meister geworden, und die gewöhnliche Ausrede, dass es die Heimsuchung als himmlische Strafe betrachte, mochte kaum gelten. Ihm fehlte die Leitung. Ueberall, wo die Tae-pin niedergeworfen wurden, erschlug sie das rachedürstende Landvolk ohne Gnade.

Einige Wochen nach dem Feldzug gegen Shang-hae wurde dessen Leiter, der Tšun-wan oder »Treue König«, nach Nan-kin berufen, wo sich im October die Hauptführer der Tae-pin zu Feststellung der Pläne für den Winter versammelten. Alle Kräfte sollten auf den Entsatz von Gan-kin, dem Schlüssel der Stellung am Yan-tse gerichtet werden. Eine Armee unter dem Yin-wan musste auf dem nördlichen Stromufer von Ton-tšin nach Wan-tšau, von da auf Han-kau marschiren; eine zweite unter dem Tu-wan sollte Ho-kin am Eingang des Po-yan-Sees angreifen und von da auf dem Südufer stromaufwärts rücken; eine dritte Heersäule unter dem Ši-wan marschirte vom Po-yan-See über Nan-tšan, die Hauptstadt von Kian-si, nach dem Han-kau gegenüber auf dem Südufer des Stromes liegenden Wu-tšan. Die vierte Armee unter dem Tšun-wan hatte die Aufgabe, vom Süden des Po-yan-Sees nach dem Tun-tin-See und von da stromabwärts nach Han-yan zu ziehen, das nur der Han-Fluss von Han-kau trennt. Im April oder März 1861 sollten die vier Armeen in der berühmten Dreistadt zusammenstossen und von da gemeinschaftlich gegen die Gan-kin belagernden Kaiserlichen operiren. — Die in Su-tšau stehenden Truppen wurden angewiesen, im Laufe des Winters Tša-pu und Hai-yuen zu nehmen, während die Nien-fei, eine Rebellenmacht, die sich nicht zu den Lehren der Tae-pin bekannte, unter Umständen aber mit ihnen gemeinsam operirte, — einen Raubzug gegen Yań-tšau, Kwa-tšau und Tšiń-kiań, die drei Städte unternehmen sollten, welche die Kreuzung des Grossen Canals mit dem Yań-tse beherrschen. — Nur theilweise kamen diese Pläne zur Ausführung. Von den vier auf die Dreistadt Han-kau dirigirten Armeen wurden die beiden unter dem Tu-wań und dem Ši-wań von den Kaiserlichen geschlagen und mussten zurück; der Tšun-wań stand im April 1861 auf dem Süd-Ufer des Yań-tse nicht weit von der Dreistadt; der kaiserliche General Pao-tšiao hatte sich aber an seine Fersen geheftet, der Gouverneur von Han-kau sandte ihm eine Colonne entgegen und das Landvolk schnitt ihm die Zufuhr ab, so dass er ebenfalls umkehren musste. Der Yiń-wań besetzte am 18. März 1861 Wań-tšau und bedrohte die Dreistadt, von deren Berennung ihn nur die Vorstellungen der Engländer abhielten. Der Entsatz von Gan-kiń gelang ihm nicht. — Die Nienfei, welche auf die Städte an der Kreuzung des Yań-tse mit dem Kaisercanale marschirten, wurden geschlagen. Nur von Su-tšau aus operirten die Rebellen glücklich gegen den Süden und die Meeresküste, gewannen aber wesentliche Erfolge erst im Herbst des Jahres 1861.

Seit der Einnahme von Su-tšau kamen nach mehrjähriger Unterbrechung wieder protestantische Missionare in Berührung mit den Tae-piń, auf welche sie noch immer grosse Hoffnungen bauten. Damals glaubten selbst viele aus der besten Classe der fremden Kaufleute, dass die Insurgenten mindestens eben so gesittet seien als die Kaiserlichen. Herr Lay,[128] den wir in Shang-hae sprachen, nannte die Rebellen zu schwach, um zu leben, die kaiserliche Regierung trotz unheilbarer Krankheit noch zu kräftig, um zu sterben, und prognosticirte daraus eine allgemeine Auflösung, deren Folgen ausser aller Berechnung lägen. Seitdem sind die Tae-piń vom Erdboden verschwunden und die Auflösung ist nicht eingetreten;

---

[128] Mr. Horatio Nelson Lay war, obgleich als Director aller Zollämter für den auswärtigen Handel in chinesischem Staatsdienst, in den Feldzügen 1858 und 1860 auf englischer Seite thätig gewesen und hatte sich durch sein wegwerfendes Betragen gegen bejahrte chinesische Würdenträger sehr verhasst gemacht. San-ko-lin-sin's Erbitterung gegen die Engländer soll vorzüglich durch Herrn Lay's Auftreten gegen den alten Kwei-liań 1858 hervorgerufen worden sein. — In seiner Stellung als chinesischer Zoll-Director folgte ihm Mr. Hart, welcher verstand, die Erfüllung seiner Pflichten gegen die kaiserliche Regierung mit der Freundschaft für seine Landsleute zu verbinden, und sehr viel zur glücklichen Entwickelung des Verhältnisses zwischen den Fremden und den Chinesen beitrug.

ein siecher Körper lebt oft eben so lange als ein gesunder, und wie der »kranke Mann« an Europas Grenze, so kann auch der abgelebte Stamm an Asiens äusserstem Ende immer weiter vegetiren, ohne Blüthen zu treiben, ohne zu verdorren. Die Masse ist zu gross, um von selbst zusammenzubrechen; die Krankheit einzelner Glieder überwindet der gewaltige Körper. China lebt fort nach dem Gesetze der Trägheit, dem stärksten Moment bei grossen Massen, die um den eigenen Schwerpunct gravitiren, um die selbst losgelöste Theile weiter kreisen, bis äussere Gewalt den Bann zerstört.

Im August 1860 kam der americanische Missionar Holmes nach Nan-kiṅ. Der Tien-waṅ schien erfreut über die Ankunft eines fremden Geistlichen und wollte ihn empfangen, verlangte aber, dass Herr Holmes in chinesischen Gewändern erscheine, Rang und Titel von ihm annehme und vor ihm niederkniee. Dess weigerte sich der Americaner. Nach langen Verhandlungen erschien ein Edict von des Tien-waṅ elfjährigem Sohne, welcher damals schon göttliche Ehren genoss und alle Decrete in Religions- und Regierungssachen zu erlassen pflegte: den Völkern des Westens werde kund gethan, dass er und sein Vater geruhen wollten, den Besuch des ehrwürdigen Herrn zu empfangen. — Den folgenden Morgen — einen Sabbath — bei Tagesgrauen führte eine bunte Procession mit fliegenden Bannern und Musik Herrn Holmes nach dem Palast; er selbst war zu Pferde, die »Könige« folgten in prächtigen Sänften. Den Palast, an dem noch gebaut wurde, vergleicht Herr Holmes mit den grössten Confucius-Tempeln; in der Audienzhalle stellte man ihn zwei Brüdern, zwei Neffen und dem Schwiegersohn des Tien-waṅ vor, welche am Eingang eines zurückspringenden Gemaches sassen. Darüber standen die Worte: Erhabenes Himmelsthor; im tiefsten Hintergrund sah man den leeren Thron des himmlischen Fürsten. Nach einiger Zeit erschien der zwölfjährige Westkönig, ein Brudersohn des Tien-waṅ; er setzte sich zu seinen Verwandten und die Feierlichkeit begann. »Zuerst,« erzählt der Missionar, »knieten die Tae-piṅ mit dem Gesicht nach dem Throne des Tien-waṅ nieder und recitirten ein Gebet an den »himmlischen Bruder«; dann knieten sie nach der entgegengesetzten Richtung und sagten ein Gebet an den »himmlischen Vater«; dann knieten sie wieder mit dem Gesicht gegen den Stuhl des Tien-waṅ und beteten abermals zu ihm; darauf schlossen sie die Feierlichkeit, indem sie stehend sangen. Ein gebratenes Schwein und der Körper einer Ziege lagen mit anderen Sachen auf Tischen in den äusseren Höfen, und Feuer brannte auf einem Altar in dem Raum zwischen dem Thron und dem Ende des Gemaches. Der Tien-waṅ war nicht erschienen und kam auch nicht, obwohl nach Beendigung der Feierlichkeit Alle eine Weile auf ihn warteten.« — Seine Zurückhaltung war sicher durch die Weigerung des Missionars veranlasst, ihn göttlich zu verehren, und die ganze Ceremonie darauf berechnet, demselben zu imponiren. Herr Holmes hatte nachher Unterredungen mit dem Tšan-waṅ, dem »Vollendeten König«, der ihm mit kindlichem Vergnügen eine Musikdose, ein Fernglas und andere europäische Sachen zeigte, aber zu keinem ernsten Gespräch zu vermögen war. Er declamirte immer wieder die alte Redensart, dass alle Menschen Brüder seien, und gab wie beiläufig zu, dass die Offenbarungen des Tien-waṅ nicht zu denen der Bibel stimmten, meinte aber, sie hätten, als die späteren, höhere Geltung.

Herr Holmes war nach einem Besuch in Su-tšau mit günstigen Meinungen nach Nan-kiṅ gegangen: »Ich hoffte, dass ihre Lehren, wenn auch roh und irrig, doch einige Elemente des Christenthumes enthielten. Zu meinem Kummer fand ich vom Christenthume nichts, als seine Namen falsch angewendet, angewendet auf ein System des empörendsten Götzendienstes.« — Vor seiner Abreise aus Nan-kiṅ erschien noch folgender Erlass des Himmelsfürsten:

»Ich Tien-waṅ erlasse ein Edict zu Belehrung solcher Soldatenführer, als sich unter den äusseren Stämmen befinden mögen. — Die zehntausend Völker sollten sich dem himmlischen Vater, dem Herrn in der Höhe, dem höchsten Vater beugen. Die zehntausend Völker sollten sich dem Weltheiland, dem grossen Bruder Christus beugen. Himmel, Erde und Menschen, Vergangenheit, Gegenwart und Zukunft sind dann alle in Frieden. Früher trug der ältere Bruder die Sünden der Menschheit, indem er nach dem Messer rief, die bösen Geister zu erschlagen. Der ältere Bruder hatte früher gesagt: »Das Himmelreich naht und wird sicherlich kommen.« Der Vater und der ältere Bruder sind herabgestiegen und haben das himmlische Reich gegründet, und haben mich und den jüngeren Herrn (seinen Sohn) eingesetzt, die Angelegenheiten dieser Welt zu ordnen. Vater, Sohn und königlicher Enkel sind zusammen Herren des neuen Himmels und der Erde. Der Heiland und der jüngere Herr sind Söhne des himmlischen Vaters; auch des grossen Bruders Christus Sohn und mein

Sohn sind Herren. Der Vater und der ältere Bruder zusammen mit mir sind Eines. Sie haben gewisslich dem jüngeren Herrn befohlen, das Haupt der zehntausend Völker zu sein. Wisset, dass ihr alle, ihr Könige im Osten und Westen, und dass der heilige Willen des Höchsten und Christi mir durch sie gegeben sind; dass ich von ihnen hinfort die Menschen in den Himmel nehme und sie zum himmlischen Wohnort hinaufführe. In alten Zeiten und jetzt, zuvor und künftig beugen sich Alle dem himmlischen Vater. Alle unter dem Himmel sind glückselig, indem sie zusammen zur himmlischen Stadt (Nan-kiń) und zum himmlischen Palast aufsteigen. Des Vaters und des älteren Bruders Vorschriften werden gehorsam durch alle Zeiten überliefert. Der Vater arbeitete sechs Tage, und Alle sollten den grossen himmlischen Höchsten preisen. Im Jahre Tien-yu (1837) sandte der Vater und nahm mich in den Himmel auf. Der ältere Bruder und ich wollen in Person die Schlange, den Teufel austreiben und ihn in die Hölle werfen. Im Jahre Yu-šan (1848) stiegen der Vater und der ältere Bruder in die Welt hinab, um durch mich und den jüngeren Herrn endlosen Frieden zu gründen. Das Evangelium wurde lange gepredigt; jetzt schauet ihr wahre Glückseligkeit und Herrlichkeit. Der Vater und der ältere Bruder, voll Gnade und Liebe, sind wahrhaft allmächtig. Alle Herrscher und Völker unter dem Himmel sollen frohlocken und freudig sein!«

Dieses Edict brachte die meisten Fremden, die den Tae-piń noch hold waren, zur Besinnung. Die Worte »Aeussere Stämme« und »Soldatenführer« haben im Chinesischen einen verächtlichen Sinn, den kein Missionar fortdemonstriren konnte; sie sind die Ausdrücke höflichen Sprachgebrauches für wilde Horden und deren Häuptlinge. Lord Elgin's hochfahrendes Auftreten gegen die Tae-piń fand jetzt erst in Shang-hae gerechte Würdigung; ein Wunder nur, dass der lästerliche Blödsinn nicht allen Missionaren die Augen öffnete. In den Heeren der Tae-piń, welche Herr Holmes und Andere sahen, bildeten die puritanischen Krieger, welche 1851 aus Kuań-si aufbrachen, nur noch den kleinsten Bruchtheil; die meisten waren übergetretene kaiserliche Soldaten, und das schlimmste Gesindel aller Provinzen folgte ihren Raubzügen wie ein Kometenschweif. Sonderbar fiel die grosse Zahl junger Burschen von zwölf bis achtzehn Jahren in diesen Horden auf: jeder Officier hatte deren mehrere zur Bedienung; auf einen Soldaten im Mannesalter kamen mindestens zwei bis drei Knaben. Sie mögen ihren Eltern theils entlaufen, theils geraubt worden sein, schienen aber mit ihrem

Schicksal sehr zufrieden und übten die frechste Bosheit. Nach dem Bericht von Augenzeugen waren sie die Geissel des Landvolks, verwüsteten muthwillig, was sie nicht brauchen konnten, und marterten die Bauern im schweren Frohndienst mit teuflischer Grausamkeit zu Tode. Vergleicht man diese Truppen mit denjenigen, welche 1851 von KUAŃ-SI auszogen, selbst mit denen, welche Meadows 1853 in NAN-KIŃ und TŠIŃ-KIAŃ sah, so zeigt sich, dass ihre Entartung gleichen Schritt hielt mit dem Sinken ihrer Lehre und der wachsenden Verirrung des Lenkers. Als Gegenstück zu jenem Edicte des TIEN-WAŃ möge hier der Brief stehen, welchen er gleich nach Einnahme von NAN-KIŃ 1853 an seinen Lehrer, den Missionar Roberts in KAN-TON schrieb:

»Obwohl lange Zeit verging, seit wir uns trennten, hege ich doch beständig in Liebe dein Andenken. Jetzt, da holde Frühlingslüfte die Menschen grüssen, gedachte ich deiner in der Ferne, mein verehrter älterer Bruder! Wahrhaft ruhmwürdig ist es, dass du über Myriaden Meilen des Oceans hergekommen bist, die wahre Lehre des Erlösers zu verkünden, und dass du von ganzem Herzen dem Herrn dienst. Ehrerbietig theile ich dir mit, dass der himmlische Vater mich trotz meiner Unwürdigkeit und Schwäche nicht verworfen, sondern in der Fülle seiner Gnade befähigt hat, die in LIAN-GUN und KIAŃ-NAN (HU-NAN, HU-PI, GAN-WUI und KIAŃ-SU) begriffenen weiten Länder in Besitz zu nehmen. Ich schrieb dir wiederholt, erhielt aber noch keine Antwort.

Wegen der Vielfältigkeit der öffentlichen Angelegenheiten, die meine Aufmerksamkeit beschäftigen, hatte ich nicht Musse, das Volk früh und spät zu unterrichten. Aber ich machte dem Heer und der übrigen Bevölkerung die zehn Gebote kund, und lehrte sie, Morgens und Abends zu beten. Doch sind ihrer nicht Viele, die das Evangelium verstehen. Deshalb finde ich angemessen, dir den Boten ... in Person zu senden, um dir Frieden zu wünschen, und dich, mein älterer Bruder, zu ersuchen, wenn du mich nicht verlassen willst, zu mir (zu kommen) recht viele Brüder mitzubringen, um das Evangelium zu verbreiten und den heiligen Gebrauch der Taufe zu üben. Später, wenn mein Unternehmen erfolgreich zu Ende geführt ist, will ich die Lehre im ganzen Reich aussäen, dass Alle zu dem einen Herrn zurückkehren und nur den wahren Gott anbeten mögen. Das ist, wonach mein Herz wahrhaft strebt. Ich unterlasse andere Dinge zu berühren, und sage für jetzt nicht mehr. Mit Segenswünschen grüsst dich dein unwissender jüngerer Bruder HUŃ-SIU-TSUEN.«

Dieser Brief wurde von dem Boten, welcher Nan-kiṅ wenig Tage nach der Einnahme verliess, am 11. Mai 1853 dem Missionar Dr. Happer in Kan-ton übergeben, der ihn sofort an Herrn Roberts sandte; er war mit freier kräftiger Hand geschrieben, den Namen bedeckte ein Stempel mit folgenden Zeichen: Tien-ti, Tae-piṅ, Waṅ-yin: d. h. Siegel des Tae-piṅ-Königs Tien-ti.[130]) Am Ernst des Inhalts liess sich kaum zweifeln; gesunden Verstand bewies er sicher. Herr Roberts wünschte der Einladung zu folgen und ging nach Shang-hae; warum er Nan-kiṅ nicht erreichte und seinen Plan damals aufgab, ist unbekannt. Seit dem Besuch der englischen Kriegsschiffe 1854 scheint alle Verbindung mit den Rebellen aufgehört zu haben, bis Lord Elgin im Herbst 1858 nach Nan-kiṅ fuhr. Dem an Letzteren gerichteten Manifest des Tien-waṅ war eine Erkundigung nach Herrn Roberts und die Bitte beigefügt, dass er nach Nan-kiṅ kommen möge.

Erst nach der Einnahme von Su-tšau begab sich Herr Roberts von Shang-hae aus auf die Reise, und gelangte im October 1860 nach Nan-kiṅ. Vom Tien-waṅ mit Auszeichnung behandelt und mit hohem Range bekleidet, bequemte er sich zur Tracht der Tae-piṅ und wurde in den schmutzigen gelben Gewändern und der goldgestickten Krone das Gespött aller Nan-kiṅ besuchenden Fremden. Den verantwortlichen Posten eines Ministers des Auswärtigen — der Tien-waṅ hoffte durch Roberts mit den fremden Mächten anzuknüpfen — schlug er klüglich aus; denn die weit über die Prätensionen der rechtmässigen Kaiser hinausgehende Anmaassung des Himmelsfürsten machte solche Verbindung unmöglich. Wäre er dessen lästerlichem Wahn mit vollem Freimuth entgegen getreten, so konnte er überhaupt in Nan-kiṅ nicht Fuss fassen. In der Hoffnung, Einfluss zu gewinnen, machte er wohl einige Zugeständnisse, musste aber als christlicher Prediger grade diejenigen Lehren des Tien-waṅ anfechten, welche dessen tollem Herzen am nächsten lagen. So verlor er alles Ansehn und lebte in Nan-kiṅ ganz unbeachtet. Leider scheint Herr Roberts ausser einem später mitzutheilenden Schreiben garnichts über die Tae-piṅ publicirt zu

---

[130]) Meadows muss diesen in dem Buch von Lindesay Brine abgedruckten Brief nicht gekannt haben, sonst hätte er denselben sicher erwähnt. An seiner Aechtheit zu zweifeln, ist keine Veranlassung; hätte Meadows ihn gekannt und für unächt gehalten, so hätte er sich ganz gewiss darüber ausgesprochen. — Der Stempel vertritt bei den Chinesen die Stelle des Siegels.

haben, unter denen er doch Jahre lang lebte. Anderen Missionaren, die — meist noch immer mit günstigen Vorurtheilen — kürzere Zeit unter ihnen weilten, schuldet man denkwürdige Aufschlüsse. Es wäre unbillig, die Berichte von Augenzeugen hier nicht in ihrem Sinne wiederzugeben.

Der Missionar Mr. Griffith John, dessen Besuch in Su-tšau früher berührt wurde, reiste im November 1860 nach Nan-kiṅ. Er findet bei den Tae-piṅ Organisationstalent und die Elemente einer guten Verwaltung: das von ihnen besetzte Land stehe unter einem regelmässigen Steuersystem mit etwas niedrigeren Sätzen als die der kaiserlichen Regierung. Die Gütergemeinschaft sei zu Nan-kiṅ in voller Wirkung: alle Beamten, Officiere und Soldaten erhielten dort vom Himmelsfürsten ihren Antheil an Nahrung, Geld und Kleidung; nur im Felde sorgten sie für sich selbst; der Tšun-waṅ sei reicher als selbst der Tien-waṅ. Und doch sei Alles Gemeingut. Diese Widersprüche kommen auf Rechnung des Beobachters. Herr Griffith John erklärt sogar das Lästerliche in des Tien-waṅ Erlassen für metaphorisch. Er erwirkte folgendes von dessen elfjährigem Sohne erlassene Religions-Edict, das nachher andere Missionare in das Tae-piṅ-Gebiet lockte.

»Nachdem ich die Befehle meines himmlischen Vaters (Gott), meines himmlischen Pflegevaters (Christus) und meines Vaters erhielt, bringe ich dieselben zur Kenntniss aller Civil- und Militärbeamten. Die wahre Lehre meines Vaters und meines Pflegevaters ist die Religion des Himmels. Die Religion Christi (protestantische Lehre) und die Religion des Herrn des Himmels (katholische Lehre) sind darin enthalten. Die ganze Welt, zusammen mit meinem Vater und mir selbst, sind eine Familie. Diejenigen, welche liebend und einträchtig die Vorschriften der himmlischen Religion beobachten, haben Erlaubniss (uns) zu besuchen. Nun ersehe ich aus den von meinen Oheimen Kan, Tšan, Tšuṅ und Anderen eingereichten Denkschriften, dass der fremde geistliche Lehrer Griffith John und sein Freund, — welche das himmlische Reich schätzen, und glauben an meinen Vater und meinen Pflegevater, denen wir danken für die uns gewordene Gnade der Herrschaft, Macht und der Wunder, von welchen mit Ehrfurcht gehört haben, die nah und ferne sind, — gekommen sind zu dem ausdrücklichen Zweck, das Licht zu sehen, Gott und Christus zu schauen, und Erlaubniss nachzusuchen, die wahre Lehre auswärts zu verbreiten, In Betrachtung aber, dass die gegenwärtige eine Zeit des Krieges ist, und dass draussen nach allen Richtungen Soldaten zerstreut sind, fürchte ich wahrlich, dass die Missionare bei dem Soldatenvolk Schaden nehmen, und dass es ernste Folgen haben könnte. Aber ich sehe gewiss, dass diese (Prediger) aufrichtige redliche Menschen sind, die es für nichts achten, mit Christus zu leiden. Deshalb schätze ich sie hoch. Die Könige müssen alle Beamten und Anderen anweisen, gegen diese Männer liebevoll zu handeln und durchaus keinen Streit oder Zwiespalt zu erregen. Alle sollen wissen, dass der Vater, mein Pflegevater, mein Vater und ich eine Familie sind, und diese Männer müssen mit ausnehmender Güte behandelt werden.«

Im Januar 1861 ging der Missionar Muirhead zunächst nach Su-tšau. Alle Bewohner waren vertrieben, durch die geschlossenen Stadtthore wurden nur Tae-piṅ eingelassen; so schalteten sie in allen genommenen Städten aus Furcht vor Verrath und Ueberrumpelung. Von einem Diener des Gouverneurs begleitet predigte Herr Muirhead in den verwüsteten Strassen. Die Zuhörer schienen ihm vertraut mit den grossen Wahrheiten und zugänglich für die Lehren des Christenthums. In allen amtlichen Maueranschlägen war von der »ausnehmenden Gnade Gottes«, der »vorsorgenden Güte des himmlischen Vaters« und dem »Werke Christi« die Rede; nur die Verschmelzung des Tien-waṅ mit der Gottheit machte Herrn Muirhead etwas stutzig. — Auf seinem Wege nach Nan-kiṅ fand er alle Tempel in Trümmern, die Götzenbilder zerschlagen, in den Städten die gleiche Verwüstung wie in Su-tšau. In Nan-kiṅ wohnte er bei Herrn Roberts. Der Kan-waṅ[131]) empfing ihn sehr herzlich: »er schien erfreut, eine alte Bekanntschaft zu erneuen, und schwatzte gefällig über sich selbst und das Werk der Verchristlichung seiner Untergebenen«. Huṅ-džin war damals erster Minister; er versprach nachzudenken über Herrn Muirhead's Vorhaben, in Nan-kiṅ und der Umgegend zu predigen, und ertheilte ihm Tags darauf mündlich folgenden Bescheid: Der Zustand der Stadt und des Landes mache das Predigen kaum rathsam; der Argwohn des Volkes müsse erst durch Proclamationen beschwichtigt werden. Unter friedlichen Verhältnissen würde er seine Beamten zu Aufbietung ihres Einflusses anweisen; er rüste aber grade eine Armee und wisse nicht, ob der Herrscher die nöthigen Anordnungen billigen möge; jedenfalls riethe er zum Aufschub, und beson-

---

[131]) Der Kan-waṅ ist Huṅ-džin, der Vetter des Tien-waṅ, der dessen Bekehrungsgeschichte schrieb und den Missionaren in Hong-kong mehrere Jahre als Katechist und Prediger diente. S. S. 270 ff.

ders, dass in der Hauptstadt nicht gepredigt werde. — Bei späteren Besuchen sprach er offener: sein königlicher Herr wolle das Land evangelisiren, dieses Ziel aber auf seine Art durch einheimische Lehrer verfolgen. Jährlich sollten in Gegenwart aller Beamten Prüfungen stattfinden, bei denen der Bibeltext zur Grundlage diente; nach ihrer Kenntniss der heiligen Schriften sollten die Candidaten beurtheilt und angestellt werden. Die Beamten würden dann das Volk unterrichten. Auf alle Einwendungen der Missionare antwortete Huṅ-džin: Jenes sei des Tien-waṅ Willen, den er für vollkommen achte; man wolle sich nicht auf fremden Beistand stützen; das Volk verschmähe, das Evangelium von Fremden anzunehmen; durch Chinesen müsse es bekehrt werden. Gern möchte er Freundschaft halten mit den Missionaren, aber ihre Ansichten seien so verschieden, deshalb wolle er seinen eigenen Weg gehen. Einstweilen wenigstens möchten keine Missionare nach Nan-kiṅ kommen, die Stadt sei jetzt nur ein Lager; und wenn er auch seine besonderen Freunde gern zuweilen bei sich sähe, so könne er dem Plane, die Hauptstadt zum Mittelpunct des Bekehrungswerkes zu machen, durchaus keinen Vorschub leisten.

So sprach Huṅ-džin, auf welchen die Missionare ihre grössten Hoffnungen setzten. Unter den älteren Tae-piṅ aus Kuaṅ-si fanden sie noch Männer von ernster Gesinnung, die freilich eben so fest an des Tien-waṅ Offenbarungen als an die Lehren der Bibel glaubten, die Entartung und Barbarei des Heeres aber tief beklagten. Der Kan-waṅ, welcher in Hong-kong Jahre lang predigte und die christliche Lehre genau kannte, mochte sich des Tien-waṅ angemaasster Göttlichkeit vor den Missionaren schämen; dieser Glauben, meinte er entschuldigend, müsse zur Förderung der grossen Sache noch eine Weile fortbestehen; der Tien-waṅ sei ein Mann von höchster Geisteskraft, ohne welchen Alles auseinanderfiele; ihm müsse man folgen. Huṅ-džin gestand, ihm auch im Puncte der Vielweiberei schon gehorcht zu haben; jetzt wolle der Himmelsfürst ihm noch zwei Frauen aufdringen, die er beharrlich zurückweise; übrigens habe er seine vier Gemalinnen und seine Officiere nach gründlichem Unterricht getauft und bete mit ihnen früh und spät.

Den dem alten kaiserlichen nachgeahmten unvollendeten Palast des Tien-waṅ schildert Herr Muirhead als imposanten Bau. Ueber dem Aussenthor standen die Worte: »Das geheiligte Himmelsthor des wahren Gottes«, über dem inneren: »Das königliche Himmelsthor«. Beide waren reich verziert mit grotesken Gestalten, Drachen, Phönixen u. s. w. Zur Neujahrsgratulation kamen die »Könige« in gelben Sänften; sie trugen lange gelbe Gewänder und Kronen von altchinesischer Form. Von seinem Standpunct im äusseren Hof sah Herr Muirhead die Feierlichkeit nur ungenau; sie scheint jedoch der von Herrn Holmes beschriebenen durchaus geglichen zu haben. Die Versammlung kniete und betete vor dem leeren Thron des Himmelsfürsten, welcher unsichtbar blieb.

Herr Forrest, ein englischer Consularbeamter, der etwas später Nan-kiń besuchte, berichtet offenbar die nüchterne Wahrheit. »Die völlige Verwüstung und Verödung der von den Tae-piń auf ihrem Marsche von Nan-kiń nach Su-tšau betretenen Landstriche ist mit Worten nicht zu beschreiben. Die Gegend um letztere Stadt wird bald ein wucherndes Dickicht sein, und die weiten Vorstädte, einst sogar von Fremden angestaunt, sind völlig zerstört. Vor den Thoren trifft man ein paar elende Geschöpfe, die Bohnenbrei und Gemüse verkaufen; ausserdem sind aber keine einheimische Bewohner mehr zu finden; wir jagten sogar wilde Enten im Stadtgraben auf, wo es vor einem Jahr nur eben möglich war durchzukommen durch die ungeheuere Masse dem Handelsverkehr dienender Boote. Eben so öde ist das Innere der Stadt. Alle Häuserfronten sind eingerissen und die zahlreichen Wasserläufe mit zerbrochenen Möbeln, faulenden Booten und Trümmern vollgestopft. Dasselbe gilt von allen Städten am Kaiser-Canal; die Dörfer und durch keine Mauern geschützten Plätze sind so gründlich ausgebrannt, dass nur rauchgeschwärzte Wände noch aufrecht stehen.«

Der Kan-wań war eben mit 70,000 Mann gegen Hań-tšau gerückt; den Kaiser-Canal bedeckten grosse Transporte elender Waffen, mit denen gewissenlose Kaufleute in Shang-hae gute Geschäfte machten; die Flinten nur denen gefährlich, die sie führten. — Die an der Mündung des Canals in den Yań-tse gelegene Stadt Tšiń-kiań-fu, welche seit einigen Jahren wieder kaiserlich war, bedrängten jetzt die Insurgenten in der Besorgniss, dass die Engländer sie nach Installirung ihres Consuls schützen möchten.

In der Umgegend von Nan-kiń waren viele Landbewohner zu ihren Dörfern und Beschäftigungen zurückgekehrt. Maueranschläge, vom Sohne des Tien-wań und dem Tšun-wań unterzeichnet, verboten hier bei Todesstrafe die Entführung von Männern und Weibern. Für Nan-kiṅ hatte der Landbau in der Umgegend die höchste Wichtigkeit; einmal monatlich wurden dort die Steuern in Geld oder Reis erhoben. Eine bestimmte Zeit mussten alle Landbewohner in der Stadt arbeiten, durften dann aber in ihre Dörfer zurückkehren. Sie schienen in die bei ihnen wohnenden Beamten Vertrauen zu setzen und mit ihrem Loose zufrieden zu sein.

Kurz vor Ankunft des Herrn Forrest, welchen der Missionar Edkins begleitete, verbot ein Edict des Tien-waṅ allen Handelsverkehr innerhalb der Stadt: »Tien-kiṅ dürfe als kaiserliche Residenz nicht durch Geschrei von Krämern entweiht werden.« Vierzehn Unglückliche, die dagegen frevelten, wurden eben hingerichtet. Vor den Thoren gingen Handel und Wandel sehr lebhaft, und die Vorstädte konnten ihre Bewohner kaum bergen. Kaiserliche Geldsorten wurden fast lieber genommen als die eigenen der Tae-piṅ.

Es gab in Nan-kiṅ sechs Ministerien, nach dem Muster derjenigen in Pe-kiṅ eingerichtet. An der Spitze der Verwaltung stand der elfjährige Sohn des Tien-waṅ nicht nur dem Namen nach, sondern emsig die Geschäfte erledigend. Im Staatsgewande und goldener Krone pflegte er öffentlich zum Volke zu reden; ungebeten erzählte er Herrn Forrest die Visionen seines Vaters. — Unter ihm gab es damals neun Tae-piṅ-Könige, von denen nur der Tšan-waṅ in Nan-kiṅ weilte; alle anderen standen im Felde. Den höchsten Rang bekleidete des Tien-waṅ Vetter Huṅ-džin, der Kan-waṅ oder Schildkönig; für den tüchtigsten an Gesinnung und Fähigkeiten galt der Tšun-waṅ oder Treue König. [132])

Die Tae-piṅ beherrschten um diese Zeit — Frühjahr 1861 — das südliche Yaṅ-tse-Ufer bis etwa 20 Meilen oberhalb Nan-kiṅ und 10 Meilen landeinwärts; auf dem Nordufer hielten sie noch Gan-kiṅ und eine Strecke nordöstlich davon bis Lu-ho besetzt. Oestlich von Nan-kiṅ gehörte ihnen der südlich des

---

[132]) An der Spitze der Tae-piṅ-Regierung standen Anfang 1861 folgende Waṅ oder Könige:
1. Der Kan-waṅ oder Schildkönig, 2. der Tšun-waṅ oder Treue König, 3. der Yiṅ-waṅ oder Heldenkönig, 4. der Ei-waṅ oder Hülfskönig, 5. der Ši-waṅ, 6. der Fu-waṅ, 7. der Tsan-waṅ, 8. der Tšan-waṅ, 9. der Si-waṅ. Letzterer war der junge Sohn des Westkönigs. S. Lindesay Brine, The Taeping rebellion.

YAṄ-TSE gelegene Theil der Provinz KIAṄ-SU, ausser TSIṄ-KIAṄ, SHANG-HAE und dessen nächster Umgebung. Die Stärke der TAE-PIṄ-Heere, die auf ihren Märschen lawinenartig anzuwachsen pflegten, entgeht jeder Schätzung. Nach einer damals gemachten Zusammenstellung hätte sie ausschliesslich der Garnisonen von NAN-KIṄ, WU-HU und SU-TŠAU über 320,000 Mann betragen.[133])

Nach einem zwischen Lord Elgin und dem Prinzen von KUṄ im Herbst 1860 getroffenen Abkommen sollten von den nach dem Vertrage von TIEN-TSIN dem englischen Handel zu öffnenden YAṄ-TSE-Häfen ausser TSIṄ-KIAṄ auch HAN-KAU und ein anderer Platz oberhalb NAN-KIṄ sofort freigegeben werden. Um letzteren auszuwählen und durch Verabredung mit den TAE-PIṄ-Behörden die englische Schiffahrt auf dem YAṄ-TSE möglich zu machen, ging Admiral Sir James Hope im Februar 1861 mit neun Dampfern den Strom hinauf. Einer derselben blieb vor TSIṄ-KIAṄ, wo ein englischer Consul eingesetzt wurde. Handel gab es dort nicht, da das umliegende Land und der Kaiser-Canal südlich vom YAṄ-TSE in der Gewalt der TAE-PIṄ waren; die Canalstrecke nördlich bis zum Gelben Flusse und das durch zahlreiche Wasserstrassen damit verbundene noch unberührte Gebiet östlich davon waren dagegen frei; man durfte voraussetzen, dass dessen Bewohner ihre Producte nach TSIṄ-KIAṄ führen würden, sobald sie Absatz fänden.

Die Behörden von NAN-KIṄ zeigten sich entgegenkommend. — Sir James Hope liess die Verhandlungen durch Capitän Aplin vom Centaur und Consul Parkes führen: alle britischen Handelsschiffe sollten vom Commandeur eines vor NAN-KIṄ stationirten Kriegsschiffes Pässe erhalten, welche die TAE-PIṄ zu respectiren versprachen; an diesen Flottenofficier sollten alle Engländer zur Bestrafung ausgeliefert werden, die sich im TAE-PIṄ-Reich vergingen; würde einer der geöffneten Flusshäfen von den TAE-PIṄ genommen, so sollten Person und Eigenthum der dort wohnenden

---

[133]) Folgende Zahlen sollten annähernd richtig sein. Der YIṄ-WAṄ hatte in GAN-WUI etwa 100,000 Mann, der EI-WAṄ in SE-TŠUEN 70,000 Mann; die Garnison von GAN-KIṄ soll 20,000 Mann betragen haben; aus KUAṄ-TUṄ und KUAṄ-SI stiessen im Februar 70,000 Insurgenten zu den TAE-PIṄ; zwischen SU-TŠAU und NAN-KIṄ rechnete man 45,000 Mann, und auf TSIṄ-KIAṄ rückten 15,000 Mann. S. Wilson. The ever victorious army.

Engländer unberührt bleiben. Dagegen bürgte der Commandeur des vor Nan-kiṅ stationirten Kriegsschiffes für die stricte Neutralität aller englischen Fahrzeuge. Die Regierung von Nan-kiṅ versprach ferner, Shang-hae und seine Umgebung in einem Radius von 100 Li oder 30 englischen Meilen Entfernung innerhalb eines Jahres nicht anzugreifen.

Diese Convention in Wirkung zu setzen, blieb der Centaur vor Nan-kiṅ liegen. — Auf der weiteren Stromfahrt des Geschwaders fand man, soweit die Insurgenten standen, das Land verwüstet, die Bevölkerung im tiefsten Elend. Von den einst blühenden Städten Wu-hu und Tae-piṅ war nur noch die Lage kenntlich; sie hatten das Baumaterial zu verschanzten Lagern liefern müssen. — Gan-kiṅ fanden die Engländer von kaiserlichen Truppen und Dschunken eng umschlossen. Herrn Parkes gelang es in die Stadt zu dringen, deren Garnison 25,000 Mann betrug. Bewaffnung und Geschütz waren mangelhaft, und die Vorräthe wurden schon knapp. Die Truppen blickten matt und hohläugig, schienen aber zuversichtlich und lenksam; man rechnete sicher auf Entsatz durch den Yiṅ-waṅ.

Oberhalb Gan-kiṅ sah das Land besser aus; in den Städten bemerkte man Rührigkeit und Keime von Gewerbfleiss. Bei Wahl eines zweiten Yaṅ-tse-Hafens kamen Hu-kau und Kiu-kiaṅ in Betrachtung; erstere Stadt liegt am Eingang des Po-yaṅ-Sees auf steilen Höhen, also unbequem für die Schiffahrt; Sir James Hope entschied sich deshalb für Kiu-kiaṅ, das in der That den Po-yaṅ-See beherrscht und immer ein blühender Handelsplatz war. In den See ergiessen sich zahlreiche Rinnsale aus dem Westen, den reichen Bezirken des schwarzen Thees. Die von den Mei-liṅ-Pässen, der grossen Hauptstrasse nach Kan-ton kommenden Flüsse Fu und Kan und die weiter östlich fliessenden Gewässer stehen durch Canäle mit den Bezirken des grünen Thees in Verbindung, welche auch mit den nach Su-tsau und Shang-hae führenden Wasserläufen communiciren. So ist der Po-yaṅ-See Mittelpunct eines weitverzweigten Netzes schiffbarer Rinnsale, und für den Theehandel, welcher bis dahin fast ausschliesslich über Kan-ton ging, von der äussersten Wichtigkeit. Die Händler behaupteten, den grünen Thee mit Sicherheit nach Kiu-kiaṅ bringen zu können.

Die Dreistadt Han-kau, Han-yaṅ, Wu-tšau ist wieder Mittelpunct eines Netzes von Wasserstrassen, welche in die Nebenflüsse des YAṄ-TSE, in den TUṄ-TIṄ-See und den HAN fliessen. Dessen oberer Lauf steht in schiffbarer Verbindung mit TIEN-TSIN. HAN-KAU selbst liegt in einer von zahlreichen Rinnsalen durchschnittenen Alluvial-Ebene. Das Aussehn der Stadt bewies, dass sie in der That der grösste Stapelplatz des chinesischen Binnenhandels sei. Die Behörden empfingen die Engländer freundschaftlich; der Vertrag von TIEN-TSIN und die Convention von PE-KIṄ waren veröffentlicht, ihre Ausführung der Bevölkerung durch Proclamation eingeschärft worden. Die chinesischen Kaufleute durften ungehindert Auskunft ertheilen; sie erwarteten vom Verkehr mit den Fremden eine goldene Ernte. Man fand in HAN-KAU von ausländischen Artikeln englische und americanische Baumwollenwaaren, auf dem langen Landwege über KAN-TON bezogen, russische Wollenstoffe, über TIEN-TSIN importirt, und japanischen Seetang. Steinkohle war billig und für Dampfer geeignet. Der Theehandel bot gute Aussichten durch die Nähe einiger Bezirke, deren Producte bis dahin nach dem Süden gingen. Man fand auch chinesisches Opium, viel billiger als das indische; ferner Eisen, Stahl, Blei, Kupfer, Zucker, Pflanzentalg, Flachs, Oel, und Erzeugnisse des Gewerbfleisses aus allen Theilen des Reiches. Kurz, das in den letzten Jahren so oft genommene und wiedergewonnene HAN-KAU, in dessen Ruinen Lord Elgin's Begleiter Ende 1858 Fasanen aufstörten, war jetzt wieder eine mit allen Bedürfnissen des verfeinerten Lebens versehene blühende Stadt.

Während das Geschwader im März vor HAN-KAU lag, war der YIṄ-WAṄ, die kaiserlichen Truppen nördlich umgehend, in Eilmärschen auf das nur neun Meilen davon entfernte WAṄ-TŠAU gerückt, das er am 17. März besetzte. Er sollte mit den anderen Armeen in der Dreistadt zusammentreffen, deren Bevölkerung nun panischer Schrecken ergriff. Umsonst suchten die Behörden dem Auszug zu steuern; Hunderttausende bedeckten, ihre fahrende Habe einschiffend, Tag und Nacht die Stromufer. Banditen rannten mit dem Ruf, die TAE-PIṄ seien da, durch die Strassen; in wilder Flucht stürzte Alles nach dem Flusse; Diebe plünderten nach Lust. Admiral Hope liess ein Kanonenboot vor HAN-KAU und fuhr mit den übrigen Schiffen stromaufwärts bis YO-TŠAU an der Mündung des TUṄ-TIṄ-Sees. Nach HAN-KAU zurückkehrend fand er die Stadt verlassen, die Strassen verödet, die Läden geschlossen. Die Unzahl der Handelsdschunken und Boote, die früher im HAN geankert lagen, war spurlos verschwunden. 10,000 Mann kaiserlicher Truppen standen in den drei Städten; aber die Bevölkerung hatte kein Vertrauen.

Herr Parkes ging mit zwei Begleitern am 22. März auf einem Kanonenboot nach Waṅ-tšau. In den Vorstädten plünderten Soldaten; andere rissen die Häuser um die Stadtmauer nieder und bauten ringsum einen dreifachen Wall. Eine am Thore angeheftete Proclamation des Yiṅ-waṅ versprach den Bürgern Schutz und Sicherheit, wenn sie heimkehren, Handel und Gewerbe wieder aufnehmen wollten. Ein zweiter Erlass verbot die Plünderung der umliegenden Dörfer, und ein dritter, zwei abgeschlagenen Köpfen angehängter drohte gleiche Strafe Allen, welche den Leuten die Kleider auszögen. Der bunte Aufzug des Raubgesindels zeigte den Werth solcher Drohungen. Alle Provinzen von Süd- und Mittel-China waren in dieser Horde vertreten, und die Zahl der Knaben auch hier sehr auffallend.

Der Yiṅ-waṅ empfing Herrn Parkes mit theatralischem Gepränge: Musik, bunte Fahnen, Kanonenschüsse grüssten seinen Eintritt in den Ya-mum. Zwei Marschälle in gelben Gewändern führten die Engländer durch grosse von Kriegern besetzte Höfe. Die Flügelthore der Empfangshalle sprangen mit Effect vor ihnen auf: aber Haufen zerlumpten Gesindels drängten sich, aller Kleiderordnung achtlos, mit hinein. Der Yiṅ-waṅ erzählte seinen Feldzug: er habe in den letzten elf Tagen mit dem Heer etwa funfzig Meilen gemacht und drei Städte genommen; jetzt wolle er entweder das kaiserliche Heer vor Gan-kiṅ angreifen, oder Han-kau besetzen; Letzteres scheine ihm bedenklich, da sich dort Engländer niedergelassen hätten. Consul Parkes bestärkte ihn darin: die Tae-piṅ dürften durch ihre Bewegungen den fremden Handel nicht stören. Das begriff der Yiṅ-waṅ und wollte sich danach richten. Das kluge bescheidene Wesen des zwanzigjährigen Feldherrn, der fast noch jünger aussah, machte den angenehmsten Eindruck; bei den Truppen schien er Ansehn zu geniessen; im Ganzen herrschte Ordnung. Bei der Plünderung und Einquartierung ging es ganz einträchtig zu; nirgend zankte man um die Beute, trank und spielte auch nicht. Die Meisten hatten ihre Waffen in die Magazine abgeliefert; nur die einrückenden Truppen führten sie noch; diese kamen schwer beladen mit Säcken voll Reis, Hühnern, Schweinefleisch und allem Möglichen, ein kunterbunter Pöbelhaufen.

XIII. Decret des Tien-waṅ.

Wie der Yiṅ-waṅ, so strebten auch die anderen Tae-piṅ-Führer, den Engländern gefällig zu sein; die Vertheidigung von Shang-hae hatte Respect eingeflösst. Der Tien-waṅ erliess im März 1861 folgendes Decret:

»Ich befehle den Königen u. s. w., den Palasthütern, den Schirmherren der Stadt, den Vorständen der sechs Ministerien, allen Kaufleuten, einheimischen und fremden, und der einen grossen Familie der Welt, damit alle Beamten und Unterthanen es wissen.

Der Vater, der Bruder, ich und der junge Herr beherrschen das himmlische Reich. Seid muthig und vertilget die Kobolde.

Schon im fünften Gebot, das Tödten betreffend, befahl ich, dass die Alten, Kranken, Weiber, Kinder und Alle, die keine Waffen führen, nicht erschlagen werden sollen. Jetzt erlasse ich ein zweites Gebot, dass Jedem, der den Kobolden nicht beisteht, in Gnaden verziehen werden soll. Werden Diejenigen erschlagen, welche ihnen beistehen, so darf man sich nicht wundern.

Fremde Kaufleute, die kaufen und verkaufen, sind als Brüder zu betrachten; wer sie umbringt, muss Todes sterben. — Alle Beamten sollen das Gebot befolgen, und Keiner soll ausgenommen sein.

In meinem früheren Edict war geboten, dass alle fremden Missethäter Herrn Roberts übergeben werden sollten, der mit den Consuln den Thatbestand gerichtlich untersuchen und nach Gerechtigkeit urtheilen, dann meine Entscheidung zu Schlichtung des Falles nachsuchen sollte; damit Frieden und Eintracht Myriaden von Herbsten walten.

Nun bestimme ich, dass ein Richter sein soll, der mit Herrn Roberts die Vergehen untersucht; und dass die Fremden sich vereinigen, solchen Beamten zu empfehlen, und mich ersuchen, ein Edict zu seiner Anstellung zu erlassen, so dass alle Parteilichkeit vermieden werde.

Der Vater, der Bruder, ich und der junge Herr sind der eine grosse Herr. Liebe und Gnade sind durch die ganze Welt verbreitet.

Der Vater stieg in einem Traum herab und machte meiner Gattin eine Enthüllung; und gebot, dass ich mich von nun an nicht um gewöhnliche Dinge kümmern solle; deshalb gehorchet meinem Gebot in allen Stücken, und schenket ihm einträchtigen Glauben.

Ich befehle jetzt in Betreff fremder Länder, dass der Staatssecretär des Auswärtigen, Herr Roberts, alle fremden Handelsangelegenheiten leiten und dass jede Nation ihren Consul ernennen soll, der mit Herrn Roberts die auswärtigen Geschäfte besorge. Ausserdem sollen sie einen gerechten und unparteiischen Mann zum Richter wählen. Dieser Beamte muss mit Herrn Roberts schwierige Fälle untersuchen und zu endgültiger Entscheidung an mich berichten. Er soll Unter-Staatssecretär sein, und der Titel auf seinem Siegel sei Generalissimus der neun Thore, Richter für auswärtige Angelegenheiten unter der himmlischen Dynastie, die da ist das Reich Gottes. Die Beamten des Ministeriums der Staatsämter sollen die Siegel anfertigen für den Minister des Auswärtigen, die Richter und die Consuln.«

Dessen bedurfte es nun wohl nicht; denn in Nan-kiṅ, - das die kaiserliche Regierung im Vertrage von Tien-tsin freigegeben hatte, — war unter des Tien-waṅ-Herrschaft aller Handel verboten. Mit dem »Staatssecretär« Roberts scheinen die Engländer kaum in Berührung gekommen zu sein; sie hörten, dass der Tienwaṅ ihn mit vier Frauen beglücken wolle, aber zuweilen ohne Subsistenzmittel lasse. Trotzdem blieb der Baptisten-Missionar noch bis Januar 1862 in Nan-kiṅ. Folgendes Schreiben beleuchtet seine Stellung und den Grund seines Scheidens:

»Da ich 1847 Religionslehrer des Huṅ-siu-tsuen gewesen war, und glaubte, dass aus seiner Erhebung dem Volke in religiöser, commercieller und politischer Beziehung Gutes erwachsen werde, so bin ich bis jetzt ein Freund seiner revolutionären Bestrebungen gewesen und habe sie mit Wort und That unterstützt, so weit ein Missionar das füglich konnte, ohne seine höhere Eigenschaft als Gesandter Christi zu verletzen. Nachdem ich aber funfzehn Jahre unter ihnen gelebt und ihre politischen, commerciellen und religiösen Maassregeln genau beobachtet, habe ich ein ganz neues Blatt aufgeschlagen, und bin, ich meine aus guten Gründen, denselben jetzt eben so abhold, als ich ihnen jemals günstig war. Nicht, dass ich persönlich etwas gegen Huṅ-siu-tsuen hätte; er war immer ausnehmend gütig gegen mich. Aber ich glaube, dass er irrsinnig und ganz unfähig ist, ohne organisirte Regierung zu herrschen; auch ist er mit seinen Kuli-Königen nicht im Stande, eine Staatsverwaltung zu organisiren, die auch nur so vortheilhaft für das Volk wäre, wie die alte kaiserliche Regierung. Er ist heftiger Gemüthsart und lässt seinen Zorn schwer auf das Volk fallen, indem er Mann und Weib »für ein Wort zu Verbrechern macht« und augenblicks hinmorden lässt ohne Richter und Gericht. Er ist dem Handel abgeneigt und liess, seitdem ich hier bin, über ein Dutzend seiner eigenen Leute morden für kein anderes Verbrechen, als dass sie in der Stadt Handel getrieben; auch wies er unbedingt jeden Versuch von Fremden zurück, hier unter ihnen einen redlichen Handelsverkehr einzurichten, sowohl innerhalb als ausserhalb der Stadt. Jetzt zeigt sich, dass seine religiöse Toleranz und die Menge der Capellen eine Posse sind, ohne Belang für die Verbreitung des Christenthumes, und schlimmer als unnütz. Es kommt nur auf eine Maschinerie heraus zu Förderung und Verbreitung seiner eigenen politischen Religion, indem er sich selbst Jesus Christus gleichstellt, der mit Gott dem Vater, ihm selbst und seinem Sohn einen Herrn über Alles ausmacht. Auch ist kein Missionar, der nicht an die göttliche Bestallung zu seiner hohen Würde glauben und im Einklang damit seine politische Religion verkünden will, unter diesen Rebellen sicher seines eigenen Lebens, seiner Diener und seines Eigenthumes. Bald nach meiner Ankunft sagte er mir, dass, wenn ich nicht an ihn glaubte, ich verderben würde wie die Juden, die nicht an den Erlöser glaubten. Ich dachte aber nicht, dass ich dem jemals so nah kommen sollte durch das Schwert eines seiner Bösewichter in seiner eigenen Hauptstadt, wie mir neulich geschah. Der KAN-WAṄ, beredet durch seinen älteren Bruder, den Kuli, — buchstäblich einen Kuli aus HONG-KONG, — und den Teufel, kam, ohne die Furcht Gottes vor seinen Augen, am Montag, den 13. dieses Monats (13. Januar 1862), in das von mir bewohnte Haus, und ermordete mit überlegter Bosheit einen meiner Diener mittelst eines grossen Schwertes in seiner eigenen Hand, ohne die geringste Vorbereitung und jeden gerechten Grund. Und nachdem er meinen guten hülflosen Jungen erschlagen hatte, sprang er ganz teuflisch auf seinen Kopf und stampfte darauf mit dem Fuss, obwohl ich ihn von Beginn seines meuchlerischen Anfalls gebeten hatte, meines armen Knaben Leben zu schonen. Und nicht nur das: auch mich selbst beschimpfte er auf jede mögliche Art, die er sich ausdenken konnte, um mich zu einer Aeusserung oder Handlung zu reizen, die ihm — wie ich damals dachte und noch jetzt denke, — zum Vorwand diente, mich zu tödten wie meinen lieben Jungen, den ich wie einen Sohn liebte. Er stürmte auf mich los, fasste die Bank, auf der ich sass, mit der Gewalt eines Wahnsinnigen und goss mir die Neige einer Tasse Thee ins Gesicht, fasste mich persönlich an, schüttelte mich heftig und schlug mich mit der flachen Hand auf die rechte Backe. Da bot ich ihm nach der Vorschrift meines Herrn, dessen Gesandter ich bin, die andere auch dar, und er schlug mir einen schallenden Streich an meine rechte Backe, so dass mir das Ohr klang; und dann, als er sah, dass er mich zu keiner thätlichen oder mündlichen Beleidigung gegen ihn reizen konnte, schien er noch wilder zu werden und fuhr auf mich los wie ein toller Hund: ich möge mich aus seiner Gegenwart entfernen. »Wenn sie das am grünen Holze thun, was werden sie am trockenen thun!« Wenn einem Liebling des TIEN-WAṄ, wer kann sich dann als Missionar oder Kaufmann unter sie wagen? Ich verzweifelte nun am Erfolge der Mission und an jeder guten Wirkung der Bewegung, — sei es für die Religion, den Handel oder staatliche Einrichtungen, und beschloss, sie zu verlassen, was ich that am Montag, den 20. Januar 1862.«

Das Schreiben zeichnet den Verfasser, der an dem Mordgesindel nicht verzweifelt, bis es ihn selbst bedroht. Er vergass darin anzuführen, dass sein Diener nach den Gesetzen der Tae-piṅ das Leben verwirkt hatte und durch sein Einschreiten der Todesstrafe entzogen wurde; das wusste man an Bord des vor Nan-kiṅ ankernden englischen Kriegsschiffes Renard, welches Herrn Roberts aufnahm. — Den Tae-piṅ spricht sein Zeugniss dennoch schlagend das Urtheil.

Es widersteht uns, zu glauben, dass eine Räuberbande von Hunderttausenden, regiert von einem irrsinnigen Wütherich und seinen Creaturen, Jahre lang als politische Macht bestehen konnte, ohne in sich selbst zusammenzubrechen. Und doch war es so. Selbst Huṅ-džin, der milde freundliche Missionsprediger, wurde zum Blutmenschen; Herrn Roberts rettete wohl nur seine christliche Ergebung; sicher wünschte man, ihn los zu werden. Sonderbarer Weise blieb er noch eine ganze Woche nach dem Morde in Nan-kiṅ: wahrscheinlich suchte er Recht beim Tien-waṅ, der ja mit dem Leben seiner Untergebenen wenig Umstände machte, und schied nur, weil er nicht bleiben konnte.

Bezeichnend ist die Thatsache, dass die gebildeten Stände unter den Tae-piṅ fast gar nicht vertreten waren; Huṅ-siu-tsuen muss allen weit überlegen gewesen sein. Die Angabe des Huṅ-džin in seiner Erzählung vom früheren Leben des Tien-waṅ, dass in Kuaṅ-si viele Graduirte der ersten und zweiten Prüfung sich der Bewegung angeschlossen hätten, wurde nachmals stark bezweifelt, da man gar keine Männer dieses Schlages unter ihnen traf, da ihre Manifeste den geringsten Grad literarischer Bildung verriethen. — Consul Parkes äusserte gegen den Gesandten, dass er unter den Tae-piṅ-Führern in Nan-kiṅ nicht einen ernsten bewussten Mann gefunden habe, auf welchen Hoffnungen zu setzen wären; sie schlemmten in Ueppigkeit, während die Stadt verödet lag und das Gras auf den Strassen wuchs. Den Porcellanthurm, Nan-kiṅ's berühmtesten Bau, hatten sie muthwillig zerstört.[134])

---

[134]) Wir sahen in Shang-hae Stücke davon, welche aus feiner weisser Porcellanmasse bestanden.

XIII.   Aussichten in Shang-hae.   419

Die Frauen und Kinder der ermordeten oder zu Soldaten gepressten Bewohner mussten für den Unterhalt der wilden Horde arbeiten; der Himmelsfürst weilte unsichtbar in den Tiefen seines Harems, und gab nur durch wahnwitzige Manifeste oder blutige Grausamkeit Zeichen seines Daseins.

Für Shang-hae war die Schiffahrt auf dem Yań-tse besonders damals wichtig, da die seine Ausfuhr producirenden Seidendistricte von den Rebellen besetzt waren und wenig Aussicht für die Zukunft boten. Man fand grade jetzt wieder besondere Regsamkeit unter den Tae-pin und hatte wenig Vertrauen zu den kaiserlichen Kuli-Heeren, welchen militärische Organisation und Disciplin ebenso fehlten, wie den Insurgenten. Die Kassen waren erschöpft. Im Norden drohten die »Salzdschunken-Rebellen«, — die Mannschaft unzähliger dem Monopol-Handel mit Salz dienender Staatsboote, zu deren Benutzung das Geld fehlte, — der Hauptstadt die Zufuhr abzuschneiden und schlugen das Heer San-ko-lin-sin's. Diese Bewegung wurde mit den Operationen der Tae-pin in Verbindung gebracht, und Shang-hae, das bis dahin ganz vom Seidenhandel lebte, sah trübe in die Zukunft, wenn sich kein Ersatz bot. Nun standen, wie gesagt, die geöffneten Häfen am oberen Yań-tse durch Wasserstrassen mit den Thee-Districten in Verbindung; man hoffte die Hauptmasse dieses Artikels, welche bis dahin durch unwegsame Gebirge nach Kan-ton ging, weit billiger über Shang-hae exportiren zu können, wo sich eine Actiengesellschaft zum Bau flachgehender Dampfer bildete. Sehr deprimirend wirkte hier die durch den Auszug der Bewohner von Han-kau veranlasste Nachricht, dass der Yiń-wań die Dreistadt besetzt habe; wenig Stunden nach ihrem Eintreffen erschienen an allen Strassenecken grosse chinesische Maueranschläge auf rothem Papier, welche die fremden Consuln aufforderten, endlich Ernst zu zeigen und die Rebellen zu vernichten.

General de Montauban wünschte schon im Frühjahr 1860 Truppen gegen die Tae-pin zu senden, wenigstens Su-tšau und die Seidenbezirke vor ihnen zu schützen. Eine auf ihre Vertreibung zielende Petition reichten später französische Kaufleute an den Consul in Shang-hae ein, welcher dem Gesandten in Pe-kiń darüber berichtete. Er betont, dass eine Betheiligung an der Yań-tse-Expedition weder den Ruhm noch den Vortheil Frankreichs hätte fördern können, dass die Anerkennung der Rebellen als krieg-

27*

führender Macht ihm keine Ehre, und der Theehandel, welchem die Expedition neue Wege öffne, keinen Nutzen gebracht haben würde; dagegen sei der Seidenhandel für Frankreich äusserst wichtig, und die Säuberung der Seidendistricte von den nur auf Mord und Plünderung ausgehenden Aufrührern müsse ihm zum höchsten Ruhme gereichen. — Der französische Obergeneral beklagte tief, dass der englische Einfluss in Paris sein Vorhaben vereitele. Damals hätten wohl einige Tausend Mann disciplinirter Truppen die Tae-pin vernichten können, und Schade ist, dass es nicht geschah. Der von den Franzosen den Engländern allgemein gemachte Vorwurf, dass sie den Verfall von China begünstigten, um im Trüben zu fischen, war aber ganz ungegründet. Die englische Regierung befolgte hier nur ihre principielle Politik der Nicht-Einmischung; sie wünschte dem Sturz der Tsin-Dynastie auf jede Weise vorzubeugen und empfahl ihren Bevollmächtigten die grösste Vorsicht; Diese coquettirten niemals im geringsten mit den Tae-pin, verboten sogar ihren Untergebenen jeden Privatverkehr mit denselben. Später trug die englische Regierung durch Beurlaubung von Officieren ihrer Armee zum activen Dienst gegen die Rebellen wesentlich zu deren Vernichtung bei.

Mit besonders scheelen Augen betrachteten die Franzosen die Yan-tse-Expedition: sie sei hinter ihrem Rücken unternommen; das mit den Tae-pin getroffene Abkommen sei unloyal u. s. w. Das Unternehmen trug aber gute Früchte, der Handel auf dem Yan-tse gedieh zu hoher Blüthe. Ein Bevollmächtigter der Handelskammer von Shang-hae, welcher Sir James Hope nach Hankau begleitete und dort blieb, schrieb schon nach einem Jahre. »Der Anblick des Yan-tse ist jetz ein ganz anderer als damals, da das Geschwader ihn befuhr. Eine so kurze Frist seit jener Zeit verstrich, — da Alles still war wie das Grab, — so zeigen sich doch schon, wenn auch nicht gerade reges Treiben herrscht, die unzweideutigsten Zeichen erwachender Lebenskraft. Flotten einheimischer Fahrzeuge unter fremder Flagge, mit dem Eigenthum von Ausländern beladen, trifft man überall. Einige Dutzend Dampfer befahren den Strom; noch mehr werden erwartet. Ungeheure Flösse von Bauholz mit Häusern darauf, schwimmenden Dörfern ähnlich, treiben den Strom hinab, dem wachsenden Bedürfniss nach Baumaterial in Shang-hae zu genügen.«

XIII. Aussichten für den Vertrag.

Des Gesandten Entschluss, zunächst nach SIAM zu gehen, war durch Rücksichten auf Wind und Wetter und durch Mittheilungen veranlasst worden, welche er bei seinem Eintreffen in SHANGHAE empfing. Lord Elgin hatte vor seiner Abreise erklärt, dass die dermalige Lage von China Preussens Anträgen wenig Aussicht auf Erfolg biete, dass besser eine Consolidirung der politischen Verhältnisse abgewartet würde. Diese Aeusserung des englischen Staatsmannes musste schwer ins Gewicht fallen. Ihr entgegen behaupteten aber fast alle der Verhältnisse kundigen Fremden in SHANG-HAE, so sehr ihre Ansichten über China's politische Zukunft sonst auseinandergingen, dass die Conjuncturen günstig seien Die Regierung hatte in den letzten Monaten deutlich bewiesen, dass sie das gute Einvernehmen zu erhalten wünsche. Der Kaiser verweilte noch in DŽEHOL, hatte aber die Errichtung eines Ministeriums der Auswärtigen Angelegenheiten sanctionirt und seinen Bruder, den Prinzen von KUŃ, an dessen Spitze gestellt. Diese Behörde behandelte zum ersten Mal die fremden Mächte consequent als ebenbürtige, nicht als abhängige Staaten, und publicirte die demüthigenden Bedingungen des Friedens von PE-KIŃ der Convention gemäss ehrlich in allen Theilen des Reiches. Die Bereitwilligkeit, mit welcher China nach dem Frieden von NAN-KIŃ die von England erkämpften Rechte anderen Nationen zugestand, liess die Befolgung einer gleichen Politik nach der zweiten grossen Katastrophe erwarten, selbst wenn LIN's Grundsatz aufgegeben war, Barbaren durch Barbaren zu bezwingen. Die Schwäche der Regierung und ihr Streben, das gute Einvernehmen mit den fremden Mächten zu erhalten, schienen den Abschluss des Vertrages zu verbürgen. Nun entstand wohl die Frage, ob es lohne, mit einer so stark gefährdeten Dynastie in Vertragsverhältnisse zu treten; denn damals überschätzte man die Aussichten der TAE-PIŃ. Aber grade bei einer Neubildung des Reiches und den ungeordneten Zuständen des Ueberganges wären die unberechtigten Ausländer stark gefährdet, wäre vielleicht Jahre lang keine Aussicht gewesen, einen Vertrag zu schliessen. Auf gleichen Rechten fussend, konnte dagegen Preussen bei einer politischen Umwälzung im Einklang mit anderen Grossmächten handeln. So musste sich seine Stellung zum chinesischen Reiche unter allen Umständen günstiger gestalten, wenn möglichst bald ein Vertrag geschlossen wurde.

Da nun Capitän Sundewall erklärte, dass Seiner Majestät Schiff Arkona trotz seinem Leck in einigen Wochen wieder seetüchtig und zur Fahrt nach dem Pei-ho bereit sein werde, so beschloss Graf Eulenburg schon nach zweitägigem Aufenthalt in Shang-hae, zunächst in China sein Glück zu versuchen, und bat den kaiserlich französischen Vice-Admiral Protet um Beförderung des Attaché von Brandt auf dem am 9. März nach dem Golf von Pe-tsi-li abgehenden Postdampfer Feelon. Ein Schreiben, in welchem der Gesandte dem Prinzen von Kuṅ die Wünsche der preussischen Regierung und seine bevorstehende Ankunft in Tientsin meldete, wurde durch die Gefälligkeit der englischen Consularbeamten in das Chinesische übersetzt. Um Angabe der geeigneten Wege zu Uebermittelung desselben ersuchte Graf Eulenburg brieflich die Gesandten von Russland, England und Frankreich, welchen Herr von Brandt sich vorstellen sollte. — Da in Shang-hae kein des Mandarinen-Dialectes mächtiger Dolmetscher wohnte, der in der Lage und geneigt gewesen wäre, in den Dienst des preussischen Gesandten zu treten, so wurde zu diesem Amte Herr Jose Martinho Marques in Macao berufen, welcher demnächst in Shang-hae eintraf.

Von Herrn von Brandt kamen Anfang April Berichte aus Tien-tsin. Der englische und der französische Gesandte, welche beide noch dort weilten, hielten den Zeitpunct für schlecht geeignet zu Verhandlungen mit der chinesischen Regierung: von den Erfolgen der fremden Waffen tief erschüttert, werde sie lange Zeit brauchen, um ihr Misstrauen zu überwinden; die Gesandten hätten jetzt die Aufgabe, sie von ihrer friedfertigen Politik zu überzeugen, und dürften durchaus keinen Druck üben; noch immer herrsche die Meinung, dass die Anwesenheit fremder Legationen in Pe-kiṅ das Ansehn der kaiserlichen Regierung beeinträchtigen werde; nur längerer freundschaftlicher Verkehr und die äusserste Schonung könnten dieses Vorurtheil überwinden; vor Allem müssten die Gesandten sich hüten, neuen Verträgen das Wort zu reden; deshalb sollte Graf Eulenburg lieber warten, bis nach Verlauf von acht bis zehn Monaten die Regierung Vertrauen gefasst hätte. Der Kaiser sei noch immer von fremdenfeindlichen Räthen umgeben; der Prinz von Kuṅ und seine Anhänger, welche sich der Wahrheit nicht verschlössen und nur in der Freundschaft der fremden Mächte Rettung für China und die Tsiṅ-Dynastie sähen, hätten deren Einfluss keineswegs überwunden; sie müssten jeden Schritt vermeiden, der einer Begünstigung der Fremden gliche und dürften gewiss nicht neue Verträge in Vorschlag bringen. Sie im Amte zu erhalten, durch Vorsicht und Vermeidung jeden Anstosses allmälig auch das Vertrauen des Kaisers zu gewinnen, sei jetzt die wichtigste Aufgabe der Gesandten. — Herr Bruce glaubte, dass Preussen wohl das Zugeständniss aller den Unterthanen der Vertragsmächte gewährten commerciellen Vortheile erlangen würde, da die Deutschen diese ja in allen geöffneten Häfen schon wirklich genössen, und es China nur nutzen könne, wenn sie unter die Jurisdiction von Consuln gestellt würden: zu Abschluss eines politischen Vertrages aber sei wenig Aussicht, und das Ansinnen, einen preussischen Gesandten in PE-KIŃ zu empfangen, werde auf zähen Widerstand stossen. Beiden Gesandten schien sehr ungelegen, dass Graf Eulenburg die chinesische Regierung durch sein Erscheinen in TIEN-TSIN erschrecken wolle, statt seine Anträge an den kaiserlichen Commissar in SHANG-HAE zu richten und den Eindruck dort abzuwarten.

Wie wenig von solchem Verhalten zu erwarten gewesen wäre, lehrte die Vergangenheit. Hatte es doch im diplomatischen Verkehr mit China immer die grösste Schwierigkeit gemacht, die Bevollmächtigten zu wahrhaftigen Berichten an den Kaiser zu vermögen. Nicht nur erschwerte das die Verhandlungen, sondern es machte die Verträge illusorisch, weil die contrahirenden Partheien von verschiedener Auffassung ausgingen. Vor Allem wusste man aber, dass die chinesische Regierung niemals ausreichende Vollmachten zu selbstständigem Handeln nach Instructionen ertheilte, dass ihre Commissare über jeden irgend wichtigen Punct an den Kaiser berichten und dessen Entscheidung abwarten mussten. Das erfuhr nachher Graf Eulenburg reichlich bei den Verhandlungen in TIEN-TSIN. So viel Tage er aber durch das Hin und Her zwischen TIEN-TSIN, PE-KIŃ und DŽEHOL verlor, so viel Monate hätte er in SHANG-HAE verloren. Nur persönliche Einwirkung auf die Behörden in PE-KIŃ konnte zum Ziele führen. Wie richtig der Gesandte handelte, bewies der Erfolg, trotz den grossen Schwierigkeiten, die er zu besiegen hatte; in SHANG-HAE wären sie unüberwindlich gewesen, ein politischer Vertrag nie erreicht worden. Den Gesandten von England und Frankreich musste bei ihrer delicaten Stellung Graf Eulenburgs Ankunft unbequem sein; denn sie sollten jeden Anstoss vermeiden und, ohne sich etwas zu vergeben, eine vortheilhafte Entwickelung auf friedlichem Wege anbahnen; die englische Regierung war damals fest entschlossen, in China keinen neuen Krieg zu führen. Auch ist nicht zu leugnen, dass die von ihnen genannten Schwierigkeiten wirklich bestanden und in Shanghae weit unterschätzt wurden. Doch musste unzweifelhaft der Moment benutzt werden; niemand konnte damals wissen, ob der Prinz von Kuṅ und seine Anhänger sich im Amte halten oder ihren reactionären Gegnern unterliegen würden; dann war jede Verständigung unmöglich.

Wie wichtig die Nähe der Hauptstadt war, zeigte schon die Schwierigkeit, das Schreiben des Gesandten an den Prinzen von Kuṅ zu übermitteln. Herr von Brandt wünschte dasselbe in Pe-kiṅ zu überreichen. Dagegen wurde mit Recht eingewendet, dass nur die Legationen der Vertragsmächte zum Eintritt in die Hauptstadt berechtigt seien, dass seine Reise dahin den Chinesen gesetzwidrig erscheinen und das Gelingen des Unternehmens von vornherein gefährden möchte. Zudem hätte Herr von Brandt in Pe-kiṅ niemand gefunden, der ihm Zutritt zu den chinesischen Würdenträgern verschaffte. Die englische und die französische Legation wohnten noch in Tien-tsin. Die russische Gesandtschaft hatte Pe-kiṅ im Herbst 1860 verlassen; nur russisch redende Geistliche wohnten in den Missionen. — Man rieth Herrn von Brandt, das Schreiben dem Ober-Intendanten der freigegebenen Häfen nördlich von Cap Šan-tuṅ, Tsuṅ-hau, einem Mandarinen der zweiten Rangstufe zu übergeben, dem höchsten Beamten, der in Tien-tsin wohnte. Zu ihm verfügte sich der Attaché am 17. März mit dem Dolmetscher der englichen Gesandtschaft, Herrn Gibson, welchem die Güte des Herrn Bruce diese Dienstleistung erlaubt hatte.

Nach der ersten Begrüssung und Beantwortung der Fragen nach seinem Namen, seinem Vaterlande und seiner Stellung erklärte Herr von Brandt, Tsuṅ-hau ein Schreiben des preussischen Gesandten an den Prinzen von Kuṅ einhändigen und um Beförderung desselben nach Pe-kiṅ ersuchen zu wollen. Der Mandarin erwiederte, dass er dasselbe nur mit Erlaubniss des Prinzen entgegennehmen dürfe; könne Herr von Brandt ihm aber den Inhalt mittheilen und erstrecke sich dieser auf nichts ungewöhnliches, — etwa auf wissenschaftliche Forschungen und Reisen im Innern des Landes, — so könne das Schreiben ohne weiteres angenommen und befördert werden. Um nutzlose Erörterungen abzuschneiden erklärte Herr von Brandt, dass er den Inhalt nicht kenne, mit der Ablieferung aber gern vier Tage warten wolle, wenn die Anfrage in PE-KIŃ eine unerlässliche Form sei, unter der Bedingung, dass nach jener Frist das Schreiben bestimmt entgegengenommen werden solle. TSUŃ-HAU versprach das und erkundigte sich dann, ob schon Landsleute des Gesandten in SHANG-HAE oder HONG-KONG wohnten. Er fragte auch nach dem Treiben der TAE-PIŃ bei SHANG-HAE, über welche der Attaché, der kaum zwei Tage dort weilte, keine Auskunft zu geben vermochte.

Am 22. März liess Herr von Brandt TSUŃ-HAU melden, dass er ihm am folgenden Tage das Schreiben des Gesandten überreichen werde. Der Mandarin hatte sich grade zum französischen Consul, dem Lieutenant de vaisseau Herrn Trèves begeben, den er über den preussischen Attaché ausfragte und schliesslich ersuchte, denselben zu sich bitten zu lassen. Herr von Brandt war nicht zu finden und erschien erst bei Herrn Trèves, als TSUŃ-HAU schon fort war. Am folgenden Morgen begab er sich nach dessen Wohnung: TSUŃ-HAU versicherte, der Prinz freue sich, zu hören, dass schon Deutsche in SHANG-HAE wohnten, und hoffe, dass sie gute Geschäfte machten: das Schreiben des Gesandten könne er aber nicht annehmen, da der Kaiser ihn nur zu Verhandlungen mit den Vertretern von England, Russland, Frankreich und America, nicht aber mit dem Gesandten von Preussen ermächtigt habe, das zu China in keinerlei Vertragsverhältniss stehe. Herr von Brandt urgirte vergebens, dass es für jetzt nicht Verhandlungen, sondern nur eine Mittheilung gelte; TSUŃ-HAU blieb mit aalglatter Liebenswürdigkeit dabei, er würde das Schreiben gern in Empfang nehmen, wenn seine Instructionen es erlaubten. Endlich erklärte Herr von Brandt, dann werde er selbst nach PE-KIŃ gehen und den Prinzen persönlich aufsuchen. Betroffen bat nun TSUŃ-HAU um abermalige Gewährung einer viertägigen Frist, damit er entweder die Erlaubniss zu dieser Reise oder zu Ueberreichung des Schreibens in TIEN-TSIN erwirken möge. Herr von Brandt bestand aber auf seinem Vorhaben, schon am folgenden Morgen aufzubrechen, und verlangte nur noch die schriftliche Erklärung, dass TSUŃ-HAU das Schreiben nicht annehmen wolle. Dieser kam auf die verwandtschaftlichen Beziehungen zwischen dem preussischen und dem englischen Herrscherhause zu sprechen: sollte nicht Herr Bruce die Beförderung des Schreibens übernehmen; aus seinen Händen dürfe es der Prinz empfangen.

Herr von Brandt wies diesen und alle anderen Vorschläge zurück, durch welche Tsuṅ-hau sich dem Dilemma entwinden wollte, und vermochte ihn nach dreistündiger Unterredung zu dem Versprechen, das Schreiben nach Pe-kiṅ senden zu wollen: der Attaché möge nur den Gesandten ersuchen, die Antwort in Shang-hae abzuwarten und nicht nach Tien-tsin zu kommen. Herr von Brandt versprach, diesen Wunsch seinem Vorgesetzten mitzutheilen, der ihn aber schwerlich erfüllen werde und wahrscheinlich schon auf dem Wege sei. Tsuṅ-hau schien wenig erbaut von dieser Erklärung, nahm aber das Schreiben in Empfang und versprach, dasselbe auf dem schnellsten Wege zu befördern.

Als diese Nachrichten nach Shang-hae gelangten, waren die Reparaturen der Arkona vollendet; am 11. April fuhr sie mit der hohen Fluth des Neumondes nach Wu-soṅ hinab. Graf Eulenburg und seine Begleiter folgten am 22. April auf dem französischen Dampfer Météore. Während dieser vor Shang-hae im weiten Bogen flussabwärts schwenkte, kam Vice-Admiral Protet an Bord, um dem Gesandten, dem er während seiner Anwesenheit viel Freundschaft erwiesen hatte, nochmals Lebewohl zu sagen, und empfing dessen wärmsten Dank. — Bei heiterem Wetter dampfte der Météore den Fluss hinab. Auf der Arkona fanden sich auch der kaiserlich russische Fähnrich zur See Herr Markianowitsch und der holländische Missionar Dr. Kloekers ein, welchen die Ueberfahrt nach der Pei-ho-Mündung bewilligt war. Von Civil-Mitgliedern der Expedition gingen die Gesandtschafts-Attachés Lieutenant Graf zu Eulenburg und von Bunsen, Dr. Lucius, Maler Berg, Herr Bismarck und Herr Wilhelm Heine aus Newyork an Bord der Corvette.

Ende des dritten Bandes.

Berlin, gedruckt in der Königlichen Geheimen Ober-Hofbuchdruckerei
(R. v. Decker).